La libellule
ou...
le haricot

DU MÊME AUTEUR

Un homme nommé Jésus, avec Alain Decaux et Robert Hossein, Desclée de Brouwer, 1985.

Nous croyons en Jésus-Christ, sous la direction du cardinal Poupard, Desclée, 1981.

Transmettre la foi aujourd'hui, en collaboration avec les cardinaux Ratzinger, Lustiger et Decourtray, Centurion, 1983.

Cellule 18, Jacques Fesch, Préf. Éd. Ouvrières, 1980.

Vivre avec Dieu, Thérèse d'Avila, Préf. Droguet et Ardant, 1982.

Dieu riche en miséricorde, préface à l'encyclique de Jean-Paul II, Cerf, 1980.

La notion métaphysique de tout et son application au problème de l'Union hypostatique, Revue thomiste, Desclée, 1968.

Peut-on éviter Jésus-Christ ?, Éditions de Fallois, 1995.

Thérèse de Lisieux, sa famille, son Dieu, son message, Fayard, 1996.

« Mais que foutait Dieu avant la création ? », Fayard, 1997.

Aime et tu sauras tout, Fayard, 1998.

Le Murmure et l'Ouragan, Fayard.

*

Contre toute espérance, 1975 — *Le Pouvoir du mal*, 1976 — *Jésus-Christ ou rien*, 1977 — *Devenir Dieu*, 1978.

*

Surpris par la certitude : 1. *La Rencontre de Dieu* ; 2. *Arrachés au mal* ; 3. *L'Esprit et l'Église* ; 4. *La Vie, la mort et après*, 1980.

*

Le Témoignage des cloîtrés, 1962 — *Les Instituteurs et la foi*, 1961 — *La Gloire et le Mendiant*, 1974 — *Dieu seul est humain*, 1973 — *Les Portiers de l'aube*, 1984 — *Jean-Marie Vianney, curé d'Ars*, 1986 — *Marie, espoir de Dieu*, 1987.

*

La Meule et la Cithare (Grand Prix catholique de littérature), 1982 — *Apprendre à prier*, 1957 — *Faut-il encore pratiquer ? L'homme et les sacrements*, 1967 — *Heureux de croire*, 1968 — *On demande des pécheurs*, 1969 — *Le Secret de la confession*, 1983 — *La Stupeur d'être*, 1985 — *La foi n'est pas ce que vous pensez*, 1988 — *La Beauté sauvera le monde*, 1990 (couronné par l'Académie française), aux Éditions du Cerf.

BERNARD BRO

La libellule ou... le haricot

CONFESSIONS SUR LE SIÈCLE

PRESSES DE LA RENAISSANCE

Ouvrage réalisé
sous la direction éditoriale d'Alain Noël

Si vous souhaitez être tenu(e)
au courant de nos publications,
envoyez vos nom et adresse, en citant ce livre,
aux Éditions des Presses de la Renaissance,
12, avenue d'Italie, 75013 Paris.
Et, pour le Canada,
à Vivendi Universal Publishing Services Canada Inc.,
1050, bd René-Lévesque Est,
Bureau 100,
H2L 2L6 Montréal, Québec.

Consultez notre site Internet :
www.presses-renaissance.fr

ISBN 2-85616-720-9

Introduction

Hokusai Nakajima Tetsujirō s'appelait lui-même le « fou de dessin ». Il fut avec Andō Hiroshige l'un des deux plus grands peintres de l'histoire japonaise. Ils vivaient à l'époque de Napoléon. Hokusai s'entourait d'une cour de petits poètes. Tous les matins l'un d'eux lui proposait un poème japonais, un haïku qui l'avait inspiré pendant la nuit. L'art classique du Japon fait tenir chaque poème en trois vers, calibré chacun d'un nombre précis de syllabes. Un jour, un des petits poètes arrête Hokusai :

> « O Maître, écoute :
> *Une libellule* (c'est le premier vers)
> *Otez-lui les ailes*
> *C'est un haricot* (vert). »

Contrairement à l'habitude, Hokusai ne répond pas sur l'instant. Il se retourne, médite, puis revint en silence vers le groupe de ses courtisans pour rectifier :

> « Oh, non, non, écoutez plutôt :
> *Un haricot*
> *Mettez lui des ailes*
> *C'est une libellule.* »

Plus profondément que les options politiques, philosophiques, pédagogiques, morales, idéologiques ou religieuses, Hokusai indique la ligne de démarcation la plus décisive entre les hommes. Il est évident que la vie est pesante, que ses lourdeurs peuvent inciter à traiter les autres comme des « haricots » et qu'entre grâce et pesanteur, c'est cette dernière qui, en apparence, gagne le plus souvent. Analyses, bilans, prospectives ou radiographies nous laissent rêveurs. Ne convoquez plus sociologues, politiques, économistes, professeurs de Sciences Po... Il y a eu cent quarante cinq conflits et plus de quatre vingt millions de morts depuis 1945.

... « Et pourtant, elle tourne. » Rien ne nous empêche de constater que nous sommes tous capables d'enlever les ailes à ce qui vole et de laisser le négatif étouffer l'espérance.

Ou bien de découvrir que nous avons tous aussi le pouvoir de mettre des ailes à la réalité afin que surgisse dans l'univers ce qu'il a de meilleur, la joie de vivre.

Liminaire

L'auteur de ce livre ne propose pas ici un recueil de mémoires, n'établit pas prématurément une autobiographie, non plus qu'un spicilège de souvenirs, ou d'antimémoires. Il s'est laissé aller à méditer sur ce qui a, depuis cinquante ans, entouré son sacerdoce. Un proverbe américain l'a guidé : « Accroche ton wagon à une étoile ».

De temps en temps, l'étoile est lumineuse ; parfois elle se reflète comme une aurore boréale ; d'autres fois, elle est cachée par un nuage ; à d'autres moments, elle a un peu disparu derrière l'horizon. Mais, toujours, elle est là et c'est de cette présence, de son rayonnement que l'auteur voudrait vous réjouir. Il n'a pas pu y résister.

Quatre arrière grand-mères lui permettent d'exprimer les influences qui l'ont orienté.

Une bourguignonne : il lui doit d'aimer les choses et d'appeler bon ce qui est bon.

Une cévenole : elle était combative, peut-être ; vous pardonnerez à son arrière petit-fils s'il est parfois un peu agressif.

Une catalane : méridionale, aimant parler, portée à l'échange ; vous serez indulgents si l'auteur vous fait entrer dans la confidence.

Une écossaise : sa famille depuis des siècles habituée aux brumes des Hébrides, elle aimait la poésie ; vous n'en voudrez pas à l'auteur s'il utilise des paraboles, en laissant percevoir les énigmes, plus fortes que la raison, qu'elles cachent dans leur discrétion.

L'auteur a eu la chance d'avoir pour *interlocuteur* un ami de longue date. Celui-ci a préféré rester dans l'anonymat. Sa nostalgie serait peut-être marquée de l'estampille d'un peintre ou d'un sculpteur, voire d'un architecte ou d'un urbaniste. Il s'est plié à sa tâche de professeur de philosophie. Ce qui ne l'a pas empêché de contempler les étoiles avec son ami Bernard Bro.

PREMIÈRE PARTIE

Impossible secret
Impossible aveu

I
Famille, études et religion

1

Bonheur des débuts

Votre famille a-t-elle eu sur vous une influence religieuse décisive ?

Je n'ai pas demandé à naître, je n'ai pas demandé à recevoir la foi. Elle m'a été proposée dès le départ, d'une manière heureuse, forte, libre. Forte parce qu'elle a été vécue sur fond d'absence : celle de ma mère. Je ne l'ai jamais connue. J'avais un an et demi lorsqu'elle est morte. Mais à la prière du soir, quelqu'un était présent, c'était ma mère : Suzanne.

De son premier mariage, mon père a eu cinq enfants. J'étais le dernier. Après la mort de ma mère, il s'est remarié avec sa belle-sœur, elle-même veuve du frère de mon père : Pierre. Tué sur le front de Champagne à la guerre de 1914, il laissait deux enfants, mes cousins qui devinrent mes demi-frères après le remariage. De celui-ci sont nés à leur tour deux autres frères.

Ainsi à la prière du soir, nous étions les neuf frères et sœurs agenouillés au milieu du salon. On invoquait les défunts : « Pierre, Suzanne, priez pour nous ». Pour nous tous, ils étaient vivants. Dès ma plus petite enfance, il y eut donc un univers où l'existence dépassait la simple visibilité et était plus fort que la disparition. Plus tard, la mort de trois membres de la famille, frère et beaux-frères, soit à la guerre de 1940, soit par suicide, a provoqué la même confrontation. Sur terre, la poussière n'a pas le dernier mot.

Quelles images heureuses ont entouré votre enfance ?

C'est avant tout celle d'une capitale, celle du bon vin, l'un des meilleurs vins blancs d'Europe : Chablis. Nous passions notre temps avec les tonneliers de mon grand-père à admirer la manière dont ils savaient courber le bois pour faire des tonneaux. Ça sentait bon le chêne. On était émerveillé de les voir faire les cerclages en châtaignier. Nous étions très fiers de savoir que le vin de grand-père aboutirait sur la table de la reine d'Angleterre qui apprécierait ainsi les grands crus de Chablis. Nous n'aurions jamais manqué le temps des vendanges. Tout le pays était mobilisé pendant au moins deux ou trois semaines. Les machines à vendanger n'avaient pas encore été inventées. Il y avait Pierrot, l'ancien légionnaire capable de jouer de deux clairons en même temps, que ce soit pour le cantique *Le voici l'Agneau si doux* ou pour la chanson *Marinella, Ah, reste encore dans mes bras.* Pierrot était mon « classard ». Il me gardait dans son amitié. Plus tard, mon grand-père l'aida parfois à être libéré de brefs séjours en prison. Il y avait Marc, Alfred et Coco, compagnons maçons. Il y avait aussi les « filles » du pays... Pas besoin d'initiation aux choses de la vie, il suffisait d'écouter les conversations ou les plaisanteries d'une treille à l'autre, même si, enfant, on ne comprenait pas tout. À neuf heures et demi du matin, la pause avec le ratafia et le camembert avaient un goût de convivialité rarement retrouvé. Bien sûr, comme enfants, nous n'avions pas le droit d'assister à la « pelée », c'est-à-dire à la dernière soirée qui clôturait les vendanges. Mais quelle fête le lendemain au pressoir avec le vin bourru et les châtaignes. On oubliait le mal de dos des quinze jours précédents. Une seule chose comptait, ça recommencerait l'année suivante.

Dans un des tomes de son *Journal,* Charles Du Bos revient souvent sur les *Décades de Pontigny* qui eurent lieu entre 1904 et 1939. Dans cette ancienne abbaye cistercienne, Paul Desjardins invitait Valéry, Mauriac, Malraux, Gide, Saint-Exupéry, Ernst Curtius et bien d'autres pour dix jours d'échange et de partage culturel. C'est sous les charmilles de cette abbaye, la troisième née de Citeaux, que *Le Petit Prince* fut conçu. Les sujets proposés par Desjardins chaque année à leur échange sont encore aujourd'hui prophétiques : que ce soit sur l'Europe, les droits de l'homme, le rôle de Nietzsche ou de Dostoïevski, le rapport de l'écrivain avec l'engagement, etc. La scène où Du Bos raconte l'accueil par Desjardins sous mode d'appel à la gare de Laroche-Migennes ou de Pontigny est inénarrable : Valéry — Présent. Gide ? — Présent. Malraux — Présent. « Curtius ? » présent... Sur le pont de l'abbaye, le comte de Champagne, l'évêque d'Auxerre et l'abbé cistercien de Pontigny pouvaient déjeuner sans sortir de leur territoire. Juste à douze kilomètres de Chablis, nous aimions la promenade à bicyclette parce que les deux derniers kilomètres étaient bordés de pommiers aux fruits délicieux. Bien sûr, nous ne soupçonnions pas qu'au même moment ces seigneurs de la culture échangeaient si près de nous. Plusieurs fois, ils s'interrogèrent en se demandant pourquoi le quadrilatère le plus significatif de la France est celui-ci : Auxerre, Pontigny, Avallon, Vézelay. C'était exactement celui qui circonscrivait nos échappées les plus proches. Les expéditions plus lointaines nous conduisaient chez les cousins des Riceys qui, eux, avaient le droit de faire du champagne rosé. Valéry et Gide répondent très justement à la question du bonheur mystérieux, mais précis, de ce coin de France. Pour eux, ce quadrilatère exprime une harmonie assez rare entre culture et nature. Les collines délimitent un horizon, mais celui-ci reste ouvert sur l'infini. De son côté, l'habitat épouse admirablement les courbes environnantes et enclave parfaitement les sculptures qui sont parmi les plus belles du monde. Les forêts se conjuguent avec les encorbellements et les vallonnements de rivières dont la douceur ne brusque pas le paysage : la Cure, le Cousin, le Serein, l'Yonne et l'Armançon. Comment ne pas rêver lorsque l'on a une seule fois parcouru la route entre Mailly-le-Château et Vézelay ou Clamecy, aussi bien que si l'on a été saisi par l'accord des vergers de cerisiers, des vignes, des noyers et des prés entre Chablis et Vermenton ? Les rues de Noyers, les clochers d'Auxerre se reflétant dans l'Yonne, la solitude pacifiée du prieuré de Vausse, les églises de Sacy, Montréal, Saint-Bris-le-Vineux, Ligny-le-Chatel ou Préhy, ont pour toujours ouvert le *musée imaginaire* qui ne m'a jamais quitté.

Une vieille barque, puis plus tard, un canoë, nous permit — au long des berges du Serein, rivière dont on ne peut pas ne pas être amoureux, de découvrir, avant que le terme ne fut inventé, les merveilles de l'écologie. En ce temps-là, la nature était encore naturelle. Avec le braconnier qui nous avait pris en amitié, on apprenait peu à peu les secrets de la bécasse, du héron ou du brochet, des tanches, des perches ou des ablettes, (mais jamais des coins à champignons ou à truffes, cela, c'était réservé). On savait le risque de dégât lorsqu'un arbre se dé-souchait au bord des biefs des moulins du Serein, cela minait la berge en faisant ce que l'on appelait un renard. Il y avait aussi presque chaque printemps le danger de certaines crues, venant des pluies du Morvan, capables d'élever le niveau d'eau d'un mètre quatre-vingts en quelques heures. Le tambour de ville l'annonçait immédiatement. Il fallait alors reprendre le canoë... pour circuler dans certaines caves.

Et bien sûr, il y avait deux ou trois fois l'an, les repas chez mon grand-père. Les enfants n'avaient le droit d'y assister qu'à partir de l'âge de dix ans et bien évidemment n'avaient pas l'autorisation de parler à table, mais seulement d'être impressionnés par le client américain ou australien. Ces jours-là les plats étaient calculés en fonction des vins à déguster. Je me souviens en avoir une fois compté jusqu'à onze différents. Nous savions par cœur les grandes années : 1919, 1921, 1927, 1929 et la musique des appellations des grands crus : Vaudésir, Valmur, Vaulorent, Blanchot, les Lys... D'ailleurs en Europe, la carte des grands vins recoupe exactement la carte des grands mystiques (pour le Bordelais, je n'en suis pas sûr, sauf pour Saint-Émilion bien évidemment. Le fameux clos des Jacobins, c'est-à-dire des Dominicains ont pour armes de leur grand cru l'étoile de saint Thomas d'Aquin. Il demeura un lieu de prière jusqu'à la Révolution).

Et vos grands-parents ?

Mon grand-père de Chablis venait à la messe seulement pour les enterrements et le jour de Pâques. Les autres dimanches, avant de passer à table il nous promettait dix sous si l'on savait répéter ce que M. le curé avait dit dans le sermon. Même si nous hésitions, il avait préparé la monnaie pour tous les petits-enfants. Ma grand-mère, elle, était religieuse, généreuse et pieuse sans ostentation, mais sur fond d'anxiété, reste du jansénisme de sa jeunesse. Un paquet de lettres échangées entre mon grand-père et ses cousins des Riceys en 1911 et 1914 m'ont prouvé à quel point des hommes pouvaient apparemment ne pas aller assidûment à la messe et être cependant profondément chrétiens, non seulement lorsqu'il fallait porter l'angoisse de leurs enfants qui devaient mourir sur le front, mais pour témoigner dans la vie de tous les jours d'une solidarité totale avec tous ceux qui les entouraient.

Cette expérience de grand-père Albert m'a beaucoup aidé. Il m'a servi plus tard lorsque la mode ecclésiastique utilisait des slogans comme « aller à l'incroyance » ou lorsqu'on créait des « commissions avec mandat pour les non-croyants ». Cela m'est apparu parfois un peu factice, comme si la frontière entre la croyance et la non-croyance ne passait pas pour chacun de nous dans son propre cœur. Je me souviens d'une réunion où le responsable de *Chrétiens Médias* m'avait convoqué avec l'abbé Six et le cinéaste Clouzot, ce dernier cherchait une idée de scénario. Me raccompagnant au couvent, Clouzot me demanda tout à coup : « Expliquez-moi : qu'est-ce que ça veut dire un mandat. Pourquoi l'abbé Six a-t-il eu besoin de requérir de manière aussi impérative que c'était lui qui avait le mandat pour les incroyants ? ». J'ai répondu à Clouzot que ça n'était pas un mandat d'amener ni de perquisition.

Ce fut le début de quinze ans d'amitié.

Mon grand-père Albert aurait probablement posé la même question. Son statut de chrétien non pratiquant m'a été utile pour ne pas mettre de distinction *a priori* entre croyants ou non, et me méfier du vocabulaire ecclésiastique qui, même dans mon ordre religieux, présentait souvent comme « urgence apostolique » « d'aller à l'incroyance » comme s'il y avait des quartiers réservés pour cela et que l'on nous y attendait.

Les grands-parents paternels ont vécu plus que d'autres l'angoisse de 1914, puisque mon grand-père était général, commandant un corps d'armée. Il avait été capitaine dans le même bureau que Dreyfus et donc été mêlé de très près à « l'affaire », ayant eu le courage de témoigner pour l'innocence de Dreyfus, ce dont il était totalement convaincu. Ami de Franchet d'Esperey et de Castelnau, il s'opposa vigoureusement en 1916 à ce qu'il considérait comme des crimes de l'état-major dans certaines opérations qui sacrifiaient trop facilement les soldats. Cela lui valut d'être mis à la retraite automatiquement. Artilleur, il avait déjà parfaitement compris la mobilité indispensable de cette arme et luttait pour en convaincre l'état-major. Une photo le représente en uniforme avec ses trois fils soldats, dont l'un ne revint pas. Cet homme fort, courageux, silencieux, donne dans ses lettres à ses officiers un exemple extraordinaire de lucidité, de délicatesse et de prière. Pendant la guerre sa femme, ma grand-mère était infirmière à Lourdes. Je mesure à quel point Lourdes a compté pour eux.

J'y retrouve exactement le même écho dans les lettres de ma mère lorsqu'elle attend une permission de mon père, en 1917. Elle est touchante d'affection en se remémorant la joie de leur voyage de noces, car elle propose à mon père de retourner à Biarritz, et d'aller en pèlerinage à Lourdes. Ils s'étaient mariés en 1910 et n'eurent vraiment que quatre ans de tranquillité. La guerre arrive. Mon père ne sera démobilisé que le 21 janvier 1919. Entre temps, après deux ans de lutte, son deuxième enfant, une petite fille meurt de leucémie justement le 1er janvier 1919. Ma mère non encore relevée de couches de la naissance récente d'une de mes sœurs ne pourra pas assister à l'enterrement de sa première petite fille de sept ans. La coïncidence de ces dates : l'armistice du 11 novembre, l'enterrement du 3 janvier, la démobilisation du 21 janvier m'impressionne encore. Pas un mot de plainte, de regret, ni de récrimination, tout est immédiatement tourné en prière. De même des années difficiles entre 1920 et 1926, année où ma mère meurt en laissant cinq enfants.

Et cela reprendra exactement de la même manière entre 1940 et 1945 avec la mort de frère et beau-frère laissant leurs épouses de vingt et un et trente-trois ans avec petits garçons et petites filles. Sans tous ces souvenirs et ces expériences je n'aurais jamais osé aborder le problème du mal dans la chaire de Notre-Dame de Paris lors des conférences de carême. La foi, la confiance, et, au-delà de la souffrance, un certain bonheur de vivre ont été plus forts que tout.

Vous osez parler de bonheur de vivre ?

Oui, je maintiens le terme et avec la famille, je le dois aussi à deux autres groupes : les Jésuites et les scouts.

Les Jésuites. Je n'ai jamais compris ceux qui, parmi leurs élèves, se sont plaints d'aller à la messe tous les jours. Cela a été sûrement à partir de l'âge de neuf ans, en classe de septième, un des plus grands cadeaux de ma vie. Le collège de la rue de Madrid avec les pères d'Ambrières, Lamy, Guervenou, de Baillencourt était un lieu merveilleusement heureux. Après le déjeuner je courais rejoindre la récréation pour jouer à la balle au mur ou au foot. La pédagogie jésuite était affectueuse, précise, novatrice. Les « Comédiens-routiers » venaient nous apprendre avec Jacques Chancerel et Olivier Hussenot à dire et meubler un texte convenablement. Bien sûr, plus tard, j'ai eu un seul regret, c'est que les Jésuites n'aient pas su nous faire franchir le vrai seuil de la prière pour nous apprendre à faire oraison. Pour le reste, je n'ai reçu d'eux que du bonheur et de la rigueur heureuse.

Le « Manoir » des scouts de la paroisse Saint-Augustin, 7 rue de la Bienfaisance, a encore gardé pour moi aujourd'hui une certaine magie d'amitié. Notre aumônier scout prêchait mal. Peu importait, nous l'aimions. Il était contagieux d'une affection inconditionnelle pour l'Église. Pendant la guerre, il fut génial d'invention pour que nous puissions continuer en nous camouflant des Allemands et en trouvant de quoi subsister dans des camps scouts ou pèlerinages routiers qui nous ont fait probablement gagner à tous plus de quinze ans d'avance en maturité. L'ensemble du groupe Bayart a fourni à ce moment-là près de vingt vocations : père blanc, bénédictins (le fondateur de Keur-Moussa), séculiers, dominicains et en 1944 un grand nombre d'engagés volontaires dans l'armée de de Lattre.

Et l'Église de votre enfance ?

Prêtres et religieux amis de la famille ont joué un rôle important. Ils étaient aimés de mes parents. Lorsqu'ils venaient dîner à la maison, leur venue était attendue par nous tous comme une fête. L'attitude en face de l'Église était affectueuse, spontanée, confiante, mais libre. Devenu religieux, j'eus à accompagner mon père à la messe de sa paroisse un dimanche matin. Après la célébration, nous avons gagné la sacristie pour saluer le vicaire qui venait de prêcher pour la première fois. Mon père me présenta et lui dit : « Monsieur l'abbé, pour les paroles, votre sermon était parfait, mais pour les gestes ils étaient idiots... » Cela résume l'atmosphère de liberté affectueuse et confiante qui régnait à la maison et qui, pour moi, fut déterminante. C'était le temps où il fallait inventer une annexe de l'église dans le quartier de Pigalle. Mon père en fut chargé par son curé, l'abbé Lancrenon, ancien médecin. Et je suis fier que ce soit mon père qui fonda, grâce à la confiance de son curé, la chapelle Sainte-Rita en face du Moulin-Rouge, à laquelle s'ajouta plus tard le Bistrot du curé, cher aux prêtres de l'Emmanuel.

En dehors de cette confiance inconditionnelle en l'Église et de la prière, avez-vous perçu d'autres signes pour affirmer que vos parents et grands-parents étaient très chrétiens ?

Bien sûr, il y eut la générosité et la charité. Bien avant qu'on eut inventé le terme SDF, ma mère passait ses après-midis à accueillir les démunis, clochards et exclus du quartier de Pigalle pour leur trouver tous les vêtements qu'elle pouvait leur procurer. Elle avait noué amitié dans tout le quartier, aussi bien avec les danseuses du Casino de Paris que des théâtres et boîtes de nuit qui ne manquaient pas de générosité. Cela ne l'empêchait pas d'avoir le coup d'œil sur le resquilleur. Pendant ce temps-là, mon père dirigeait les confrères de Saint-Vincent de Paul. L'une de leurs principales tâches était de reclasser les prisonniers après leur incarcération, réconcilier les familles, trouver travail et logement, et gérer les soucis immobiliers de la paroisse.

Dès 1920, mon père ingénieur se préoccupa des conditions de travail dans les usines à gaz et les usines électriques dont il avait la charge. Il s'engagea profondément dans le mouvement syndicaliste de la CFTC, dont il était fier d'avoir une des premières cartes. Peu lui importait les réflexions voire sarcasmes dont certains de ses compagnons cadres de la société l'entouraient en l'appelant « le rouge ». Il avait conscience qu'en face des habiletés crispées des revendications de la CGT, il fallait tirer profit de la fraternité de la grande guerre pour ne pas rester seulement dans une atmosphère de revendication.

Aujourd'hui, ce n'est pas d'abord cela que je retiens comme signe chrétien. Ce sont deux autres choses : la manière rare dont ils n'ont pas succombé à l'argent et à ce qui y est lié, la jalousie et le rapport de force.

L'argent. J'y ai souvent pensé depuis la mort de mon compagnon de couvent, le père Chifflot. Ancien polytechnicien, c'est grâce à lui, à son intelligence, à sa cordialité et à sa ténacité qu'est née la Bible de Jérusalem. Âgé de cinquante quatre ans en juillet 1964, alors qu'il était atteint depuis plusieurs années d'une tuberculose du rein, et qu'il m'avait passé la direction littéraire des éditions du Cerf, il sut que la fin arrivait. Il fit venir à l'hôpital le père de Vaux, directeur de l'École biblique de Jérusalem, alors à Paris, puis ses neveux et le père Carré, son prieur, et moi-même. Après avoir reçu l'onction des malades, il dit devant nous à ses neveux : « Dans la Bible, les patriarches avant de mourir, faisaient un discours. Voici le mien : “Vous mes neveux, vous avez été la joie de ma vie. Je n'ai qu'une chose à vous dire : N'aimez pas l'argent.” Maintenant, vous pouvez vous retirer ». En l'écoutant ce jour- là, je croyais entendre mon père ou mon grand-père.

L'argent ? Cela se réduisait pour eux à deux choses : maîtriser les désirs du pouvoir et garder une confiance sans défaut, celle des lys de l'Évangile. À la mort de mon père, l'héritage se résuma à trente mille francs par enfant. Si bien qu'il n'y eut aucune dispute. La maison du grand-père général, à Douai, avait été complètement rasée par les Allemands pendant la guerre de 1914. Il n'en resta qu'un canapé et quelques assiettes cassées. Aussi loin que ma mémoire porte, je ne peux que reconnaître que je n'ai jamais entendu mon père parler d'argent ou de calcul financier. Vraiment jamais. Quel repos ! Et pourtant il y avait neuf enfants à table chaque jour. Nous n'avons manqué de rien et même il fut un temps où il y eut une cuisinière, une femme de chambre et un valet, Félix, qui servait très dignement. En même temps on réutilisait les chaussures, les chandails et les manteaux des frères aînés. J'ai attendu l'âge de quatorze ans pour avoir mon premier blouson. Si l'on avait eu deux places de premier dans le trimestre, on avait le droit d'aller au Cirque d'Hiver. L'austérité de vie n'empêchait pas la magie de l'enfance. Pour nous, c'était le quadrilatère de rêve : les ours du Jardin des Plantes, les cracheurs de feu de la place de la Bastille, la maison de ma cheftaine de louveteau de la place des Vosges, et les marchands de jouets du boulevard Beaumarchais. Paradoxe de ces familles chrétiennes qui étaient en même temps, économes, généreuses, sans ostentation et dont l'aisance heureuse savait hiérarchiser les désirs. Mon père allait à bicyclette à son travail d'ingénieur, alors qu'il était un des directeurs d'une grande société. Il n'eut jamais de voiture.

Son métier l'a amené à lutter par toutes les manières, aussi bien sur le terrain, dans les usines électriques et les usines à gaz du Caire à Tlemcen et d'Alger à Chartres, que dans les laboratoires pour améliorer les rejets de la pollution du charbon. Il le fit avec une honnêteté farouche et une ténacité intelligente pour éviter un des débuts des difficultés urbaines dues aux retombées et effets collatéraux de l'usage du charbon. Il y a soixante-quinze ans qu'il aura apporté à la science et aux techniques, avant même qu'on ne parle de pollution, une méthode décisive pour *la fusibilité des cendres* qui porte son nom et fut progressivement adoptée dans les usines à gaz.

À côté de ce combat d'ingénieur, il vécut d'une indéracinable confiance dans l'avenir pour tout ce qui touche à l'argent ; mon père m'a laissé un immense cadeau, une absence totale d'envie et de jalousie. Il avait deux passions : la peinture et les jardins. Après la messe du dimanche, quand j'étais petit, entre six et dix ans, il m'emmenait de la Bastille aux Tuileries. Il s'asseyait au bord de la Seine. Sa joie était de faire une aquarelle, le Vert-Galant, le Pont-Neuf, les péniches devant la gare d'Orsay. Ébloui, je voyais naître tout cela aux couleurs de printemps ou d'automne sur le papier Canson. Des badauds s'arrêtaient. Une dame demandait : « Tu vois Gaston, il ne met pas de bleu ici. » Mon père la regardait en léchant son pinceau et lui répondait : « Vous voulez du bleu, Madame, eh bien, je vais mettre du bleu. » Parfois, nous faisions une pause en traversant le musée du Louvre et j'écoutais admiratif les commentaires devant Rembrandt ou les Espagnols que mon père aimait spécialement. Cette attitude n'était pas seulement le fruit d'une nature heureuse, non plus que le résultat d'un fatalisme devant les coups durs de la vie. Sa sérénité venait de plus profond : de sa foi et de sa confiance en Dieu. Du coup, l'envie et la jalousie n'avaient pas de sens. Comme en face de l'argent, quel repos.

Je ne suis pas du tout compétent en génétique. J'ai déjà dit dans le livre *La Beauté sauvera le monde* tout ce que je devais à ces promenades enfantines et je suis revenu sur le rôle et l'amour des jardins dans le livre *Que foutait Dieu avant la création ?* Ce qui est sûr, c'est que j'ai hérité des gènes de la peinture et des jardins directement de mon père. À Chablis, il avait la passion de ce qu'il appelait « son grand jardin », surveillant à chaque saison ses hémérocalles, ses tulipes, ses pivoines, ses rosiers anciens aussi bien que les stachys lanata et les lonicera nitida, ou encore les fleurs des fruitiers, pommes d'api, reinettes, mirabelles ou golden. Plus tard, j'ai eu la chance d'avoir à inventer et sculpter les jardins entourant les chalets de mes frères dans les Alpes. J'ai peiné à mon tour, en piochant, talutant, terrassant, pelletant pendant trente ans. Mais quel bonheur, d'avoir un jardin à faire. Je ne m'éloigne pas de la foi. Aristote dit qu'il a plus appris dans les choses que dans les livres. À mon tour, je suis sûr d'avoir autant appris d'Aristote que de mes compagnons de la montagne pour faire sortir toutes les fleurs que mon père m'a envoyées. De cet apprentissage j'ai avant tout retenu le respect et la patience et la surprise de Dieu quand il nous regarde grandir. Trois jardins ont entouré le destin de l'humanité. Il y eut celui du Paradis, celui de l'Agonie et celui de la Résurrection. Ils n'ont pas tous le même ordre dans nos vies, mais impossible qu'il n'y ait pas les trois.

2

Au commencement, un film de patronage

Quand l'idée de devenir prêtre vous est-elle venue ?

À l'âge de sept ans, j'ai vu un petit film, *La relève,* film muet, banal, du genre patronage qui mettait en scène un séminariste qui trouvait la mort à la suite d'un accident en colonie de vacances. On inhumait le défunt et devant la tombe, apparaissait une dernière image, un enfant. C'était un film muet. S'inscrivait sur l'écran une dernière phrase, une interrogation : « Pourquoi pas moi ? » La question m'est restée. J'avais été saisi pour toujours. La séduction n'a pas bougé, neuve chaque jour, sans cesse surprenante, plus forte que les amours terrestres, donc sacrificielle ; « espérant contre toute espérance » (selon la formule de saint Paul), au moment des « chiens noirs » (comme le disait Winston Churchill, dans ses moments de déprime).

Dès le début, on pressent qu'on ne réduira jamais l'aventure sacerdotale à soi-même. C'est bien une séduction inexplicable, au-delà de tout. Les hommes politiques peuvent écrire leurs mémoires, ils en ont besoin pour se justifier, c'est une lecture qui passe très bien au réfectoire d'un couvent. J'ai souvent pensé qu'un prêtre pouvait faire appel à sa mémoire pour faire son examen de conscience ou rendre grâce, mais qu'il ne pourrait jamais épuiser le mystère de sa vocation par des mémoires. On ne peut remonter au-dessus de sa source. On a l'impression d'un certain miracle. Lacordaire ne s'est pas trompé lorsqu'il reconnaît qu'on peut être impunément à nu seulement devant un regard qui décape, mais qui recrée toujours avec tendresse, celui du Christ. On est dépassé. Cela consume parfois. On ne peut que prier.

À l'âge de sept ans, est-ce possible d'engager sérieusement sa vie ?

Oui. À l'âge de sept ans, j'en ai parlé au vicaire du petit village de Chablis où nous résidions pendant l'été. Il a pris la chose au sérieux. L'année suivante, il me proposa de venir servir la messe tous les matins — ce fut une grande joie pour moi — et il me demanda alors de parler de ma vocation à mon père. Chose faite. Celui-ci m'a seulement répondu : « C'est bien, on verra plus tard ; en attendant, fais tes études. » Quand, après le baccalauréat, il a fallu choisir ces études, mon père m'a parlé de l'Inspection des finances puisque j'avais de bonnes notes en math-élèm. Le scoutisme m'offrait à ce moment-là un compagnonnage merveilleux. Je me suis ouvert à mon aumônier scout de la question de mon avenir. Il m'a dit : « Pour te préparer au sacerdoce, le meilleur serait de passer ta licence de philosophie en Sorbonne. » C'est ce que j'ai fait tout en suivant des cours à l'Institut catholique.

Mon père n'avait rien ajouté, mais il fut toujours heureux. Il n'eut pas besoin de me le répéter.

Pourquoi dominicain ?

Le même aumônier qui avait dirigé tel de mes compagnons vers les Pères Blancs, tel autre vers les Bénédictins, tels vers le clergé séculier m'a dit : « Toi, c'est chez les Dominicains que tu dois aller. » Je connaissais à peine l'ordre des Dominicains. J'en avais rencontré quelques-uns lors de cours universitaires de philosophie à l'Institut catholique. Alors je suis allé passer huit jours de retraite à Pâques 1944 au Saulchoir, le grand couvent d'études d'alors, près de Corbeil. Professeurs, pères et frères étudiants, étaient au nombre de cent soixante. Peut-être l'une des plus nombreuses communautés religieuses d'Europe. Là j'ai vu des hommes heureux, menant une vie d'étude intense dans des conditions d'existence très démunies, une vie monastique austère et joyeuse malgré la guerre. On m'a confié à un frère diacre, le frère Henri-Dominique Desobry (il est devenu ensuite prêtre ouvrier vivant dans une roulotte en Seine-et-Marne, puis au Mexique). Il est resté un ami que je revois chaque fois qu'il passe en France. Il n'a probablement pas imaginé que sa joie contagieuse provoquerait en moi le déclic décisif. J'étais ébranlé par l'atmosphère fraternelle de ces hommes qui répondaient à la question que m'avait profondément posée la Sorbonne du temps de guerre : « À quoi bon réfléchir, si on ne sait pas vers quoi l'on va et pourquoi l'on vit ». C'est à cause de ce « pourquoi » que je suis entré chez les Dominicains. Après la Semaine sainte au Saulchoir, je n'avais plus à hésiter.

Je suis allé voir le père maître des novices, le père Chevignard ; il m'a dit : « Vous entrerez au noviciat après l'été. » Nous ne soupçonnions pas alors que le Débarquement et la Libération seraient si proches.

Alors, et la Sorbonne ?

J'éprouvais jusqu'à la racine un besoin et un bonheur de comprendre. Je me rendais compte malgré les cours de Bréhier et Laporte en histoire de la philosophie, de Destouches et Bachelard en logique mathématique, de Mauss et d'Halbwachs en ethnologie et sociologie, que ce super-marché des friandises intellectuelles n'était pas suffisant, mais laissait finalement, comme du temps des rhéteurs grecs, l'esprit désintégré et assoiffé. Je pouvais acheter tout, mais je n'apprenais pas pour autant à me nourrir. Certes l'atmosphère de ce temps de guerre était studieuse, dure, exigeante. Les professeurs compétents. On avait froid, on avait faim. Je continuais à aller à la messe tous les matins. Encore une fois le scoutisme jouait pour nous un rôle immense d'amitié, de contacts avec le réel, d'occasions de dévouement qui paraissait naturel.

Et la guerre ?

J'avais quinze ans en 1940. Je suis incapable de retranscrire de manière satisfaisante par des mots les conditions de ces années-là. C'est indicible. Les bombardements en pleine nuit sur Auxerre, Chablis et au passage de la Loire. La route nationale 65 qui va de Neufchâteau en Lorraine à Gien était sur une ligne précise que visait l'aviation ennemie. Route surencombrée de ceux qui fuyaient venant de l'est devant l'avance allemande. Comment transcrire l'exode de Chablis à Cognac, l'absence d'informations, l'inconnu pendant des mois ? Ma famille était à Londres où mon père était chef de mission. On n'avait évidemment aucune nouvelle. Cinq frères et beaux-frères sur le front, deux blessés, les autres prisonniers.

Il y a une ligne de démarcation ineffaçable, une frontière infranchissable que j'ai appris à déterminer de manière très précise entre la génération dont les souvenirs de guerre (froid, faim, inquiétudes), se sont inscrits quasi biologiquement dans leur mémoire c'est-à-dire ceux qui avaient au moins quatre ans en 1940 et les autres. Ces derniers verront toujours la guerre à travers des livres d'histoire et elle reste pour eux, qu'on le veuille ou non, un peu comme des images d'autrefois, voire comme un western. Même lorsqu'ils regardent documents et archives cinématographiques, cela reste encore de l'ordre du film d'épouvante ou du jeu électronique. Les douze films d'Henri de Turenne aussi remarquables qu'ils soient, par montages de documents réels, ne suffisent pas. Rare est finalement transmissible, communicable, perceptible ce qui peut rendre raison de ce qui s'est passé. Peut-être les quatre exceptionnelles émissions *Femmes dans la guerre* où Geneviève de Gaulle, Germaine Tillion, Jacqueline d'Alincourt, Marie-Claude Vaillant-Couturier rappellent avec une exemplaire sobriété ce que furent leur engagement, leur arrestation et leur vie à Ravensbrück.

J'ai eu une seule fois l'impression de pouvoir dire : c'était comme cela, c'était cela. Ce fut pendant les trois semaines du journal télévisé en 1999 qui montrait l'exode du Kosovo vers l'Albanie et la Macédoine. Alors j'ai pu me dire : juin 1940, c'était cela. Des bombardements sur des files de réfugiés poussant une voiture d'enfant ou traînant une remorque de vélo avec des matelas et des bidons d'eau. Pendant l'exode je me souviens avoir volé des biscuits : j'avais trop faim. Oui, j'ai volé, cela ne s'oublie pas. Plus tard il fallait se cacher pour éviter un couvre-feu, sous risque d'être pris comme otage ou embarqués pour le STO (Service du travail obligatoire) avec le danger d'être expédié dans une usine allemande. Les couloirs du métro de la gare d'Austerlitz étaient redoutables quand, revenant de chez un curé ami en Beauce, on rapportait des haricots, voire un jambon dans la valise et qu'au tournant d'un escalier on tombait sur un barrage de surveillance allemande. Ce n'était plus du cinéma, mais bien du réel.

Cela rendait la question d'autant plus lancinante « Pourquoi est-on sur terre ? » Je ne me suis jamais remis de la mort à la guerre de mes copains de classe ou de mes amis scouts, *a fortiori* des frère et beau-frère, qui y sont restés. La cicatrice est toujours là. D'une certaine manière la plus grande détresse m'apparaissait clairement, ce n'était pas seulement manquer de pain, mais encore et en même temps de ne pas savoir comment répondre à la question, si l'on n'était même pas capable d'éviter les horreurs de la guerre. C'est vraiment à cause de ce « pourquoi » que je suis entré chez les Dominicains, pour mettre toutes les forces de ma vie au service de la poursuite de ce que serait une vérité possible, aimable, contagieuse, vécue dans une atmosphère confessante, à la recherche non plus seulement d'idées, de systèmes, de théories, de rapports de force, de projets politiques ou même d'apostolat, d'action catholique, de dialectiques ou de souci de convaincre. Cela, je le trouvais dans les livres. Nous avions besoin d'autre chose avec mes compagnons : trouver un visage, communier à une Personne, atteindre une Vérité. J'ai mis toute mon année de noviciat à comprendre combien le Christ était cette personne qui m'attendait et non pas simplement un objet d'étude. Après soixante ans d'efforts, je ne suis pas arrivé, malgré les longs séjours dans des couvents allemands, à être totalement apprivoisé dans mon amitié pour eux. Il faudrait les aimer pour aimer le Christ. Or je suis obligé d'avouer que, malgré toutes ces années et ces efforts, au fond je n'ai pas pu être encore vaincu totalement.

Et après vos études en Sorbonne, quelles ont été les étapes de votre vie religieuse ?

Je suis entré chez les Dominicains à dix-neuf ans. Ma vie religieuse s'est découpée de façon simple : dix ans de formation ; puis quatre fois dix ans : enseignement ; édition ; responsabilité de la messe-radio et conférences de Notre-Dame de Paris ; puis maintenant, le hasard ou la Providence m'ont amené à rencontrer les communautés les plus diverses dans le monde entier.

D'abord dix ans d'études et ensuite dix ans de professorat de théologie au Saulchoir, facultés pontificales de théologie et de philosophie, où j'ai eu la chance d'enseigner le *de Deo uno*, le mystère de Dieu, c'est-à-dire ce moment où la théologie mobilise toutes les forces de la philosophie, de la sémantique, des sciences du langage et des sciences humaines pour interroger les mots et les paroles utilisées dans la Bible, afin de savoir ce qu'elles veulent dire et aller jusqu'au bout de leur signification pour mieux respecter le mystère. Que signifie Dieu est bon ? Dieu est un et trois ? Dieu est éternel ? Dieu est miséricordieux ? Dieu s'est fait chair ?

La question qui m'était confiée dans ces cours de théologie n'était pas une simple préoccupation d'intellectuels ou un objet de débat d'école. Il ne s'agissait pas d'avoir raison sur le sexe des anges.

Ignorer dix-huit, pour ne pas dire vingt siècles, d'efforts d'intelligence chrétienne et ne pas accorder d'intérêt à la théologie, c'est non seulement perdre des trésors de réflexion religieuse, mais aussi d'immenses richesses humaines.

On commence à s'en prendre en France aux cathédrales sous le prétexte que leur restauration coûterait trop cher à l'administration du Patrimoine. En arrivera-t-on à ce qu'il advint des grandes abbayes cisterciennes du Royaume-Uni dont il ne reste plus que des ruines ? C'est un peu l'impression que peuvent donner les programmes universitaires ou les présomptions des administrations en face de la culture religieuse. Quand les Talibans font sauter des statues de Bouddha, le monde entier proteste. Le fait est évident, la culture intellectuelle religieuse est, en France, non seulement minée, mais quelque peu réduite en miettes. Le traitement barbare subi par les abbayes anglaises est tellement affligeant qu'il ne laisse personne indifférent. Qu'en est-il du patrimoine intellectuel de l'Occident ? On est bien obligé aujourd'hui de reconnaître qu'il ressemble aux ruines des abbayes. Le trotskisme ambiant, infiltré partout, est-il si innocent ? Il montre à quoi l'on aboutit lorsque l'ultime clef du savoir est le soupçon et l'élimination.

La science théologique est pourtant le sommet de l'activité humaine. Nous parlons ici des théologies « théologiques ». Quand Dieu lui-même fait ses confidences, l'Islam a compris que c'était un honneur de les respecter. Le vocabulaire a de l'importance. Il n'est pas inutile de se demander avec attention ce que veut dire : « Dieu est parfait et donc acte pur. Il est l'être. Il n'est connu que comme insaisissable. » Ce ne sont pas là figures de rhétorique ni d'esthétique. Si Dieu aime et si l'on y croit, on ne peut plus, en face du mal, rester dans le seul registre des beaux-arts ou des idées. Il faut s'expliquer avec une ténacité et une rigueur farouches. Tous les concepts, toutes les interprétations, tous les schémas de pensée n'ont pas la même valeur lorsqu'il s'agit, comme le répète saint Jean de la Croix de « ne pas diminuer Dieu »... ni le destin de l'homme.

Après six ans de professorat, j'eus la chance d'une rupture d'une année pleine de travail solitaire pour finir de préparer et passer un doctorat en philosophie et théologie à l'université de Fribourg avant de reprendre la charge des cours au Saulchoir. Je connais peu de villes plus propices aux études que Fribourg. Ceux qui étaient en responsabilité de professeur avaient accès immédiat à une des meilleures bibliothèques des sciences religieuses en Europe. Le mercredi, on pouvait s'évader au lac Noir ou à La Berra pour faire du ski. Un corps professoral international où Français, Irlandais, Polonais, Hollandais, Américains vivaient dans le même couvent et des étudiants de cinquante-huit nations différentes. La ville haute est structurée d'une manière très simple : une église, une pâtisserie, un couvent ; un couvent, une pâtisserie, une église... Les dames honorables de la ville avaient le même chapeau acheté au magasin *Les trois tours.*

Reprendre ensuite les cours de théologie fut pour moi un grand bonheur. Il est évident que pour un chrétien on peut difficilement recevoir tâche plus haute que de méditer inlassablement pour mettre tout en œuvre afin de respecter le mystère de Dieu.

Finalement, que peut-on dire de ce que vivent en commun les trois Personnes divines en leur béatitude ? Et pour quoi sommes-nous créés, à quoi sommes-nous invités et destinés ? Ce « traité de Dieu », du *de Deo uno,* cette longue interrogation sur ce que l'on peut ou non dire de Dieu commande toute la théologie. Il faut inlassablement revenir à ce que Dieu dit de lui-même, de sa vie et de son dessein pour comprendre ce vers quoi, ce pour quoi, ce à quoi l'homme est conduit. Impossible de penser au mal si l'on n'a pas interrogé la bonté de Dieu ; impossible de penser à la prédestination et à la grâce si l'on n'a pas interrogé la miséricorde ; impossible de penser à l'avenir, à l'espérance et à la prière si l'on n'a pas scruté le mystère de la présence diversifiée de Dieu dans les choses, dans l'esprit et dans les sacrements. On pourrait multiplier les exemples. La plaque tournante de toute la pensée humaine, la convergence de tous les efforts, de toutes les sciences et de toute l'histoire est ici : que peut-on oser penser et dire de Dieu après avoir décanté tous les concepts et images utiles ?

On n'en a peut-être pas conscience explicite, mais chacun de nous emmagasine en lui-même un certain nombre d'impressions, de souvenirs, de schémas sur le bien et le mal, sur le passé et l'avenir, sur les autres et la vie en commun, sur le langage et la société, sur ses parents, ses pulsions, sur son image et ses limites... Ces schémas gouvernent nos attitudes. Pas besoin d'être grand philosophe pour pressentir qu'il faut les purifier. C'est très long, mais cela n'est jamais terminé.

Ici le *Credo* et le catéchisme proposent des intuitions précieuses. La responsabilité est d'autant plus grande pour ceux qui ont le loisir de réfléchir ou la charge d'enseigner et d'écrire.

C'est là mon examen de conscience, à moi, ma joie et mon tracas depuis cinquante ans. Des trompe-l'œil ne se sont-ils pas insensiblement et subrepticement installés chez nous intellectuels, historiens, ou journalistes, par exemple sur le *Credo*, les conciles, l'histoire, l'Église, le sacerdoce, la prière ? Une certaine ignorance de la théologie (et de la philosophie) quelques *a priori* sont tragiquement dommageables ou inutiles. Témoin le refus récent de la France contre l'avis de tous les autres partenaires européens d'admettre dans le Traité européen le mot « religieux » parmi d'autres pour qualifier les racines communes à plus de quinze peuples. La facture de la méconnaissance du minimum de théologie est lourde de conséquences dans l'univers mental français. Nous sommes parfois comme des musiciens qui, assis au bord de la tombe, n'auraient jamais entendu la musique de leur partition.

Le catéchisme comme l'étude théologique sont pourtant une des plus grandes chances proposée à une vie humaine, sont-elles aussi présentes qu'on pourrait le souhaiter dans les préoccupations officielles depuis deux siècles en France ? Quelques colloques, fort intéressants ou quelques dictionnaires parfois rapidement élaborés n' y suppléent pas suffisamment.

Dans le même temps, j'enseignais tout le cursus théologique à un groupe de deux cents religieuses qui se réunissaient en banlieue parisienne dans un Carmel et j'étais chargé de la formation des Sœurs de Notre-Dame de Sion. Avoir à suivre tout le parcours de la théologie pour un auditoire bienveillant, mais exigeant, est irremplaçable. On ne sait bien que ce qu'on a eu à enseigner. Pendant l'été, j'étais heureux d'animer des sessions pour les Équipes enseignantes, c'est-à-dire les instituteurs laïcs de l'État qui se réunissaient durant quinze jours pour étudier un mystère précis : la foi, les sacrements, l'Église, dans une rare atmosphère de prière et de communion fraternelle.

Mais la blessure était définitivement ouverte et sans cicatrisation possible. La culture française était devenue étrangère au christianisme, non seulement étrangère, mais allergique, quand ce n'est pas d'une animosité calcifiée.

3

Chance d'avoir des maîtres

Quand les Jésuites vous obligent à assister chaque jour à la messe

Vous avez été élevé chez les Jésuites pendant une partie de votre scolarité. Vous connaissez la réflexion classique : « Avec les Jésuites, j'ai été à la messe pour le reste de ma vie ». À l'évidence, ce n'est pas votre cas. Pourquoi ?

Non, ce fut l'inverse. J'ai pris très tôt la mesure d'une chance incommensurable, comparable à rien d'autre sur terre : être accompagné par une présence, celle du Christ. Il n'y a que deux choses que je n'aurai jamais méritées : c'est le pardon de mes péchés et le corps de mon Dieu. François d'Assise aimait redire qu'entre les mains d'un ange et celles d'un prêtre, ce sont les mains du prêtre qu'il irait embrasser parce que ce sont elles qui lui offrent le corps sacrifié et vivant du Christ.

Quels furent vos maîtres spirituels, clercs ou laïcs ?

D'abord deux prêtres entre l'époque de ma petite enfance et l'entrée en religion : un jésuite et mon aumônier scout. C'étaient des prêtres, totalement. Comme à l'égard de nos parents, j'ai conscience de ne jamais leur avoir rendu un peu de tout ce que j'ai reçu d'eux.

Je garde une vénération pour ceux qui ont été chargés de nous former à notre arrivée dans l'ordre dominicain. Le père Chevignard, père maître des novices, assurait la « conférence spirituelle » chaque jour durant la première année, comme du temps de saint Anselme ou de saint Bernard. Cela marque ! Il avait choisi le premier chapitre de l'Épître aux Éphésiens comme grille d'entrée la plus synthétique, lumineuse et immédiate dans le mystère chrétien. Pendant ce temps de noviciat, nous étaient réservés l'étude des psaumes, l'apprentissage des trésors de la liturgie et du bréviaire, la lecture des grands spirituels : Thérèse d'Avila, Jean de la Croix, Élisabeth de la Trinité, mais à la lumière de Thérèse de Lisieux, ce qui était très sage. L'attention concrète, normande, pragmatique, réaliste de Thérèse de Lisieux aide à garder les pieds sur terre, tout en introduisant sans détours à l'essentiel. Pas besoin d'aller chercher les clichés à la mode qui présentent Bouddha ou le bouddhisme de manière déformée, sous prétexte de sympathie, alors que tous les grands génies du christianisme sont là près de nous, les plus variés, les plus audacieux, les plus entraînants : d'Évagre le Pontique à Grégoire de Nysse, de saint Bernard à saint Jean de la Croix, de Maître Eckhart à Charles de Foucauld.

C'était le temps où nous entourions encore nos pères maîtres, comme le père Chevignard, d'une estime, d'une affection et d'une confiance indiscutables. Il était dans son humilité, bien de la race des plus grands maîtres.

J'aimerais rendre un hommage spécial à ceux que je nommerai les « géants inattendus ». Je pense au Curé d'Ars (dont la lucidité théologique est digne de saint Irénée, de saint Thomas d'Aquin, de saint Paul ou de saint Jean), à Bernadette de Lourdes, à Catherine Labouré, à François d'Assise, tous témoins stigmatisés par la Vérité et la brûlure de la Lumière. Comme saint Étienne, le premier martyre, chacun d'eux « a vu les Cieux ouverts ».

La théologie doit elle rendre les études ennuyeuses ou factices ?

Puis-je nommer aussi un dominicain aveugle, le père Dehau ? Il m'a fait comprendre qu'il n'y a pas de disparité, d'exclusive dans la vie de l'esprit, qu'il est finalement plus important d'aimer que de diviser. Pour connaître, l'intelligence est obligée de classer, de différencier, d'analyser, de comparer, et donc d'opposer. Cela voudrait-il dire que l'esprit soit fait en dernier lieu pour l'affrontement, le débat, la dispute ou, au contraire, pour 1a communion ? C'est tout autre chose. Diviser, exclure, opposer ou se laisser attirer, éventuellement blesser pour mieux comprendre et communier. Il y va ici d'un vrai partage des eaux, sans doute le plus profond de l'existence. Bossuet résume en une formule surprenante : « Malheur à la connaissance qui ne se tourne pas à aimer. »

En même temps le père Dehau nous apprenait que la communion ne s'achète jamais en biaisant avec la rigueur et la splendeur de la vérité. Il avait un instinct étonnant : d'un vers de Virgile, d'une sentence de Goethe, d'une allusion de Dante, il tirait l'intuition profonde sous-jacente pour rejoindre les exigences les plus aiguës de la philosophie et de la théologie.

À son côté, je citerai le père de Menasce, professeur à l'École des Hautes Études et à notre couvent du Saulchoir. Prince de l'esprit, disciple de Jacques Maritain, ami de Jean Cocteau, il dominait quatorze langues et, comme l'a écrit André Frossard dans son billet du *Figaro* le lendemain du décès du père de Menasce, il en pratiquait aussi une quinzième : celle de la charité. C'est lui qui, professant à Princeton, a aidé Oppenheimer, le père de la bombe atomique, à ne pas se suicider. C'est lui qui a guidé André Frossard et le père Loew dans leur conversion. Près de lui, nous envisagions comment les plus hautes vérités étaient porteuses de richesses concrètes, divines, de bonheur pour la vie d'oraison. La culture et l'érudition peuvent être immenses, à quoi bon si elles aboutissent à la sécheresse ou à la suffisance ?

Pendant quinze ans chaque mois, une journée de lumière nous réunissait chez Albert et Esther Sandoz avec un autre disciple de Maritain, Jacques de Monléon, professeur à la Catho et à l'université de Québec. C'étaient des moments de pur bonheur pour les pères Dubois, Patfoort et moi-même au temps de notre enseignement au Saulchoir.

Bien évidemment il y avait l'apprentissage, je dirais plutôt la contagion de la liturgie. Elle permettait, elle offrait la présence régulatrice d'une Personne vivante, aimante. Le temps, se déroulait au rythme d'une autre vie que la nôtre : celle du Christ. Nous découvrions l'expérience étonnante de saint Augustin lorsqu'il écrit de la présence du Christ : *Intimior intimo meo.* Ce que Claudel traduit : « Il est en moi plus moi-même que moi. » C'était nouveau chaque matin. Nous vivions l'équivalent de quatre heures de psalmodie et de grégorien avec le lever de nuit, les grandes heures du bréviaire, laudes et vêpres et la messe conventuelle chantées chaque jour. Cela se passait à l'ancien couvent des dominicains de Saint-Jacques, rue de la Glacière, juste après la Libération de Paris. Nous avions froid, vraiment, l'encre gelait dans nos cellules. On devait casser la glace le matin sur les pots d'eau. Froid et faim comme tout le monde alors, mais c'était vécu dans un univers spirituel heureux, de communication et d'espérance.

*

Il y a d'autres vedettes que les « vedettes »

Où avez-vous reçu ce qui vous a permis ensuite d'enseigner vous-même ?

Comment rendre justice à mes professeurs de philosophie et de théologie ? J'eus la chance, après les années de Sorbonne, de poursuivre dix ans d'études philosophiques et théologiques dans trois centres d'études internationaux : les couvents du Saulchoir près de Paris, de Walberberg près de Cologne, enfin à l'université de Fribourg, avec des hommes de haut niveau dont on ne parle plus, mais à qui nous sommes pourtant tellement redevables pour leur intelligence, leur discernement philosophique, leur connaissance de la tradition, leur rectitude et ce qui compte plus que tout, leur indéfectible fidélité à l'essentiel, grâce à leur humilité*. Il y a peut-être aujourd'hui un devoir de réparation, spécialement à l'égard d'Étienne Gilson, de Jacques Maritain, du cardinal Journet et de leurs disciples : Albert Sandoz, Jacques de Monléon, Olivier Lacombe et Louis Gardet. Ces hommes nous ont guidés en gardant l'aimantation du pôle nord. Cela n'a pas de prix. Ils ont préservé la base sans laquelle aucune transmission de la foi n'est possible : la faculté « adamique » de l'être, c'est-à-dire ce qui n'est pas tombé avec Adam ; à savoir le pouvoir de rejoindre, de co-naître, de comprendre le réel tel qu'il est, en éveillant la possibilité de s'émerveiller et d'appeler les choses par leur nom. Nous en avons des témoignages, par exemple, dans l'échange de lettres entre Jacques Maritain et Julien Green et dans les travaux de Heinz Schmitt, Petit Frère de Foucauld, vrai philosophe, mort trop tôt. D'origine allemande, fils d'ouvrier, docker lui-même, géant fragile comme on l'a appelé, il devint maître des études au temps où Maritain, à la fin de sa vie, se retira chez les Petits Frères de Jésus**.

Je suis toujours surpris de voir si peu citer ces noms dans des

*Énigme de l'ordre dominicain où l'on a pris l'habitude de « vedettariser » certains. Surprenant, pourquoi pas d'abord ceux qui, peut-être, ont fait le plus et demeurent étrangement méconnus des générations qui suivent ? Qui connaît encore le père Blanche, le père Roland-Gosselin, le père Gardeil ? Nous devons beaucoup à leur ténacité et leur courage, avant et après la Première Guerre mondiale. Et, plus récemment, je pense entre autres au père Dondaine, au père Héris, au père Patfoort, au père Braun, au père Paissac, aux pères Thomas et Marie-Dominique Philippe, au père Koster, aux pères Marie-Joseph et Jean-Hervé Nicolas, au père Dreyfus, au père Leroy et au père Labourdette.

**Le frère Heinz est sûrement un des philosophes les plus lucides et lumineux qui nous ait été donné, par sa connaissance de l'épopée de la philosophie moderne et de la dialectique telle qu'elle a sévi en Occident de Luther à Hegel, et de Hegel à Marx et à Heidegger. Il sait décrypter avec une étonnante lucidité les filières qu'ont suivies ou les contaminations qu'ont subies la pensée et les attitudes occidentales que ce soit en morale, en politique, en philosophie, en théologie ou tout simplement dans la vie quotidienne.

ouvrages qui veulent faire le bilan de l'histoire de la pensée chrétienne contemporaine. Dans certains inventaires, les noms de Maritain et Gilson ont à peine droit à une référence, dans le coin d'une note, là où des écolâtres laborieux s'étalent sur des chapitres entiers.

En dehors du souci de la modernité, on a l'impression qu'il y eut dans les années 1940-1960 des querelles assez vives entre théologiens. Est-ce faux ?

C'est un vaste dossier qu'il faudrait ouvrir que celui des divergences entre philosophes et théologiens et entre théologiens eux-mêmes. On en a eu un reflet avec le *Journal* du père Congar qui serait à compléter par bien d'autres témoignages. Mais est-ce vraiment utile ? Cela ne date pas des éventuelles divergences politiques qui se sont davantage manifestées à partir de 1940.

À la fin du siècle dernier, lorsqu'ils entraient pour les vêpres en procession dans l'église de leur couvent de la rue du Faubourg-Saint-Honoré, certains dominicains dreyfusards ne passaient pas l'eau bénite si leur voisin de procession était un dominicain anti-dreyfusard ! L'épopée de *l'Action française* dans les années 1930 n'a pas plus facilité les choses. Au moment de Pétain et de Vichy, le couvent d'études du Saulchoir connut des disparités notables.

Je ne sais comment il faut appeler les rapports entre disciples de saint Thomas ? Étienne Gilson avoue à Jacques Maritain combien il eut à souffrir des thomistes qui avaient des conceptions différentes des siennes.

Ma génération eut paradoxalement une chance peut-être unique : avoir été suffisamment marquée par la dureté des événements de la guerre pour ne pas avoir envie de perdre du temps avec ces querelles. Nous en avons traversé plusieurs. Les deux principales furent, d'une part, celle qui survint à la suite de l'existentialisme de Heidegger et Sartre lorsqu'ils essayaient de rénover la conception de l'existence et, d'autre part, celle qui opposa jésuites de Fourvière et dominicains de Toulouse, en 1945-1946, au sujet du « retour aux sources », grâce à une meilleure connaissance des Pères de l'Église.

L'existentialisme de Sartre n'était pas pour nous seulement une occasion de dissertation. La guerre nous avait appris ce que voulait dire tuer quelqu'un, voir son compagnon décapité à côté de soi, des femmes ou des enfants brûlés dans une grange. Nous étions vaccinés pour ne pas réduire l'existence à un concept ou à de la littérature. Quant au retour aux sources, la grande liturgie dominicaine nous faisait baigner dans un contact non seulement intellectuel, mais vivant, priant, confessant d'une manière beaucoup plus concrète et forte que celle que proposaient aux Jésuites leur spiritualité ou leur manière de vivre la liturgie ou l'étude de certains Pères de l'Église.

Et si la théologie rendait la philosophie plus intelligente

La génération qui précéda la mienne participa de plein fouet à ces dissensions. Les générations qui suivirent la mienne se trouvèrent fort démunies par abandon du minimum de repères philosophiques et le tohu-bohu de 1968.

Il se trouva que la mienne était constituée pour une bonne part d'hommes qui avaient été prisonniers ou avaient payé de lourds tributs à la guerre. Il y eut pour nous un phénomène quasi naturel de rejet en face de ce qui pouvait être perte de temps inutile dans ces disputes. Nous étions pressés de tirer de nos professeurs le meilleur de ce que chacun pouvait donner. C'est ainsi par exemple que je n'ai découvert qu'après coup les crispations qu'avaient provoquées chez certains dominicains les positions du chanoine Lallement.

Il m'est impossible de ne pas le nommer. J'ai reçu de lui, dans ses cours de l'Institut catholique de Paris, pendant mon temps de Sorbonne, une substance si forte et nourricière qu'elle m'a beaucoup aidé tout au long de ma vie intellectuelle. Il fut le premier, comme il le fut pour le père Congar, à me faire comprendre comment philosophie et théologie s'emmembraient et se répondaient de manière heureuse et inattendue si l'on voulait respecter le mystère chrétien et aller en même temps au bout des exigences de l'esprit. J'ai pu suivre ses cours de sociologie et de métaphysique et bénéficier ensuite de tout le corpus de ses notes. Je n'ai jamais eu à souffrir de ses intransigeances. Le père Congar et le père Hyacinthe Dondaine ont l'un et l'autre dit combien ils lui devaient. C'est le chanoine Lallement qui a le plus profondément marqué le père Congar, de l'aveu de ce dernier, même s'il y eut un jour confrontation décisive de leurs deux tempéraments. Le père Dondaine, l'un de ceux qui a le mieux écrit sur le mystère de la Trinité fut jusqu'à la fin de sa vie en communion profonde et réciproque avec le chanoine Lallement. Leur correspondance en témoigne.

C'est vrai que je suis personnellement resté assez indifférent à ce qu'il y avait de passionné dans les querelles entre thomistes au sujet de l'unité de l'existence dans le Christ, (opinions de Mgr Parente, du père Déodat de Basly, franciscain, des pères Nicolas, dominicains, du père Galtier, jésuite), jusqu'à ce que la thèse de doctorat du père

Albert Patfoort apporte sur ce mystère de l'unité d'être du Christ une lumière et des richesses inégalées. J'ai aussi trouvé un peu lassantes certaines crispations du *Dialogue théologique* entre dominicains et jésuites. Je dois reconnaître que j'ai beaucoup retiré des remarquables cours polycopiés du père Labourdette, dominicain. Son esprit de synthèse et sa connaissance approfondie des philosophies modernes ont donné naissance à l'un des rares ensembles de théologie morale dont nous puissions disposer.

J'ai aussi infiniment reçu du père de Lubac, jésuite. Il en fut de même entre lui et les dominicains qu'avec les dissensions entre le père Geiger et le chanoine Lallement. Le temps était trop bref pour que nous ne nous sachions pas obligés de faire l'économie de leurs querelles pour garder le bon grain. À long terme, je ne peux qu'être reconnaissant de ces querelles. Elles m'ont appris que les dissensions intellectuelles étaient de tout temps, sans être pour autant nécessaires et qu'il fallait s'obliger à aller plus loin qu'elles. Pour ce faire, on est conduit à un effort philosophique plus exigeant qu'on ne peut le penser *a priori*. Le danger est d'en rester à un souci apologétique limité au dernier courant de la modernité c'est-à-dire de « ce qui est périmé demain ». Je me retrouve autant dans le maître-livre d'Étienne Gilson, *Le Philosophe et la théologie* que dans les *Mémoires* du père de Lubac sur les raisons qui l'ont amené à poursuivre son œuvre.

Pendant vos années d'études religieuses, étiez-vous libre dans vos recherches et lectures ?

Nous avions une liberté totale, heureuse, orientée par l'essentiel. Nous disposions à portée de main de l'une des deux ou trois principales bibliothèques religieuses de France. Ceux qui préparaient l'examen du « lectorat », c'est-à-dire l'épreuve qui donnait droit à enseigner, disposaient comme d'un trésor de la clef de la bibliothèque. Celle-ci était grande comme un porte-avions. Deux millions de volumes : des romanciers américains aux commentateurs de Hegel. Il suffisait de descendre un étage et on entrait dans le temple du savoir et du rêve. À chacun de le bien gérer.

Poésie et philosophie sont inséparables.
C'est le même exorcisme qui les sort de la malédiction.

Dans vos livres, on a l'impression que vous êtes heureux avec tous, croyants ou non ?

Impossible pour moi de ne pas être reconnaissant à tous ceux dont « le fer a été porté au rouge ». En premier lieu : Pascal et ensuite

Dostoïevski, et chacun selon sa grâce : Léon Bloy, Claudel, Bernanos, le trop peu connu Clive Staple Lewis — celui de *Tactique du Diable* et du *Sens de la souffrance,* tel que l'a si bien rappelé l'admirable film *Les ombres du cœur* — et tous les grands dont la brûlure nous a appris jusqu'où allait le cri de Job interrogeant le Ciel : de Nietzsche à Antonin Artaud, de saint Irénée à Tauler, de Lautréamont à Bergson, de Tolstoï à Faulkner.

Entendons-nous bien : il ne s'agit pas de bénir ou de récupérer *a priori* les révolutionnaires, les prophètes de malheur ou les poètes dits maudits. La littérature ou l'expérience esthétique ne conduisent pas forcément à la prière et à la mystique.

Il faut distinguer parmi ceux qui, sous prétexte de la peur du vide, croient réclamer l'infini. Ce fut un peu le cas avec certains leaders de 1968 comme avec ceux qui s'étaient auto-proclamés colonels à la Libération. Était-ce vraiment pour tous « une revanche de l'infini » ou le besoin adolescent de s'émanciper sans grande responsabilité ? Tout le monde n'est pas Maurice Clavel. Il faut discerner ce qui peut être un cri de prière qui s'ignore, par exemple la réponse d'Hemingway lorsqu'on lui demande s'il croit en Dieu et qui répond : « Oui, parfois la nuit, mais j'ai peur », et, à l'opposé, la négation expresse, violente, subtile ou cruelle de Dieu telle qu'on la trouve entre autres dans le livre de Simone de Beauvoir, *Une mort si douce,* où elle se complait à raconter comment elle a deux fois refusé à sa mère, proche de la mort, la présence du père Avril, prieur des dominicains de Saint-Jacques, en lui claquant la porte au nez, alors que Madame de Beauvoir était justement rattachée à ce couvent comme tertiaire dominicaine. Ici on ne peut pas admirer, mais se taire, prier et parfois pleurer.

André Breton, le « pape » du surréalisme, ne supportait pas qu'un prêtre soit dans la même pièce que lui. Le père Couturier m'a raconté comment Breton sortait du studio lorsque lui, le père Couturier s'y trouvait, lors des émissions radiodiffusées des Français exilés à New York pendant la guerre de 1940. On ne peut dans ces cas-là que ressentir une immense tristesse lorsqu'on se trouve devant une négation et un refus *a priori.*

Ne baptisons pas trop vite les attitudes des athées, comme étant une chance pour les croyants, en y projetant des soi-disant ouvertures d'esprit sous prétexte qu'elles auraient un bienfait purificateur pour la foi ou qu'elles représentent un lieu de passage nécessaire pour comprendre la modernité.

Appelons les choses par leur nom, le rejet de Dieu est tragique. Il y va de tout autre chose lorsque Claudel pense à Rimbaud. Il a très bien vu, à travers sa propre souffrance et ses tentations de révolte, que si l'expression de Rimbaud, à la limite du blasphème, est violente, elle recouvre un cri vers le ciel qui ne trompe pas, un cri d'exilé qui sait que l'humanité n'en peut plus de n'être qu'humaine. Ce fut le cas d'un Lautréamont et de tant d'autres, quoiqu'en pense le professeur Étiemble. Devant le désespoir, qu'il soit celui du sculpteur belge Thierry De Cordier qui en arrive à se couper la langue, d'un noceur comme Henry Miller ou d'un vagabond comme Rimbaud, il ne s'agit plus de jeu mais de l'appel éperdu, fraternel, inlassable qu'on ne peut pas réduire à de la littérature. Ici la nuit des grands désespérés rejoint parfois peut-être la nuit des grands mystiques. Comment ne pas penser par exemple, à la littérature japonaise actuelle avec *Le silence* de Enzo ou les *Cinq nô modernes* de Mishima ?

Six bonheurs et quelques autres

Il y a des piles de livres dans votre bureau et dans votre cellule, est-il indiscret de vous demander ceux qui vous ont davantage marqué ces temps-ci ?

Non ce n'est pas indiscret. Au contraire. Rien ne peut davantage me faire plaisir que de partager la lecture de ceux qui me rendent heureux ou plus grave.

Je redoute cependant de laisser venir à ma mémoire dans un certain désordre ceux qui m'ont accompagné récemment, car si ce n'est pas indiscret, cela peut devenir prétentieux.

Je ne sais par qui commencer. Dans le peloton de tête, je mets sûrement un jardinier, un théologien, un ministre, un astrophysicien, deux philosophes et un amoureux.

Le jardinier, l'un des grands de ce siècle, un Anglais qui a beaucoup travaillé en France, Russel Page, dont les souvenirs sont merveilleux d'humour et de vérité : *L'éducation d'un jardinier*. Pourquoi je le mets en premier ? Parce qu'il témoigne d'une sagesse, concrète, englobante, respectueuse et surtout réaliste et cela avec affection pour la nature. On ne plante pas n'importe quoi n'importe où. Rien ne se fait de bon si on n'aime pas. Et Russel Page aime la réalité quelles que soient les difficultés, bordure d'autoroute, terrain caillouteux, climat trop pluvieux. Les miracles et l'harmonie naissent sous ses doigts. On se sent heureux parce qu'on a l'impression d'assister un peu à la création du paradis. Il faudrait bien sûr citer à ses côtés celle dont il fut le disciple, Gertrud Jekyll, et celui dont il fut l'ami, le prince Volkonsky avec le fabuleux jardin de la baie de Saint-Brieuc. La science y est exacte, exigeante, précise, mais aimante.

Un astro-physicien. Bien sûr, il y a les livres d'Hubert Reeves le doux barbu canadien, *Patience dans l'azur* et *L'Heure de s'enivrer.* Je me suis davantage délecté avec *Il pleut des planètes* de Alfred Vidal-Madjar car il fait voir l'invisible tout en restant humble. Il est en effet impossible d'imaginer et de se figurer les chiffres au-delà d'une certaine limite, par exemple 10 puissance 18. On a cependant besoin de ces chiffres pour transcrire l'astronomie. Vidal-Madjar sait jongler avec les milliards de kilomètres à coups de comparaisons géniales. Le soleil devient équivalent à une orange placée dans un champ à deux kilomètres de nous, ou bien pour faire comprendre le sens giratoire des galaxies, il suggère de regarder simplement comment une baignoire se vide.

Le théologien. Juste après le jardinier et l'astro-physicien, je mettrai les deux livres du cardinal Ratzinger, *Le Sel de la terre* et son *Autobiographie.* C'est exactement la même musique de l'âme que celle de Russel Page. Avec le cardinal, il s'agit du jardin de l'univers. Sa finesse pour parler de l'Asie (entre autres de l'Inde) ; l'intelligence poétique dans le choix d'une parabole pour résumer un problème compliqué ; l'acceptation humble d'être dépassé pour parler avec le maximum de respect d'un mystère difficile, par exemple le péché originel ; l'expérience personnelle et historique, comme enfant allemand bavarois, des difficultés de la naissance de l'Europe ; le regard obligé d'être mondial et non pas simplement hexagonal, pour traiter les problèmes de l'Église et de la société : autant de qualités qui rendent un peu dépassées les réserves, pour ne pas dire les crispations qui se manifestent à son égard, particulièrement en France.

Un ministre, ou plutôt ancien ministre espagnol de la culture. Il étudiait à la Sorbonne préparant une licence de philosophie exactement au même moment où je suivais les cours de Halbwachx et de Bachelard en 1942. Dans son livre *L'Écriture ou la vie,* Jorge Semprun décrit, comme je l'ai rarement vu, ce qu'est le devoir de mémoire et la vérité de l'histoire alors qu'il était emmené au camp de concentration de Büchenwald. Six mois après être rentré des camps de concentration, puis cinq ans, puis dix ans, puis vingt ans après, il voulut raconter ce qu'était l'horreur du « Mal absolu », selon l'expression de Malraux à la suite de Kant. Cela lui fut impossible jusqu'à ce que les fils d'un ami l'obligent à retourner à Büchenwald pour leur expliquer ce que c'était. Alors quarante-cinq ans après la fin des camps en Allemagne, Jorge Semprun donne l'un des textes les plus précis, les plus exacts, les plus justes, les plus vrais, les plus fraternels sur la vie des camps.

Ce livre m'a aidé à pressentir ce que fut la formation des Évangiles bien mieux qu'aucun livre d'exégèse ne l'aura fait. Pas plus que le « Mal absolu », on ne peut décrire la rencontre du Bien absolu. Et cependant dix ans, vingt ans, trente ans, cinquante ans après avoir vécu avec Jésus, les évangélistes ont su transcrire ce qu'était cette rencontre de bien meilleure manière qu'un reporter considéré. Semprun fait comprendre la différence qu'il y a entre la vérité du témoin oculaire et la recherche d'une exactitude secondaire. Je pense entre autres aux pages où il essaye de se rappeler une journée dont la date aurait dû pourtant lui être restée évidente : celle de sa sortie du camp. Or il est obligé de remonter toutes les étapes de son voyage depuis son arrivée à l'hôtel Lutétia à Paris pour se souvenir de cette date. La précision était devenue pour lui annexe, tant les événements de sa libération étaient plus forts que le souci des exactitudes de détails. Peu de pages sont aussi saisissantes que celle où il rapporte l'effroi qu'il lisait dans les yeux de ses libérateurs, les officiers anglais, non pas parce qu'il y avait le typhus dans le camp au moment de la Libération, mais parce que les regards des prisonniers étaient effrayants et effrayaient les Anglais.

Deux philosophes, partis tous deux de points différents. J'ai une dette de gratitude à l'égard du premier, il fut mon voisin de cellule lorsque j'enseignais dans le couvent d'études du Saulchoir. Son courage, sa ferveur religieuse, son amour de l'Église en ont fait certainement un des pionniers les plus typiques et féconds de la fin du XXe siècle. C'est le père Marie-Dominique Philippe, fondateur de la Communauté Saint Jean, c'est-à-dire des « Petits gris ». Son livre *Les Trois sagesses* montre comment le regard d'un philosophe est rendu encore plus aigu par la pratique de la théologie et comment la théologie est rendue plus vraie par la sagesse mystique. La conjonction des trois sagesses est exprimée dans ces pages d'une manière exemplaire, et contagieuse. Que de fois, me suis-je dit intérieurement, « quel bonheur, il pense cela ».

J'ai beaucoup échangé avec le père Marie-Dominique Philippe lorsque pendant des années il était mon voisin de cellule au couvent d'études du Saulchoir, au moment où nous y étions tous les deux professeurs. Je me suis bien souvent confessé à lui. Il m'a inlassablement conseillé, avec magnanimité, pour ma thèse de doctorat ou pour tel cours plus difficile que j'avais à assurer le lendemain matin, ne ménageant jamais son temps. Cela me donne droit de mesurer l'étrange réaction de ceux qui s'en prennent à lui sans l'avoir parfois jamais rencontré. Je pense par exemple aux amalgames d'articles de journaux qui l'accusèrent en janvier 2001 d'introduire des sectes dans l'Église. Le père Marie-Dominique Philippe aura aidé les disciples de Thomas d'Aquin à comprendre que la philosophie et théologie de celui-ci ne se limitent pas à un envoûtement des propriétés de la « notion d'être », mais conduisent à une authentique intelligence de la personne. Le séjour de Karol Wojtyla à Fribourg, là où enseignait le père « Marie-Do » n'a pas été sans conséquences sur Jean-Paul II, ni leur amitié.

Que veulent-ils ceux qui lui jettent la pierre ou le malmènent ? Peu lui importe à lui, il a déjà remis sa copie. Elle parle au cœur de l'Église.

À titre de comparaison heureuse, je joindrais volontiers aux *Trois Sagesses* de M.-D. Philippe l'ouvrage de Michel Serres intitulé *Commentaires.* Ses étudiants ont protesté auprès de lui : « Vos cours sont un bonheur, vos livres sont parfois trop laborieux. » Cela a poussé Michel Serres à un livre d'interviews, où la rencontre de la sagesse philosophique, de la science et de la nostalgie religieuse montre bien qu'il faut à l'homme trois sagesses. J'ajouterai l'ouvrage de Georges Steiner, *Réelles présences.* Ce Suisse d'origine juive enseigne en Angleterre, écrit en langue française et décrit avec une force contagieuse de vérité et de courage le parcours de la pensée européenne qui va de Rimbaud lorsque celui-ci dit « Je est un autre » à Lévi-Strauss ou Lacan lorsqu'ils ne nous laissent plus en face de nous-mêmes que des « structures ». Il fallait à Steiner un courage et une acuité peu banales, une culture aussi exceptionnelle pour rendre consistance et reconnaître l'irréductible place du sujet humain. Steiner aide à retrouver et redonner à la philosophie le goût du réel, sans succomber à l'amertume du néant, à l'impérialisme de la sécularisation ou à l'envoûtement de Heidegger dont il est pourtant un des meilleurs commentateurs.

Reste l'amoureux. Je n'avais jusque récemment jamais lu *Un Amour de Swann.* (Je sais bien qu'un grand théologien était connu pour être allergique à Proust en se demandant pourquoi il fallait deux pages de texte alors qu'il suffisait de deux lignes pour dire la même chose). J'ai donc lu *Swann* et je n'ai pas pu m'empêcher de le relire. J'avais emprunté les lunettes de Pascal ou de saint Augustin. En tout cas, pour quelqu'un qui confesse, Proust n'est pas un si mauvais conseiller que cela.

*

Il est facile d'évoquer au fil de la mémoire d'autres lectures. Elles sont dans la ligne de chacun de ceux que je viens de nommer.

Pour les jardins, j'ai rarement lu plus délicieux mémoires que ceux du père de Mgr Guy Gaucher, évêque auxiliaire de Lisieux. À la suite de son grand-père, son père fut régisseur des propriétés des Rothschild, à Grasse, à Gretz-Armainvilliers ou Auteuil, Marcel Gaucher avait plus de soixante jardiniers sous ses ordres. Combien de fois ai-je ri en découvrant les prouesses qu'attendaient de lui les Rothschild ! L'histoire se termine comme une merveilleuse parabole de l'Église quand Papa Gaucher se retrouve à la retraite avec un petit jardin de 400 m^2 qui fait son bonheur. Dans sa première version, le livre s'appelait *Les jardins de la fortune.* Il a été réédité sous son vrai titre, *Les Rothschild côté jardins.*

Il faudrait presque mettre à la suite les analystes et commentateurs de la vie artistique qui m'ont donné le même bonheur que celui des jardins. En premier lieu tous les ouvrages de Federico Zeri, entre autres *Derrière l'image.* Cet Italien est insolent de culture, de savoir, de discernement et de malice au point qu'il a fait trembler nombre de conservateurs de musées en sachant déceler des copies là où l'on se croyait assuré de l'attribution d'un tableau. Bien sûr un autre Italien, barbu de génie, Umberto Eco avec *La Guerre du faux* ou Chastel dans *L'Art italien,* ou Claude Roy avec *L'Amour de la peinture* et *L'Art à la source,* et tant d'autres. Mais ici je n'ose pas ajouter d'autres titres. Ma gourmandise est insatiable, parfois troublée par la force visionnaire, mais si ambiguë de certains comme le surréaliste André Breton quand il explore *L'Art magique.* J'avais fini d'écrire *La Beauté sauvera le monde* et l'ouvrage était publié quand j'ai lu celui de Breton. Il n'a fait que confirmer mes craintes en face des limites d'une esthétique de l'inconscient, par exemple lorsqu'on cherche à comprendre Jérôme Bosch en le coupant de ses racines religieuses. La confrontation m'était précieuse. Je me suis senti tellement plus heureux avec les études de Kenneth Clark, conservateur de la National Gallery de Londres qui donne un exemple magistral d'une interprétation dans son livre *Civilisation* et ses deux petits livres sur *Le Nu.* On est avec lui à la hauteur des études de Malraux ou de Maritain dans son livre *L'intuition créatrice dans l'art et la poésie.* Avec eux, on décolle des simples esthétiques de la forme (genre Duby) ou de la mémoire (genre Émile Mâle ou Élie Faure) pour atteindre à l'esthétique du destin.

Mais ici il faut m'arrêter, chaque année me comble par les expositions qui deviennent les lieux où émotions, mémoire et recherches métaphysiques se rejoignent pour nous aider à mieux lire le débat de l'homme avec lui-même : des natures mortes de *Chardin,* de la lumière de la *Méditérranée,* aux *Rêves du futur et* aux angoisses de *l'Arte popera.* Comme je m'en suis expliqué dans le livre sur la beauté, on n'est pas loin chez certains artistes du dépouillement que suppose la vie d'oraison.

Les petits trotskistes qui se prennent pour des colonels

Les essayistes livrent parfois beaucoup plus sur leurs propres métabolismes que sur le sujet qu'ils cherchent à analyser. Je pense à *L'Épreuve* d'Edwy Plenel et encore plus au livre qui lui fait suite *Secrets de jeunesse.* Le directeur de la rédaction du journal *Le Monde* s'est-il rendu compte de la manière dont il se révélait dans son livre, à l'occasion de sa querelle avec Régis Debray ? À quel point certaines distorsions (certains y lisent les résultats des méthodes dialectiques apprises dans les jeunesses trotskistes), et la contagion quelque peu terroriste de ses attitudes intellectuelles étaient déjà obsolètes. Rien ne sert de les recouvrir par des appels à Charles Péguy. (Que penserait ce dernier de la manière dont Plenel liquide le fait religieux en cinq lignes ?). Ces « secrets » n'apparaîtraient-ils pas un peu laborieux à mon vieil ami Beuve-Méry ? Mais, c'est ainsi.

J'aime mieux la combativité de Régis Debray dans *L'Emprise.* À côté de ces derniers, certaines lectures sur l'état du christianisme en France paraissent pâles. Des allusions culturelles sympathiques ou l'impression de surfer sur la modernité ne suffisent pas. Le genre de diagnostic qui se contente de retenir le paganisme de l'extrême-droite est beaucoup trop court. On ne peut faire l'impasse sur bien d'autres causes. Il ne s'agit plus seulement de méconnaissance des données élémentaires du christianisme, mais de volonté explicite d'élimination et de dissolution des structures premières de la société. René Rémond essaye d'aller plus loin avec *Le christianisme en accusation.* Mais on reste encore à un certain consensus mou, là où la notoriété de l'auteur lui aurait permis de prendre la parole pour tous ceux qui subissent persécution — le mot n'est pas trop fort — à cause de leur foi. On ne peut pas s'empêcher de penser à ce qu'auraient été les pages brûlantes d'un Bernanos ou d'un Mauriac. Le christianisme n'est plus seulement soumis à l'ignorance ni même au mépris, mais encore une fois, à la persécution intellectuelle et à une volonté beaucoup plus explicite d'exclusion qu'on ne l'imagine. Pourquoi ne pas le dire avec plus d'énergie et d'acuité ? Saint Polycarpe, saint Ignace d'Antioche ont tout risqué. Les intellectuels d'Occident doivent-ils laisser le courage de le faire aux évêques de Corée, d'Indonésie ou du Bénin ? Ceux-là le font.

Pourquoi René Rémond n'ose-t-il pas entrouvrir davantage le rideau sur les faiblesses intellectuelles des clercs, voire sur les dérives internes à l'Église et les fragilités spirituelles de nous, membres du clergé ? Quand la maladie vient de l'intérieur, mieux vaut le dire, même crûment. C'est plus grave que les équivoques païennes de l'extrême-droite où tel ou tel voit le principal danger. Nous n'en sommes plus seulement à la grippe du nominalisme fleuri et monté en graine de la guerre de Cent ans, pas plus qu'à l'eczéma du temps de la Réforme, ni à la leucémie de l'époque du modernisme de la fin du XXe siècle. Un consensus mou ne suffit plus. On aurait tellement aimé sortir plus heureux des deux lectures que nous venons d'évoquer.

Alain Besançon va plus loin avec *Le Malheur du siècle* et *Les trois tentations dans l'Église* ainsi que Gérard Leclerc dans sa courageuse et lucide analyse où il se demande *Pourquoi veut-on tuer l'Église ?* Il fallait une vraie audace pour affronter, en allant au fond des choses, les « affaires » récentes et déjà aplaties des Drewermann, Duquesne et Mgr Gaillot et faire l'analyse serrée des jeux médiatiques qui ont eu lieu à leur sujet. On aurait aimé que ce livre fût écrit par une commission épiscopale. Gérard Leclerc rejoint les plus grands, comme Toynbee dans *La Civilisation à l'épreuve* ou le génie philosophique d'un Cassirer dans *Le problème de la connaissance* et les *Trois essais sur le symbolique.*

Voici quelques-uns des compagnons ou des maîtres récents qui me reviennent en mémoire.

Mais pour vous détendre ? Pas de romans policiers ?

Non. Lors d'un séjour en clinique, j'en ai lu quelques-uns d'Exbrayat, par ailleurs bon chrétien. Je ris encore en pensant à *La Honte de la famille* qui est l'histoire des fiançailles et du mariage d'une fille de truands avec un policier ou de *Avanti la Musica* où des familles de mafiosi ne sachant pas quoi faire du cadavre d'un de leurs clients se refilent le cercueil l'un à l'autre.

J'avoue éprouver aujourd'hui quelques difficultés même pour un bon roman. Pourquoi ? Deux réponses me sont venues. D'une part, la réalité passe la fiction et dans la vie d'un prêtre ceux qui viennent le voir sont infiniment plus vrais, touchants, bouleversés ou reposants que les personnages des romans. Une deuxième raison m'a été donnée par un grand reporter qui me confiait que ses voyages, un peu partout dans le monde, lui avaient fait perdre le goût des romans à côté de la force de ce qu'il voyait. Les voyages que j'évoquerai dans les Églises de partout m'ont rempli le cœur et la mémoire de visages à côté desquels les romans paraissent fades.

Quand la télévision s'est mise à envahir la vie des couvents, le père Duployé, fondateur du Centre de Pastorale liturgique, quittait la salle de récréation en disant : « Pardonnez-moi, c'est l'heure où je lis Shakespeare. » Eh bien, je vais vous dire que je ne finis pas de m'interroger sur la télévision. Je la trouve parfois d'une insignifiance non seulement bavarde, mais inqualifiable quand ce n'est pas perverse. Reste que les cérémonies des jeux Olympiques apportent toujours le choc d'un frisson, ainsi que les spectacles de cirque, de magiciens, ou les reportages sur l'Éverest, ou bien la série sur les splendeurs de la nature dans *Ushuaia*, des volcans du Kamtchatka aux fjords du détroit de Magellan. Les émissions consacrées aux faits de société réservent eux aussi parfois des surprises. Le direct prouve souvent que la réalité est plus forte que toute fiction : le visage du shah d'Iran, fuyant son pays, accueilli par le président Sadate à l'aéroport du Caire ; le salut du petit John Kennedy à l'enterrement de son père ; Jean-Paul II à Jérusalem... juste un mois après le voyage de Lionel Jospin. Aux obsèques de François Mitterrand, le drapeau français chassé du cercueil par le vent fait partie des symboles qu'on ne peut pas effacer, pas plus qu'aux obsèques de Jean-Paul Sartre, la foule poussant un homme qui tombe dans le trou de la fosse, les caméras, surprises, ne purent éviter d'en montrer l'image. La méthode des différences est impitoyable. Il suffit de comparer les obsèques du roi Baudouin ou de Paul VI à celles de François Mitterrand ou de Sartre. Désormais à cause de la télévision, les symboles deviennent immédiatement mondiaux. On n'oublie pas le geste du pasteur américain aux jeux Olympiques d'Helsinki alors qu'on est en pleine guerre froide. C'est la nuit. Le pasteur vient de franchir la barre du saut à la perche. Reste son concurrent russe. L'Américain lui prend les mains, se penche pour les réchauffer. D'un seul mouvement, le stade entier se lève pour applaudir. On n'oublie pas les trois athlètes noirs vainqueurs du 100 mètres à

Mexico, levant le poing sur le podium. À Tokyo, le drapeau américain s'inclinant devant l'Empereur du Japon. À Atlanta, le champion du monde de boxe, Mohamed Ali-Cassius Clay — tremblant à cause de sa maladie de Parkinson — au moment où il allume la flamme olympique, comme à Sydney l'entrée dans le stade de l'ancienne championne australienne dans un fauteuil roulant, alors qu'elle porte à son tour le flambeau. Regardées par trois milliards d'hommes, ces images s'inscrivent dans la mémoire universelle et ne sont pas sans portée d'une véritable communion.

L'Asie

Depuis quarante-cinq ans une attention spontanée, tenace et heureuse — beaucoup plus profonde que je ne m'y serais attendu — m'a constamment ramené vers les civilisations asiatiques. Huit séjours importants, liés à des expériences difficilement comparables à aucune autre, m'ont appris plus que je ne l'aurais imaginé. Il s'agissait pour moi de répondre à l'appel qui m'était adressé pour assurer la visite canonique ou prêcher les retraites annuelles de communautés les plus variées.

Il me faut revenir sur ce que prêcher une retraite veut dire. Pendant cinq, huit ou dix jours, on vit en communion totale avec un groupe de trente à quatre-vingts personnes dont les tâches, l'âge et la culture sont les plus diverses. Religieuses, prêtres ou religieux, d'origine hongroise, chilienne, brésilienne, coréenne, etc. et bien sûr, japonaise, hindoue ou chinoise écoutent conférences, cours ou homélies, se confessent et se confient à vous. Certains et certaines ont quitté leur pays d'origine parfois depuis quarante ou cinquante ans. Leurs questions et confidences ne s'embarrassent pas de précautions, on est suffisamment lointain pour être proche. Si les uns et les autres sont venus aux journées et exercices de la retraite, ce n'est pas pour se mentir à soi-même. Ce dont chacun parle prend ses racines dans une expérience vécue, parfois extraordinaire. Que répondre à une religieuse canadienne, présente au Japon depuis vingt ans, qui vous confie son angoisse. Le collège dont elle est responsable n'a que 2 à 5 % de catholiques. Il marche trop bien, il est devenu entre autres champion japonais de natation. Ce qui a pour conséquence d'être coincé par l'horaire des exercices auxquels il ne peut plus s'abstraire. Ceux-là tombent le dimanche à l'heure de la messe. Les religieuses elles-mêmes sont piégées.

Petit exemple, lorsque une mère générale vous confie qu'elle ne sait pas comment éviter que des religieuses regardent des émissions douteuses, à couleur érotique, proposées par les chaînes le soir, ou que deux professeurs trop stressées, se sont suicidées les deux années précédentes, il ne s'agit plus de tourisme. On est obligé d'être proche. En quelques jours, on a été plongé au cœur d'une culture et d'un métabolisme intellectuel, spirituel et anthropologique comme si l'on avait soi-même vécu depuis quarante ans dans le pays. C'est justement parce qu'on est nouveau qu'on vient vous confier ce qu'il y a de plus profond, ce que l'on ne dira même pas à son supérieur, à son voisin de couvent ou de presbytère. Prêcher une retraite, c'est bien davantage qu'une évasion à la manière des souvenirs de voyage. Il ne s'agit pas de sacrifier à la mode qui mettrait l'Asie au goût du jour, pas plus qu'à la nécessaire vigilance en face d'un des enjeux majeurs non pas seulement de demain, mais d'aujourd'hui. Il s'agit chaque fois d'une source permanente de mutation intérieure. Goethe le disait bien. On ne connaît sa propre langue que si l'on a eu à en apprendre une autre. Bombay, Calcutta, Bénarès, Fuzhou, Xiamen, Canton vous plongent dans la pauvreté d'une autre manière que les émissions de *Thalassa*. Bombay c'est 150 000 lépreux, des enfants dont on a atrophié les membres pour qu'ils puissent devenir des mendiants, une odeur d'urine qui vous saisit. Il vaut mieux laisser sa valise fermée, si on ne veut pas que les rats viennent manger votre mouchoir.

L'Asie : Inde, Indonésie, Chine, Corée et Japon m'ont amené depuis quarante ans à découvrir des trésors indéfinis et à m'interroger sur la vérité de ma propre culture et sur les obstacles que je pouvais garder secrètement en moi pour adopter vraiment leurs richesses, quelles qu'en soient l'apparente étrangeté. Impossible que l'Asie nous laisse nous endormir. Le Christ a-t-il oui ou non quelque chose à leur dire ? N'avons-nous pas mis et ne mettons-nous pas d'obstacle entre leur attente ou leur indifférence et la splendeur chrétienne ? Pourquoi et comment demeure-t-on si lent pour les écouter, les aimer, peut-être les comprendre et recevoir d'eux ? L'écriture chinoise, les kanji japonais me fascinent. Le temps m'a manqué. L'agencement des idéogrammes émerveille par l'économie de moyens, la cohérence interne et le dynamisme poétique. « Mort » est simplement signifié en inversant le mot homme. « Prison », par un carré autour de homme. « Bavardage » est représenté par trois fois le signe femme, etc. La poésie est au rendez-vous de l'expression. *Arigato* pour dire merci en Japonais, veut dire exactement « Je m'accroche à vos beaux yeux ». Le kanji qui veut dire miséricorde contient « un homme qui descend de la montagne au soleil couchant et qui abandonne son troupeau pour donner du riz à son voisin qui en manque ». Comment ne pas être follement heureux d'avoir à transcrire l'Évangile pour le faire voir et le faire aimer d'une nouvelle manière grâce aux pictogrammes asiatiques ?

Je n'hésite pas à dire que les amitiés asiatiques sont parmi celles qui depuis des années me nourrissent le plus. Elles m'obligent au meilleur, tout en m'aidant avec paix à découvrir mes limites en même temps que les chances de l'héritage européen. C'est une grâce que l'amitié permette d'apprendre à « aller plus loin ». Quand le prieur de Tokyo ou des responsables japonaises d'ordre religieux m'interrogent sur le sens de la personne, sur les différentes méditations occidentales des philosophies de l'Être ou sur la manière de justifier la liberté, quand mon ami de Pékin me demande si pour moi il y a quelque chose après la mort, quand l'ami coréen m'amène dans sa famille, quand un fils de samouraï récemment converti au christianisme me présente ses parents bouddhistes en me racontant combien ils ont été pacifiés de savoir que, depuis Vatican II, ils pourront être enterrés dans le même cimetière que leur fils devenu chrétien, et donc espérer se retrouver après la mort, j'apprends plus que dans les livres.

Je suis étonné et peut-être intérieurement blessé de voir combien d'institutions occidentales restent paresseuses, endormies ou inconscientes en face de l'Asie. Plus de la moitié de l'humanité, Inde et Chine, habite dans la maison d'à côté. Quel bonheur quand René Grousset me conduit *De la Grèce à la Chine,* quand Jean-Luc Domenach m'explique, pas à pas dans ses deux volumes, l'histoire et l'aventure des cent dernières années de *La Chine,* quand le Japon m'invite à lire l'épopée *La Pierre et le sable,* alors j'oublie tout.

Trois sommets

Qui vous manquerait s'ils n'avaient pas existé ?

Les trois auteurs cités par Umberto Eco, (cet Italien de génie à qui le Collège de France n'a accordé qu'un statut de « professeur invité »), lorsqu'il répondit à Bernard Pivot qui lui demandait à *Apostrophes* quels étaient les trois plus grands génies de l'histoire mondiale, Umberto Eco répondit devant un Bernard Pivot ébahi : « Aristote, saint Augustin, saint Thomas d'Aquin. » Pivot donna alors l'impression d'un bonhomme de neige qui commençait à fondre dans le dos.

Il n'osa pas prendre le risque de se lancer sur aucun de ces trois auteurs. On aurait eu envie de lui dire qu'il n'est jamais trop tard pour commencer.

Près de mon lit, il y a deux Pléiades usagés, *Pascal* dans l'exemplaire que Gaston Gallimard donna au père Boisselot alors qu'ils étaient tous deux en captivité. Il porte encore le tampon allemand : *geprüft*, et les œuvres de *Baudelaire.* Pourquoi ? Parce que, avec Dostoïevski, les deux sont les prophètes du réel *et* de la miséricorde. Ils n'en finissent pas de nous obliger de revenir à l'Évangile. Pour le reste, je ne résiste pas à me laisser tenter dès que je vois passer un poète à portée de main et une vie de saint d'où qu'ils viennent. Aucune fiction romanesque ne dépasse la solitude de Jeanne d'Arc pendant ses dix-huit mois de prison, ou de Valladarès dans les tuyaux de Fidel Castro, ni les habiletés du mépris pour piéger citoyens et magistrats chrétiens depuis l'empereur Marc-Aurèle jusqu'au président Clemenceau ou encore plus terrible le récit des martyrs du Japon au temps de Hideyoshi.

Au-delà de l'émotion, on est conduit à l'adoration (sinon au désespoir).

Vous avez évoqué comme maîtres, après ceux qui ont marqué vos études, des contemporains un jardinier, un philologue, un cardinal... C'est un peu inattendu. Parmi les hommes de culture que vous avez rencontrés, qui garderiez-vous pour le pur plaisir du dialogue et de l'échange ?

Je n'hésite pas. La conversation lorsqu'elle permet la communion en quelque chose qui dépasse l'homme est sans doute un préliminaire de ce qui nous attend au ciel. En laissant monter spontanément à sa mémoire certains de ces moments de bonheur, on s'oblige à commettre des oublis et donc à être injuste.

Le premier nom qui me vient est celui d'un Allemand, Ernst Robert Curtius. Il était professeur de littératures et langues romanes à l'université de Bonn, ami personnel de Valéry, Gide, Mauriac, Charles du Bos, etc. Ce dernier raconte leurs conversations lors des Décades de Pontigny dont j'ai déjà parlé.

Pendant un an, en 1949, toutes les semaines, je quittais mon couvent allemand de Walberberg pour aller déjeuner et passer l'après-midi du mercredi à Bonn avec Curtius. Il m'avait pris en amitié et je ne pouvais que suivre avec ravissement ses évocations, analyses, aller et retour entre les six cultures dont il dominait parfaitement les langues. Nous passions de Dante à Shakespeare, de Klopstock à Novalis ou

Maritain, je n'avais qu'à me laisser entraîner et à prendre une bonne leçon d'humilité. Pourquoi celui qui fut certainement un des plus grands connaisseurs, et plus que cela : sourcier de la pensée et des littératures européennes, me traitait-il comme un égal ? Sans doute par sa nostalgie religieuse plus forte que tout. Au moment de mon ordination sacerdotale, il m'écrivit une des plus profondes lettres que j'ai reçues. Ses livres donnent une pâle idée de ce qu'étaient sa courtoisie, sa culture, sa noblesse intérieure, sa rectitude et son angoisse spirituelle.

J'ai retrouvé exactement la même gravité et le même bonheur avec Pierre Emmanuel et le cinéaste Georges Clouzot. Pendant quinze ans, ils furent chacun à leur manière des compagnons proches et inattendus. M'arrivait de l'un ou de l'autre une demande pour déjeuner ou échanger, c'était toujours dans un but entièrement gratuit. Tous deux étaient torturés par la question du destin. Passionnés par leurs œuvres, ils en savaient la valeur, mais connaissaient trop l'insatisfaction qu'elle pouvait leur laisser à certains moments. Je n'ai jamais réussi à convaincre Pierre Emmanuel d'écrire des prières. Il aurait su tellement bien nous aider lorsqu'il s'agissait de s'adresser à Dieu. Il se sentait indigne.

Clouzot a confessé de manière très nette sa conversion. Les amitiés de Sartre et Camus ne lui avaient pas suffi pour sortir du désespoir alors il s'était adressé à Dieu en lui disant comme il le rapporte : « Si vous existez, donnez-moi la lumière. » Il fut un des fidèles des Conférences de Notre-Dame. Il m'a avoué combien le *Magnificat* l'atteignait au plus profond. Passionné de musique comme de tout, il me faisait venir lorsque Karajan, Rostropovitch, Seiji Osawa ou Yehudi Menuhin passaient dîner chez lui. Je ne comprends pas que les cinq films qu'il a enregistrés avec Karajan ne soient pas dans tous les centres culturels de France. Rien de tel pour découvrir l'esprit créateur dans sa joie et son impitoyable labeur. On approche à certains moments de ce qui pouvait habiter Mozart lorsqu'il écrivait la *Symphonie Jupiter* ou Rimbaud *Le Bateau ivre*. Ces films demeurent malheureusement bloqués par un producteur de Munich. Un enregistrement du *Requiem* de Verdi à la Scala de Milan avec Karajan, mobilisait quatorze caméras. Chaque cameraman devait suivre la partition. Karajan a confessé combien il devait à Clouzot certains affinements de ses interprétations.

Nous avons la chance, alors que tous ceux-ci sont morts, d'avoir parmi nous depuis deux décennies à la tête de l'École du Louvre, un chrétien dont la culture est aussi universelle et la conversation généreuse. C'est Dominique Ponnau. Sa finesse contemplative permet une complicité totale. Demandez-lui de vous introduire à Baudelaire ou au Caravage, il le fera avec la même compétence, non seulement issue de l'érudition, mais de la profondeur de l'angoisse humaine lorsqu'elle en appelle à la miséricorde et à l'humanité de Dieu.

Trois prêtres m'ont donné le même bonheur : le père Jean de Menasce, le père Urs von Balthasar et le père de Lubac.

J'ai déjà parlé du premier, dominicain professeur aux Hautes Études. Je l'ai vu écrire directement à la machine aussi bien en anglais, allemand, hongrois, espagnol, arabe, russe, hébreu... et j'ai assisté à l'offertoire de ses années d'hémiplégie. Mais la souffrance fut encore plus aiguë pour lui lorsqu'il était bouleversé par l'attitude de certains des frères de son ordre religieux. Le rapport qu'il en fit à son supérieur en 1971 mériterait d'être sorti des archives. De toutes manières il reste de lui d'admirables livres : *La Porte ouverte sur le jardin* et *Permanence et transformation de la mission.* Ce dernier livre est un petit chef d'œuvre d'intuitions sur l'histoire et la rencontre des religions, écrit il y a trente ans, il est prophétique des problèmes les plus actuels des décennies qui viennent.

Chaque fois que j'ai pu le rencontrer, le père Balthasar m'impressionnait par la rapidité, la capacité de situer, l'exigence mystique de sa pensée. Sa culture fabuleuse n'était pas de l'ordre du luxe ou de l'apologétique ni du besoin d'érudition, mais de la nécessité de signaler le lieu où le Verbe de Dieu rejoignait le verbe de l'homme.

Ainsi du père de Lubac. Comment ne pas évoquer ses confidences de souffrances si nobles dans leur discrétion, mais aiguës dans leur expression lorsqu'il découvrait à quels dérapages conduisaient les démangeaisons de l'après-68. Encore une fois chez eux, comme chez les précédents, au-delà de l'angoisse dominait un avant-goût de ce que pourrait être la conversation du Ciel.

Deux de vos confrères dominicains, le père Jossua et le père Manigne ont essayé de donner un statut à cette rencontre entre la littérature, la culture et la foi. Avez-vous eu l'occasion d'en échanger avec eux ?

Non. J'ai lu leurs livres. Je ne sais pas bien comment me situer, ni saisir le hiatus que je sens entre leurs manières d'écrire, la forme de leurs propos et le fond du problème. Sur la possibilité d'une théologie poétique ou esthétique, sur les risques de confusions entre expérience artistique et vie de prière, j'ai essayé d'exprimer une partie de ce que je pouvais dire dans le livre *La Beauté sauvera le monde,* je ne peux qu'y renvoyer et continuer à essayer d'entendre l'appel mystique des grands illuminés que Dieu a mis sur notre chemin, sans confondre l'expérience mystique et l'expérience esthétique. Je ne pense pas que l'on puisse réduire les poésies de Thérèse de Lisieux à « n'être qu'affligeantes ». Lisieux ne m'a jamais empêché d'aimer Jacottet, Bonnefoy ou Hölderlin. Ce serait plutôt l'inverse.

Deux postulats pour tout libraire, bibliothécaire, novice ou étudiant

Comme éditeur, j'ai essayé de suivre deux maximes. L'une de Jacques Prévert : « Moi je préfère les lecteurs aux auteurs, car, eux, au moins ils en rajoutent. » Et l'autre de Thérèse de Lisieux « Les livres ont des considérations toutes plus belles les unes que les autres, l'Évangile me suffit. »

II

Engagement dans la parole

4

Aux éditions du Cerf

Qu'est-ce qui vous a amené à quitter le professorat pour l'édition ?

Encore une fois le hasard, la Providence et la décision des supérieurs ont seuls tout dirigé. Les éditions du Cerf ont connu des années heureuses et courageuses de créations intellectuelles et spirituelles pendant la guerre et l'immédiate après-guerre, qui avaient vu naître les projets de la Bible de Jérusalem, de *Sources chrétiennes* et le retour aux trésors du christianisme (dans le même esprit qui avait poussé dès 1920 le père Bernadot, fondateur des éditions du Cerf, à publier Cassien, Guigues-le-Chartreux, Thérèse d'Avila ou saint Jean de la Croix). Il y eut ensuite pour cette maison quelques années plus difficiles et survint la crise de février 1954. Après le changement de maître général des Dominicains, le nouveau supérieur général, le révérendissime père Brown, souhaita en 1958 renforcer l'équipe des éditions. Comme j'avais enseigné la théologie pendant six ans au couvent d'études du Saulchoir, je fus envoyé pour une année de travail à l'université de Fribourg afin d'y passer le doctorat avant de reprendre mes cours. S'y trouvait avec moi un compagnon dominicain, le père Dupuy, devenu depuis ce temps-là spécialiste des questions juives.

Le père Plé, responsable aux éditions du Cerf de la revue *La Vie spirituelle* et fondateur du *Supplément,* cherchait un remplaçant après quinze ans de fonctionnement. On lui avait parlé du père Dupuy. Il vint donc à Fribourg lors de la semaine de Pâques 1958 afin d'essayer de le convaincre. Mais celui-ci s'orientait vers les problèmes œcuméniques et se préoccupait plus spécialement des rapports avec le judaïsme ; le père Plé changea alors d'avis et le sort tomba sur moi. Il fallut l'habileté du père Carré, supérieur du couvent du Cerf, bien qu'il n'ait ni responsabilité ni rôle aux éditions, pour obtenir que je vins au Cerf contre l'avis du père Hamer, alors mon supérieur puisqu'il était à ce moment-là régent des études des Facultés du Saulchoir. Il souhaitait me garder comme professeur de théologie. Le père Hamer était mon voisin de cellule. Plus tard, devenu cardinal, il fut chargé à Rome de la Congrégation des religieux puis de la Congrégation de la Doctrine de la foi et me conserva toujours une amitié très fidèle.

À partir de 1958, j'ai donc eu, en même temps que les cours de théologie, à assurer pendant quatre ans la direction de la revue *La Vie spirituelle.* L'aide de l'abbé Cognet, du père Dominique Barthélemy, du père Régamey, du père Louis Bouyer, du père Robilliard, entre autres, me fut précieuse. Chaque année une enquête terminait l'étude du mystère qui nous avait servi de guide les mois précédents. On aborda ainsi la foi, la prière, le mystère de Dieu. Nous avons connu trois moments forts avec le numéro sur « Les Séminaristes en Algérie ». Ils étaient alors au nombre de mille, en pleine guerre, et je leur avais simplement demandé ce qu'était leur vie de prière dans ces conditions. J'ai publié en 1959 leurs témoignages sans occulter ceux qui avouaient le drame d'avoir assisté à des tortures. Cela me valut un reproche de Mgr Badré, évêque aux Armées et l'interpellation d'un député à l'Assemblée nationale. Plus ennuyeux fut le plasticage qui s'ensuivit au rez-de-chaussée des éditions du Cerf par l'OAS au boulevard de Latour-Maubourg : j'avais osé évoquer clairement la torture. Mauriac, Robert Barrat, Pierre Emmanuel aussi bien que le responsable général des pères Trappistes et beaucoup d'autres furent sensibles à l'ingénuité dramatique avec laquelle s'exprimait sans censure ces témoignages.

L'année suivante parut le numéro qui rassemblait les réponses à l'enquête « Les Instituteurs et la foi », eux qui étaient aux avant-postes de la laïcité. Enfin le « Témoignage des cloîtrées » réunit les attestations de deux mille religieuses (elles étaient alors six mille cloîtrées en France : bénédictines, carmélites, chartreusines, dominicaines, visitandines). Leurs réponses, en même temps discrètes et fortes, sur ce qu'était leur vie avec Dieu, sans pour autant rompre le secret du roi, fut pour moi une confirmation, dont je n'ai jamais connu l'équivalent, de ce que j'avais eu à enseigner dans mes cours de théologie : mais plus violent, vrai, brûlant, et impatient qu'on ne l'aurait cru. On tira la revue jusqu'à trente mille exemplaires. Pierre Dumayet m'interrogea à l'émission *Lectures pour tous* de Noël 1962, Mauriac avoua dans *le Figaro* combien il fut ébranlé. Le livre donna occasion aux interviews les plus variés. J'envoyai un exemplaire à Françoise Giroud...

En 1960, le père Boisselot, responsable des éditions du Cerf, me demanda de prendre la charge de directeur adjoint, puis en 1962, de directeur littéraire. En 1964, il prêcha aux obsèques du père Chifflot qui, avec le père Vergriete, tous deux compagnons merveilleux d'amitié et de travail, avaient tant fait pour la Bible et la connaissance des Pères et de la mystique. Le père Boisselot, alors directeur général des éditions du Cerf, entra en clinique lui-même le lendemain des obsèques du père Chifflot pour mourir dix jours plus tard d'un cancer généralisé.

À nouveau, le sort tomba sur moi et la responsabilité de cette « maison » me fut confiée. Au bout d'un certain nombre d'années, j'ai pensé qu'il était bon de passer le pouvoir. Responsables et supérieurs ont été d'abord surpris de ma requête d'abandonner la direction du Cerf. L'habitude des mandats qui dans l'Église ne durent que trois, six ou neuf ans est peut-être raisonnable.

Depuis lors, j'ai compris la formule, cent fois répétée par mon ami Hubert Beuve-Méry lorsqu'il prit sa retraite : « Le pouvoir corrompt et le pouvoir absolu corrompt absolument »... Pourquoi donc s'accrocher au pouvoir ? Quand tout se déroule bien, il est peut-être heureux de passer la main et de se retirer pour d'autres tâches plus proches de l'essentiel de sa vocation.

Le cardinal Marty avait eu deux fois l'occasion d'assister à la totalité des conférences des retraites qu'il m'avait demandé d'assurer pour les prêtres du diocèse de Paris. Nous étions nombreux, plus de trois cents. Le cardinal attachait de l'importance à ces retraites de septembre et novembre 1969 les premières qui reprenaient après les événements de 1968. Il m'avoua affectueusement plus tard que c'étaient ces deux retraites qui lui avaient donné l'idée de me demander de prêcher les conférences de Notre-Dame de Paris. C'est lors de ces semaines que je fis davantage connaissance avec un ancien aumônier de Sorbonne, devenu curé de Sainte-Jeanne-de-Chantal et que se noua une amitié fidèle avec celui qui était alors Monsieur l'abbé Lustiger.

Mille choses heureuses se sont accomplies aux éditions du Cerf dans ces années soixante et soixante-dix. Au début je fus pris de panique. Lorsque, dans les huit jours, je dus assurer la charge de la direction littéraire, il n'y avait plus que huit manuscrits en route. Les autres éditeurs religieux avaient bien normalement profité de la fatigue des responsables du Cerf pour attirer chez eux un certain nombre d'auteurs. Il fallait remettre la machine en route et réinventer ce qui était utile aux chrétiens.

J'ai eu à porter sur les fonts baptismaux la *Traduction œcuménique de la Bible* (qui avant l'arrivée du père Refoulé en restait à des démarches encore timides), les grandes collections telles les *Littératures Anciennes du Proche-Orient,* les grands commentaires du concile et certaines collections de recherches qui honorent encore la pensée française ; et aussi la publication rigoureuse, exhaustive, critique de textes fondamentaux comme les œuvres de Thérèse de Lisieux et d'Élisabeth de la Trinité et des grands mystiques du XVIe au XXe siècle, la fondation de multiples collections, entre autres de la principale collection religieuse de poche de langue française *: Foi vivante* et bien d'autres projets, nés de la joie de communiquer, comme la collection d'histoire : *Chrétiens de tous les temps* où sont parus des textes fondamentaux tels *Les Pères apostoliques* par le père Mondésert, *L'Église et l'État* par le père Hugo Rahner. Les pères jésuites Jean-Claude Guy et Mondésert assuraient la recherche et le suivi pour les premiers siècles ; les pères dominicains Bataillon et de La Brosse la préparation des manuscrits pour le Moyen-Age et les temps modernes. Notre souci au Cerf était alors d'en finir avec la prétention d'être dans l'édition religieuse les meilleurs, les plus forts, les premiers... pour en terminer avec les rapports de force et entrer dans la confiance d'une communion avec les autres éditeurs. Comment ne pas rendre hommage, entre autres, à nos amis Villette et Cartayrade des Éditions ouvrières, à Madame Aubier, à Mademoiselle Delachaux ? Ce furent des années d'invention heureuse. On avançait sans orgueil. Desclée de Brouwer gardait alors le souci de faire bande à part.

Péguy aimait à comparer le rôle de l'éditeur à celui d'un standard téléphoniste qui met en contact l'émetteur et l'auditeur. J'aimerais une autre comparaison, celle du pontonnier. Il s'agit de rejoindre deux berges, celle de l'auteur et celle du lecteur. Mais on ne sait pas à l'avance la profondeur de l'eau, la force des courants ou le reflux de la marée, il peut y avoir des surprises. Le fond peut être proche ou au contraire le creux plus grand qu'on ne le pensait. On ne savait pas du tout en 1962, si les difficultés qui naîtraient de l'élaboration de la Bible œcuménique viendraient des théologiens, des sociétés bibliques, des exégètes, des éditeurs ou des différentes hiérarchies responsables. Ainsi de certains livres, là où on les espérait en quelques mois, ils pouvaient demander des années pour être achevés. Dans l'histoire, une Bible n'a jamais pu être traduite sérieusement en moins de dix années. Pour la *Concordance biblique*, il fallut dix-neuf ans à une équipe de cinq auteurs. Je montais parfois les visiter au carmel de Montmartre avec une bonne bouteille de Chablis pour leur redonner du courage.

On pourrait aussi comparer le rôle d'un éditeur à celui d'un jardinier. Un parc lui est confié. Pour être de bonne venue il doit avoir trois parties : le potager qui essaie de fournir une nourriture facilement assimilable par tous, c'est le consommé frais des collections *Foi vivante, Épiphanie, Lire la Bible,* des *Initiations* à *la théologie* et *Introductions à la philosophie, aux Pères.*

En deuxième lieu, il y a le verger aux fruits mûrs, cela demande évidemment plus de préparation, de temps et de patience pour savoir ce qui est vraiment utile, par exemple dans la collection *Théologies sans frontière.*

Enfin la troisième partie du parc qui est comparable aux grands arbres d'un bois, le cèdre de l'Himalaya, le chêne d'Amérique, le Sequoïa. Il faut parfois plusieurs siècles pour l'approfondissement biblique. De décennies en décennies se poursuit la recherche fondamentale avec par exemple les grandes séries de *Cogitatio fidei, les Études bibliques, Les Littératures anciennes du Proche-Orient,* etc. Je reste fier d'avoir donné personnellement naissance aux quarante neuf premiers volumes de *Cogitatio fidei.*

Devant tout projet important, m'habitait chaque fois la crainte d'être un peu « fou » : par exemple en prenant l'initiative de la révision d'une traduction abordable de *la Somme théologique* de saint Thomas d'Aquin. Comme dans une famille, les combats et les joies étaient imprévus par exemple celle de suivre et de sauver à certain moment l'immense corpus des *Sources chrétiennes* en aidant pour cela le labeur du père Mondésert, jésuite de Lyon, ou de soutenir pendant dix-neuf ans le génie de sœur Jeanne d'Arc pour qu'aboutisse le chef d'œuvre que fut la *Concordance du Nouveau Testament* selon les antécédents hébraïques des termes grecs utilisés par les auteurs des évangiles et des épîtres.

Finances, auteurs, difficultés, joies et regrets

À vous lire on croirait que dans la responsabilité d'une maison d'édition tout le monde il est beau, tout le monde il est gentil ?

Je crois avoir rencontré probablement tout ce qu'un responsable d'entreprise peut avoir rencontré. N'oublions pas que nous étions en plein dans la crise des années 68. Pour une maison d'édition l'absence de tout travail au moment des premières communions, des ventes de bibles et missels, c'est-à-dire aux mois de mai-juin, est une perte financière lourde, pratiquement un quart du chiffre d'affaires de l'année. Ce ne fut pas cela le plus difficile. On y a fait face normalement. Ni même le bouillonnement des idées. La maison fit preuve de sagesse et de patience.

Plusieurs années après la prise en charge du programme des éditions que j'avais eues à assumer, arriva un père profondément marqué par le luthéranisme. Sa présence en Suède n'était plus nécessaire.

Je me suis trouvé quelque peu surpris sept ans plus tard après avoir quitté la direction générale et n'avoir plus de responsabilité aux Éditions, sauf la suite des grands projets de l'édition complète des œuvres de Thérèse de Lisieux et d'Élisabeth de la Trinité : furent introduits subtilement certains livres quelque peu flottants. Fût-ce toujours si utile à la recherche de la foi ? Avec recul, je me pose encore la question.

Quand je dis avoir tout rencontré, comme c'est le cas pour tout responsable aujourd'hui, je dis bien tout. La vie religieuse ne facilite pas forcément les choses. Drames de l'alcoolisme ; surprise de la paranoïa, lancinante pour une communauté, en face de laquelle il n'y a pas d'autre solution que de bétonner avec le maximum de patience ; schizophrénie dont l'angoisse conduit aux tentatives de suicide ; lettres anonymes répandant des calomnies qu'on n'aurait jamais soupçonnées... Que faire ? Sinon apprendre que, comme responsable on est seul et qu'il faut garder le silence. En dix ans de responsabilité, j'ai aussi bien assisté à des menaces d'exclusion, qu'à des demandes de suppression des éditions du Cerf, etc. La question était-elle prématurée, était-elle sans signification ? Etaient-ce difficultés plus fortes qu'ailleurs ? Je ne sais. C'était en 1968-1971.

Pendant ce temps-là il fallait assurer les salaires d'une centaine de familles, accueillir des prêtres en instance de départ du sacerdoce, trouver d'autres lieux pour obtenir une meilleure distribution, passer les fichiers commerciaux sur informatique et continuer à inventer en se demandant ce qui serait utile à l'Église dans vingt ans. Heureusement il y eut l'amitié totale de deux supérieurs provinciaux, le père Joseph Kopf et le père Nicolas Rettenbach. C'est leur confiance qui m'a bien souvent gardé joie au travail.

L'aventure de la Bible œcuménique

Pendant le temps de votre responsabilité aux Éditions du Cerf, fut préparée, comme vous l'avez évoquée, la traduction œcuménique de la Bible, la TOB. Sa parution fut un événement qui a marqué l'Église bien au-delà de l'hexagone. Les coulisses de cette préparation, les obstacles et les joies en sont peu connus, pourriez-vous nous en parler ?

En janvier 1962, lorsque je fus chargé de la direction littéraire du Cerf, le projet de la traduction œcuménique de la Bible avec la participation à égalité de catholiques et protestants, n'était porté que par trois personnages de grande foi, rigueur et amitié. L'abbé Starcky, un pasteur alsacien et le père Chifflot, alors directeur littéraire des éditions du Cerf. Celui-ci était déjà très malade, d'une tuberculose du rein, et devait mourir deux ans plus tard.

Ayant dû prendre sa charge, il me fallut d'abord mettre en place une structure qui allie compétence, espérance et confiance. Elle comportait un conseil de quatre sages les plus indiscutables possibles pour que l'on puisse se référer à eux en cas de litige. L'accord fut immédiat pour nommer du côté catholique deux dominicains, directeur et ancien directeur de l'École biblique de Jérusalem, le père de Vaux et le père Benoît et, du côté protestant, le professeur Oscar Cullmann et le pasteur Vischer. Leur caution, leur patronage et leurs conseils assuraient la tranquillité de l'aventure.

Cela a bien été vécu comme une aventure. Au début nous étions semblables à des défricheurs qui ont bien quelques aperçus mais ne connaissent pas forcément toutes les surprises bonnes ou mauvaises qu'ils vont rencontrer. Le moment était venu où un dialogue concret, fécond se révélait possible sur l'essentiel non seulement en théorie, mais en pratique entre protestants et catholiques.

Avant le conseil des sages, il est évident qu'il fallait d'abord fixer les partenaires qui seraient les ultimes décideurs. Deux instances semblèrent pouvoir mener à bien l'épopée de cette traduction qui, comme toutes les précédentes lorsqu'il s'agit de traduire une Bible, devait demander dix ans. Olivier Béguin président de l'Alliance biblique mondiale était tout désigné pour les protestants. Du côté catholique, il était délicat d'engager la responsabilité d'une hiérarchie, au cas où l'opération aboutirait à un échec. En effet, au départ, rien n'assurait que l'on pût mener à terme le travail. Les éditions du Cerf ayant prouvé la qualité de leurs initiatives bibliques grâce au partenariat de l'École biblique de Jérusalem, il fut tout naturellement décidé que son responsable serait le partenaire du côté catholique de l'opération. C'est ainsi que je fus pendant neuf ans chargé de porter et suivre l'affaire.

*

Avez-vous trouvé des réticences de la part de la hiérarchie catholique ?

Aucune, bien au contraire. Je suis allé immédiatement voir le cardinal Martin, archevêque de Rouen, responsable de l'œcuménisme au nom de l'épiscopat français, puis à Rome, le cardinal Béa chargé des questions œcuméniques. Non seulement tous les deux me reçurent chaleureusement, mais ils furent immédiatement rassurés et d'accord pour que l'on mette en œuvre le travail tel qu'il avait été prévu avec beaucoup de précautions.

Quelles étaient ces précautions ?

Pour que le travail s'opérât dans un climat de confiance, d'efficacité et d'une relative nouveauté et invention, il fallait que les structures de départ aient prévu la manière d'éviter toutes difficultés inutiles.

Il fut décidé qu'on commencerait discrètement, pendant deux ans, par le moins facile. On choisit donc comme test un des livres qui avait le plus appuyé Luther pour justifier ses divergences, à savoir l'Épître de saint Paul aux Romains. On supposait que si l'accord se faisait sur ce texte, il y aurait toutes chances qu'il puisse se faire pour le reste.

En dehors du comité des sages et du comité d'édition, il s'avéra utile qu'il y ait un comité de coordination, constitué par des exégètes de compétence reconnue qui puissent servir de standard téléphoniste entre les différents traducteurs. Le père Prignaud, ancien professeur à l'École biblique, le père Dreyfus, le pasteur Reymond et le professeur Geoltrain, entre autres, furent des référents de travail d'une humilité cachée et efficace et d'une intelligence remarquable. Aucun traducteur ne pouvait alléguer qu'il n'était pas compris dans ses options.

Nous avons compliqué l'aventure pour la rendre plus créative. Non seulement, chaque livre de la Bible était confié à un traducteur protestant et un traducteur catholique, non seulement on soumettait le texte, quand c'était possible, à nos amis orthodoxes et juifs, mais on avait prévu de faire travailler les traducteurs par groupes de livres bibliques homogènes entre eux. Deux exemples le feront comprendre : les trois évangiles synoptiques, Matthieu, Marc et Luc. Les traducteurs après avoir travaillé sur leurs textes confrontaient leurs traductions avec chacun des autres évangélistes afin d'homogénéiser les termes grecs similaires, de même des petits prophètes, de même des livres historiques, de même du Pentateuque, etc.

*

Cela ne constituait-il pas une structure trop lourde ?

L'apparente complexité, comité des sages, comité de coordination, conjonction mutuelle des traductions, comité d'édition et donc de décision, firent peur au responsable américain des Sociétés bibliques. Je me vois encore expliquer la démarche et le fonctionnement de ce que nous avions mis en place au docteur Nyda pour le rassurer. Nous étions tous les deux dans l'immense building des Sociétés bibliques au carrefour de Broadway à New York. Il était très réservé sur notre organisation et me montrait avec fierté les mille deux cent soixante éditions des traductions protestantes de la Bible en toutes langues possibles, tout en se demandant bien quel allait être le résultat de notre projet. Il m'avoua plus tard que, finalement séduit par la structure mise en place pour la traduction œcuménique française, celle-ci lui servit de modèle pour d'autres langues.

Au-delà des structures, quelles furent vos impressions ?

À trente ans de distance, je garde trois dominantes. Une impression de bonheur, la joie exceptionnelle d'une communion, une espérance.

Le bonheur fut essentiellement dû à la qualité des hommes. La grande humilité, amitié et confiance *a priori* d'auteurs de haute sagesse fut contagieuse. Il faudrait en nommer tellement. Je ne peux pas ne pas mentionner le pasteur Jean Bosc, les professeurs Edmond Jacob et Bonnard, l'abbé Dornier, le père Grelot, tant d'autres. Je m'étais nourri de leurs livres et ils étaient là conversant avec les pères Barthélemy, Cazelles, Langlamet, Tournay comme avec des amis de toujours.

Une communion. Elle s'est exprimée particulièrement pendant les premières sessions de travail. Sur les cent ou cent-vingt traducteurs, nous avions réussi à en regrouper une quarantaine pour des sessions de travail, dans des chalets en Suisse. D'abord aux Giettaz dans le Valais, puis, l'année suivante, à Founex sur les bords du lac Léman. Cette vie commune pendant une dizaine de jours fut un des secrets de la réussite du départ. Parpaillots et papistes *priaient* ensemble, faisaient la vaisselle ensemble, jouaient au volley-ball ensemble, de temps en temps Ancien testament contre Nouveau testament ou bien protestants contre catholiques. Ce furent des moments exceptionnels. Les psaumes chantés ensemble exprimaient tout : le labeur, les espérances, l'assurance que Dieu accompagnait ceux qui le suppliaient. Quel dommage que les caméscopes n'aient pas existé, ils laisseraient une trace irréversible de la confiance qui était plus forte que toutes les réserves inavouées.

Le comité des sages eut-il à intervenir pour trancher les différends éventuels que les traducteurs auraient pu rencontrer ?

Ce fut une des surprises et une des joies de ces dix ans de travail. Il n'y eut jamais occasion de litiges à soumettre au conseil des sages. Je crois que, secrètement, ce fut un certain bonheur personnel pour chacun de ces sages.

L'entente fut redevable de plusieurs causes, d'abord la compétence des traducteurs, puis pour une immense part la justesse et le sérieux du labeur des membres du comité de coordination, enfin l'amitié des deux responsables ultimes du travail, le pasteur Casalis et le père Refoulé qui n'arriva qu'en 1964. Ils se sont donnés tous les deux à cette tâche dans un dévouement total. On peut dire qu'ils furent l'âme de cette *Bible œcuménique* à laquelle ils vouèrent toutes leurs forces. C'est bien à leur abnégation à tous deux que nous en devons la réussite.

On peut considérer comme un miracle qu'il n'y eut jamais besoin de faire appel à ce que l'on avait prévu, à savoir d'indiquer en marge de la Bible une double note pour signifier la divergence d'interprétation protestante ou catholique.

N'avez-vous quand même aucun regret ?

Si. Le projet initial était limité à une simple révision œcuménique de la Bible de Jérusalem. Mais c'eût été proposer aux protestants un texte déjà constitué par les catholiques. C'est à l'honneur du père Benoit et du père de Vaux de l'École biblique que l'on abandonna cette hypothèse pour s'atteler à faire une version commune, protestante et catholique.

Peu à peu, l'expérience heureuse de la confiance mutuelle s'étant établie entre traducteurs, certains envisagèrent un projet plus vaste que celui de la traduction de la Bible. Ils souhaitèrent que l'on mît sur pied l'élaboration en commun d'un vocabulaire, d'une encyclopédie, etc. Cela ne put pas se réaliser comme on l'avait rêvé.

Pourquoi ?

Pour deux raisons. Elles n'ont rien à voir directement avec les options religieuses. Mais elles s'avérèrent des obstacles redoutables que nous n'avons pas su éviter, contourner ou résoudre. En gros, ce furent des options politiques et des options commerciales qui firent obstacle.

Autant l'intervention, la souplesse et le support des éditeurs catholiques furent aisés, autant il furent plus laborieux du côté protestant. Le partenariat des éditions du Cerf avec l'Alliance biblique mondiale fut immédiat et heureux. Après un certain temps, les éditeurs protestants, qui n'étaient pas engagés dans l'aventure au départ, demandèrent à entrer dans le jeu. Il fut convenu un accord assez simple. Deux réalisations devaient voir le jour. Une édition de lecture et de travail avec des notes qui seraient réalisées par les catholiques, et bien entendu commercialisées par les deux partenaires, puis une deuxième édition dite « missionnaire » ou populaire, réalisée par les protestants, avec le même texte rigoureusement identique, mais sans notes ni commentaires, destinée à être donnée ou distribuée le plus largement possible dans les territoires de mission. Il y eut hélas un certain cafouillis quand cette édition, en principe destinée à être distribuée quasi gratuitement, fut mise en vente de manière plus ou moins incognito, mais déplaisante, dans certains pays comme le Canada. Cela brouilla un peu les cartes. La bonne volonté des uns et des autres résolut le problème. Les sous-entendus financiers avaient laissé percer l'oreille.

Je me souviens d'un autre jour où l'un des responsables d'édition protestante émit l'hypothèse qu'on pourrait peut-être payer les traducteurs catholiques à mi-salaire puisqu'ils étaient célibataires ! Bien évidemment le pasteur Jean Bosc et Olivier Béguin, président de l'Alliance biblique mondiale, mirent tout de suite le holà. Ces petites difficultés ne firent que renforcer la confiance mutuelle entre responsables.

En revanche, l'accélération provoquée par les événements de mai 1968 — on était alors en plein travail — marqua des clivages politiques qui furent plus lourds de conséquences. Entre autres, un certain durcissement d'origine marxiste chez tel ou tel responsable. Je crois que secrètement cela a prématurément stoppé l'espérance d'un travail qui aurait pu aller au-delà de la traduction de la Bible. C'est dommage.

Un bienfait inégalé avait été acquis par les mois de travail et de vie commune entre traducteurs. Je me souviens encore de la manière dont le pasteur Philippe Reymond de Lausanne, demeurant souvent au couvent, nous avoua un jour à table que, désormais, il croyait au célibat des religieux catholiques. Sa joie était de prier avec nous en assistant à l'office dans notre chapelle. On pourrait citer mille exemples. Je pense au bonheur de notre découverte en face de l'extraordinaire qualité de la traduction de Job par le père Barthélemy et son complice protestant.

Ne pourra-t-on pas davantage profiter de tout le travail fourni par cette centaine de traducteurs ?

C'est peut-être mon principal regret. Afin de prouver l'espérance possible de la réussite et la confiance dans la qualité du travail, il fut décidé au départ que l'on publierait en fascicules séparés un certain nombre de textes bibliques, c'est-à-dire en livres qui comporteraient des notes abondantes, et cela afin de donner un spécimen de chaque genre littéraire présent dans la Bible. Ainsi parurent l'Épître aux Romains, l'Exode, Job, l'Apocalypse, etc. Cela effaroucha les sociétés bibliques suisses et américaines. Elles demandèrent que l'on cessât de publier en fascicules. Les raisons financières firent que l'on dut s'incliner. Je l'ai beaucoup regretté car le travail et les échanges engrangés entre spécialistes étaient sans prix. Tous les travaux après avoir servi à l'établissement des traductions ont donc fini dans des malles-cantines... Ils ne sont malheureusement plus utilisables, car certains de leurs auteurs sont morts, les autres considèrent comme périmées leurs conclusions d'il y a trente ans.

N'y a-t-il jamais eu de difficulté avec l'imprimatur ?

Ce fut une des premières questions soulevées par nos amis protestants. Elle fut immédiatement résolue sans aucune difficulté. Le pasteur Bœgner, le cardinal Béa s'engagèrent immédiatement à cautionner la traduction par une préface commune, respectant la mention, si elle était nécessaire, des rapports différents entre Écriture et Tradition en chaque Église. Une séance mémorable dans le grand amphithéâtre de la Sorbonne marqua la sortie du premier volume, en présence du Premier ministre d'alors, Maurice Couve de Murville. Pierre Emmanuel sut évoquer l'événement avec une grande force de lyrisme.

Les lignes de démarcation passèrent davantage entre certaines institutions commerciales qu'entre les traducteurs qui s'entendirent remarquablement.

Votre vie en a-t-elle été marquée ?

Profondément. D'abord par l'humilité de ces hommes qui regroupaient toute l'élite de l'exégèse francophone. Un seul exemple, je garderai toute ma vie une joie particulière du fait que ce soit grâce à l'amitié mutuelle que nous avions l'un pour l'autre avec le père Barthélemy, professeur à Fribourg, qu'ait pu voir le jour son chef-d'œuvre : *Dieu et son image*. C'est sûrement l'un des livres les mieux écrits, les plus lisibles et les plus aigüs qui aient été rédigés sur la Bible depuis cinquante ans. Je l'ai arraché au frère Dominique en le décryptant moi-même, conférence par conférence, article par article de *La Vie spirituelle*, puis chapitre par chapitre. Il en était lui-même tout ému.

Cette humilité était doublée d'une passion secrète, celle qui leur avait fait vouer leur vie à un objet qui les dépassait tous : la Révélation de Dieu. Enfin, troisièmement, par la confirmation vécue et vérifiée des vraies raisons de divergences. Ce n'est pas d'abord la confession ou l'adhésion religieuse qui est source de dissensions ou de divergences, mais des options ou des difficultés qui sont parfois éloignées du religieux. Dans les villages qui entourent la principale université protestante suédoise, Upsala, vous trouvez couramment dans la salle commune du café du village aux quatre angles les poutres honorant saint Augustin, saint Ambroise, saint Jérôme et... « saint » Luther.

À trente ans de distance, j'ai l'impression d'avoir assisté à un miracle, celui de la communion de la présence de Dieu plus forte que tout.

Votre joie ?

Avoir inopinément découvert la TOB, la Bible œcuménique, dix ans après sa parution, sur la table de nuit des catéchumènes à Tahiti ou à Nouméa, comme si, là où les confessions chrétiennes divergeaient, était devenu désormais normal qu'on puisse prier et méditer avec le même texte.

Au-delà des soucis administratifs ou financiers, la recherche ou la rencontre des auteurs devait être pour vous une source constamment renouvelée dans la vie courante des éditions ?

Plus qu'une source : une leçon et un bonheur. Votre question m'invite à faire la typologie des auteurs comme des personnages dans l'Évangile de saint Jean,

Sans risque de créer une jalousie pour personne, je dois citer d'abord ceux dont je n'ai pas d'autre mot pour les qualifier que celui de *grands*. Leur première caractéristique était l'humilité : les pères de Vaux, Benoit, Geiger, Cazelles, par exemple, et bien sûr le père Mondésert à qui nous devons l'essentiel de la poursuite de la collection *Sources chrétiennes* qui est l'honneur de l'édition française. Sa sainteté, sa compétence et son urbanité resteront un exemple pour tous ceux qui ont le souci de communiquer dans l'Église.

Une autre catégorie d'auteurs, non moins importants, furent les *fon-*

dateurs. Qu'ils soient à la source de modeste série comme le père Gardeil avec *l'Initiation à la philosophie* ou comme le père Louis Bouyer, avec sa prestigieuse synthèse théologique en neuf volumes. Leur ténacité et patience ont été exemplaires, comme celles de Madame Harl pour la *Bible d'Alexandrie,* dite des *Septante.*

C'est une joie de penser aux *amicaux.* On le voyait tout de suite à la manière dont ils traitaient le personnel du service littéraire. Ils savaient apporter le petit rien, boîte de chocolats, cartes pour leurs vœux de fête ou autre, qui témoignait leur reconnaissance à ceux qui avaient peiné sur leurs manuscrits : le père Serge Bonnet, le père Voillaume, le père Loew, le frère Michel Nurdin, le père Conrad De Meester n'étaient jamais en reste de délicatesse amicale. Comme par hasard, c'étaient eux dont les ouvrages se vendaient à 40 000 ou 100 000 exemplaires. J'avais eu la joie de travailler avec le père Loew pour l'élaboration des numéros de *Fêtes et saisons* sur le mal et sur Dieu qui s'étaient diffusés à plus d'un million d'exemplaires chacun. Je lui suggérais ensuite de regrouper les « Lettres à ses communautés » en les complétant par ce qui me semblait manquer : des chapitres sur la charité et la vie commune. Le résultat fut le livre *Comme s'il voyait l'invisible.* Le père chargé du service publicitaire vint me reprocher de l'avoir tiré à 7 000 exemplaires... il en fut vendu plus de 110 000.

De bonnes surprises vinrent de ceux qui étaient beaucoup *plus dociles* qu'on ne l'aurait imaginé, comme le père Molinié. Il y avait aussi les *impatients* : tous les auteurs, d'une certaine manière, mais le champion toutes catégories en précipitation était le père Congar. Chaque année à l'approche du mois de juillet, j'étais sûr de recevoir sa lettre : « Voici venir le temps catastrophique des vacances ! »

Les *inattendus* comme l'auteur de la vie de saint Benoît Labre. Les *désorientés* : frères, en état inquiet et incertain de quitter le sacerdoce, qu'il fallait aider au mieux. D'autres à qui, malgré les protestations du service commercial, il fallait laisser publier leur livre... tant c'était le seul moyen de les raccrocher un peu à l'existence.

Certains manuscrits particulièrement importants arrivaient dans un état de préparation remarquable comme par exemple le *Discours de Milet* de dom Dupont ou la *Théologie du Nouveau Testament* de Joachim Jeremias. Non seulement j'avais envie de les remercier du cadeau qu'ils faisaient à l'intelligence de la foi par leurs travaux, mais aussi de l'élégance de leur attitude. À l'occasion de son petit livre sur *Le Notre Père*, j'ai osé demander au professeur Jeremias de confession protestante, s'il pouvait modifier une phrase afin qu'aucun lecteur catholique ne puisse perdre le bénéfice de ces pages lumineuses à cause d'une nuance. La réponse de J. Jeremias fut un modèle de bienveillance et de vérité.

Inutile de cacher ce qui est la croix de tous les éditeurs. En face d'auteurs persuadés de l'importance de leur œuvre, comment expliquer qu'on ne pouvait pas publier ? Plusieurs motifs se présentaient, mais la plupart du temps impossibles à dire sans risquer de blesser : la pauvreté de l'écriture ou l'illusion sur l'intérêt qu'ils y attachaient.

Je me souvenais de ce que m'avaient dit mes amis architectes. Il faut avoir au moins refait sept fois le plan d'une maison pour qu'on soit assuré qu'elle soit viable, sans être pourtant certain qu'elle soit belle ! Ainsi d'un manuscrit. On pourrait ajouter la question de l'Épître aux Hébreux : « Êtes-vous allés jusqu'au sang ? »

Un autre motif plus important était celui de la rectitude de la pensée. Qu'on se proclame « théologien heureux », qu'on fasse la « psychanalyse du Petit Prince », qu'on apprenne à « Lire en écho », je préfère n'avoir plus eu à répondre de certains livres devant Dieu. Je n'avais plus aucune responsabilité lors de leur parution.

Quand vous étiez responsable, pas de regrets ?

Si, bien sûr, tout ce qu'on aurait aimé amener à existence. Un seul exemple, je n'ai pas réussi à décider le père Labourdette à publier ses cours qui représentent encore aujourd'hui la meilleure synthèse sur l'anthropologie et la morale chrétienne. Ses pages sont restées à l'état de cours polycopiés alors que c'est un chef-d'œuvre, de plus deux mille pages. Il est impossible qu'on ne lui donne pas un jour existence.

C'est le même regret pour l'œuvre de ceux que j'ai déjà évoqués, qui étaient des princes de l'esprit et furent mes professeurs et mes pères et frères en religion, comme le père Hyacinthe Dondaine. Je ne connais aucun texte, dans toute la littérature théologique, qui aille plus loin et qui soit aussi respectueux du mystère de la Sainte Trinité et qui aide à mieux vénérer l'habitation de Dieu dans l'âme humaine comme fondement de la prière et de la nouveauté propre au christianisme, que les pages qu'il a publiées sous le titre beaucoup trop modeste de *Notes techniques* en appendice de l'édition de la *Somme* de saint Thomas en fascicules.

*

Et Thérèse de Lisieux et Élisabeth de la Trinité ?

Ce fut un bonheur, un pari, une ténacité. Je m'en suis expliqué dans trois volumes.

Un responsable d'édition a pour devoir non seulement de respecter un minimum de déontologie, mais avant tout d'être utile. Il en va pour lui comme pour un professeur. Vous connaissez les trois stades de son évolution. Le jeune professeur dit plus qu'il n'en sait ; le professeur d'âge mûr dit ce qu'il sait ; le professeur d'âge avancé dit ce qui est utile aux étudiants.

Pour l'éditeur, il n'est pas toujours facile de refuser un manuscrit. L'auteur peut être prestigieux. Est-ce à dire que son ouvrage est vraiment nécessaire ? Jusqu'où a-t-on le droit de se prêter à des pages qui, sans être condamnables, s'avancent dans des directions qui peuvent s'avérer pernicieuses et, à long terme, troubler inutilement le public. Il y a des sujets avec lesquels il est impossible de jouer lorsqu'il s'agit du *Credo*. Dans un autre genre, le cas s'est présenté une fois à l'occasion d'un petit traité sur le suicide et une autre fois d'un manuel de révolution urbaine. Était-ce vraiment indispensable de publier les manières de se supprimer ou les recettes pour faire des coktails Molotov ? Je sais au moins que je pourrai me présenter devant Dieu sans avoir à rougir d'aucun livre paru pendant les dix ans de ma responsabilité aux éditions du Cerf. Si l'on ne peut pas toujours grand'chose négativement, je me suis rendu compte que l'on pouvait positivement.

En 1962, Thérèse de Lisieux n'intéressait presque plus personne. Un père carme, de grande renommée, faisait même des enquêtes dans les carmels sur son inactualité. Je pris alors mon bâton de pèlerin pour rencontrer mère Françoise-Thérèse, ancienne prieure de Lisieux et amie de ma famille, afin de mettre sur pied le projet d'une édition qui échapperait enfin aux critiques qu'avait subies le Carmel et qui apporteraient d'éventuelles améliorations au travail du père François de Sainte-Marie après qu'il se fut noyé pendant l'été 1961. Il fallut trente ans de patience, pour aboutir à l'édition critique sous la direction du père Guy Gaucher (devenu à notre joie évêque auxiliaire de Lisieux), et de Jacques Lonchampt et voir la relève prise par le père Conrad De Meester, dont on commence à peine à découvrir la force de renouvellement pour la compréhension de Thérèse, alors que certaines œuvres n'en finissent pas d'erreurs historiques ou d'étranges déviations préjudiciables à l'intelligence du doctorat de Thérèse. Heureusement les études remarquables du père Conrad De Meester remettent et remettront enfin les pendules à l'heure devant trop d'insinuations et d'affirmations non seulement erronées, mais à l'évidence malveillantes et de sous-entendus hélas trop souvent faux qu'on peut trouver dans quelques-uns des 4 853 ouvrages publiés sur Thérèse de Lisieux. Pour l'instant, en attendant la parution du gros œuvre du père De Meester, on ne peut que continuer à garder le silence, comme on l'a fait depuis trente ans et dire seulement : cela suffit.

La publication des œuvres d'Élisabeth de la Trinité fut beaucoup plus facile que celle de Thérèse de Lisieux et trouvait place en réponse à un besoin manifeste depuis quarante ans et s'inscrivait dans un courant que nous avions essayé de réveiller en publiant certains mystiques peu connus des XVIe-XVIIe siècles telle par exemple *La couturière mystique*, laïque de haute tenue de prière, dans sa modestie proche d'un frère Laurent de la Résurrection.

Une amitié me liait depuis plusieurs années à celui qui devait devenir le cardinal Decourtray. Il m'avait demandé de prêcher la retraite d'ordination des prêtres lorsqu'il était responsable du séminaire de Lille. À peine nommé évêque de Dijon, son premier poste épiscopal, il m'envoie un S.O.S. car je venais de lui signaler que le centenaire de sœur Élisabeth approchait. La Mairie de Dijon avait déjà prévu le timbre-poste. La télévision se mobilisait à son tour.

La Providence voulut que le compagnon dont j'ai déjà parlé, le père De Meester se passionnait pour Élisabeth. Nous arrivons donc à Dijon. Mgr Decourtray fait sortir de leur monastère les trois mères du Conseil du Carmel en leur demandant de venir chez lui avec nous deux, le père Conrad et moi. Eberluées de la rapidité de leur nouvel évêque, les trois carmélites arrivent. Mgr Decourtray les accueille par un premier aveu : « Je ne connais rien à sœur Élisabeth. » Nous rions tous ensemble. Alors il confie au père Conrad le soin d'écrire la lettre pastorale indispensable pour le centenaire et à moi-même la prédication de la messe télévisée qu'il présidera. Le travail du père De Meester fut exemplaire. C'est lui qui a porté le souci de la publication de tout l'œuvre de sœur Élisabeth. La confiance, la patience, la ténacité des sœurs du Carmel nous apportèrent un soutien irremplaçable. Le résultat ne fut pas seulement un centenaire réussi, mais une béatification soigneusement préparée.

La déclaration du doctorat de Thérèse de Lisieux a retenti comme un tourbillon de joie dans la chrétienté toute entière, témoin l'exclamation d'un million de jeunes aux JMJ de Longchamp. Un événement, inimaginable il y a seulement quinze ans, parmi tant d'autres : la photographie de la châsse contenant les reliques de Thérèse de Lisieux passant devant la Lubianka, ancien immeuble du KGB à Moscou, portée par huit jeunes soldats de l'armée russe d'aujourd'hui était inconcevable jusqu'à maintenant ! Et le périple des reliques se poursuit : de l'Alaska à Hong-Kong, du Brésil au Liban, de New York à Sydney, de la Sibérie à l'Océanie. Il représente le parcours jamais accompli dans l'histoire par les restes d'aucun être humain. Alors on peut se réjouir et oublier les réserves des puristes. Ils sont débordés comme ils le furent pour François d'Assise. On peut être heureux de lire vraiment Thérèse qui est avec Pascal l'un des deux génies les plus profonds de l'histoire religieuse française. Ce fut sûrement la plus grande joie de mon travail d'éditeur que d'entreprendre, de continuer, et d'aider à encore améliorer l'approche de ses œuvres. Ce qui nous permet de signaler, avec d'autant plus de force et de vigueur, l'immense, discret et si généreux rôle joué par le père Zambelli pendant les années 1990-2001. Lisieux ne fut pas seulement un lieu de dévotion, de mémoire, d'érudition, mais aussi le lieu d'un des plus grands moments dans l'histoire du monde, de l'enfance du cœur en nostalgie de Dieu. Avec ses prédécesseurs, le père Zambelli en avait fait un exemple pour tous les mouvements de prière et de pastorale.

Le père Vincent Bernadot, fondateur des éditions du Cerf, doit être tellement heureux dans sa tombe quasi clandestine au fond du cimetière d'un petit village du Rouergue. Initiateur trente ans à l'avance des publications des mystiques en livre de poche, il aura vu Thérèse et Élisabeth rejoindre ses rêves et, une fois de plus, mettre les plus grands à la disposition des plus petits.

5

Et « 1968 » ?

Vous êtes passé un peu vite sur les mouvements de mai-juin 1968 ?

Personnellement, je n'en ai pas été très éloigné. Juste avant que, le 22 mars 1968, ne débute le mouvement de Cohn-Bendit à Nanterre, j'étais invité, l'avant-veille, le 20 mars 1968 exactement, par l'aumônier des étudiants de cette université pour une conférence dans un grand amphithéâtre ouvert à tout le monde sur « le destin de l'homme chrétien ». J'assurais en même temps les prédications de carême à la paroisse du Quartier latin : Saint- Séverin. Le père Hamaide, responsable de la paroisse, me demanda de revenir y prêcher pour la Pentecôte qui marqua le début du retour à une certaine sagesse. Quand on arrivait à Saint-Séverin, les yeux piquaient à cause des gaz lacrymogènes du boulevard Saint-Michel.

Cette période ne fut pas facile. Les réactions de la maison d'édition du Cerf ont été différentes de celles du grand couvent d'études du Saulchoir.

Aux éditions du Cerf, très vite, le personnel se rendit compte que la grève totale était pour tous une catastrophe. On ne savait plus où étaient les manuscrits des auteurs. Pas question de fax à ce moment-là ni de disquettes, ni d'ordinateurs. Certains manuscrits demandaient des mois de correction, par exemple, lorsqu'il fallait faire des rétroversions de syriaque en grec pour les œuvres de saint Irénée. On avait souvent un seul exemplaire de travail. La préparation du principal volume de saint Irénée avait demandé dix ans de labeur. Pendant les grèves postales de mai 1968, où était le manuscrit entre l'auteur, l'éditeur et l'imprimeur ?

Les services commerciaux étaient encore plus tendus que le service littéraire et le service de fabrication. Ces semaines de Mai 68, en plein moment des ventes des bibles et missels, c'est-à-dire la période importante des premières communions, coûtèrent aux éditions l'équivalent de dizaines de millions, du quart de leur chiffre d'affaires d'une année. Si une montre avait été offerte, parce que le missel ou la bible étaient introuvables, tant pis pour la bible et pour l'éditeur.

Les employés du Cerf se demandaient comment des religieux « intellos » allaient réagir. Trois nouveaux dominicains relativement jeunes venaient d'arriver. Au bout de quelques jours, je pris les devants sous prétexte d'aller assister en Sorbonne à la soutenance de thèse d'André Mandouze sur *La nature et la grâce chez saint Augustin,* qui fut la dernière passée ce printemps-là. (Pour qui connaît notre ami Mandouze, cela ne manque pas d'humour qu'il ait dû être protégé par les CRS pour passer sa thèse). Je n'en restai pas à la thèse de Mandouze et j'emmenai les jeunes dominicains du Cerf voir les voitures brûler rue Gay-Lussac et les panneaux publicitaires rue de Rennes. Cette « homéopathie » joua son rôle. Certaines AG (assemblée générale) dans l'amphithéâtre Richelieu de la Sorbonne où quelques ecclésiastiques renchérissaient en démagogie, était à la limite du dégradant. Si bien que le couvent ne fut pas, sur le moment, trop chahuté, une certaine vaccination avait tempéré la contagion des virus.

Ce qui ne veut pas dire qu'après trente ans, les conséquences, en soient terminées. J'en vois deux principales : l'habitude de la violence pour exclure les personnes et l'habileté pour prendre le pouvoir par le chantage.

L'actualité en fournit régulièrement des exemples. À huit jours de distance, on aura vu Daniel Cohn-Bendit se débattre avec hargne et violence devant le présentateur du journal télévisé de TF 1. Jean-Claude Narcy lui rappelait les textes qu'il avait écrits sur la pédophilie pour en décrire ses agissements avec complaisance. C'étaient exactement les mêmes arguments, le même aplomb, la même assurance qu'utilisa Serge July, directeur du quotidien *Libération*, devant Thierry Ardisson pour se justifier d'avoir tagué la maison des Rothschild et mis le feu à leur banque. Dans les deux cas, il était tout à fait légitime, aux yeux de ces ténors de 1968, d'être « provocateur » et de « faire sauter ce qu'avait d'étouffant » l'atmosphère de ce moment-là. Pour July, « la société était invivable, insupportable, car tout était interdit ; heureusement qu'ils avaient contribué à la faire éclater » !... Mais leur crispation et leur exaspération actuelles prouvent d'elles-mêmes et l'incroyable suffisance de leur attitude et la faiblesse de leur dialectique et le pressentiment que 68 était bel et bien fini, quelles que soient les prétentions affirmées par le directeur de « Libé ».

Je garde comme une blessue secrète, non refermée, la manière dont certains grands serviteurs de la foi à travers les Éditions ont été amenés à quitter le couvent. C'est ainsi que le père Vergriete, sans qui la Bible de Jérusalem n'aurait pas vu le jour avec dix-sept ans de travail caché, le père Louvel, dernier des représentants des débuts des éditions et fondateur de *Fêtes et Saisons*, le père Plé, fondateur de la revue *Le Supplément*, le père Dubarle doyen de la Faculté de philosophie de l'Institut catholique, le père Henry fondateur de la revue *Parole et Mission* et de *l'Initiation théologique*, durent les uns après les autres partir des éditions du Cerf pour aller dans un autre couvent. Ce n'est pas sans une immense tristesse teintée de honte que je repense à cette manière dont furent exclus ces grands serviteurs.

Quelque temps plus tard, j'avais à résoudre, comme directeur du Cerf, le problème de la retraite d'un des religieux, vieux serviteur de la maison. Après trente-sept ans de bons et loyaux services aux éditions, le père Plé n'avait que 436 francs de retraite *par trimestre*. Le P-DG du Cerf ne fit rien sinon me répondre : « Il a sa communauté. » Je ne pus que me lever et sortir après lui avoir dit : « Et la communauté, elle a quoi ? » Le couvent n'avait même pas la sécurité d'un contrat de logement alors qu'au départ des éditions, c'était uniquement les pères et les amis des pères dominicains qui avaient tout financé.

Le problème de la retraite du père Plé, maintenant qu'il a rejoint la Béatitude, serait bien secondaire s'il n'était pas typique d'un certain mécanisme institutionnel. Ce ne fut d'ailleurs pas très long car le père Plé mourut assez rapidement, après six mois de demi-coma, seul dans une chambre d'un hôpital de la banlieue parisienne, avec pour unique inscription sur sa porte : M. Plé Robert. J'allais régulièrement le voir avec son ami et supérieur, le père Kopf. Je le trouvais vêtu d'une simple camisole et enserré des tubulures de sérum qui le nourrissait artificiellement. Pas un meuble dans sa chambre, sauf une chaise. Au début il fallait faire venir la table roulante destinée au repas d'un malade pour pouvoir célébrer la messe près de lui. Ensuite je ne pouvais plus que lui saisir la main en lui disant : « Mon vieux frère Robert, c'est le frère Bernard », alors je savais par la légère pression de sa main que, malgré ses yeux clos, il avait perçu ma présence. Je disais tout haut le *Notre Père*. Le mouvement de ses lèvres épousait les paroles lorsque je disais : « Que votre volonté soit faite. » Cela dura plusieurs mois. Je repartais pour le couvent gardant dans mes yeux le visage de celui qui, des années plus tôt, m'avait fait venir aux éditions du Cerf. Il était devenu progressivement semblable à la Sainte Face du Serviteur souffrant.

Le P-DG vous a-t-il demandé une fois ou l'autre des nouvelles du père Plé ?

Non, pas une seule fois. Il avait deux cent soixante-quinze fois l'équivalent de la retraite du père Plé.

Les structures des éditions telles qu'elles étaient établies entre laïcs et religieux n'étaient-elles pas un peu complexes ?

La cause de cette complexité fut double. D'une part les lois de la séparation de l'Église et de l'État laissèrent imprécision et imprévision. C'est seulement en 1981 et en mars 2001 qu'elles ont été un peu régularisées, par exemple pour les Jésuites et les entreprises qui les concernent. D'autre part, l'envie du pouvoir en face des médias fonctionna comme d'habitude. La présence des laïcs, nécessaire pour servir de prête-nom et de paravent juridique, eut pour effet secondaire de provoquer leur envie de capter le pouvoir. C'était facile de s'approprier certaines intuitions nées du désir apostolique des religieux qui, par ailleurs pour certains, n'avaient pas assez de solidité ou de compétence gestionnaire. Les éditions du Cerf ne sont pas un cas particulier. Il y eut aussi l'exemple des *Fils de la Charité* aux éditions Fleurus ou le décalage entre la naissance de *Témoignage chrétien* avec les Jésuites et ce qui s'ensuivit.

Ne vous éloignez-vous pas de Mai 68 ?

Non. Les événements de 68 n'ont fait que révéler sur grand écran les subtilités des rapports de force et la manière dont ils sont devenus dramatiquement habituels dans les mœurs civiques. Il n'y a rigoureusement aucune raison pour qu'ils dominent de cette manière les programmes électoraux au lieu d'être un concours pour le mieux-être du bien commun. Ne dites pas que c'est impossible. La Suisse, les États nordiques, ou à l'autre bout de l'échelle civique, les États-Unis prouvent que si certaines périodes violentes n'ont pas toujours pu être évitées, il est quand même possible de mieux raison garder qu'on ne le fait en France. L'hypocrisie de certaines cohabitations ne trompent personne. Il est possible de se mobiliser contre soi-même pour ne pas faire peser à tout un pays une atmosphère de mensonge. Les réflexions sur le passé marxiste d'un certain nombre de décideurs politiques ou médiatiques, la description de leurs attitudes sont là pour le prouver.

Je compris que ce que je rapporte ici ne relevait pas seulement d'un incident passager et qu'il était significatif des courants de fond dont les événements de 1968 n'ont été qu'une illustration. Le fait de s'occuper de choses religieuses ne dispense pas de certaines tentations.

Une tentation

Je reste un des seuls témoins, ou peut-être même l'unique, depuis la mort du père Refoulé, qui puisse apporter certaines précisions dans leur détail. Elles vont au-delà de l'anecdote et n'auraient que peu d'intérêt si elles n'éclairaient pas, dans la ligne d'une intuition du Concile, la patience et la ténacité dont il faut s'armer pour tenir bon afin de garder le cap de la fin ultime... c'est-à-dire l'Évangile, et non l'argent ou le pouvoir sous prétexte d'évangélisation.

Deux séries d'événements se conjuguèrent pour m'apprendre les difficultés de toute politique.

Un certain nombre de tractations dues au P-DG, secrètement menées à l'insu des responsable réels des éditions du Cerf, firent planer des incertitudes graves sur la présence d'une communauté religieuse au sein des éditions, dont elles demeuraient pourtant l'âme après les avoir fondées.

Par ailleurs, le cardinal Lustiger et la Commission doctrinale de l'épiscopat eurent recours à moi, directement et exclusivement, devant le projet de certaines publications, celles de Drewermann entre autres, en me précisant : « Vous restez le seul à qui l'on puisse avoir recours. » N'ayant rien pu changer, après six mois, cela aboutit à ma démission du conseil d'administration et d'autre part, à certaines suites peu agréables : interdiction de m'exprimer, insinuations calomnieuses, menace de procès, déconsidération de mon travail auprès des libraires, etc. « *Il ne pouvait être question que l'on sache que le père Bro n'était pas d'accord avec les éditions du Cerf.* » Je l'ai déjà dit, ma conscience la plus profonde était en jeu. Je n'ai donc rien dit depuis dix ans, malgré la demande répétée par certaines des plus hautes autorités de l'Église qui me sollicitaient vivement de parler et de tenir au courant leurs collègues dans l'épiscopat.

Il ne me restait qu'à me taire. Aujourd'hui, cela fait plus de dix ans.

Primitivement, j'avais établi un memento des faits. Je l'abandonne. Le choc de certain dossier récent me fait penser que tout cela n'est que l'écume laissée par la mer sur le rivage. Je savais désormais que les manœuvres les plus inconcevables étaient possibles... même dans l'Église et que le rôle de certains laïcs n'allait pas de soi.

[Une des difficultés était évidemment le problème financier. Il peut aller jusqu'à menacer la nature religieuse d'une entreprise. Une maison d'édition fonctionne à l'opposé d'une entreprise de presse. Celle-ci touche à l'avance le paiement de ses abonnements, elle a donc normalement une provision de trésorerie. Au contraire, l'entreprise d'édition a besoin d'argent pour investir dans ses projets. Un livre doit être réglé à l'imprimeur au bout de trois ou six mois, mais il se vend en plusieurs années. Toutes les entreprises d'édition de la terre connaissent ce problème d'équilibre entre la trésorerie et les stocks. On peut avoir une Rolls-Royce, s'il n'y a plus d'essence dans le réservoir, la voiture peut être acquise pour rien par le premier venu. Il s'en est fallu de peu que la présence religieuse aux éditions du Cerf soit annulée.]

Comme j'en parlais à Hubert Beuve-Méry qui, au même moment, avait tous les tracas possibles pour sa succession au journal *Le Monde,* nous n'eûmes pas de difficulté à nous comprendre pour relativiser ce qui finalement n'était que de l'écume. « Vus de l'infini, tous les finis sont égaux. » (Pascal)

Revenons à Mai 68.

L'époque ne fut pas sans remous au grand couvent d'études du Saulchoir. L'habitude s'infiltra alors dans les structures et les mœurs religieuses de mettre des rapports de force et d'habileté pour prendre le pouvoir par chantage. Ce fut évident au chapitre qui suivit en janvier 1971 où je me trouvais grand électeur.

L'affaire du drapeau rouge hissé par certains frères étudiants sur le clocher du couvent du Saulchoir ne fut pas forcément le plus surprenant. Quelques excités avaient choisi le lieu le plus élevé du Saulchoir, visible de loin, pour hisser un drapeau rouge. Ils n'en avaient pas prévu les conséquences. Quelques jours plus tard, des employés du village voisin, syndiqués à la CGT, vinrent trouver le père prieur pour lui dire : « Il faut vous expliquer si vous avez changé d'avis, parce que ce drapeau a été baigné dans le sang et il a fait le tour du monde. Alors, ou bien pour vous c'est sérieux, ou bien c'est une moquerie. » Le drapeau fut redescendu, mais les assemblées générales se multiplièrent. Le hasard voulut que nous ayons pu assister à certaines d'entre elles, car était prévue justement à ce moment-là au couvent du Saulchoir la réunion annuelle des prieurs et responsables.

Ainsi, dans deux salles qui étaient côte-à-côte se tenaient deux réunions, celle d'hommes qui portaient la charge des communautés de Beyrouth, Jérusalem, Casablanca, Le Caire ou des couvents de Scandinavie et de France alors que dans la pièce voisine, prophétisaient un certain nombre de jeunes religieux, dont d'ailleurs plus d'un ne devaient pas rester dans l'ordre dominicain. Sur le moment, ils eurent l'audace d'essayer de faire croire à leurs professeurs qui étaient au premier rang, les pères Congar, Dondaine, Camelot... que ceux-ci ne savaient pas s'y prendre et qu'il fallait tout revoir. Ayant été moi-même professeur dans ce couvent, j'avais honte. Alors je pris l'initiative de demander au supérieur provincial et aux prieurs responsables d'assister à ces AG et de proposer immédiatement des assises officielles, afin que les ébullitions ne restent pas livrées à elles-mêmes.

Quelle philosophie tirez-vous des événements de 1968 ?

La génération de 1968 prétend avoir largement innové. Elle se félicite d'avoir apporté aux générations la pilule, la contraception, la mixité scolaire, etc., qu'elle présente comme les instruments d'une rupture radicale de la tradition. De fait les soixante-huitards sont un peu les enfants gâtés de l'après-guerre. En 1968, le chômage n'existe plus depuis longtemps et les jeunes d'alors échappent en même temps aux aléas de l'entrée dans la vie active et, pour les hommes, à la peur d'être envoyés dans une guerre, comme leurs aînés, dix ans auparavant en Algérie.

Les générations qui détenaient le pouvoir en France avant l'explosion de 68 étaient les classes d'âge de 1910-1930 qui s'étaient forgé une morale à l'image des souffrances qu'elles avaient endurées, empreintes d'une certaine gravité. Au tournant des années 60, une génération nouvelle allait être en mesure de s'opposer à la génération de la Résistance.

De plus les soixante-huitards étaient les enfants choyés de la croissance. Pour la génération qui achève sa formation en 1968, le taux de chômage deux ans après la fin des études était de 4 % Pour celle qui accomplit le même passage en 1985, il était de 33 %. Autre chiffre qui se passe de commentaires : l'écart de revenu entre les salariés de trente ans et ceux de cinquante ans était de 15 % en 1975, et de plus de 35 % en 1995 ! Les soixante-huitards ont massivement fait payer la crise aux nouveaux entrants, alors qu'ils ont l'habitude de se présenter comme la génération qui a permis à toutes les libertés d'éclore et qu'ils se conçoivent comme un « moment indépassable » dans l'histoire de la libération humaine. Leur solidarité entre eux — le débat au sujet de Cohn-Bendit et de la pédophilie l'a bien prouvé — est non seulement fondée sur un réflexe identitaire d'hommes qui n'ayant plus de points de repères se raccrochent à leur révolution avortée, mais aussi sur la certitude que les plus jeunes qui les ont suivis ne peuvent pas comprendre, parce qu'ils ne disposent pas des moyens de se représenter l'avant-1968.

Les soixante-huitards se pensent comme les dépositaires exclusifs de leur héritage avec la tentation permanente de s'auto-instituer comme le référent culturel unique. Il suffit de relire Edwy Plenel, Jean-Claude Colombani, responsable du *Monde* ou Régis Debray, leur opposant. Ils défendent des valeurs, une liberté individuelle illimitée qui remet en question clivages politiques, responsabilités ou solidarités, alors qu'ils ont recréé les mêmes carcans pour leurs successeurs tout en ne leur transmettant pas les valeurs qu'ils avaient héritées de leurs parents. Balzac dans *Les Paysans* l'a remarqué : « Les générations balayent en passant jusqu'aux vestiges des idoles qu'elles trouvent sur leur chemin, et elles se forgent de nouveaux dieux qui seront renversés à leur tour. » Dans l'esprit de ceux qui ont fait 68, les nouvelles générations ne seraient pas habilitées à porter un jugement sur l'inventaire de Mai 68.

L'examen rétrospectif de cette période fonctionne en circuit fermé alors qu'il n'y a plus de projet 68, mais le début d'une éternelle rétrospective. On se laisse bercer par la légende dorée, oubliant la brutalité infantile d'enfants gâtés qui auront cassé leurs jouets. La fièvre incantatoire n'y change rien. La crise de l'héritage de Mai 68 procède d'une contradiction entre les principes et les conséquences devenues invivables. En faisant l'épreuve de l'intolérance, Cohn-Bendit récolte ce qu'il a semé, tout en gardant la réaction d'impatience d'une génération gâtée : « Tout, tout de suite. »

N'y a-t-il pas, derrière ces événements, des conditionnements psychologiques qui éclaireraient la situation actuelle ?

Gérard Mendel dans *La Révolte contre le père,* Adam Mitscherlisch dans *Vers la Société sans père,* Didier Anzieu, Bela Grunberger, Richard Sennett l'ont souligné : cette génération a été privée d'une référence collective, structurante du moi. Cela lui a été d'autant plus difficile qu'elle a eu à vivre deux guerres, l'Indochine et l'Algérie.

Il est frappant d'observer à quel point le mouvement de 1968 a été immature, dans les moyens (la « révolution »), dans la recherche des modèles (Che Guevara), dans le culte de la bande (les Katangais de Sorbonne) ; immaturité des fins : on aspire au bonheur, à la liberté, à la justice, mais sans en payer le prix : *« En mai, fais ce qu'il te plaît »* ; refus des diplômes, du travail, des contraintes, rejet des médiations dans une logique infantile, mais aux conséquences aussi graves que celles des totalitarismes.

Pourquoi la nécessité du meurtre et l'impératif de la jouissance ont-ils constitué, sur un mode surtout verbal, le double moteur de leur utopie ? Un sous-nietzschéisme ludique et périmé, un darwinisme libéralo-libertaire ne peuvent plus cacher l'effrayant vide métaphysique. Les désaveux embarrassés d'un passé trotskiste ne suffisent pas pour faire croire que les idéologies meurtrières n'ont plus cours. On peut vraiment se demander si la chape de plomb contre laquelle ils ont prétendu se rebeller était vraiment la pire qu'on puisse imaginer ? Les tours de passe-passe sur les préjugés et tabous qu'on dénonçait n'ont-ils pas fermé les vraies questions plutôt que de les avoir ouvertes ? On a soustrait les questions à la discussion en les recouvrant de l'horizon d'un homme nouveau et d'un conglomérat d'archaïsmes idéologiques : marxisme, socialisme utopique, anarchisme mis à la sauce d'un romantisme messianique.

Un inventaire réel de 1968 n'est-il pas en train de commencer ?

On a mis près de deux siècles avant d'admettre que la Terreur de 1793 avait un lien organique avec la Révolution de 1789. On a mis près d'un siècle avant de comprendre que le régime stalinien n'était pas une déviance de la pensée de Lénine, mais son aboutissement pur et simple. C'est normal de mettre presque quarante ans pour analyser dans sa globalité le mouvement de Mai 68 et non pas seulement dans l'écho estudiantin et rigolard. Les rictus figés de Serge July devant l'animateur de télévision, Thierry Ardisson, ne suffisent plus à légitimer les écarts de salaires des employés de *Libération* par rapport au sien.

Il n'est pas inutile de rappeler simplement, à la suite de l'analyse de Jean-Christophe Buisson, le texte proféré le jeudi 24 septembre 1970, au concert des Rolling Stones. Celui-ci avait commencé depuis plusieurs minutes quand Mick Jagger pose son micro. Les lumières du Palais des Sports de Paris s'éteignent. Que se passe-t-il ? Un homme est monté sur scène. Il a vingt-sept ans et demi. Avec l'assentiment du chanteur qu'il a rencontré le matin même à l'hôtel Crillon, il se saisit du micro et annonce : « Les Stones m'ont demandé de prendre la parole ce soir. Pendant que je vous parle, pendant que les Stones vont chanter, une centaine de prisonniers politiques sont en taule. Si aujourd'hui, ils sont en taule, c'est parce qu'ils se sont battus contre les flics, qui croient pouvoir continuer longtemps, impunément, les tabassages dans les commissariats, contre leurs sales gueules qui nous font chier à chaque coin de rue, à la sortie du lycée, de l'usine, de la fac, du bal. S'ils sont en taule, c'est parce qu'ils n'ont pas peur de dire que lorsqu'on reçoit un coup de matraque sur la gueule, il faut bousiller le mec qui vous l'a envoyé ; que lorsqu'on en a marre d'être emmerdé par un chef à l'usine, on a raison de lui casser la gueule ; que lorsqu'on en a marre, on a raison de se battre, de se révolter. »

L'homme qui a prononcé ces mots, salué par une ovation, s'appelle Serge July, l'actuel directeur du journal *Libération*. Propulsé, quelques semaines plus tôt, comme attaché de presse de la *Gauche prolétarienne,* mouvement maoïste, il fait allusion à un de ses amis embastillé à la Santé, Alain Geismar, qui deviendra plus tard haut fonctionnaire, comble de l'humour : inspecteur général de l'Éducation nationale. Celui-ci lui a fait savoir qu'il n'avait pas envie de passer pour un martyr officiel. July lui répond : « Fous nous la paix. Le peuple est stalinien, il a besoin de martyrs. » Un an et demi plus tard, à la suite d'un commando Mao chez Renault, une échauffourée fait que Pierre Overney reçoit une balle en plein cœur. Deux cent mille personnes l'enterreront. Cinq ans plus tard, le vigile qui a tué Overney est abattu. Et en 1986, le P-DG de Renault, Georges Besse, est assassiné par le commando « Pierre Overney-Action directe », qui revendique expressément l'opération.

Ce n'est pas fini. Philippe Sollers figurera parmi les signataires qui légitimeront, dans un communiqué public, le commando de *Septembre noir* dont le bilan sera de dix-sept morts, lors des jeux Olympiques de Münich, quand furent massacrés des sportifs israéliens pris en otage. La Banque et l'hôtel particulier des Rothschild seront attaqués aux cris de : « Rothschild crèvera. » Certes, July battra sa coulpe lors de l'affaire de Bruay-en-Artois, où avait été provoqué le lynchage verbal d'un notaire accusé de crime, sans preuve. Cela n'empêche pas que Mai 68 est un bloc.

Quand l'Église fait repentance, le mouvement de 68 fait, lui, la trouvaille géniale d'un « devoir d'inventaire ». Les leaders se trouvent rattrapés par un passé où les disputes sur les responsabilités deviennent parfois intolérables. Peut-on vraiment justifier les descriptions de pédophilies sous prétexte d'avoir eu besoin de provoquer ?

Qui sort victorieux de Mai 68 ?

Le bilan de 68 se réduit finalement pour certains au vaste chapitre de la libéralisation des mœurs, encore que celle-ci appuyée par les progrès scientifiques a largement précédé 1968. La récupération des libertaires de 1968 par le libéralisme marchand ne demeure-t-elle pas, trente ans plus tard, le principal bilan ou la principale marque de 1968 ? Nombre d'acteurs de cette époque se sont d'abord reconvertis dans l'industrie publicitaire avant d'accéder à l'entreprise, à l'économie réelle. Le système a su magistralement digérer ses opposants avant d'investir sur eux. Cette victoire du matérialisme est d'autant plus tenace que ce sont ceux-là même qui ont trahi leurs rêves d'hier, qui tiennent aujourd'hui le système. À la fois acteurs et accusés, ils se veulent aussi procureurs, avocats et jurés. L'essentiel étant de récupérer à son tour la critique de la récupération et donc de ne jamais quitter le prétoire et la scène. En l'appelant éventuellement « intolérable » ou « insupportable », on ne reconnaît que ce qui peut encore légitimer l'attitude d'autrefois.

« Mai 68, révolution des cancres », se plaisait à dire François Mitterrand. C'est plutôt révolution d'enfants gâtés, méprisant non seulement la culture qui les avait façonnés et leur avait donné cette parole facile dont ils se grisaient, mais aussi le sacrifice de leurs parents. Revenir sur ces semaines réveille bien des nostalgies. Et si le problème était autre ? Mai 68 est présent aujourd'hui, mais pas là où on le croit. Il demeure dans un certain rapport aux mots, dans l'usage de slogans, dans la rhétorique qui vise un succès et non la vérité, dans un jeunisme heureux d'opérer un nettoyage par le vide, dans un conformisme d'une pensée unique et d'un orgueil pédagogique, fruits amers de ceux qui continuent de se proclamer sociologues, et hélas, dans le besoin subtil mais efficace d'éliminer les personnes par n'importe quel moyen.

Êtes-vous ébranlé par Mai 1968 et ses conséquences sur la vie religieuse ?

Certes, en prenant la parole en plein Quartier latin en l'église Saint-Séverin en mai et juin 68, j'ai pu moi-même essayer de situer l'enthousiasme, l'excès d'imagination, l'activisme généreux ou la foi en un monde différent qui traversait le mouvement de 1968. J'ai écouté, regardé, exploré, analysé les faits en les vivant de multiples manières... par exemple au chapitre religieux d'élection de notre supérieur provincial qui s'ensuivit directement en janvier 1971. Nous étions cinquante « grands électeurs » venus de Finlande, de Jérusalem, Douala, Le Caire, Beyrouth, Alger, etc. Tout à coup, au milieu d'un débat, mon voisin me murmure : « Maintenant, je comprends ce qu'a été l'Assemblée de la Convention en 1792 ! »

Pourquoi n'ai-je pas été davantage ébranlé par cette fête révolutionnaire de 1968 ? Quand j'essaye de dégager sans nostalgie, ni illusion, ni ressentiment ce que j'ai pu constater directement, je dois me demander si cet événement fut mieux ou plus qu'une parenthèse. En fin de compte, la société fut peut-être ébranlée plutôt que transformée. L'échec politique est évident, la « libération sexuelle » s'est vite rigidifiée dans de nouveaux conformismes pesants. N'a-t-on pas fabriqué des générations de déracinés, dépendants de représentations pulsionnelles qui ne connaissent ni butées éducatives, ni interdits ? Mai 68 n'aurait-il pas surtout créé les conditions d'une société régressive et transgressive en libérant la sexualité infantile ? Il suffit de regarder aujourd'hui quatre ou cinq émissions, pendant une seule semaine, quelle qu'elle soit, pour voir à quel point exhibitionnisme, voyeurisme, échangisme, valorisation adolescente de la sexualité, transsexualité sont devenus la vulgate, c'est-à-dire le regard consensuel, de dizaines d'animateurs qui savent manipuler et obtenir l'adhésion de leur public. Dans une des émissions où l'on se demandait « si l'on avait le droit de rire de tout », les dessins et photographies les plus inimaginables, blasphémant même le sexe du Christ en croix, apparurent avec complaisance. La seule butée fut la peur de tous les comiques présents sur le plateau en face du risque qu'on touche à leur petit... Cela seul leur restait comme limite du « sacré ». Touche pas à mon gosse.

C'était sept ans avant que ne se révèle l'affaire Dutroux avec le réseau pédophile de Belgique.

Il en est de même pour la pédagogie. Un sondage Sofres de mars 2001 révélait que, à soixante-treize pour cent, les professeurs ne croyaient plus au collège unique et qu'ils attendaient « d'autres formations pour les élèves en difficulté ». Les mêmes, il y a trois décennies, auraient asséné que l'école avait pour mission d'amener tous les élèves au même niveau. Le cinéaste Pasolini qui n'était pourtant pas suspect de conservatisme disait : « Entre les étudiants et les CRS, je choisis les CRS. Eux au moins, ce sont des fils du peuple. »

Étrange cocktail sorti d'un shaker où l'on aurait mélangé les philosophes du soupçon (Marx, Nietzsche et Freud), mais aussi Sartre et Althusser, Reich et Marcuse, Derrida et Lacan. La porte fut ouverte au délire. Tout était à déconstruire. Tout obstacle potentiel au libre arbitre était décrété fasciste. La délinquance n'exprimant que la revanche des inégalités sociales, la justice devait s'incliner. Reste que chez les idéologues, le réflexe hérité de Mai 68 dure encore : l'individualisme se fait dialectique au nom de l'égalité ; les courageux sont culpabilisés. Au nom de l'anti-racisme, au nom de la tolérance, au nom du multi-culturalisme, au nom de l'ouverture au monde, tous les soupçons sont bons. Une fracture générationnelle est-elle en route devant la revanche du réel ? Le choc en retour a commencé dans le domaine économique. L'échec de l'affaire Lip a enterré, dès 1974, des rêves auto-gestionnaires. Il s'est propagé dans l'éducation. Trop d'enseignants vivent la peur au ventre dans les collèges des banlieues à risque. Les théories de 1970 sur l'école sans maître ni règlement (type « *Libres Enfants de Summerhill* ») résonnent comme un langage de Martien. La sélection par l'échec remplace, hélas, la sélection par le mérite à l'université.

Où serait la plus grave conséquence de Mai 68 ?

Mai 68 a vu s'échouer sur les barricades le ratage de l'Œdipe social de nombreux adolescents. Une certaine infantilisation de la société était née. Nous sommes encore aujourd'hui aux prises avec des résidus culturels de cette période. Le complexe anti-autorité est toujours actif puisque c'est par la loi elle-même que les parents, la famille, l'école et le monde des adultes sont dévalorisés. L'État va jusqu'à instituer la banalisation de l'expression sexuelle des adolescents mineurs en les invitant à ne rien dire, ou à mentir, à leurs parents au sujet de la contraception et de l'avortement, avec la pilule dite du lendemain. Bien sûr cela n'empêche pas les ministres d'en appeler sentimentalement à l'autorité parentale, alors que tout est fait pour la limiter légalement. La norme hygiéniste a remplacé la norme morale. On pousse à la mode du cannabis en oubliant de dire qu'il est un anesthésiant. Depuis toujours la société sait que lorsqu'une personne n'a pas intégré le sens des limites et qu'elle ne veut pas entendre ou dire non, il lui est beaucoup plus difficile de savoir dire oui.

Et les retombées sur la vie chrétienne

Bien sûr cela n'est pas sans conséquences importantes sur la foi, le catéchisme, l'adhésion à la personne du Christ. Il y a un rapport immédiat entre les flottements de l'herméneutique d'aujourd'hui quand elle justifie le droit à n'importe quelle interprétation pour se débarrasser d'éventuelles oppressions du *Credo*, et les résidus des mouvements de 68. Celui qui apprend à croire que tout est flexible selon ses propres revendications se fragilise. En revanche, c'est en se confrontant qu'il peut se mettre en dialogue avec ce que nous avons constamment appelé le réel et les réalités objectives. C'est ainsi qu'une subjectivité peut se constituer. Si rien ne vient limiter sa suffisance, elle restera superficielle, impulsive et agressive. À la moindre difficulté, la personne humaine menace de se déprimer et de s'écrouler par manque de ressources intérieures qu'elle aurait pu enrichir.

Le monde se rassure en pensant que les repères affectifs suffisent, quelles que soient les situations des partenaires et les relations. Du moment que les sentiments existent et que l'on agit par plaisir, tout irait bien. C'est une vision infantile, qui fait l'impasse sur ce qui est notre structure la plus profonde et qui nous permet de nous développer.

Je pense encore avec étonnement à la peur qu'eut le père jésuite, alors prédicateur de Notre-Dame de Paris, de parler du haut de la chaire. Il fallait paraître au goût du jour et ne plus donner l'impression qu'on pouvait risquer de proposer une parole qui aurait quelque allure d'autorité. On déshabilla donc la chaire de toute sono...

Mai 68 aurait-il eu pour effet bénéfique de mieux révéler les limites des pulsions humaines ?

L'ébullition manifestée en 68 même dans les ordres religieux datent-elles de ce moment-là ?

Certes non. Les prodromes en furent décelables bien des années auparavant. Pratiquement avec les noviciats qui dans les années 1950-1960 commencèrent à mettre en cause d'une manière singulière le principe même de la vie religieuse, c'est-à-dire celui d'une cohérence heureuse avec ceux qui étaient chargés de transmettre l'essentiel, à savoir le père maître des novices. Il y eut par exemple un noviciat qui décida que les statues de la petite chapelle de la rue des Tanneries, conjointe à notre couvent du noviciat devaient être supprimées, (statues bien sûr un peu sulpiciennes et sans prétention, mais elles avaient été payées par les pauvres du quartier et les aidaient à prier). Quelques novices décidèrent donc que ces statues n'étaient plus dignes des dominicains, même pour une chapelle de secours. Ils jetèrent les statues du haut de l'escalier du grenier et en déposèrent une à la porte du père maître...

Tous les potaches et étudiants des Beaux-Arts peuvent faire cela. Est-ce manière de procéder pour des religieux ? Ce fut en tout cas une première depuis la mort du cardinal Cajetan, sous Luther ! Et cela a rendu très triste le père qui était vicaire responsable de cette chapelle de quartier pauvre.

Quelque chose — quoi ? — était peut-être aussi brisé avec les statues.

6

Radio et télévision

Comment avez-vous été amené aux homélies de la messe de Radio-France ?

En janvier 1969, il a fallu soudain remplacer dans les huit jours un prédicateur qui avait, sans qu'on s'y attende, quitté le sacerdoce alors qu'il était annoncé pour une série de prédications.

Le 2 mars 1975, Maître Gaston Litaize, organiste titulaire de Saint François-Xavier et producteur des émissions musicales de France-Culture, dont dépendait la messe-radio depuis la Libération démissionna. Cela entraîna le père Carré à faire de même. Je fus dans les deux heures obligé de prendre la responsabilité des prédications. La charge m'en fut donc confiée pendant onze ans. C'est une paroisse extraordinaire, secrète, toujours surprenante par la force de la communion des saints et la discrétion qui la révèle : celle du courrier de chaque matin. La proximité amicale et la ferveur de ceux qui demandaient le sermon du dimanche précédent, était un vrai réconfort. Le courrier, en ce temps-là, comptait jusqu'à quarante mille lettres par an. Ces lettres rendaient perceptible, visible, sensible le choc en retour de la prédication. Pourquoi tel dimanche y avait-il seulement trente demandes d'envoi du texte et, le dimanche suivant, trois mille ? Si l'on observe sur une durée de dix ans, on se rend très bien compte de ce que sont les vrais appels des chrétiens, ce que très souvent l'on n'ose pas dire, mais qui, étant parti des expériences limites de la vie humaine, rejoint étrangement la tradition vivante et l'instinct de foi de l'Église. Ces lettres ne trichaient pas. Elles témoignaient d'une surprenante justesse, expression de la complicité de Dieu dans l'intelligence humaine. Combien de fois ai-je été surpris de l'étonnante manière avec laquelle elles discernaient l'essentiel du secondaire. On ne se joue pas des chrétiens. Saint Thomas d'Aquin compare cet instinct de la foi à celui de l'oiseau migrateur qui, à des milliers de kilomètres, ne se trompe pas sur ce qui lui permet de vivre, de se diriger et de se nourrir.

Combien de temps avez-vous prêché à la radio ?

De manière habituelle ? Trente ans. Le moment le plus extraordinaire fut un Vendredi saint à Radio-Canada. Je devais assurer alors la quinzaine pascale à Washington pour la septième ou huitième fois. Je dus prendre le Vendredi saint au matin l'avion de Washington pour faire l'aller et retour de Montréal afin de retrouver mon ami Raphaël Pirro, réalisateur habituel à Radio-Canada. J'avais, avant d'arriver à Washington, passé huit jours avec lui à Montréal pour enregistrer sept témoignages plus bouleversants les uns que les autres sur l'espérance. Et le Samedi saint au matin, je reprenais l'avion pour rentrer à Washington afin d'assurer les confessions pascales, la vigile et la fête de Pâques.

Nous avons fonctionné non stop ce Vendredi saint de six heures du soir à une heure du matin. Témoignages puis commentaires, répartis en quatre heures, elles-mêmes coupées trois fois par une heure de questions. Environ quarante personnes au téléphone par heure. À la fin, j'étais mort, mais je ne sais comment dire, fasciné, bouleversé, retourné par ce qu'avait représenté cette communion de Vancouver à Rimouski à travers la principale station de radio canadienne avec le plus large éventail imaginable d'auditeurs. Je n'ai pas dormi la nuit suivante. Cela avait été trop fort et je n'ai pas honte d'avouer que ce dont je suis peut-être le plus fier fut le Grand Prix de Radio-Canada qui nous fut décerné cette année-là à Raphaël Pirro et à moi-même pour cette émission du Vendredi saint.

Revenons aux émission habituelles du dimanche en France, comment les prépariez-vous ?

Longtemps à l'avance. Un à deux ans. Mais oui ! Nous n'étions seulement que quelques prédicateurs pour assurer la tâche du sermon. J'étais arrivé à la conclusion qu'un homme, même très doué n'avait guère la possibilité d'avoir plus de dix idées neuves dans une année. Le tournant décisif fut la demande de l'un de ceux qui a fait le plus mon admiration tant il était fin en psychologie, tendu vers la sainteté, doué pour la langue, honnête pour se préparer, candide avec les personnes. C'était le père Albert Besnard. Quand je l'avais fait venir dans l'équipe alors que le père Carré était hésitant, parce qu'il ne le connaissait pas, le père Besnard avait accepté la première année de prendre en charge dix-huit sermons ; la deuxième il me demanda de n'en prendre que quatorze ; la troisième de ne se charger que de dix dimanches.

Le père Bonnet, qui se bat maintenant avec la maladie d'Alzheimer, fut un compagnon exceptionnel, aimé lui aussi des auditeurs, ainsi que l'avaient été les vrais fondateurs de cette messe-radio après la guerre, les pères Albert-Marie Avril et Hyacinthe Lelong, car le père Bonnet avait comme eux un don de proximité, d'amour du concret et de la poésie évangélique, des exigences de l'authenticité spirituelle avec le courage de ne pas céder aux modes, mais de dire ce qu'il pensait être le vrai.

Très vite lorsque je fus responsable, je ne me suis pas contenté du constat que telle semaine il y avait « beaucoup » de demandes de sermons, telle autre très peu. Grâce au dévouement inlassable de deux laïques nous avons pu pendant douze ans faire le relevé exact des demandes. Elles oscillaient précisément entre trente à marée basse, trois mille à marée haute. Je n'ai jamais osé communiquer les résultats aux différents prédicateurs.

Jusqu'en 1981, avant qu'un petit chef de Radio-France, lors du changement de gouvernement, décidât que la messe ne serait plus transmise dans les heures que Radio France Internationale diffusait, le courrier nous prouvait qu'elle était captée au Caire, à Minsk, Varsovie, Oslo, Édimbourg, Athènes, Casablanca, Nouakchott, Alger, Bucarest, etc. Cela donne idée de la variété et de l'extension de communion des saints que cette messe apportait alors. Elle fut ensuite stupidement réduite à la France, ce qui me donna occasion de dire au secrétaire général du Quai d'Orsay : « La francophonie a peut-être davantage besoin de l'Église que l'Église de la francophonie. » En effet, la messe était immédiatement comprise, suivie, aimée dans des pays où il n'y avait plus alors de contacts chrétiens à cause de l'oppression soviétique. La Bible, le grégorien ou Mozart sont un langage universel. Dommage que Radio-France ne l'ait pas compris.

Comment répartissiez-vous les prédications ?

Longtemps à l'avance, afin que chacun puisse tester, rôder, réfléchir plusieurs fois avant de s'exprimer à la radio. Dans la lettre que je leur envoyais comme responsable, je faisais simplement remarquer à chacun que s'il avait huit cent mille ou un million d'auditeurs devant lui, il aurait le trac et se préparerait avec attention. Or c'était le cas.

Imposiez-vous un sujet ?

Non. Mais, j'essayais d'éviter que l'on tombât dans le saucissonnage exégétique auquel risque de se prêter la succession actuelle des évangiles dans le missel si l'on ne prend pas garde à leur cohérence. C'est pourquoi je proposais aux prédicateurs une grille de lecture de telle sorte qu'en trois ans tous les mystères du *Credo* aient été abordés, rafraîchis, exposés : qu'est-ce que la foi ? Dieu ? le Christ ? la Trinité ? les sacrements ? l'Église ? les fins dernières ? Et cela par séquences de trois à cinq dimanches qui se suivaient, par exemple l'Avent sur le mystère du Christ ; l'été, lorsqu'on lisait le Discours sur le Pain de vie, nous méditions sur l'eucharistie ; les dimanches qui entourent la Pentecôte et la Trinité sur le mystère intime de Dieu. Évidemment tous les dimanches n'étaient pas bourrés par ces programmes. Les séquences au nombre de cinq ou six par an étaient interrompues par toute la variété des prédications habituelles. Mais au moins le *Credo* était annoncé et le cycle de l'année n'était pas laissé à la seule intuition ou au métabolisme de tel ou tel prédicateur.

Est-ce que ces programmes n'étaient pas pesants pour les auditeurs ?

Non. Le résultat fut immédiat, cela a multiplié par dix, voire parfois par cent la demande des sermons. Il était évident que cinq ou six fois dans l'année ces séquences répondaient à un besoin lancinant d'approfondir la foi et à une insatisfaction d'en rester aux petits flashes ou aux approches des prédications habituelles. Les cycles de la messe-radio n'étaient pas du tout perçus comme factices.

Une année, nous avons consacré ces séries à la communion des saints. Et j'avais demandé aux évêques responsables la permission que Régine Pernoud pût prêcher. Hésitations. Pouvait-on laisser prêcher une femme ? On trouva finalement la solution. Au début de la messe, je présenterais Régine Pernoud et elle prêcherait à ce moment-là en faisant vivre une des grandes figures féminines de la sainteté. Ce fut remarquable. Après l'Évangile, je n'ajoutai que quatre phrases pour inviter à la prière. Plusieurs mois plus tard, l'expérience fut recommencée avec bonheur par quatre mères de famille exposant la sainteté de chaque âge de la vie, y inclus bien sûr la vieillesse comme période exceptionnelle et redoutable.

Pour moi l'essentiel était que le mystère chrétien soit annoncé avec respect, compétence, contagion et amour et, cela, en se conformant à la totalité du *Credo*. Je m'étais moi-même chargé de la série sur les fins dernières afin d'être obligé d'aborder les mystères de l'enfer et du purgatoire.

N'avez-vous pas eu parfois des surprises ?

Bien sûr. Une seule, à titre d'exemple. Une année, le prédicateur, le jour de la Sainte-Trinité, annonce que c'est un mystère trop abstrait et qu'il a d'ailleurs été inventé au IIIe siècle... L'année suivante, un autre prédicateur, pourtant hautement qualifié, annonce que la Trinité avait été inventée au IIe siècle. Réactions immédiates au courrier des auditeurs : « Mettez-vous d'accord ! » Conclusion : la troisième année, j'ai prêché moi-même pour dire que le secret de Dieu était le plus concret qui soit : la paternité, l'amour, la filiation ; que Dieu donnait Dieu aux hommes, qu'il se donnait deux fois et que cela était bel et bien dans l'Évangile et nous avait été révélé afin que, comme le dit le Christ, « sa joie soit en nous ».

Cette obligation que vous vous êtes donnée à vous-même de faire tous les trois ans une catéchèse complète a-t-elle été poursuivie par votre successeur ?

Après tant d'années où, responsable, tous les dimanches matins de dix à onze heures, j'ai scrupuleusement prêché ou écouté cette messe de la radio, je dois vous avouer que par respect pour mon successeur ou par la nécessité d'autres tâches, j'ai été depuis lors un auditeur beaucoup plus absent. J'admire le courage, la ténacité au travail et la cordialité de celui qui en porte la charge.

La messe-radio n'est pas n'importe quel reportage

L'expérience me laisse penser que la prédication à la radio implique trois nécessités : 1. L'exigence d'une proximité, je dirais presque d'une intimité, celle du ton, de la voix, d'une présence. Quand il s'agit de la foi, ce dont on parle n'est pas séparable de celui qui parle. (La théologie dirait que la forme apporte avec elle la prédisposition ultime de la matière.) C'est facile à comprendre. Seule la grâce peut préparer à recevoir la grâce ; seul Dieu donne d'entendre Dieu. D'où une deuxième nécessité : 2. Celle d'un support de qualité, grâce à la musique et à la dynamique propre à la célébration liturgique, qui suit un rythme prévu, soigneusement préparé selon les différents moments et fonctions de la messe, oraisons, prières, supplications, actions de grâce, anamnèse, recueillement de la communion... cela ne peut être laissé à n'importe quelle improvisation sous risque d'aboutir lors de l'audition à un chewing-gum étiré ou à une chansonnette répétitive sans âme... ou à un ensemble dont les silences mal placés sont perçus comme du vide. 3. Enfin un projet dont on perçoive la cohérence, la rigueur et la continuité. La séquence des rendez-vous dominicaux n'est pas aléatoire. Elle permet à l'Église de rejoindre pas à pas la vie du Christ : elle ne répond pas seulement à un programme quelconque. La messe nous amène à une personne, à nous mettre à genoux devant cette personne, et selon l'expression de saint Paul à nous « laisser porter dans les bras comme un nourrisson ». Elle n'en reste pas à une série d'anecdotes, même sublimes. Elle livre les confidences du Fils sur Dieu son Père et nous introduit dans un message, celui que Dieu veut confier aux hommes.

Avec la liturgie, il ne s'agit pas en effet d'une suite d'émissions sans lien entre elles. Le fait qu'on retrouve chaque dimanche le même scénario, celui du rituel de la messe, n'est pas suffisant. Il s'agit de bien plus que d'un reportage. Il s'agit de faire entrer l'auditeur dans une histoire sainte, dans une communion et dans le mystère d'une existence unifiée, celle du Christ. Dans un « eschaton », un dynamisme où notre place est déjà préparée. Il ne s'agit pas seulement d'un feuilleton télévisé, mais d'une communion grâce à l'Église, enfin... d'une liturgie. Celle-ci a un sens. Elle introduit à une nouvelle existence qui dépasse le temps, en étant eschatologique, c'est-à-dire en récapitulant le passé, tel qu'on le retrouve dans l'Évangile, en assumant le présent, qui est notre angoisse, notre offertoire et notre action de grâce et en portant le futur qui est l'attente du Christ tel qu'il nous souhaite. La messe fait le lien avec toute l'histoire. Il faut donc faire apparaître cette unité dans la retransmission elle-même. L'anecdotique ne peut pas y suffire. On ne peut pas se contenter d'un reportage, d'un documentaire, c'est la vie même du Christ qui est en cause, la liturgie elle-même demande d'en respecter sa courbe et son unité.

Là fut le but, sûrement la joie et peut-être la nouveauté de ce que nous avons essayé de réaliser : passer du documentaire à la communion.

Y a-t-il un concept de la messe-radio ?

Je suis de plus en plus persuadé qu'il y a, selon le vocabulaire des médias, un « concept » propre à la messe radiodiffusée. Elle ne peut se réduire à une série de reportages où l'on passerait de l'une à l'autre paroisse selon le hasard des circonstances. La question est plus profonde. Comment être « écouté » avec attente, et « entendu » par l'intelligence de la foi ; comment le prêcheur doit-il créer les meilleures dispositions pour qu'une rencontre régulière ait lieu entre le Christ et l'auditeur ? Comme dans l'Évangile, nous ne pouvons que labourer le terrain. La préparation du prédicateur est secrètement plus difficile qu'on ne le pense. La semence, elle, ne peut venir que du Ciel. Finalement le « concept » de la messe échappe à tout *a priori*, méthode et rationalisation. Il s'agit d'une grâce et d'une communion en une présence qui dépasse chacun des deux partenaires. Il est bon de s'abstenir de tout motif inutile d'éloignement, par exemple la multiplication des introductions. J'ai compté que l'auditeur en subit quelquefois huit différentes avant qu'on commence à prier. Toutes sont-elles nécessaires ? On entend l'indicatif des cloches, l'annonce par la speakerine, le commentaire du présentateur, le signe de croix, l'introduction du responsable local, quatre ou cinq couplets du chant d'entrée avec les refrains dont on ne comprend pas toujours le sens, l'invitation liturgique à prier, enfin le *Kyrie eleison...* Ouf !

J'ai l'impression que le « concept » de cette messe a peut-être évolué vers une transmission, significative et variée. Mon souci demeurera toujours néanmoins celui de la nature de ce qui se passe : on écoute. Sont donc en jeu : présence et compétence de la parole, qualité de la liturgie, une certaine sobriété auditive pour renforcer l'attention, (celle dont le grégorien a donné l'exemple), enfin avec l'exactitude la plus respectueuse pour transmettre ce qui ne nous appartient pas, la foi, ou autrement dit la communion de la Gloire.

J'ai toujours été surpris lorsque les responsables des émissions ne s'obligent pas eux-mêmes à prêcher, que ce soit aux messes-radio ou aux messes télévisées. En effet, le propre de la prédication chrétienne et de la transmission de la foi suppose que l'on se compromette soi-même, que l'on s'implique, que l'on s'expose. Saint Paul, Pascal et le père Lacordaire et le Curé d'Ars l'ont très bien dit : le témoin ne peut pas rester extérieur au témoignage.

Avec le père Aumont, mon compagnon pour la musique, nous avons, dans la mesure du possible, toujours été soucieux de la plus haute qualité, que ce soit avec Mozart, avec le grégorien, avec Bach ou avec ce qu'il y a de moins banalisé dans les cantiques récents. Le Festival d'Avignon et celui d'Aix permettaient chaque année une véritable création de musique contemporaine, parfois remarquable, ou bien, lorsque tel ou tel grand organiste, par exemple Michel Chapuis, nous recevait dans son laboratoire aux orgues espagnoles étonnantes. La chance a voulu que pendant des années nous ayons justement eu la possibilité d'une sorte de laboratoire avec l'Institut des jeunes aveugles où nous pouvions régulièrement fonctionner, presque la moitié de l'année, avec des prises de son impeccables et l'un des meilleurs organistes français. Il n'y a rien de plus difficile que de faire une bonne prise de son pour une assemblée ou une chorale, or, là, tout était en place de manière permanente et irréprochable. Cela laissait la priorité à ce qui convient à la messe de la radio : l'intimité, la proximité, la contagion d'une préparation à la prière.

Vous avez évoqué le courrier de ceux qui demandaient à recevoir le sermon ; au-delà de ce qui est le fait de toutes les émissions, cela avait-il un sens plus profond pour vous ?

Si vous m'aviez demandé pendant le temps de ces prédications, encore une fois pendant plus de trente ans, ce qui chaque jour m'a le plus aidé à tenir debout, je dirais sans hésiter, le courrier qui arrivait chaque matin pour cette messe de la radio.

Pourquoi ?

Parce que c'est probablement une expérience unique, celui du choc en retour d'une communion. Je ne connais aucune autre occasion dans l'Église où cette expérience puisse avoir lieu de manière aussi spontanée, intime, véridique et importante. La chance voulait que deux fois pendant la messe, on propose à l'auditeur de demander le texte du sermon et cela en voix off, une première fois à la fin de l'homélie, une deuxième fois à la fin de l'émission, à la suite de l'indicatif qui termine la messe. Cela était donc proposé de manière impersonnelle, neutre où les prédicateurs n'avaient pas l'impression de vanter leur produit. J'étais donc confronté chaque année à ces quarante mille lettres de retour sur la prédication (par comparaison, un article en première page du *Monde* ou une participation à *Apostrophes* de Bernard Pivot m'apportait quarante lettres). Beaucoup de fidèles ne faisaient que demander le sermon, ou comme on dit l'homélie (ce qui était parfois écrit par les auditeurs : « l'eau-mélie » !), mais un certain nombre utilisaient l'occasion pour confier un des points graves de leur vie.

Y en avait-il d'agressives ?

Très peu. À peu près une sur mille dans laquelle l'auditeur ou l'auditrice exprimait une fâcherie. Heureusement le texte du sermon était écrit. Je l'envoyais non seulement pour montrer que la plupart du temps celui qui protestait avait exactement compris l'inverse de ce qui avait été dit, mais surtout pour donner un peu de paix et exprimer un témoignage de douceur. Je remerciais en disant que malgré toute la peine que l'on avait pu se donner et les longs délais de préparation (un an ou un an et demi), on n'était jamais assez préparé pour la parole de Dieu. Alors presque toujours — et c'était mon but — une deuxième lettre m'était écrite en retour qui libérait la vraie raison de la tension intérieure qu'avait manifestée la première lettre : « Mon mari vient de me quitter ». « Sur mes cinq enfants, aucun d'eux ne pratique ». « Mon curé vient de refuser de baptiser ma petite-fille », etc. Alors pouvait s'engager une conversation, une communion, un dialogue qui depuis quarante ans constitue pour moi une paroisse secrète étonnamment vraie.

En dehors de ces lettres plaintives ou douloureuses, pouvez-vous tirer certaines dominantes ?

Je me demande parfois d'où j'aurais le droit de parler de l'Église ? C'est certainement alors à ce courrier que je penserais d'abord. Encore une fois il apportait de manière presque anonyme et en même temps fraternelle, (on est assez lointain à la Radio pour être paradoxalement proche, ce qui n'est pas le cas de la télévision). Beaucoup plus qu'une idée, ce courrier apportait l'expérience vécue de la réalité la plus profonde qui soit, la solidarité que le *Credo* appelle communion. Il renvoyait une image de l'Église plus grande que l'Église, différente de celle des manuels, des schémas ou des sondages.

Je retrouvais à travers ces lettres les trois caractéristiques de l'Église primitive, celle qu'ont décelée les historiens dans les prières des premiers chrétiens qui frappaient les païens d'alors.

— D'abord la possibilité de fraternité entre milieux sociaux qui recouvrent tout l'éventail de la société. Du père du président de la République d'alors ou du doyen de la Faculté de Droit de Genève qui s'est cassé la jambe en ski, du chauffeur de taxi musulman, à la garde-barrière ou à la fille de seize ans qui vient de se faire avorter.

— Ensuite ce qui frappait les païens de l'Empire romain en décadence, c'était la chasteté des chrétiens, parce qu'ils se réservaient pour un ailleurs. Les lettres de la radio révèlent une confiance émouvante en face de la vérité ou de la dureté de la vie. Encore une fois on était assez anonyme pour que la confidence puisse être totale. À qui donc en cas de déstabilisation pouvaient se confier ceux qui écrivaient ? À leur coiffeur, à leur kiné, à leur médecin, et après ? Ils n'osaient peut-être pas aller à l'église, mais ils écrivaient pour confier quelque chose de trop dur, les deux ou trois notes de musique les plus secrètes de leur vie qu'ils ne pouvaient confier à personne.

— Enfin une troisième caractéristique surprenait les compagnons des premiers chrétiens qui étaient païens, c'est que les chrétiens allaient à la mort en chantant. Or une majorité de lettres témoignait d'une espérance et d'un courage incroyables devant les épreuves les plus lourdes de la vie.

Avez-vous pu comparer avec le courrier de la télévision ?

Oui, bien sûr, puisque je prêchais en même temps pendant ces trente années à l'émission du *Jour du Seigneur,* et je faisais partie du conseil de la télévision. J'avais donc les chiffres et le contact du courrier de la messe télévisée. Leur nature était sensiblement différente dans les deux cas. La télévision s'adressait à un public cultuel et en grande partie acquis d'avance. Le poste étant habituellement dans une pièce commune, tout le monde savait et se demandait pourquoi la grande sœur, le père de famille, l'oncle ou le cousin se mettait à regarder l'émission des curés. Alors que le transistor permettait à la radio une écoute beaucoup plus sélectionnée, attentive, individualisée. C'était le chauffeur d'autocar qui revenait tout seul d'une classe de neige de Saint-Jean-de-Maurienne à Lille ; le prisonnier en hôpital psychiatrique, seul en cellule ; le menuisier qui réparait ses outils le dimanche matin ; l'ingénieur qui faisait sa promenade dominicale et avait bricolé son guidon de vélo pour mieux capter France-Culture, etc. De tout ce beau monde, au moins un tiers n'avait manifestement plus aucun contact avec l'Église. Et bien sûr, je ne parle pas du grand nombre de malades et de personnes âgées.

Il m'est arrivé une aventure singulière et peut-être unique. L'amitié du père Damien Avril, responsable de la messe radio-télévisée, l'avait amené à me demander de prêcher un dimanche à la télévision alors que le hasard faisait que j'étais déjà retenu pour la messe de la radio. Les horaires étant décalés, c'était possible, mais je prévins le père Avril que je ne pouvais pas changer de sermon en une demi heure sur le même sujet par respect pour l'auditoire. Un taxi m'attendait à la sortie de l'Institut des jeunes aveugles à Paris pour me conduire à l'église Saint-Séverin dès la fin du sermon de la radio.

Je fis donc ce jour-là exactement le même sermon aux deux messes et je pus comparer les deux courriers qui suivirent dans des conditions rigoureusement semblables. Première surprise, le courrier de la radio était un tiers plus abondant. Deuxième constat, il venait aussi pour un tiers de personnes beaucoup plus étrangères à l'Église que celui de la télévision. Troisième évidence, le courrier de la radio était plus intime que celui de la télévision.

Puisque vous évoquez radio et télévision, y avait-il une différence dans la prédication ?

Techniquement oui. Les prises de son à la radio étaient plus soignées, c'était plus facile. La messe ne mobilisait que deux à trois techniciens là où la télévision en requiert une quarantaine.

Les paroisses étaient différemment affectées. La radio restait humble, tandis qu'on « passait à la télé », bien que ce fût toujours une remarquable expérience de mobilisation pour la communauté paroissiale.

À la télévision, le père Dagonet responsable, (il fut avec le père Damien Avril pendant longtemps, après le père Pichard, fondateur de l'émission, deux merveilleux pilotes), exigeait que le prédicateur n'ait aucun papier jusqu'à ce que lui-même ait subi un dimanche une panne complète. Si bien qu'il fallait savoir impeccablement le texte afin de n'être pas trop long. La moindre phrase improvisée prenait au moins cinquante secondes de plus. Celui qui dépassait le temps était tenu d'offrir l'apéritif aux techniciens. Moi-même, je m'obligeais dès le mercredi, à pouvoir réciter le texte à l'endroit et à l'envers en commençant par la fin, pour être sûr de n'avoir aucune défaillance et d'en avoir vérifié la « nécessité ». En effet, on pouvait s'attendre à des surprises : une caméra qui prenait feu, un groupe de contestataires qui braillent dans le fond ou tout simplement un enfant qui sort du premier rang suivi de sa mère pour des besoins naturels, quand ce n'était pas un technicien qui vous faisait des grands gestes parce qu'on commençait à déborder les neuf minutes autorisées. Je savais que, quels que soient le vaisseau et la sonorité, une minute représentait exactement dix lignes de texte tapé à la machine.

À la radio, la présence n'était pas moins exigeante, il fallait avoir non seulement écrit, mais lu, relu, préparé et ruminé le texte pour savoir s'il était vrai pour ceux à qui l'on s'adressait. Il fallait en être habité, mais on avait le texte sous les yeux. Quel repos, même si les bizarreries techniques arrivaient aussi.

Vos supérieurs étaient-ils conscients de l'importance de cette paroisse de la radio ?

Je ne sais. Je n'ai reçu d'eux pendant toute cette période qu'une phrase. Ce fut celle du supérieur provincial, lorsque je suis venu lui soumettre la requête que le père Carré, alors responsable de l'émission, venait de me faire de m'engager à prêcher régulièrement à cette messe-radio. Le père provincial me dit seulement : « Oh, tu crois que cela a de l'intérêt, il n'y a que des vieilles gens qui écoutent. » Ce n'était pas très encourageant.

Depuis ce temps, j'ai gardé cette phrase, dite d'ailleurs innocemment, pour me rappeler le décalage qu'il peut y avoir involontairement en chacun de nous entre les idées qu'on se fait et la réalité.

Pouvez-vous nous donner des exemples du courrier de cette paroisse de la radio ?

En voici quelques-uns isolés parmi tant et tant d'années.

« Nous étions nombreux, malades, dans la salle de détente de cette maison de repos pour personnes âgées. Plusieurs pleuraient ce matin en entendant les paroles d'espoir du sermon. »

« J'avais un fils prêtre ouvrier, après sept ans il s'est marié. C'est dur. J'essaye de comprendre, mais ce qui me donne de l'espérance, c'est que le Seigneur n'a jamais rejeté personne comme vous l'avez dit ce matin. »

« Je fais partie d'un groupe chrétien de femmes divorcées. Nous nous réunissons régulièrement pour prier avec la messe de la radio. »

« Entre le ménage et la cuisine, je vous écoutais, j'aimerais recevoir l'homélie. Pourquoi ? Pour réfléchir. Je suis jeune, j'ai dix-sept ans, mais je vis dans un milieu de jeunes tous non croyants. C'est difficile de rendre compte de sa foi comme saint Pierre le demande. »

« Ancienne assistante sociale des prisons, j'ai passé plus de dix ans au service des détenus de longue peine (y compris des prêtres). C'est vous dire combien je comprends le désespoir et la tristesse. Merci de nous aider à prier. »

« Mariée depuis vingt ans, j'ai cinq enfants, et je cherche encore un brin d'entente conjugale. »

« Mon petit-fils G. qui a vingt-trois ans se trouve en prison depuis plus d'un an pour avoir tué sa petite fille de quatre mois, elle était si mignonne. Je voudrais tant savoir qu'il est innocent. Il aimait trop sa petite fille pour avoir fait cela ! Il a passé son CAP. Leur père qui était mon fils unique s'est tué en auto il y a deux ans. J'ai soixante-dix huit ans. L'Église est à trois kilomètres, C'est bien loin. »

« Je suis aide-soignante dans le service des personnes âgées (femmes), 41 au total, dont 15 complètement couchées, ce travail me plaît énormément, mais vu mon état physique, (je suis une handicapée pulmonaire, cœur et autres ennuis), je suis sujette à des arrêts de travail. Lorsque j'arrête, je suis zéro pour le moral. J'ai du mal à reprendre courage, aussi le dimanche ma joie c'est d'entendre la messe de la radio. »

« J'ai vingt-sept ans. J'habite en Alsace et je suis fiancé à une jeune fille de Bretagne. Nous nous marions le 9 août prochain. Souvent j'ai peur de l'avenir. Aurai-je la force de la rendre heureuse à chaque instant ? Je serai heureux de méditer avec elle sur la dernière homélie. »

« J'ai quinze ans : aimer, espérer, ce n'est pas toujours facile à quinze ans, quoiqu'on en dise. »

« Nous sommes deux religieuses enseignantes dans une petite école de campagne. Nous sommes bien souvent des "laissées pour compte". Priez avec nous pour que notre espérance ne lâche pas trop. »

« Je suis chauffeur de taxi musulman ; vous avez parlé de la prière, c'est bien. Il faut prier, prier tout le temps, moi je prie, mais il faut être pur pour prier. »

« Je me trouve détenu dans un pavillon d'isolement de l'hôpital psychiatrique indiqué ci-dessus. J'ai demandé l'autorisation, s'il n'était pas possible d'y aller seul, qu'un infirmier m'accompagne à l'office dominical de la chapelle de cet hôpital. Elle m'a été refusée. Alors reste la radio. Merci. »

« J'ai cinquante-cinq ans bientôt. Depuis l'abandon à l'âge de trente-trois ans d'un mari passionnément aimé, me laissant seule avec quatre enfants de quatre à douze ans, je croyais avoir accepté la solitude et trouvé la sérénité, et incidemment, je suis obligée d'admettre que je n'ai rien accepté. La messe de ce matin m'a aidée à comprendre qu'il y en avait de beaucoup plus malheureux que moi. »

« J'ai seize ans. Hier, seule allongée sur mon lit, j'écoutais la messe sur mon transistor. Je ne vais plus à l'église. En passant dans ma chambre, mon frère s'est moqué de moi parce que j'écoutais la messe. Il ne sait pas que je me suis fait avorter et que la semaine dernière, brutalement, le médecin m'a dit que je ne pourrai plus avoir d'enfant. Pensez à moi, priez pour moi. »

« Je m'ennuie car papa est au Brésil depuis deux mois. Je voudrais avoir votre sermon de dimanche 4 mai pour le donner à ma maman qui est triste. Je vous envoie une enveloppe avec un timbre et vous remercie d'avance. Je vais avoir dix ans jeudi 8 mai, mais je le fête le 14. Je vous embrasse bien fort. Marie-Laure. »

« Dites-moi combien coûte l'envoi des homélies. J'aimerais les posséder, mais j'ai peur que cela coûte, car je suis une petite épicière de campagne avec peu de moyens, notre métier est perdu, les grands magasins ont pris tous les clients, on ne vit pas, on survit. »

« Je suis seule toujours. Je suis espagnole et je fais des ménages. En France depuis 1963 pour raisons de travail. Il y a un petit couple marié qui habite l'appartement d'à-côte. En écoutant l'émission religieuse catholique, je mets la radio assez fort, je pense leur faire du bien et aussi aux autres voisins. Pour moi, c'est ma joie d'écouter la messe. »

« J'ai perdu mon mari le 22 décembre dernier. Depuis je n'arrête pas de pleurer. Cette absence, ce silence, les « j'aurais dû » me désespèrent. Je sais qu'il a retrouvé notre fille, morte à vingt ans, mais croire, sans jamais un mot, sans jamais une aide, c'est dur. Je suis déchirée, torturée sans cesse par cette absence, mais ce que vous avez dit de saint Pierre m'aide : « Soyez prêts à justifier votre espérance, vos frères dans le monde sont aussi dans la tentation. » Alors je sais qu'il y en a de plus tristes que moi. Merci. »

« Mon Père, j'ai cinq fils. L'aîné est prêtre, le dernier d'entre eux est en prison, incarcéré depuis de nombreuses années pour une perpétuité. J'ai toujours été le voir. Je n'ai pas pu y aller dimanche dernier, car je suis trop vieille. Mais aujourd'hui, il m'a accueillie en disant : "Avez-vous entendu la messe de la radio ?" Mon fils avait abandonné toute pratique. Les religions orientales l'ont intéressé. L'aumônier protestant est devenu son ami. En janvier l'aumônier catholique n'a pas pu dire la messe. Les détenus se sont rassemblés, une trentaine pour faire leur prière, "leur" messe. Mon Père, je souhaite que cette messe des détenus soit pour vous comme une bonne nouvelle. Il me tarde de revoir mon fils. Je suis âgée, je suis infirme. Je ne puis y aller qu'une fois par mois. Mon Père, un mois, c'est long. Mais la confiance est plus forte que tout. »

« Nous avions un fils, nous bénissions Dieu de notre bonheur et, tout récemment, dans sa vingtième année il "s'est" suicidé. Merci de nous tenir la main. Malgré les hurlements intérieurs de la souffrance, je me dis que cette mère de cinq enfants et qui a un fils prêtre et un autre en prison que vous avez évoquée dimanche dernier et qui vous dit : "Un mois, c'est long !" ne peut pas savoir combien elle peut louer Dieu. Alors que nous qui avons perdu notre enfant, il nous faut croire à l'amour de Dieu qui nous dit : "Je vous demande pardon." Mais Dieu me pardonne-t-il à moi ? »

« J'ai été déportée à Auschwitz. J'ai lu et relu les mémoires du commandant d'Auschwitz, Hoess. Pendant des années j'ai pensé à sa bonne foi. J'ai été bouleversée par les découvertes du mal dont j'ai été capable. Je me sentais solidaire du péché de Hoess. Je me suis sentie à certains moments la sœur de Hoess... »

« Mon père, j'ai été mariée à un prêtre pendant douze ans. Je suis veuve depuis cinq ans. Je ne peux pas quitter le village, je n'ai pas d'autre maison. Depuis dix-sept ans, je suis une exclue. Merci de ce matin, après vous avoir écouté, j'ai eu l'impression d'être un peu moins une exclue. »

Si je prends au hasard le courrier qui suit un dimanche parmi d'autres, il y a la lettre d'un ancien ministre, d'un responsable de foyer de Nord-Africains de Marseille ; d'un prêtre missionnaire au Mexique de passage en France ; d'une officière de l'Armée du Salut, fille d'un pasteur luthérien ; d'une femme facteur de campagne ; d'un ancien séminariste employé dans une maison de retraite ; d'un prêtre marié et de son épouse et, juste à côté, celle d'un responsable d'évêché, celle d'un catéchumène qui demande le baptême après avoir écouté depuis trois ans la messe-radio, celle d'une religieuse qui a tout abandonné : « Je suis partie, brisée, malade. C'est long de retrouver la vie. Merci de prêcher l'espérance. » La lettre d'une Petite Sœur de Foucauld, revenue un moment en France alors qu'elle résidait au Viêtnam, à ce moment-là en pleine guerre.

Cette communion des saints est indéfinie. Tant d'autres témoins seraient à citer parmi ces lettres qui sont pour moi aussi précieuses que la présence des Corinthiens, des Éphésiens, des Galates ou des Romains dans le cœur de saint Paul ou de saint Pierre, ce sont les mêmes problèmes, les mêmes joies, les mêmes questions que reçoit tout prêtre.

Deux lettres pour finir :

« Infirme depuis dix ans après quarante-cinq ans de travail... et deux vieillards à la maison, ma vie a été ce que Dieu a voulu. Les "vieilles filles" comme on disait jadis sont parfois utiles, quoiqu'en pense la foule. Les mamans donnent la vie et la développent, les célibataires reculent l'heure du tombeau de leurs vieux parents et s'occupent des enfants des autres... À chacun de nous, Dieu donne sa destinée. Toute ma vie j'ai cherché, maintenant je crois avoir trouvé. C'est par amour du Christ, accepter sa vie, quelle qu'elle soit. Souvent, je ne peux pas aller jusqu'à l'église, aussi les sermons de la radio sont mon pain et ma joie dominicale. »

« Il y a trente-cinq ans que je suis paralysé. Dernièrement, j'ai souhaité mourir. Non pas en employant les grands moyens, mais en baissant progressivement la mèche. C'est facile. Dans le silence de ma chambre, aucun reproche. Au fond de moi ce murmure : "Viens mon petit. Je t'aime tel que tu es. Je t'aime. Je ne sais que pardonner." Voilà, mon Père, pensez à ceux qui ne sont pas des héros. Jésus guérit le malade débordé. Je vous en supplie : redites que l'espérance n'est pas réservée pour les héros. Je ne peux pas lever deux cents kilos, je ne peux lever que deux kilos. À celui qui n'a plus rien, redites que c'est encore vrai. »

Vous avez été amené à travailler pour Radio Notre-Dame, quels souvenirs en gardez-vous ?

Merveilleux. Le cardinal Lustiger me demanda de faire partie du petit groupe de quatre personnes qu'il voulait réunir pour fonder une « radio privée » : Radio Notre-Dame. Ensuite, j'ai assuré quatre cent vingt trois (!) émissions : une « brève » de trois minutes plusieurs fois par semaine le matin pendant quatre ans, ce fut un bonheur total.

Je ne pus prendre la direction de Radio Notre-Dame, comme me le demanda le Cardinal. J'étais alors responsable de la messe de France Culture. Or les radios privées étaient encore interdites. Mais il fallait ne pas tarder pour prendre place sur les antennes, afin de préparer l'avenir. Je ne pouvais pas risquer de mettre France Culture dans l'embarras. Cela ne m'empêchait pas d'assurer une émission pour Radio Notre-Dame et d'inventer un type de catéchèse la plus proche possible des « paraboles » de l'Évangile. J'ai eu grande joie à rôder cette idée et à l'approfondir ensuite pour la télévision de KTO, douze ans plus tard. J'en reparlerai à l'occasion des chapitres de la deuxième partie sur la catéchèse, la prédication et le catéchisme. Il y a un continent entier à explorer et inventer dans le style des paraboles de l'Évangile.

KTO m'a déjà permis de créer plus de cent émissions télévisées. Encore une fois, c'est un bonheur immense de terminer ma vie dans le climat de confiance et d'amitié qui règne à KTO, la station de télévision du cardinal Lustiger.

7

Trente livres

Avant de dire ce qui vous a guidé à Notre-Dame de Paris, peut-être faut-il, pour mieux comprendre ces conférences, les situer dans ce qui a marqué votre vie intellectuelle ? Vous avez écrit plus de trente livres, était-ce audace déplacée ou inconscience ? Sinon, dites de quel virus est né ce besoin d'écrire et à quelles intuitions cela répondait ? Ensuite nous reviendrons à Notre-Dame de Paris.

Une « œuvre écrite » ? Je n'oserais parler d'œuvre, même s'il y a trente livres écrits. Un père jésuite, en classe de troisième, m'a rendu l'un des plus grands services que j'ai jamais reçus. Après une rédaction, sans doute assez loupée, il m'a dit : « Vous, vous ne saurez jamais écrire. Vous vous rattraperez sur les mathématiques. » C'est donc toujours une surprise nouvelle que de ne pouvoir pas résister au besoin d'écrire. Sartre dit que l'écriture obéit à la nécessité d'échapper au désespoir. Je ne renie pas la formule, mais avant, pendant ou après cette obligation de fuir la détresse, il y a autre chose. Il y a l'impossibilité d'éviter une contagion : celle de l'émerveillement du Christ.

Mon premier livre, *Apprendre à prier*, a été provoqué par l'amitié d'un prêtre, l'abbé Bossuyt, aumônier national adjoint des Équipes enseignantes, mouvement des instituteurs catholiques de l'enseignement public. C'est lui qui m'a obligé à la confiance par son encouragement et sa magnanimité. Il est mort peu après avoir été nommé évêque de la Mission de France. Il s'était épuisé au travail manuel alors qu'il était cardiaque et a payé en partie le tribut de méfiance de certains de ses compagnons lors de sa nomination épiscopale.

Les livres qui ont suivi, ont été comme le premier, rédigés sur commande, sinon je n'aurais jamais osé « écrire ». Après coup, je crois y découvrir un certain ordre et la cohérence des deux intuitions qui les gouvernent.

Les deux inspirations qui ont dirigé mon travail sont simples. Elles ne m'ont jamais quitté. Elles commandent toute vie humaine. La première est celle-là même qui a présidé à la naissance de la science chez les Grecs. Il y a des choses. L'esprit peut les comprendre, mais il y a un obstacle, C'est le changement. Rien n'est stable. Le mal ne devrait-il pas obliger au silence ?

Ne faut-il pas un jour choisir entre la fidélité à l'ordre des choses et l'espoir d'un changement qui apporterait le meilleur ?

Les choses changent et en même temps elles demeurent. Comment en saisir l'unité et n'en pas rester au chaos ? On vieillit et pourtant c'est la même personne qui tenait notre enfance et permane sous le vieil homme. Le tissu de notre vie ne se réduit pas à de simples clichés qui resteraient empilés dans un coin de mémoire. C'est l'être lui-même de l'homme et de son autonomie qui persistent, et c'est en même temps l'être lui-même et son autonomie qui changent.

Une mauvaise philosophie du changement ou de la permanence conduisent les mariages à la catastrophe. La terre reste ronde et pourtant elle change. Du fait qu'elle s'éloigne chaque année de quelques centimètres du soleil, il y a quelques siècles, au lieu de vingt-quatre heures, la durée du jour n'égalait à ce moment-là que vingt-trois heures trente. Et pourtant, comme disait Galilée, « elle tourne » et c'est bien la même qui tourne. Le problème n'est pas de décrire des états différents de ce qui nous arrive : d'un côté la stabilité et permanence ou de l'autre changement ou mutation. Le défi que pose la vérité est de maintenir que c'est le même être qui demeure et le même qui change. Avec le mal, la difficulté pousse l'esprit à la limite. Il n'y a pas le bien d'un côté et le mal d'un autre. C'est le même individu qui vit *et* meurt, se développe *et* souffre. Il faut résoudre le dilemme sans s'évader par des habiletés verbales. C'est l'affrontement décisif de la vérité. Sans la maintenir tout se dissout en des pirouettes. On en reste à de la littérature et des descriptions. Elles peuvent être belles. Est-ce suffisant ?

Alors que choisir ? Privilégier le changement ou privilégier la permanence ? L'expérience première qui a donné naissance à la science et à la pensée, dans toutes les civilisations, est née de ce dilemme. Un instinct irrépressible amène l'homme à sentir qu'il se trompe s'il choisit seulement pour la stabilité, l'ordre et la communion ou s'il opte exclusivement pour le changement et le « débat ». Une perversion subtile amène parfois les partisans du débat à faire croire qu'ils sont les seuls promoteurs du progrès. Tout est dans la manière de disputer.

Saint-Just et Trotski ont montré comment la pente pouvait être radicale qui conduit à l'exclusion ou à la suppression de l'autre sous prétexte de débattre. Même dans les dialectiques théologiques ou chrétiennes. Et que dire des médias et des politiques ? A-t-on le droit de dire qu'il n'y aurait pas de différence entre le bien et le mal, que le péché ne serait pas grave, que la liberté ne serait qu'une manière de parler.

Personne n'est dispensé de cette expérience. Elle est quotidienne, décisive, initiale et permanente tout au long de la vie de l'esprit. Impossible de tricher ni avec le changement, ni avec le besoin de réalisme sous peine d'abandonner secrètement et finalement un certain goût de la vérité. Rien de plus facile que de s'abandonner au choix entre stabilité ou changement. C'est tellement reposant. Mais le réel ne tarde pas à prendre sa revanche. On ne peut pas décider l'un « contre » l'autre. Il faut s'engager dans une autre voie que la seule opposition, la seule négation, la seule élimination. On aboutit au suicide prôné à ses étudiants par Sartre (j'y ai assisté moi-même au Lycée Condorcet en classe de philo où enseignait Sartre, classe voisine de celle où j'était moi-même en math élem), ou au chaos de Derridda et Deleuze. Et après ?

L'Évangile l'indique en suggérant à l'esprit de faire hommage de lui-même à une lumière supérieure qui sauve tout parce qu'elle sait « de quel terreau nous sommes tirés ». C'est-à-dire de faire exactement l'inverse de la démarche qu'ont suivie Adam et Ève. Tout est sauvé si l'on accepte que notre terreau soit en même temps sublime et fragile. Le moment clef de notre vie est celui où l'on découvre que la réalité est d'abord à recevoir avant d'être à construire. Mais quand a-t-on fini d'admettre cela, même au bord de la tombe ?

Accepter cette difficulté, c'est franchir le seuil de la maturité. On ne domine pas tout seul l'énigme du changement et du mal, le pouvoir recréateur de l'amour ou la démission, qui serait tellement plus facile à suivre. L'intelligence humaine ne peut pas s'échapper de cette insuffisance congénitale. L'esprit est, il peut capter ce qu'il n'est pas et cependant il n'est pas le « Tout ». En tout homme il y a un philosophe qui est ébranlé par cette découverte de sa faiblesse et de sa fragilité. Un penchant irrépressible le pousse à en sortir. Un besoin secret habite tout être humain, découvrir que, dans le changement lui-même, on peut repérer des lois, des constantes. Il serait donc possible de trouver les clefs de la permanence qui permettent de penser. Chacun, à sa manière, a besoin de « globaliser ». Que ce soit le Touareg qui vérifie le parcours des étoiles ou le menuisier qui examine le séchage de son bois ou le père de famille qui apprend à découvrir la personne permanente et aimable de son fils au-delà des remue-ménage de l'adolescence. Le jour où quelqu'un commence à sortir des débats et dialectiques pour globaliser par la pensée, il est devenu philosophe, même s'il ne le sait pas. (Voir IIIe partie, *Questions inévitables : Tout homme est-il philosophe ?*)

Il y a de l'être, il y a des choses, il y a du réel, et il est pensable, de telle sorte qu'on puisse atteindre une vérité. Mais l'être est inachevé, incomplet et il est appelé au meilleur. Toute ma vie a été tendue pour refuser que le doute et le soupçon aient le dernier mot et le relativisme ait droit de triompher sous prétexte d'être souple, ouvert, compréhensif, mais finalement incapable de croire et de s'arrêter à une vérité possible. Alors à quoi bon perdre du temps et donner consistance à notre liberté ? Si tout se vaut, on arrive à la conclusion de saint Paul : « Nous sommes les plus malheureux des hommes. » Buvons et profitons de tout. Il n'y a pas à se faire souci d'une éventuelle justice.

Dès le début de mes études philosophiques, la découverte d'une philosophie intelligente de l'amour chez Aristote, le prince de la pensée, a tout sauvé pour moi. Aristote a été le premier dans l'histoire mondiale à dire que « Dieu mouvait l'univers en étant aimé » : *kinései ôs eromènon*. Il avait définitivement montré qu'on pouvait trouver de *la perfection dans l'imparfait,* et qu'on pouvait *le penser*. C'est sans doute une des plus grandes révolutions de l'histoire de l'esprit. L'intelligence humaine libérée des contraintes du chaos et du pessimisme pouvait sortir des prisons du néant. Il y a du vrai. Cette délivrance d'Aristote m'a ouvert toute grande la compréhension de la porte royale de la théologie : à savoir l'intelligence de la miséricorde, suprême attribut de Dieu, en tant que Dieu, et cœur de l'échange divin entre les personnes divines.

J'ai déjà dit ailleurs, comment l'absence de cette attention philosophique sur l'amour miséricordieux ou la médiocrité des réflexions qui aideraient à en comprendre l'essentiel était pour moi le signe que l'essentiel chrétien pouvait être absent de certaines synthèses théologiques, voire de certain catéchisme national. Il n'y a pas ici à transiger. Si l'échange trinitaire et la miséricorde sont absents de la préoccupation centrale de la pensée, c'est qu'on est non seulement en dehors du christianisme, mais en dehors, tout court, de la possibilité de penser et du respect primordial de la réalité dont la fragilité est tellement évidente. Seuls les idéologues — lorsqu'ils deviennent terroristes — maintiennent l'opposition ou la confusion entre l'un et l'autre : le changement à tout prix quitte à ce que la révolution casse tout ou la permanence à tout prix quitte à ce qu'il n'y ait plus d'espoir. La démocratie à tout prix quitte à ruiner réputations et vies humaines, ou le conservatisme quitte à refuser de voir la détresse. Ce n'est pas parce que la fiancée a subi les modifications du temps que son mari doit moins l'aimer. C'est bien la même personne qui est toujours là et qui reste digne d'amour. Ainsi en est-il de l'esprit et des choses.

Classer *a priori* les gens en conservateurs ou progressistes est peut-être une des premières habiletés perverses de l'esprit, d'autant plus lorsqu'on fait remarquer que celui qui dit cela ne peut être que conservateur !

« Méfie-toi de la suffisance »

Partisans de l'ordre ou partisans du changement ont souvent l'habitude de se mépriser, est-ce inévitable ?

Se proclamer progressiste ou se vouloir conservateur, conduit dans les deux cas à se rendre incapable de rejoindre Dieu aussi bien que la création. L'un et l'autre se rejoignent précisément dans ce mystère quelle qu'en soit l'énigme : prière, prédestination, liberté, espérance, sacrements, Incarnation mettent tous en cause un mystère de permanence et un mystère de croissance.

En face de cette première intuition et de ce premier dilemme, chacun peut réagir différemment. Titres ou certificats universitaires ne sont pas forcément de grande aide. J'en ai fait parfois l'expérience dans le métier d'éditeur, lorsque devant un manuscrit sans prétention intellectuelle, mais remarquable d'acuité, tel ou tel spécialiste compétent laissait percer un certain mépris. L'auteur n'avait pas étudié « chez eux ». Il m'était alors nécessaire « de dire avec courtoisie à ce beau monde que le terrain de certaines compétences n'était pas exclusivement le leur », comme l'écrit Georges Steiner.

J'ai été plus d'une fois surpris par le mépris ou l'exclusive dont les intellectuels étaient capables. Dérision, raillerie, ironie seraient-ils donc signes de grandeur ? De tous les conseils que j'ai reçus avant mon entrée dans l'ordre dominicain, il en est un qui me poursuit comme un testament. C'est celui que m'a laissé avec affection mon aumonier scout, l'abbé Le Roux : « Méfie-toi seulement de la suffisance. » Je tremble en y pensant, mais je n'ai jamais oublié. L'exclusive ou le refus sont différents du mépris. Celui-ci est contradictoire avec la vie même de l'esprit qui suppose ouverture à l'autre.

« Le cœur n'est-il donc pas à gauche ?
— Mais nous avons changé tout cela. » (Molière)

L'ouverture aux autres, le jeunisme, les accusations de ne pas écouter, servent d'alibis à certains pour justifier n'importe quel abandon, aussi bien en face de la foi que des problèmes de vie entre les hommes, par exemple dans les banlieues sensibles. Doit-on en déduire que la recherche de la vérité est devenue définitivement flottante ?

Non, bien au contraire. Les points de repère sont devenus plus indispensables que jamais. On peut prétendre que la boussole n'indique plus le nord magnétique, le résultat est immédiat, on se fracasse sur les rochers et on laisse les pauvres de culture dans un état désespéré.

Le cas du *Credo*, celui des grandes lumières du catéchisme est différent de celui des sciences humaines. On ne peut pas tolérer n'importe quoi ni changer les formulations à sa guise, comme le médecin de Molière dans *Le Malade imaginaire* qui répond à son client, surpris d'apprendre que le cœur est désormais à droite : « Oh, mais nous avons changé tout cela ».

Les vérités ne nous appartiennent pas et ce par quoi on voudrait parfois les remplacer finit toujours par restreindre l'horizon plutôt que de l'ouvrir. Mettre en doute la divinité du Christ, la présence réelle, la Résurrection, la présence des personnes dans la Trinité, la fidélité infaillible de Dieu à son peuple n'agrandit pas forcément l'humanité.

Comment se situer en face de l'explosion des sciences qui conduisent l'intelligence à un éclatement ? Celui-ci amène à un certain essoufflement, cessera-t-il un jour ?

Jusqu'aux années 1940, il suffisait de quatre médecins pour être guéri. Aujourd'hui il en faut cinquante-trois différents, autant qu'il y a de branches spécialisées dans la médecine. Éclatement et essoufflement n'ont aucune raison de s'arrêter. C'est la loi même de la raison, être toujours curieuse de quelque chose d'autre. Ce n'est pas un motif pour renoncer à y voir clair, pour laisser le droit aux seuls spécialistes de mettre de l'ordre et de la hiérarchie dans notre tête.

On prouve le mouvement en marchant, on prouve l'unité possible de l'esprit et des connaissances en refusant à *une* seule forme de réflexion la prétention à dominer les autres. Mettre une hiérarchie : oui, par exemple la philosophie et la théologie sont plus importantes que l'histoire, mais obliger à les séparer : non.

On en meurt.

Jamais il ne m'a semblé qu'existât une opposition irréductible entre la poésie et la philosophie, la musique et les mathématiques. En disciple d'Aristote, mais en amoureux de Platon, je crois que tous les domaines se rejoignent. Lorsque le grand philosophe Heidegger lit Trakl, Stephan George, Hölderlin ou Sophocle, il ne perd pas son temps à se définir comme professeur de littérature française ou comme germaniste. Le plus grand philosophe est poète de la pensée ou il n'est pas philosophe. Ainsi on peut dire qu'il n'y a pas de plus grand poète que Platon et symétriquement qu'il n'y a peut-être pas de philosophie plus aiguë que celle de René Char. Ne pas opérer cette distinction peut coûter cher car elle amène à s'enfermer dans des idées et à trouver normal qu'on privilégie une voie d'accès au réel (la sienne, bien sûr), ou qu'on les noie toutes dans un même magma intérieur. La conclusion de Françoise Giroud, dans l'édito du *Nouvel Observateur* après les émissions intitulées *Corpus Christi* de la chaîne *Arte* sur Jésus, fut significative. Pour ménager tout le monde, Françoise Giroud refusait de mettre une hiérarchie entre hypothèses, prises de position et informations balancées sans nuance ni rigueur par ces émissions sur la vie de Jésus. Elle concluait dans un flou au bord de la supercherie : « On peut être assuré que Jésus a bien existé, le message moral des Évangiles garde de l'intérêt, mais finalement on ne sait même pas si Jésus a vraiment été crucifié. »

Personne ne peut prétendre aujourd'hui maîtriser entièrement, ne serait-ce que la parcelle d'une spécialité. Le morcellement des connaissances humaines est devenu horrifique. Tous les mois les Américains publient à la Bibliothèque du Congrès une nouvelle liste de toutes les revues techniques. Or chaque revue engendre jusqu'à quatre revues en six années de temps. Cela signifie que toute technique se spécialise d'autant plus qu'elle se sépare du tronc commun. Écrire par exemple sur Tolstoï ou sur Dostoïevski sans être slavisant, c'est s'exposer à la critique. Écrire un livre sur Sophocle, c'est se préparer à s'entendre reprocher de ne pas avoir lu la dernière monographie de cet excellent professeur qui vous aurait démontré par A+B que vous n'avez pas analysé ce vers à la manière de ce grand ponte qui officie dans un colloque auquel vous n'avez pas assisté.

Je dois avouer le bonheur avec lequel j'ai relevé ces analyses du philosophe Georges Steiner. Il décrit exactement ce qui se passe en exégèse, théologie et science de la religion. On peut se référer avec profit à ce qu'il dit dans ses *Entretiens* pour comprendre le rôle régulateur et essentiel du *Credo* dans l'intelligence chrétienne. Grâce au

Credo c'est comme si nous étions montés sur des épaules de géant et que nous fassions l'économie de quarante siècles pour ne pas nous tromper sur notre destin.

Toute ma vie d'éditeur, de professeur et de prédicateur aura été tenaillée par l'angoisse de ce combat : refuser que la lumière de Dieu soit annexée par un petit groupe qui s'autojustifie (que ce soit à partir des philosophes allemands Kant, Hegel, Heidegger ou plus récemment les maîtres de l'herméneutique) et donner plutôt la parole à ceux qui ont vraiment fait le voyage théologique.

Il existe une musique qui est celle de la raison et de l'intuition, qui est celle de la danse de l'esprit semblable à celle qu'évoque Nietzsche dans son commentaire de la Neuvième symphonie ou à *L'Âme et la danse* de Valéry, une danse qui est en même temps mouvement et extase. Lorsque l'on pense à la danse de Montaigne dans les escaliers de sa tour, on peut croire que la lecture de ses *Essais* est elle-même une longue danse de l'âme et de l'être.

Ce sens de l'union et de l'unité des choses est probablement ce qui m'a le plus aidé dans ma vie d'études, ma vie de prière et d'apostolat. Et il importe peu d'avoir ou de ne pas avoir tel titre universitaire qui vaudrait une supposée reconnaissance. Il n'existe à mes yeux aucune théorie du sens de la vie qui ne prenne pas en compte la musique et la philosophie et c'est pourquoi on peut lancer un défi à toute forme de déconstruction, à toute théorie du soupçon qu'elles viennent du psychanalyste Lacan ou du philosophe Derrida par exemple. Ici j'ai envie de dire non seulement ma lassitude, mais : « ça suffit » en face des entreprises intellectuelles de réduction ou de désintégration. J'ai trop souvent ressenti d'une manière quasi charnelle la saveur physique d'une pensée, le goût d'une idée qui s'infiltre dans la peau pour gagner d'un coup d'aile magique les mains, les bras et le visage, pour admettre que le goût du néant aurait le dernier mot. Je sais que j'ai eu une chance invraisemblable ma vie durant. Mais abandonner cette intuition et cette expérience serait perdre en même temps le goût de vivre, la pensée et l'Évangile.

Vous dites ne pas vouloir lâcher l'apport de l'intuition poétique en exposant avec rigueur la théologie et d'un autre côté montrer en même temps la valeur nutritive pour tout le monde des grandes intuitions philosophiques, et théologales quand il s'agit du catéchisme et de la prédication. Ne risquez-vous pas de perdre sur tous les tableaux en n'étant pris au sérieux ni par les théologiens, ni par les pasteurs ?

Peut-être. Cela m'est complètement égal. Ezéchiel le dit : « Les petits ont demandé du pain, il n'y eut personne pour le leur rompre. » C'est l'urgence des urgences aujourd'hui. Quand le jargon théologique devient insurmontable ou bloqué dans ses polémiques, il n'est plus temps de faire croire que le bateau est en période de beau temps. Il faut larguer les amarres et aller au plus pressé.

Jamais les vérités les plus hautes n'ont perdu leur séduction. C'était fascinant de le découvrir tous les huit jours dans cet énorme miroir qu'était le courrier de la messe-radio.

Vous avez plusieurs fois évoqué le hasard, la Providence, des événements ou des rencontres inattendues lorsqu'il s'est agi des charges que l'on vous a confiées : professorat, direction des éditions, responsable de la messe-radio. Est-ce compatible avec le souci totalitaire que suppose l'écriture d'un livre ?

J'ai rappelé les trois certitudes qui m'avaient guidé : la conclusion de mes amis architectes découvrant que les plans d'une maison ne sont bons que si on les a repris au moins sept fois ; ainsi de l'écriture d'un livre. À l'avance, je n'aurais pas cru que, pour moi, certains se seraient étirés sur dix, vingt ou trente ans. Deuxièmement, la question de l'Épître aux Hébreux : « Dans votre lutte, êtes-vous allé jusqu'au sang ? » Troisièmement, la remarque de Sartre que j'ai rappelée : « On n'écrit que pour échapper au désespoir. » Il m'est arrivé pour certaines pages de réécrire cinquante-huit fois le texte...

C'est vrai, l'écriture d'un livre prend toute votre énergie. Il y faut une passion, une ténacité, un combat contre soi-même qui ne sont jamais finis. Ou, comme disait Georges Rouault en parlant de ses tableaux, on avance « en répondant à un ordre intérieur auquel on ne peut pas échapper ».

Chez beaucoup d'écrivains, on sent une inquiétude devant la page blanche : en avez-vous fait l'économie ?

Non. Rimbaud et Sartre l'on avoué, je l'ai dit plus haut. On écrit pour échapper au désespoir. Mais ce n'est pas l'ultime secret lorsqu'il s'agit de partager sa foi. Un jour, il est devenu impossible de résister. C'est autre chose que l'angoisse du désespoir qui vous pousse alors. Cela devient — ou devrait devenir — le besoin de partager un amour. On ne peut plus y échapper.

Tout éditeur connaît le stress de la rentabilité. Ce n'est pas le problème du prédicateur : son but ne se règle pas uniquement sur l'utile. Il ne s'agit pas de rentabilité, mais de contagion, née d'une blessure de miséricorde. C'est autre chose.

Dans un petit village des Montagnes Rocheuses, entre Denver et Salt Lake City, l'histoire se passe un certain nombre d'années après la marche vers l'Ouest ; on avait établi les lignes de chemin de fer, mais les Indiens Sioux attaquaient régulièrement les trains. Les autorités et le public ne faisaient plus attention qu'à une chose : l'issue des combats. Tout le monde attendait avec impatience le jour où l'ordre règnerait enfin. On faisait des conseils d'administration, des commissions, des réunions, des prévisions, toutes étaient suspendues à la paix espérée. Le jour vint en effet où l'ordre fut rétabli. Mais, alors, on s'aperçut que la Compagnie était en faillite, que la voie de chemin de fer ne conduisait nulle part et que les habitants et les voyageurs étaient tout heureux depuis qu'ils avaient transformé les wagons en cabanons de vacances. Les actionnaires et les administrateurs avaient attendu que l'ordre fût rétabli, ils avaient oublié de se demander si la Compagnie servait à quelque chose.

C'est la même conclusion pour une parole ou une écriture « chrétienne », elle n'a pas d'abord à servir à quelque chose, mais à être au service de quelqu'un : Jésus.

Y a-t-il une logique dans l'ordre intérieur qui vous a poussé à écrire ?

J'ai évoqué les deux énigmes auxquelles aucun homme n'échappe : il y a du réel, mais il y a du changement ; il y a de l'imperfection, mais il y a de l'amour pour y suppléer.

La cohérence des trente livres se déroule peut-être comme celle du *Credo*.

1. L'ÉNIGME DE DIEU

Pour moi si Dieu existe — et il existe — comment aimer ce qu'il m'a fait et, pour cela, penser le rapport de Dieu aux choses ? On dit que saint Thomas d'Aquin demandait à l'âge de quatre ans : Qu'est-ce que Dieu ? Dans mon cas, au même âge, les aventures familiales, l'agression de la mort et les absences qu'elle entraîne, mais plus encore la joie de vivre et de croire m'ont posé la même question.

Cela donne une première série d'ouvrages : *Dieu seul est humain.* Avec les questions fondamentales, Dieu n'est pas plus inadmissible que inamissible, c'est-à-dire impossible à chasser. Comment le respecter ? Comment peut-on le connaître réellement ? La liberté, l'amour entre lui et nous sont-ils des mots sérieux ou des vocables pipés ? Si l'on est prédestiné, à quoi bon ? Enfin la miséricorde n'est-elle pas plus redoutable que la justice ?

S'en est suivie une enquête dans les différentes religions, mystiques, systèmes de pensée voire révoltes des philosophes révolutionnaires pour se demander s'ils ne se rejoignaient pas tous dans ces questions. Je suis parti du cri de désespoir de Samuel Beckett qui retrouve étrangement les grands blasphèmes de Job dans la Bible : « *Mais que foutait donc Dieu avant la création ?* » La question peut avoir l'air d'une boutade. En réalité, elle entraîne beaucoup plus loin qu'on ne le pense, jusqu'au cœur du mystère trinitaire.

À Notre-Dame de Paris, il me fallait commencer par affronter la question que j'avais en commun avec le plus grand nombre d'hommes, c'est-à-dire la rencontre du mal, mais je me refusais d'en faire une simple rédaction intellectuelle. J'avais été agacé par le titre d'un livre paru juste en 1940 : *Le mal, paroles d'un théologien.* Un théologien, pas plus que quiconque n'a de parole. Le mal n'est pas seulement un mystère, un problème, une énigme, c'est un pouvoir concret, ravageur, tueur. La première illusion est de croire qu'on va y répondre par des considérations seulement abstraites. Sa réalité est telle qu'il oblige bien à aller jusqu'au bout de la raison. Plus on avance dans le mystère de Dieu, plus on avance dans l'intelligence du mal ; plus on avance dans l'attention au mal, plus on est introduit dans le mystère de Dieu. Cela a abouti aux deux premières années de la catéchèse des conférences de Notre-Dame, avec le livre *Le pouvoir du mal.* Mais à des êtres qui souffrent on n'a pas le droit de commencer par parler du mal. On cherche à savoir s'il est encore possible de garder espoir, d'où la nécessité d'une étude précédente : *Espérer contre toute espérance.*

2. Jésus-Christ ou rien

Vous avez donc suivi le chemin habituel de la théologie qui, avant de parler du Christ Dieu et Homme, commence par s'interroger sur Dieu, puis sur l'homme. Pourquoi n'avoir pas commencé tout de suite par le Christ ?

Pour deux raisons. L'une secondaire, l'autre essentielle. La première venait du fait que j'avais eu à aborder dans mon enseignement, pendant des années au plus haut niveau de la philosophie et de la théologie, les questions et réflexions que les mystères de Dieu et leur respect impliquent et proposent. Deuxièmement, il fallait prouver qu'une réflexion, en même temps scientifique et réaliste, était non seulement légitime, mais possible et heureuse quand il s'agit du catéchisme ou des choses de la religion. Si c'était possible à l'égard de Dieu, alors on pouvait contempler le mystère du Christ. Ce fut le livre : *Jésus-Christ ou rien.*

Le titre me valut une violente altercation de la part d'un prêtre qui ayant quitté le sacerdoce me provoquait en demandant quel était ce monsieur qui osait dire qu'il n'y avait rien en dehors de Jésus-Christ. J'ai simplement laissé mon ami Jean Lacroix le professeur de philosophie, fondateur avec Emmanuel Mounier de la revue *Esprit* où avait paru l'article, répondre que je ne disais rien d'autre que ce que saint Paul avait proclamé aux Corinthiens. En face du scandale du mal, un chrétien n'aura toujours rien d'autre à proposer que le Christ crucifié.

Nous étions dans les années 1970. Nous étions alors en plein moment de ce qui, après trente ans, se révèle avoir été l'un des réveils les plus graves de la grande crise de pensée sur le Christ, qui avait failli être fatale à la foi chrétienne dès le IVe siècle : l'arianisme, c'est-à-dire du soupçon radical sur la personne du Christ et, cela de l'intérieur même des institutions de l'enseignement ecclésial. Un vice-recteur de facultés pontificales mettait en doute la divinité du Christ. Le théologien suisse allemand Hans Küng étirait au long de cent cinquante pages, ses hésitations sur la personne du Christ. Un recteur d'université catholique en première page du *Monde* avouait que si l'on retrouvait les ossements de Jésus, cela ne le gênerait pas du tout. 26 % du clergé reconnaissait n'attribuer à la présence réelle qu'une valeur symbolique. Un célèbre exégète jésuite était obligé de revenir sur ses affirmations réduisant l'existence du Ressuscité à être semblable à une figure d'ADN conservée dans un super ordinateur. Ses œuvres se répandaient partout et lui-même n'en finissait pas de régler ses comptes avec des caricatures de théologie.

J'ai rarement eu autant de joie que de rejoindre à Notre-Dame de Paris la foi des apôtres et de l'Église que ce soit sur la divinité du Christ, la Résurrection, le voyage critique et la solidité du témoignage des Évangiles et le rôle de révélateur de la vie intime de Dieu pour laquelle le Christ avait été au martyre.

Vingt-cinq ans plus tard, j'ai tout repris en récapitulant les argumentaires que l'on pouvait opposer aux mystères du Christ à partir des sciences humaines. Je retrouvais d'instinct l'intuition qui domine la pensée de Jean-Paul II : plus on avance dans les questions de l'homme, plus on entre dans l'intelligence du Christ et vice versa. Le Christ est le seul à nous apprendre pleinement ce qu'il y a dans l'homme. Je pouvais donc intituler l'ouvrage *Peut-on éviter Jésus-Christ ?*

Vous avez inclu vos réflexions sur la Vierge Marie à l'intérieur de cet ensemble sur le Christ. Était-ce nécessaire ?

J'ai mis un soin particulier à intituler mon étude sur la Sainte Vierge : *Marie, espoir de Dieu*. Après chaque journal télévisé, on pourrait être tenté en face de ce que l'on nous présente de ne garder pour Dieu qu'un seul nom : le désespoir infini. Or il y a une ancre plantée au Ciel, cadette et en même temps achèvement du genre humain, c'est Marie. Il y a une partie de la création que Dieu peut regarder, au-delà de toutes les apocalypses, comme l'espoir qui sauve tout, c'est sa mère et la mère de l'humanité : Marie.

3. L'Église, « vierge et prostituée »

Si la Vierge Marie est « l'espoir de Dieu », peut-on en dire autant de l'Église ?

Jacques Maritain, dans son livre paru avec le concile, *Le Paysan de la Garonne*, a fait œuvre de vérité en reprenant le constat classique chez les Pères de l'Église : la « personne » de l'Église est virginale, mais son « personnel » peut être défectueux, déplorable et même compromis dans certaines prostitutions. L'Église est sans péché, mais elle n'est pas sans pécheurs.

C'est pourquoi, j'ai mis la barre très haut en abordant son mystère dans le choix du titre *Devenir Dieu.* Je suis toujours insatisfait de voir réduire les sacrements et la vie de l'Église à des bricolages liturgiques ou à des aménagements sociaux-culturello-administratifs. L'intuition mère et fondamentale de l'Église est beaucoup plus haute, c'est celle qu'ont utilisée les grands penseurs chrétiens dès le début de l'histoire : « Dieu s'est fait homme pour que l'homme devienne Dieu ». C'est ce à quoi est invitée toute la bande de clochards de l'amour, de titubants de l'esprit ou d'handicapés de l'espérance que l'Église regroupe dans ses rangs.

J'ai eu besoin de me rappeler les cadeaux que moi-même j'avais reçus depuis mon enfance de la part des prêtres et des paroisses qui m'avaient entouré et de mon ordre religieux. C'est chaque matin toujours une surprise, ce pourquoi je ne pouvais mettre comme titre que *La Stupeur d'être.*

Les hasards des obligations apostoliques m'ont permis de m'arrêter plus spécialement sur cinq grands témoins. Ils m'ont aidé à mieux découvrir la splendeur et les aléas de la vie de l'Église : Jeanne d'Arc, le Curé d'Ars, Bernadette de Lourdes, le père Kolbe et Thérèse de Lisieux. Comme tous les saints, ils sont *Les Portiers de l'aube* et les prophètes du vrai visage de l'Église. L'édition des œuvres de Thérèse de Lisieux allait me retenir pendant quarante ans. Cela aboutit à trois livres, *La Gloire et le mendiant* ; *Thérèse de Lisieux, sa famille, son Dieu, son message* ; *Le murmure et l'ouragan, une femme de génie.* J'accompagnais ces études par la vie réelle de l'Église, là où « le fer est porté au rouge », à travers deux grandes enquêtes, l'une auprès des moniales, *Le Témoignage des cloîtrées*, l'autre auprès des professeurs du primaire : *Les Instituteurs et la foi* ; la dernière auprès des *Séminaristes en Algérie*. Comment se comportaient les futurs prêtres en pleine guerre et lorsqu'ils étaient affrontés au drame de la torture ?

4. SPLENDEUR ET HUMILITÉ DES SACREMENTS

Ce furent précisément les aumôniers nationaux du mouvement catholique des instituteurs qui, devant la désaffection alors davantage sensible en face des sacrements me demandèrent un plan de travail pour les Équipes enseignantes sur le sens général de la sacramentalité chrétienne. Pourquoi n'y avait-il rien de plus normal pour l'homme que d'avoir besoin de symboles et d'actes porteurs d'efficacité et de sainteté dans la traversée du désert de la vie ? Quels étaient leurs racines dans l'existence la plus quotidienne et en quoi le christianisme leur donnait une dimension nouvelle ? Je me suis donc demandé *Faut-il encore pratiquer ?* Mais il fallait aller plus loin et saisir le dialogue entre l'homme et Dieu au moment où il est constitutif et recréateur de ce qu'il y a de plus important en nous, c'est-à-dire avec le sacrement de confession et de réconciliation, d'où les deux ouvrages : *On demande des pécheurs* et *Le secret de la confession.*

Au moment où la mondialisation des cultures précédait, dans l'inconscient culturel, les querelles économiques et commerciales, il était bon d'élargir la question religieuse presque toujours incluse dans l'art. Le pressentiment de Dostoïevski repris plus tard par Jean-Paul II dans sa lettre aux artistes, permettait de regrouper des années de notes, de réflexions, de visites, de voyages dans l'ouvrage *La Beauté sauvera le monde.* J'y exprimais, en même temps, l'émerveillement et la colère. L'émerveillement né de la chance d'avoir désormais accès à tous les trésors de l'humanité ; la colère de voir ce qu'en faisaient les commentateurs en nous privant trop souvent du « sens » de la beauté.

5. LA VIE AVEC DIEU

Si tous les mouvements de renouveau chrétien, universitaires, catéchétiques, bibliques, œcuméniques, liturgiques, apostoliques n'aboutissaient qu'à des considérations ou des satisfactions d'intellectuels, à quoi bon ? Il ne s'agit pas avec Dieu d'avoir seulement des idées, mais d'entrer dans un partage et une communion. Nous sommes assis à la table de la poussière, des pécheurs, et en même temps à la table de Dieu. Nous sommes vraiment tous des individus qui ont besoin d'être sauvés. C'est toujours une surprise. Comme du temps de saint

Paul avec les philosophes d'Athènes, on a envie d'en rester à de la rhétorique, à des débats d'idées. Si les mouvements d'aujourd'hui n'aboutissent pas à nous aider à nous mettre à genoux, à être heureux et à adorer, on a manqué l'essentiel. À Athènes on a dit à saint Paul, « Repasse un autre jour », alors qu'à Corinthe les prostituées et les débardeurs ont compris qu'ils étaient aimés tels qu'ils étaient. C'est ce que j'ai essayé de dire en parcourant le *Credo* dans les quatre petits volumes *Surpris par la certitude*, *Heureux de croire*, et *La foi n'est pas ce que vous pensez.*

Puis il m'a fallu revenir au problème du mal et tout récapituler en reprenant inlassablement la réflexion sur la miséricorde, premier et dernier mot de Dieu dans le livre *Aime et tu sauras tout*.

Restait le bonheur d'oser (c'est nécessaire et toujours impossible) avouer dans les deux volumes *Apprendre à prier* et *La meule et la cithare* comment j'essayais de prier... en restant toujours un apprenti, en étant à la fois lassé, joyeux, pacifié, bousculé, angoissé et finalement abandonné comme peut l'être un enfant.

Jean-Sébastien Bach avouait que deux bruits avaient bercé son enfance dans le moulin de son grand-père : le rythme du rouleau écrasant de la meule et l'accord discret de la cithare.

Ainsi de notre vie, et peut-être de notre prière.

*

Quatre vers de Lope de Vega diront mieux que le développement qui précède ce que je souhaiterais pouvoir dire à la fin de ma vie :

Ton amour est comme le puits
On en tire l'eau qu'avec peine.
Le mien est comme la fontaine
L'eau d'elle-même en jaillit.

8

À Notre-Dame de Paris

Vous attendiez-vous à ce qu'on vous confie cette charge des conférences de carême de Notre-Dame et cette chaire qui fut illustrée par votre prédécesseur le père Lacordaire ?

Ce fut une surprise totale.

En 1974, l'archevêque de Paris et l'épiscopat français me confièrent donc la chaire de Notre-Dame. Commencèrent ainsi quatre années des Conférences de carême. Grâce à Radio-France Internationale, ces conférences étaient diffusées dans un quadrilatère allant de la Norvège à la Mauritanie et de la Russie à l'Égypte. Là aussi, jouait le choc en retour du courrier qui obligeait à se demander si ce que l'on dit est juste et vrai, utile, fidèle. Un tiers des auditeurs n'a plus aucun contact avec l'Église, mais cherche dans le secret, l'écho d'une espérance possible. Notre-Dame de Paris est un lieu, un « mythe » heureux, un symbole immédiatement compris, il n'y a pas besoin d'explications pour le rendre aimable et porteur du meilleur.

Les conférences de Notre-Dame de Paris entraînèrent la confiance et l'amitié de responsables des épiscopats d'autres continents. S'ensuivit une période de prédications, conférences de retraites et de cours un peu partout dans le monde. Au total, j'aurai passé plus de six ans — dont cent douze semaines de retraites — à me rendre de l'île Maurice à Tokyo, d'Oslo à New Delhi et Nouméa, de Mexico à Alger, de Winnipeg à Beyrouth. Il n'y a rien de tel pour s'émerveiller de l'universalité de l'Évangile, de la splendeur de la communion des saints et pour découvrir les limites de toute prétention personnelle.

*

Vous avez parlé d'une deuxième intuition ; quand vous a-t-elle davantage servi de guide ?

Après l'étude si riche en philosophie et théologie des grands attributs divins, après cette quête inlassable pour comprendre l'alliance de l'être et du mouvement de Dieu et de l'Histoire, je me suis longuement appuyé sur une deuxième certitude, puisée dans mes cours de théologie sur le mystère de Dieu. C'est la nécessité de s'expliquer sur l'amour. Il est impossible d'éviter le problème du mal, mais rien ne se résout seulement par des idées. J'avais enseigné cela, je l'avais prêché, ne serait-ce qu'aux obsèques de mes proches. La mort n'a pas le dernier mot, mais personne n'a le droit de se croire capable d'expliquer les raisons de la mort. Et pourtant, on ne peut pas rester muet.

Cette certitude s'est imposée avec une force insubmersible dans la minute qui suivit la lecture de la lettre du cardinal Marty.

Nous étions seulement deux au couvent le matin de ce samedi-là pour chanter les laudes. Remontés au réfectoire pour prendre le petit déjeuner, j'ouvre le courrier que nous avions pris en passant devant nos « mangeoires », nos boîtes aux lettres. Une simple carte du cardinal Marty me demandait au nom de l'épiscopat de prendre en charge l'année suivante les conférences de carême de Notre-Dame de Paris, de réserver dès maintenant quatre années. Il m'invitait à venir le voir au début de la semaine suivante. Le frère Albert Besnard était mon père prieur. C'est moi qui l'avais accueilli dans le couvent et je devais être, quelques années plus tard après sa mort, hélas trop tôt arrivée, son légataire universel.

Alors que le café au lait chauffait pour nous deux, je rompis le silence par un grand soupir. Le père Besnard me demanda : « Qu'est-ce que tu as ? » Je lui répondis puisqu'il était mon prieur : « Le Cardinal me demande de prendre en charge les conférences de carême de Notre-Dame de Paris et de venir le voir. Qu'en penses-tu ? » Alors le frère Albert me répondit seulement : « C'est très bien, d'ici-là, tu as le temps. Tu n'as qu'à prier. » Et nous rentrâmes dans le silence.

Une certitude s'imposa donc dans l'instant qui suivit : « Quelle question ai-je en commun avec tous les hommes sur terre, croyants ou non ? » et « Qu'ai-je à dire en face de cette question ? »

Ce que j'ai en commun avec tous ? C'est la question du mal ou plutôt c'est l'interrogation du bonheur. Malgré la litanie des horreurs, un bonheur est-il encore possible ? Pourquoi la souffrance, la mort et le pouvoir (pas seulement le problème) mais le *pouvoir* concret du mal ? Depuis Auschwitz, la question de Dieu est-elle encore permise ?

Avant toute parole, il y a une autre question, primordiale : est-il encore possible d'espérer ? Cela me donnait les deux premières années des conférences.

Puis les deux années suivantes : « Qu'ai-je à dire en face de cette interrogation ? » « Rien d'autre que Jésus-Christ ». Dieu est venu. Il s'est fait homme pour que l'homme devienne Dieu. Sinon tout est une farce. Une condition, une seule : accepter d'être désarmé, accepter l'ouverture d'une blessure, ce par quoi l'homme peut imiter Dieu et s'unir à Lui : la blessure des Béatitudes, celle des doux, celle des miséricordieux qui introduit aux mœurs de Dieu et aux sacrements de l'homme. Je savais que je n'avais et n'aurai rien d'autre à dire sur terre que la miséricorde, fut-ce en commentant Rembrandt, Mozart ou Manessier.

À quel public pensiez-vous en vous préparant pour ces conférences ?

Il ne s'agissait pas de me contenter moi-même par un cours doctrinal. Il s'agissait de rendre vivant ce qui me permettait de tenir debout chaque matin.

Pour cela, après avoir fait appel à toutes les ressources de la pensée et de la culture pour respecter le mystère, il me fallait en même temps respecter l'auditoire et me demander à qui je parlais. Deux groupes d'interlocuteurs se sont immédiatement imposés à mon esprit. D'abord mes compagnons de la montagne, j'avais vécu avec eux, j'avais partagé leur manière de vivre, j'avais construit avec eux une chapelle, rebâti deux chalets, ils m'avaient adopté depuis trente ans. Je pensais donc à Alfred, Jojo, Benjamin, Alcide, François. Ils étaient bergers, menuisiers, maçons, ouvriers émigrés. Je savais qu'ils m'écoutaient à la radio. Leur filtre m'était infiniment précieux, je n'avais pas le droit de dire quelque chose qu'ils ne puissent pas comprendre, car leur expérience était bien plus forte que la mienne. Pour résoudre le problème, il fallait toutes les trois minutes revenir au concret par une parabole, par le rappel de leurs propres questions ou le récit d'une expérience vécue par eux afin qu'ils ne décrochent pas.

À l'annonce de ma prise en charge de ces conférences, certains amis m'avaient aussitôt prévenu qu'ils viendraient m'écouter à Notre-Dame. Le premier à me le dire, et il fut fidèle pendant quatre ans, a été Hubert Beuve-Méry, le fondateur du journal *Le Monde*. Il avait été secrétaire du père Janvier, dominicain qui avait longtemps occupé cette chaire de Notre-Dame. À travers ces conférences, Beuve rejoignait sa jeunesse. Puis certains de ceux que j'ai déjà évoqués : Julien

Green, Pierre Emmanuel, Georges Clouzot, les philosophes Jean Lacroix et Étienne Borne, l'historien André Latreille entre autres. Mgr Berrar archiprêtre, de la cathédrale les invitait à prendre place dans les stalles.

En même temps que mes amis de la montagne, je pensais donc à ce deuxième groupe. Cela m'aidait beaucoup d'être obligé de tenir compte des deux. Or, surprise, c'était la parabole que je destinais à Alfred ou Jojo qui touchait le plus Beuve-Méry ou Clouzot, celle du combat des loups ou de la greffe du cœur par exemple.

Comment s'est précisé le sujet que vous alliez traiter ?

Comme je l'ai dit plus haut, la courbe des conférences s'est tout de suite imposée à moi. Il fallait aborder le problème du mal et il fallait aussi affirmer que l'on pouvait parler de Dieu. Cela donnait les deux couples des quatre conférences.

Les intuitions premières se sont cependant très vite approfondies et rectifiées. Il était impossible de parler du mal sans d'abord se demander si l'on pouvait encore espérer après l'horreur des décennies précédentes. Et, comme j'en fus vite convaincu, ce n'était pas seulement le mystère de Dieu qui était le plus fragilisé dans la pensée contemporaine, mais celui du Christ. Je soumis donc au cardinal Marty les quatre titres. Premièrement ceux qui posaient la question : *Espérer contre toute espérance* et le *Pouvoir du mal.* Deuxièmement, ce à quoi je pouvais non pas « répondre », mais annoncer à la suite des apôtres : *Jésus-Christ ou rien* et *Devenir Dieu.*

Le titre *Jésus-Christ ou rien* me valut immédiatement la rétorsion que j'ai rappelée de la part d'un chroniqueur de la revue *Esprit* : « Qui est donc ce monsieur qui ose dire qu'il n'y a rien d'autre que Jésus-Christ ? »

Évidemment il ne s'agissait pas de plastronner en disant qu'il n'y avait rien en dehors de Jésus-Christ, mais que moi, Bernard Bro, je n'avais rien d'autre à annoncer en face du mal que Jésus-Christ et qu'à ma place j'aurais souhaité que ce soit mère Teresa qui le dise, car elle, elle en avait le droit.

Quelles étaient les étapes de votre préparation ?

Je tenais absolument à ce que le cardinal ait lu les textes, puisque j'occupais sa chaire et parlais en son nom. L'imprimeur devait recevoir les manuscrits au plus tard mi-janvier afin de servir les trente mille abonnés aux livrets. Tout s'ensuivait donc normalement en remontant le temps.

— Remise des manuscrits au cardinal le 15 décembre.

— Auparavant trois semaines de fin de rédaction pour chaque conférence. Cela voulait dire qu'il fallait en commencer l'écriture dès le 15 août et impérativement tenir le délai des trois semaines pour la rédaction de chaque conférence.

— Dès fin avril, c'est-à-dire en gros après deux semaines de temps de décontraction mentale nécessaire après avoir fini le premier cycle, commençait le travail de recherche, les lectures, l'approfondissement, le premier type d'angoisse pour savoir si ce que l'on envisageait était juste, nécessaire et utile et mettre au point les scénarios des six conférences.

— Après le retour des lectures des conférences par le cardinal, fin janvier arrivaient les épreuves d'imprimerie. Je savais que dix lignes représentaient une minute, que je n'avais donc droit qu'à cinq cents lignes pour les cinquante minutes de la radio. J'avais volontairement rédigé de manière libre de tout souci de longueur. Telle conférence revenait occupant 963 lignes, telle autre 580. Il fallait donc les ramener toutes à 500 lignes et être impitoyable pour trancher, supprimer, alléger tel ou tel développement. Une réflexion de Clouzot m'avait été précieuse. Elle rapportait le constat fait par le dramaturge norvégien Ibsen. La première version de ses pièces durait cinq à six heures, il devait les ramener à une heure et demie ou deux heures. Ibsen en concluait : « On a toujours dit ailleurs ce qu'on supprime. »

Restait ensuite la préparation immédiate, semaine après semaine. Il fallait mémoriser le texte, s'en laisser imprégner, en prévoir le rythme. Pour cela pas d'autre solution que de s'isoler et d'exclamer les phrases comme si l'on était à Notre-Dame. L'ingénieur du son avait calculé qu'une fois partie sous les voûtes, une phrase mettait dix secondes avant de revenir. Cette expérience solitaire était pénible. Je n'aurais cependant jamais cru qu'elle serait aussi utile. Une phrase flasque lorsqu'elle est proclamée apparaît pour ce qu'elle est : flasque ou insignifiante.

À quelle heure et comment se déroulait la conférence ?

L'un de mes prédécesseurs, le père Thomas, jésuite, prit peur l'année qui suivit 1968. Le symbole d'une chaire l'avait effrayé, il demanda que l'on ne prêchât plus à partir de la chaire, mais d'un ambon situé dans le chœur. C'était une erreur. Le vaisseau de Notre-Dame est très long et le conférencier, au lieu d'être bien situé grâce à la chaire au milieu de l'auditoire, était depuis l'ambon mal vu de ceux qui étaient assis à partir de la moitié de la nef. Mais comme tout le dispositif de la sonorisation avait été modifié, il n'était plus question de changer à nouveau et de remettre les choses en l'état.

Il y a un grand nombre de touristes qui passent à Notre-Dame, certains dimanches jusqu'à 25 000. Cela provoque un bruit de fond peu propice à l'écoute d'une parole. On doit à Mgr Berrar une grande reconnaissance. Devenu responsable de la cathédrale, il organisa parfaitement la deuxième partie de l'après-midi du dimanche.

Tout commençait par les vêpres avec, au terme, l'éclatement du *Magnificat*. Au moment où l'on chantait le verset du psaume : « Seigneur, desserre mon étreinte et libère-moi de mon angoisse », le vicaire de Notre-Dame assis à côté de moi me donna un léger coup de coude en me disant : « Voici le verset du prédicateur. » Après les vêpres, suivait immédiatement le salut du saint sacrement porté par les très beaux chants de la chorale et surtout dix minutes d'un silence d'adoration. Le père Berrar avait eu l'intelligence de disposer des petites barrières qui stoppaient le mouvement rotatif des touristes. On était vraiment en silence. Pour moi ce moment était très important. Tout le trac et l'adrénaline accumulés étaient jetés dans le tablier du Christ par une prière très simple. Le clergé de Notre-Dame, quatre ou cinq prêtres et les clercs entouraient Mgr Berrar et moi-même agenouillés devant l'autel. Dans le silence, je ne pouvais que dire au Christ : « Mon Seigneur, j'ai fait tout ce que j'ai pu. À vous maintenant. » Et je m'accrochais à la prière du Christ lorsqu'il s'adresse à son Père après la Cène en parlant de ses apôtres : « Je ne te prie pas pour eux seulement, mais pour tous ceux qui, à cause de leur parole, croiront en moi. » Le Christ avait donc prié pour nous. À genoux devant lui, c'était la seule chose qui comptait pour moi.

Puis ce moment d'adoration en silence se terminait par le chant de l'*Attende Domine* et je me dirigeais vers le pupitre. La petite lampe rouge des techniciens me donnait le signal du départ. Il fallait que dans les cinquante premières secondes la communion se soit établie. Je le sentais au silence, sinon je n'aurais plus eu qu'à descendre et à m'enfuir. Pour chaque conférence, il me fallait trouver le point de départ irrécusable que j'avais en commun avec l'auditoire afin que nous puissions mutuellement nous faire confiance jusqu'au terme des cinquante minutes.

Comment faire pour tenir juste cinquante minutes ? N'est-ce pas une entrave à la liberté de la parole ?

Ce n'était pas une question à débattre. Il y avait cinquante minutes, après quoi la Comédie-Française, une leçon d'historien, un récit ou un débat littéraire attendaient sur France Culture. Contrairement aux apparences, la contrainte était bonne et le délai de cinquante minutes excellent.

Il n'y a que trois unités de temps paroles. Les trois minutes de l'édito du matin ; les neuf minutes d'une information développée ou les cinquante d'une conférence à l'américaine. Les autres unités sont beaucoup moins bonnes, par exemple vingt minutes, c'est l'équivalent de neuf étirées ; quarante minutes c'est l'équivalent de cinquante rétrécies. Finalement, on n'a guère la force d'écouter plus de trois minutes. Il faut donc reprendre l'auditoire, atterrir sur une parabole ou une évocation concrète et repartir. La conférence était totalement tapée à la machine. J'avais simplement mis toutes les cinquante lignes dans la marge écrit en gros : + 5, + 10, + 15, etc. J'avais acheté un chronomètre sportif que je déposais sur le pupitre et un simple coup d'œil par comparaison me permettait de savoir si j'étais en retard ou non. Sur les vingt-quatre conférences je n'ai pas une fois été gênant ou gêné, sauf pour la dernière où j'ai demandé six minutes de grâce supplémentaires au directeur de France Culture. J'avais eu beau me battre avec le texte, je n'arrivais pas à le diminuer.

Au terme de la conférence, les cinq épaisseurs de ma robe, de mon scapulaire, de mon capuce et de ma chape dominicaines étaient transpercées de sueur. Mais le chant du *Salve Regina* entraînait toute la cathédrale.

Vous sentiez-vous surveillé par le Cardinal ou celui qui présidait ?

Le Cardinal assistait toujours à la première et à la dernière conférence de chaque cycle. Et un évêque auxiliaire de Paris à chacune des autres conférences. Loin de ressentir leur présence comme une gêne, c'était pour moi beaucoup plus le soutien d'une amitié. J'avais demandé au Cardinal sa bénédiction à la sacristie avant de commencer. Quand au terme de la conférence, nous rentrions en procession, il me prenait les mains et m'embrassait. Ensuite je n'avais qu'une envie c'était de retrouver le silence, mais parfois, tel ou tel m'attendait à la sacristie pour une confidence ou un écho au plus profond.

Les émissions de radio et de télévision sont, la plupart du temps, reçues dans un lieu restreint. Cette intimité d'écoute est en contradiction avec l'ampleur à laquelle oblige le discours public qu'il soit politique, culturel ou ecclésiastique. Cela n'a-t-il pas profondément modifié l'art oratoire ?

Il y eut de vrais orateurs : Jean Jaurès, Aristide Briand à la Chambre des députés ; Bergson, Bachelard à l'Université. On était capté sans que ce soit au détriment de l'intelligence.

Deux faits de société ont en partie tué l'art oratoire. C'est dommage. Ce n'est pas inévitable. La première cause vient du fait qu'on a écrasé la pensée sous l'érudition scientifique pour paraître sérieux. La vague, venue d'Allemagne a tout envahi. C'est parfois une catastrophe. On pense par agglomération et fichiers.

L'autre cause est évidente. Radio et télévision supposent que quelqu'un est accueilli dans votre intimité. Les protagonistes sont reçus comme si on les avait invités, dans des lieux qui n'ont habituellement pas l'ampleur d'une cathédrale. On les accueille dans le secret d'un bureau, d'une automobile, d'une chambre d'hôpital. Peut-on y faire passer l'ampleur de l'art oratoire ? Celui-ci est-il encore tolérable ou condamné ? La force d'un message est-elle obligée de se couler dans le ton d'une conversation ? C'est tout le problème.

Faut-il se résoudre à la condamnation de l'art oratoire ?

Ma réponse est ferme : non. Elle est doublement assurée. Je l'ai constatée par expérience en face de tous les auditoires imaginables, dans les lieux les plus insolites ou variés, du palais de Chaillot au stade de Winnipeg ou aux basiliques de Lourdes et de Lisieux. Au lieu de desservir le message, la nécessité d'une certaine ampleur pour le discours oblige à n'en garder que l'essentiel, sinon c'est la langue de bois ou les fausses fenêtres. D'ailleurs pourquoi les chansons de Johnny Halliday qui évoquent l'intimité des sentiments amoureux seraient-elles les seules à bien passer au Champ de Mars ou au Stade de France ?

La grande conférence, style Notre-Dame de Paris, amène à serrer la pensée, à décaper, à tout regrouper autour de l'indispensable. Quand il faut rendre la place nécessaire à un certain souffle, on est obligé paradoxalement de recréer une certaine dramaturgie, non pas n'importe laquelle, mais celle qui respecte le secret interne au mystère. Sinon, il est vrai qu'on risque l'ennui, l'imposture ou la platitude.

Parmi les prédicateurs de Notre-Dame, les pères Sanson et Riquet ont bien prouvé non seulement que l'art oratoire était possible, mais qu'il était un des meilleurs serviteurs du message du Christ.

Comment étaient reçues ces conférences ?

Ce fut une grande surprise, j'ai été complètement débordé. Je ne m'attendais pas du tout à cela. Du *Devoir* de Montréal au *Journal du Caire*, à la revue *Réalités*, les conférences étaient publiées intégralement. Comme je l'ai dit Radio-France Internationale les retransmettait. Le courrier me prouvait que l'espace d'écoute était beaucoup plus vaste que je ne l'aurais cru.

Et en France ?

Les éditions Bayard-Presse (*La Croix, Le Pèlerin,* etc.), imprimaient le texte des conférences qui étaient envoyé aux abonnés ou vendues dans les librairies dans la semaine qui précédait. Avant d'avoir moi-même fonctionné à Notre-Dame, j'avais trouvé cela bizarre. Pourquoi distribuer un texte qui devait être dit ? Cette coutume fut abandonnée plus tard. Ce fut une erreur. Je me suis aperçu au contraire que les fidèles appréciaient de pouvoir recevoir le texte intégral comportant les parties qui ne pouvaient pas être dites.

Je dois une grande reconnaissance à Bayard-Presse. Le responsable réunissait par repas de cinq personnes un grand nombre de journalistes pendant le mois de janvier qui précédait le carême afin que je m'explique sur ce que j'allais dire. Il y avait ainsi huit repas-rencontres. Lorsqu'il s'agissait de Frossard ou de Maurice Clavel, c'était dans la salle à manger de la direction de Bayard-Presse.

Vous qui prenez parfois vos distances avec les journalistes, n'était-ce pas pour vous une gêne ?

Non, pas du tout, au contraire, cela m'obligeait à préciser, à écouter leurs questions, à communier à leurs préoccupations, à rendre plus proche ce que j'avais porté en moi pendant toute l'année.

Très vite je me suis aperçu que les journalistes avaient compris l'enjeu, celui d'une catéchèse qui osait partir du problème du mal, de la question que j'avais en commun avec eux. Ils m'attendaient non pas comme quelqu'un dont on se demande comment il va s'en tirer, mais avec fraternité.

J'ai été frappé de la manière dont Fesquet, alors responsable de la chronique religieuse du *Monde* a toujours annoncé et rendu compte des conférences avec grande attention et amitié. Bien sûr, je les ai déjà nommés, Maurice Clavel, André Frossard. Et l'enclenchement des interviews opérait du *Douze-treize* de France-Inter au *Journal inattendu* de RTL. C'était chaque fois une rencontre profonde, vraie. J'entends encore les questions de Philippe Bouvard sur RTL, il ne faisait pas du tout le guignol, mais allait au bout de la question. Cela m'a frappé. Les journalistes des organes de presse catholique s'intéressaient moins aux conférences de Notre-Dame de Paris, cela faisait partie du décor chrétien habituel. Philippe Bouvard ou Philippe

Alexandre étaient, eux, sensibles au problème du mal et a ce que l'on pouvait dire du Christ. Sans compter *Paris-Match* qui fit un reportage de plusieurs pages, Bernard Pivot qui me retint pour *Apostrophes*, etc.

N'avez-vous jamais connu de perturbations ?

Si. Il y eut une fois un débat inattendu. Les intégristes et les mouvements de l'abbé de Nantes et de l'abbé Coache avaient annoncé le dimanche précédent qu'ils viendraient manifester et semer perturbation lors de la prochaine conférence. Il y eut donc délibération entre quatre instances : le cardinal de Paris, le curé de Notre-Dame, France Culture et les Monuments historiques auxquels appartient Notre-Dame. Le cardinal et les Monuments historiques étaient pour qu'il n'y ait aucun grabuge et qu'on supprime éventuellement la conférence. Le directeur de France Culture, Yves Jaigu, qui tenait aux conférences et Mgr Berrar curé de Notre-Dame ne voulaient pas capituler et obtinrent que la conférence ait lieu normalement. Je fus simplement tenu de l'enregistrer la veille afin que s'il y avait une manifestation, les auditeurs ne soient pas frustrés. On leur aurait simplement dit l'impossibilité de poursuivre à Notre-Dame et on leur aurait passé la suite de la conférence à partir d'un enregistrement fait en studio.

Arriva le dimanche. Le directeur de France Culture était là. Avant la conférence, il vint me chercher à la sacristie pour m'amener dans le chœur de Notre-Dame et il me dit alors : « Mon Père, vous n'aurez jamais eu un auditoire semblable » et il me montra deux cents CRS, le képi sur les genoux, assis sérieusement entre les stalles, derrière l'autel de telle sorte qu'on ne les voyait pas de la nef. Autour de chacun des piliers qui me faisaient face, deux ou trois individus en gabardine se tenaient droit, vérifiant ce qui se passait. C'étaient des inspecteurs de police. Ce fut pour moi une joie d'enfant lorsqu'au fur et à mesure de la conférence ils oubliaient leur talkie-walkie pour me regarder et m'écouter de plus en plus. L'un d'eux m'avoua quand même à la sacristie après la conférence qu'ils avaient eu un moment d'émotion lorsqu'on leur avait signalé qu'il y avait un chantage d'attentat à la bombe. Je n'ai pas oublié le mouvement spontané avec lequel les deux cents CRS se sont levés avec toute la foule de la cathédrale au moment du *Magnificat*.

Quels genres de chocs en retour avez-vous connus ?

Je l'ai déjà signalé, l'attention apportée par les médias en face de quelqu'un qui s'aventurait à parler du problème du mal. Les journaux, radios ou télévisions d'un peu partout ont donné écho aux conférences d'une manière tout à fait inattendue. *La Voix du Nord, Ouest-France, L'Est républicain, Le Dauphiné libéré,* journaux de Belgique et de la francophonie rendaient compte régulièrement et de manière très soigneuse des conférences. Cette contagion du dialogue s'est prolongée bien après leur fin, lorsqu'à leur suite, j'ai été appelé par les évêques les plus lointains. Télévision ou radio de Tahiti, de l'île Maurice, de La Réunion, de Nouméa me considéraient comme un de leurs complices et étaient heureux de m'interroger.

Le courrier était nombreux. Je n'ai rien d'autre à dire que ce que j'ai mentionné plus haut à l'occasion des lettres reçues après les messes de la radio. C'était la même espérance, la même communion, la même attente de personnes encore plus éloignées de l'Église et de la foi puisque cette heure de radio n'était pas habituellement réservée à une émission religieuse.

Votre prière en a-t-elle été marquée ?

Oui, profondément. J'ai eu l'impression d'être devenu davantage un chrétien habitant la planète entière. Devant ce que me confiaient les auditeurs les plus éloignés, j'avais l'impression d'être très petit et surtout de n'avoir plus jamais le droit de me plaindre. « Notre-Dame » avait tout relativisé pour mieux me fixer sur l'essentiel. Je trouvais parfois désespérément banals les motifs à partir desquels on se plaignait de l'Église en Europe. Après Notre-Dame, j'ai un peu habité un autre monde, celui des amitiés nouées avec les démunis de partout.

Dans votre ordre religieux cela a-t-il modifié les rapports avec vos frères ?

À la première conférence, celui qui avait été mon père maître des novices, le père Chevignard, est venu discrètement écouter. Il m'a écrit ensuite avec beaucoup de délicatesse pour me dire que je n'hésite pas à me lancer davantage, à être plus présent encore, à aller plus fort vers l'auditoire. Cela m'a beaucoup aidé, car j'avais justement peur d'être trop pressant. Cette lettre m'a libéré. C'est le seul écho que j'ai reçu de mes frères en religion en dehors de l'attention très fraternelle et complice du père Carré qui m'avait précédé dans cette chaire et habitait le même couvent que moi. Il ne venait pas à Notre-Dame comme je l'avais fait pendant les huit ans où il fut en charge, mais je sentais et savais son écoute, son attention et sa joie discrètement transmise de me voir avancer.

Je ne peux que terminer par la remarque que me fit mon père prieur d'alors, le père Albert Besnard. Je rentrais de la conférence et au pied de l'ascenseur du couvent, je le rencontre. Il venait de m'écouter à la radio. Il ne m'avait encore jamais parlé de Notre-Dame. À ce moment-là, il se battait avec un grand courage contre un cancer, une leucémie. J'avais évoqué non seulement la parabole, mais la réalité de la greffe entre Dieu et nous et de la blessure dans nos vies. Cet homme, qui était alors profondément écrasé dans sa lutte contre la mort, me dit seulement : « Frère Bernard, merci. Ce que tu as dit de la greffe et de la blessure, c'est très fort. Merci. »

Au-delà des silences, des remarques plus ou moins faciles, de la solitude normale et des angoisses dures pour créer les conférences, ce qui demandait l'équivalent du travail d'une thèse de doctorat chaque année, j'ai envie de ne garder sur les conférences de Notre-Dame de Paris que cette phrase d'un frère, qui était mon supérieur, dans sa bataille en face de la mort.

9

La foi plus intelligente que la raison ?

Faire appel à la miséricorde, c'est impliquer l'amour. Tout en étant séduits par cette incitation à la bonté et à la tolérance qui domine les religions orientales, beaucoup se méfient. Ne serait-ce pas une ultime duperie de faire appel à la compassion ou à la miséricorde devant l'horreur du mal. Peut-on en rester à votre théorie de la miséricorde ?

Qu'on le veuille ou non, chacun fait dans le quotidien des actes de foi. Que ce soit en face d'un chirurgien pour une opération, du kinésithérapeute pour une rééducation, des professeurs pour l'orientation d'un avenir, du choix d'un notaire ou d'un banquier quand un monsieur hésite sur un investissement.

Éclairons ces situations par un exemple plus profond, celui-là même qui est repris tout au long de la Bible, ainsi que dans la vie des saints et des mystiques. Il s'agit bien d'une manière de connaître tout à fait normale. C'est même celle qui, finalement, est la plus répandue sur terre à toutes les époques et en toutes les civilisations. Ce n'est ni la science, ni la sociologie, ni le savoir mathématique qui sont le plus couramment utilisés. C'est le savoir du cœur, dans l'amour conjugal, filial, maternel ou paternel, et d'abord dans le travail quotidien. Si celui-ci n'est pas un peu porté par une motivation plus ou moins aimante, c'est l'ennui. Pour moi « le vieil homme » dont parle saint Paul et dont on met toute sa vie à se débarrasser, c'est l'ennui. Personne n'y échappe.

À l'inverse, pensons à ce moment où deux partenaires deviennent amoureux et entrent dans une autre manière de se connaître que celle qu'ils avaient jusque-là. Il y a comme un temps de fiançailles pour l'esprit, lorsque chacun pressent que quelque chose de sérieux va se passer. Or, rien ne se dévoile des confidences, des secrets, du passé de l'autre si, à un moment donné on n'accepte pas de se taire sur ses propres bruits intérieurs pour accepter d'aimer la personne de l'autre, de lui accorder crédit, de lui faire confiance, d'aller jusqu'à lui obéir. C'est le moment de la foi qui libère une nouvelle connaissance, irréductible à toutes les autres. C'est l'instant où la compréhension du *message* est devenu inséparable de l'acceptation de la *personne.* Ainsi en est-il avec le Christ. À un moment donné, saint Pierre, Marie-Madeleine, Zachée, Nicodème, Simon le Pharisien arrêtent (ou non) leurs états d'âme obsessionnels qui tournent sans fin en eux comme les automobiles à la course d'endurance sur le circuit des 24 heures du Mans. Ils comprennent tout ou ne comprennent rien de ce que le Christ veut leur révéler. Il leur faut en arriver à taire leur propre fébrilité pour faire confiance à la personne de leur interlocuteur : le Christ.

Lorsque Garaudy, philosophe marxiste, alors membre du comité central du Parti communiste, s'exclame en parlant du message du Christ : « Rendez-le nous ! », il veut bien du message, non de la personne. Or si l'on n'adhère pas d'abord avec affection à la personne de Jésus, on se rend incapable d'entendre son message. Le Christ n'est pas seulement un lieu-tenant de plus, comme le voudrait le théologien suisse-allemand Hans Küng, un prophète de plus, mais le Fils de Dieu égal au Père. Mère Teresa ne peut répondre qu'une seule chose à Garaudy : « Je ne peux rien vous livrer des paroles de Jésus si, d'abord, vous ne l'aimez pas. »

Aucun meilleur cadeau ne pouvait être fait à la génération de 68 et à celle qui avait subi la contagion du marxisme dans les années 50. Ceux qui ne l'ont pas vécue ne peuvent imaginer dans quelle cage dialectique a été emprisonnée l'intelligentsia française et européenne. Ce sera l'un des plus grands titres de reconnaissance que nous devrons à Jean Paul II que de nous avoir offert le cadeau de l'encyclique *Fides et ratio*, *La foi et la raison.*

Il y a plus de cent vingt ans, le 4 août 1879, Léon XIII avait déjà prévenu l'humanité sur les exigences philosophiques de la foi chrétienne. La pensée papale n'a pas eu à quitter son axe, elle est restée fidèle à la persuasion qu'on accepte la foi ou qu'on la rejette pour des raisons surtout philosophiques. Les deux conciles, Vatican I et Vatican II auront été dans la même ligne des contributions fondamentales en face des bouleversements du monde, entre autres des deux totalitarismes qui ont tant pesé sur l'espérance humaine.

De l'amour et du doute

Pourquoi n'explique-t-on pas davantage au chrétien, ou au non-chrétien, qu'il n'y a pas à avoir peur de l'intervention de l'amour dans la connaissance ? La connaissance ne peut-elle pas être en même temps pleinement raisonnable et supra-raisonnable ?

C'est une intuition majeure qui traverse tout le christianisme de saint Pierre et saint Paul jusqu'à Pascal et Charles de Foucauld. Le réel peut nous dépasser, et l'on peut parfaitement le découvrir non seulement possible, cohérent, mais aussi superbe et éblouissant. Je n'ai jamais pu souscrire à l'aphorisme que l'on prête à Tertullien : *Credo quia absurdum*, Je crois parce que c'est absurde.

Non. Si c'était absurde, je chercherais ailleurs. Pascal dit fort bien, en parlant de la manière dont l'intelligence accorde créance à ce qui la dépasse « qu'il n'y a rien de si raisonnable que ce désaveu de la raison ». Dans n'importe quelle science, la volonté accorde un laissez-passer, elle donne un passeport à la raison pour découvrir encore plus les secrets de l'univers. Devant une œuvre d'art géniale, comme devant un homme de charisme surprenant (tel qu'était par exemple le Curé d'Ars), il n'y a que deux attitudes possibles : ou bien on s'enfuit ou bien on fait confiance. Le pari pour la confiance est peut-être plus intelligent que la fuite du doute, en tout cas c'est celui qui a fait le plus progresser la science.

L'univers est pensable et la pensée est infinie, indéfiniment gourmande. La vérité est possible même si l'on ne peut pas prétendre l'enserrer dans une seule formule.

Je connais peu de textes qui soient aussi intelligents et de meilleure venue pour situer et traiter cette question que la conférence du cardinal Ratzinger lors du colloque organisé par l'université Paris IV-Sorbonne sur le thème *2000 ans après quoi ?*

Joseph Ratzinger montre bien que la crise profonde en Europe est la crise de la prétention du christianisme à la vérité. Crise qui déborde de beaucoup le christianisme parce que « la vérité qui avait été pour l'homme une promesse fiable devient désormais une expression culturelle qui ne serait que le produit des aléas de notre origine. Les cultures seraient insurpassables. La religion étant liée aux cultures, l'homme devrait se résigner au verdict d'être né aveugle face à la seule réalité qui compte en dernière instance. Il ne pourrait que se résigner à être et rester pour l'essentiel un aveugle-né ».

La question est parfaitement posée. Je n'ai pas d'autre prétention ici, en face des philosophes du chaos, que de témoigner par cinquante ans de « vagabondages » et enseignements philosophiques, ethniques et apostoliques qu'un dialogue est possible avec toutes les cultures, que le christianisme n'est point fondé sur des images ou des pressentiments mythiques, dont la justification se trouverait finalement dans leur utilité politique ou morale, mais que le christianisme vise bien la sphère divine que peut percevoir l'analyse intelligente de la réalité.

Il y a du réel. L'esprit peut atteindre ce réel au-delà de nos propres schémas et idéologies. La foi chrétienne ne se base pas sur la poésie et la politique, ces deux grandes sources habituelles de la religion ; elle se fonde sur la connaissance. Elle vénère cet Être qui se trouve au fondement de tout ce qui existe, le Dieu véritable. Dans le christianisme, la rationalité, l'exigence de compréhension est devenue religion et non plus son adversaire.

Je l'ai dit et le redirai, cela est pour moi la plus décisive raison d'espérance sur terre. Sinon, c'est le suicide.

C'est l'intuition de Pascal lorsqu'il parle du roseau pensant, le roseau peut être écrasé, mais il est le seul à savoir qu'il est écrasé. Qu'on relise le texte de J. Ratzinger et on mesurera peut-être que les vingt années de partenariat Jean-Paul II-Ratzinger seront sûrement jugées plus tard comme une des périodes de la plus grande chance dans l'histoire.

On a relevé comme étant un peu insuffisante la réponse que fit le cardinal Eyt à la conférence du cardinal Ratzinger au colloque de la Sorbonne. Le cardinal Eyt déplaçait le problème de la vérité comme étant l'épicentre des cyclones intellectuels vers celui du droit et de la liberté de l'institution. C'était habile, mais insuffisant. En revenant au problème de la vérité comme centre des tremblements culturels actuels et centre du renouveau intellectuel et religieux du troisième millénaire, Joseph Ratzinger reprend exactement la même question que se posa saint Dominique, non pas d'abord celle d'un prophétisme de la modernité ou d'une défense de la liberté, mais celle qui cherche à savoir comment aimer assez pour transmettre ce qui sauve.

Si l'angoisse de la vérité, le souci de la rendre contagieuse et attirante ainsi qu'une certaine délicatesse dans l'amour des personnes fut l'intuition majeure de saint Dominique — quitte à paraître paradoxal ou provocant — je maintiens qu'aujourd'hui c'est peut-être chez le cardinal Ratzinger qu'on trouve l'une des plus éminentes réalisations de l'idéal dominicain.

*

L'adhésion affectueuse, interne à la foi, est tout à fait normale, pleinement cohérente avec la vie de notre esprit. Elle fait partie des modes usuels de la connaissance humaine. Pour un époux, l'épouse n'est pas seulement réductible aux observations du psychanalyste ou du psychiatre. Pourquoi ? Parce que lui aime, et que, du coup il a une finesse de compréhension et d'approche beaucoup plus profonde et fondamentale pour connaître le mystère de la personne qu'il aime. Cela ne veut pas du tout dire que son amour va l'aveugler. Au contraire, plus il aime, plus il mobilisera tous les types de savoir sur son épouse, mais il verra aussi les limites de toute idée préconçue ou de toute analyse qui traite et réduit la personne à un objet, fût-ce à ses qualités.

L'attitude opposée est celle qui voudrait garder ses distances sous prétexte d'honnêteté, d'objectivité, de rigueur ou d'approches scientifiques. On se refuse alors à avoir une sympathie *a priori*, je dis bien *a priori*. Mais c'est se condamner ainsi à ne pas comprendre l'essentiel, à rester sourd, à n'entendre pas la musique. Cette volonté de prétendue honnêteté a pesé lourd sur une désinformation religieuse en France. À la suite de certain « quotidien de référence », ce réflexe s'est répandu dans la pensée française, non sans dommage. Pour être sérieux, pour parler d'une réalité religieuse, il faudrait d'abord n'en pas subir l'attirance et commencer éventuellement par être méfiant ou au moins prendre l'habitude d'une certaine opposition *a priori* plutôt que de témoigner accueil et sympathie. On a difficilement fait mieux dans le genre que le titre du livre d'un ancien directeur de journal d'inspiration chrétienne : *Je doute, donc je crois*.

L'attitude *a priori* de quelques-uns à l'égard de Jean-Paul II est significative. Souvenez-vous du voyage du pape en Hollande. On avait placardé des affiches sur les murs d'Amsterdam. Le pape était figuré en surimpression d'une cible. Le secrétaire général du Quai d'Orsay me fit alors remarquer qu'aucun responsable politique n'aurait accepté de débarquer dans ces conditions. Les autorités hollandaises ont néanmoins toléré pour le pape ce qu'elles n'auraient jamais osé faire pour Kroutchev ou Brejnev. Sous prétexte de liberté d'expression, les responsables des Pays-Bas n'ont pas fait enlever les affiches. Les politiques n'avaient pas pensé que le réel avait été plus tragique que prévu. Le pape avait bien servi de cible. Un peu plus tard, on célébrait l'anniversaire du 13 mai 1981 lorsque, place Saint-Pierre, Ali Agça avait tiré sur Jean-Paul II. Les balles ne sont pas seules à être meurtrières. Le soupçon et la dialectique peuvent l'être aussi. Quarante ans après la fondation du journal *Le Monde*, Beuve-Méry méditait sur ce parti-pris catastrophique de la méfiance. Nous y reviendrons en évoquant l'amitié qui nous a liés pendant trente-cinq ans.

L'attitude qui donne préférence à la confiance plutôt qu'au soupçon n'est-elle pas difficile à maintenir ? N'illustre-t-elle pas la variété des comportements en face du concile ? Une méfiance a priori *n'éclaire-t-elle pas des cas d'espèce comme celui de Mgr Gaillot ?*

Le cas de Mgr Gaillot s'est de lui-même remis à sa place relativement minime et plus rapidement que ses supporters ne l'imaginaient. Souvenez-vous des pétitions, des manifestations et même des poèmes à son personnage qui circulaient un peu partout. Il a illustré le peu de portée qu'avaient des critiques qui utilisaient l'Évangile à la manière des médias. Bien des évêques font et ont fait beaucoup plus que lui dans le monde, mais sans éclabousser et de manière plus efficace.

C'est une libération de découvrir comment les crises qui affectèrent l'histoire de l'Église proviennent du fait qu'à un moment donné, le soupçon a prévalu. C'est normal. Tout homme a toujours envie de rester maître de la manière dont il se figure les choses. Pour cela chacun hypertrophie ses idées. On préfère rester attaché à son mode de savoir, quitte à réduire ou éliminer les autres.

Que nous ayons une bonne histoire du concile, que l'on soit informé des conditionnements intellectuels des « experts », des états d'âme de Jean XXIII ou des intentions de Paul VI nous aide, mais on ne peut pas réduire le concile à la mémoire de ceux qui y ont participé ou à l'histoire de ceux qui l'ont analysé.

C'est bien pour ne pas tomber dans cette inévitable réduction qu'avec le père Congar, nous avons mis sur pied la plus importante collection qu'on ait consacrée au concile afin de répondre à la question : qu'ont voulu dire ceux qui ont pensé et écrit le concile ? Et cela, encore une fois, afin d'éviter toute interprétation limitée. Mais même ce travail et ces pages, dont on n'a jamais eu l'équivalent dans l'histoire, ne suffisent pas pour donner la science du concile. Elle est divine.

On ne peut pas restreindre le concile à ce que les pères ont souhaité qu'il fût, il manquerait encore quelque chose. Vatican II a été une immense confidence du Saint-Esprit à l'humanité. Quinze siècles après le concile de Chalcédoine, on a encore à entrer dans les confidences de Dieu sur le mystère du Christ. Encore une fois, une analyse philologique parfaite des mots de saint Jean ne donnera jamais la confidence du cœur du Christ telle qu'on peut la lire dans saint Jean. Sans confiance, pas de savoir. Aucune connaissance de type uniquement notionnel, aucune dialectique rationnelle, aucune interprétation n'épuiseront jamais le mystère de l'Église auquel ressortit le concile.

Équivoques des interprétations du concile

On a dit du concile de Vatican II qu'il était « pastoral », sous-entendu préoccupé d'un retour au concret au-delà du souci intellectuel des doctrines. Cela n'a-t-il pas pour conséquence de minimiser le Credo ?

Certes le concile n'a défini aucun dogme. Mais il a repris tous les autres conciles à la lumière doctrinale essentielle de l'Évangile : la miséricorde.

À la suite du père Chenu, pour résumer l'aggiornamento, beaucoup ont repris un peu vite l'expression de « retour au monde ». Mais le père de Lubac, un des principaux rédacteurs de certains des textes fondamentaux du concile, a profondément et justement insisté, je l'ai entendu personnellement, pour rappeler que les pères (et pas seulement les experts) du concile n'avaient jamais pensé seulement à un simple retour de l'Église au monde, mais à un retour au monde *tel qu'il est*, c'est-à-dire un monde qui n'en peut plus d'être *blessé*, un monde *à sauver*. Le Christ n'est pas venu couronner, par une Incarnation innocente, une création esthétique. Il est venu restaurer un monde qui, tout seul, risque de s'idolâtrer et de se perdre. Il est venu « nous sauver ». Le concile n'a pas déifié le monde, il l'a regardé tel qu'il est. Je répondrai simplement que j'ai envie de lire le concile comme le Curé d'Ars l'aurait lu. Et, quand on me dit que ce n'est pas un concile doctrinal mais pastoral, je dis : Pardon ! le concile a pris la paire de lunettes doctrinale majeure, celle qui ouvre sur la Vérité des vérités : « Dieu aime l'homme ». Ce qui gouverne le monde est le vouloir recréateur de Dieu. Cela s'appelle la miséricorde, au sens très précis d'une haine du mal qui prend sur soi la misère de l'autre par amour. « Rien ne se fait de bon à l'homme si on ne l'aime pas », répétait le père Lacordaire. C'est le dogme fondamental : « Dieu donne Dieu aux hommes ». Ce n'est pas sans raison que la deuxième encyclique de Jean-Paul II, *Dives in misericordia*, *Dieu riche en miséricorde*, si importante, poursuit cette réhabilitation de la bonté créatrice du regard chrétien en réponse à la bonté du regard de Dieu. Le concile fut un moment doctrinal essentiel préparé de longue date par Charles de Foucauld, Thérèse de Lisieux, Élisabeth de la Trinité autant que par les seuls théologiens. Thérèse de Lisieux et Charles de Foucauld, ces deux phares atomiques au seuil du XXe siècle, sont des êtres qui ont lutté inlassablement contre tous les dualismes, contre le manichéisme, le puritanisme, le jansénisme, le stoïcisme. Ils nous murmurent encore : « Halte-là !, le dualisme n'est pas la vérité de l'Évangile. » Dieu est inlassablement recréateur de bonté, il invite l'homme à créer à son tour de la bonté et non pas seulement à se contenter, comme toute culture et toute politique le répètent, de douter des mauvais qu'il faudrait supprimer.

Prenons donc les yeux du Curé d'Ars, sa joie et ses larmes, pour relire tous les autres conciles à la lumière de Vatican II et l'on découvrira l'immense portée doctrinale du concile.

10

L'Église des pauvres

Est-elle là où on le pense ?

Où avez- vous rencontré le visage de l'Église ?

Partout où j'ai rencontré le visage de la miséricorde. Non pas seulement à la périphérie, comme certains ont l'habitude d'opposer un centre : Rome, plus ou moins suspect et une périphérie qui, elle, serait prophétique. J'aime et j'ai passionnément aimé Rome. J'ai gardé comme une des plus belles grâces de ma vie les trois mois où j'ai eu à enseigner à trois cents petites sœurs de Foucauld. Les trappistes de Tre Fontane leur avaient prêté des baraques dans la banlieue de Rome. Il pleuvait tellement que j'étais obligé de mettre un parapluie au-dessus de mon lit et un plastique sur la table pour protéger mes notes de travail. Mais la terre entière était réunie avec ces petites sœurs qui venaient aussi bien du Viêtnam en pleine guerre, du Sahara ou de l'Afrique australe en plein apartheid. J'avais l'impression d'une jeunesse extraordinaire de l'Église, aimante et aimée sans qu'on soit obligé de faire des discriminations. À chaque retour à Paris j'ai eu un peu le choc de trouver une atmosphère comme si l'on pouvait encore se croire sous Louis XIV ou sous Napoléon. Il a fallu sous l'Empire toute l'habileté de son oncle, le cardinal Fesch, pour que les choses ne s'enveniment pas définitivement, Napoléon trouvant normal que Paris ayant remplacé Rome comme centre du monde, on y déplaçât les archives vaticanes et qu'on y convoquât un concile. Il n'y eut pas de concile, mais deux tiers des archives eurent à souffrir. Or, nous ne sommes plus sous Napoléon.

Si j'avais à penser à des modèles de miséricorde, à ceux qui vont aux exclus, aux éloignés, aux gens dont l'Église serait lointaine, si j'avais à penser à des évêques ou à des prêtres qui vont aux oubliés, je me rapporterais d'abord tout simplement à ceux que j'ai rencontrés, avec lesquels j'ai vécu. Il est vrai, ils ne médiatisent pas ce qu'ils font.

L'île de la Réunion

Demandez à Mgr Aubry à l'île de la Réunion en plein océan Indien qu'il vous emmène avec lui voir les marins formosans. Pour trente hommes, il n'y a dans chaque bateau que quinze hamacs et cela, au long de dix-huit mois de campagne de pêche hors de leurs familles. Ce sont des Chinois non chrétiens, mais il va les voir régulièrement. Puis il vous conduirait au quartier du Chaudron, au nom trop bien choisi. On y a incendié les dispensaires ou les écoles. Les conditions de vie y sont peut-être plus difficiles que dans le diocèse d'Évreux il y a dix ans. Ensuite Mgr Gilbert Aubry vous emmènerait au quartier de Sans-Souci, lui aussi trop bien nommé, il n'y a pas d'eau courante, alors qu'il fait à certains moments de l'année régulièrement 35 à 39 degrés de chaleur. On y enterre les morts le long de la route à peine tracée par les bulldozers dans la montagne, les chiens viennent parfois les déterrer. Ne reste plus qu'à manger les chiens pour que le cycle soit bouclé. Cela n'enlèverait pas à Mgr Aubry la joie de vous emmener aussi chez les carmélites, à peine installées, ou chez les dominicaines contemplatives au-dessus de Saint-Denis. Le dimanche suivant, il vous inviterait à la séance festive et familiale où il remet les certificats de propriété des terres de l'évêché devenues libres et qu'il peut donc donner gratuitement aux familles qui en ont besoin. L'engagement est sérieux, remis solennellement par écrit devant toute l'assistance réunie autour d'un punch. Puis il vous ferait assister à la réunion de poésie où, chaque année, se prépare le livret de la Créolie. Là, chaque poète de l'île, de gauche ou de droite, communiste, socialiste, chrétien, athée ou autre, peut publier et échanger dans la poésie grâce à l'amitié tenace de l'évêque. En sortant de table, il vous demanderait seulement de vous laver les mains si vous vouliez prendre un livre dans la bibliothèque car une seule trace de doigt laissée sur un volume peut amener les vers à creuser tout un sillon dans le rayon d'une collection, même théologique.

L'île Maurice

À l'île Maurice, sa voisine, le père Jean-Maurice vous entraînerait au quartier du Cassis dans la banlieue de Port-Louis. Après avoir reçu pendant des après-midi entiers les drogués qui lui montrent leurs poignets boursouflés de piqûres, afin qu'il leur donne un mot de recommandation pour un médecin ami, il vous conduirait à travers les sentiers derrière l'église. On ne peut pas sortir à l'horizontale les cercueils de ce qu'on ose à peine appeler des maisons car les pauvres boîtes en bois où repose le mort ne peuvent être portées que verticalement tant les dédales des chemins de cactus et de rocailles pour rejoindre l'église sont tortillés. Le père Jean-Maurice vous emmènerait ensuite sur sa vespa. En passant il vous indiquerait les onze revendeurs de drogue sur la place du coiffeur. Il a eu le courage de les citer à la télévision au risque de se faire descendre.

Le père Souchon, curé de la cathédrale, vous conduirait chez le responsable de la Pagode, qu'il invite à prêcher pour la fête des morts, le 2 novembre ; chez le pandit tamoul, qu'il invite à prêcher pour Livadi, la fête des lumières à la Chandeleur ; puis chez l'imam de la mosquée (dont le minaret reconstruit avec l'argent de Khadafi s'élève cinq mètres plus haut que les tours de la cathédrale) qu'il invite à prêcher à la messe lorsqu'on lit l'épître du sacrifice d'Isaac.

Quand le Conseil œcuménique des Églises regroupant les différentes communautés protestantes de toutes obédiences, réunies à Vancouver a voulu donner un exemple d'œcuménisme, c'est la vidéo du père Souchon relatant son expérience de la cathédrale de Port-Louis que les responsables ont choisie.

En Nouvelle Calédonie

Allez aussi chez le père Mingham à Ouvéa dans les îles de la Société près de la Nouvelle Calédonie. On s'y est entretué dans une des grottes similaire à celle où l'on célèbre habituellement la messe. Pour y accéder, il faut traverser un bras de mer et porter ses habits sur la tête parce qu'on a de l'eau jusqu'aux épaules.

N'oubliez pas de faire une visite au père Barbier à Pouébo, il est devenu lépreux par imprudence. Vous n'aurez pas seulement la chaleur ou les moustiques qui vous dévoreront. Le soir, le bloc électrogène s'arrête à dix heures. Demandez au père Riocreux à Nouméa pourquoi il m'a emmené passer la journée chez Philippe Leclerc, indépendantiste qui devait être assassiné juste après ; pourquoi il gardait amitié avec Jean-Marie Tchibaou, ancien prêtre, le leader de *Kanakè 2000*, lui aussi assassiné, sinon pour préparer le terrain afin qu'un jour les « accords de Matignon », qui ont tout sauvé, puissent être signés. Je me souviens encore de l'amitié avec laquelle Jean-Marie Tchibaou m'avait confié son regret que je n'aie pas été sollicité pour faire la recension du superbe volume rapportant les grandes fêtes de *Kanakè 2000*. Les Canaques avaient su en faire une fabuleuse liturgie qui dura plus d'une semaine et marqua un tournant dans l'histoire de la Nouvelle Calédonie.

Demandez à sœur Marie-Jeanne qui, dans la presqu'île de Nouville à côté de Nouméa soigne les malades dont aucun hôpital ne veut plus. C'est un des cinq anciens lieux du bagne. On y voit encore le pavillon des condamnés à mort. On frémit en le visitant. Ceux qui y étaient incarcérés ne voyaient pas la lumière. Devant les box fermés par des grilles, dans le ciment deux rigoles pour que les excréments puissent être évacués. Dans ce pavillon, les choses sont restées exactement en l'état où elles étaient à la fermeture du bagne. Il y a peu de temps que les descendants des bagnards osent libérer les souvenirs de leurs familles. On allait jusqu'à laisser les chairs de ceux qui devenaient lépreux se refermer sur leurs chaînes.

Sœur Marie-Jeanne me fait visiter. Elle m'avait prévenu avant que j'apporte la communion aux femmes qui, dans le bâtiment d'à côté, terminaient leurs vies en offrant leur patience. J'arrive. Deux femmes m'attendent dans leurs fauteuils roulants : une Canaque et une Blanche. La Blanche est aveugle, la Mélanésienne est sourde-muette. Pour prévenir de l'arrivée du prêtre, celle qui voit prend sa petite croix et la met dans la main de sa voisine aveugle. Je donne la communion à chacune. À ces moments de pleine tension politique en Nouvelle-Calédonie, à côté du travail remarquable que sœur Zoé et sœur Augustine, Mélanésiennes, font dans le centre d'accueil pour les prostituées du port, le regard de sœur Marie-Jeanne sur celles qui, sans elle, n'auraient peut-être plus d'espoir sauve tout. J'apprendrai quelques années plus tard que sœur Marie-Jeanne a rejoint les quartiers pauvres des Hauts-Plateaux du Pérou pour s'occuper des plus déshérités, avant de prendre sa retraite en France. Une décalcification l'a atteinte douloureusement.

À Tahiti et au Mexique

Demandez à Mgr Coppenrath de vous emmener chez les sœurs australiennes, irlandaises, françaises du Bon Pasteur à Tahiti. Elles donnent un peu de douceur et de paix aux petites prostituées du port de Papeete, là aussi les regards de ces enfants de treize, seize ans laissent voir en même temps l'angoisse et l'innocence. Allez assister au dîner des cinquante catéchumènes chinois qui, chaque année, sont baptisés ; pour certains ce sont des rescapés des boat-people. Poussez jusque dans la Vallée de la Mission, derrière Maria No Te Hau, la basilique, une des plus belles réussites architecturales du monde d'aujourd'hui, humble et pauvre, mais signe vivant de cette Église soi-disant « fermée et repliée » dont parle Mgr Gaillot ! Ici, l'Église a donné aux plus pauvres de quoi se construire une maison. Certes, il n'y a quelquefois pour tout meuble que le matelas et la télévision et des plaques de contre-plaqué pour que les rats ne puissent pas monter le long des murs.

Demandez au père Didier à Coayacan dans la banlieue sud de Mexico comment il a obtenu que des *vibradores* soient posés sur la route qui passe au milieu des trous volcaniques de ce quartier afin d'éviter que les enfants, qui n'ont comme seul terrain de foot que la rue, ne soient pas fauchés par les voitures. La municipalité a attendu le septième mort pour installer enfin les *vibradores*. Avec quel sourire, le jour de l'Épiphanie, Fernando, Antonio, Carmelo faisaient fête au père Didier en l'accueillant sous les tôles où les neuf membres de la famille se partagent un seul lit. Peut-on appeler maison ces abris blottis dans des trous de terrains vagues où vieux cartons, vieilles toiles de plastique servent de toit ? On n'y accède qu'en descendant en se tenant à des planches clouées sur deux branches. Certaines nuits les occupants sont arrivés à cinq ou six mille. On les appelle en espagnol des « parachutistes ». C'est bien cela, mais eux commençaient par planter un grand crucifix pour qu'on n'ose pas les déloger.

Le même père Didier me confiait que dans le collège de treize mille élèves où il donne des cours, il avait assisté récemment à deux assassinats — règlements de comptes — dans le fond de sa classe d'adolescents de quatorze ans, morts dans ses bras : « Tu sais, frère Bernard, c'est dur d'avoir les mains pleines du sang de gosses qu'on aime », me confiait-il.

L'Église et les évêques n'ont pas attendu pour aimer les exclus ou les éloignés, un peu partout sur terre. Ils ne le disent pas à la télévision. C'est leur pain quotidien chez les Otomis du Mexique, comme chez les Hindous de Bhopal ou d'Aurangabad, ou chez les lépreux de la ceinture de Bombay.

Au Japon

Passez aussi chez le père Picher à Fukushima au nord du Japon. Il fait tout ce qu'il peut pour cacher la paralysie due à son hémiplégie afin que ses supérieurs ne le renvoient pas à son Québec natal à l'approche de ses quatre-vingts ans. Quand je célébrais la messe avec lui, nous étions une dizaine dans le hangar qui servait d'église. Au moment de l'offertoire, un petit enfant handicapé trottinait près de l'autel. De son bras paralysé, le père Picher l'a serré sur son cœur en même temps que l'hostie. Toute l'Église du monde était là.

Demandez au père Paul Girard comment il fait pour s'acharner avec tendresse dans son cœur de poète pour respecter les difficultés et les richesses de la langue japonaise. Demandez au père Grolleau, canadien lui aussi, depuis soixante ans au Japon comment il fait pour tenir dans sa solitude et par quelle habileté il arrivait, alors qu'il était enfermé en camp de concentration pendant la guerre, à sortir du camp pour chercher des livres.

Demandez au père Gaston Petit où il a trouvé la patience, l'intelligence et la délicatesse qui ont su gagner l'amitié des peintres japonais, ignorants du christianisme. Il a été amené non seulement à semer de la beauté en construisant chapelles ou églises, par exemple à Nagasaki, mais à révéler comment le cœur du Christ était ouvert à l'attente du meilleur qui habite tout homme. Grâce à lui, la « beauté » a franchi les murs de l'inconnaissance pour être contagieuse de bonheur. Mais que de courage secret pour en arriver là...

Nous avons tous tant de noms en tête qui nous font penser que l'Église est moins fermée que certains le laisseraient entendre.

Pour défendre les pauvres, l'utilisation des rapports de force est-elle la méthode la plus évangélique, la plus maligne ou la plus efficace à long terme ? Il ne suffit pas de se victimiser pour culpabiliser les autres.

Quatre cancers dans l'Église

Vues de Sirius, les histoires Lefebvre ou Gaillot paraissent lointaines. Peuvent-elles aider à mieux comprendre les chaos, crises ou, au contraire, les moments de dépassement heureux dans l'histoire de l'Église ?

Toute attitude qui implique des rapports de force est un luxe d'Occidental que nous n'avons pas le droit d'exporter. Ce souci restera une des principales leçons des vingt années du pontificat de Jean-Paul II.

Nous avons subi et transmis plusieurs contaminations à travers le monde. Comme pour le cancer, elles partent toutes d'un excès déréglé de vitalité. Elles cherchent peut-être à faire du bien, apparemment. C'est ce qui trompe, si elles ne sont plus réglées par un amour, c'est-à-dire par l'acceptation humble de quelque chose ou plutôt de quelqu'un qui nous dépasse, et qui est aimé justement parce qu'il nous dépasse. Ces maladies ont traversé l'histoire et ont eu des retombées logiques, mais tragiques car le christianisme en a parfois amplifié les conséquences. Quand on parle aujourd'hui d'inculturation, il n'est pas mauvais de revenir inlassablement sur ces maladies qui, subtilement, n'ont pas fini de guetter même ceux qui croient en être débarrassés.

D'abord une maladie sémite : « Il y a un seul vrai Dieu ». Cela est juste et bon. Mais doit-on pour autant utiliser les moyens de la violence ou de la force pour obliger les autres à s'y convertir et, pour cela, entreprendre une politique de prise de pouvoir et de conquêtes ? Ce fut la question constamment posée par les prophètes à Israël : faut-il dominer pour avoir raison ? Cela nous a coûté la perte de l'esprit des Béatitudes et l'amitié des peuples asiatiques !

En deuxième lieu, l'intuition des Grecs. Ils avaient perçu cette immense vérité : l'homme est destiné à « devenir le spectateur de la Cité divine », ainsi que le dit Platon. L'homme est appelé au Bien. D'où, pour approcher Dieu, selon le stoïcisme, il fallait se rendre « digne » et pur pour ce bien suprême. C'est l'attitude inverse que recommande l'Évangile où nous rencontrons paralytiques, lépreux, Samaritaine, pécheurs, voire des traîtres et l'ensemble de ceux qui acceptent de ne pas avoir raison et de se savoir dépourvus. Alors seulement ils deviennent plus aptes à accueillir avec meilleure intelligence les révélations du Christ que les doctes, les spécialistes des textes, les moralistes du bien et les professionnels du sublime.

Troisièmement, la raison des Latins. Ils ont inventé le génie caché dans la mesure décimale qui fut efficace de Baalbeck à Édimbourg. Un homme pouvait en diriger dix, cela donnait un décurion ; un autre pouvait en commander cent, un centurion. Mais le système peut devenir pesant sous prétexte d'efficacité, provoquer une sorte de rigidité liée au besoin d'ordre, de légalisme, et mener à la froideur d'une raison étroite, parfois exclusive et sèche quand ce n'est pas aux exclusives et déboires du politique. Tout ce qui relèverait du supra-rationnel, de l'ordre de la confiance, de l'amour risque d'être soupçonné, voire éliminé, comme aussi toute poétique, quand ce n'est pas l'authentique vie mystique elle-même.

Et les modernes ?

Dernière et *quatrième maladie* : celle qui, avec les philosophes de la Renaissance européenne, de Descartes à Kant, celle qui avec les intuitions de l'idéalisme franco-allemand et avec le prophète révolutionnaire, Nietzsche, a amené l'homme à découvrir qu'il pouvait se passer de l'humble priorité du réel parce qu'il était devenu maître de ses catégories de pensée et des manipulations économico-politiques, scientifico-psychologiques des êtres, des choses et des événements. À nous l'ivresse de créer puisqu'on n'est plus limité par rien. Tout est permis. Tout peut désormais être fabriqué, même nos gènes. Il n'y a plus d'interlocuteur gênant, Dieu est mort. L'homme avait depuis l'Antiquité été défini par la dignité d'être d'abord un « regard », capable, bien que limité, d'être ouvert sur tous les possibles. Avec la Renaissance, il ne se reconnaît plus seulement d'abord comme un regard, mais comme un « projet ». Du coup, il se trouve emprisonné, aliéné par les limites des programmes de sa fabrication. Désormais on fabrique tout, de la naissance à l'euthanasie. L'Europe a exporté dans le monde entier cette maladie de l'*homo faber*, de l'homme productif, efficace, rentable.

Bien sûr, il n'est pas question de dire : halte-là ! en face de l'ordinateur, du marketing et de l'Internet. Cela ne servirait à rien, et, comme tout le monde, je m'en sers et je bénis le ciel des avantages qu'ils m'apportent. Il ne s'agit pas plus de retomber dans la récurrente comparaison avec la langue d'Ésope capable du meilleur et du pire. Il faut remonter plus haut. Le marketing, entre autres, est un extraordinaire révélateur de la prison dans laquelle l'homme fabricateur risque de s'enfermer lui-même. Susciter des désirs inutiles, manipuler les séductions ne serait pas dangereux ou malfaisant. Mais prendre les moyens pour la fin, mettre toutes les ressources de la raison pour obnubiler le regard, et rendre ainsi incapable l'individu de maîtriser ses pulsions est-ce vraiment un progrès de civilisation ? Les femmes ont mis du temps à s'ériger en « chiennes de garde » contre l'utilisation de leurs appâts pour faire vendre n'importe quoi. On ne me fera jamais croire qu'ici l'humanisme de l'Ouest ne soit pas autant menaçant que l'humanisme de l'Est. Une prison est une prison. Et certaines ivresses de la fabrication sont des prisons.

Mgrs Lefebvre et Gaillot

En face des Mgrs, Lefebvre ou Gaillot, avant de s'irriter, il est peut-être plus utile de voir comment ils sont victimes de ces diverses contaminations ou maladies.

Intégrisme ou progressisme veulent défendre le vrai, mais en combattant au lieu de rendre la vérité attirante et aimable.

Intégrisme ou progressisme pensent être pour le bien, mais en omettant de s'interroger sur les motivations, les conditions, les attitudes en face des personnes.

Intégrisme ou progressisme veulent défendre un certain absolu, mais sans s'interroger sur les moyens qu'on utilise.

À l'opposé, la première démarche chrétienne consisterait peut-être pour chacun de nous à purifier ses manières d'être contre le mal en acceptant l'examen de conscience des Béatitudes. Il ne suffit pas d'être pour l'ordre ou au contraire pour la nouveauté, si c'est un ordre ou une nouveauté dont on a soi-même fixé la norme en stoppant la tradition à une époque déterminée, le XVIe siècle avec Mgr Lefebvre, ou l'Épître aux Corinthiens avec le théologien suisse allemand Hans Küng. Si l'on refuse d'élargir ses *a priori* et catégories, on retombe inévitablement dans le dualisme, vieille maladie des cathares, des manichéens, du stoïcisme, de l'élitisme, celle qui élimine l'autre, se complaît dans l'agressivité ou la justifie, bien sûr au nom du bien (mais tel qu'on l'a imaginé).

C'est un des aspects tragiques des confidences du père Congar dans son *Journal de 1946-1956*. Il reconnaît lui-même à la fin du livre que sa combativité et son agressivité, qui l'ont conduit à défendre « sa » vérité, l'ont peut-être amené au-delà de ce qui pourrait vraiment aider à un regard constructif sur l'Église. Pour l'avoir aidé longuement lors de mon séjour en Allemagne en 1948-1949 (j'ai encore les lettres où il me dit sa reconnaissance), pour avoir été son compagnon au Saulchoir pendant de nombreuses années, puis, pour l'avoir aidé aux éditions du Cerf en 1962 à mettre sur pied la reprise de ses publications avec le volume *Chrétiens en dialogue* et ceux qui ont suivi, entre autres tous les grands commentaires du concile, je peux dire que je l'ai vu parfois souffrir des pulsions qui le débordaient et l'amenaient à être victime de son tempérament. Il regrettait par lettre de ne pas toujours suivre l'attitude qu'il aurait souhaitée lui-même pour l'Église, attitude dont il témoignera si noblement quelques années plus tard, dans son *Journal du Concile*. Encore une fois, l'intuition chrétienne fondamentale est la confiance en la force désarmée du cœur de Dieu, recréateur de bonté en face du fils exilé et prodigue qu'est le monde moderne.

L'espoir d'Assise

La réunion du pape Jean-Paul II avec les responsables d'un grand nombre de religions à Assise en 1986 a provoqué des réactions chez certains catholiques. Comment l'avez-vous ressentie ?

Ce fut d'abord une joie de penser que l'espoir et le désespoir du monde pouvaient être mis en commun dans une prière autour du saint le plus indiscutable, le plus universel : François d'Assise. Dieu n'a rien à craindre ! C'est nous qui sommes en péril de ne pas avoir le cœur assez intelligent, assez ouvert. Si je suis habité par le Christ et introduit à la « conversation » des trois personnes divines, je ne vois pas pourquoi j'aurais peur de prendre place à côté d'un bouddhiste pour prier. Peut-être son exemple et mon exemple pourraient-ils être contagieux ? Quand saint Paul définit la mission des chrétiens dans l'Épître aux Romains, il suggère « d'exciter la jalousie des autres ». La manière que Dieu a de mettre en route est d'attirer vers le meilleur. André Frossard dans son dialogue avec Jean-Paul II avoue son pessimisme tandis que le pape reste optimiste et affirme que l'erreur se dissoudra. On pourrait résumer : Dieu nous ébranle en étant attirant et l'attirance ne peut pas plus cesser que Dieu lui-même ne peut cesser d'être, comme le soleil et la musique.

La référence habituelle de Jean-Paul II aux « droits de l'homme » s'inscrit-elle naturellement dans la tradition de l'Église ?

Peut-on d'abord souligner au passage la faiblesse de la réflexion historique et philosophique sur les droits de l'homme selon 1789 ? Cela a été évident au moment du bi-centenaire de la Révolution. Il y aurait, en effet, énormément à dire sur la manière dont dix pour cent seulement de l'Assemblée nationale du moment a voté la *Déclaration des droits de l'homme*. Et qu'on nous laisse le droit de poser la question sur la manière dont ladite déclaration a été élaborée et promue. Une lecture rigoureuse du cinquième paragraphe peut faire comprendre que certain article de la déclaration aboutisse directement à déléguer à une minorité le pouvoir de déterminer quels sont ces droits. Cette voie peut conduire directement au stalinisme...

Jean-Paul II parle des « devoirs de l'homme » et il fonde bien les « droits de l'homme » sur l'homme mais parce qu'il est *image de Dieu*. C'est Amos, le gardien de bœufs devenu prophète, qui annonça le Dieu des droits de l'homme, six siècles avant Jésus-Christ, dix-huit avant les communes anglaises, vingt-cinq siècles avant la Révolution française. Yahvé-Dieu n'est pas seulement le Dieu de la victoire des armées, le Dieu vengeur et victorieux sur lequel on pouvait compter, mais le Dieu qui protège tous les hommes à condition qu'ils respectent la liberté de leur ennemi, s'ils aiment l'autre. Quand on parle de droits de l'homme, je pense aussitôt aux Béatitudes qui en sont finalement la vraie grille de lecture. Un seul exemple : le premier des droits de l'homme est de pouvoir être écouté tel qu'il est, le droit de se confesser, d'avoir quelqu'un qui soit toujours disponible pour nous aider à être reconnu tel qu'on est aux yeux de Dieu et donc à nos propres yeux, sans être écrasé. Avoir le droit d'être écouté de Dieu et donc laisser à Dieu le droit de nous écouter. Le Dieu de Jésus-Christ a fondé les droits de l'homme sur la Béatitude de la douceur qui est la suprême manifestation de la force : accepter de ne mettre aucune barrière, de ne plus se protéger afin de mieux accueillir l'autre. Dieu s'est présenté à nous sans défense comme un enfant à Noël, comme un mendiant à l'Agonie.

11

De la liberté
et de l'enfer

Quels sont les êtres les plus libres que vous ayez rencontrés ?

Sans hésitation : les moniales cloîtrées. C'est un constat tenace que j'ai fait depuis plus de cinquante ans sur les cinq continents.

On penserait plutôt l'inverse, puisqu'elles décident de vivre cloîtrées pendant toute leur existence. Leur liberté n'est-elle pas une forme déguisée d'égoïsme ?

Non, l'expérience prouve l'inverse. Ce sont les êtres parmi les plus informés, les plus ouverts qui soient au monde. Et cela pour une raison très simple, elles apprennent toute leur vie à ne pas être encombrées de l'accessoire, de l'éphémère, du secondaire, de l'inutile. La prière est un redoutable exercice de lutte contre le mensonge, il s'agit de se reconnaître tel que l'on est sous le regard d'un autre, d'accepter sur soi-même une autre vision que la sienne.

Vous dites d'abord moniales et non pas moines, pourquoi ?

Oh, je le dis avec un sourire. Il y faudrait beaucoup de nuances. Là aussi, c'est l'expérience qui me le fait penser. Le tempérament masculin est plus spontanément accaparé par une œuvre à faire, par une tâche à accomplir, par une activité, par un besoin de réussir, alors qu'une femme est peut-être davantage captée par l'attente d'une présence, attirée par l'attention que suppose l'amour et donc plus libérée des nécessités et plus libre en face des limites de la réussite. Les apôtres ont été envoyés sur les routes pour transmettre le message du Christ. Marie et les saintes femmes pouvaient rester en prière au cénacle pour maintenir vivant le souvenir du Christ, le méditer et garder la mémoire des Béatitudes et du visage de Jésus.

Théâtre, littérature, cinéma suggèrent parfois que dans les monastères on est davantage menacé par le petit esprit et les querelles de personnes. Peut-on vraiment les proposer comme des lieux de liberté ?

Ceux qui en parlent donnent souvent l'impression de personnes qui discourent sur la natation sans jamais être descendus dans l'eau. Les cloîtres ne sont pas plus qu'ailleurs dispensés des états d'âme agressifs, langoureux ou égoïstes, mais, comme dans un tuyau de poêle on ne peut en sortir que par en haut, sinon, c'est l'enfer. Vus sur grand écran, moines et moniales montrent que le vrai scandale de l'univers n'est pas d'abord la souffrance, mais la liberté.

C'est paradoxal, je n'y peux rien. C'est un fait. Et c'est le fait primordial de l'être créé : accepter sa finitude et la possibilité d'ouverture vers le meilleur, ou bien s'enfermer en soi-même. D'autres que moi l'ont dit avec génie. Je pense à Dostoïevski et Bernanos. Avec Pascal et Thérèse de Lisieux, on n'a rarement été plus loin qu'eux. Bernanos imagine le dialogue de Dieu avec une mère qui vient de perdre son enfant. Dieu lui demande pardon. « Dieu a fait libre sa création, voilà le scandale des scandales, car tous les autres procèdent de lui. Que voulez-vous que j'y fasse ? » Mais Bernanos ajoute : « Expliquer, d'ailleurs, à quoi bon ? Il y a en ce moment dans le monde tel pauvre homme qui, sans bien savoir ce qu'il dit, ou sans rien dire, remercie Dieu de l'avoir fait libre, de l'avoir fait capable d'aimer. »

Il faut avoir lu Dostoïevski, dans *L'Homme souterrain* : « Un jour, la science apprendra à l'homme qu'il n'y a réellement en lui ni volonté, ni liberté, qu'il n'y en a jamais eu, et que lui-même n'est rien de plus qu'une sorte de touche de piano ; qu'en outre, il existe les lois de la nature ; de sorte que tout ce qu'il fait ne s'accomplit nullement par sa volonté, mais d'après les lois de la nature. Il suffit par conséquent de découvrir ces lois. Alors l'homme n'aura plus à répondre de ses actes. Alors s'édifiera un palais de cristal. Comblez l'homme de tous les biens terrestres ; plongez-le entièrement dans le bonheur, au point que seules des bulles d'air montent à la surface, comme dans l'eau ; assurez son bien-être, de façon qu'il n'ait rien d'autre à faire qu'à dormir et manger du pain d'épices. Si même il se trouvait réellement être une touche de piano ou une anche d'orgue, il ferait quelque chose exprès pour avoir le dernier mot. Et si les ressources lui font défaut, il inventera la destruction et le chaos, mais il aura le dernier mot ! »

Cette description date d'il y a cent cinquante ans. Je n'en connais aucune qui soit plus lucide. La réalité a passé la fiction : « *Un jour, la science apprendra à l'homme qu'il n'y a réellement en lui ni volonté, ni liberté... Il existe les lois de la nature... L'homme n'aura plus à répondre de ses actes... Comblez l'homme de tous les biens terrestres de façon qu'il n'ait rien d'autre à faire que dormir et manger du pain d'épices...* » Est-on si loin des slogans de mai 1968 ?

Dostoïevski est constamment revenu sur ce paradoxe primordial de l'homme, entre autres, dans la légende du *Grand Inquisiteur* où il imagine que le Christ revient sur terre. Cela dérange tout le monde, à commencer par le cardinal de Séville, grand inquisiteur. Celui-ci a deviné, il fait saisir le Christ par des gardes et lui dit : « Tais-toi, tu n'as pas le droit d'ajouter un mot à ce que tu as déjà dit jadis. Pourquoi es-tu venu nous déranger ? Tu as vu les hommes libres. Tu veux aller au monde en prêchant aux hommes une liberté, une liberté qui leur fait peur... Mais ils finiront par la déposer à nos pieds cette liberté. Toi, tu as accru la liberté humaine au lieu de la confisquer. Nous, nous avons corrigé ton œuvre et les hommes se sont réjouis d'être de nouveau menés comme un troupeau... N'était-ce pas aimer l'humanité que d'agir ainsi, que de comprendre sa faiblesse ? Oh ! nous les persuaderons bien qu'ils ne seront vraiment libres qu'en abdiquant leur liberté. »

Est-ce seulement une citation ou le résultat de votre expérience ?

Je n'ai jamais eu l'impression d'avoir eu à abdiquer ma liberté. Il me fallait avoir confessé cela et avoir parcouru les allées de la liberté avant de pouvoir évoquer dans le chapitre suivant, ce qu'était la remise de cette liberté pendant le noviciat religieux et redire que les contraintes qu'il proposait pouvaient être source de joie. Mon problème n'a jamais été la liberté, mais mes lenteurs et mes paresses en face de ce que je pressentais être un appel au meilleur.

N'avez-vous jamais eu peur ?

Non, jamais. Seulement de moi-même. Vous connaissez la réponse du président Nehru à Malraux qui lui demande quelles sont ses principales difficultés. Nehru lui répond, « J'en ai trois, les Chinois, la famine et moi-même. » Malraux interroge : « Des trois, quelle est la plus difficile ? » Nehru répond : « C'est moi-même ».

Qui pourrait prétendre avoir rempli pleinement sa feuille de route ? Le Curé d'Ars disait : « La pauvre utilisation que j'ai faite des grâces que j'ai reçues ». Ma famille, mon Église, mon ordre religieux m'ont fait les cadeaux les plus prestigieux qui aient été possibles. Quelle utilisation en ai-je fait ? Que pouvait-il y avoir de plus beau, de plus entraînant et de plus envoûtant que la liturgie, le grégorien et la vie d'oraison ? Que pouvait-il y avoir de plus fort que la grande philosophie issue des Grecs et du Moyen Âge occidental ? Que pouvait-il y avoir de plus libérateur pour l'esprit que la Bible et la théologie ? Que pouvait-il y avoir de plus intelligent que les coutumes religieuses, celles de mon ordre étaient tellement affinées par les juristes de Bologne, au Moyen Âge, qu'elles ont été un des modèles qui a guidé ceux qui ont établi la constitution des États-Unis.

C'est de tout cela que j'ai personnellement bénéficié. Aurais-je donc jamais le droit de faire des reproches aux générations précédentes qui ont accepté expulsions, exil, rejets, éloignement pour nous transmettre l'héritage ? Alors, pourrais-je jamais dire que je n'aurais pas eu toutes les conditions de la liberté ? C'est ce qui m'ébranle encore quand je pense aux réactions de mai 68.

Vous ne nous ferez pas croire que vous n'en avez jamais souffert ?

Si. J'ai souffert, mais non pas des restrictions de liberté. Quelle chance : je n'ai jamais eu à choisir les orientations de ma vie. Je n'ai eu qu'à suivre, à obéir, et à me mobiliser de manière heureuse pour aimer ce que l'on me confiait et que je n'avais jamais imaginé à l'avance. Mais, j'ai été blessé, parfois durement, par certaines idées et les personnes qui promouvaient ces idées.

C'est vrai qu'avant cette souffrance-là, j'ai peiné à cause de mon manque d'intelligence pour savoir mieux comprendre les personnes et les aimer malgré tout. Ce ne sont pas les limites de la liberté qui m'auraient gêné, mais ce qui, en moi se raidissait en face d'une vérité qui me dépassait. Bien sûr, il m'est arrivé d'être amené à « déserter le meilleur ». Impossible de ne pas s'en rendre compte un jour ou l'autre. Même quand l'intelligence se rebelle, l'amour l'oblige à pressentir que ce n'est pas la rébellion qui devrait avoir le dernier mot.

Il y a quand même des jours où il faut bien se rebeller. Le pouvoir ou le devoir de dire non n'est-il pas un des actes le plus haut de la conscience ?

Oui, parfois, c'est redoutable. J'ai eu, au moins une fois, à dire non, vraiment. Cela m'a valu d'être exclu sans avoir même le droit de m'expliquer... et de moins bien dormir pendant quelques jours. J'ai d'autant plus admiré saint Ignace de Loyola qui avouait que si le pape décidait de supprimer ce que lui, Ignace, avait fondé, la Compagnie de Jésus, les Jésuites, il lui faudrait au moins un quart d'heure pour retrouver la sérénité.

Comment faire lorsqu'il vous semble être confronté à une volonté qui n'a pas envie de voir, qui préfère peut-être les retards, les facilités voire les évasions en face de ce qui serait peut-être plus vrai et plus nécessaire ? Reste que la liberté, sera toujours une histoire d'amour, même lorsqu'il faut se taire.

Quand il s'agit du *Credo*, de Dieu et du Christ, il y a pourtant des jours où l'on ne devrait pas se taire, même si l'on vous y oblige.

Être libre : c'est être capable, ou au moins désireux, de mettre une hiérarchie, la bonne hiérarchie, entre les biens qui nous sollicitent. Je peux m'affranchir des biens inférieurs au nom d'un bien supérieur. Je peux aussi à l'inverse repousser l'attirance du meilleur, me cacher l'existence d'autres biens plus importants que ceux qui me retiennent, refuser de réfléchir à ma fin ultime, me distraire, me mentir, me justifier pour donner la prééminence à un bien passager qui me captera et restreindra ma liberté.

Si pressante, apparemment, que soit la difficulté de concilier l'existence du mal et celle d'un Dieu infiniment bon et puissant, celle-ci n'est pas, au fond, décisive et ce n'est pas elle qui finalement, partage les hommes en non-croyants et en croyants. Pascal a-t-il moins fortement entrevu que Voltaire, Kierkegaard moins que Kant, saint François d'Assise moins que Nietzsche, cette lancinante question. Et qui aura approché davantage la connaissance du mal que saint Paul ? Antérieurement à la réponse de tout homme au mal, ce qui sépare les hommes c'est une option cachée au fond de leur cœur, une décision initiale, élémentaire, une acceptation libre ou un refus libre lui aussi, des prévenances secrètes d'un autre « qui illumine tout homme venant en ce monde et qui veut que tous les hommes soient sauvés et viennent à la connaissance de la vérité. » (saint Paul). *C'est à un second moment* que les hommes se tournent vers le mal. Les uns pour opposer son existence à celle de Dieu, mais alors ils laissent sans solution ultime le pourquoi de l'existence même du mal, de l'existence de l'humanité, de celle encore de notre planète et de l'univers. Les autres, pour commencer, chacun selon ses moyens, de regarder en face ce mystère du mal, cherchant à l'éclairer suprêmement par le mystère infiniment plus infini de Dieu. Alors ils se verront entraîner peu à peu dans un mouvement étrange, illimité, qui les fait descendre dans la connaissance des abîmes du mal selon la mesure même où ils s'élèvent dans l'intimité du mystère de Dieu.

Avant l'énigme du mal il y a et il y aura toujours pour tout homme le pouvoir libre d'accepter ou de refuser la présence et la prévenance amoureuse d'un autre.

Avant le christianisme ou en dehors du christianisme, n'avez-vous pas rencontré de grands exemples de liberté ?

Si, certainement, dans le bouddhisme comme on les trouvait chez les stoïciens grecs avec *l'apatheia,* c'est-à-dire la sérénité, qui parvient à éteindre tout ce que peuvent avoir d'excessif les passions. J'ai admiré, lors de séjours dans des monastères zen au Japon, la noblesse et la force d'attitude intérieure de moines bouddhistes. Mais, d'une part, le dernier mot n'était pas seulement à l'acquisition de la sérénité. Il était donné avec la capacité de compassion. D'autre part ce que j'ai pu pressentir ou lire dans certains témoignages sur les monastères zen tels qu'ils sont relatés par exemple dans le livre *Le miroir vide*, m'ont laissé un peu perplexe.

Par comparaison, ces témoignages m'ont aidé à mieux comprendre une nouveauté radicale du christianisme. Dieu ne nous demande pas de perdre notre appétit. Il dit au prophète Daniel : « Je suis venu à toi parce que tu étais un homme de désir ». Le Christ ne propose pas à Marie-Madeleine, à saint Pierre, à la Samaritaine de ne plus aimer, d'éteindre ou de fuir leur désir pour ne plus souffrir, mais de les lui confier. C'est tout autre chose. Ne pas attendre la mort pour s'en remettre à un autre. Notre vie est une action à deux. Nous sommes des êtres « accompagnés ». C'est vrai, cela change tout. Il ne s'agit pas de perdre sa liberté, mais d'en acquérir une autre, infiniment plus grande. Le Christ a énoncé la seule condition : « La vérité vous rendra libre ».

Quelle est votre position vis-à-vis de la liberté religieuse ?

Il est bon de rappeler à nouveau que la manière d'opérer du Dieu chrétien est la séduction du Bien, l'aimantation du but. Dieu ne procède pas par coercition. La liberté n'est pas le pouvoir d'aller indifféremment à droite ou à gauche, mais de mettre en ordre les biens en fonction de leur importance et non pas seulement de leur séduction apparente. Je m'élève contre certaines conceptions réductrices de la liberté, quoiqu'elles en aient, celle d'André Gide, de Philippe Sollers ou Serge July par exemple, qui défendent l'idée d'une disponibilité totale pour suivre telle ou telle impulsion du moment. Non. Être libre, c'est pouvoir s'affranchir des biens mineurs eu égard à l'amour d'un bien majeur. Plus je conforte en moi l'attirance du bien majeur, plus je suis affranchi des craintes, des peurs, des limites des biens secondaires. Être libre, c'est avoir le pouvoir d'autodéterminer sa fin ultime. C'est vrai que je peux quand même ériger en idole la chair, le bien-être, la pensée, le goût du pouvoir, le besoin de réussir, la gourmandise, le bon vin, mais je n'obtiendrai jamais alors que l'extase du vin.

Le but de la vie est d'être invité à la table de Dieu. La liberté, en elle-même, n'est pas un but. Le but de l'existence humaine est l'union à l'amour dans sa plénitude. Une mauvaise compréhension de la liberté vient souvent de ce qu'on en fait un but et qu'on l'a pris pour la fin ultime. Ce qu'elle n'est pas. Sinon pour Dieu. Elle est seulement la *condition* d'un amour vrai. Quel dommage que l'idéologie qui préside à certains courants chrétiens aient prôné cet appel à une liberté illusoire, réduite à la défense de son autonomie. Est-ce la seule ou la meilleure attitude pour prouver qu'on est libre que d'être « contre » *a priori* ? Contre les dogmes, contre la hiérarchie, contre la tradition (qu'on connaît mal, sinon quand elle vous arrange), contre les encycliques, contre tout ce qui serait entaché d'une certaine affection pour l'autorité. Ce flirt, chez certains de ses confrères chrétiens, avec le besoin de plaire et de se plaire à soi-même, en affichant une indépendance d'adolescent, gênait Hubert Beuve-Méry. Il m'en parla plusieurs fois, notamment après les moments où il avait pu dialoguer seul à seul avec le pape Paul VI.

L'Église a toujours dit que l'on ne pouvait pas enserrer le mystère de Dieu dans des formules. La liberté religieuse a été déclarée de tous les temps, même si, hélas, le personnel de l'Église a parfois usé de moyens de pression. Si l'on n'a pas plus de cinquante pour cent de raisons d'adhérer au christianisme, on ne doit pas le faire. Le mystère chrétien est un changement d'identité : Dieu se fait homme pour que l'homme soit capable de devenir Dieu. Cette formule résume l'enseignement des Pères de l'Église. Mais Dieu laisse l'homme libre de se prendre lui-même pour le dieu de sa liberté. « Je m'appartiendrai » est la définition de l'enfer et, paradoxalement, la fin de la liberté.

Ne touche-t-on pas ici à ce qui est une des nouveautés irréductibles, mais parfois insupportables du christianisme ?

L'événement fondateur de la religion chrétienne est l'alliance de Dieu avec l'humanité dans une Personne vivante. Le christianisme se fonde sur l'autobiographie d'une liberté. C'est unique et inclassable parmi toutes les autres religions.

Il se trouvera toujours des sociologues, historiens ou anthropologues pour essayer de loger le christianisme dans une accolade avec les autres épopées religieuses. Dès le début de l'histoire chrétienne, saint Irénée a été provocant, totalement, lorsqu'en parlant du Christ, il a dit : « Avec lui, il a apporté toute nouveauté. »

Il faut bien entendre ce terme de « nouveauté » comme une réalité presque dangereuse. Jésus n'apporte pas une nouveauté comme serait celle d'un moment parmi d'autres dans le progrès humain, comme une mode intéressante, mais périssable, comme une intervention utile pour certains, mais périmée pour d'autres. La nouveauté est aujourd'hui aussi surprenante qu'il y a deux mille ans. L'événement fondateur du christianisme est une biographie, non pas une idéologie. Le Verbe de Dieu s'est fait « chair ». Saint Jean utilise le mot *chair* dans toute sa force concrète, charnelle, souffrante, offrante, pensante, pérégrinante. On ne pouvait pas utiliser un mot grec plus réaliste : *Sarx*. Le terme élimine à l'avance toute réduction à une apparition, un passage éphémère, une promotion d'une idée ou d'une idéologie.

« Dieu s'est fait chair ». Depuis ce temps-là et cela peut horripiler certains, on est obligé de reconnaître que l'on ne peut pas comprendre l'homme, sans l'aide du Christ. C'est spécialement vrai lorsqu'il s'agit de la liberté. Le Christ a connu toutes les contraintes humaines, y inclus la mort et le tombeau, mais il était totalement, à fond d'être, ontologiquement et non pas seulement affectivement, lié et ordonné à l'amour de son Père. Se séparer de celui-ci, c'était se séparer de l'existence même. L'humanité avait enfin trouvé la dignité de son vrai statut, inséparable de l'amour sur lequel se fonde la liberté. Celle-ci en a été modifiée pour la suite de tous les siècles. On peut refuser d'y penser. On ne peut pas en rayer le fait de l'histoire humaine.

Choisir le catholicisme plutôt qu'une autre religion

Pour comprendre ce qui est propre au christianisme, comment se situer en face des autres religions sans tricher ?

C'est et ce sera la grande question du millénaire à venir. Il est devenu banal de le pronostiquer. Je suis prêt à parier que les JMJ de l'an 3000 auront lieu à Pékin. J'en suis sûr au nom de plusieurs séjours en Chine, depuis trente ans, contre tous les prophètes qui annoncent la fin de l'Église.

Simplifions les choses. Pour un chrétien, il y a un triangle inévitable. Premièrement, Dieu en la personne du Christ qui cherche et attend inlassablement l'homme. Deuxièmement, la pensée humaine et les mots, les langues, les expressions, les cultures, les textes qui transmettent et le message de Dieu et la soif inamissible de l'homme. Enfin, troisièmement, leur rencontre.

On peut alors situer les différentes traditions religieuses par rapport au christianisme. La séquence que l'on peut établir est d'une cohérence surprenante.

Il est normal de chercher d'abord un salut dans *l'imaginaire,* dans ce qui élargit le champ de vision de l'homme. On se rattache au grand Tout par la fête, l'offrande et l'échange. C'est l'animisme des religions d'Afrique et une part large de la culture audio-visuelle d'aujourd'hui.

En deuxième lieu, on explore les voies de la *pensée* : c'est la science avec les penseurs grecs ou, récemment, avec la gnose de Princeton : Dieu (ou le cosmos) est la pensée qui se pense. Est-ce hasard ou nécessité ? Peu importe. « Ça parle. »

En troisième lieu, on suit le chemin de la *bonté* : toutes les religions asiatiques s'adressent au cœur. Ce sont des religions de la libération, de la fusion dans le Tout, par l'extinction du désir. De ces trois dimensions spirituelles, le christianisme n'a pas à avoir peur. Le souci n'est pas de rejeter, mais de respecter, de comprendre et de compléter. Les trois vecteurs que nous avons rappelés partent de l'homme, et, ce qui n'est pas insignifiant, de l'homme faible, solitaire ou blessé.

Un seuil est franchi avec les religions monothéistes. L'habitude de mettre ces religions sous une même accolade est trompeuse. Il est faux de les tenir sous la même rubrique, que ce soit en les appelant les religions du Livre ou les religions du monothéisme, c'est-à-dire du Dieu unique. L'une, le judaïsme, est née d'une pédagogie tendre, avec un lieu, une loi, un texte. L'autre, l'islam, est née d'une auto-dictée sacrée, qui demeure finalement la projection des visions humaines d'un guerrier, pieux peut-être, mais guerrier. Quant au christianisme, il n'est pas d'abord une religion du Livre. Je maintiendrai, jusqu'à ma mort, que j'appartiens non pas d'abord à une religion du Livre, mais à la religion de la communion à une Personne, une Personne qui ouvre à un dialogue divin et réciproque, le dialogue trinitaire.

Cela oblige à aller plus loin lorsqu'on voudrait ramener la foi chrétienne et sa régulation à la seule référence de formules, de rites ou d'habitudes, et donc à limiter la liberté du chrétien à une soumission du type de celle que l'on a en face d'une institution ou d'une idéologie. Il ne peut y avoir de catéchisme, de théologie de prédication ou de pensée chrétienne qui n'impliquent prière, liturgie et sainteté vécues par amour de quelqu'un qui nous habite. C'est la radicale faiblesse des informations, études, analyses sur la foi, l'évangile ou sur l'Église lorsqu'il n'y a pas *sympathie et amour a priori.* S'il n'y a pas amour, il n'y a pas liberté et vice versa et alors l'essentiel est à l'avance dissout. Ou bien on n'est encore que catéchumène et non pas chrétien. Alors qu'il suffit qu'un homme, s'il ne peut plus parler, fasse son signe de croix pour pouvoir être baptisé.

Dans ce geste, il aurait tout dit : que Dieu est conversation, qu'il est venu à nous, qu'il a offert sa vie pour nous la partager et qu'il nous laisse libres de l'accueillir.

Une véritable initiation à la *pratique* de la théologie, à l'encontre par exemple, de celle qui fut publiée dans les années 1980, suppose qu'on ne se limite pas à examiner des formules ou des institutions, mais qu'on donne autant de place au vécu, à la sainteté de l'histoire de l'Église qu'aux concepts et aux analyses. Ce fut une des grandes intuitions de l'œuvre théologique du cardinal Balthasar ou du cardinal Journet. La référence ultime de la réflexion ne sera jamais seulement un texte, mais la personne vivante du Christ, Fils de Dieu faisant retour à son Père, venu répondre à la question de tout homme qui n'a pas demandé à naître, Fils unique qui est présent réellement et actuellement dans l'Eucharistie de l'Église. Étant Dieu, il s'est fait homme pour que l'homme puisse répondre librement à l'invitation de Dieu. Ma tradition est celle d'un changement d'identité qui débouche sur une communion divine et réelle, sinon la vie n'est finalement qu'une impasse sans intérêt et, vu le prix du ticket d'entrée dans ce monde, finalement une farce. Les Évangiles et la liturgie introduisent à une liberté nouvelle, à un bonheur accessible à tous : celui d'être accueilli par les personnes de la Sainte Trinité. Un catéchisme, comme ce fut, hélas, le cas de la première version de *Pierres vivantes*, où une théologie qui ne commence pas, non seulement par l'existence du Christ, mais par ce qui a fait la raison de sa venue et de son martyre : l'affirmation de la liberté de l'homme pour entrer dans la conversation trinitaire de Dieu offerte aux hommes, est *a priori* disqualifiée pour rendre vraiment compte du christianisme.

Vous parlez de changement d'identité. On pense aux difficultés des juristes pour fixer le code de nationalité. Changer d'identité n'implique-t-il pas d'accepter une nouveauté dans sa propre psychologie (pour ne pas employer le mot de « conversion ») ?

Le propre de la tradition de la foi chrétienne est que Dieu a été assez fou pour confier son message à l'ensemble de la communion des saints, à ceux qui allaient être le corps vivant de l'Église. Dieu évite de nous mettre devant l'écrasement d'un Jugement dernier. Pour nous laisser libres, il a choisi de s'en remettre aux pauvres médiations et moyens de la vie et de la communication humaines...

Avec le mystère pascal, une psychologie totalement nouvelle est entrée dans l'histoire humaine, celle du Fils de Dieu, étant assis *en même temps* à la table de son Père et à la table des hommes, à celle de la Gloire et à celle de la misère et de la poussière. Chacun de nous est désormais invité à prendre place à cette table de Dieu en même temps qu'à la table des pécheurs. C'est l'intuition de la liturgie et celle d'une Thérèse de Lisieux. Ce dont Nietzsche a rêvé, l'explosion de la morale, s'accomplit non pas par le bas, mais par le haut. Nous sommes invités à être beaucoup plus que des surhommes, à être des fils de Dieu, ce qui suppose que l'on accepte, comme le Curé d'Ars le disait, « d'avoir le cœur liquéfié » parce que c'est la bonté même de Dieu qui est devenue notre nouvelle règle de vie et ce n'est jamais fini.

Qu'est-ce qui vous paraîtrait manquer à un homme pour être pleinement libre ?

Deux choses simples, trop simples peut-être, mais absolument certaines pour moi : la pratique fidèle du sacrement de confession et la prière. Comment affiner sa conscience sans non seulement accepter, mais vouloir l'aide, la présence et la douceur de quelqu'un, le Christ ? Nous ne sommes pas seulement un « misérable petit tas de secrets » et notre moi n'est pas « haïssable », mais il faut l'aide d'un autre pour le croire, peu à peu. Celui qui a rejeté la confession de sa vie, ne sait pas comment est parfois immédiatement visible en sa vie conjugale ou en vie communautaire son besoin de se valoriser, ses impulsivités, ses lassitudes avec les sinusoïdes de déprime et de combativité, de silence ou de récrimination. Comment vivre la béatitude de la douceur, de la miséricorde, dans la vie avec les autres et de la paix avec soi-même, si quelqu'un ne nous tient pas la main et ne nous apprend pas à nous regarder nous-même avec patience et bonté ? Comment désarmer avec humour et sérénité en face des divergences humaines si la prière ne nous habitue pas inlassablement et librement à nous en remettre à une lumière qui vient d'ailleurs et nous dépasse ?

Les sacrements sont les fissures de la gloire, de la lumière de Dieu, de la vie plénière du Fils unique, donnés à des êtres encore en état d'exode dans le devenir, le contingent, le fugace et la poussière. Cela suppose seulement l'acceptation d'une blessure. Aussi la seule manière, pour moi, d'être libre et fidèle à la tradition chrétienne c'est de me reconnaître pécheur, c'est-à-dire incapable d'aimer suffisamment et d'abord d'être aimé et de dire au Christ : « Aidez-moi à vous aimer. Fils de David, prends pitié de moi. » Rien ne peut commencer sans l'acceptation humble de ne pas déterminer, par soi seul, les formules de la tradition religieuse, mais de les recevoir dans ce qu'elles ont de réel, de vivant, de toujours actuel. C'est un cadeau infini, même s'il est limité dans ses expressions. Et l'Église dira toujours que l'on a besoin d'être aidé par des dogmes, mais qu'aucun dogme ne peut épuiser et emprisonner le mystère. Le dogme est le vecteur qui conduit au réel. On va des dogmes à la foi et de la foi aux dogmes.

L'exemple de la réflexion sur le mystère du Dieu-Trinité est significatif des précautions nécessaires pour oser évoquer Dieu. Moïse a été obligé d'enlever ses sandales. Et nous ? Qui peut prétendre avoir fait provision d'assez de respect, d'humilité, d'acuité, de magnanimité, de patience heureuse et de bonheur contemplatif pour reprendre chaque jour l'ascension du Sinaï, du Calvaire ou du Thabor ? Qu'on ne vienne pas se plaindre que c'est pénible.

Pour oser penser à la deuxième personne divine, on reçoit la confidence de Dieu qui fait appel aux deux expériences les plus proches d'une vie humaine, la paternité et la pensée. Une seule approche ne suffit pas. Au mot Fils, on doit ajouter le mot Verbe, car dans l'expérience humaine, Fils suppose une séparation. Or il ne peut pas y avoir de séparation en Dieu entre le Fils et le Père.

Tandis que Verbe dans notre expérience humaine implique bien intériorité, cohabitation intérieure, non-séparation (à l'instar des idées qui ne se promènent pas à l'extérieur de nous), mais Verbe ne dit pas de soi consistance personnelle, ce qu'au contraire signifie bien le mot Fils, qui pour nous désigne toujours une personne. Ainsi la révélation chrétienne procède avec une précision merveilleusement positive, nous indique la direction essentielle pour respecter le mystère, mais nous laisse libres. Elle invite seulement à purifier les mots et vocables terrestres non pas en les restreignant, mais en les enrichissant, en les complétant l'une par l'autre. Il en est de même pour le Saint-Esprit. Le mot Amour n'est pas de soi suffisant, car l'amour humain peut rester unilatéral. Le Saint-Esprit est la réciprocité entre le Père et le Fils lorsqu'ils aiment ce qu'ils vivent en commun, leur unique nature et existence. La contemplation nourricière de ce mystère est une source infinie de joie. Nous reviendrons sur ce point capital en concluant nos réflexions sur la prédication. Toutes les chansons d'amour se terminent dans la langueur d'une nostalgie : que « ça » dure, que ce soit réel et non pas seulement le temps d'une photographie.

Or, c'est dans la vie trinitaire seulement qu'on peut trouver la pleine réalisation des vœux d'une transparence amoureuse totalement libre et des souhaits les plus hauts inscrits dans l'amour humain, à commencer par le partage de la même existence, rêve impossible à réaliser entre êtres créés, ainsi que le respect total entre personnes. Je ne connais aucune science qui autant que la théologie suppose ou oblige à une telle alliance de la liberté de penser et en même temps à un effacement bienheureux devant un réel qui nous dépasse.

Traditionalistes, ou, prophètes de l'avant-garde, manifestent souvent de l'agressivité pour défendre la liberté. Est-ce utile ?

Les uns et les autres oublient peut-être un préliminaire essentiel : la purification de nos idées et de notre cœur. Dieu a dit de Lui quelque chose de réel, mais jamais l'Église n'a prétendu que l'on pourrait exprimer *positivement* par des mots humains le *comment* de l'existence divine. La nostalgie première des théologiens les pousse à respecter la grandeur de Dieu. Elle n'est pas de l'ordre de l'augmentation de la quantité, de l'accroissement d'une expérience humaine pour dépasser leurs limites inévitables. Au terme on peut dire qu'on n'atteint Dieu que comme insaisissable et inépuisable. C'est le fond de la pensée chrétienne : tenir pour sûr et vrai que Dieu est trois, mais pour admettre cela, il faut accepter de décanter instruments de pensée et concepts. Pourquoi ce qui apparaît évident ou inévitable, être patient ou respectueux pour sauver son amour humain de l'anesthésie, de la rupture ou de l'infidélité, serait-il anormal et à refuser lorsqu'il s'agit de l'amour de Dieu ? On a tous à entreprendre une besogne de respect. On a besoin de l'intelligence pour croire et on a autant besoin de la nettoyer de tout ce qu'il y a de borné dans les expériences humaines. J'atteins quelque chose de réel en Dieu, je peux parler de Dieu, mais je dois épurer ce que mes expériences humaines ont d'imparfait. C'est l'enjeu de la vraie liberté. La foi atteint le réel de Dieu au-delà des restrictions de tous les énoncés. Elle seule rend libre par rapport à toute idéologie. Il est plus facile de détourner ses forces en agressivité que de se rectifier, surtout lorsque la combativité prétend être au service du bien, de la vérité, de la modernité ou de la nouveauté.

On veut faire du bien. Est-ce le bien que Dieu attend de nous ?

III
Un secret plus fort que la mort

12

À la recherche du temps perdu

Le noviciat religieux

Vous évoquez d'une manière lancinante presque agaçante, les leçons du réel. On sent en vous une certaine méfiance en face des constructions intellectuelles et des irresponsabilités qu'elles peuvent entraîner. À quoi devez-vous cet appétit et ce goût de ce que vous appelez le réel ?

Peut-être un peu aux vendanges du bon vin de Chablis dans les vignes de mon grand-père ?...

Avec les années, je me rends compte de l'importance qu'a eue pour moi le noviciat religieux. Ce fut une étape décisive, quasi impossible à décrire par des mots ou des idées. Il faudrait pouvoir se mettre aussi à la place du partenaire qui est Dieu. Le noviciat n'est pas un simple stage d'apprentissage comme en proposent toutes les écoles techniques, mais un changement de vie. On ne prend pas seulement un nouvel habit, mais on entre dans une autre manière de penser et d'exister. Je vais en décrire les conditions ; celles que j'ai vécues sont presque inimaginables aujourd'hui. De même que mes amis de la montagne en 1940-1960 étaient plus proches des modalités de vie du temps de Virgile que de celles d'aujourd'hui, de même notre noviciat était plus proche du XIIIe siècle que de l'an 2000.

Avant et après le noviciat, il y eut plusieurs conditionnements, plusieurs moments privilégiés, plusieurs influences inévitables et heureuses qui m'ont marqué de manière décisive pour me faire aimer le réel et me méfier de ceux qui en parlaient sans l'avoir aimé, goûté ou subi.

D'abord, je l'ai dit : la famille nombreuse, neuf frères et sœurs, famille en même temps rigoureuse et à l'aise et surtout heureuse, malgré les drames de la guerre que j'ai évoqués.

Deuxièmement : la présence de mon père, un ingénieur qui ne pouvait pas plaisanter avec des projets, sinon la revanche était immédiate. Il avait une méfiance *a priori* pour les théorisations intellectuelles bien que, cinquante ans avant qu'on parle d'écologie, il ait inventé lui-même un procédé décisif dont j'ai parlé pour la fusibilité des cendres. Il a toujours gardé une mystérieuse et discrète distance à l'égard des universitaires. Il restait surpris que ceux-ci puissent demeurer hors de toute sanction. Il est vrai, mon père est mort juste avant 1968.

Pendant les années de guerre, pour rendre service et du même coup me nourrir un peu mieux, j'ai partagé le travail, à ce moment-là très dur, des ouvriers agricoles dans des fermes dont le père de famille était prisonnier. J'ai compris plus tard pourquoi Mao Tse Toung tenait à ce que les « intellos » soient périodiquement envoyés aux champs.

Enfin il y eut, après mon sacerdoce, et cela n'a pas cessé depuis cinquante ans, l'amitié étroite, fidèle, confiante née d'une vie commune complète avec des familles de montagnards pendant plusieurs étés en alpage pour construire une chapelle dans des conditions de haute montagne. Suivirent trente ans de travail manuel pendant chaque temps libre : terrassements, déboisement, maçonnerie, déneigement, plantations, etc., parfois à la limite de mes forces, pour remettre d'aplomb deux chalets de montagne. J'ai tant appris de ce travail en commun.

Je devrais ajouter aussi le déracinement pendant de nombreux séjours à l'étranger dont une année pleine dans un couvent allemand dans les conditions de la diaspora de l'immédiat après-guerre. Je comparerais volontiers ce dépaysement avec le compagnonnage assez inattendu, étrange, mais porté par la Providence de quelques grands créateurs qui m'ont partagé aussi bien leur nostalgie que leur angoisse, de Georges Braque à Georges Clouzot, Nicolas de Staël, Bazaine, Lapicque, Lanskoy ou du sculpteur Adam à Manessier... Je sais combien cela peut apparaître irritant d'évoquer tout au long de ce livre la rencontre d'êtres d'exception : de Louis Jouvet à Louis de Funès, de Robert Hossein, Michel Serrault à François Mauriac, du Quatuor Hewitt à Alfred Cortot, de Patrice de La Tour du Pin à Julien Green, de Fernand Ledoux à Jean-Louis Barrault et de tous ceux que j'aurai nommés. Bien évidemment ce serait très prétentieux si ce n'était pas d'abord un fait auquel je ne suis pour rien. Je ne pouvais pas les empêcher d'être attentifs aux conférences de Notre-Dame de Paris. Au-delà de la nouveauté, de la modernité, ils cherchaient peut-être simplement quelqu'un qu'on puisse interroger. Vous savez ce que rétorquait Sacha Guitry à qui l'on demandait : « Quoi de nouveau ? » Il répondait : « Molière. »

Troisièmement, c'était dû à la grâce de notre grand couvent d'études d'alors, Le Saulchoir, avec son calme, sa vie liturgique, son recueillement et l'oasis de silence qu'il offrait. Mais surtout parce que l'amitié de ces artistes allait jusqu'au partage d'une détresse et d'un désespoir parfois à la limite de l'imaginable. Comment appeler cela ? Sinon « le fer porté au rouge », comme le dit Dostoïevski. En tout cas, c'était bien du réel qu'ils me livraient, sans esquive possible lorsque certains me confiaient leur tentation de suicide. Réalité, certes d'un autre type mais non moins contraignante que les exigences de la responsabilité et de la direction, également sans échappatoire, pendant dix ans des éditions du Cerf. Que ceux qui auraient quelque jalousie, se rassurent, certaines amitiés peuvent aussi s'accompagner d'une immense angoisse.

Revenons au noviciat.

La tuberculose m'obligea à interrompre le premier noviciat, puis six mois de repos forcé ; on ne pouvait alors rompre le noviciat plus de vingt-neuf jours. Hôpital, sana et retour. Je recommencerai la même séquence après mon ordination sacerdotale. Je dus donc recommencer mon noviciat si bien que j'y ai accompli presque deux années entières au lieu d'une seule. J'en bénis encore le ciel.

Pourquoi ?

Avec les années d'études au couvent du Saulchoir, ce furent sûrement les années de plus grand bonheur de ma vie. Le noviciat, encore plus que les années d'études, permettait d'apprendre avec douceur plusieurs réalités : une disponibilité inconditionnelle et fragmentée au *temps présent* ; l'acceptation non sélective des compagnons de vie, obligation aimante de ne pas juger *les autres* ; et une confiance irréversible dans *l'avenir*.

Le présent : on n'en disposait pas à sa guise. Les autres : on ne les avait pas choisis. L'avenir : on ne pouvait faire aucune prévision.

Quel était l'horaire d'une journée ?

Surprenant, il ne permettait jamais d'avoir devant soi plus d'une demi-heure où l'on puisse s'appartenir. Le voici en détail tel qu'il était exactement prévu et vécu. À noter que nous n'avions pas de montre. Seul un frère, le frère « réglementaire », désigné pour cela en avait une. C'était finalement reposant de n'avoir pas à surveiller le temps et de pouvoir vivre aux seules dispositions de la cloche. Il y en avait de deux sortes : la grande cloche qui regroupait tout le couvent, au total plus de soixante-dix religieux, les pères et les frères novices, et une cloche plus légère pour rythmer les occupations propres au noviciat. Nous n'avions pas la possibilité d'aménager notre temps, c'est déjà un ré-apprentissage du réel lorsqu'on a volontairement choisi de ne pas aménager le temps à sa guise.

L'horaire se déroulait ainsi.

Plusieurs fois dans la semaine : de 2 h 15 du matin à 3 h 15 : le lever de nuit pour les matines et laudes (cela n'avait pas lieu tous les jours). À 6 h 10 (quand il y avait eu le lever de nuit, sinon 5 h 30) : lever, « gymnastique » (!) et toilette. 6 h 40, à l'église, office de prime. 6 h 55, service d'une messe de communion. (La messe concélébrée ne fut restituée que vers 1960). On communiait alors à la messe privée d'un père, célébrée dans des petits oratoires. 7 h 30 : tierce suivie de la messe conventuelle chantée en grégorien. 8 h 30, « frustulum », c'est-à-dire petit déjeuner consistant en un bol d'orge moulu, (sauf à Noël, à Pâques et à la Pentecôte où il y avait une tranche de pain et de la margarine) suivi des soins de cellule. De 9 h à 9 h 20, travail manuel. Chacun avait sa tâche : balayage des couloirs, nettoyage des sanitaires, bibliothèque, sacristie, etc. 9 h 35 : petit office de la Sainte Vierge. En dehors du grand office, les frères novices récitaient en commun à l'oratoire, ou en marchant par groupe de trois dans la cour un équivalent plus bref du grand bréviaire avec des psaumes plus courts en l'honneur de la Sainte Vierge. 9 h 50 : une demi-heure d'étude de l'Écriture sainte, puis une demi-heure d'oraison personnelle. 11 h 15 : sexte et none du petit office. 11 h 30 : conférence spirituelle du père maître des novices. 12 h 10 : sexte et none du grand office à l'église.

12 h 40 : déjeuner au réfectoire avec les pères, récréation entre novices ou service de la vaisselle. (Le couvent de Saint-Jacques comptait à peu près 80 personnes et bien sûr il n'y avait pas de machine à laver la vaisselle). 13 h 50 : vêpres suivies éventuellement d'une petite sieste les jours de lever de nuit. 14 h 45 : vêpres et complies du petit office. De 15 h à 16 h 45 : étude en cellule, une heure consacrée spécialement aux psaumes ou à la Bible, puis une demi-heure de lecture spirituelle, par exemple, Thérèse d'Avila ou Jean de la Croix. 16 h 45 : étude des constitutions de l'ordre dominicain chapitre par chapitre avec conférence du père sous-maître. 17 h 30 : matines du petit office. 18 heures : classe de chant avec le père chantre ou le père sous-maître, tous les jours, exclusivement en grégorien. 18 h 45 : rosaire en commun à l'église du couvent. 19 heures : complies et procession du

Salve Regina, dans l'église devant les fidèles (seul moment où nous apercevions des laïcs, car le chœur des religieux était caché par deux grands rideaux). 19 h 20 : une demi-heure d'oraison en silence, tout le couvent ensemble au chœur. 19 h 50 : repas, récréation, vaisselle. 20 h 55 : *De profundis*, prière finale pour nos bienfaiteurs et rentrée en cellule.

Chaque semaine l'après-midi du mercredi était consacré à une promenade, tous ensemble marchant par groupe de trois, jamais de deux, (comme pour les récréations). La plupart du temps nous allions dans les bois de Verrières à cause de la proximité de la gare du Luxembourg.

Comme je l'ai dit, on n'avait donc aucune occasion de s'appartenir et le premier offertoire était bien celui du temps. Ce qui en soi n'est pas exceptionnel, je pense par exemple, à la tâche des parents avec les biberons toutes les trois heures. La vie religieuse invitait à le faire non seulement avec scrupule, mais avec joie.

Autre ascèse, autre surprise : les compagnons de noviciat. Nous étions trente en 1944-1945. Sauf trois exceptions, tous firent profession religieuse. Mais un étonnement se levait parfois : pourquoi et comment un tel avait-il pu avoir la vocation dominicaine ? Alors la question se retournait : il devait aussi probablement se dire la même chose de moi. Le père maître le répétait : « Vous n'êtes pas entrés pour avoir d'abord des amis, mais des frères, et c'est tout autre chose. » Il est évident que parfois une animosité pouvait secrètement, voire sournoisement, nous encombrer l'âme. La seule et plus rapide solution était de faire effort pour témoigner de l'amitié au frère pour lequel on n'en ressentait pas du tout. Et surprise, et miracle, l'on découvrait tout à coup que l'amitié était possible.

Si tout cela indique des contraintes et l'apprentissage du réel, même si on peut y déceler des aspects factices, vous ne nous dites pas pourquoi vous y avez trouvé du bonheur ?

Je répondrai plus loin. Permettez-moi d'abord de me remémorer cette étape.

Le 30 septembre 1944, à l'heure de complies, j'entrai au noviciat des dominicains, 35 rue de la Glacière au couvent de Saint-Jacques. C'était l'ancienne clinique du docteur de Martel où j'avais moi-même été opéré à l'âge de dix ans. Les pères avaient pu racheter la clinique et ses bâtiments annexes pour regrouper les dominicains qui, depuis les expulsions de 1883 et de 1905, avaient été obligés de vivre à l'étranger ou bien dispersés dans Paris en appartement sans montrer leur habit religieux, sinon juste avant 1939. Cette ancienne clinique se prêtait d'ailleurs très bien aux exigences d'un couvent.

Avant que le postulant arrive au noviciat, le père maître lui remettait une petite notice. Elle tenait en une page. Il y était indiqué ce dont nous avions besoin : une pèlerine noire, le Nouveau Testament en latin-grec de l'édition d'Eberhard Nestle, un béret et un parapluie, et aussi la petite synopse des quatre Évangiles du père Lagrange. Rien en linge personnel. Rien, c'était rien.

Je me présente ainsi à la porterie du couvent à l'heure dite avec ma petite valise en cuir bouilli. J'avais dit au revoir à mes parents, tous les deux un peu émus. Un ami m'avait accompagné a pied de la Catho à un café du boulevard Montparnasse où nous avions bu une limonade avant de nous séparer.

Le silence du couvent et des complies m'a accueilli pour la première période de dix jours : le « postulat » avant la prise d'habit. Cette année-là, à cause de la guerre, les entrées se firent par tranches successives entre septembre et janvier. Ce 30 septembre, nous étions sept : le frère Matthieu qui devait mourir en se noyant l'été suivant ; le frère Maurice qui nous quittera après le sacerdoce et se mariera trois fois en terminant coiffeur pour dames. Je le reverrai à Toronto quarante ans plus tard avec son épouse Carmen et ses deux enfants. Il était venu à la deuxième conférence de Notre Dame de Paris en mars 1975. Il m'attendait à la sacristie après la conférence. Comme il voyait mon regard interrogatif, il me tendit sa carte de visite et ajouta : « Tu me reconnais ? Je te remercie tellement d'avoir dit qu'il était toujours trop tôt pour juger quelqu'un. Si tu savais combien j'attends de pouvoir revenir. » Il pleurait. Nous nous sommes embrassés. Puis le frère Denis, et par ordre de prise d'habit, moi-même, le frère Henri, le frère Jean-Marie et le frère Étienne.

Dix jours de retraite de postulat, en silence complet. C'est en même temps bref et long. Tout est neuf. On est tout de suite plongé dans cet horaire calculé pour qu'on apprenne un peu à se dessaisir de soi. Le noviciat précédent avait déjà rejoint le couvent d'études du Saulchoir près d'Évry. Seuls quelques frères entrés en cours d'année étaient restés jusqu'à ce qu'ils rejoignent à leur tour le couvent d'études. À cause de la guerre la rentrée avait dû être modifiée, non plus selon l'habitude le 15 septembre jour de la fête de la Sainte Croix, mais le 30 septembre. Je découvrirai plus tard que c'était le jour anniversaire et l'heure exacte de la mort de Thérèse de Lisieux.

Nous prenons tous l'habit le 10 octobre. Du noviciat précédent restaient le frère Henri-Dominique, ancien ingénieur de Centrale, le frère Marie-Dominique, ancien agrégatif de philo que j'avais connu en Sorbonne et le frère Jean-Dominique qui me fut attribué pour ces dix jours comme « ange gardien » c'est-à-dire celui qui devait m'initier aux coutumes du couvent.

C'était le plein moment de la Libération. Ne vous est-il pas venu à l'esprit de vous engager ?

Si, bien sûr, d'autant plus que plusieurs parmi nous avaient eu des contacts avec les maquis et la Résistance. Avant d'entrer au noviciat nous avons demandé avec insistance au père maître si nous ne devions pas nous engager dans les armées de la Libération. Paris venait d'être libéré. Nos amis étaient partis dans l'armée de Lattre ou Leclerc. Le général Koenig, interrogé directement par nos supérieurs, répondit fermement : « Non, qu'ils entrent au noviciat, c'est encore plus utile. » Nous n'avions qu'à obéir, mais ces mois de fin 1944 et 1945 se déroulèrent sur fond de guerre. Nous n'avions aucune nouvelle de huit frères novices qui, pour éviter le service du travail en Allemagne, STO, s'étaient engagés dans un centre de délinquants pour assurer l'encadrement. Cette maison était située dans les Vosges. Ils restèrent tout l'hiver entre les lignes du front. Nous n'en n'avions donc aucune nouvelle. Le père maître proposa alors au noviciat de prier et à chacun de se donner la discipline pour eux (discipline : petit fouet de plusieurs lanières avec des nœuds qui servait à se frapper le dos chaque vendredi pendant la durée du psaume *Miserere* signalé par la cloche interne du couvent). Ce sera grande joie quand, plusieurs mois plus tard, juste avant la fin de la guerre, ces frères éloignés reprendront le noviciat.

Bien sûr, tous les récits des fondateurs monastiques évoquent l'absence de confort. Évidemment elle était nôtre, comme pour tout le monde en ce temps de guerre. On couchait tout habillé sur une planche et deux tréteaux, recouverts d'une mince paillasse de foin ou de paille, qui avait vite fait de se tasser. Dans la cellule, un crucifix, une image de saint Dominique par Fra Angelico, une table, une chaise, pas de lavabo, mais ce qu'on appelait un « meuble universel », c'est-à-dire deux planches verticales servant de penderie avec une planchette et une tirette sur laquelle reposait une cuvette, en dessous un broc et un seau de toilette, pas de miroir.

*

L'habit dominicain

L'habit dominicain est beau, hérité directement du Moyen Âge, la tunique des paysans en laine grège blanche parce que non teinte pour coûter moins cher, le scapulaire comme un tablier et par-dessus le capuce comme un capuchon pour se préserver de la pluie et du froid. À la ceinture le grand rosaire en quinze mystères. Et de la fête de la Sainte-Croix le 15 septembre jusqu'à Pâques, on portait au chœur la pèlerine-chape noire et son capuchon.

La cérémonie de vêture était simple. On s'allongeait les bras en croix par terre en civil au milieu du chœur. Le père prieur posait une seule question : « Que demandez-vous ? » On répondait : « La miséricorde de Dieu et la vôtre. » Le père prieur nous faisait alors nous relever et ajoutait seulement : « Dans le siècle, vous vous appeliez Monsieur Gérard Bro, en religion, vous vous appellerez frère Bernard Bro (c'était le prénom de mon frère mort à la guerre). Vous avez un an pour voir si notre vie vous agrée et si vous-même avez notre agrément. » C'était tout. Puis il nous revêtait de la robe blanche, du scapulaire et du capuce et de la chape noire. Tout le couvent chantait le *Magnificat*, suivi d'un bref parloir pour embrasser nos familles avant de reprendre place au chœur par rang de vestition pour chanter les complies.

Le lendemain, on nous rasait la tête, laissant une couronne de cheveux, appelée la rasure qui serait ensuite renouvelée tous les mois. Le frère chargé de la distribution du linge se trouvait parfois surpris de voir que les vieux pères avaient droit à un bonnet de coton. On comprenait vite que ce n'était pas forcément un luxe superflu. L'absence de cheveux amenait volontiers au désir de se protéger la tête. J'ai bien dû dormir la moitié de mon noviciat avec mon béret sur la tête. En effet les hivers des années 1944 et 1945 furent particulièrement froids. Nous n'avions qu'un petit poêle à bois situé entre l'oratoire des novices et la bibliothèque, dont les portes restaient ouvertes. Le silence était évidemment religieux par respect pour ceux qui dans la chapelle faisaient oraison. En cellule, non seulement il fallait le matin casser la glace sur le broc, mais l'encre elle-même gelait. On avait parfois un peu de mal à se rendormir en rentrant du lever de nuit, heureusement on couchait tout habillé, avec la ceinture et le grand rosaire autour du cou. Les chaussettes n'étaient pas superflues.

Le changement de linge avait lieu toutes les trois semaines seulement. Pas de pyjama, seulement une tunicelle, (chemise de tissu en bure de grosse laine, fermée au cou par un bouton), des caliges (sorte de caleçon), un mouchoir, une paire de chaussettes et une serviette. Le plus pénible était de garder trois semaines durant les mêmes chaussettes, elles finissaient par brûler les pieds. À la place du pyjama, on mettait pendant la nuit la tunicelle des trois semaines précédentes. Une douche par trimestre. Il n'y avait pas d'eau chaude sauf ces deux jours-là. On changeait de robe tous les mois et demi. Pour certains, au bout de trois jours, elle était déjà pleine de taches, pour d'autres, elle restait encore propre à la fin des six semaines. Cela faisait partie du décor. Pour le travail manuel, on utilisait une grande robe genre bleu de travail, évidemment rapiécée un peu partout. Même les tunicelles-chemises l'étaient d'ailleurs, je me souviens avoir compté une fois trente deux morceaux de tissu aidant ma chemise-tunicelle à survivre. Nous vénérions les trois sœurs dominicaines qui à la lingerie faisaient l'impossible. Elles étaient probablement plus douées que les frères convers délégués à la cuisine dont un Breton de mon noviciat, le frère Yves. Comme plus tard au Saulchoir, je crois avoir rencontré chez certains d'entre eux le vrai visage de la sainteté. Je me souviens encore de la cloche qui tinta une nuit pour nous réveiller et nous inviter à accompagner les ultimes moments d'agonie du frère Damien. Nous étions tous agenouillés à la porte de sa cellule en un long ruban qui se déroulait dans le couloir, chantant le *Salve Regina.* Vint le dernier soupir et nous avons regagné nos cellules en silence. C'était sublime d'humilité et de recueillement fervent. Je me suis demandé ce jour-là si quelqu'un pourrait chanter le *Salve* au moment où Dieu m'appellera.

Le père Moisan, « procureur », petit bonhomme passe-partout, avait le génie avec son tricycle-triporteur de ramasser ce qu'il trouvait le matin de moins coûteux aux Halles près des marchands qui aimaient le couvent. Malgré cela, la faim fut dure à supporter et cela valut à plusieurs d'entre nous de connaître les joies du sanatorium. Je l'ai déjà dit, je bénis personnellement le ciel de ces rechutes tuberculeuses du fait qu'elles m'ont valu de refaire une seconde année de noviciat et de m'ouvrir à la connaissance et à l'amitié de trois villages de montagne, au point de faire quasi partie de leur mobilier, depuis cinquante-cinq ans.

La clôture

La clôture était stricte. Les frères novices vivaient en une communauté séparée des autres sauf pour la messe, la prière liturgique, le réfectoire et le chapitre des coulpes. Je garde une admiration sans borne pour l'exemple donné par les pères âgés, (le père de La Motte, le père de Sélancy, le père Régamey, le père de Mesnil, le père Houyvet, le père Augustin Desobry, notre prieur, etc.). Partageant les mêmes conditions de vie que nous ils ne se plaignaient jamais alors qu'ils avaient, pour certains, passé la soixantaine ou rentraient d'une captivité particulièrement dure. Le père Desobry prieur et le père Chevignard maître des novices avaient été emmenés par la Gestapo et incarcérés à la prison de la Santé, alors que deux autres pères, résistants notoires, n'eurent pas le temps de faire disparaître les papiers compromettants dans les toilettes lors de la descente de police allemande, arrivée par surprise. Ils furent donc emmenés avec les deux supérieurs, puis déportés en camps où ils moururent après avoir été torturés. Le prieur ne resta que sept mois incarcéré. Le père maître fut libéré après un mois. Il fut toujours marqué et ému de nous raconter comment le soir de Noël un gardien allemand, ayant vu son costume religieux, se glissa près de lui pour lui apporter une petite branche de sapin.

Un soir de janvier, l'office de complies était commencé, c'était la tombée de la nuit, les pères et frères virent arriver quelqu'un en habit dominicain avec sa pèlerine. Étant en retard à l'office, il se mit à plat ventre sur son scapulaire, comme c'était la coutume, en faisant la « venia » devant le sous-prieur qui remplaçait alors le prieur, encore incarcéré. Surprise générale devant ce dominicain qui ne s'était pas rasé depuis un mois : c'était le père maître qui, de manière inattendue, venait d'être libéré de la prison de la Santé. L'office de complies ne s'interrompit pas et le père maître alla prendre la dernière place au bout du rang, comme il était normal quand on était en retard. Mais ce jour-là, le grand silence habituel après complies fut rompu... !

La clôture ne consistait pas seulement à l'interdit de toute personne extérieure à l'intérieur du couvent, sauf tel ou tel invité au réfectoire, mais aussi à garder partout le silence ou à accepter l'absence de journaux (et bien sûr aucun transistor ni télévision, rien de tout cela n'existait). Une petite conférence de presse par le père sous-maître à la récréation du samedi y suppléait. C'était suffisant pour les nouvelles importantes. La clôture impliquait aussi le non-contact par respect de leur travail avec la communauté des pères, sauf les jours de « fusion », c'est-à-dire de grande fête où nous prenions la récréation ensemble. Cela n'empêchait pas de très bien se connaître : service au réfectoire, manière de lire l'Épître ou de se tenir au chœur, exactitude ou retard aux offices, mille petits détails permettaient parfaitement de pressentir le métabolisme de chacun, de s'estimer, de se supporter et de s'apprécier mutuellement.

Un des points majeurs de la clôture était l'absence de courrier. Il était distribué habituellement le dimanche, les enveloppes ayant été ouvertes, après la récréation de midi. Une lettre par mois de sa famille, c'était tout. Je les ai gardées. Comme il n'y en avait ni pendant l'avent, ni pendant le carême, cela se réduisait pratiquement à sept ou huit lettres par an. On n'écrivait pas, on ne le faisait que pour répondre éventuellement, en remettant la lettre ouverte dans la boîte du père maître. Circulait à ce sujet l'anecdote véridique arrivée au père Ambroise Faidherbe, vingt ans auparavant, lorsqu'il était au noviciat. Dans une lettre adressée à l'une de ses sœurs, il avait mis en post-scriptum : « Je te parlerai de tout cela de vive voix au prochain parloir, parce que le père maître lit les lettres. » Le lendemain, au détour d'un couloir, le dit père maître prend le frère Faidherbe par le bras l'entraîne à l'écart car on ne parlait pas dans un couloir, et lui dit : « Mais non, frère Ambroise, je vous l'assure, je ne lis pas les lettres. »

Pas de téléphone, pas de parloir. À ceux qui trouveraient ces conditions arbitraires, illogiques, irréelles, je leur dirais : « Essayez seulement et vous verrez, l'effet est exactement inverse. C'est celui d'une grande libération pour l'essentiel. » Aucune brimade. Aucun agacement, aucune querelle inutile. Nous étions saisis sans bien le comprendre par un amour commun à tous. Nous avions tout à apprendre, je l'ai déjà dit, mais avec la différence complète de ce qui se passe dans une école, une université ou un institut. Pour nous tous, cet apprentissage était alors porté par un émerveillement affectueux, une séduction irrépressible, sans cesse renouvelée.

Trois univers s'ouvraient à nous, celui de la liturgie et de la Bible, celui de l'oraison, celui d'une vie totalement commune, amenée à être fraternelle, car évidemment cela n'allait pas de soi. Ce n'était pas le règne de l'obligation, cela aurait été insupportable, mais celui d'une émulation affectueuse, tendue vers le meilleur et, encore une fois, de l'émerveillement. Chaque matin, comme l'amour, la grâce était nouvelle, ainsi que le dit Newman. Nous connaissions par cœur et nous attendions l'*Ad te levavi,* introït du premier dimanche de l'Avent, le *Gaudete* de la messe de la Vierge, le *Puer natus est* de Noël, les grandes « antiennes O » des vêpres qui précédaient cette fête, le *Circumdederunt me* de la Septuagésime, le *Media vita* qui, à la mi-carême faisait pleurer saint Thomas d'Aquin, le graduel du Jeudi saint ou *l'Exultet* de la vigile pascale. À des décennies de distance, je peux les rechanter par cœur avec le même éblouissement que celui de Mozart disant qu'il échangerait volontiers une de ses symphonies pour la mélodie du *Pater noster* de la messe. Les psaumes nous imprégnaient progressivement jusqu'à ce qu'on les sache quasi par cœur. Le latin de saint Jérôme avait le génie de la poésie de Péguy. Il gardait suffisamment de proximité et suffisamment de distance pour ne pas rendre la récitation ennuyeuse comme elle peut l'être parfois en Français. Au fond nous étions contemporains des Mérovingiens de saint Benoît ou des juifs de retour de l'Exil, mais partageant le regard du Christ.

Cela ne semble-t-il pas à des années lumière de nous ?

Je dois ici reconnaître que je n'arrive pas, après trente ans, à comprendre vraiment ce qui a poussé ceux qui, d'une manière ou d'une autre, ont coopéré à l'abandon, à la désertion, au mépris de ce qui fut si noble et grand dans l'héritage chrétien restitué par dom Guéranger et le père Lacordaire. Ces pionniers du XIXe siècle ont œuvré dans des conditions d'une extrême difficulté. Comment la génération de 1968 a-t-elle pu l'oublier ? Le pouvoir, la peur ou l'ignorance rendraient-ils aveugles ? On peut arguer des changements de civilisations et des mentalités, de la nouveauté des rythmes de vie, de la rapidité des échanges, de l'apparition d'autres types d'ascèse avec le stress urbain, etc. La manière dont plusieurs parties de l'héritage ont été bradées et la médiocrité de certains produits de remplacement me laissent perplexe.

Il aura fallu des dizaines d'années de sacrifices, de fidélité d'intelligence pour reconstituer l'idéal religieux pendant tout le XIXe siècle... Et patatras, un soupçon s'est infiltré entre les années 1950 et 1970. Pourquoi brader l'héritage ? Pourquoi, parfois sans bien le connaître ? Il a fallu des décennies, pour ne pas dire un siècle, avant de voir la pleine restauration du couvent du Saulchoir, sa liturgie, la ferveur, l'intelligence et la liberté de ses études et finalement il aura suffi de quelques mois (avec des rapports de force jusqu'au chantage de grève), pour abandonner des trésors qui avaient été acquis par nos prédécesseurs dans une lutte qui alla parfois jusqu'au sang et au courage des expulsions. J'ai honte en me remémorant les réunions auxquelles j'étais convoqué comme responsable des éditions du Cerf en 1969 et 1970. On me croyait complice. Je n'ai rien pu dire, rien pu faire et j'en aurai le remords jusqu'à ma mort. Quelle a été et quelle sera la postérité de cette évolution ?

Par quoi les trésors reçus ont-ils été remplacés ?

Je ne sais, je n'ai aucun titre pour en parler, sinon celui de libérer la tristesse de certains soirs en reprenant l'expression de saint Paul : « Les temps sont mauvais », encore que je préfère par tempérament, par conviction et par sagesse la compléter immédiatement par cette autre injonction de saint Paul dans l'Épître aux Romains. Je laisse vraiment ma vie être portée par cette phrase qui inaugurait mes conférences de Notre-Dame de Paris : « Espérant contre toute espérance, il crut. » (Rom 4, 18). Complétée par saint Pierre : « Soyez toujours prêts à justifier l'espérance qui est en vous. » (1 P 3, 15).

Je suis trop bourguignon pour ne pas aimer les choses. Chablis fournit encore de l'excellent vin, alors je n'ai pas le droit de douter du reste... Peu importe. Les générations dominicaines d'aujourd'hui ont l'air heureuses. Et le Saint-Esprit est autant présent actuellement qu'il y a cinquante ou cent ans. Alors ?

Il est évident que ces deux années de noviciat furent pour moi, un temps d'immersion complète dans la Bible, comme le fut l'année entière que je devais passer plus tard en Allemagne, étant moins rigoureusement tenu au régime scolaire. J'ai passionnément aimé le Grec biblique. C'était là aussi un émerveillement de découvrir qu'il y avait une autre manière d'approcher le destin de l'homme et l'essentiel de la recherche de la vérité, que les cours de Sorbonne. C'était alors le temps de l'existentialisme naissant, de l'hégémonie de Hegel ou de la phénoménologie tâtonnante pouvaient le laisser croire.

La liturgie était préparée et accompagnée des deux demi-heures d'oraison, l'une en particulier, l'autre au chœur avec tout le couvent. Il est quasi impossible de témoigner de l'oraison, c'est-à-dire de ce que le paysan du Curé d'Ars résumait en une phrase : « Il m'avise et je l'avise. » Tout témoignage sur la prière m'a toujours rendu insatisfait, que ce soit comme censeur des *Cahiers sur l'oraison* ou éventuel lecteur de la revue *Prier*. J'ai eu beaucoup de mal à convaincre l'abbé Caffarel que la prière ne se nourrissait pas d'abord d'états d'âme, même si on les recouvrait du beau mot de témoignage. L'éducation propre à la vie d'oraison procède à l'inverse. Tout chrétien est invité à une expérience mystique. Celle-ci est différente de l'esthétique. Elle devient réelle par l'acceptation progressive, laborieuse, facile et difficile — voire impossible — du silence sur soi. Cela arrive et c'est toujours un miracle : accepter cette pauvreté, à fond d'être, à cause de la remise inconditionnelle que l'on fait de soi-même à un autre. Certaines revues de spiritualité ont du mal à éviter dès le départ un certain goût pour l'esthétisme. Thérèse de Lisieux, ou Bernadette de Lourdes, ne sont pas l'équivalent d'un Verlaine, d'un Bonnard ou même d'un Maurice Denis.

Avec Thérèse ou Bernadette, pas moyen de mélanger l'esthétique et le mystique. Le cœur à cœur avec Dieu relève en même temps du *combat de Jacob* dans la nuit ou des délices du *Cantique des Cantiques.* J'ai eu à écrire deux livres sur la prière. J'ai doublement conscience que tout reste à dire ou plutôt à taire. C'est l'entrée dans le silence qui est le but de l'oraison. Non pas le silence du vide, mais celui de la communion. Reste que c'est souvent le vide ou plutôt le désarmement de soi, comme on le peut, en demandant au Christ que ce soit sa douceur qui nous accueille et nous juge. J'aime les prières des saints, elles sont sobres, celles de Thérèse de Lisieux (vingt et une) ou Bernadette Soubirous, rudes et tendres comme les psaumes. J'aime le *Credo* de saint Athanase, il ne triche pas, il est glorieux et mendiant. C'est pourquoi je reste toujours un peu allergique au témoignage sur ce secret du roi. Il est parfois à la limite de l'impudeur. Sainte Thérèse d'Avila prend le soin d'écrire vingt-trois chapitres de précautions avant d'expliquer comment l'oraison est le *Chemin de la perfection.*

Je reviendrai plus tard sur le cadeau, la difficulté, la misère, la grandeur et les émerveillements de la vie commune et fraternelle.

Ces trois réalités me permettent de reprendre mon affirmation : noviciat et années d'études, c'est-à-dire un total de huit à dix années, furent pour moi les plus heureuses de ma vie. Je comprends très bien que certains frères, qui avaient été séminaristes auparavant, comme ce fut le cas de la longue souffrance du père Refoulé (il n'y eut guère que deux ou trois frères dans ce cas-là) ne souscrivent pas à cette opinion. Ils avaient eu plusieurs années de vie ecclésiastique derrière eux. Ils connaissaient déjà la vie cléricale. Bréviaire, psaumes, Bible n'avaient plus de surprise pour eux. Leur capacité d'admiration était usée. Ce n'était pas notre cas. Je n'insisterai jamais assez sur cette ouverture inconditionnellement heureuse qui était nôtre.

Pour moi, je peux probablement dire « pour nous », nous vivions baignés dans une dominante : *la joie anticipée du Royaume et de l'Amour.* C'est la clef d'or qui seule rend raison de ce qui s'est passé dans mon cas pendant toutes ces années. Cela n'a empêché en rien tous les psychodrames propres aux groupes intellectuels, les jalousies de professeurs, les amitiés accaparantes, les disputes idéologiques, mais reste et restera pour toujours que c'était vraiment le bonheur.

Bonheur qui se termine mystérieusement le jour où l'on perçut que la communauté naïve qui existait entre nous s'achevait pour se poursuivre d'une autre manière, non moins grande mais propre au sacerdoce. Le noviciat et les études : c'était autre chose. On ne pourra jamais nous l'enlever et je m'aperçois combien il est difficile d'en faire pressentir la splendeur. Le Christ nous avait vraiment saisis. Cependant un autre moment approche peut-être de ce qu'est le noviciat religieux, toutes proportions et conditions gardées. C'est ce qui se passe lors d'une longue période de présence à l'hôpital, longue et dure. Quand la souffrance n'en finit pas et tangente la limite du supportable, il y a cette étrange perception — réelle, sans illusion — d'une « douceur » du Christ, étonnamment proche. Aucun mot ne peut décrire de manière satisfaisante ce qui advient alors. Que l'on ne réduise pas cela à la dépendance de la morphine... Quand ils ne comprenaient plus rien et regardaient Jésus, c'est bien une tendresse émue et bien réelle qu'ont ressentie les apôtres en face du Christ. Il faut le vouloir pour ne pas le ressentir.

Une nouvelle période coïnciderait avec les responsabilités du sacerdoce où l'on allait connaître un autre métabolisme, celui qu'évoque l'Évangile : « Vous serez comme des agneaux au milieu des loups. » À partir du moment où l'on quittait la vie en commun du couvent du noviciat et d'études de ce moment-là, à partir du moment où l'apostolat obligeait à sortir, il survenait quelque chose d'autre, une autre grâce, une autre époque de la vie. Au noviciat et pendant le temps des études, à cette époque là, on ne sortait pas. J'étais religieux depuis plusieurs années et j'avais fait profession solennelle. Le père maître des frères étudiants était lié d'amitié avec mon père à qui l'on avait confié de lourdes tâches de gestion au service de l'ordre dominicain. C'était en 1949. Mon père fut surpris que le père maître ne m'autorisât pas à aller assister à l'enterrement de ma grand-mère. Pourtant Chablis n'était qu'à cent cinquante kilomètres du couvent. On ne sortait que pour l'enterrement de ses parents ou de ses frères et sœurs. Cela me parut d'ailleurs tout à fait admissible. Dans cette période de noviciat et d'études, nous n'étions pas laissés à nous-mêmes, nous investissions avec spontanéité et vraie amitié, joie et confiance sur le père maître. Il représentait pour nous celui que Dieu avait choisi comme successeur de saint Dominique.

Pourquoi malgré ces conditions un peu incroyables persistez- vous à parler de bonheur humain ?

C'est indéracinable en moi, et cela ne m'a pas quitté depuis le noviciat. Encore une fois je pense que très peu d'expériences sont comparables à celle-ci, car elle est volontaire, voulue, choisie, aimée. Ce n'est pas seulement celle d'un internat de collège, d'une colonie de vacances, d'un club sportif ou du service militaire... Ceux-ci ont aussi leurs ascèses, leur renoncement et leur joie. Pour nous c'était autre chose.

Le bonheur humain, connote, implique une vie commune qui puisse dominer tout. Au noviciat on n'était pas solitaire. Nous n'avions pas de vie individuelle, sinon celle des deux demi-heures d'oraison chaque jour. Le sacerdoce rendra inévitablement solitaire, avec ses responsabilités individuelles, les secrets à porter, les angoisses ou les joies à offrir. Au noviciat il y avait cette force de la vie commune, comme des enfants en récréation. On était tout le temps ensemble. C'était un absolu de la règle, on ne sortait pas, on ne prêchait pas. Je sais qu'actuellement tout cela a beaucoup changé. Maintenant pendant l'été, les frères vont à un colloque en Irlande ou en Autriche, d'autres choisissent de faire leurs études en Californie, tel autre un stage en Afrique australe, tel autre aide une association contre le sida, tel autre accompagne l'aumônier d'une prison, etc. C'est noble, fort et vrai. Pour nous, le contexte était différent, il y avait le noviciat, c'est tout. Du couvent de Cologne où je résidais en 1948 à titre d'échange, je n'eus même pas l'autorisation de rentrer en France pour le transfert des corps de mes frère et beau-frère morts à la guerre.

Les conditions d'aujourd'hui, je ne les connais pas suffisamment pour en parler. Ce ne fut pas mon expérience. Encore une fois je n'avais pas l'impression d'avoir besoin de sortir pour découvrir la réalité, au contraire. Je peux seulement dire, redire et réaffirmer que notre vie donnait un authentique bonheur « humain » : liberté d'amitié, partage de paroles et idées sans avoir à se protéger, avec ce que cela implique d'euphorie et d'exubérance, bien sûr, plus ou moins immature, peut-être, mais au moins vécue librement et consentie par tous dans l'austérité. Je n'ai jamais retrouvé avec la même saveur cette joie d'être ensemble. Elle était par exemple particulièrement sensible lors de nos sorties dans Paris. Il y avait une étonnante facilité dans la communication. On s'aimait comme l'auraient fait des gamins soumis à la discipline du dortoir ou du réfectoire. Certes, on était sûrement pleins de prétentions, d'illusions, mais on y croyait. Personne ne se serait moqué de l'autre, chacun pouvait avoir des passages à vide, peut-être durs, on n'était pas indifférents les uns aux autres. Plus tard, on risque de le devenir. Oh, combien ! Ceux qui venaient nous voir étaient fortement marqués par cette impression, au noviciat comme aux études, ils avaient la perception de la conscience que nous avions d'être aimés. Je suis sûr que c'est ce qui attirait et attachait au couvent ceux dont j'ai parlé plus haut lorsqu'ils venaient partager un moment de leur temps au couvent pour simplement vivre avec nous et respirer une atmosphère « religieuse ».

Une maturité s'accomplissait naturellement par la découverte pacifiée ou parfois vive, rapide ou lente, ponctuelle ou chronique en tout cas progressive que ce Paradis n'en est pas un. Mais c'était la grâce de Dieu, or, elle, elle est gratuite et elle dure. Je devais refaire exactement la même expérience pendant une année de séjour en Allemagne reprenant comme diacre les premiers échanges après la guerre ; c'était en 1948-1949. Au milieu de soixante novices et frères étudiants de tous âges venant de tous les coins d'Europe : Sudètes, Hongrois, Polonais, Croates, Autrichiens, Bavarois, Prussiens, Westphaliens, Rhénans... Cologne, Hambourg et Munich étaient encore des villes en ruines à 85 %. Au-delà de toutes les différences ethniques, c'était la même atmosphère : un reflet du bonheur de Dieu.

13

Inconfort et bonheur de la foi

Vous acceptez un peu facilement une situation inconfortable. La foi atteindrait quelque chose de réel. Mais elle ne nous en assurerait pas la maîtrise. Elle répondrait à notre soif, mais sans laisser posséder ce qu'on attend. Faudrait-il être toujours frustré et insatisfait ?

Un des visages les plus connus des dernières décennies dans l'Église de France est celui du père Guy Gilbert, le « curé des loubards », son blouson noir, ses grands cheveux, ses pin's et sa moto. Je l'aime bien. Je ne l'évoque pas ici par facilité. Derrière son attitude, que les médias apprécient, il donne l'exemple d'une réponse sérieuse à l'insatisfaction de la foi.

Les trois vertus théologales n'ont pas le même statut. Ce que chacune prend en charge est différent. La foi surélève notre intelligence et notre raison. L'espérance évite à l'angoisse humaine en face du temps et de l'avenir de se tromper de direction. Enfin la charité va jusqu'au bout des soifs de l'amour et du désir pour en guérir les détresses.

Les deux premières sont des vertus de l'inachevé, de l'incertitude, des tâtonnements et laissent inévitablement sur une impression d'incomplétude. La charité est la vertu de la possession du but, du terme déjà présent, de la remise de soi à celui que l'on aime, de l'amour « qui a l'assurance de ne pas passer », comme dit saint Paul. Elle est dès maintenant la vertu de la perfection.

La foi et l'espérance, au contraire, sont les vertus de l'Exode, du passage, du pèlerinage, de la traversée du désert. Ce n'est jamais brillant. Elles sont les vertus de l'imperfection, celles de la caravane qui chemine au long de son histoire terrestre en allant de l'imparfait au parfait. Elles sont donc par essence les vertus de la lassitude, de la morosité, de la fatigue, des abattements, des contrariétés et des tourments ainsi que de l'attente d'un heureux dénouement. Elles ne guérissent pas, elles n'apaisent pas en étanchant la soif, mais en donnant encore plus soif. Il est sage de prévenir le chrétien déçu qu'il est pour lui bon d'apprendre à retourner sa déception en une attente encore plus grande.

L'amour des pauvres qui habite le père Guy Gilbert ne l'amène jamais à cacher les lassitudes qui peuvent étreindre la foi ou les fatigues, qui peuvent retarder l'espérance. C'est l'amour qui lui donne le droit de dire l'inconfort et en même temps le bonheur de la foi. Certes, son langage est un peu coloré lorsqu'il traite de « vieilles taupes » celles qui ont dépassé cinquante ans ou lorsqu'en pleine conférence, à une heure un peu tardive, il laisse échapper malicieusement en parlant du cardinal Lustiger : « Je dis bonsoir à Lulu, même si à cette heure il doit dormir comme les poules. » (Ce qui d'ailleurs, n'est probablement pas le cas). Guy Gilbert joue parfois un peu son personnage lorsqu'avec candeur il prône Drewermann, en retombant dans quelque facilité. Mais il décongestionne les problèmes en ne trichant pas avec la vérité. Il les aborde non par le bas, mais par le haut, avec amour. C'est une joie de le retrouver dans les émissions de la chaîne KTO. Les démunis de l'existence dont il s'occupe l'ont obligé à ne pas traiter les choses par opposition à l'institution de l'Église, aux dogmes ou à des simplismes réducteurs.

Il me fait penser à l'attitude du père Jacques Nourrissat de Dijon, aumônier des prisons et des prostituées. Tous les deux m'aident à mieux comprendre comment seule l'humilité dans notre fidélité à l'Institution rend intelligent.

Une situation inconfortable ? N'est-ce pas le statut normal de toute connaissance liée à un amour ? C'est une évidence dans le cas de l'amour conjugal, esthétique, musical. Ils ne sont pas confortables, malgré ce que disent les copines de John Wayne dans les westerns... C'est aussi le cas lorsqu'il s'agit de passions qui habitent des techniciens, des artisans, des ingénieurs, voire lorsqu'il s'agit de la passion des animaux.

L'amour des choses d'en haut devrait-il échapper à la nécessité, à la grandeur, à la noblesse des rectifications et des purifications auxquelles n'échappe aucun autre amour ? On ne surveille jamais assez ses révoltes ou réticences lorsqu'il faudrait filtrer ses idées, ses agressivités, ses comportements. La pente inévitable de l'esprit pousse au besoin de posséder, de chosifier, de dominer, de s'approprier, ou de relativiser à tort ce qui nous dépasse — les dogmes ou la foi — sous prétexte d'histoire, de sociologie, de psychologie ou d'efficacité politique. Pour préserver sa liberté en face de Dieu, le chrétien peut être tenté de se bloquer en face de l'Église, de rejeter telle formule mal comprise ou de tout interpréter à sa propre mesure. Bien souvent, avant même de s'en prendre aux dogmes, on en reste à des impressions vagues, à des schémas préfabriqués qu'on pense être des intuitions chrétiennes alors qu'elles ne sont que des résidus d'une vague religiosité naturelle à peine dégrossie depuis l'âge des cavernes, quand il ne s'agit pas des caricatures des philosophes du siècle des Lumières (!) au XVIIIe siècle ou des scientistes du XIXe. On est loin d'être débarrassé de ces idées à peine dignes d'une intelligence évoluée. Comment ne pas être surpris de les voir encombrer des esprits aussi attentifs qu'Alfred Grosser ou Jean Daniel ? Leurs *a priori* seraient-ils dignes des objections d'un petit catéchisme ? Il ne suffit pas de se réfugier dans un agnosticisme que l'on voudrait élégant. Le temps est venu où au moins quelques déterminations dans la recherche de la vérité sauveront le patrimoine humain. Encore une fois il ne s'agit pas de se croire possesseur d'une vérité, mais d'avoir peiné et labouré le terrain jusqu'au bout pour enlever ce qui empêche la graine de se développer. Personne aujourd'hui ne peut prétendre ne pas avoir un accès libéré au christianisme. Il n'est plus temps de profiter des déficiences éventuelles du pharmacien pour se priver d'aller voir le médecin.

Or le rôle du dogme à l'intérieur de la foi est celui d'une orientation, d'un vecteur vers un plus. Aucun mot ne pourra jamais nous rendre propriétaire du mystère. Vatican II n'a pas été un concile de défense ni de condamnation. De même Jean-Paul II n'a pas porté d'anathème. Pourquoi ? Parce qu'il croit en la bonté créatrice de Dieu. Il estime que l'erreur s'autodissoudra, que la vérité a assez de rayonnement pour attirer à elle et exciter le meilleur en chacun de nous. Inutile d'adopter une position d'exclusive pour prouver que Dieu est bon.

Un mot, qui est beau, est utilisé par la théologie pour décrire l'ultime démarche de l'intelligence lorsqu'elle rend hommage à Dieu parce qu'Il nous dépasse. L'ultime preuve d'amour du mendiant qui sait qu'il est pauvre, est non pas de récriminer, mais d'offrir sa pauvreté. L'animal cherche une proie, il ne sait pas faire hommage de sa pauvreté. En théologie, on appelle cette démarche la *voie d'éminence*. Elle n'est pas réservée aux intellectuels. Elle est indispensable à tout homme qui aime. C'est la voie du respect. Il y a toujours un dernier acte de l'esprit qui est une démarche d'humilité et qui maintient dans l'intelligence une ouverture, une « blessure », parfois aiguë, mais bienheureuse.

On est amené à dire un jour : « Mon Dieu, j'entre dans "la nuit lumineuse", je ne vous demande pas d'abord une réponse, mais votre présence. Si l'on ne peut pas épuiser le "comment" de votre existence par des mots humains, remplacez alors notre impuissance par votre "don". »

Chez ceux qui se crispent ou agressent pour défendre tradition ou « prophétisme », j'ai l'impression de trouver l'inverse de ce respect de la voie d'éminence qui est l'ultime hommage de l'esprit à la non-possibilité d'emprisonner le mystère dans des mots.

Pourriez-vous citer des exemples de fidélité heureuse ?

Bien sûr, il en est qui me viennent spontanément à l'esprit. Ils sont toujours discrets d'autant plus qu'ils sont forts. Je pense à Mgr William Gordon Wheeler, bénédictin, évêque anglais de Leeds, dont le témoignage a été publié en français sous le titre *Dans la vérité et la charité.* C'est un bonheur de paix et d'intelligence. Peut-être parce qu'il a gardé le courage et la fraîcheur d'un converti de l'anglicanisme. Il possède une connaissance profonde et juste de la tradition et de son prix et, en même temps, il maintient toujours fraîche une capacité d'émerveillement qui lui fait vivre avec bonheur tout le positif de la fidélité à Rome. Comme souvent, ce sont les princes de l'esprit et les pauvres de cœur qui savent comprendre ces choses, parce qu'ils sont humbles.

Un autre exemple est donné depuis des années par un ami, l'abbé Jacques Nourrissat. Il a un charisme étonnant pour aider tous ceux qui se croient marginaux sans jamais jouer faussement à l'esprit large. C'est toujours un peu irritant pour un dominicain de s'entendre classer quasi automatiquement parmi les esprits larges. Qu'est-ce que cela veut dire ? C'est comme une route. L'important n'est pas d'abord que le bitume du revêtement soit de telle ou telle fabrication, mais que la route soit juste et conduise au but. Nous y reviendrons avec le père Lacordaire en précisant la différence entre liberté et libéralisme.

Que ce soit avec les divorcés remariés, ou avec ceux qui souffrent de blessures profondes, homosexuels, drogués, prisonniers de droit commun, le père Nourrissat est profondément animé par l'esprit du père Lataste (dominicain du XIXe siècle) qui a fondé la congrégation religieuse féminine que l'on appelle habituellement les Dominicaines des prisons. Leurs monastères accueillent sans distinction celles qui cherchent à vouer leur vie à l'adoration ou comme celles qui, incarcérées pour motif grave, peuvent opter pour le couvent plutôt que pour la prison. Leur vrai titre est Dominicaines de Béthanie, en souvenir de Marie-Madeleine. Le coup de génie du père Lataste est d'avoir cru que la miséricorde était plus grande que l'angoisse du mal et de garder secret sans faire de différence entre celles qui venaient du monde ou celles qui venaient de l'univers carcéral. Henri Bresson en a tiré le film *Les Anges du péché*.

C'est ce message que poursuit aujourd'hui le père Nourrissat. Il sait conduire vers la paix, la confiance, l'espérance, sans tricher avec la misère et le salut. Il ne cherche pas à agresser les documents romains, comme si c'était la meilleure manière de soulager sa conscience. Au contraire, il discerne avec un respect intelligent l'aide qu'ils apportent. Il ne s'agit pas pour lui de jouer au prophète en rajoutant de la distance dans l'esprit critique ou la méfiance en face de Rome ou de l'Église. Il montre comment la fidélité dans l'humilité apporte un surcroît d'intelligence. Je peux le rappeler ici parce que son amitié m'aide depuis de longues années. Il aurait le droit de se plaindre de l'institution. Jamais je ne l'ai vu le faire. Il est non seulement une des rares personnes que je connaisse qui, aumônier de prison, ait pu vivre à l'intérieur des établissements pénitentiaires les plus durs, à Turin ou à Boston quand il partageait dans le couloir de la mort la vie de ceux qui étaient condamnés à la peine capitale.

Puis-je ajouter discrètement, mais fermement, parmi bien d'autres exemples, la merveilleuse atmosphère que j'ai trouvée auprès des moines et des moniales de Solesmes et des abbayes qui en dépendent ? Je n'en dirai pas plus. Leur fidélité et leur farouche attention à l'humilité sont tout autre chose que ce que certains peuvent imaginer. Cela se résume pour moi en un mot : le bonheur des Béatitudes, pas seulement proclamées mais vécues. Quel repos ! Lorsque le père abbé dom Jean Prou me demanda sept ans à l'avance, de prêcher les retraites de ses abbayes, je dois avouer que je fus bien sûr touché de la confiance, (j'avais déjà fait l'expérience de la profondeur, de la noblesse et de la vérité de vie des abbayes canadiennes, Sainte-Marie-des-deux-Montagnes, Saint-Benoît-du-Lac, Saint-Wandrille, etc.) mais j'avais un peu peur . Solesmes, c'était Solesmes. Or après des années de présence régulière, je demeure dans l'admiration inconditionnelle en face de la fraternité de cœur, de l'humilité, de la vérité et de la noblesse d'âme chaque fois que je dois y retourner pour confesser. Jamais je ne redirai assez combien ce cadeau du ciel m'a depuis dix ans soutenu, obligé au meilleur et comblé de douceur, J'entends parfois des critiques ou des idées non vérifiées qui s'élèvent à l'égard de Solesmes... Je n'ai jamais entendu l'un des moines ou moniales protester, ni même se justifier alors que ce qu'on alléguait à leur égard était faux. Finalement, tant pis pour ceux dont le soupçon ou l'esprit de négation se privent eux-mêmes de ce qui pourrait aussi les aider. Pourquoi mes amis chinois de Pékin, non encore baptisés, jeunes universitaires devenus responsables, marqués par la révolution culturelle, mais ébranlés par ce qu'ils avaient découvert du christianisme et qui n'avaient pas d'*a priori*, ont-ils été si heureux lors de leur séjour à Solesmes ?

Vous reconnaîtriez-vous dans la définition « d'homme de tradition » ?

Je suis un homme de tradition dans la mesure où je refuserai toute ma vie d'avoir un point dur en moi. Je ne peux pas prendre place à la table de la Sainte Trinité si je garde en moi un point de dureté, c'est-à-dire si je n'accepte pas à fond la béatitude des doux. Par exemple, je refuse d'utiliser les moyens de la force si mon frère doute de la Présence réelle. Cela n'empêche pas d'être infiniment malheureux lorsque quelqu'un que j'estime et que j'aime n'admet pas les richesses insondables du mystère eucharistique et ne s'interdit pas de refuser qu'on triche avec les trésors de la messe.

Ce n'est pas Dieu qui alors est privé de quelque chose, c'est nous qui, nous « proportionnant » en face de Dieu, sommes perdants de l'essentiel. Je ne peux alors que mendier au Christ le courage nécessaire pour être contagieux au nom de la Présence réelle. Je ferai tout pour témoigner de la vérité qui est plus grande que toute amitié ou complaisance. La divinité du Christ, le pardon des péchés, la réalité de la Résurrection, la présence eucharistique ne m'appartiennent pas. C'est oui ou c'est non. Cela laisse d'autant plus libre pour dire les limites de certaines formulations réductrices sous prétexte de ne pas imposer une vérité. *Est-est*, *Non-non*. Certains ont versé leur sang pour qu'on sauve cela. Telle ou telle émission de télévision n'y pourront rien.

Oser dire non

Vous êtes-vous trouvé dans des situations qui vous obligeaient à prendre parti ?

Bien sûr, plusieurs fois. Justement sur la foi et la présence réelle.

Les responsables du Centre national des vocations m'avaient demandé, pour le dimanche réservé aux « vocations », de prêcher à la messe télévisée sur le mystère du prêtre. J'étais allé les voir afin de savoir ce qu'ils souhaitaient que je dise. Nous avions passé une soirée de communion heureuse. Je leur avais transmis attentivement le texte de ce que je pensais dire à la messe télévisée. Ils étaient totalement d'accord. Comme je le faisais toujours depuis trente ans de prédication à la télévision, j'ai lu mon sermon à un prêtre ami. Or je disais que le sacerdoce chrétien ne pouvait pas se penser en dehors de la foi en la Présence réelle du Christ dans l'Eucharistie. J'avais exactement et seulement dit ces quelques phrases : *« Chrétiens, vous avez le droit de nous demander ce qui donne un sens à la vie, même au désespoir, cela qui dans l'Eucharistie change tout : la présence du Christ. "Il prit du pain et dit : ceci est mon corps." La nouveauté est là, décisive, ce n'est plus du pain, c'est la Présence du Christ parmi nous. Cela est. Cela qui sauve. »*

Mon ami prêtre m'avait prévenu : « Si tu oses dire cela, tu vas avoir des ennuis. » Cela n'a pas manqué. Comme il y avait eu un nombreux courrier sympathique, le père responsable des programmes de l'émission *Le Jour du Seigneur*, m'a écrit une lettre de désapprobation très agacée sur ce que j'avais dit : « Je n'ai pas du tout apprécié ton sermon. Sans doute des tas de gens auront aimé. Est-ce un critère ? Note bien que je te reconnais parfaitement le droit de mettre en œuvre une théologie, même si elle me paraît anté-conciliaire. »

Le jugement était prononcé : le responsable des programmes me classait comme « anté-conciliaire ». Alors que je prêchais depuis trente ans à la télévision, à partir de ce jour-là je n'ai plus jamais été réinvité. J'avais pourtant exposé ce que je crois être encore la foi de l'Église... la présence réelle du Christ dans l'eucharistie et cela avec l'accord de la commission épiscopale. Le même message, la même foi, la même expression ne choquèrent pourtant en rien les télévisions des églises jeunes, Canada, Tahiti, Japon, île Maurice, Nouvelle-Calédonie, île de la Réunion où je fus amené plus tard à témoigner.

J'ai déjà évoqué (page 77) la publication des dix-huit ouvrages d'Eugen Drewermann et les conséquences qui s'ensuivirent d'un changement de vie pour moi. Certains soirs, cela m'a laissé au bord des larmes. Comme j'avais exprimé ma désapprobation, on m'a interdit de parler, mais j'ai au moins le droit de dire que j'ai gardé le silence.

Ma conscience la plus profonde était en jeu. Depuis dix ans, ce fut donc le mutisme, malgré la demande répétée de certaines des plus hautes autorités de l'Église qui me sollicitaient vivement de parler et de tenir au courant leurs collègues dans l'épiscopat.

Tout n'est pas innocent en théologie. Luther lui-même a insisté pour maintenir que la doctrine n'est pas à nous et qu'il n'y a pas à lâcher un point lorsqu'il s'agit d'elle : « C'est le propre de la charité que de tout supporter et de céder à tout le monde. À l'opposé, il appartient à la foi de n'accepter jamais une atteinte, si petite soit-elle, et de ne rien céder à personne. On se joue souvent de la charité parce qu'elle cède volontiers, qu'elle croit tout, qu'elle pardonne et qu'elle supporte tout. Mais elle ne retire nul dommage d'être ainsi trompée, nul dommage véritable du moins, car elle ne perd pas le Christ. Par contre, la doctrine n'est pas à nous, mais à Dieu. Sur ce point, nous ne pouvons pas céder d'un cheveu. Car la doctrine ne peut pas être divisée. Sinon, on perd la Parole, la foi, Jésus-Christ et la vie éternelle. »

Cette prise de position est de Martin Luther dans son *Commentaire des Galates* (sur Gal 5, 9).

Que doit-on garder de cette réflexion d'un père, le mardi 25 juin 1974, chez Georges Hourdin : « Au couvent de Saint-Jacques, il y a un an l'on disait : "Tout nous divise : nos conceptions de la vie religieuse, de la liturgie, de la politique, etc. mais notre foi commune nous permet de vivre ensemble." Puis, nous nous sommes demandés : "Avons-nous la même foi ?" Et nous avons constaté que non. Aujourd'hui la question que nous nous posons est devenue celle-ci : "Comment vivre ensemble alors que nous n'avons pas la même foi ?" »

Tenir pour vrai ce qui est vrai, n'implique pas pour autant la violence. Au contraire. Le doux saint Benoît Labre, au XVIIIe siècle, m'impressionne plus que son contemporain le soi-disant tolérant Voltaire. Il vaut peut-être mieux seulement se retirer si l'on ne peut rien d'autre. Reste que si vous me demandiez la plus grande souffrance ou au moins l'une des plus grandes souffrances qui ont traversé ma vie, c'est celle des distances que l'on est tous tentés de prendre en face de la contagion de la vérité. Certes on ne dit pas non à Dieu. On est plus habile, on se débrouille pour ne pas avoir à entendre la question de Dieu. Saint Augustin a défini le mal comme une désertion, *desertio meliorum*, la désertion du meilleur et plus ce « meilleur » est élevé, plus la désertion est lourde de conséquences. Il est des moments où l'on est heureux de ne plus avoir certaines responsabilités. Il est des nuits où l'on comprend ce qu'a dû être la solitude de la prière du Christ.

Plusieurs pensent « croire », alors qu'ils subissent des *a priori* radicalement opposés à la foi. D'autres s'imaginent ne pas avoir la foi alors qu'au fond, ils sont, sans le savoir, profondément croyants. Comme on voudrait trouver les mots, avoir assez de cœur et d'intelligence pour leur faire franchir le pas de la confiance. Mais certains autres qui pensent croire restent peut-être extérieurs à la foi comme s'il fallait s'en méfier. Au moins en Occident, quelle tristesse de voir jusqu'où peut aller un certain mépris de la foi, et la bêtise dont ce mépris témoigne, alors qu'on dispose des trésors du christianisme comme jamais depuis dix-neuf siècles ! Des civilisations auront le droit de nous demander ce que nous avons fait de ces chances. Ce fut le cri de Jean-Paul II : « France, qu'as-tu fait de la grâce de ton baptême ? » Nous avons le droit de le rappeler en pensant au quinzième centenaire du baptême de Clovis.

Origène dit en parlant du Christ : « Il est dangereux de parler de ce Dieu-là ». En effet, c'est un Dieu qui s'est fait crucifier. Ce n'est pas un Dieu de pouvoir. Je transposerai volontiers en disant « Il est dangereux d'être un homme de foi », si revendiquer la foi, c'est accepter la fidélité à une Personne vivante dont le principal signe est la douceur et le retrait du silence. L'appellation d'homme de foi et de tradition ne me gêne pas du tout dans la mesure où la quête de la foi et de ses racines suppose le bonheur de se nourrir des traditions de la foi. On n'a jamais fini, le père de Lubac l'a inlassablement rappelé, de faire retour à la vérité en vue de dépasser les moments où la tradition a pu se congeler. Pourquoi, si Mme de Romilly et d'autres hellénistes regrettent l'abandon du grec et du latin, ne regrettent-ils pas aussi l'abandon de la culture qu'apporte la foi liée à huit siècles d'usage du grec, des Septante à Grégoire de Nysse, siècles qui représentent un des grands moments de toute la culture occidentale ?

L'usage du mot « tradition » était-il habituel autrefois dans l'Église ? N'est-ce pas, paradoxalement, un effet inattendu du concile Vatican II ?

En France, on doit à saint Vincent de Lérins une excellente mise en formule de l'idée de tradition, dès le début du ve siècle. Saint Paul lui-même y est très attentif, dès le premier récit de la Cène, dans la Première Épître aux Corinthiens. Il souligne l'importance de la transmission fidèle de la Tradition pour tous les croyants. Tout participant à cette transmission devrait avoir le livre *La Foi catholique*, du père jésuite Gervais Dumeige (aux éditions de l'Orante) qui donne l'ensemble, irrécusable, des textes doctrinaux du magistère de l'Église. Il suffit de se reporter à l'index qui donne la compréhension des textes essentiels de la Tradition, à commencer par l'idée de tradition elle-même. Il suffit d'ajouter le document essentiel qu'est le texte paru en 1993, de la Commission biblique pontificale intitulé *L'Interprétation de la Bible dans l'Église*, introduite par le pape lui-même et le *Catéchisme de l'Église universelle*. On n'a pas à être pour ou contre la Tradition.

Cela veut-il dire que tout doit rester immuable ?

On pourrait comparer la tradition avec la lumière. La lumière est la lumière, heureusement que son essence est immuable. Sinon quel drame ce serait. Mais il est bien évident que si la lumière est immuable, les conditions de l'atmosphère dans lesquelles nous recevons la lumière ne sont pas toujours les mêmes ; il en est de même pour Dieu. J'ai déjà dit qu'il y a trois cent millions d'années, la durée d'une journée terrestre, c'est-à-dire le temps de rotation de la terre était de vingt-deux heures et non pas de vingt quatre. La raison en est simple. Tous les ans, la terre recule de quatre centimètres. Cela modifie son rythme de rotation. Mais, que ce soit il y a dix millions d'années ou maintenant, la lumière est toujours la lumière. À nous de bien la recevoir ou de mieux connaître ce qui peut interférer sur nos hésitations éventuelles dans la réception.

Il a fallu du temps aux spécialistes et ingénieurs du CERN à Genève, alors qu'ils travaillaient sur l'anneau des particules atomiques, pour découvrir les raisons d'une de leurs difficultés. Cet anneau souterrain a vingt-sept kilomètres de circonférence. À certains moments les particules étaient comme chahutées. On ne savait pas d'où cela pouvait provenir. Un jour on a découvert que cela arrivait toujours au moment où la trajectoire de la lune passait au-dessus de Genève. Il y a des marées terrestres et non pas seulement maritimes. Quand la lune passe, elle soulève le sol de trente centimètres. Cela suffit pour perturber le bombardement des particules et des atomes, et donc des calculs. Il en va parfois de même avec le *Credo.* Le passage de telle ou telle intuition « lunatique » peut troubler certains. Il vaut mieux le savoir.

La tradition peut-elle alors être appelée à évoluer dans certaines circonstances ?

Je n'aime pas beaucoup le mot évoluer. Je dirais plutôt dans certains cas s'approfondir et dans d'autres s'expliciter. C'est le même amour de la Personne qui rend fidèle, et remplit de plus en plus la vie qui s'intensifie. Il serait non seulement faux, mais stupide de la part d'un époux d'exiger de celle qu'il aime qu'elle gardât les traits encore juvéniles du temps des fiançailles. Où serait alors l'intelligence de l'amour vrai ? Or la foi est une connaissance portée par un amour. Je dirais volontiers que les deux ennemis de la foi et de la tradition sont la peur du réel et la peur du cœur. La peur du réel, parce qu'on a besoin d'apprendre à recevoir et non pas seulement à fabriquer selon ce qui nous arrange ou nous convient.

La peur du cœur parce qu'à un moment donné il faut que le cœur donne son passeport. Il n'est pas naturel d'être spontanément accordé aux appels de l'amour. L'esprit humain est ainsi fait qu'il aime mieux produire que recevoir. Cela est normal. Quand l'homme fabrique, il oublie ses limites. Il y a toujours quelque chose de nouveau à faire. Quand il reçoit, il est inévitablement obligé de reconnaître sa finitude.

Je ne suis pas sûr que soit juste la ligne de démarcation entre traditionalistes et progressistes. Elle est factice. La vérité est qu'il y a ceux qui croient que Dieu aime le monde et ceux qui en doutent ; ceux qui acceptent de recevoir la vérité à genoux, et ceux qui veulent la fabriquer à leur mesure. Cela va bien au-delà de toutes les distinctions confessionnelles. Le premier cercle de l'espérance est de croire que Dieu a voulu que le monde soit bon. J'admets que, devant les drames qui nous assaillent, c'est un scandale qu'un chrétien maintienne que le monde est bon même si périodiquement le mal submerge l'histoire. Le prophète Habacuc dit que le diable court devant les pieds de Dieu. Dieu avance cependant. Affirmer cela est « insupportable ». Mais croire que Dieu est bon sera toujours le début de la foi et de l'espérance chrétiennes.

Il faut lutter contre ces deux inhibitions que sont la peur du réel — le « réel » c'est-à-dire ce qui existe et résiste en dehors de soi — et, deuxièmement, la peur du cœur. À partir du moment où l'on est invité à aimer, il faudra inévitablement accepter une blessure, et consentir à ouvrir son cœur. C'est la seule voie par laquelle on peut imiter l'infini de Dieu. La foi et la tradition amènent donc simultanément à ratifier le réel et à découvrir une vie plus grande que soi. Alors on peut conclure : bienheureuse insatisfaction qui conduit à toujours aller de l'avant. Saint Paul a inventé un très beau mot pour dire cette insatisfaction du chrétien, c'est l'*épectase*. Rien à y changer. Pour garder l'équilibre, une seule posture : rester tendu vers l'avant.

14

Du sacerdoce

Vous avez parlé de votre enfance, de votre entrée en vie religieuse et des études, vous avez évoqué certaines tâches sacerdotales. Pour vous quel est l'essentiel dans la vie du prêtre ? Finalement, qu'est-ce que le sacerdoce ?

Je me sens aussi incapable de répondre aujourd'hui que je l'aurais été il y a soixante-dix ans quand la vocation est tombée sur moi à l'âge de sept ans.

Au cours du siècle dernier, l'image du prêtre s'est considérablement modifiée. Alors que son rôle était considéré à l'égal du maire ou de l'instituteur, aujourd'hui il se situerait un peu comme celui d'une éventuelle assistante sociale. La République fait encore quand même appel à lui dans les cas dramatiques ou officiels lorsqu'il y a à assurer un enterrement. Faut-il s'y résoudre ?

Le sacerdoce ne se réduit pas plus à des fonctions sociales, caritatives, culturelles ou rituelles que le cinéma ne se résout à tel ou tel parti pris de montage. Le cinéma projette sur grand écran les fantasmes d'une civilisation. On peut l'interroger sur les mystères, même quand il ne les aborde pas explicitement.

Si j'avais par exemple à expliquer la vie de Bernadette Soubirous ou de Jean XXIII, tous deux paysans pauvres, je proposerais *L'Arbre aux sabots* ; pour la charité, *La Couleur pourpre* ou *La Maladie du docteur Sachs* ; pour la force de la fidélité et le combat inévitable entre tradition et évolution, *Witness*. De même que je ne connais aucun film plus fort qui montre comment le Christ est l'Innocent et réconcilie tous les êtres que l'admirable film du tzigane Tony Gattlif : *Mundo*, alors qu'il ne dit pas un mot de Jésus et, du même auteur pour expliquer l'Exode, *Latcho Drom*. Sur le problème du mal, on n'a jamais fait mieux que *Les Ombres du cœur*, (le réalisateur anglais suit presque mot à mot l'histoire réelle du théologien professeur d'Oxford, Clive Staple Lewis dans son ouvrage *Le Problème de la souffrance*). Sur l'espérance et la victoire de l'amour, je passerais évidemment *Les Lumières de la ville* de Charlie Chaplin. Pour montrer la réalité de ce qu'est un prochain, je choisirais *Marius et Jeannette* évoquant la vie des faubourgs de Marseille.

Arrivons au mystère du prêtre. Je garderais simplement la séquence où le petit *Billy Elliot* (dans le film du même nom) retourne les examinateurs qui composent le jury d'admission à l'école du Royal Ballet de Londres. L'adolescent est là, complètement inhibé devant les examinateurs. Son père assis sur une chaise près de son jeune fils attend le verdict. Après quelques questions, le jury les prie de se retirer. Le père sort ; manifestement lui et son fils sont persuadés que tout est perdu. L'enfant avait fait une prestation de danse et de claquettes tout à fait inattendue. Puis au moment où, resté seul dans la salle d'examen, il est sur le point de franchir la porte, une des femmes du jury lui demande simplement : « Pourquoi aimes-tu danser ? » Il répond : « Je ne sais pas. » De nouveau la question, de nouveau la même réponse : « Je ne sais pas, mais il enchaîne quand je danse, j'oublie tout. C'est comme si j'étais devenu un oiseau. » Les yeux incandescents et fixés sur le jury, il ajoute sans s'arrêter : « C'est comme si du feu m'habitait tout entier. C'est comme de l'électricité. » Et il répète deux fois : « C'est comme de l'électricité. » Et il sort rejoindre son père, mineur de Manchester, venu à Londres pour la première fois en pleine grève dure sous Margaret Thatcher. Assis dans le couloir ils sont tous deux persuadés que le petit Billy ne sera jamais admis.

Au contraire, sa réponse a complètement retourné le jury. Il apprendra seulement plus tard son admission au Royal Ballet par une lettre administrative. Ce sera une explosion de joie dans tout le quartier des corons des mineurs.

Je n'ai rien d'autre à dire sur le sacerdoce. « Je ne sais pas. C'est comme si j'oubliais tout, c'est du feu, c'est de l'électricité ».

« Si l'on savait, on mourrait. »

Imaginez un amphithéâtre d'étudiants, un jury, et l'impétrant d'une thèse de doctorat. Un des examinateurs lui demande : « Mais enfin, pour vous, qu'est-ce que c'est l'électricité ? » L'interrogé se tait, hésite et balbutie : « Ah, pourtant je le savais, mais je viens de l'oublier. » Le professeur se lève alors solennellement et demande à l'auditoire le silence absolu : « Messieurs, vous avez devant vous le seul homme qui, sur terre, ait jamais su ce qu'était l'électricité, mais il vient de l'oublier. »

Cette anecdote n'est pas une boutade. Elle rejoint ce que disait le Curé d'Ars en parlant du prêtre et du sacerdoce : « Si l'on savait ce que c'était, on mourrait. »

Encore une fois sur le sacerdoce, comme pour l'électricité, je ne peux que répéter : « Je ne sais pas, mais cela est. »

Et vos confrères dans le sacerdoce, que pensent-ils ?

Un grand cadeau de ma vie est d'avoir eu à prêcher plus de cent vingt retraites, de cinq à dix jours chacune, dans les endroits et les conditions les plus variés sur terre. Si l'on regroupait toutes ces semaines, cela équivaudrait à deux années pleines. J'avais chaque fois à écouter les confidences et les confessions de vingt à cent cinquante prêtres ou évêques, religieux ou moniales. De Winnipeg à Alger, d'Oslo à Nouméa, de Tokyo à Besançon, de Lisieux à Saint-Denis-de-la-Réunion.

Je me souviens de tant de visages, de tant de confiance qui se sont inscrits dans mon action de grâces. À l'une de ces retraites, le premier qui vint me voir, me dit : « J'ai trente-sept ans. Il y a une femme dans ma vie. Cette retraite va être décisive pour moi. Ou je reste, ou je quitte. » Juste après, un de ses compagnons du même diocèse, (cela n'était pas en Europe) entre et se met à genoux d'une manière très fatiguée. Le teint gris de son visage indiquait à l'évidence qu'il était malade. Ses premiers mots furent pour me dire : « J'ai un cancer, je sais qu'il me reste très peu de temps, je viens pour que vous m'aidiez à me préparer. »

À travers ces deux témoins, tout est résumé. Le sacerdoce est d'abord une affaire d'amour, de confiance éperdue, de bonheur, d'angoisse, de lutte avec le feu et du sourire d'un visage qui vous attend. Je n'ai évoqué que deux rencontres, mais il faudrait en rappeler plus de mille, et avouer alors qu'après chacune d'entre elles, je n'avais qu'une envie, c'était de me mettre à genoux en redisant : « Je ne sais pas, mais c'est du feu. » Il est paru en France trois cent quarante cinq livres sur le sacerdoce entre les années 1963 et les années 1975, pendant le concile et l'après-concile. Ils sont tous beaux, sans doute utiles, mais, même après leur lecture, je ne peux que redire : « Je ne sais pas. »

Je me souviens de la seule divergence que j'eus avec un de mes compagnons les plus proches. Il m'avait désigné comme son légataire universel avec charge de trier et répartir tout ce qu'il pouvait laisser dans sa pauvre cellule : des livres, du courrier, des notes, une icône et une machine à écrire. Il était mon prieur et s'était battu pendant deux ans contre un cancer. C'est moi qui l'avais fait venir dans le couvent après qu'il eut été père maître des novices pendant de nombreuses années, c'était le frère Albert, père Besnard. Un jour où nous étions seuls tous les deux, il se demanda tout haut devant moi : « Ne faudrait-il pas que le sacerdoce puisse éventuellement n'être conféré que pour un temps donné ? » Je comprenais son angoisse. Il avait accueilli, guidé, piloté des religieux et certains avaient quitté le sacerdoce. La blessure secrète et éminemment respectable restait encore ouverte en lui. C'est la seule fois où malgré la compassion, je ne fus pas d'accord avec lui. Un père ne peut pas être père que pour un temps. Son pouvoir d'engendrer n'est pas simplement un objet à marchander, une situation à discuter, une place ou seulement un pouvoir éphémère à monnayer. S'il engendre, c'est de lui-même qu'il donne. C'est l'image de son être le plus profond qui est en cause. Ainsi du sacerdoce, C'est de l'être même du Christ qu'il s'agit et non pas seulement d'une de ses fonctions.

L'exercice des « pouvoirs » du prêtre n'épuise pas son mystère. Il s'enracine dans la relation même qui unit le Christ à son Père. Si le Christ ne peut pas se mettre en dehors de ce rapport pour se définir, pas davantage le prêtre. Le caractère que confère le sacerdoce est ineffaçable, éternel.

Bien sûr, on peut éventuellement reconnaître qu'il y a eu des obstacles, qu'il n'y avait pas vocation ou dispositions suffisantes, mais on ne peut pas effacer le sacerdoce. Saint Paul n'a pas choisi à la légère, le mot par lequel il essaye de respecter le mystère en parlant du « sceau » par lequel nous sommes marqués : la *sphragis*, c'était le signe indélébile qui servait à marquer au fer rouge le bétail (ou l'esclave...) pour indiquer à quel maître il appartenait.

Des débuts inattendus

Où et comment avez-vous passé votre première année de vie de prêtre ?

Ce fut exceptionnel, inattendu et merveilleux.

J'ai vécu cette année-là comme un curé ou plutôt comme un vicaire de campagne. Une rechute tuberculeuse m'obligea à quitter le couvent d'études pour passer une année en montagne. À mille mètres d'altitude, en face du mont Blanc, dans un petit village où il n'y avait pas de curé. La paroisse était à cinq kilomètres. Un gros chalet dirigé par des religieuses en civil accueillait quatre-vingts adolescentes de treize à dix-huit ans, toutes enfants d'employés du métro de Paris. C'était un préventorium qui n'avait pas d'aumônier fixe, sinon un des pères du couvent de Saint-Jacques de Paris qui venait à tour de rôle pour quelques semaines de pause. Je fus donc seul, dans un petit mazot, à assurer les fonctions sacerdotales pendant une année entière.

J'étais tenu à plusieurs tâches. Bien sûr la messe quotidienne pour les religieuses, mais aussi, à un autre moment, je devais assurer trois minutes de sermon, chaque jour avant le dîner, pour accompagner la récitation du chapelet. Presque toutes les enfants y venaient parce que c'était pour elles une des rares distractions (!) de la journée. Y assistaient aussi quelques paysannes de la montagne. Cela fut pour moi une école décisive. Comment quotidiennement ne pas rendre fastidieux le mystère chrétien à des adolescentes de familles ouvrières ? ou à des montagnards dont la vie à ce moment-là était vraiment très rude ? La mécanisation n'avait pas encore apporté de soulagement. Je me souviens du courage des mères de famille, Louise, Françoise, Marie, Bernadette ou Adèle. Les fermes étaient situées entre 900 et 1 300 mètres d'altitude. Elles se levaient à 5 h 30 pour traire les vaches, faire le beurre et la tomme. Pour pouvoir communier à l'église de Sallanches, leur paroisse habituelle en bas dans la ville, elles restaient à jeun (c'était encore obligatoire). Trois quarts d'heure de descente pour avoir la grand-messe de 9 h 30 le dimanche et une heure et demie pour remonter chez elles après la fin de la messe. Elles ne pouvaient donc commencer à prendre quelque chose que vers midi. Quel soulagement pour elles quand un aumônier était là plus proche en pleine montagne près de leur chalet.

Je fus ainsi tout jeune prêtre, mêlé à la vie chrétienne de ces familles : onction des malades, confessions, préparations des premières communions, visites des mourants, échanges avant un mariage, tout cela dans une atmosphère de noblesse, d'intelligence chrétienne et de communion complète de leurs vies. J'ai évidemment participé régulièrement aux travaux de leurs fermes : descendre le bois abattu quand la neige était enfin là, faire les foins, aider à la batteuse et... surveiller le petit alambic qui restait incognito pendant que Fernand, le propriétaire, se méfiait du passage éventuel d'un gendarme. Le résultat donnait une eau de vie de prune qui n'était pas celle qu'on donnait aux passants (ou au facteur). Il y avait aussi les coups durs : incendie de chalet, accident mortel de bûcheron dans la neige, cancer, suicide.

Pendant ce temps-là je poursuivais mes études théologiques avec d'autant plus d'acharnement que j'étais tout seul dans ce petit chalet de montagne. Après notre ordination sacerdotale, nous avions encore deux années avant que le cycle de théologie soit achevé.

Cette année-là, était consacrée au mystère de la Trinité. C'est en face du mont Blanc que j'ai découvert la splendeur des grands traités de saint Thomas et de saint Augustin. Je faisais partie du groupe de prêtres de la haute vallée de l'Arve qui avaient en charge les usines de Chedde, le nœud ferroviaire du Fayet, Passy et les sanas du Plateau d'Assy et le centre commercial de Sallanches avec ses entrepôts. Jamais je ne remercierai assez la Providence d'avoir dès le début découvert la réalité d'une vie sacerdotale, « sur le terrain », puisque je devais ensuite être destiné à l'enseignement de la théologie.

La tâche d'enseignant fut-elle alors exclusive ?

Non, bien sûr. Chaque été, tant que mes autres charges me l'ont permis pendant onze ans, trois sessions m'attendaient (de quinze jours chacune) avec les Équipes enseignantes, c'est-à-dire le mouvement qui regroupe des instituteurs catholiques de l'enseignement laïc d'État. J'étais chargé des débutants. Ils avaient entre dix-neuf et vingt-quatre ans et venaient là parfois par simple contagion d'amitié. Les sessions étaient intensives : prière, travail religieux, réflexions sur leur métier, tout cela dans des sites heureux, mais frustes. Là aussi, il me fallait adapter l'essentiel du christianisme à des esprits de bonne volonté dont les familles étaient souvent totalement étrangères à la religion. Comme instituteurs, la responsabilité professionnelle de ces jeunes était souvent lourde dans des petits villages. Ils en connaissaient vite tous les secrets, alcoolisme, inceste... et aussi les joies.

Dans la suite, à cause de ma santé pulmonaire déficiente, il m'est arrivé plusieurs fois d'avoir à remplacer des curés de campagne, dans des lieux au catholicisme désertifié, que ce soit dans la Brie ou le Jura.

Au cours de l'année, en dehors de ma tâche de professeur de théologie aux facultés du Saulchoir, j'avais en charge, à Boulogne-sur-Seine, la formation de cent vingt religieuses, aux besognes les plus variées. Inévitablement, elles me faisaient partager leurs soucis d'hospitalières, de vie au milieu des pauvres, d'enseignantes, etc.

Bien souvent, chaque fois où il y avait des vacances, je fus appelé à prêcher des retraites de séminaires, de prêtres ou de communautés religieuses. J'ai déjà dit combien peu d'expériences sont aussi formatrices. Je me souviens du vertige qui me saisissait lors de retraites de séminaristes juste avant leur ordination dans des diocèses les plus divers : Nevers, Lille, Luçon...

Ils avaient peur.

J'avais peur.

Enfants, mourants, confrères

Quels sont pour vous les moments forts de votre vie sacerdotale ?

Sans hésiter, trois rencontres : celles de la confession, celles de la préparation des mourants, celles de l'émerveillement du *Credo* à transmettre.

Le miracle est toujours présent lors du sacrement de confession. L'expérience en fut constante et des plus variées. Pendant plusieurs années au moment de Noël dans une station de sports d'hiver comme Megève ou les villages des environs ; les paroisses de Paris et de la banlieue parisienne, des villages de l'Yonne ou de la Sarthe, et cela régulièrement. Et bien sûr les lieux les plus divers que j'ai évoqués à l'occasion des retraites, récollections, conférences, cours d'universités, etc. Un exemple, les quarante évêques francophones du Canada dont deux cardinaux ; les religieuses mélanésiennes ; les Réunionnais, Japonais, ou Norvégiens, etc. La première conclusion est simple : nous avons tous en commun le fait d'être des pécheurs aimés et d'être des handicapés de l'espérance.

De toutes ces situations proposées par la Providence, demeurent fortement marquées les confessions des prêtres, des enfants et des moniales. Les trois sont source d'une exigence de sainteté à laquelle je ne m'attendais pas. J'ai évoqué celle des prêtres, elle est en même temps toujours confiante et parfois bouleversante.

Celle des enfants est une merveille. Chaque année, pour la Toussaint, Noël, le Carême et la Pentecôte, trois collèges importants de Paris me retiennent plusieurs après-midi pour les confessions. Que répondre à l'adolescent qui vous confie : « Je n'arrive pas à aimer mon deuxième papa, ça fait souffrir maman. » Tel autre de treize ans vient et commence par me dire : « Je suis musulman, mais j'ai besoin de parler. » Tel autre : « Je suis athée, mais je voudrais bien comprendre. » Et encore : « Ça va être Noël, je voudrais bien être baptisé. » On pourrait multiplier les citations. La conclusion est simple, je ne suis jamais, je dis bien jamais, sorti de deux heures de confession sans avoir assisté à un ou plusieurs miracles. Saint Thomas d'Aquin remarque à juste titre qu'un seul acte peut suffire à orienter toute la vie. C'est évident lorsque l'on écoute des enfants de sept à dix ans au moment de leur première confession pour les préparer à leur première communion. Quelle étonnante lucidité et maturité lorsque la conscience est encore portée par l'innocence. Un roman n'a plus guère de goût après que l'on ait écouté la détresse, la bonté ou l'inimaginable bonne volonté qui gît au cœur de l'homme. Seuls peut-être Dostoïevski, ou Bernanos, sont allés aussi loin.

À ceux qui pensent que la confession vire à la routine inutile, je garderai le troisième exemple après les prêtres et les enfants, ce sont les moniales contemplatives. C'est différent de confesser tout le monde dans un monastère à l'occasion épisodique des huit jours de la retraite annuelle. C'est souvent sublime d'entendre récapituler dans une confession générale quarante, cinquante ou soixante ans de fidélité et de combat intérieur d'une vie monastique. Mais l'expérience est autre lorsqu'on suit régulièrement tel ou tel monastère pendant dix ou quinze ans, selon l'appellation un peu grave de la fonction de « confesseur extraordinaire », c'est-à-dire de celui qui vient tous les trimestres pour assurer, comme un sas de décompression éventuelle, la rencontre-confession de tout le monde. On assiste à une telle rectification des consciences, à une telle nostalgie de la sainteté, finalement à la rencontre sublime de l'âme du monde avec le Christ. Souvent on ne voit même pas le visage de celui ou celle qui confie sa vie à Dieu. Une grille et un voile nous séparent. Parfois, il y a des pleurs, de détresse ou de joie. On ne peut que rester à genoux soi-même parce qu'on assiste à la Rédemption et à la merveille de la vérité de Jésus.

C'était le miracle du Curé d'Ars qui arrivait à tenir jusqu'à quinze heures au confessionnal.

Vous avez évoqué la préparation des mourants.

Avec la confession, cette rencontre répond à la deuxième question que j'ai en commun avec tous les hommes. Finalement la confession répond à une première interrogation : que dis-tu de l'amour ? La rencontre de ceux qui terminent leur dernier tour de stade répond à la deuxième énigme : que dis-tu de la mort ?

Je me souviens du coup de téléphone du médecin qui soignait à ce moment-là les pères de mon couvent, c'était le même docteur qui s'occupait du président Pompidou. Il m'appelle et me dit : « Pouvez-vous aller voir Monsieur Un tel. (C'était en banlieue parisienne). Il approche de la fin de sa vie. Il ne se croit pas chrétien, mais pourtant, il a mené une existence exemplaire. Allez-y, présentez-vous de ma part. » J'arrive, une villa de cadre. Le dialogue s'instaure. Tout de suite, mon interlocuteur me dit : « Je ne vais quand même pas me confesser, ce ne serait qu'un signe de faiblesse ou de peur inutile. » Alors lentement, je lui explique que, au contraire, faire la vérité est le signe de la plus haute force et noblesse humaine. D'abord étonné, puis convaincu, il déroule sa vie avec grande paix. Ensuite, il fait venir sa femme, lui demande d'apporter une bouteille de champagne et, devant elle, il me dit seulement : « Mon Père, priez pour que je meure après les vacances (on était à la mi-juillet) afin que mes enfants ne soient pas obligés de revenir à cause de moi. » Jamais je n'oublierai son regard rayonnant. En me raccompagnant à la porte, son épouse m'embrassa en silence. Je ne savais pas que quarante-cinq ans plus tard, ce serait le même souhait d'un de mes frères : ne pas déranger ses enfants en vacances. Tous les deux furent exaucés.

Vous avez écrit sur le Curé d'Ars et vous affirmez qu'il a un génie théologique, n'est-ce pas un peu exagéré ?

En disant cela, je ne fais qu'être en écho avec le père Lacordaire qui alla écouter le Curé d'Ars et fut subjugué, non seulement par la présence oratoire, réaliste, d'un immense talent dans sa simplicité, mais aussi par l'acuité théologique de ses catéchismes. Le centenaire du Curé d'Ars en 1958 a permis de mieux mesurer ce qu'il faut bien appeler son génie et de prendre du recul avec les clichés qu'on répétait sur lui, comme s'il était peu doué intellectuellement. C'est l'inverse.

Sur la présence de Dieu ; sur l'habitation des Personnes divines ; sur la toute-puissance de la prière ; sur la vérité des sacrements et leurs chances pour l'humanité ; sur la proximité du pardon pour tous et, en même temps, sur le seul obstacle qui subsiste en l'homme, à savoir l'orgueil et son désespoir ; sur ce désespoir comme étant la pire et la plus normale des tentations et contagions de l'époque moderne ; sur l'amour du Christ pour nous, et on pourrait multiplier les sujets, je maintiens que le Curé d'Ars a un génie proprement théologique et pédagogique dont on a peu d'exemples aussi pléniers dans leur simplicité.

Il suffit de le relire.

« Le prêtre ne se comprendra bien que dans le Ciel. Si on le comprenait sur la terre, on mourrait, non de frayeur, mais d'amour. — Si je rencontrais un prêtre et un ange, je saluerais le prêtre avant de saluer l'ange. Celui-ci est l'ami de Dieu, mais le prêtre tient sa place. — Nous sommes l'ouvrage d'un Dieu, on aime toujours son ouvrage. — Comprendre que nous soyons l'ouvrage d'un Dieu, c'est facile. Mais que le crucifiement d'un Dieu, soit notre ouvrage, voilà qui est incompréhensible. Le Bon Dieu aura plus tôt pardonné à un pécheur qu'une mère n'aura retiré son enfant du feu. — Quand on va se confesser, il faut comprendre ce qu'on va faire, on peut dire qu'on va déclouer Notre-Seigneur. — Au reste, celui qui n'a pas été tenté contre la vertu d'humilité et contre la vertu de chasteté, ne sait pas ce qu'est la vie spirituelle. » — Et en parlant de l'eucharistie, il disait simplement : « Je portais Celui qui me porte. »

Il ne se détournera pas de moi

C'était début octobre. On avait fini d'arracher les pommes de terre. Toute la montagne était glorieuse : les sapins verts, les merisiers rouges, les érables jaunes. Or, un matin, un de mes voisins, Joseph, vient me voir et me dit : « Savez-vous ce qui est arrivé à Élie ? (C'était un autre voisin.) Avant-hier, il m'avait aidé à battre l'orge. Il allait bien. Hier soir, il s'est suicidé. Il s'est suicidé avec le pistolet qui sert à abattre les cochons, en pleine tête. Il est mort dans une crise, un coup de détresse. Sa femme a bien essayé de le ramener à la raison. Mais, par crainte, elle était passée dans la chambre d'à côté. Après la détonation, elle a fait le tour de la maison pour regarder par la fenêtre : les poumons se soulevaient encore. »

Trois jours après, on a enterré Élie. Tout le village était là. Tous, plus silencieux que jamais, étaient venus. Même ceux qui ne viennent pas habituellement à l'église. On ne pleurait pas. C'était plus grave. Comme si l'ombre du destin couvrait le village, ce matin-là.

J'ai ouvert le livre des lectures, prévues pour les sépultures. J'ai pris la première lecture, tirée du livre de Job : « Je voudrais qu'on écrive ce que je vais dire, que mes paroles soient gravées sur le bronze avec le ciseau de fer et le poinçon, qu'elles soient sculptées dans le roc, pour toujours. »

Job ce jour-là rappelait à tous que la mort est chose trop dure, qu'il faut en face d'elle une vérité plus dure encore. Quelque chose de gravé dans le bronze et dans le roc. Cette vérité, le texte la disait : « Je sais que mon Sauveur est vivant. Je sais qu'à la fin Il se dressera. De mes yeux, je verrai Dieu. Je Le verrai. Et Il ne se détournera pas de moi. »

« Il ne se détournera pas de moi. » Je ne pensais qu'à cela pendant que les deux petits-enfants de celui qui était mort venaient communier et que je me demandais : comment penseront-ils à leur grand-père ?

Puis, tous ensemble, on a invoqué la mort du Christ : « Nous célébrons ta résurrection, nous attendons ta venue... » et dans le cimetière de l'église, les dernières paroles sont tombées, « Seigneur, ne condamne pas notre frère Élie. Devant toi, qui serait trouvé juste si tu ne lui obtiens pas toi-même le pardon ? Donne-lui le repos et la lumière. » Il s'appelait Élie. Il avait le même nom que celui qui, dans la Bible avait vu Dieu dans le murmure et la brise qui rafraîchit.

En rentrant chez moi, je pensais au héros de Dostoïevski, Marmeladov, lorsque, au milieu du cabaret, il se lève et proclame le Notre Père, et que devant ceux qui rient de lui parce qu'il vient de boire l'argent gagné par sa fille qu'il a envoyée se prostituer, il pense à ce Dieu qui le jugera et qu'il s'écrie : « Oui, Dieu nous dira : "Viens, je t'ai pardonné une fois, je te pardonne aujourd'hui." Et nous entendrons sa Parole : "Approchez, vous aussi, vous les ivrognes, approchez les faibles"... et il dira : "Vous êtes des porcs, vous avez l'aspect de la bête, mais venez aussi." Et tous, nous avancerons et il nous tendra les bras et nous nous y précipiterons et alors nous comprendrons tout, tous comprendront. »

Ce jour-là, en face de ces hommes dressés au fond de l'église, qui faisaient comme un barrage de sentinelles devant la mort, j'ai mieux compris, à cause de mon compagnon, de mon frère Élie, que mon sacerdoce allait jusque-là, jusqu'à ce combat, et que ce n'était pas seulement affaire d'administration, d'évolution culturelle ou d'aménagement d'un statut, que c'était infiniment plus et que c'est cela qu'on me demandait : un peu de ce secret plus fort que la mort, et que le Christ nous avait confié.

J'étais pris au piège de ce secret. Mon frère Élie m'emmenait avec lui au-delà du scepticisme ou de tous les doutes sur l'Église. Au-delà de nos fabrications et de nos industries, il y avait quelque chose qui ne se fabriquait pas, il y avait quelque chose qui ne serait jamais le résultat de nos seuls débats : une présence, « Il était vivant. » Là est ma racine. Je ne peux rien dire d'autre pour en rendre raison. À cause de la Croix du Christ, il est désormais possible de croire que le cri du cœur des hommes est devancé. Tout commence ! Si Dieu ne se détourne pas de nous quand nous serons morts, alors il ne se détourne pas de nous quand nous sommes vivants.

Qu'aurai-je donc d'autre à dire toute ma vie ?

Les prévisions du nombre de prêtres pour l'avenir sont assez inquiétantes. La prospective ne vous trouble-t-elle pas ?

Non, pas du tout. Quand je rentre d'Asie, du Proche-Orient, ou d'Indonésie, je suis beaucoup plus bouleversé par le martyre des chrétiens dont les journaux européens transcrivent les exécutions en masse par de simples titres : « querelles inter-religieuses ». Comme si l'on pouvait réduire à cette expression la suppression systématique des chrétiens en Chine, aux Moluques, au Timor oriental ou au Soudan. Je ne peux pas oublier les visages des prêtres que j'ai rencontrés en Chine, la vitalité heureuse des messes à Manado au nord des Célèbes, ou les exemplaires leçons de catéchisme dans certains coins très durs de l'Inde.

Je sais la diminution des chiffres : là où il y a quarante ans on pouvait compter chaque année presque mille ordinations pour la France, aujourd'hui, on est heureux lorsqu'il y a cent à cent cinquante ordinations. De trente-six mille prêtres on est passé en France à vingt mille, pas même en vingt ans, avec une moyenne d'âge de soixante-cinq à soixante-dix ans. Et en 2010, il n'y aura probablement plus que six mille prêtres en France. Ici je n'ai que trois réponses.

La France pour elle seule a encore davantage de prêtres que la totalité de l'Asie et de l'Afrique. Deuxièmement, je suis dans une admiration éperdue quand j'ai occasion de vivre avec des amis prêtres : le père Breteau à La Flèche, le père Birraux à Sallanches, l'abbé Tourt à Avrieux, le père Bianchetti à Cruseilles, du père Christof à Bazouges, du père Karl-Hans au Mans, de Jean-Marie Nusbaume à Moutier et de Jean-Jacques Theurillat à Delémont... et à Paris, que ce soit à Saint-Pierre-du-Gros-Caillou, Saint-Ferdinand-des-Ternes, Saint-Germain-l'Auxerrois, la Trinité, Sainte-Clotilde, Saint-Louis-d'Antin, etc., les paroissiens savent l'immense chance qu'ils ont et moi, encore une fois, j'ai envie de me mettre à genoux en voyant comment tant de ceux que je rencontre vont au bout de leurs forces. Nous vivons dans l'histoire de l'Église peut-être un des plus grands moments de la vie sacerdotale. Arrêtons de parler de la désertification des églises, de la mort de Dieu ou de la fin de la religion. Que les sociologues patentés ès-sciences religieuses viennent voir un peu ce qui se passe vraiment dans les paroisses.

Troisièmement, bien sûr il y a cet étonnant éveil de la générosité du peuple chrétien, ce retour du rôle des laïcs. Tant de mouvements exceptionnels d'invention des communautés néo-catéchuménales à l'audace intelligente des *Petits Gris*. Je peux témoigner directement de la vitalité de six de ces mouvements pour avoir soit accompagné leur fondation, soit vécu de près leurs activités et cela depuis longtemps.

Je pense aux *Équipes Notre-Dame* ; l'amitié de l'abbé Caffarel m'avait confié le soin de la toute première d'entre elles et ensuite le souci de l'imprimatur pour leurs trois revues *L'Anneau d'or*, la *Lettre aux Équipes*, et les *Cahiers sur l'oraison.*

J'ai déjà parlé des *Équipes enseignantes* et des prêtres de *Dialogue et coopération.* Ce fut plus de douze ans d'amitié, de sessions et de compagnonnage.

L'Emmanuel : très tôt Pierre Goursat me fit venir sur la péniche de Neuilly pour mettre sur pied le programme des études et des cours de théologie et me chargea de conférences à Neuilly ou à Paray-le-Monial. Je fus entouré de l'amitié de Francis Kohn, de Florence, d'Yves de Boisredon, de Charles-Éric.

Je garde précieusement la confiance et les invitations aux conférences dont m'ont chargé les responsables de la communauté du *Chemin neuf.* Quel bonheur de voir la reviviscence de l'abbaye de Hautecombe, avec le centre de formation du *Chemin Neuf.* Intelligence de la prière, sérieux de l'étude, joie de vivre, ouverture à toutes les nations, amour inconditionnel de l'Église, sérénité et audace du père Fabre et du père Turbat. Ceux qui y passent ont mérité la beauté du Lac.

Les *Petites Sœurs de Foucauld* me retinrent plus de trois mois de session théologique intensive à Rome pour trois cents d'elles et les *Petits Frères* pour la publication des livres du père Voillaume.

Enfin les Petits Gris, c'est-à-dire la *Communauté Saint-Jean* ; depuis plus de douze ans je fonctionne régulièrement avec le prieuré de Genève où j'assiste et participe, à cinq cents mètres de la tombe de Calvin (!), à l'exceptionnel festival *Agapè* ou aux exercices de Carême.

N'y a-t-il pas eu une mutation profonde avec la désignation de peuple de Dieu attribué à l'Église ?

Oui et non. « Peuple de Dieu », attention à na pas privilégier indûment cette appellation quand on l'isole des autres (sous l'alibi parfois de revendiquer une liberté de laïcs en face des clercs). L'Église est aussi pour tout le monde, comme pour moi, l'Épouse et le Corps du Christ. Il nous aime comme on aime une épouse. Il nous respecte comme on respecte son propre corps. Il ne nous abandonnera donc pas. Là est la raison fondamentale de mon espérance.

Le miracle est accroché à notre prière et à notre confiance. J'ai eu trois fois la chance d'en échanger avec deux papes pendant des audiences privées où nous avions le temps de partager sans contrainte. Je revois encore le visage illuminé du père Benoît, directeur de l'École biblique de Jérusalem, lorsque nous avons tous les deux apporté à Paul VI le premier volume de la grande *Synopse des évangiles*. En sortant, le père Benoît voulut s'asseoir sur les marches de Saint-Pierre pour noter tout de suite la conversation car, me disait-il, jamais semblable moment n'avait existé depuis le père Lagrange, au début du XXe siècle. Je devais revoir Paul VI, seul à seul, pour lui soumettre le sujet des conférences de Notre-Dame de Paris. Enfin, j'eus la chance d'un bon moment avec Jean-Paul II pour le tenir au courant en détail du travail fait pour la publication des œuvres complètes de sœur Élisabeth de la Trinité afin que sa béatification soit prévue dès que possible. Le dialogue fut immédiat, confiant, précis, interrogatif, curieux et heureux. Bien évidemment ce n'était ni pour ma personne, ni pour le cérémonial, mais pour Élisabeth.

Ma seule compagne

Vous faites peut-être un peu vite bon marché de ce que l'on constate « à vue humaine » ?

Ce que l'on constate à vue humaine, je vais vous le résumer en deux petits épisodes qui me sont arrivés personnellement.

C'était près de Coulommiers, en juillet 1951, juste après mon ordination, l'une de mes toutes premières messes. Le prêtre complètement seul dans cette région n'avait à certains jours absolument personne à sa messe le matin sauf une seule personne. Nous rentrons dans son presbytère. Il m'accueille avec une bonté sans défense, douce, souriante. Tout à coup sa chienne arrive. En me la montrant, il me dit : « Tenez, voici ma seule compagne, la seule à qui je puisse parler. » Vingt ans après, je l'ai revu, aussi fidèle, aussi courageux. Bien sûr, les choses ont changé aujourd'hui, on a regroupé les paroisses, mais à vue humaine, le miracle reste souvent caché.

Janvier 1980, pour plusieurs mois en Nouvelle-Calédonie, je prêche semaine après semaine des retraites par catégories : professeurs, prêtres, religieux, laïcs, religieuses. On est au milieu d'une de ces semaines où de neuf heures du matin à tard le soir, je reçois confessions et confidences. Il se passe une étrange complicité entre ceux qui écoutent mes conférences et moi-même. Nous savions bien qu'il n'y avait aucune raison pour qu'on se retrouve sur terre sinon plus tard dans la vision béatifique. La confiance est donc totale. Ceux qui participent aux retraites viennent parfois d'îles lointaines (les îles Gilbert, les Marquises, Wallis et Futuna), car ces moments de recueillement et de retrouvailles fraternels n'ont lieu que tous les deux ans.

Sœur Angela travaille depuis sept ans sur une de ces îles lointaines. Après un long moment d'échange, elle se lève. Arrivée près de la porte, elle se retourne et me dit seulement : « Mon Père, ne m'oubliez pas dans votre prière, j'ai encore quelque chose à vous confier. » Sur son île, elles ne sont que deux sœurs et un prêtre, à un mois de bateau de la Calédonie. Comme je l'écoute encore plus attentivement, sœur Angela ajoute : « Le matin à sept heures et demie au moment de la messe quand on ne voit pas le père, on va le chercher le long d'une des routes, il est quelquefois dans le fossé depuis toute la nuit, parce qu'il avait trop bu, alors on le ramène et on le couche dans sa case. Ne nous oubliez pas dans votre prière. »

À vue humaine, je ne garde que la douceur de sœur Angela.

Cela suffit-il pour répondre à ceux qui ont quitté le sacerdoce ?

Ici aussi, seul le silence peut peut-être traduire ce qu'un prêtre d'aujourd'hui ressent. Pour moi, je garde comme un talisman secret le nom des frères de mon noviciat ou du studentat qui nous ont quittés, ils restent mes frères. J'en revois tel ou tel. Je sais la détresse secrète et l'espérance qui, quelles que soient les causes, habitent leur infra, ou intra-conscience. Leur départ m'a toujours laissé une cicatrice inguérissable, tant certains me semblaient être plus méritants que moi.

À la requête du cardinal Marty, le délégué des évêques chargé de garder le contact avec ceux qui avaient quitté le sacerdoce me demanda d'assurer une journée de prière et d'échange. Tous les ans, ou même deux fois par an, ceux qui étaient regroupés dans cette association demandaient cette journée. Je devais avoir une réunion de préparation avec les trois ménages responsables de cette récollection. Arrive le premier ménage. Pierre, ancien prêtre, me présente son épouse ; elle s'appelait Madeleine. Arrive le deuxième ménage, l'épouse se présente, elle s'appelait Madeleine. Comment ne pas y avoir vu un signe de l'Évangile ? Quarante prêtres de partout en France, qui s'étaient mariés et se trouvaient dans la plus grande variété de situation, souhaitaient prier et réfléchir avec leurs épouses. Bien sûr, j'étais anxieux de me préparer au moins mal. Puis arriva ce dimanche de janvier.

On a passé la journée ensemble ; presque quatre-vingts personnes étaient là et les enfants. L'un d'eux avait dix enfants. Certains de ces anciens prêtres étaient âgés, d'autres beaucoup plus jeunes. Deux délégués des évêques étaient avec nous. J'essayais de ne pas montrer que j'étais un peu bouleversé : le sacerdoce nous tenait, tous. Et la souffrance et l'espoir partagé d'une vie qui aurait un sens. Je m'étais redit ce que saint Paul écrit aux Romains : « Je demande constamment dans mes prières d'avoir enfin une occasion, si Dieu le veut, d'être réconfortés avec vous et chez vous par la foi qui nous est commune. » (Rom. 10, 12). Tout au long de la journée, j'ai vu, de mes yeux vu, combien le sacrement de la communion de l'Église était vital.

Au cours d'un entretien, l'un d'eux a dit : « Père Bro, au fond, dans l'Église, vous êtes un peu la dorure, et, nous, la balayure. »

Dorure, était-ce parce que je venais de prêcher (souvent avec quelle anxiété) les conférences de Notre-Dame de Paris ? Balayure, je n'ai jamais oublié et je n'oublierai pas jusqu'à la fin de ma vie la souffrance que recouvrait ce mot.

À la fin de la journée, j'ai célébré la messe. Tous y assistaient. J'étais seul à l'autel. Comme toujours à la messe, il était difficile de tenir les petits enfants. Je revois certains d'entre eux s'échappant au moment de l'offertoire et jouant devant l'autel. Le Christ nous aimait tous, le Pain était le même pour tous et nous avions tous besoin avec saint Paul du réconfort de la même foi.

C'est en priant pour ses apôtres que le Christ a terminé sa vie. « Je ne prie pas seulement pour eux, mais encore pour tous ceux qui, grâce à leurs paroles, croiront en moi. Tu les as aimés Père, comme tu m'as aimé. »

Aurai-je eu assez d'amitié, inconditionnelle, pour mes frères prêtres ?

D'Orson Welles au prince Youssoupov

Vous avez dû être interrogé sur ce qu'est un prêtre, sa vie, son rôle ?

Rarement. Paradoxalement, jamais par des fidèles chrétiens.

Ceux dont vous vous souvenez, que pouvez-vous nous en livrer ?

Le hasard a voulu que ce soit toujours des personnages. Ce n'est pas indiscret de les évoquer, mais cela pourrait paraître prétentieux. D'ailleurs tout baptisé n'aurait-il pas fait exactement la même chose que moi en témoignant. Je ne remémore ces rencontres que parce qu'elles m'ont amené à me dire à moi-même la richesse des différents aspects du sacerdoce.

Peu importe. Si vous n'en n'avez jamais parlé, c'est le moment.

Ils m'ont surpris par la profondeur de leur obsession, dirais-je, sur le sacerdoce. Je me souviens de leur propos avec certitude. Je ne m'attendais pas de leur part à cette attention, en même temps bienveillante et tenace. Chacun d'eux avait une préoccupation. Je ne les cite pas dans l'ordre.

Entre les années 1969 et 1989, je fus appelé à assurer huit fois la quinzaine pascale dans la paroisse française de Washington. Trente mille personnes sont attachées à cette institution. Toutes ne sont pas françaises. Beaucoup de pays africains entre autres n'ont qu'une seule ambassade pour les USA et pour l'ONU. Le personnel est regroupé à Washington. De même pour les organismes comme le Fonds monétaire international ou la Banque mondiale. Ces deux-ci amènent à Washington des francophones, Belges, Africains, Maghrébins, Canadiens et autres de toutes fonctions. La paroisse est pour eux un des rares lieux de rencontre et d'animation vivante et chaleureuse. Or une bienheureuse coutume prévoit que le règlement du billet de déplacement du prêtre français délégué à cette quinzaine pascale soit assuré par le ministère des Affaires étrangères. Ce qui est peut-être curieux, mais qui n'est pas inintelligent étant donnée la présence des francophones à Washington.

Me voici donc à bord de l'avion. L'hôtesse a repéré que mon billet émane du ministère. Une fois tout le monde installé, elle vient discrètement me chercher en classe économique. Il reste une place libre en première classe. Je la suis pour me retrouver assis à côté d'Orson Welles. Sa taille, sa voix, ses yeux d'enfant ourson : tout est reconnaissable. Un géant du type peluche, gentil, souriant. Je m'apprêtais à me plonger dans les notes préparatoires pour la conférence que je devais assurer le lendemain à l'Alliance française, lorsque à mon étonnement et non pas sous le coup du whisky, Orson Welles ayant repéré mon col romain, commence à m'interroger. Me revient en tête la description que Cocteau en avait donnée vingt ans auparavant : « Il est une manière de géant, au regard enfantin, un paresseux actif, un fou sage, une solitude entourée de monde, un étudiant qui dort en classe, un stratège qui fait semblant d'être ivre quand il veut qu'on lui foute la paix. Il semble avoir employé mieux que personne cet air d'épave qu'il affecte parfois et d'ours ensommeillé. » Ce jour-là, l'ours était très vivant et je ne m'attendais pas à cinq heures de dialogue montre en main. Tout reviendra au même sujet : ce que c'est pour moi qu'être prêtre. J'avais donc à côté de moi l'équivalent d'un Hitchcock, d'un Hawks, Sternberg, ou Capra. Et le voici préoccupé du sacerdoce. Heureusement les scènes finales de *La Splendeur des Amberson*, de *Citizen Kane*, de *La Soif du mal* ou de *La Dame de Shangaï* et le petit traîneau de Rosebund me sont restés en mémoire. Mais ce n'est pas le sujet. Il commence par m'interroger sur les études d'un prêtre. La Bible, bon, il sait. Mais comment se déroule le parcours, l'horaire d'une journée, la philo, la psycho ? la sociologie ? la liberté de lecture et de contact et après ? L'enseignement ?

Je démarre par ce que la Bible dit de Dieu ou plutôt par ce que Dieu dit de lui dans la Bible. Le scénario des « Noms divins » le passionne. Quel est le plus important ? Quel est le plus proche de ce que peut « être » Dieu ? Cela lui semble plus intéressant que *Les Dix commandements* de Cecil B. de Mille. On peut donc dire ce que Dieu est et n'est pas. La prière ? À quoi conduit-elle ? Est-ce bien ce qui oblige finalement à la vérité ? Sans elle on serait destiné à aboutir au néant, au nihilisme au désespoir. Avide, il écoute et mélange questions et réponses. Il est plus que d'accord. Et le péché originel ? Et l'accord de la puissance et du respect dans l'attitude de Dieu en face de la fragilité. Le combat de Jacob : qu'est-ce que cela veut dire, quand Dieu dit qu'il veut se laisser vaincre ? Il jubile lorsque je lui dis que finalement le prêtre est le témoin du combat de Jacob pour chacun de nous. Et Dieu, un enfant ? Pourquoi absoudre le péché, est-ce pensable ? Il en revient toujours là : les études et la confession. Y a-t-il une vérité ? Quel bonheur pour moi que cet échange. Il poursuit. Un couvent ? Cela comporte combien d'hommes ? Et le mien, combien de nationalités différentes ? Je réponds dix-sept, des Égyptiens, des Libanais, des Syriens, des Arabes, des Norvégiens, des Irlandais. — Ça prie ensemble ? — Oui.

Les cinq ou six heures sont passées sans qu'on s'en soit aperçu. Une étude de Dieu serait donc possible ? Cela existe ? Si la vérité n'est pas possible, alors le pardon non plus et une entente humaine, non plus. Finalement je lui promets de lui envoyer la vie et les catéchismes du Curé d'Ars, me souvenant de ce que Fernand Léger avait écrit au père Couturier lors de leur exil aux États-Unis entre 1940 et 1944 : « Venez passer la soirée de vendredi avec moi, j'aurai préparé les sandwichs. Il faut que je vous parle d'un type que vous ne devez pas connaître. Je viens de lire sa vie. C'est extraordinaire, il s'appelle le

Curé d'Ars. » À des années de distance, le père Couturier était encore enchanté de me raconter sa « soirée-Curé d'Ars » avec Fernand Léger.

Pourquoi pas Orson Welles ?

*

Coup de téléphone de Robert Serrou. C'était il y a vingt-cinq ans. Grand reporter à Paris-Match, Serrou est un méridional heureux, chrétien plus attaché à l'Église qu'il ne le voudrait laisser croire (sa biographie du cardinal Lustiger le prouve assez). Vieil ami, il me demande : « Peux-tu venir dîner demain à la maison ? Arrive de bonne heure .» « Oui, pourquoi ? » « On a reçu le vice-président de l'Académie des sciences de Moscou, il veut absolument rencontrer un prêtre ». On est en pleine guerre froide. Serrou a préparé l'apéritif. Juste en face du canapé où nous sommes assis avec le vice-président, il y a devant nos yeux la série des premiers Soljenytsine qui sont alors parus. Alexis Berelovitch Ilienkov prend inlassablement des notes sur un petit calepin pendant tout le repas. L'atmosphère est familiale, détendue, personne n'a rien à défendre, ni à prouver.

« Comment vous sont transmises les consignes de vote de la part du Vatican ? » Ça commence bien. Il est stupéfait que je lui avoue que dans mon petit couvent, la cartographie électorale est quasi la même que celle de la France. Un père (prêtre-ouvrier) a donné à son père prieur comme consigne de voter communiste pour lui. Il me regarde ahuri (il y a de quoi). Je lui dis en riant : « Oui, de fait, leurs votes se sont annulés ! »

Il sourit lorsque je lui dis que j'ai trouvée très agréable la maison de Trotski à Coyoacan dans le faubourg élégant de Mexico et que les bâtiments de la Calle Leon, miradors en moins, m'ont fait penser par leurs jardins et leur modestie au carmel de Lisieux. Serrou avait soigneusement choisi le vin, un grand cru de Chablis. L'énigme du Russe n'est pas d'abord les études, mais le célibat. J'aborde la réponse par la disponibilité. Il le comprend très bien. Ce seront ses deux leitmotive : célibat et prière. Pourquoi ?

Il est ému lorsque je lui décris ce qu'était le lever de nuit : entre 2 h et 3 h 15 de la nuit, cette pause pour Dieu. Je lui dis que Isaïe a écrit un poème, celui de la Sentinelle qui pourrait aussi bien servir pour le Kremlin, l'Élysée ou les monastères.

« Sur tes murs, Jérusalem / J'ai placé des sentinelles / Ô vous qui faites souvenir Yahvé / Ne prenez pas de repos / Et ne lui laissez pas de repos / Jusqu'à ce qu'il ait rétabli Sion / Et qu'il en ait fait la gloire de la terre. »

Le père abbé de Cîteaux en 1904, avait obtenu de Clemenceau, alors président du Conseil, que les trappistes ne soient pas exilés de France en faisant remarquer qu'il y avait des sentinelles à la porte de la présidence du Conseil et que les moines n'étaient que les sentinelles de Dieu.

J'essaye de prendre le biais de l'art. Est-il allé au Louvre ? Il ne doit pas manquer *Les Disciples d'Emmaüs* de Rembrandt au Musée Jacquemart-André. Ils ont peur du Christ ressuscité et s'en protègent en levant le bras. Et lui, n'aurait-il pas peur du Christ ? Au dessert, il sort trois petites icônes sur papier carton. Je lui commente en l'interrogeant sur sa famille. C'est ce que Jésus a connu de notre humanité. Sa Mère a pu lui dire : « Mon enfant et mon Dieu. » Elle a pu lui dire : « Mon petit ! » comme un fils à son père devenu âgé et dépendant. Il me regarde, fait silence et ému, me dit : « Comment avez-vous pu deviner ? » Je lui réponds : « C'est le plus grand cadeau qu'une divinité puisse nous faire, l'appeler "mon petit". »

Serrou me demande si je peux le raccompagner avec la vieille 2 CV du couvent. Avant de le déposer à son hôtel rue Sainte-Anne, derrière l'Opéra, j'en profite pour le balader partout dans Paris, voir les illuminations. J'en profite pour situer d'abord la Révolution : le Palais-Royal, la Concorde, la Bastille et la Nation (appelée alors place du Trône renversé). Là je lui raconte l'exécution des seize carmélites de Compiègne et la récompense que l'on donnait aux petits garçons qui avaient bien travaillé de pouvoir assister à la guillotine. Après la Révolution, honneur à la patrie : les Arènes de Lutèce, le Collège de France, l'Arc de Triomphe. nous descendons les Champs-Élysées et poursuivons vers le parvis de Notre-Dame. Je lui montre que les rois restitués par Viollet-le-Duc sont moins expressifs que les statues antérieures et nous nous arrêtons pour contempler du bout de l'île Saint Louis, près de la petite maison où j'ai appris à lire, la beauté de Notre-Dame. Il m'interroge sur les conférences. Je lui dis que pour lui, comme pour moi, il n'y a qu'une question, celle de la liberté et du mal et qu'une réponse : « Jésus-Christ, à la présence de qui tient tout mon sacerdoce. » Nous remontons vers le Sacré-Cœur. En traversant la place Blanche, il me demande : « C'est cela Pigalle ? » En face du Moulin Rouge en lui montrant la chapelle qu'a fondée mon père, je lui réponds oui. Et nous arrivons au Sacré-Cœur. Je lui demande la permission de lui lire trois petits passages de la Bible : d'abord la Genèse : « Et Dieu vit que cela était bon, que cela était très bon. » Paris est à nos pieds dans une lumière bleutée d'été calme. Ensuite, je lui lis le récit des trois tentations de Jésus à qui le diable propose : « Donne-moi ton âme et tout cela est à toi. » Enfin, les quelques lignes de la montée au Golgotha : « Jésus regarde sa mère et nous la confie. » Il est ému. Je lui raconte que j'ai récité le *Notre Père* au Tertre du ciel à Pékin et je lui demande la permission de le redire. Dans le silence il me prend la main et nous redescendons vers l'Opéra. Il est heureux. Il ne prend plus de notes. En me quittant, il me demande la permission de m'embrasser.

L'assassin de Raspoutine

Orson Welles trouvait la Bible bien plus forte que l'aventure des poètes surréalistes, Alexis Berelovitch Ilienkov sentait plus inspirés Notre-Dame et le Sacré-Cœur que la place de la Bastille. Julien Green et Félix Youssoupof seront eux, fascinés par la fidélité. « Vous n'avez pas le droit de toucher à l'héritage, il ne vous appartient pas. »

À soixante-quinze ans, Félix Youssoupov avait encore belle allure, lui l'assassin de Raspoutine. Il m'invita plusieurs fois à prendre le thé dans le petit jardinet qui entourait son hôtel du XVIe arrondissement. Après l'assassinat, il avait fui la Russie en ayant pu emporter une partie des bijoux de Marie-Antoinette. La même stature, le même timbre de voix lent et grave que Nicolas de Staël avec un peu moins d'anxiété, mais la même impression de sortir d'un univers de songe. L'exil, le nihilisme, se conjuguent en lui avec les mêmes tentations d'en sortir en se livrant à l'excès. il devine vite la part de snobisme qui habite certains de ses visiteurs. Un prêtre : c'est donc celui qui vit pour ce qui ne lui appartient pas. La morale ? Ou l'absence d'une certaine morale ? Cela n'a pas d'intérêt. Que lui avait-elle apporté ? Pour lui, au-dessus de la morale il y a la vérité. Où demeure-t-elle aujourd'hui ? Je lui récite les vers de Claudel : « Tu ne te trompais quand tu dévorais les choses ainsi / Poète sans le pouvoir du prêtre, / "Ceci est", voici l'une d'elle tout à coup qui / est capable de servir de voile à l'Être... / Ces paroles si usées qu'on ne les entend plus, c'est en elles qu'était la vérité. » « Ah, s'il tient à rester intact, / Il ne faut pas étreindre le feu ! » Et comme venait de paraître mon étude sur les sacrements, je me souviens lui avoir lu ces quelques lignes du livre de Claudel *Toi qui es-tu ?* car elles répondaient pleinement à son interrogation sur le prêtre : « Notre-Seigneur a pris dans ses mains saintes et vénérables un certain nombre de ces éléments naturels et les a élevés à la dignité des sacrements, par quoi ils deviennent réellement ce qu'ils signifient. C'est ainsi que l'eau, enfin ! purifie et désaltère, que le pain nourrit et que le vin enivre. La Bible n'est qu'un vaste vocabulaire qui nous apprend à employer les choses dans leur signification divine. »

Pendant qu'une fois de plus il me fait admirer et me commente ses petits biscuits de Sèvres, je ne peux m'empêcher de lire en surimpression de son visage si élégant la face de Raspoutine. Quelle énigme ! Quand on le quittait, les larmes d'un autre exil n'étaient pas si lointaines.

*

C'est peut-être la même impression d'exil qu'on gardait en quittant Julien Green, rue Vaneau. L'accueil avait été heureux, toujours immédiat, presque malicieux. Assez vite, dès que le champagne — toujours du Krug — avait été servi par Éric, on se trouvait comme par hasard dans l'un des couloirs de la bibliothèque aux belles couleurs andrinoples. Green tirait un livre. Toujours avec la même impression de hasard et l'ouvrait. Pourquoi serait-ce d'ailleurs toujours seulement le hasard et non pas la Providence ? L'essentiel était là, sous une allure discrète, presque timide de nous occuper.

Green était soulagé lorsque je lui disais combien les réticences du cardinal de Lubac et de Étienne Gilson rejoignaient les siennes au sujet de la traduction de *omoousios* dans le *Credo*, par *de même nature*. On risquait avec cette traduction de perdre un des biens chrétiens les plus précieux. Qui s'en troublait encore ? Ils étaient bien Trois en Dieu. D'ailleurs pourquoi la liturgie française était-elle l'une des seules à avoir admis cette version ? Trois égaux, trois identiques en pouvoir, dignité, sagesse, mais trois irréductiblement non interchangeables puisqu'ils n'existaient qu'en dépendance l'un de l'autre. Toutes leurs personnes étaient d'être relatives et réciproques. Comment oser mettre les pas sur ce qui était l'une des plus merveilleuses, originales et irremplaçables richesses du trésor du Dieu chrétien ? Nous comprenions pourquoi les empereurs de Byzance avaient violemment combattu la divinité du Christ et défendu l'arianisme jusqu'à envoyer leurs polices pour faire jeter les évêques par la fenêtre au concile d'Éphèse. Comme empereurs, ils étaient représentants de Dieu, il fallait donc que celui-ci soit unique. Le Fils ne pouvait être égal à son père, sinon ils auraient dû partager la place.

Cela ne voulait pas dire qu'il fallait réduire la personne du Christ à être identique à la personne du Père, puisque c'était dans la nature même de sa personne d'être Fils. La fidélité doctrinale du prêtre obsédait Green. Sa sévérité marchait parfois à la lisère de l'injustice, mais impossible de le lui reprocher. Il aimait passionnément le visage de

Jésus et son « Incarnation poursuivie » dans le prêtre. Mystérieusement la requête de Youssoupof, d'Orson Welles, de l'académicien Russe était la même, shakespearienne : « Êtes-vous quelqu'un que l'on peut interroger ? » Qu'avez-vous à dire sur le prêtre ? Si ce n'est plus pour vous un être destiné à être dévoré par la vérité ou au moins par l'éblouissement des trésors qu'elle contient, alors, à quelle tristesse vous êtes-vous vous-même condamné ? « Soyez au moins cela, car il ne reste plus alors que la dissolution et le désespoir et nous n'avons pas trop envie de nous découvrir en état de décomposition. »

*

Octobre 1998, on a quitté la chaleur de Canton, les splendeurs brumeuses de la rivière Li pour s'enfoncer dans le territoire de jungle montagneuse des monts Jinggangshan première base révolutionnaire de Mao en 1927 et point de départ de la Longue Marche. Nous avons laissé les hameaux de Grand Puits, village originel où Mao a formé ses premiers cadres et rejoignons Nanchang. Une révolution archéologique vient d'avoir lieu. On a découvert un ensemble de bronzes de trois siècles antérieurs (XVIIe avant J.-C.) à ce qui semblait être une des bases principales de l'histoire chinoise. Bronzes du XIVe gardés à Shanghai. Il s'agit de préparer pour Paris une exposition de ces récentes découvertes. Première journée sur le champ de fouilles. Le lit du fleuve s'étant déplacé de dix kilomètres, a laissé libre l'espace de cette série de découvertes qui modifie profondément la chronologie de la culture chinoise. Le lendemain, place de la Libération, réunion avec les conservateurs, Mme la Ministre de la Culture et « l'inventeur » des bronzes. Il s'agit de faire bonne figure. Notre petit groupe d'une douzaine de membres du musée de l'Homme est un peu pris au dépourvu. On désigne l'un d'entre nous, ingénieur chimiste, pour intervenir sur la composition des bronzes, les difficultés et les possibilités lorsqu'on veut obtenir un objet d'une seule cuisson. Quant à moi je fus d'office embarqué pour l'autre séance sur l'anthropologie sous-jacente aux représentations que supportent ces différents objets. Vases liturgiques, plats, cloches, tous sont enveloppés par l'image d'un masque aux contours abstraits. Pourquoi ? J'annonce mes trois questions. Puisque toutes les figures sont celles d'un visage, quel en est le rôle ? Deuxièmement, quelle influence cette découverte des masques a-t-elle eu sur les artistes modernes, enfin troisièmement leur schématisation prouve l'influence de la culture chinoise sur d'autres civilisations, lesquelles ? Derrière cette méditation sur le visage, se cache dans mon développement une méditation sur l'Incarnation ; j'énonce les trois fonctions du masque dans l'anthropologie occidentale. 1. Signifier l'identité, c'est le rôle de la photo du passeport. 2. Conjurer les mauvaises forces par un exorcisme, c'est le rôle du carnaval en Occident, en Orient des figurines grimaçantes que de Bali au Hōryūji on met à l'entrée des maisons ou des temples. Enfin, troisièmement c'est la référence qui exprime l'appartenance à un groupe. Ainsi de Bouddha ou du Christ. À ce sujet je fais remarquer que la culture chinoise est en avance sur l'occidentale puisque, alors que nous n'avons pas de timbre qui porte l'effigie du président Chirac, non seulement Mao, mais le président Jam Zeming est déjà présent sur les timbres qui signalent l'appartenance à l'identité chinoise. Mes remarques rencontrent un complet accord.

Quand, en deuxième question posée par la typologie du visage ou des masques, je rappelle que l'art occidental a été deux fois profondément marqué par l'arrivée du schématisme du visage humain en 1904 par les masques africains sur Picasso et les cubistes, en 1925 par les masques océaniens sur André Breton et les surréalistes, on me répond que ce n'est pas encore le cas pour la Chine.

Enfin en troisième question, je laisse entendre que je suis frappé par la similitude de l'abstraction chinoise avec l'art de la Méso-Amérique, spécialement les Zapothèques dans la région de Monte Alban. C'est la même abstraction pour représenter le visage humain. C'est tout à fait normal, puisque vers moins 13000, c'est à travers la glaciation du détroit de Béring que l'Amérique a été peuplée par les Asiates.

Le conservateur refait, à ce moment-là pour prendre le temps de sa réflexion, le même geste qu'il a déjà répété plusieurs fois dans l'après-midi, il se lève, s'approche de la fenêtre, crache violemment dehors et revient s'asseoir, puis il reprend une tasse de thé, et très fier, conclut : « Vous avez tout à fait raison, on nous a déjà fait plusieurs fois cette remarque. »

Ouf ! Je suis sorti de mon examen de passage, mais cela ne me suffit pas et à la surprise des douze Européens et des six Chinois je reprends la parole en m'adressant à la ministre de la Culture. Un climat de confiance s'étant créé, j'en profite pour dire que la Chine mérite ici une mention tout à fait spéciale dans la représentation du visage humain. En effet, les chrétiens comme les bouddhistes ont mis plusieurs siècles, trois ou quatre cents ans dans les deux cas, pour oser représenter Bouddha ou Jésus, auparavant on n'évoquait que des symboles. Or le visage est pour un prêtre l'essence même de ce que l'on partage avec Dieu. Le Verbe a pris visage humain, il s'est fait chair, on l'a vu. « Ce que nous avons vu, ce que nous avons entendu de lui » dit saint Jean. Et je fredonne le chant inspiré d'un negro-spiritual, « Je cherche le visage... le visage du Seigneur. » Une glace est rompue et en m'endormant le soir, je me dis que, tant qu'un ministre chinois rêverait d'un visage, le christianisme aurait une porte entrebâillée en Chine et que, si démuni et plus démuni encore sera-t-il, le prêtre de Jésus y sera un jour accueilli.

Le maître du *Monde*

Parmi les grands rhéteurs du *Monde*, l'académicien Bertrand Poirot-Delpech est sûrement l'un de ceux qui est le plus soucieux d'exactitude. Le mardi 21 novembre 2000, Poirot écrit en parlant de Beuve-Méry « qu'il était prétendument proche des Dominicains ». Ce ci-devant *prétendu* m'amène à quelques réflexions que je m'autorise aujourd'hui, douze ans après la mort d'Hubert Beuve-Méry. Au nom de quoi mettre en doute la proximité de Beuve avec certains pères dominicains ? Le hasard ou la Providence permit que toutes les semaines pendant trente ans de 1959 à 1989 j'eus à déjeuner avec Beuve. C'est le miracle, l'énigme ou le mystère de l'amitié. Je suis incapable d'en rendre raison et de dire pourquoi l'appui du père Albert-Marie Avril, de Mme Sauvageot et du père Boisselot amenèrent cette fidélité de Beuve à mon égard.

Chaque été, il me fit venir dans sa montagne à Arèches. Il vint lui-même une année où Mme Beuve-Méry était malade passer plusieurs semaines à Cordon dans le chalet que j'occupais chez mes frères. Je l'avais rencontré pour la première fois lors de notre noviciat en décembre 1944. À la demande du général de Gaulle, *Le Monde* venait d'être fondé et je garde encore en mémoire les deux remarques avec lesquelles Beuve-Méry concluait son propos. À plus de cinquante ans de distance ses deux questions restent d'un étonnant prophétisme. La Russie deviendrait-elle asiatique ou pencherait-elle du côté de l'Europe ? L'Inde serait-elle condamnée à passer par le marxisme ?

Si j'achève ces interrogations sur le sacerdoce en évoquant Beuve-Méry, ce n'est pas pour en finir avec celles-ci. C'est impossible. J'aurai rencontré peu d'hommes en même temps aussi miséricordieux, compréhensifs pour la détresse sacerdotale et aussi exigeant pour qu'on n'en diminue pas la noblesse et la transcendance. Un jour il m'avait fait venir d'une manière sérieuse à l'hôpital d'Ivry. Une opération l'immobilisait, il me raconta avec un humour secrètement satisfait, son évasion de l'hôpital. Après les choses importantes, il me dit : « Savez-vous ce qui m'est arrivé hier ? Je me suis enfui. J'en ai assez de leurs soins. » Et voici Beuve s'évadant en robe de chambre le long du boulevard d'Ivry. Il s'était assis tranquillement sur un banc en reprenant goût aux choses et aux êtres de la vie. L'hôpital en émoi l'avait recherché pendant des heures. Il n'était pas du tout mécontent du mauvais coup qu'il avait joué. Mais Geneviève Beuve-Méry, son épouse m'avait recommandé très affectueusement de lui faire la leçon et avait hâte que nous abordions surtout l'essentiel.

« Rogue, bougon, elliptique », combien de fois ces adjectifs servirent-ils à le qualifier ! Ce ne fut jamais le cas de ce que j'ai éprouvé avec lui.

Que ce soit lors de nos petites promenades où après m'avoir fait venir chez lui boulevard Raspail, il m'entraînait à travers les jardins du Luxembourg. La liturgie de nos entretiens était toujours scandée par trois pauses. Le parcours rituel nous conduisait d'abord au buste de Baudelaire. Ici la halte était méditative. Les vers inscrits sur la pierre se prêtaient à un moment d'eschatologie :

Car c'est vraiment Seigneur
le meilleur témoignage
Que nous puissions donner
de notre dignité
Que cet ardent sanglot
qui roule d'âge en âge
Et vient mourir au bord
de votre éternité.

La conversation se poursuivait libre, confiante, grave, intime. Nous poussions jusqu'aux ruches. Là, Beuve s'arrêtait, les abeilles lui rappelaient le temps où les Frères de son école chrétienne le gardaient chez eux pendant les vacances. Il leur vouait fidèle reconnaissance de lui avoir appris les secrets de l'apiculture. En rentrant, troisième et dernière pause, moins importante que pour Baudelaire, un léger salut au buste de Mendès-France. Nous avions un peu reconstruit le monde... partageant en même temps un pessimisme confiant et un espoir réservé.

J'aimais mes petits séjours à Arèches. Beuve s'y retirait chaque été depuis les années 1935-37. Jusqu'à il y a peu, il fallait franchir à pied les cinq cents dernières mètres qui séparaient les chalets de la route en suivant un petit sentier de montagne. On avait dû le ramener chez lui sur une civière une fois où il s'était fait une fracture lors d'une course en montagne. En cas de beau temps, on déjeunait sur une table qui, pendant les trente ans où je suis allé à Arèches, a toujours dû être calée par deux pierres sur le seuil. Depuis Louis XV, le chalet n'avait subi aucune modification hormis l'électricité. Vieil insomniaque, il avait le sens de l'hospitalité. Sur la table de nuit dans la chambre du petit mazot, il y avait une *Pléiade* par exemple le *Journal* de Jules Romains, une revue d'art, *L'Œil* ou *Connaissance des Arts* et une assiette de fruits... mais il n'y avait pas l'eau courante. Cuvette et pot à eau suffisaient. Pas de frigidaire, le beurre flottait dans l'abreuvoir qui recueillait l'eau de la montagne. Nous devisions. Geneviève Beuve-Méry n'en savait pas moins où il fallait acheter le meilleur fromage de la région, derrière le petit pont de Beaufort. Bien peu, je crois, eurent cette joie d'être reçus par elle. Le père Fraisse, jésuite de Lyon, Philippe Viannay furent parmi les rares habitués. Un jour où Beuve m'emmenait en montagne, son épouse nous arrêta à vingt mètres du chalet pour nous dire de loin : « Ce soir vous aurez des œufs aux épinards. Mon père, les préférez-vous avec ou sans croûtons ? » Beuve, du ton lointain et proche qu'il savait avoir, grommela plutôt qu'il ne répondit : « Avec des petits croûtons, ça fait plus distingué ! »

Sur le seuil de ce chalet Louis XV, les propos revenaient souvent sur la mort. Des souvenirs qu'il avait gardés de son temps d'étudiant, deux lui tenaient le plus à cœur : sa carte de tertiaire dominicain lui rappelant ses années où il avait servi de secrétaire au père Janvier, dominicain, prédicateur de Notre-Dame de Paris et sa casquette de cheminot, de postier à la gare de Lyon où il travaillait pendant la nuit pour payer ses études de droit.

« Un soir des années vingt, pauvre et désespéré, il est entré à Notre-Dame de Paris. Un dominicain prêchait le carême ; il ne disait pas la justice, ni la prudence, ni la tempérance, mais la force. À l'ombre de ce religieux, dans la ligne de la vertu cardinale qu'il privilégiait, commençait l'aventure d'Hubert Beuve-Méry. » C'est par ce propos que Jacques Thibau débute les 450 pages de l'histoire du Journal *Le Monde*.

Un jour à Arèches, Beuve évoque l'inscription qu'il souhaiterait mettre sur sa tombe. « Il y aura une croix et je mettrai la phrase du répons des complies dominicaines que j'ai chantées si souvent : *In manus tuas*, (Entre tes mains, Seigneur, je remets mon esprit), mais comme personne n'est jamais revenu je mettrais un point d'interrogation. » Je l'interrompt : « Non, Beuve, pas un point d'interrogation. C'est contradictoire avec le fait de terminer sa vie en disant "En tes mains Seigneur, je remets mon esprit." Alors il vaut mieux mettre des points de suspension. » Beuve garde le silence et d'un regard où il y avait comme un grand merci, conclut « D'accord pour les points de suspension. »

Le matin, il descendait avec moi pour me servir la messe dans la petite église d'Arèches. J'avoue avoir été chaque fois ému en l'entendant dire le Confiteor dominicain : « Je confesse à Dieu... et à vous ; notre bienheureux père Saint-Dominique ». Avant de remonter, il passait à la maison de la presse ratisser tous les journaux qu'il pouvait trouver, à l'ahurissement régulier de la libraire.

Une autre fois à l'hôpital, l'air grave, pas songeur du tout, il m'interroge : « L'enfer, ça existe. Il suffit de regarder les choses. Mais faut-il en avoir peur ? » Secrètement réapparaissait son stoïcisme. Les Petits Frères de Foucauld de la région Nord de l'Europe, à sa grande surprise, lui avaient demandé de prêcher leur retraite annuelle. Il me raconte la chose, en me raccompagnant, comme il le faisait chaque semaine du restaurant Le petit Riche jusqu'à la station Opéra et il me dit : « Quand ils m'ont confié le calice j'ai communié, ai-je bien fait ? Je ne m'étais pas confessé avant. » Lui qui était si droit, si exigeant...

Je le revois encore à la cérémonie de confirmation conférée par le cardinal archevêque de Versailles, Mgr Renard, dans une maison d'enfants handicapés, où se trouvait le petit Frédéric Michel, fils d'un de ses grands amis. Nous étions côte à côte, il fermait les yeux pendant le *Notre Père*. Plus rien n'existait que cet enfant, grand handicapé moteur, et Dieu. À ces moments-là, lui qui toute sa vie s'était battu pour l'autonomie, et dont la hantise le poursuivait pour son journal, « Vouloir l'indépendance et être prêt à la payer cher », déposait sa liberté aux pieds du Christ.

Jamais son sens aigu de la responsabilité sacerdotale ne se départit, quand il découvrait telle ou telle facilité chez les prêtres-ouvriers, il ne disait rien, mais me posait l'une ou l'autre question trop bien ajustée. Il redoutait les marquis de Carabas, tel qu'il appelait l'un ou l'autre de ses confrères de la presse chrétienne. Deux fois il attacha une grande importance à sa rencontre avec le pape Paul VI. Un respect et une vénération mutuelles étaient nés entre eux. Il souscrivait pleinement aux observations de Paul VI, lorsque celui-ci lui faisait remarquer que les prêtres voulaient aller au monde sans armure. Un parachutiste ne peut pas être lâché derrière les lignes sans être armé.

Il avait voulu me confier le soin de clore à « la une » du *Monde* la série des cinq articles sur la crise de 68 me laissant toute liberté de place et de propos.

Je n'avais pas pu l'empêcher de venir régulièrement à chacune des vingt-six conférences de carême que j'eus à assurer à Notre-Dame de

Paris. Il y tenait. Il a toujours été réservé en face des propositions qu'on lui faisait d'écrire ses mémoires. C'était pour lui prendre le risque d'illusion. Comme éditeur, j'ai toujours renoncé à le lui demander. Deux fois il accepta cependant de se laisser interroger, mais refusa formellement qu'on publie ses propos. Jean Sullivan l'avait poursuivi, mais lorsqu'il s'aperçut que le résultat serait « Moi et Beuve-Méry », il refusa. Jean-Claude Barreau de son côté recommença l'aventure. Cela donna un gros livre, mais qui ne parut qu'après sa mort. Un jour où Françoise Giroud avait laissé publier une lettre privée où Beuve accusait réception en la remerciant d'un de ses livres, il me glissa à l'oreille : « Ah, on ne fait pas ça ! On n'utilise pas le courrier pour administrer sa gloire. » Lui, si pudique aimait ses amis : François Michel, Paul Delouvrier, Jean Lacroix, André Latreille étaient parmi les plus proches.

Qu'aurait-il dit alors qu'il était si reconnaissant a Paul VI d'être ce qu'il était, de voir publier dans *Le Monde* du 7-8 septembre 1997 dans la chronique du Courrier des lecteurs rendant compte des JMJ, courrier choisi et publié par Schneiderman, les propos suivants, sous le titre : « Visite du pape, un million de jeunes-vieux. » « Nous avons vécu une semaine difficile, harcelés constamment par les stéréotypes d'un discours arriéré. Les mots *amour*, *jeunesse*, et autres *quête du sens*, en deviennent insupportables... La vérité de tout cela, c'est que ces jeunes, ce million de jeunes, sont des vieux : ils parlent vieux, tiennent un discours de vieux, ont des intonations fausses et mièvres pour énoncer leurs clichés de vieux... »

Qu'aurait-il dit en voyant huit jours avant la venue du pape à Tours, Sainte-Anne-d'Auray et Reims, un ancien chroniqueur religieux du *Monde* devenu médiateur se demander « ce que venait faire ce pape momifié ». Qu'aurait-il dit, lui qui était si vigilant à la rigueur de l'information et me confiait parfois ; « J'ai dû encore enlever un tiers de l'article de X qui au lieu d'informer mettait ses tripes sur la table » ; la demi-page du journal où Danièle Hervieu-Léger avant même que les JMJ de Rome ne soient commencées, les réduisait à l'importance du pique-nique de la Méridienne du 14 juillet 2000 et l'autorité de Jean-Paul II à celle de Zidane !

Georges Hourdin voulait absolument entendre de la bouche de Beuve qu'il irait se confesser. Ne sachant comment s'y prendre il interrogea : « Beuve, pour toi, la Transcendance, qu'est-ce que c'est ? » C'était le moment où Roger Garaudy venait d'être exclu du comité central du parti communiste, flirtait avec les catholiques avant de rejoindre l'islam. Beuve-Méry, de sa voix sourde répondit seulement, en regardant son gigot-haricot « puisqu'il y en avait ce jour-là » : « La Transcendance ? C'est toute la différence entre Garaudy et Jeanne d'Arc. » Hourdin un peu perdu, lui répliqua : « Explique-toi. » Beuve élève légèrement la voix pour en finir : « C'est pourtant simple. Garaudy éliminé de son parti n'a plus personne à qui se référer. Jeanne d'Arc chassée de son Église peut encore en faire appel à Dieu. » *En faire appel à quelqu'un*, Beuve ne savait peut-être pas qu'il rejoignait mot-à-mot la définition la plus précise que saint Thomas d'Aquin avait donnée du premier des deux objets de l'espérance : *Deus auxilians*, l'aide, l'appui de Dieu.

Cher Beuve, vous n'avez pas manqué une conférence de Notre-Dame de Paris, vingt-six fois nous avons ensemble chanté le *Salve Regina*. J'ai su à quelle profondeur les querelles de votre succession vous ont atteint. C'est plus que merci que j'ai envie de vous dire aujourd'hui. Je vois encore votre regard se tourner vers moi lorsque pour résumer le concile, un grand théologien disait : « L'Incarnation je comprends, mais la Rédemption, je ne comprends pas ? » Merci de n'avoir jamais séparé notre sacerdoce de la Rédemption.

La beauté revient doucement

Votre expérience vous permet de prendre la défense des prêtres, mais ne reconnaissez-vous pas loyalement que, parfois, les sermons, les célébrations liturgiques ou la messe sont un peu ennuyeux ?

Je concèderai que je ne me console pas d'une certaine banalisation, absence d'imagination et faiblesse de renouvellement pour mieux respecter la noblesse, le bonheur et la splendeur de la liturgie, à certaines messes télévisées par exemple. J'y reviendrai. J'entends encore, peu avant sa mort, le cinéaste Henri-Georges Clouzot à qui j'apportais la communion régulièrement à l'hôpital. Comme je lui avais suggéré de regarder la messe télévisée, dès la deuxième fois, il me supplia : « Ne me demandez plus cela, ce n'est pas possible de filmer ainsi la messe. J'en suis malade. » C'est à peu de choses près la même réflexion que me fit Michel Serrault, le grand acteur aussi doué pour le comique que pour le tragique. Il a plus d'une fois témoigné de l'humilité de sa foi et de l'attachement à la messe, à la pratique. Lorsqu'il se sent en confiance, il laisse percer regrets et nostalgie en face de l'absence de tonus, de beauté, de rayonnement, d'attention, de présence, des acteurs et participants des liturgies d'aujourd'hui. Il est trop intelligent et reconnaissant à l'égard de l'Église pour en rajouter. Il ne se plaint pas. Mais il sent en son cœur ce qui serait possible. Et Dieu sait s'il a du cœur. Mais les choses ne sont-elles pas en train de changer considérablement et les fleurs de la liturgie du concile n'éclosent-elles pas un peu partout en vraie beauté ?

Que dire devant certaines célébrations ? La messe du Bourget avec le pape Jean-Paul II a montré au monde entier que nous avions encore tant de progrès à faire pour être plus humbles. Mais, encore une fois, comme pour la Bible, un tournant se dessine depuis peu et il est merveilleux.

Mais il faut immédiatement ajouter, des réussites et des moments si heureux. Je pense par exemple aux messes d'enfants handicapés à la télévision ; elles étaient bouleversantes. Je pense plus simplement aux messes dominicales et aux Semaines saintes de ma paroisse Saint-Pierre-du-Gros-Caillou, aussi bien que celles des paroisses voisines de Solesmes, animées par mon ami le père Christof Hentschel. Cela n'a rien de commun avec la pure beauté des célébrations monastiques, mais l'atmosphère de communion, le génie inventif par exemple pour Noël, la confiance mutuelle et la joie explicite de tous chaque dimanche sont bien ce que l'on retrouve dans des centaines de paroisses en France. Si pour la liturgie, « la beauté boite encore », comme disait Cocteau, nous vivons une exceptionnelle période dans l'histoire de la prière.

La Méditerranée était si belle

Une histoire réelle rapportée par Pierre Bouteiller dans le journal *Le Monde*, permet de conclure.

Un groupe de jeunes, en vacances. Ils ont loué un bateau. Le ciel est admirable. La Méditerranée immobile, plate, bleue. Tout à coup, une voix s'élève, moqueuse : « Chiche, on plonge ! » Ils coupent le moteur. Et du haut du bateau qu'ils avaient loué pour une balade nonchalante, ils plongent en riant, en chahutant, les uns en blue-jean, les autres en maillots de bain. Ils sont neuf jeunes gens, filles et garçons, sportifs.

Ils ont plongé en abandonnant le bateau, écrasé de soleil. Ils ont oublié une seule chose : de jeter l'échelle de coupée. Ils se baignent en haute mer, dans ce sentiment merveilleux, unique, de liberté et de beauté, jusqu'à l'instant où l'un d'entre eux, désirant remonter à bord, s'est aperçu qu'il ne le pouvait pas. Au début, cela les a peut-être fait rire... Maintenant, imaginez les efforts qu'ils ont dû fournir pour regagner le pont. Comment venir à bout de cette paroi unie et recourbée légèrement au-dessus d'eux ? Pendant des heures, les mains ouvertes ont cherché à s'agripper, elles ont tenté de trouver une aspérité sur la surface inaccessible. Ils ont fait dans l'eau, la courte échelle jusqu'à l'épuisement, la suffocation, se montant les uns sur les autres... Leur rage, leurs larmes, c'est la lutte contre l'agonie dans la nuit qui tombe brusquement.

On a retrouvé le bateau, deux jours plus tard, à la dérive. Sur ses parois lisses : des traces de sang, des bouts d'ongles, de dents, de poignées de cheveux, des lambeaux de peau collés par la sueur. C'était des garçons musclés et des filles bronzées.

Ne demandez pas aux prêtres d'être des champions, d'avoir du génie, d'avoir des capacités exceptionnelles de gestion ou d'invention. Nous sommes de pauvres hommes, mais notre vie est possédée par une hantise : ne pas oublier de lancer l'échelle de coupée. Le problème n'est pas de savoir si elle est en corde, en aluminium ou en plastique. Peu importe, cela peut dépendre des époques. Le problème est d'envoyer l'échelle. Sur le bateau, il y a quelqu'un, le Christ. Il nous a confié les sacrements, cette échelle de coupée. Il est présent. Il prit du pain et dit : « Ceci est mon corps. » La nouveauté est là décisive. Ce n'est plus du pain, c'est la présence du Christ parmi nous. Cela est Cela qui sauve. Je ne sais pas où nous en serons demain, je sais qu'aujourd'hui, c'est dans nos mains.

Y a-t-il eu des moments privilégiés où tout se récapitulait pour vous ?

Bien sûr. Mais chaque messe, chaque confession, chaque rencontre, chaque service a toujours le même poids puisqu'il implique la présence et la présence réelle, aimée et aimante du Christ.

Alors il ne s'agit pas simplement d'évoquer des souvenirs. Ils seraient trop nombreux : la première et la dernière conférence de Notre-Dame de Paris ; tel sermon à Radio-Alger en plein putsch ; au nord du Japon, la messe du jour de la fête des Poupées ; en 1979 le panégyrique de Jeanne d'Arc devant le président de la République et tout le gouvernement pour l'inauguration du monument national qui avait été voté par la Chambre des députés à l'unanimité en 1920 ; le Jeudi saint avec les Pères Blancs de Ghardaïa alors qu'au moment de la consécration le muezzin chantait si fort qu'on était obligé de s'interrompre ; tant de prédications un jour sur une péniche pour la fête des mariniers, une autre fois dans un hôpital pour des enfants handicapés. Il faudrait des pages et des pages. Évidemment, certains moments restent plus profondément gravés.

La célébration de la messe au Calvaire pendant un pèlerinage à Jérusalem, les larmes m'ont envahi sans que je m'y attende. Une autre fois il en fut de même en célébrant la messe au Carmel « du Précieux Sang » à Dachau après avoir visité le camp de concentration et les fours crématoires, (le Carmel est installé à la porte du camp dans deux anciennes baraques de prisonniers, remontées en forme de croix). Et une autre fois agenouillé à la cathédrale d'Hiroshima, avec le père Arthur, mon compagnon, père supérieur des Dominicains du Japon, pendant une heure et demie, après la visite du Mémorial et du parc de la Bombe, nous étions incapables de prononcer une parole.

Je dois ajouter aussi l'extraordinaire lumière de bonheur que j'ai vue sur le visage de mon père lorsqu'il m'a embrassé après s'être confessé à moi. Il avait pressenti au moment de me faire cette demande que je pouvais être surpris, il m'a seulement dit : « Fais ton devoir de prêtre. » La même proximité me fut révélée lorsqu'à leur tour, mes frères aînés m'ont demandé de leur donner le sacrement du pardon. Au moment de leurs obsèques, je savais que c'étaient désormais eux qui m'enverraient l'échelle de coupée.

15
L'impossible secret

Quand les sociologues de la religion laissent croire que la confession personnelle a été désertée, que doit-on en penser ?

Ils parlent de la confession sans avoir jamais confessé. Il faut être net sur ce point. Il y a dans certains livres de sociologie et d'histoire de la confession une dérive, pas toujours innocente.

Je ne suis pas sûr que quelques historiens, n'aient pas sur ce sujet un métro de retard. Je suis surpris du décalage qu'il y a entre la réalité de la pratique chrétienne d'aujourd'hui (et non pas seulement d'hier), et la manière dont elle est retranscrite par les sociologues de la religion.

Le concile de Vatican II lui-même n'a-t-il pas changé les données du problème ?

Non. Sa fidélité explicite et affirmée au concile de Trente est sans discussion. Les normes du Nouveau rituel de 1978, les encycliques de Jean-Paul II, le nouveau droit canon, les précisions de la Congrégation pour la doctrine de la foi, confirmées par Paul VI et Jean-Paul II sont formelles. Depuis quarante ans, nous connaissons avec ces textes un âge d'or de l'intelligence chrétienne sur la culpabilité, l'aveu, la confession et la réconciliation. Nous n'avons probablement jamais eu dans l'histoire meilleure aide pour comprendre ce sacrement. Il s'est passé cependant devant ces textes une surprenante fuite, qu'il serait peut-être bon d'analyser.

Encore une fois je dénie le droit aux sociologues ou aux historiens de tirer des conclusions s'ils n'ont pas l'expérience constante que le prêtre a de la confession.

On demande des confesseurs

Vous avez écrit il y a trente ans un livre qui a marqué, On demande des pécheurs. *L'écririez-vous de la même manière aujourd'hui ?*

Oui, sans en changer une ligne. Mais je lui adjoindrais une deuxième partie intitulée *On demande des confesseurs.* Il suffit qu'une paroisse y croie pour que le mouvement de confiance se retrouve et redonne un bonheur inattendu. On est ici au point de rencontre le plus important de tous les mystères chrétiens et amené à regarder en face sa nouveauté irréductible. Dieu s'est soumis à la confiance de l'homme et ne cesse de faire appel à son amour.

Ceux qui passent leur temps à minimiser le rôle de la confession personnelle portent atteinte, je l'ai dit et le redirai inlassablement, au plus important des droits de l'homme. Singulière schizophrénie, ce sont parfois ceux-là même qui parlent le plus des droits de l'homme et qui ont constamment à la bouche le respect de la personne qui, dans le même temps, refuseraient à Dieu (et donc à l'homme), la possibilité de libérer et d'être libérés de la principale aliénation qui nous atteint tous, à savoir celle qui est intérieure à notre cœur.

Le concile a, dans des conditions précises, ouvert le sacrement à différentes formes, mais jamais au détriment de cette rencontre personnelle de Dieu avec l'homme.

Ne serait-ce pas devenu une obsession chez vous ?

Non. Il s'agit de l'enjeu principal de ma vie. Prendre au sérieux l'amour de Dieu et la passion de l'homme. Pour m'en expliquer, j'ai souvent évoqué l'image de la greffe. Saint Paul l'utilise, elle est l'une des plus parlantes pour exprimer l'originalité du christianisme.

Pour qu'une greffe puisse prendre, il faut trois conditions. La première est une double incision, une double blessure et sur le porte-greffe et sur le greffon. Toute la Bible les décrit. Il y a la passion du cœur de Dieu qui cherche inlassablement à s'unir à l'homme et il y a la passion du cœur de l'homme en détresse pour trouver un sens à sa vie.

Il faut ensuite une ligature qui fasse tenir les deux blessures, les deux incisions l'une contre l'autre afin que la vie de l'un puisse passer dans l'organisme de l'autre. En Anjou, on compte qu'un bon spécialiste peut faire par jour deux cents ligatures pour les greffes d'arbres fruitiers. On a estimé que le Curé d'Ars avait probablement confessé cent mille personnes.

Enfin la troisième condition fondamentale pour que la greffe prenne est l'aide à apporter afin d'éviter le phénomène du rejet. Une légère différence d'hygrométrie dans le Val de Loire en février suffit pour qu'une partie des greffes soit perdue. On a assisté lors de la première greffe du cœur faite par le professeur Barnard sur Blaiberg à un suspense mondial. Les médecins le savaient, mais on a tous découvert à ce moment-là qu'il y avait dans chaque greffe un combat. L'ensemble des cellules du corps humain se mobilise pour chasser ce cœur étranger alors que l'organisme central veut, lui, ce cœur puisqu'il est son sauveur.

Ainsi de la confession. Elle respecte les deux passions les plus nobles qui existent, celle du cœur de Dieu et celle du cœur de l'homme. Elle propose l'échange réel, comme on le dit dans le cantique en reprenant les paroles d'Ézéchiel : « Donne-nous un cœur nouveau. » En rappelant l'attitude constante de Dieu dans la Bible : « Revenez à moi, ô ma fiancée que j'aime », la confession nous permet d'éviter le risque mortel du rejet.

N'y a-t-il pas derrière nos hésitations en face de la confession quelque chose de plus profond ?

C'est évident, ce n'est pas d'abord la confession qui est en cause, mais le bonheur. Nous avons soif de bonheur, mais nous avons peur d'avoir soif. Interpréter la confession comme s'il s'agissait d'un tribunal est une perversion qui n'a rien à voir avec l'Évangile. Ceux qui s'approchent du Christ sont non seulement pardonnés, mais engagés dans un bonheur plus grand qu'ils ne le pensaient. Dans la belle église baroque de Valloire, en Haute-Maurienne, il est inscrit sur le confessionnal non pas « Tribunal de la justice », mais « Tribunal de la miséricorde », c'est-à-dire le lieu où l'on est (toujours) acquitté.

N'avez-vous eu jamais écho de telle ou telle personne qui se soit confessée et à qui on ait refusé l'absolution ? Que lui répondriez-vous alors quelle sort en pleurant ou en se révoltant ?

Que Jésus n'a jamais condamné personne, sinon l'orgueil. Il s'est assis sur le même banc que nous, à côté de nous et a pleuré avec nous. On peut dire que Dieu est comme un roi qui, voyant les assassins de son Fils se noyer, a envoyé celui-ci pour les sauver.

Concrètement, je conseillerais à celui qui s'est fait refuser l'absolution d'aller voir un autre prêtre. De même qu'une dialectique n'épuise pas le mystère, de même une seule rencontre n'épuise pas la miséricorde divine. Je lui suggèrerais d'abord, avec les mots les plus doux, de ne pas juger ni condamner le prêtre qui ne l'a pas compris. Ce serait se mettre au même niveau que lui et porter atteinte à la bonté recréatrice de Dieu en y mettant des limites. C'est pour cela que Moïse s'est vu interdire l'entrée dans la Terre promise, non pas pour avoir désobéi en frappant deux fois le rocher afin d'avoir de l'eau vive, mais pour avoir mis des limites et soupçonné la bonté créatrice de Dieu. Saint Thomas d'Aquin dit que le pardon du péché est une œuvre plus grande que la création du monde.

Nous sommes ici devant la merveille de l'absolution, il faut le souligner. Quelles sont les paroles les plus hautes et les plus nobles qu'un homme puisse prononcer sur terre : ce sont celles de la consécration et celles de l'absolution. Elles réalisent ce qu'elles prononcent. « Ceci est », cela est vraiment désormais le Corps du Christ. De toutes les paroles qui peuvent être échangées au moment d'une préparation au mariage, les seules décisives, les seules irréversibles, essentielles, déterminantes sont les paroles de l'absolution. L'aveu apporte la matière, le matériau du sacrement, l'absolution lui donne existence et forme. Pardonner est l'acte le plus haut de Dieu, se confesser est alors l'acte le plus grand de l'homme. Saint Thomas ajoute que la seule démarche d'aller se confesser peut être tellement pénible qu'on est déjà pardonné.

Il y a deux attitudes, à la limite inexplicables pour un confesseur : se laisser aller à dire à quelqu'un qui se confesse que ce qu'il dit n'a pas d'importance et que cela ne vaut même pas la peine de se déranger ; deuxièmement, refuser à la légère l'absolution.

Je connais tel chrétien qui n'est jamais retourné voir un prêtre depuis l'âge de quinze ans parce que l'un d'eux lui avait dit que tout ce qu'il avait confessé n'avait pas d'intérêt.

La grande révolution de Bouddha a été de faire comprendre que nous étions responsables non seulement de nos actes, mais de l'intention de nos actes. Alors ? C'est le progrès que le bouddhisme a fait faire à l'hindouisme qui proposait une simple réconciliation liturgique par le feu avec le Grand Tout.

Un acte d'apparence banale, par exemple « faire croire à sa mère qui est légèrement malade qu'on a du travail et qu'on ne peut pas aller promener le chien », alors qu'on le pourrait très bien, est un acte d'apparence légère. Il peut recouvrir une malice profonde. La théologie fait justement remarquer qu'un seul acte peut orienter la conscience pour toute la vie. Peu de choses sont peut-être aussi admirables que les confessions d'enfants ou d'adolescents.

Celui qui refuse l'absolution ne peut pas le faire sans accompagner avec d'autant plus d'attention le pénitent qui est peut-être beaucoup plus proche que lui de la béatitude des larmes. Un homme ne console pas. Jésus console. Saint Jean a tout dit dans sa première Épître : « Et si ton cœur te condamne, Dieu est plus grand que ton cœur. » C'est la phrase que François Mauriac avait écrite sur le missel qu'il avait offert au mari de la romancière Colette.

Les prêtres sont-ils donc assez attentifs au rapport entre confession et bonheur ?

Sans idée préconçue, l'expérience vécue du sacerdoce apprend vite que la confession, avec le catéchisme, est à la source du bonheur d'être catholique.

Le bonheur, selon la meilleure définition qu'on en a donnée, celle de saint Augustin, est « la possession à la fois intense et paisible de tout ce qu'on peut désirer ». Reste à savoir ce qu'on peut désirer, et comment retrouver le nord magnétique si l'on s'est trompé. Tout le monde admet que l'homme est fait pour le bonheur, mais on met toute sa vie à choisir entre un bonheur par repli sur soi et un bonheur par ouverture, pour finir par s'apercevoir qu'on ne peut pas choisir, car personne n'échappe aux deux voies du bonheur. Il y a la voix de la sécurité qui veut d'abord la paix, la tranquillité de la possession, les joies paisibles du foyer, quitte à endormir la soif d'infini, voire à anesthésier ou trahir son destin. Il y a l'autre voie, celle de l'aventure qui préfère l'intensité et la recherche de la nouveauté, quitte à sacrifier la possession et à frôler la violence, le besoin de dominer ou la folie, comme tous les Faust ou tous les Baudelaire de la terre.

Des absolutions invalides

Que pensez-vous de ceux qui ont poussé les chrétiens à se désintéresser de la confession individuelle auriculaire en voulant la remplacer par les absolutions collectives ?

C'est simple. Ma réponse risque d'être brutale. Ils privent l'homme du premier droit que tout être humain peut revendiquer, à savoir celui d'être reconnu pour ce qu'il est, c'est-à-dire pauvre, limité, et parfois enfermé dans une solitude dure, celle de la conscience.

Bien sûr, on est encore loin d'avoir reconnu les chances du nouveau rituel de la confession, publié en 1978 qui ouvre les manières de se confesser à plusieurs possibilités. Mais pour autant, cela n'excuse en rien l'abandon de la rencontre de Dieu seul à seul dans la confession auriculaire. Les conditions des absolutions collectives sont explicites et précises sous peine d'invalidité. Je souligne bien *invalidité*. Ou bien il faut l'admettre ou bien arracher des pages du nouveau droit canon. Il est sur ce point aussi clair que les règles du nouveau rituel.

On prend une responsabilité grave en dissimulant ici le devoir du prêtre, comme le font certains livres récents. Pourquoi chercher à prouver que Jean-Paul II serait allé à l'encontre des vues du concile en insistant pour qu'on n'abandonne pas la confession individuelle ? C'est faux. Alors que les célébrations collectives, elles, apporteraient la vraie « libération ». C'est faux aussi.

Dans sa deuxième encyclique, Jean-Paul II a résumé ce qui était finalement en jeu. Un prêtre n'a pas le droit de priver ses frères humains de ce droit d'être écouté et reconnu pour ce qu'il est. Rien ne nous autorise non plus à priver Dieu du premier des droits de la divinité qui est de manifester concrètement son amour. Jean-Paul II supplie les confesseurs non seulement de ne pas priver les hommes de la possibilité d'accéder à Dieu, mais d'abord de ne pas enlever à Dieu lui-même cette possibilité de rejoindre les hommes là même où ils en ont le plus besoin.

Je connais la littérature que l'on a pu produire sur ce sujet. Je connais personnellement certain responsable liturgique qui a parcouru la France pour « désintoxiquer » les consciences au nom de l'absolution collective ! Je connais des colloques d'historiens qui au nom de l'érudition ont embrayé dans le même processus, sous la férule du père de Certeau. Laisser croire aux fidèles que l'aveu n'a finalement pas beaucoup d'importance ou ne servirait que de moyen de pression sociologique pour l'Église, n'est-ce pas une tentation de ces dernières décennies ? Ce constat de la désaffection du sacrement n'est déjà plus exact. Heureusement, le balancier du réel revient en place. L'attitude générale en face de la confession se modifie nettement. La nostalgie de la vérité a été plus forte que les sondages et les colloques.

La tendance à l'abandon de la confession individuelle n'est pas seulement évidente, ne serait-elle pas aussi gravement fautive ? Elle va contre l'expérience la plus habituelle de ceux qui confessent.

Elle va contre la sollicitation la plus générale dans la vie collective d'aujourd'hui : en face des « affaires », de n'importe quelle corruption ou de n'importe quel délit, la société et les victimes attendent d'abord et avant tout l'aveu. Chaque procès d'assises montre avec quelle ténacité les familles bouleversées par un drame sont capables d'attendre la découverte et l'aveu du coupable. Aucun psychiatre n'oserait plus dire que la libération, par la reconnaissance de ce qui a été, n'est pas la requête la plus profonde de toute conscience. C'est une évidence des sciences humaines, quand il s'agit de culpabilité. Les journalistes les plus sobres revendiquent le droit à l'information lorsqu'il s'agit de l'aveu.

La légèreté en face de la confession va enfin à l'encontre de l'Évangile où Jésus met toute son attention à éveiller la conscience de chacun, Pierre, la Samaritaine, Nathanaël, Nicodème, la mère des fils de Zébédée, l'aveugle-né, la Cyrénéenne... Jésus délivre les consciences en aidant avec affection à reconnaître ce qui est.

L'abandon de la confession va aussi contre les progrès de l'Église dans la gestion de ce qui est son trésor absolu : être déléguée et responsable de l'essentiel, la miséricorde, attribut propre au supérieur comme supérieur (à celui qui est au-dessus de la Loi) et donc à Dieu comme Dieu. Depuis le début de mon sacerdoce, je suis tellement marqué par cette certitude que j'ai écrit sur ce sujet un petit livre avec textes nécessaires, exemples et réflexions théologiques : *Le secret de la confession* et j'y suis revenu tout au long des prédications à la radio ou lors des conférences de Notre-Dame de Paris et de trois autres livres.

Absolution collective avec ou sans aveu ?

Est-ce le vrai dilemme ? Chacun est invité à chercher Dieu. La raison humaine sera toujours en état de gourmandise indéfinie. Le seuil décisif de la maturité n'est pas de choisir pour ou contre l'infini, pour ou contre l'aventure, pour ou contre la tranquillité. Notre destin n'est même pas d'abord de chercher ou d'avoir besoin de posséder Dieu, mais d'accepter d'être recherché et possédé par Lui.

C'est ici que catéchisme et confession interviennent au plus profond des lois premières de la psychologie. Dieu ne veut être possédé que s'il est choisi et re-choisi consciemment et de manière libre. Or il n'y a pas d'autre manière d'exercer cette liberté que d'ouvrir la porte inconditionnellement à une parole de lumière qui fait la vérité sur nous.

Prôner l'absolution collective contre la confession individuelle relève-t-il seulement d'un règlement de comptes avec l'histoire de la confession ? Avec le nouveau rituel et l'effort du concile, il est proposé un progrès dans la confession, comme ce fut le cas à chaque étape du sacrement : ne pas faire payer aux petits la facture des réticences, des erreurs ou des déviations du personnel de l'Église. Quelle qu'ait été dans l'histoire la variété des manières de se confesser, le fait de se reconnaître pour ce qu'on est, de l'avouer grâce à l'aide du Christ — car tout seul c'est trop dur — et d'être pardonné, reste aujourd'hui aussi neuf, extraordinaire et merveilleux que sur les bords du lac de Tibériade. On n'a pas à proposer à celui qui est désespéré, le seul rite d'une absolution collective pour débarrasser sa conscience et le dispenser du cœur à cœur avec le Christ. Il faut inlassablement le répéter, le droit canon et le nouveau rituel de l'Église catholique sont formels, on rend les absolutions collectives *invalides « si l'on n'informe pas explicitement les fidèles du devoir et de la possibilité pour eux de rencontrer le Christ personnellement »*, alors qu'ils ressentent le besoin d'être pacifiés à la suite de chutes importantes, de souffrances, d'égoïsme ou de révoltes.

C'est clair, à la suite du Christ, l'Église prend au sérieux la liberté de la personne humaine. Pour que l'absolution collective soit valide, l'aveu ultérieur des fautes graves est nécessaire dans le cadre d'une confession individuelle.

La défection des clercs ne sera pas éternelle

Je revendique ici le droit de parler, ayant personnellement dirigé la publication des deux ouvrages sur la confession — je devrais presque dire parmi les plus fondamentaux depuis longtemps — à savoir les études historiques du professeur Cyril Vogel et l'ouvrage synthétique du père Hyacinthe Dondaine revu par le père Carra de Vaux sous le titre *Revenir à Dieu.* Je suis sûr que si Jean Delumeau et les historiens du livre *Pratiques de la confession* avaient vraiment confessé, avaient vraiment eu à donner l'absolution, ne serait-ce qu'une seule fois dans leur vie, ils auraient écrit différemment. Ils ne savent pas le miracle de la confession et provoquent une régression là où l'invitation des instances les plus hautes et les plus universelles de l'Église, proposent un prodigieux progrès, non pas en énucléant l'aveu, mais en lui resti tuant son rôle salvateur.

Après cinquante ans de sacerdoce, je puis dire, sans indiscrétion, que je n'ai jamais vécu une heure de confessionnal sans assister au miracle de la rédemption. Qu'il s'agisse de moniales de tous âges, d'enfants, de fiancés prenant au sérieux leur préparation au mariage, de ceux qui abordent aux frontières de la mort, ou tout simplement, quel que soit notre âge, aux passages de chaque tour de stade de la vie, c'est toujours un émerveillement. Lorsque des religieuses se confessent tous les dix jours, ne taxons pas cela trop vite de routine ou d'acte secondaire. Chaque fois, il y a place pour l'action de grâce lorsqu'un esprit, même à partir de réalités banales, retrouve le nord magnétique de sa vie par la communion aux énergies en jeu dans l'agonie et la résurrection du Christ. On assiste exactement à la joie bouleversée de saint Pierre s'effondrant devant le Christ au bord du lac de Tibériade : « Tu sais bien que je t'aime », sous-entendu : « Tu sais bien que je ne t'aime pas encore ». Le Christ n'a pas dispensé saint Pierre de son aveu parce qu'il ne voulait pas le dispenser du bonheur de coopérer à sa propre restauration.

Auprès de qui la mère de famille, dont un fils et un gendre sont morts du sida, et qui, broyée par la douleur, ne se voit pas la capacité d'assister à la messe de Pâques avec ses alleluias, peut-elle trouver réconfort ? Auprès de qui la « compagne » qui sort de l'enterrement de celui qu'elle aimait, peut-elle trouver consolation, alors qu'elle vous dit : « Sa femme avait, elle, le droit de pleurer, moi je n'avais pas le droit ? » Auprès de qui le pédophile peut-il refaire la vérité alors qu'un de ses amis, non coupable, a été emprisonné parce qu'on a trouvé des cassettes chez lui ? La confession, c'est cela.

Pourquoi priver l'homme de son premier droit ?

Ainsi en nous détournant de la confession, on nous prive de l'occasion d'affiner notre conscience ; on nous laisse plus ou moins livrés à la débandade de nos agressivités, de nos gourmandises, de nos pulsions ou à la pesanteur d'amertumes et regrets au lieu de les canaliser et de les vivre dans une action à deux avec le Christ. Ce n'est pas une affaire d'obligation canonique ou de cuisine ecclésiastique. C'est un constat formidable. Une seule force au monde peut éduquer de l'intérieur, sans blesser : l'énergie du Christ en Passion. Un seul visage, un seul regard, celui du Christ, peut aider à nous voir tels que nous sommes dans notre nudité, sans nous meurtrir. Seul il peut nous décaper sans brutaliser et donner au contraire toutes les forces de conversion, de guérison et de survie.

Comme avec les citernes de Jérémie qui sont vides en plein désert alors que leur source est toute proche, les chrétiens vont chercher, difficilement parfois, les consolations de remèdes psychologiques plus ou moins vides alors qu'ils ont l'eau vive du Christ à portée de main. Je ne peux vraiment pas ici crier l'expérience de plus d'un demi siècle de pratique de la confession, pour moi-même le premier. Le seul remède sur terre assez puissant en face de la tragédie de la finitude — et saint Thomas parle bien de « remède » lorsqu'il analyse l'essentiel des sacrements — est la participation aux énergies du Christ dans une rencontre personnelle. Que de fébrilités ou d'anesthésies, de tristesses inutiles, d'aveuglements ou de tricheries et d'inconsciences, seraient peut-être évitées, par exemple dans les affrontements conjugaux, parentaux ou familiaux, si nous, humains, acceptions, de temps en temps par la pratique de la confession, la grâce de nous regarder nous-mêmes avec douceur tels que nous sommes. Fut-ce à l'occasion d'actes apparemment secondaires. Que de tragédies arrivent uniquement parce qu'elles ont été préparées par le refus de se voir. L'immaturité revient très vite dans une conscience lorsqu'elle a remplacé la confession par le besoin de se plaire. Ceux qui privent leurs enfants de l'habitude de ce regard sacramentel savent-ils ce qu'ils font ? Ils perdent le meilleur complice de l'éducation humaine.

N'exprimez-vous pas ici seulement votre expérience ou votre opinion personnelle ?

Non. Il faut le redire au risque de lasser, c'est trop important. J'ai cité dans le petit livre *Le secret de la confession*, (pages 49-71), les textes indélébiles de la tradition et de la foi chrétienne : de l'Évangile aux pages les plus récentes des indications ecclésiales.

Je dois avouer ici une des surprises de ma vie sacerdotale. Ces pages, sont souvent inconnues des clercs eux-mêmes. Je reste déconcerté en m'apercevant que ce livret du nouveau rituel reste introuvable dans un grand nombre de paroisses, de centres de retraites ou de prières. Ce texte est encore une fois admirable. Depuis le concile de Trente, je n'en connais pas de plus fort, beau, proche, consolant, théologiquement affiné que celui-là. L'épiscopat français a mis plus de quatre ans pour traduire ces vingt-cinq pages ! Pourquoi en priverait-on le peuple chrétien puisqu'elles expriment la loi de la pratique ecclésiale ? « *Lex orandi, lex credendi* », la loi de la prière guide et exprime la loi de la foi. Or c'est désormais dans ce texte, bref et accessible à tous, qu'on trouve l'expression de la prière de l'Église en face du péché, de notre condition de pécheur aimé et en face du salut.

Rien ne peut justifier que les évêques ne l'aient pas fait connaître davantage, alors que c'est un des points majeurs qui, dans le concret, peut légitimer la survie du christianisme en face de l'islam, du bouddhisme, de l'hindouisme et aider à ne pas trop subir les conséquences laissées par la conscience marxiste.

Luther et la confession

En insistant sur la confession, ne faites-vous pas bande à part des protestants ou des orthodoxes ?

Il faudrait en finir un jour ou l'autre avec nos simplismes. J'ai cité à Notre-Dame de Paris un des textes les plus forts de Luther sur le rôle de la Vierge Marie. Il est beaucoup plus « catholique » que bien des expressions actuelles de certains de nos coreligionnaires. Or sur la *confession personnelle*, Luther — contrairement à ce que l'on pense, imagine et répète — s'est aussi exprimé avec une force rarement égalée.

« Même si j'avais des milliers et des milliers de mondes, je préférerais les perdre plutôt que de laisser échapper de l'Église le plus petit morceau de cette confession des péchés. Oui, je préférerais supporter la tyrannie papiste des jeûnes, fêtes, habits, places, condamnations, capuches et tout ce qu'on peut supporter sans atteinte de la foi plutôt que de voir enlever aux chrétiens la confession ; car elle est pour eux la première et la plus utile école. Là ils apprennent à comprendre et à pratiquer la Parole de Dieu et leur foi comme ils ne le font jamais si puissamment dans les leçons publiques et les prédications. Je ne veux laisser personne me ravir, m'enlever la possibilité de la confession privée et je ne voudrais pas la donner pour tous les trésors du monde, car je sais quelle force et quelle consolation elle m'a donnée. Personne ne sait ce dont la confession est capable comme celui qui doit combattre et batailler avec le diable. Il y a longtemps que j'aurais été vaincu et étranglé par le diable si cette confession ne m'était pas restée. »

Pourquoi se donner tant de mal pour s'opposer à la confession personnelle ? Pourquoi chercher à mettre en contradiction — si laborieusement — l'opinion de Jean-Paul II et le concile Vatican II ? Ce texte de Luther mériterait peut-être d'être cité lui aussi dans l'érudition un peu écrasante, mais orientée de certains livres sur le sujet.

Quant à nos frères orthodoxes, il suffit pour faire bref de rappeler le génie avec lequel quelqu'un de peu susceptible d'être taxé de sympathie pour le catholicisme s'est exprimé. À la fin de *Crime et châtiment*, Dostoïevski montre Raskolnikov, le meurtrier, s'écrouler devant la femme qu'il aime. C'est l'une des scènes les plus extraordinaires de la littérature mondiale. Sonia lit à son fiancé le passage de l'Évangile de saint Jean rapportant la résurrection de Lazare. Elle a découvert, de son côté, le drame d'être une prostituée. Que propose-t-elle à celui qu'elle aime et justement parce qu'elle l'aime et veut le sauver, alors qu'elle sait très bien que cela va l'envoyer au bagne, elle ne lui demande qu'une seule chose avouer, avouer sa faute.

Quand il a porté le roman de Dostoïevski au théâtre, Gaston Baty, a eu, pour figurer le mariage de Sonia et de Raskolnikov, une trouvaille de génie : au dernier tableau, on voyait Raskolnikov, le meurtrier, s'avancer lentement sur la place de l'église, qui symbolisait

Dieu, devant les passants qui représentaient la société. On entendait alors Raskolnikov renouveler l'aveu de son crime : il faisait de nouveau à Sonia, la femme qu'il aimait, mais cette fois-ci à voix haute et devant tout le monde, l'aveu qu'il lui avait confié seul à seule. Quelle célébration !

Bergson disait que le fautif dont on ignore la faute est un inconnu pour les autres, qui le prennent pour un être différent de ce qu'il est vraiment ; en un sens il n'existe pas, disait-il, fût-ce pour lui-même. Tout aveu est une délivrance. Celle qui permet à un homme de dire avant de mourir : « Je vaux mieux que ma vie... » C'est ce que Dieu propose à l'occasion de chaque confession : réintégrer notre histoire dans celle du salut.

Impossible secret ou impossible aveu ?

Les deux. Sans le Christ et sans le miroir qu'il nous tend, impossible d'avoir envie de se reconnaître tel que l'on est. La confession ne nous est pas proposée pour qu'on offre une image satisfaisante de soi, mais pour qu'on la retrouve et la reconstruise avec bonheur dans le regard du Christ.

On se souvient de ce que dit dans *Les frères Karamazov*, le staretz Sosime, porte-parole de Dostoïevski. Son frère accepte enfin le soulagement d'un aveu après son crime et murmure :

« Oui. J'ai peur ; j'ai peur de mourir. » Sosime lui répond : « Ne crains rien et n'aie jamais peur, ne te chagrine pas. Pourvu que le repentir dure, Dieu pardonne tout. Il n'y a pas de péché sur la terre que Dieu ne pardonne à celui qui se repent sincèrement. L'homme ne peut pas commettre de péché capable d'épuiser l'amour infini de Dieu. Car peut-il y avoir un péché qui dépasse l'amour de Dieu ? Ne songe qu'au repentir et bannis toute crainte. Crois que Dieu t'aime comme tu ne peux te le figurer, bien qu'il t'aime dans ton péché et avec ton péché. Il y aura plus de joie dans les cieux pour un pécheur qui avoue et se repent que pour dix justes. Ne t'afflige pas au sujet des autres et ne t'irrite pas des injures. Pardonne dans ton cœur. Si tu te repens c'est que tu aimes. Or, si tu aimes, tu es déjà à Dieu. »

Et le staretz Sosime ajoute : « Si les hommes se reconnaissaient capables de tout, ce serait le paradis sur terre. »

PREMIÈRE PARTIE

IV
Raisons de vivre

16

La création, pourquoi ?

« L'amour, l'amour, l'amour » : les prêtres entendent-ils ce qu'ils disent lorsqu'ils profèrent ce mot pour évoquer le message du Christ ? Se rendent-ils compte à quelles représentations, expériences et images le mot amour renvoie les auditeurs d'aujourd'hui ?

Il m'est arrivé, pour un comité de télévision, où experts et psychologues s'interrogeaient, d'avoir à rendre compte des émissions qui traitaient de l'amour. En un seul mois : j'ai eu à rendre compte de trente émissions. Et encore, je n'avais pas à m'occuper des films douteux, mais seulement des émissions consacrées aux « faits de société », y incluses certaines qui relevaient des variétés. L'amour était partout et servait de point de départ, d'occasions privilégiées ou d'alibis. On s'interrogeait, parfois gravement, aussi bien sur « la possibilité du célibat », « les coulisses du sexe », « les lendemains de l'inceste », « l'initiation aux préliminaires », « la solitude impossible », « l'évolution culturelle chez les jeunes », « comment c'était la première fois ? », etc.

Ce n'est pas l'audace des évocations ou la crudité des révélations qui posent question, mais la complaisance, la banalisation, la volonté et l'insistance pour imposer à tous des justifications souvent déboussolées, certaines fois ouvertement perverses, voire faussement inquiètes en face des déviances évidentes. C'était parfois sinistre, souvent hypocrite, rarement heureux, sauf paradoxalement lorsque deux fois on rencontra le témoignage de moines et de moniales. Sinon, tout, tout, tout ce qui est possible a envahi l'imaginaire et le langage communs. Non seulement tout est excusé ou excusable, mais — et cela est relativement récent — on ne fait même plus appel à des justifications. Si vous ne pensez pas comme nous, vous êtes anormal, demeuré, ou coupable d'être chrétien ! Quitte à ce que le docteur responsable d'une émission légère confie ses enfants à un collège religieux...

Les mêmes conclusions furent évidentes dans la longue série consacrée à *La Légende des passions*, par le journal *Le Figaro* pendant l'été 1996. Chaque jour du mois d'août fut consacré à l'amour. Défilèrent les Grecs, les Romains, les Papous, le Moyen Âge, le Romantisme... et, surprise, une pleine page consacrée à Thérèse de Lisieux sous le titre *Celle qui aimait Dieu comme un homme.* L'auteur de l'article, Mgr Guy Gaucher, évêque de Lisieux eut l'habileté de commencer en citant des passages de poésie et de lettres de sainte Thérèse où elle s'adressait au Christ. C'était bien plus fort et explicite que toutes les déclarations des Grecs, des Papous, des troubadours ou des chansons d'Édith Piaf. Paul Valéry ne s'y était pas trompé qui situait au plus haut les poèmes de saint Jean de la Croix dans la traduction faite par le père Cyprien de la Nativité au XVIIe siècle.

Parler d'amour ne vous pose-t-il pas question ?

J'isole trois interrogations.

1. Si la Bible utilise l'amour conjugal, non seulement dans le *Cantique des cantiques*, mais dans les prophètes Osée, Isaïe, Jérémie et Ézéchiel, dans l'épisode du miracle de Cana, quand il s'agit d'ouvrir l'épopée publique du Christ, et dans les Épîtres de saint Paul pour décrire l'amour de Dieu pour l'homme et de l'homme pour Dieu, comment utiliser cette réalité brûlante sans la trahir ?
2. Comment prouver qu'on est entré non seulement dans l'idée, mais dans la réalité de cette réponse que seul apporte l'amour ?
3. Enfin comment rectifier l'expérience humaine de l'amour par d'autres comparaisons ?

Non seulement, la Bible suggère la comparaison de l'amour conjugal, mais la privilégie pour dévoiler les sentiments de Dieu en face de l'humanité. Les descriptions utilisées par la Révélation biblique ne sont pas seulement celles d'émotions douceâtres pour adolescents. Elles relèvent de la force de la passion et des retours dont un amour fidèle est capable malgré les trahisons. Osée devient prophète en faisant un mauvais mariage. Dieu évoque les adultères de sa femme et lui demande de la retirer du désert et de la reprendre auprès de lui comme au jour de ses fiançailles parce que c'est alors seulement que lui, Osée, comprendra les sentiments de Dieu pour l'humanité. « Ce jour-là, Osée comprend qui est Dieu », à cause des forces recréatrices de l'amour, il est habité par les mêmes sentiments que ceux de Dieu.

Inutile d'évoquer le réalisme de la tendresse divine décrite par le *Cantique des cantiques*, elle est tellement vraie que certains n'y ont voulu voir qu'un des plus beaux poèmes jamais écrits pour un banquet de mariage. Les mystiques ne s'y sont pas trompés. Malheureusement, Thérèse d'Avila a brûlé son commentaire et Thérèse de Lisieux, malgré son désir, n'a pas eu le temps de l'écrire.

Certes, la réalité de l'amour est si délicate qu'on peut ne pas l'entendre avec rectitude et plénitude. Néanmoins son réalisme même est indispensable à la compréhension du mystère de notre rapport à Dieu. Impossible d'admettre le mystère de la création, de l'histoire, de la foi, de la prière et de la confession, de la mort et du Jugement, si l'on ne remonte pas jusqu'à l'amour conjugal.

Israël est une épouse infidèle, mais son époux ne peut oublier les jours heureux : « Je me souviens de la piété de ta jeunesse, de l'amour de tes fiançailles alors que tu me suivais au désert » (Jér 2, 2). Israël est la fiancée pauvresse, l'orpheline que son amant a trouvée au bord du chemin qu'il avait recueillie, parée, embellie, et pourtant elle l'a trahi (Ez 16, 6-15). « Adultères », nous appelle saint Jacques, parce que nous nous sommes détournés vers « l'amitié du monde », alors que « Dieu aspire jalousement à cet esprit qu'il a implanté en nous » (Jac 4, 4-5). « L'Église est l'épouse de Dieu qu'Il aime à ce point qu'en elle Il ne peut supporter “ni tache ni ride” » (Eph 5, 27).

La vérité de cette analogie, de cette comparaison vient de ce que l'Amour, *de par sa nature même*, exige le perfectionnement de l'objet aimé. De tous les pouvoirs, il est celui qui pardonne le plus, mais qui compose le moins. Il se réjouit de peu, mais il réclame tout. Quand le christianisme déclare que Dieu aime l'homme, cela veut dire qu'Il *l'aime*, vraiment. Il s'agit alors de bien autre chose que de traiter quelqu'un avec une sorte d'affection qui rclèverait seulement d'un souci désintéressé, mais finalement plus ou moins indifférent à notre bien-être. Si redoutable et surprenante que soit cette vérité, nous sommes les objets de l'amour de Dieu, cela entraîne très loin.

Vous avez demandé un Dieu qui vous aime, vous L'avez. Dieu est là, non pas avec une sénile et bienveillante somnolence qui souhaiterait nous voir heureux à notre guise ; non plus avec la froide philantropie d'un magistrat consciencieux ; ni le souci de l'hôte responsable du confort des invités, mais le feu consumant Lui-même, l'Amour qui fit les mondes, obstiné comme l'amour d'un artiste pour son œuvre ; prévoyant et vénéré comme l'amour d'un père pour son enfant ; exigeant et délicat comme l'amour conjugal.

Qui oserait prétendre être entré dans cette authentique compréhension de l'amour ? Vous semblez dire que, entre autres, la confiance manifestée par l'aveu dans le sacrement en est un des plus hauts signes. N'est-ce pas conférer à la confession un sens plus profond que beaucoup ne lui accordent aujourd'hui ?

C'est aussi normal d'avoir peur d'aller jusqu'au bout de la confiance et de l'aveu dans la confession que difficile dans l'amour. Contrairement aux apparences on peut tout confier au Christ en s'écroulant, là où la sagesse peut conseiller de ne pas forcément faire tout peser au conjoint.

Ainsi on pourrait en arriver à considérer comme normal d'éviter la confession. Elle conduit en effet à accepter une rectification de soi. En l'évitant, on évite d'une certaine manière la confiance qui fait partie de la foi. On voudrait être « bien », tout en faisant l'économie de la foi. Foi et confession mettent en cause la raison même de la création et l'acte le plus fondamental de notre vie : s'en remettre à un autre. Se confesser, c'est accepter un partenaire. Et se compromettre en face de lui en reconnaissant que l'on ne peut pas s'en passer. Si je confesse Dieu et si je me confesse à Dieu, non seulement j'avoue dépendre de Lui, mais je proclame à moi-même aux anges et aux autres que j'aime cette dépendance, que c'est elle qui nous fait vivre et que notre vie est une action à deux. On signifie alors que Dieu est amour et qu'on y croit, là même où la blessure a peut-être atteint le plus profondément notre personne.

La messe et la prière peuvent encore peut-être rester de l'ordre du monologue, de l'expérience psychologique ou esthétique. Avec la confession, on s'oblige à reconnaître ce que l'on est : un être créé, limité, fragile, mais aimé. Et on oblige l'Autre à nous appeler par notre nom. La relation à Dieu n'est plus chose seulement abstraite. Elle amène à passer de la « crainte servile » à la « crainte filiale ». Elle fait vivre la Pâque qui va de l'angoisse en face d'une libération à venir, à la seule véritable anxiété que Dieu veut pour nous : celle qui, à l'intérieur de l'amour, découvre que l'on n'aime pas encore assez.

L'Évangile a illustré cette attitude en montrant la différence qu'il y avait entre la crainte de Simon le pharisien, (il se sait parfait puisqu'il accomplit la Loi, il n'a donc plus besoin de Dieu comme partenaire) et celle de Marie-Madeleine qui, au contraire, à cause de sa blessure comprend la nostalgie qui l'habite. Elle se découvre aimée, donc capable d'espérer. Ainsi de la Samaritaine, de saint Pierre, du lépreux, de Thomas l'incrédule. Certes ils s'écroulent, mais c'est pour découvrir pourquoi ils ont été créés.

Si Dieu est amour, il est par définition quelque chose de plus que la simple bonté. C'est tout l'apport extraordinaire du judaïsme, du peuple choisi, à l'histoire de l'humanité. Le Dieu de la Bible apparaît dans la tendre, ferme et douce pédagogie comme quelqu'un qui a souvent repris et blâmé l'homme, mais qui ne l'a jamais considéré avec mépris. Dieu nous fait l'intolérable honneur de nous aimer, au sens le plus profond, le plus tragique, le plus total. C'est ce mystère, premier entre tous, que nous affirmons au-delà de ceux qui ignorent, dévaluent ou abandonnent d'une manière ou d'une autre, méprisent la confession sans se rendre compte qu'ils risquent de mettre en cause l'amour même qui a présidé à la création du monde. C'est l'intuition du cardinal Ratzinger lorsqu'il insiste sur la manière dont les chrétiens sont redevables à la conception que le judaïsme a de Dieu.

Saint Thomas d'Aquin va jusqu'à dire que pardonner le péché est un acte plus important que la création du monde. Celle-ci implique la seule liberté de Dieu, tandis que le pardon ne peut se réaliser sans la liberté confiante de l'homme qui jette tout dans le brasier d'un amour.

À partir d'autres comparaisons que l'amour conjugal, peut-on compléter cette analogie pour avoir une idée, bien qu'encore imparfaite peut-être, mais plus rectifiée de cet amour de Dieu ?

Prenons l'exemple de l'œuvre d'art. Si une peinture, une sculpture ou une symphonie étaient sensibles, plus elles seraient travaillées par la passion de l'artiste, plus elles crieraient grâce ; et pourtant, plus elles seraient aimées. Bien entendu, on ne peut pas en rester à cette seule comparaison au risque d'amener sans le vouloir à un Dieu artiste peut-être, mais dominateur.

Il faut compléter notre idée de Dieu à partir de la manière dont le Christ lui-même révèle son propre caractère de Fils. Bien qu'en ne faisant qu'un avec son Père et étant co-éternel avec lui, il s'abandonne entièrement à la volonté paternelle. Il ne permet même pas qu'on l'appelle « bon », parce que Bon est le nom propre de son Père. Dans cette comparaison suggérée par le Christ lui-même, l'amour entre Père et Fils signifie essentiellement amour de source d'une part et amour de confiance, d'abandon et d'obéissance de l'autre. Ici, il n'y a plus à avoir peur de dire que le Père use de son autorité. Au sens étymologique de *augere, auctor*, l'autorité est la source de bonté de *celui qui fait naître et a souci de faire grandir*. Le Père veut faire de son Fils l'être humain que dans sa sagesse, il désire qu'il soit. Encore une fois cette intuition est une des plus hautes que le judaïsme ait apporté aux religions humaines. Le Christ l'a pleinement assumée et manifestée jusqu'à la Croix.

L'islam est réfractaire à l'idée d'une paternité divine car pour lui, paternité implique souillure sexuelle. C'est probablement ici que l'on voit le plus comment, avec l'islam, on est dans un autre univers de pensée.

Quand vous en appelez à l'idée d'amour pour comprendre le pourquoi de la création, ne faites-vous pas un saut qui échappe aux philosophes ?

Admettre un amour qui entre dans sa vie, c'est franchir un seuil, c'est accepter une dépendance et une aventure imprévisible. Comment cela se fait-il ? Comment cet amour est-il possible ? Personne ne le sait. C'est la question sur laquelle a buté indéfiniment un philosophe chrétien comme Paul Ricœur. Il nous rend service en montrant comment une certaine hésitation demeure à franchir le pas et à donner plein droit à la Révélation alors que cela ne diminue en rien les exigences philosophiques. Pascal et Bergson vont plus loin. Ce n'est pas du tout diminuer la raison que de reconnaître qu'il ne lui est pas donné d'expliquer pourquoi une créature peut bien avoir une si prodigieuse valeur aux yeux de Dieu. C'est un poids de gloire qui excède même nos désirs, sauf en de rares moments de grâce. Nous sommes plutôt enclins, telles les vierges de la tragédie antique, à conjurer Zeus de détourner de nous son amour.

Pourtant le fait est là. L'Impassible parle comme s'il était sous l'empire de la passion. Celui qui renferme en lui-même la cause de sa propre félicité et de celle de tous les êtres, s'exprime comme si, par impossible, « Il » se trouvait dans le besoin et se découvrait bouleversé d'émotion. « Ephraïm est-il donc pour moi un fils si cher, un enfant favori ? Chaque fois que je parle contre lui, je me ressouviens encore de lui. Aussi pour lui mes entrailles se sont émues » (Jér 31, 20). « Comment te délaisserais-je, Ephraïm ; te livrerais-je Israël ? Mon cœur se retourne en moi » (Osée 11, 8). « Jérusalem, que de fois j'ai voulu rassembler tes enfants comme une poule rassemble ses poussins sous ses ailes et vous ne l'avez pas voulu » (Mt 23, 37).

Concilier la souffrance humaine avec l'existence de Dieu n'est un problème insoluble que si nous nous obstinons à garder au mot *amour* un sens superficiel, et à considérer l'ordre des choses comme si l'homme était le centre. L'homme n'est pas le centre ; Dieu n'existe pas *pour* l'homme. L'homme n'existe pas pour lui-même d'abord.

Alors ceux qui rejettent Dieu n'auraient pas tort ? On nous bluffe-rait en nous parlant d'amour alors qu'il ne resterait en face de nous qu'une impasse ?

Bluff : non. Tragique : oui.

Mais tragique par mensonge ou par insuffisance de compréhension ?

Par insuffisance de lucidité et par une certaine peur du cœur. Ce sont ceux qui refusent d'aller au bout de l'amour qui mentent.

Est-ce leur faute ?

Non, c'est très difficile sinon impossible d'aller au bout sans l'aide de la grâce efficace.

Pourquoi ?

Parce qu'on ne peut pas comprendre la réponse si l'on refuse de l'expérimenter.

La réponse ? Qu'est-ce donc ?

Que nous ne sommes pas faits d'abord pour aimer, mais pour que Dieu puisse nous aimer.

Expliquez.

Si nous n'avions été faits que pour pouvoir aimer, l'amour serait toujours restreint et limité à nous-mêmes, êtres créés, terminés, repliés, au mieux jaloux et passionnels, finalement dévoreurs et destructeurs pour se satisfaire. Pour que l'amour soit réalisé et donc illimité car c'est son vœu intime, il faut que sa source et son but soient infinis et donc qu'il vienne de Dieu et conduise à Dieu. Nous sommes ainsi faits, afin que Dieu puisse nous aimer, puisse être attiré par nous et prendre en nous ses complaisances. Oublier cela a conduit au tragique manque à gagner qu'a instauré une certaine doctrine protestante en instaurant la morale à la place de la vie théologale. Péguy ne s'y est pas trompé en donnant priorité à la pécheresse qui se découvrait aimée et aimait en face de Simon le pharisien.

N'y a-t-il pas alors divorce entre notre bonheur et celui de Dieu ?

Non. Il est vrai que dans notre condition actuelle, notre « bonheur » n'est pas le but que Dieu a principalement en vue. Il y faut une condition antérieure, évidente. C'est que nous devenions tels qu'il n'y ait plus aucun obstacle à l'amour infini. Alors nous serons heureux.

Déjà, dans l'amour conjugal lui-même le plus accompli, on ne peut jamais prétendre qu'il n'y ait aucun obstacle. Ce n'est que grâce à l'acceptation humble de toute purification que le bonheur devient possible. On réalise alors seulement que nous avons bien été faits pour que nous aimions Dieu. C'est le miracle de tout amour lorsqu'il est allé au bout du vœu de la réciprocité. Tant qu'il reste un obstacle d'un seul côté, l'amour ne peut apporter le bonheur.

Tel est le but de chaque acte de foi, de chaque sacrement de la foi et donc de chaque confession. Il n'est pas étonnant qu'on n'ait pas toujours envie de l'entendre.

Avec l'amour, ne camouflez-vous pas la Toute-puissance pour faire mieux admettre un Dieu, finalement, super-tyran et égoïste ?

Ce serait le cas si l'on n'allait pas au bout de la révélation biblique telle que le Christ l'a accomplie. Le reproche est bénéfique. Il oblige à rectifier nos idées naturellement trop étroites. Je ne connais aucun texte qui l'ait exprimé plus violemment que le testament du ghetto de Varsovie tel que je l'ai lu à Notre-Dame de Paris (voir *Contre toute espérance*, éd. du Cerf). L'idée folle que Dieu viendrait me dire qu'Il n'existe pas : je croirais encore en Lui et L'adorerais.

L'amour de Dieu serait-il tyrannique ? Sa jalousie serait-elle avarice, âpreté, rivalité ? Va-t-il entrer en conflit avec ses créatures ?

On peut donner une première réponse d'une certaine fraîcheur souriante. Dieu ne peut pas plus entrer en compétition de jalousie avec ses créatures, pas plus que l'amour de Shakespeare ne peut entrer en compétition avec l'amour de Juliette, lorsqu'il crée la pièce de théâtre *Roméo et Juliette*. Seul Shakespeare intervenant dans la pièce pouvait écrire un dialogue entre Juliette, son héroïne, et lui l'auteur. C'est un peu ce qui se passe avec l'Incarnation. Quand Dieu se fait homme et vit comme une créature parmi ses propres créatures, sa vie est alors d'une totale abnégation et aboutit au calvaire.

Une réponse plus directe serait la suivante. Nous qualifions l'amour humain d'égoïste quand il satisfait ses propres besoins aux dépens de ceux qu'il aime. C'est le cas, par exemple quand un père garde chez lui les enfants parce qu'il ne peut se résoudre à se priver de leur compagnie alors qu'il devrait dans leur propre intérêt les lancer dans la vie.

Rien ne peut être antérieur à Dieu s'il est Dieu, sinon celui-là, ce quelqu'un (ce « fondamental » comme dit étrangement Ricœur) serait encore supérieur à Dieu. Cela est facile à énoncer, difficile, voire impossible à admettre, vraiment. L'amour de Dieu pour nous, n'est pas causé par une bonté que nous aurions en nous, antérieurement à Lui. C'est Lui au contraire qui dépose toute la bonté qui est en nous et de cela nous n'avons aucune expérience. C'est vraiment « l'impossible secret ».

Dans le cas de l'homme, le partenaire a des motifs de séduction. On les découvre, on se laisse ou non atteindre, émouvoir, mettre en route par ces motifs : elle (ou il) est belle, elle est jeune, elle est vive, elle est douce, intelligente, compréhensive, attachante, intuitive... Que sais-je ? En rester là, c'est encore demeurer à une conception grecque de l'amour. L'autre est aimé pour ses qualités, non pas encore pour sa personne. Et si l'amour ne doit pas aboutir, mieux vaut ne pas ruminer sur ces motifs, en tout cas ils sont antérieurs à nous et ce sont eux qui nous ébranlent. Alors naît le désir, puis la poursuite de son objet et l'union à ce qui comble l'amour humain.

Dans le cas de Dieu, il faut inverser le parcours. C'est ce qui occupe toute la Bible. Dieu met toute sa patience, sa longanimité et sa tendresse à éduquer les hommes pour leur faire comprendre ce qu'est l'amour. C'est toute l'histoire du Premier Testament qui fonde le génie du judaïsme. Par amour, Dieu nous a appelés à l'existence et ensuite se déroule la longue histoire de la découverte de cette amabilité, qui n'est pas si facile à admettre, et de la réciprocité qui peut en naître. Dieu est le Bien absolu, infini. Il ne peut que communiquer le bien. Il ne peut ni en avoir besoin ni l'acquérir. En ce sens, tout Son amour est, pour ainsi dire, foncièrement dépouillé, par définition même. Il a tout à donner et rien à recevoir.

Dieu s'exprime parfois comme si l'Impassible pouvait subir la passion et comme si l'éternelle Plénitude pouvait être dans le besoin. Cela peut signifier seulement que Dieu, par pur miracle, s'est rendu capable de cette faim, de ce besoin qu'Il a créé en Lui et que nous pouvons satisfaire. S'Il a besoin de nous, c'est qu'Il l'a choisi. Et s'Il choisit d'avoir besoin de nous, c'est parce que nous avons besoin qu'on ait besoin de nous. Notre plus haute activité sera toujours réponse, retour, réciprocité et non pas d'abord et seulement initiative. Qui a une seule fois aimé dans sa vie connaît bien la crainte de découvrir que l'autre n'attend plus de réponse.

Pour certains, l'amour est une expérience intéressante ou redoutable, pour d'autres cela mérite d'être vécu. Enfin pour d'autres, c'est la seule vérité qui peut tout engager. Mais il faut bien reconnaître qu'il y a aussi une idolâtrie de l'amour : on peut en rester à se complaire dans le fait d'aimer être aimé. Faut-il suivre Jacques de Bourbon-Busset lorsqu'il poursuivait cette sacralisation humaine des sentiments ? Je ne sais.

Vous semblez suggérer qu'il faudrait aller plus profond ?

La vie des saints et des mystiques me semble indiquer que ce que propose le Christ va plus loin. Une certaine conception de l'amour peut rester en deçà de la vérité. En effet, ce n'est pas arbitrairement que Dieu nous a faits tels que Lui-même soit notre seul bien. Il est l'unique bien de toute créature. Qu'il puisse jamais exister aucun autre bien que Dieu, est « un rêve athée ». Si l'on pouvait transcrire en une phrase l'ultime proposition de la Bible, on pourrait dire que Dieu se présente aux hommes avec cette seule confidence : « Vous pouvez être vivants de ma vie, forts de ma force et bienheureux de ma béatitude. Je n'en ai aucune autre à vous donner. » C'est le dernier mot de l'histoire.

Estimant aller jusqu'au bout — et cela nous apparaît déjà inouï — nous apprenons lentement à dire à Dieu : « Seigneur, c'est Toi qui comptes. » Il reste encore à entendre la réponse de Dieu à sa créature stupéfaite. Il monte sur la croix et ouvre les bras pour nous dire : « Non, c'est toi qui comptes. »

C'est le dernier mot de tout acte de foi et de tout sacrement de confession.

N'est-ce pas proposer encore une vision d'un Dieu dominateur qui aurait tout agencé pour lui ?

Ce serait le cas si Dieu pouvait être autre chose que don. Il est impossible à l'homme d'avoir expérience ou idée d'un amour total, infini, gratuit, créateur des raisons d'aimer. Ce n'est pas une raison pour en récuser la réalité. On peut seulement pressentir. Tout amour humain s'agrandit par son amour. L'amour divin ne peut s'agrandir : Dieu n'est que don.

Et il donne deux fois. Il donne d'abord son Fils. Il l'envoie sauver ses propres bourreaux. Le Père et le Fils donnent à leur tour leur Esprit, c'est-à-dire l'amour qu'ils portent en commun pour leur commune vie et existence.

Il en est de Dieu et de son Fils avec nous comme de deux fiancés à l'égard d'un étranger. Le fiancé et la fiancée lui diraient : « Je ne peux pas te donner celle ou celui que j'aime. Je ne peux pas me détourner de lui. Il est la vie de ma vie, le Verbe de ma pensée, le Fils de mon cœur. Nous n'avons qu'une existence, qu'une intelligence, qu'un amour. Mais justement, nous allons te partager cet amour même par lequel nous nous aimons, afin que tu puisses être aimé et aimer comme nous nous aimons nous-mêmes. Cet amour c'est le Saint-Esprit ».

Qu'est-ce que Dieu pourrait donner de plus ? Sinon ce partage de sa béatitude. C'est bien le dernier mot de l'histoire, le seul qui légitime tout, et d'abord la création.

Sinon, quelle farce !

17

La vache et l'escalier

Les bonheurs de penser

Vous mettez l'amour en ultime raison de vivre. Qu'en est-il du pouvoir et de la joie de penser ?

Vous connaissez la remarque de Bossuet ? « Malheur à la connaissance qui ne se tourne pas à aimer. » L'intelligence est intérieurement liée à l'amour. Plus on aime, plus on a envie de réfléchir.

Il faut faire un pas de plus et demander à la réflexion de prouver la richesse, la variété, l'amplitude de ses terrains d'application et de ses méthodes. On ne réfléchit bien que ce si l'on a découvert l'analogie, c'est-à-dire l'unité et la diversité des applications de la raison, et j'allais dire, les bonheurs de penser. Ce pourrait être le vrai titre de ce chapitre.

Vous avez consacré beaucoup de temps à l'étude et à l'enseignement de la philosophie et de la théologie. Or vous avez évoqué, juste avant vos études universitaires, la séduction que les mathématiques avaient opéré sur vous. Cette séduction dure-t-elle encore ?

Écoutons la conversation de deux paysans. L'un d'eux n'en finit pas de poursuivre l'autre pour qu'il lui vende une de ses vaches. De guerre lasse, ce dernier consent en ne mettant qu'une condition c'est qu'il mette un franc sur la première marche de son grenier et qu'il double pour chaque marche suivante de l'escalier qui en contient vingt-deux. L'acheteur fait un bref calcul. Sur la première marche un franc, la deuxième deux francs, la troisième quatre francs et ainsi de suite, il rumine intérieurement : « Pas de problème pour arriver à vingt-deux si, à la huitième marche, on n'en est encore qu'à cent vingt huit francs » et conclut un peu vite le marché. De fait, à la vingt-deuxième marche il devra mettre l'équivalent de plus de quatre millions au total. C'est cher pour une vache.

Une histoire similaire avait été imaginée par les Arabes. Un nombre a coûté cher au calife de la légende. Celui-ci avait promis d'offrir à un pauvre enfant qui lui avait sauvé la vie, tout ce qu'il lui demanderait. L'enfant, connaissant le pouvoir presque surnaturel de la puissance des nombres, demande simplement au calife de prendre un jeu d'échecs et de mettre sur la première case un grain de blé, sur la deuxième deux grains de blé, sur la troisième quatre grains et ainsi de suite, en doublant chaque fois le nombre de grains d'une case du jeu à la suivante. Le calife est surpris, et même un peu déçu, par une demande aussi modeste qui n'allait pas lui permettre de montrer sa toute-puissance. Quand il fallut exécuter le souhait, la déconvenue fut incroyable, il fallut rassembler deux fois deux, puis doubler le chiffre autant de fois qu'il y a de cases sur un jeu d'échecs, c'est-à-dire deux à la puissance soixante quatre (moins un pour les puristes). Cela équivaut à remplir un *cube de dix kilomètres de côté*, ou bien à couvrir un pays comme la France d'une couche de grains de blé d'un mètre d'épaisseur.

Le calife avait trouvé plus puissant que lui : la puissance des nombres.

N'avez-vous pas un regret à l'égard des mathématiques ?

Si. C'est peut-être le seul regret intellectuel qui demeure en moi. Je dois reconnaître la joie précise que j'ai eue avec les mathématiques, que ce soit en classe de terminale ou plus tard en Sorbonne avec les deux années de cours de Bachelard sur la logique des postulats, l'équivalence des géométries non-euclidiennes et l'étude de la topologie ou de l'*analysis situs.* J'ai rarement été aussi heureux qu'en rejoignant l'intuition des mathématiques et les théories physiques contemporaines en entrant un peu dans leur compréhension, grâce à l'analyse de la pensée géométrique et de l'indéterminisme quantique. Bachelard aidait à découvrir l'intelligence de ce qu'il appelait « le nouvel esprit scientifique ». Cela m'a marqué pour tout le reste de ma vie.

Au point de départ, y a-t-il eu un coup de foudre ?

Oui. La découverte, si je puis dire « musicale », des intuitions qui gouvernent les mathématiques. Que ce soit les théorèmes de Gauss, la rapidité de saisie que permettent les progressions arithmétique ou géométrique, la théorie des ensembles, l'ouverture sur l'univers grâce à la trigonométrie, les jeux de l'algèbre pour avancer en simplification, enfin les constructions de coniques. J'ai, par exemple, beaucoup aimé faire certains calculs comme celui d'un paraboloïde hyperbolique. Derrière ce mot compliqué, il y a une intuition simple : on peut calculer et résoudre en une formule la superficie d'une étendue constituée par l'espace balayé entre deux droites qui ne sont pas parallèles, comme les toits et courbes des volumes du merveilleux musée Guggenheim de Bilbao. Si l'on tirait une toile entre les deux lignes ou les deux tronçons de cône, on a forcément une surface en forme de vrille. J'en ai rêvé en découvrant la splendeur des nuits de juin au nord du Canada quand les aurores boréales dévoilaient leurs écharpes lumineuses au-dessus de la baie James. Nous étions subjugués par la splendeur inégalable du spectacle. Nous étions comme submergés, enveloppés, surpris de toutes parts et poussés à sortir de ce qui créait au-delà de la beauté un certain effroi en face de ces couleurs rouges, mauves, jaunes, vivantes, mouvantes, indéfinies. Mais en même temps j'étais aussi émerveillé de savoir que l'esprit n'avait pas à avoir peur d'être écrasé devant cette lumière qui couvrait tout l'horizon, tout le ciel, toute la terre dans un silence saisissant puisqu'il pouvait, grâce aux mathématiques, faire tenır en quelques lignes la superficie de ces draperies.

Les émotions de la plénitude

Vous avez utilisé le mot de musique. Avez-vous d'autres émotions intellectuelles qui pourraient laisser entendre à ceux qui ne sont pas « matheux » la joie propre aux mathématiques ?

Il y a eu plusieurs moments que je n'hésite pas à rapprocher, car ils apportent la même plénitude à l'esprit. J'en isole quatre ou cinq issus de l'astrophysique, du grégorien, de la musique, auxquels j'ajouterai les trouvailles de la linguistique chinoise.

La découverte des filières que l'on peut établir entre les pictogrammes chinois est saisissante. Le père Léon Wieger, jésuite, a laissé à la fin du XIXe siècle un travail qui, plus qu'aucun autre, met au cœur de la naissance du langage humain. Il a réussi à établir les familles d'idéogrammes à partir de 224 primitives.

Comment passer d'une image du réel, d'un pictogramme, d'un idéogramme ou d'un kanji, c'est-à-dire d'une représentation figurative à l'idée abstraite que nous transcrivons en lettres d'un alphabet ? Comment généraliser l'intuition portée par le dessin du pictogramme ? C'est un bonheur de suivre l'évolution d'un idéogramme chinois et de repérer par exemple, les sept étapes qui de l'origine à maintenant, ont jalonné la compréhension d'un simple mot comme celui de « oiseau ». On a l'impression d'être au contact de la beauté lorsqu'elle est portée par l'intelligence du réel. Comment, à partir du caractère « homme », dont le dessin schématisé est évident, capter la séquence qui en découle : mort-prison-ciel-oiseau-barbares-progresser-nuit-personne. Tous ces concepts dépendent d'une même série visuelle, là où pour nous, il faut neuf ou dix formulations abstraites différentes. On pourrait multiplier les exemples : Maison-temple-paix-lucarne-ouvrir la porte-halle-hameau. On est chaque fois pris par le bonheur d'un jeu intelligent. Combien ai-je regretté d'être obligé, faute de temps, de m'arrêter après la trente-deuxième leçon de chinois...

On a le vertige en pensant que l'Occident a besoin de sept ou huit sources pour décrypter ce qui a présidé à la naissance de sa pensée : le sumérien, le hittite, l'ougarit, l'égyptien, l'hébreu, le grec, le latin, le celte, alors que la Chine a su créer un langage et des codes de communication d'une seule lignée. Ce n'est pas le cas pour notre culture. On retrouve les traces et les racines du chinois actuel dès les XIVe, voire XVIIe siècles *avant* Jésus-Christ sans qu'elles aient été altérées.

Dans notre cas, depuis l'époque du code d'Hammourabi, un des premiers documents qui ait fixé la manière de vivre en commun pour les Occidentaux, il a fallu l'équivalent d'une dizaine de civilisations ou de moments différents de notre culture. Il y a un étrange bonheur à entrer dans l'écriture chinoise, et donc coréenne et japonaise, et à comprendre les connections qui laissent un certain goût d'ivresse ou comme disaient les Pères de l'Église en parlant de la liturgie une *sobria ebrietas*, une « sobre ivresse ».

Une sobre ivresse

J'ai eu la chance pendant dix ans d'études, puis dix ans de professorat, d'être baigné par le grégorien. Après avoir passé presque vingt ans dans un couvent où l'on chantait l'office en grégorien, j'ai ressenti en changeant de couvent qu'il me manquait quelque chose. Dans ma nouvelle communauté, on ne chantait que le *Salve Regina* des complies en terminant la journée, le reste de l'office étant simplement récité. J'ai mis plusieurs mois avant de comprendre d'où venait mon impression de manque. C'était l'absence de grégorien, l'absence de musique. J'avais un peu perdu avec lui l'atmosphère heureuse de ma vie. Je l'ai mieux saisi en lisant les analyses de dom Gajard ou de Dom Jean Claire de Solesmes. C'est un enchantement de finesse inégalable et de sobriété heureuse. Je ne suis pas sûr qu'une exégèse, herméneutique ou interprétation biblique puissent accéder à une telle acuité. Ces analyses furent une révélation. Malgré des années de pratique grégorienne, je n'avais pas encore vu jusqu'où des auteurs anonymes du VIIe au XIe siècles avaient pu communier aux mystères et atteindre une telle perfection dans le bonheur. Nous sommes des barbares à côté d'eux. Cela ne m'empêche pas d'être saisi lorsqu'un prêtre ami transcrit en rap le Prologue de saint Jean. Je ne plaisante pas du tout. Fait avec intelligence et respect, cela a une force et une vérité religieuse authentiques.

Revenons au grégorien. Avec lui, il s'agit de bien autre chose que seulement d'un plaisir esthétique. Prenons un exemple.

Les mouvements du *Renouveau* dans l'Église actuelle ont su, dans leur manière de prier, rejoindre l'authentique émotion de la foi. Mais une question demeure en face de tous les renouveaux. Si l'émotion de la foi est légitime, les fidèles charismatiques peuvent-ils en rester à cette émotion ? Ce n'est pas le risque du grégorien. Il est chaste et silencieux à l'intérieur même de son inspiration. Quand il dévoile et signale le mystère, il s'efface en renvoyant à plus grand que lui : cette présence devant laquelle Jacob, Isaïe ou saint Pierre se sont agenouillés. Il exprime en même temps le doux enlacement de la Fiancée du Cantique, l'effroi d'Isaïe ou l'irrépressible attente d'Ézéchiel.

On peut répéter la phrase de Malraux dans ses *Entretiens* avec Guy Suarès, elle est véridique. Malraux ne se trompe pas lorsqu'il avoue que parmi toutes les réalisations qui approchent le sacré, deux demeurent insurpassables : le grégorien et l'icône. Messiaen l'avait compris qui s'est constamment inspiré des mélodies grégoriennes pour ses propres compositions, par exemple lorsqu'il démarque ouvertement l'*Introït* de Noël pour ses *Petites liturgies.*

Je suis encore habité par les mélodies grégoriennes de l'avent, du carême, de la semaine sainte. Je les sais par cœur. Je ne connais aucune œuvre humaine qui ait su transcrire aussi bien l'alliance de la pensée, de la parole, du drame et du silence que les *Passions* selon saint Matthieu et saint Jean que l'on chantait pour le jour des Rameaux ou le Vendredi saint et par le chant du *Discours après la Cène*, chanté l'après-midi du Jeudi saint. J'ai eu plusieurs fois à pénétrer les subtilités de ces mélodies en ayant à chanter les Passions comme diacre ou comme prêtre. Rien que de m'en souvenir, un frisson me saisit. Heinrich Schütz, Telemann ou Jean-Sébastien Bach ne s'y sont pas trompés qui se sont inspirés du grégorien. Si celui-ci comble, il n'empêche pas pour autant d'être sensible aux *Jubilus* de Vivaldi, aux *Magnificat* de Monteverdi, à tel Quintette de Schubert ou à la *Cavatine* du Treizième Quatuor qui faisait pleurer Beethoven lorsqu'il y repensait, comme aux *Kindertotenlieder* de Mahler chantés par Kathleen Ferrier ou, plus proche encore, à l'interprétation du choral de Bach *Jésus, ma Joie, demeure* (et non pas « Jésus, que ma joie demeure »), transcrit et joué au piano par Dinu Lipatti au festival de Besançon en 1951 peu avant sa mort. Avec eux, on atteint à la même pureté mathématique que le grégorien.

Mathématique, grégorien, vous avez aussi annoncé l'astronomie comme pouvant amener à la même ivresse sobre ?

La fascination du paraboloïde hyperbolique ou des équivalences en géométrie comme celle qui vous saisit en face de la chaste simplicité du grégorien rejoint ce que l'on ressent en contemplant le ciel avec un télescope. Platon avait assigné un but ultime à l'homme : devenir le « spectateur de la cité divine ». Là, au moins, le désordre n'avait pas de place. Le ciel échappait au mal et on pouvait même en calculer l'ordonnance. On oserait souhaiter que les couvents et les paroisses de la terre aient un petit télescope. Cela apaiserait peut-être les humeurs lorsqu'elles deviennent orageuses. Comment ne pas être saisi de découvrir les deux galaxies du *Petit chien* et de savoir que l'une d'entre elles s'éloigne de nous plus vite que l'autre. Pourquoi ? On ne sait pas. On est pris par la stupeur et l'émerveillement lorsqu'on arrête le mouvement équatorial qui permet au télescope de suivre le mouvement de la terre. On découvre sa vitesse de rotation. On voit le cosmos tourner. À la vitesse de trente mille kilomètres à la seconde, on se demande comment on peut, grâce à la gravité, rester calmement installé dans son fauteuil d'observateur. Le professeur astronome vous annonce en même temps que, dans l'image saisie par le télescope, il y a cent mille étoiles équivalentes au soleil.

On me permettra d'ajouter un autre choc exceptionnel. Il n'a jamais cessé de m'accompagner. Il est d'une beauté autre que celle de l'esthétique. Et cependant je n'hésite pas à le mettre en rapport avec la pureté mathématique, la finesse chinoise, la chasteté grégorienne ou la limpidité cosmique, c'est celle du silence auquel introduit la contemplation des attributs divins et de la Trinité Sainte.

Les pages suivantes de saint Jean de la Croix ne peuvent pas ne pas émouvoir aux larmes :

« Une personne qui en aime une autre et qui lui fait du bien, l'aime et lui fait du bien selon ses qualités, selon ses propriétés personnelles.

Ainsi ton Époux résidant en toi en tant que Tout-Puissant, te départit ses grâces selon ce qu'Il est. C'est pourquoi, étant Tout-Puissant, Il te fait du bien et t'aime avec toute-puissance ; étant sage, tu sens qu'Il t'aime et te fait du bien avec sagesse ; étant infiniment bon, tu sens qu'Il t'aime avec bonté ; étant saint, tu sens qu'Il t'aime et te fait des grâces avec sainteté ; étant juste, tu sens qu'Il t'aime et te fait justement du bien selon l'étendue de sa justice ; étant infiniment miséricordieux, clément et compatissant, il te fait éprouver sa clémence et sa compassion. Fort, exquis, sublime en son être, Il t'aime d'une manière forte, exquise et sublime. Infiniment, Il t'aime selon l'étendue de sa pureté. Souverainement vrai, Il t'aime selon l'étendue de sa vérité ; infiniment libéral, tu reconnais qu'Il t'aime et te départit ses grâces selon l'étendue de sa libéralité, sans aucun intérêt propre et dans la seule vue de te faire du bien. Souverainement humble, Il t'aime avec une souveraine humilité et fait de toi une souveraine estime pour toi en te rendant égal à Soi, Se découvrant lui-même à toi, avec allégresse et avec un visage plein de grâce, par le moyen de toutes ses connaissances. Et tu l'entends te dire, non sans grande jubilation de ta part : Je suis à toi et pour toi ; je me réjouis d'être ce que je suis afin de Me donner à toi et d'être tien à jamais. » (*Vives flammes B, strophe 3, vers 6*)

« Par suite de cette transformation, l'âme, devenue l'ombre de Dieu, fait en Dieu pour Dieu ce que Dieu fait en elle pour Lui-même et de la même façon qu'Il le fait, parce que comme la volonté de Dieu n'est qu'une, ainsi l'opération de Dieu et la sienne ne sont qu'une. En conséquence, Dieu se donnant par un don libre et gracieux, l'âme, dont la volonté est également libre et généreuse puisqu'elle est unie à celle de Dieu, donne Dieu à Dieu même, en Dieu. » (*idem, strophe 3, 78*).

Thérèse de Lisieux aura très tôt compris, dès ses dix-sept ans, qu'on ne pourrait jamais aller plus loin.

La réflexion théologique fait découvrir qu'il y a une hiérarchie dans les images et les mots qui permettent de dire quelque chose de vrai lorsque l'on ose parler de Dieu et de ce que les Trois personnes divines ont en commun. Bien sûr, c'est la « perfection » qui seule revient à Dieu. Mais on doit la lire comme toutes les autres qualités divines : à travers le prisme de la *simplicité* et de la *réciprocité.*

Une perfection simple, c'est *l'innocence.* Une bonté simple, c'est la *sainteté.* Un infini simple, c'est le *repos.* Une présence et une immutabilité simple, c'est la *fidélité.* Une éternité simple, c'est la *beauté.* Une intelligence simple, c'est la *lumière.* Une vie simple, c'est *l'autonomie* parfaite, c'est la *liberté* totale. Un amour simple, c'est la *gratuité.* Une providence simple, c'est la *douceur.* Enfin une miséricorde simple, c'est *la patience, la longanimité, la tendresse.*

Y a-t-il plus belle musique que cette litanie de Dieu ? Elle lève un peu le voile du secret du Roi, tel que la Bible et les psaumes et les saints le cachent en même temps qu'ils le révèlent. Serait-ce si difficile à expliquer quand on fait le catéchisme ?

Paul Valéry, Pascal et Thérèse de Lisieux

En dehors des mystiques et de leur silence, avez-vous rencontré dans la littérature, tel ou tel auteur homogène à l'ivresse ou au moins aux rêves où vous nous entraînez ?

J'ai cité plusieurs auteurs au chapitre troisième de ce livre en parlant des maîtres qui m'avaient marqué. Je peux ajouter ici la surprise, sinon le choc que j'ai eu en lisant les *Cahiers* de Paul Valéry. Ce n'est pas par hasard que je me réfère à lui qui était si sensible à la traduction du XVIIe siècle des œuvres de saint Jean de la Croix par le révérend père Cyprien de la Nativité. Avec Pascal et Thérèse de Lisieux, il illustre, comme aucun autre, le génie français lorsqu'il atteint le fer porté au rouge. L'édition de *La Pléiade* n'a pas pu rendre la plénitude qu'apporte la lecture des *Cahiers*. Il était impossible de reproduire les dessins qui émaillent le texte de Valéry.

Pendant des décennies, Valéry a laissé libre cours à sa méditation durant les heures du petit jour. « Levé avant cinq heures, il me semble à huit avoir vécu toute une journée par l'esprit et gagné le droit d'être bête jusqu'au soir. » Cinquante ans durant, de 1894 à 1945, « entre la lumière de la lampe et celle du soleil », presque chaque matin, Paul Valéry fixa dans ses pages l'histoire mouvante de ses pensées, le débat lancinant de l'esprit avec son destin. Cela a abouti à 29 600 pages. Après une tasse de café bien serrée, tout en roulant lui-même ses cigarettes, Valéry écrivait et dessinait sans aucune contrainte. Le CNRS a publié la photocopie de ces cahiers en vingt neuf gros volumes. J'ai eu la chance qu'on me les prête pendant plusieurs mois dans ma cellule et de pouvoir m'y promener à loisir. On passe d'une équation de calcul intégral au dessin d'une main, de dix lignes sur Napoléon, à l'évocation d'un souvenir ou du dîner de la veille. Ses sévérités sur certaines philosophies, sur la psychanalyse, sur l'histoire, rejoignent ses engouements sur la science, les mathématiques, la biologie. Il dévoile le caractère tout ensemble positif et négatif, ouvert et fermé d'une pensée s'alimentant à sa propre source, selon l'image qu'il avait donnée dans *Palmes*, du serpent lové sur lui-même.

« Que peut un homme ? »

Votre évocation des Cahiers *de Valéry ne suffit pas à expliquer pourquoi vous vous y référez ici.*

Pour plusieurs raisons.

La manière dont il a dominé les différentes branches du savoir humain en fait certainement l'exemple d'un des plus grands génies de l'histoire française. Quoi qu'on en pense, je maintiens qu'avec Pascal et Thérèse de Lisieux il est l'un de ceux qui sont allés le plus loin dans l'inventaire de l'âme humaine.

Deuxièmement, non seulement il a eu le courage et la ténacité de poursuivre durant toute sa vie l'affrontement de l'esprit avec lui-même et de chercher à comprendre le pourquoi de la pensée, mais aussi d'avouer l'insatisfaction permanente que le miroir humain lui renvoyait. Valéry savait ce qu'était le christianisme. Son épouse, tertiaire dominicaine, était liée d'amitié avec le père Gillet, maître général de l'ordre des Dominicains.

Peu de génies ont été aussi aigus dans leur refus conscient du christianisme. Pour comprendre sa mort, il faut peut-être rappeler quelques phrases des *Cahiers*. En 1906 :

« J'ai perdu mon Dieu il y a longtemps, au moment où je me suis aperçu qu'il était en moi, ce moi que j'ai toujours méprisé ». En 1920 : « Dimanche, Je suis entré à Notre-Dame. Grognements de vêpres, tout le sinistre de la religion réalisé ». 1929 : « Je suis athée... comme tout le monde. Je me conduis comme tout le monde, comme si Dieu n'existait pas... C'est un problème qui se pose que de se figurer comment des hommes aussi instruits et amateurs de culture que les Ambroise et les Augustin ont pu consentir au christianisme ? Comment tant d'intellectuels ont pu s'y joindre ? » 1935 : « Mon impression sur la religion est celle-ci. Je trouve naïvement qu'elle ne répond en rien ou presque rien à ce que je considérerais comme la tendance la plus élevée de ma nature. Obligation de faire semblant de croire à des formules qui n'ont pas de sens, dont rien ne reste. *Trinité*, formules magiques. Que me fait qu'ils soient trois ? Que me dit ce nombre ? L'homme vaut-il la peine de déranger un Dieu pour le *créer* ? » 1944, un an avant sa mort : « Le personnage du Christ, tel qu'il apparaît à la lecture simple, est celui d'un garçon délicat, grandi en milieu vulgaire, qui se sent d'une autre essence, attire les uns à sa douceur et à sa sagacité, repousse les autres. Il se forme une petite cour autour de lui qui écoute son monologue. On circule dans le pays, on ne travaille pas, on est nourri par ici, rebuté par là. Ni l'amour, ni la science, ni l'art n'existent pour le Christ. Mais qu'est-ce qu'il pense ? Que pense celui qui se dit Fils de Dieu ? »

Malraux avait bien vu qu'il y avait là l'une des plus hautes contestations avec Dieu, comme celle de Job ou de Faust. On ne peut pas en rester à une lecture superficielle de Valéry. Il fallait l'acuité d'attention de Malraux pour pressentir la nostalgie secrète qui se dissimule derrière la méditation de Valéry au-delà de l'allure de brouillon qu'elle garde parfois, lorsqu'il relève : « Le crayon s'est cassé sur la dernière phrase de Valéry : "Après tout, personne, avant le christianisme n'avait dit que Dieu est amour". » Et Malraux ajoute : « Personne, depuis qu'existait la parole, n'avait donné de réponse à l'esclave née en vain, qui présentait aux dieux de Rome le corps de son enfant mort en vain. »

Le dernier acte de lucidité et d'humilité de Valéry confirme l'impression de Malraux, celui de l'accueil de la mort par l'auteur du *Cimetière marin*. Au professeur Mondor, son ami chirurgien, qui vient visiter Valéry peu avant la fin, celui-ci avoue en montrant la paroi de sa chambre d'hôpital : « Il n'y a plus que le mur », phrase que, cinquante ans avant lui, avait écrite dans son autobiographie, Thérèse de Lisieux, elle aussi à l'approche de la mort. Mais ce ne fut pas le dernier mot de Valéry. Aux deux religieuses qui le veillent la nuit, dont l'une était médecin, il tient un autre langage. On a gardé l'authentique témoignage des deux derniers jours et des dernières paroles de Valéry rapportées par ces religieuses. Comme l'une d'elles demande discrètement à Valéry qui vient de l'appeler en pleine nuit, si elle peut réciter le *Confiteor*, non seulement celui-ci acquiesce, mais il lui demande aussi de dire à sa place le *Kyrie eleison*.

Il ne s'agit pas de récupérer Valéry, mais la manière dont il a signé sa vie est un fait irrécusable. Et la religieuse n'avait aucune raison de tricher.

C'est donc non seulement le génie, mais le christianisme qui m'invite à interroger Valéry et sa lucidité, portée à la limite du supportable et baignée par les mathématiques.

Celles-ci l'amusent, il les intègre, mais il sait aussi ce qu'elles peuvent avoir d'insatisfaisant, voire de destructeur car elles peuvent conduire à se prendre pour leur propre but et devenir sournoisement une fausse idole. Valéry a été possédé par le besoin, ou plutôt par la fureur de l'exactitude, avec ce que Claudel avait remarqué en lui de voluptueux. Valéry s'est résigné à l'exercice de la littérature : il fallait vivre et faire vivre les siens. Ce n'était pas une œuvre qui l'intéressait, mais le défi de pouvoir penser et découvrir ce qui se passait dans un auteur lorsqu'il crée. Au terme il s'avouait à lui-même : « Plus fort que tout, que l'esprit, que l'organisme, il y a le fait, le plus obscur des faits. Plus fort que le vouloir vivre et le vouloir comprendre est donc ce sacré — "Cœur" — c'est mal nommé, je voudrais, au moins, trouver le vrai nom de ce terrible résonateur... Le cœur consiste à dépendre ! »

Cette confrontation de Valéry avec le destin apporte-t-elle davantage que les angoisses d'un joueur d'échecs ?

Rilke prend déjà cette comparaison. Mais il s'agit de beaucoup plus que d'un jeu. De Rimbaud à Mallarmé et Valéry et Rilke, les poètes emmènent aux limites du suicide ou de la folie. Encore une fois, il s'agit bien de la question « Que peut un homme ? » Ce n'est pas simplement plaisir d'exégète ou d'herméneute.

Le débat de Valéry serait exercice narcissique et inutile, conséquence directe de la méthode mathématique qui peut se contenter d'une logique interne et d'une auto-satisfaction qu'apporte le jeu avec l'abstraction des axiomes, si, avec lui, on ne rejoignait pas constamment l'ultime question posée à l'homme.

Mathématiques, musique, physique, théologie, philosophie se donnent la main. Valéry recherche inlassablement la seule réponse à la seule question jetée au départ, comme le plus grand défi : « Pourquoi penser et ne pas s'anesthésier ? » Après tout, l'aventure de Valéry a commencé par un drame : cette « Nuit de Gênes » de 1892 — nuit critique. On la dira pascalienne, en négatif. À vingt ans, Valéry se découvre mystique de sa propre conscience ; il se surprend à prononcer des vœux et renonce à la séduction des mots. Pendant cinquante ans les *Cahiers* seront ce dialogue intime de soi avec soi pour approcher la lucidité. Le mythe devient réalité à la manière de la caverne de Socrate : Où est donc la vérité ? On est invité à saisir le mystère de l'esprit créateur. « Maître cerveau sur son homme perché / Tenait dans ses plis son mystère... »

À la manière d'un arbre unique, portant deux hélices à pas variables, l'esprit de Valéry, son intelligence analytique et sa capacité intuitive conjuguent leurs efforts, sans rupture, compensant en harmonie l'apparente dissymétrie du réel et du probable, reliant hier et le futur.

Insatiable curiosité de ces *Cahiers.* Tout est à prendre pour l'esprit guetteur. Tout, dans un même mouvement reste à ordonner, éclaircir, mettre à l'épreuve de la réflexion. La liberté de la pensée est totale. Elle n'a d'obstacle que dans sa liberté même. Le guetteur recense l'inattendu ; il en mesure la direction, le poids, les dérives et les dérivés possibles. Seul devant sa page, Valéry trie le sable et tend à cristalliser toute pensée proche ; il applique à l'élucidation des idées et des questions cette loi qui veut que « les cristaux tendent par leur macles à passer d'un état de symétrie à un état plus élevé. » Il organise le chaos, la richesse confuse, il ordonne le jaillissement de mots, d'associations et de propositions. Valéry résume lui-même en prenant la comparaison du feu :

« La vie sur le globe est entièrement comparable à un feu qui attaque tout ce qui est à sa portée de rayonnement, se propage, cède, s'arrête, envoie une étincelle qui franchit un espace — se succède à soi-même, jamais identique dans sa figure momentanée, qui semble caprice car il prend ce qui se trouve, essentiellement attaché à son aliment — voilà ce que verrait de la vie un observateur d'ensemble. — La puissance d'organisation aux prises avec l'organisable, comme le feu puissance de désorganisation avec le réductible. »

L'architecte et le musicien

Et avec Valéry, avez-vous d'autres exemples contemporains ?

Michel Serres, avec bien d'autres, a définitivement montré qu'on ne pouvait pas isoler la réflexion mathématique du savoir philosophique.

Un musicien en a donné un témoignage très fort. C'est Yannis Xenakis, qui, à son activité musicale a joint celle d'architecte. Il a travaillé avec Le Corbusier, il a collaboré à la réalisation de La Cité radieuse de Marseille, du couvent des Dominicains, Sainte-Marie de la Tourette à l'Arbresle près de Lyon et à la ville de Chandighar en Inde. En 1958 il a conçu le pavillon Philips de l'Exposition universelle de Bruxelles. Il a élaboré avec l'architecte Jean-Louis Veret le projet d'une salle de concerts expérimentale pour la Cité de la musique à La Villette. C'est une sorte de *patatoïde* qui évite de faire un cercle — très mauvais acoustiquement. Sa forme est arrondie, ovoïde avec une certaine torsion des parois. Au lieu d'un sol figé, on a des cubes sur lesquels deux personnes peuvent prendre place. Le relief peut être ainsi modifié, ce qui permet plusieurs combinaisons. Les instrumentistes peuvent être au milieu sur un podium avec ses cubes et le public tout autour, ou au contraire, placés d'un seul côté : tout est possible. Une galerie spirale pouvant contenir public et musiciens permet de créer un espace sonore à trois dimensions. En outre, on peut faire communiquer tout ce volume avec un autre, beaucoup plus grand, qui le contient et s'ouvre vers l'extérieur. Ce qui multiplie les possibilités de spectacle.

Xenakis montre ainsi expérimentalement qu'il y a un pont entre l'architecture et la musique, utilisant les mêmes structures mentales. Les compositeurs emploient des symétries qui existent aussi dans l'architecture.

Le projet du pavillon Philips de l'Exposition de Bruxelles était conçu avec des idées empruntées à la musique. Il s'agissait de créer des espaces qui se modifient, se transforment de manière continue à partir du déplacement d'une droite. Ce qui, en architecture donne des paraboloïdes hyperboliques et en musique des masses de *glissandi*.

Bela Bartok avait déjà donné l'exemple de la rencontre, voire de l'identité, entre les conceptions architecturales et musicales. Pour réaliser ses accords, il avait utilisé la *section d'or*. Or celle-ci vient du domaine visuel. C'est une proportion géométrique avec une propriété supplémentaire : chaque terme est le résultat de l'addition des deux précédents. Des pyramides égyptiennes au temple grec cela fut utilisé en architecture comme une sorte de clef miraculeuse pour atteindre à la beauté.

Le psychologue Jean Piaget a su trouver de son côté que l'évolution des structures mentales chez l'enfant coïncidait avec ses définitions données par les mathématiques et la physique. On a pu ainsi développer des systèmes qui permettaient à tout un chacun de composer de la musique en dessinant. L'enfant pouvait apprendre à penser la musique sans passer par le solfège ou l'orchestration, bref, *en direct*. Cela n'a pu être fait que grâce à l'informatique qui a amené des possibilités comparables à celles introduites par l'écriture : figer la pensée avec des symboles. Les techniques morphologiques (créer des formes qui sont en mouvement ou statiques) ont souvent prouvé qu'elles étaient les mêmes en psychologie, en mathématique et en musique.

Tout le pythagorisme (cinq cents ans avant Jésus-Christ) est né de là. C'est une vérité qui est fondée sur une structure mentale, c'est tout. L'histoire de la musique montre que celle-ci s'est trouvée bien plus en avance que la mathématique.

Quatre siècles avant Nicole d'Oresme et six siècles avant la géométrie analytique de Descartes, la musique était en avance. Après le grégorien, des musiciens au xe siècle avaient inventé l'écriture du solfège, non plus par le dessin flou des neumes, mais en utilisant des portées et des unités calibrées par les caractéristiques du son, de la hauteur et de la durée.

Le cinéma avec Eisenstein dans le *Cuirassé Potemkine* en 1925 et Abel Gance avec *Napoléon* en 1926 ont montré ce que voulait dire que de savoir jouer avec des degrés d'ordre et de désordre, en dirigeant des nuages d'individus qui allaient dans un sens puis dans un autre de la manière exacte de ce qui se passe avec les nuages, les galaxies, les nuages intrastellaires. Le monde grec surtout athénien des Vᵉ et IVᵉ siècles avant Jésus-Christ a su faire naître alors la mathématique dans une époque d'une créativité d'une rare puissance. Les astrophysiciens d'aujourd'hui les rejoignent. À leur génie il faut joindre ceux d'hommes comme Le Corbusier et Messiaen. Ce dernier a une attirance envers les nombres. Elle transparaît dans ses « modes à transposition limitée » et son amour des rythmiques hindoues et grecques qui sont mathématiques par excellence. Nulle musique n'est allée plus loin que les percussions de l'Inde. Et Xenakis avoue qu'il se sent là dans un milieu tout à fait naturel et qu'il sent la musique occidentale plus exotique que ces musiques-là.

Maître Eckhart

Entre les Grecs et nous, entre la mathématique et la musique, n'y a-t-il pas d'autres exemples de cette harmonie de l'art, des techniques et de la mystique ?

Avant de remonter plus haut, je m'arrêterai à Maître Eckhart. J'ai eu la chance à Fribourg de pouvoir faire oraison chaque jour pendant un an en m'aidant du texte allemand des méditations de Maître Eckhart, (religieux dominicain rhénan vivant entre 1260 et 1327), *Die Rede der Unterweisungen*. C'était une aide et une joie. Eckhart est en même temps un grand philosophe, un mystique et pédagogue averti. Un homme qui, grâce à son intelligence, à son érudition théologique et à sa puissance synthétique est avant tout un maître pour apprendre à aimer la pauvreté de notre esprit. Il est un peu un Socrate chrétien, l'amour du Christ et de la Révélation en plus. Je lui ai toujours gardé profonde gratitude, même s'il n'est pas considéré comme un disciple strict de Thomas d'Aquin. Il est sûrement un des relais les plus importants dans l'histoire de la mystique et de la métaphysique en Europe. Il a ouvert la voie deux siècles auparavant à Jean de la Croix et Thérèse d'Avila. Chez Maître Eckhart, pas de risque de mélanger prière et beaux-arts, psychanalyse et esthétique, mystique et métaphysique. Il est peut-être le plus proche génie chrétien de certaines intuitions des grands religieux hindouistes et bouddhistes. Mais avec lui, pas de faux souci, la vie mystique équivaut à l'entrée dans le silence.

Il faut remonter bien plus haut, non seulement à Platon, dont ce fut le génie de mettre en ordre les grands mythes humains, mais à Pythagore et aux pythagoriciens qui à partir de 500 avant Jésus-Christ ont donné forme à l'harmonie de la pensée humaine.

Les pythagoriciens et les nombres

Donnez-nous des exemples ?

Les pythagoriciens, au ve siècle avant Jésus-Christ, ne se sont pas contentés de donner au destin de l'homme leur devise : « Tout est nombre », ils ont su établir le lien entre l'espace, l'image visuelle et le chiffre abstrait. Lorsque nous tirons un trait de huit segments pour présenter le chiffre 8, eux procédaient à la division d'un cercle. Le nombre n'était plus une collection, mais une figure. 3 c'est le triangle, 4 c'est le carré, 5 c'est le pentagone, etc. Ils s'étaient en même temps intéressé tout particulièrement à la musique. L'harmonie étant le principe qui concilie les contraires entrant dans la constitution de tout être, ils avaient étudié le rapport des sons et des volumes, prenant plusieurs vases semblables de même capacité, en laissant l'un vide et en remplissant l'autre à moitié, puis en frappant chacun d'eux, Théon de Smyrne obtenait la consonance d'octaves. On retrouve leur génie en architecture, Vitruve au Ier siècle avant J.-C., comme les constructeurs des cathédrales et les architectes de la Renaissance ne firent qu'utiliser le symbolisme des pythagoriciens. Ils avaient su déceler et transmettre l'harmonie que l'hexagone, la rosace ou le pentagramme contiennent et joindre l'espace au temps dans tout autre chose que le concept de vitesse.

On jubile encore aujourd'hui à déceler leur intelligence du nombre : sept est le seul nombre qui multiplié par un autre n'engendre aucun de ceux qui sont dans la décade et qui n'est produit par la multiplication d'aucun nombre. Le nombre 8 se compose de l'unité et du septénaire, le nombre 9 est le premier carré parmi les impairs, la décade possède la propriété de renfermer en elle un nombre égal de nombres premiers et de nombres composés. Théon de Smyrne aura comme une vénération particulière pour le chiffre dix : « Parmi les nombres compris dans la décade, les uns engendrent et sont engendrés, par exemple, 4 multipliés engendre 8 et il est engendré par 2. D'autres sont engendrés, mais n'engendrent pas, comme 6, qui est le produit de 2 par 3, mais qui n'engendre aucun des nombres de la décade ; d'autres engendrent, mais ne sont point engendrés, comme 3 et 5, qui ne sont engendrés par aucune combinaison de nombres, mais qui engendrent ; savoir : 3 produit 9, et, multiplié par 2 produit 6, et 5 multiplié par 2 produit 10. » Ainsi Nicomaque de Gérase tenait la Décade pour un nombre véritablement divin : « Comme le Tout était d'une multitude illimitée, il fallait un ordre, or c'est dans la décade que préexistait cet équilibre naturel. C'est pourquoi de par sa raison, le Dieu arrangeant avec art se servit de la décade comme d'un canon pour le tout. »

Les pythagoriciens avaient découvert avec génie qu'on pouvait transcrire les nombres par des points en représentation graphique. (Les Mayas feront de même et aboutiront dans leurs calculs astronomiques à des précisions que seuls les ordinateurs égaleront à partir de 1963). Un coup d'œil unique pouvait permettre aux pythagoriciens de voir que la somme des nombres impairs est égale à la suite des nombres carrés. En disposant quatre points en triangle et un point au milieu, on démontre immédiatement que dix égale un plus deux, plus trois, plus quatre. Platon avait raison de conclure : « Si nous enlevions le nombre à la race humaine, nous n'arriverions jamais à aucune sagesse », comme il avait raison de mettre sur le portique d'entrée de l'Académie, son école de philosophie, cette inscription : « Nul n'entre ici s'il n'est géomètre. »

Il n'est pas inutile de rappeler que Pythagore conseillait à ses disciples de se rappeler chaque soir : « Quelle faute ai-je commise ? Quel bien ai-je fait ? Quel devoir ai-je oublié ? »

Vous cherchez à nous amuser avec les nombres. Revenons à vos exemples précédents. En quoi aident-ils celui qui a envie de faire le catéchisme ou d'entrer en théologie ?

Pour plusieurs raisons décisives.

Mathématiques, musique, linguistique (chinoise), astronomie ramènent au double acte de naissance de la pensée : la reconnaissance de la faiblesse et de la fragilité humaine jusqu'à en être écrasé, et, en même temps, la découverte de la capacité à saisir une cohérence plus forte que l'écrasement.

Deuxièmement, mathématiques et musique montrent qu'il n'y a pas d'opposition entre la diversité et l'ordre.

Enfin, troisièmement, elle font entrer, avec douceur, dans le silence et la voie de la simplicité divine.

L'écrasement des chiffres

Pouvez-vous nous donner des exemples de ce que vous appelez l'écrasement ?

Il suffit de se rappeler les difficultés qu'eurent certains à penser en nouveaux francs ou en euros quand il s'agit de réaliser quelque chose. Passons donc aux chiffres. Mille c'est un et trois zéros. On poursuit sans embarras jusqu'à un million. On peut encore imaginer dix millions facilement, c'est dans cet ordre de grandeur que l'on trouve le nombre de secondes d'une année.

Cent millions, pas non plus de difficultés, c'est le nombre de kilomètres qu'il y a entre la terre et le soleil. La lumière de celui-ci met huit minutes à les parcourir et à nous parvenir.

Mais un seuil est franchi avec le milliard. Un avec neuf zéros, ce n'est plus facile à visualiser. On le tient mal dans sa tête. Quelques milliards équivalent pourtant au nombre de secondes que la moyenne d'entre nous parcourt dans sa vie. On est écrasé, il faut l'aide d'une image pour en percevoir la réalité, par exemple celle des grains de sable. Si un grain de sable équivalait à une seconde, de quelle taille serait le tas de sable de notre existence ? Il remplirait une baignoire. C'est seulement cela, une vie.

Allons plus loin. Un billion, c'est-à-dire mille milliards, ou douze zéros après le 1. Un trillion, c'est dix huit zéros après le 1. À partir de là nous perdons pied. L'infini nous prend à la gorge. Or ce dernier chiffre dit combien il y a eu de secondes écoulées dans l'univers depuis qu'il existe. Il dit aussi combien il y a de centimètres entre nous et les étoiles les plus proches.

Onze zéros, après le 1, précisent déjà le nombre d'étoiles qu'il y a dans la *Voie lactée* qui est notre galaxie. Si chaque étoile était changée en grains de sable, cela donnerait un beau tas de sable, d'une dizaine de mètres de diamètre. C'est la portion d'univers dont nous dépendons.

Allons encore plus loin. Mettons vingt-quatre zéros après le 1, c'est un quatrillion ou le fameux nombre d'Avogadro. Il nous dit combien il y a d'atomes dans un dé à coudre rempli d'eau.

Après une pause, mettons quatre-vingts zéros après le 1. C'est le nombre d'atomes dans l'univers observable.

Ne pouvez-vous pas redescendre un peu sur terre et abandonner les jeux pour le réel ou l'expérimentable ?

On a pu compter qu'il y avait trois cent milliards d'humains qui avaient vécu depuis la première tombe. Chacun de nous est donc un point parmi 300 milliards de points. L'espèce humaine est une espèce parmi un million d'espèces existant encore aujourd'hui et probablement parmi cinq cent millions d'espèces qui ont existé dans l'espace temps terrestre. La terre est une des planètes d'une étoile au sein des trente milliards d'étoiles de notre galaxie et des millions de milliards de galaxies de l'univers.

D'après les dernières statistiques de l'ONU, il naît actuellement, chaque seconde, 4 bébés dans le monde. Si vous écoutez l'horloge parlante durant une minute, 240 nouveaux bébés seront arrivés parmi nous ; une heure plus tard, lorsque vous aurez pris votre petit déjeuner et fait votre toilette, ils seront 14 400 de plus ; ce soir, quand vous vous coucherez, ils seront 345 600 ; un mois plus tard, leur nombre s'élèvera à 10 368 000 et, à la fin de l'année ils seront 124 316 000, soit plus de deux fois la population de la France.

Si, avec les paléontologues, on estime que l'homme ne fut vraiment homme qu'avec la première tombe expressément ornée par ses constructeurs, elle apparut il y a 30 ou 40 000 ans. Le rapport Biraben a pu établir, en essayant par approximation de plus en plus précise, ce qu'avait dû être l'histoire de l'humanité. Vers 35 000 années avant J.-C., émerge une mutation démographique. L'humanité serait alors passée *grosso modo* de 1/2 millions d'individus avant cette date à un total qui variera entre 5 et 9 millions pour les 25 000 années qui vont suivre. Cette explosion brusque du peuplement serait liée à un outillage lithique de type nouveau. Avec l'élevage et l'agriculture au cours des dernières 10 000 années, l'humanité passerait à 50 millions d'habitants vers 5 000 avant J.-C., à 100 millions vers 1 000 ans avant J.-C., enfin à 250 millions vers l'année zéro de notre ère.

Aujourd'hui plus de cinq milliards d'humains.

Si les Chinois défilaient quatre par quatre en faisant le tour du globe, *ça ne s'achèverait jamais* : les naissances allant plus vite que le défilé.

Comment n'avez-vous pas le vertige ?

Le vertige est et serait insupportable s'il n'y avait pas près de nous Jésus-Christ. À chaque vigile pascale, ces chiffres m'aident à rejoindre son regard avec tendresse.

Et cependant je ne souhaite pas être délivré du vertige, car le début de la science a commencé avec ce vertige lorsque l'homme a accepté de reconnaître sa faiblesse et sa fragilité. Les Grecs ont découvert les lois de la pensée et fait naître la science. En même temps, ils ont été, on pourrait presque dire spontanément, des êtres religieux parce que les trois groupes qui formaient leur civilisation étaient obligés d'accepter la faiblesse. Ils étaient des marins, donc soumis aux tempêtes imprévues de la Méditerranée, qui sont parfois très violentes. Ils étaient des agriculteurs, mais sans fleuves ni irrigation possible. Pas de Nil ni d'Euphrate chez eux, l'eau ne pouvait pas venir de la terre, il fallait attendre qu'elle arrive du ciel. Si rien ne venait aux labours d'automne ou au printemps, c'était la famine. Enfin ils étaient des soldats avec toute l'incertitude du destin, la *moïra*, qui menace le guerrier. Pour penser, comme pour vivre, il fallait compter sur le ciel et apprendre à accepter sa faiblesse et cette dépendance qui seule pouvait y pallier.

Les hommes politiques ont parfois exprimé cette angoisse de l'infini. Hitler a écrit : « Mettez un télescope dans un village c'en sera fini de la religion. » C'est évidemment l'inverse qu'il faudrait dire. Le télescope ouvre à l'émerveillement. François Mitterrand a exprimé différemment son angoisse de la mort en disant : « L'éternité, c'est très long, surtout vers la fin. » Je ne vois pas ici seulement une boutade, mais plutôt la difficulté de ne pas penser « les choses d'en haut », comme le dit saint Jean, de façon juste en restant seulement dans l'ordre de l'imagination née de la quantité. François Mitterrand se trompait. On n'obtient pas l'éternité en prolongeant indéfiniment le temps. Elle n'est pas dans l'ordre du davantage. Elle relève d'une autre nature, d'un autre ordre, celui dont l'intensité d'un amour peut parfois donner le reflet lorsqu'il tient tout son feu dans la mesure d'un instant.

En face des chiffres de l'astronomie ou de la démographie, l'Évangile en propose un autre. Quand se produit l'absolu de l'Incarnation, il y eut six témoins, six seulement nommément désignés, Marie, Joseph, Élisabeth, Zacharie, Anne et Siméon, trois femmes et trois hommes qui donnent l'exacte dimension de l'essentiel.

Si vous n'aviez pas suivi la vocation sacerdotale, quel métier auriez-vous aimé faire ?

Soit architecte, soit jardinier, soit astrophysicien, quitte à ce que cet aveu semble un peu paranoïaque. Dans les deux premiers cas, j'aurais aimé aider les hommes à rendre heureux leur cadre de vie ; dans le dernier, contempler, avec tous, la grande habitation humaine qui oblige à l'humilité. L'histoire de la galaxie d'Andromède remet tout en ordre avec réalisme, et non pas selon le proverbe italien : *Tutto è a posto. Niente in ordine*, c'est-à-dire Tout est en ordre. Rien n'est en place.

La galaxie la plus proche de la nôtre s'appelle Andromède. Elle est située à un million et demi d'années lumière. Fort belle, elle se présente légèrement inclinée sur la tranche. On voit très bien le ventre de la galaxie et son mouvement tournant. Imaginons que sur une planète de cette galaxie existent des êtres très intelligents, dotés d'instruments assez puissants pour apercevoir la Terre et ce qui s'y passe. Comme la lumière de cette plus proche galaxie met un million et demi d'années pour nous arriver, que verraient donc *en ce moment* ces êtres qui nous observeraient ?

Ils verraient en quelques points épars de l'Afrique ou de l'Europe de petits êtres bizarres dont ils ne pourraient pas prévoir le prestigieux avenir, car ils ignorent encore l'art de tailler les pierres. Ils verraient les premiers australopithèques, nos ancêtres ou cousins lointains. À la vitesse de trois cent mille kilomètres à la seconde, les faibles rayons qui nous arrivent d'Andromède, partis il y a un million et demi d'années, rencontrent une terre où il n'existait pas encore d'hommes.

Alors je pose la question et je tire une première conclusion. Si les scientifiques acceptent bien d'être dépassés pour transcrire les chiffres de l'univers, pourquoi refuserait-on aux catéchistes ou aux théologiens d'être dépassés pour évoquer le mystère de Dieu ? Nul signal ne peut atteindre l'étoile la plus proche en moins de quatre ans et *il nous est physiquement impossible de communiquer aujourd'hui avec les habitants éventuels d'Andromède.* Quelle merveilleuse leçon d'humilité.

La porte est ouverte pour commencer à entendre le mystère.

Flocon de neige et mosaïques

Vous aviez annoncé que l'autre force qui avait donné naissance à la pensée était le pouvoir de saisir une cohérence afin de n'en pas rester à l'écrasement. Pouvez-vous donner quelques exemples ?

Permettez-moi de quitter un instant l'univers de la science. Un certain silence aide à découvrir des cohérences insoupçonnées. Le regard d'un enfant au sortir du sacrement du pardon est souvent porteur d'une merveille, aucun mot ne peut le décrire, pas plus que le regard du prophète Jérémie peint par Rembrandt pleurant sur Jérusalem incendiée ou de sa mère lisant la Bible ou de saint Pierre surpris en train de trahir. Dans l'écrasement, une cohérence est retrouvée avec son destin.

La structure d'un flocon de neige, toujours différente de celle du flocon voisin, révèle, vue au microscope, une harmonie inégalable. Les papiers collés de Matisse qu'il a composés comme de grandes algues se balançant dans les eaux à son retour de Tahiti tels qu'on les trouve au musée d'art moderne de New York et dont il s'est souvenu pour faire les vitraux de la chapelle de Vence, n'ont pas plus d'explications dans leur splendeur que les vitraux de Manessier irradiant de lumière pascale dans les petites églises de Sainte-Bénigne à Pontarlier ou de Notre-Dame de la Prévôté à Moutier au fond du Jura français et du Jura suisse. Rien n'est transmissible par des explications seulement rationnelles, de la paix que laissent les jardins des villas impériales de Katsura et Shugaku ou des temples du Daïtoku ji ou du Sambo in à Kyoto. Ils sont d'une harmonie inimaginable et pourtant sans plan apparent. Pourquoi la maison du Greco à Tolède, (avant sa stupide restauration), comme celles des architectes inspirateurs du XXe siècle, Mac Intosh à Glasgow ou Saarinen au nord d'Helsinki nous baignent-elles de la même sérénité que les trois abbayes cisterciennes, sœurs provençales du Thoronet, de Sénanque et Silvacane datant du XIIe siècle ?

Sur les mosaïques de Monreale en Sicile, spécialement celle qui représente le Christ Verbe assis les mains appuyées sur ses genoux, le regard du Dieu créateur interroge encore aujourd'hui. La force de ce regard, sa pertinence, une certaine gravité à la limite de l'angoisse provoquent celui qui contemple les mosaïques transfigurées par les rayons dorés du soleil couchant. On a l'impression que le Christ se demande s'il a bien fait de créer l'homme. La rencontre du génie des artisans vénitiens, de l'intuition byzantine, et de l'inspiration des maîtres de l'art roman qui ont présidé à ces mosaïques ne suffisent pas à répondre. Il y faut une présence, un visage, celui du Christ de la Pietà d'Avignon ou de celui de Marie dans le triptyque de la cathédrale de Moulins. On ne sait même plus qui peut en être l'auteur, il est en tout cas l'égal des plus grands. On a envie de supplier les archivistes : « Par pitié, messieurs, un tout petit document qui nous permette de saluer cet homme de son vrai nom. » Ce Maître de Moulins introduit dans une chasteté du cœur qui s'efface devant l'inexplicable harmonie à laquelle il nous est donné de communier, lorsque les feux les plus prestigieux de la science avouent leur impuissance à remplir la soif d'amour née dans le cœur de l'homme.

Vous avez constamment fait allusion à des jardins, ne serait-ce pas ici le moment de vous en expliquer davantage ?

J'ai écrit l'essentiel de ce que je pouvais sur les jardins, dans le chapitre sixième du livre *Que foutait Dieu avant la création ?* Évoquer le jardin c'est toujours revenir au cœur de toutes choses. Et cela peut être indéfini. Il ne s'agit pas d'en parler, mais si possible d'avoir eu à en créer dans sa vie. On apprend là beaucoup plus que nulle part ailleurs.

Le premier habit de l'homme comme son premier effort esthétique fut le paradis, c'est-à-dire un jardin. Après la chute originelle, ils se virent tout nus. Ils avaient perdu leur habit qui était la grâce de Dieu. Auparavant leur raison avait su revêtir la nature d'une mesure qui est la manière dont une civilisation, par sa culture exprime l'idée du bonheur. Le jardin ? N'y retrouve-t-on pas l'alliance, le dialogue de la nature et de l'esprit, de la métaphysique et de la musique, du langage et du chant des couleurs et des étoiles dans le reflet des pétales ? Les plus grandes joies qui me furent données, qui n'étaient pas explicitement religieuses ou amicales, sont venues des jardins. On y trouve la pureté de la musique, la rigueur de la mathématique, la fantaisie des idéogrammes, la danse de la géométrie reflétée d'abord dans les frondaisons. *Laudate dominum in condensis*. Pourquoi la quasi totalité des jardins publics de Paris sont-ils si laborieux, si peu heureux ? Le Japon apporte un autre choc. On n'a jamais fini d'y trouver une nouvelle source d'admiration. Il ne s'agit pas d'aimer ou de ne pas aimer. Péguy a bien noté que certains tempéraments étaient imperméables à la grâce. Bien sûr, Kyoto après l'autre bijou qu'est Florence, mais il y aurait aussi Prague et tant d'autres villes, nous laissent fascinés pour la vie. J'eus le bonheur de deux séjours assez longs à Kyoto à vingt ans de distance. Il me suffit de fermer les yeux pour me retrouver sans effort au Daisen in ou au Sambo in, au Daitoku ji ou au Biodo in... Évidemment à Katsura ou Shugaku ou au Kiomitzudera. Mais à Nara, le Hōryūji, un matin de février sec et ensoleillé comme au Nijo jo luxuriant et à Isé mystérieux, c'est le même bonheur. De même tout l'archipel de Kyushu et le jardin d'Hiroshima (!) n'en finissent pas de rappeler que le premier et le dernier mot de l'esprit sur terre est l'émerveillement.

Personne ne peut se vanter. Comme la pauvreté, la culture de l'esprit ne se règle jamais en termes de plus ou de moins, mais par la manière d'user et d'utiliser les choses. La virginité consiste à découvrir et à aimer de plus en plus les choses en Dieu et non pas seulement Dieu dans les choses. Saint Paul et mère Teresa ne se sont peut-être pas arrêtés d'abord pour admirer le coucher de soleil sur l'Acropole. Reste que nous avons parfois besoin d'être aidés par la lumière d'un coucher de soleil. Je mesure ici de combien de lumières j'aurai été aidé dans ma traversée terrestre pour admirer et aimer ce que l'homme a créé avec l'aide du Ciel.

Alors ne m'arrêtez pas. Venez à Ségeste et Sélinonte, à Sanchi et à Patmos. Descendez la rivière Li en vous enfonçant vers les forêts où se camoufla Mao Tsé Tung. Prenez du temps au fort rouge d'Agra, au Tāj Mahal, au mausolée de Humayum, vous y retrouverez la même musique que celle du Generaliffe de Grenade et de l'Alhambra. À Washington, n'oubliez pas le Dumbarton Oaks en fin avril, ni la villa Borromée et le palais Rockfeller sur le lac de Garde. Près de Mexico, ne manquez pas le domaine de San Cristobal d'Antonio Calvez conçu par Louis Berragua, ni la maison de Frank Lloyd Wright, « Fallingwater » en Pennsylvanie à Bear Run. J'oubliais les Montagnes jaunes à l'ouest de Shungun. Bon. Ça suffit. Prenez-moi pour un prétentieux, là n'est pas le problème, ici il ne s'agit ni d'érudition ni d'orgueil, mais de la joie des enfants, car c'est là, j'en suis sûr, que du ciel saint François d'Assise a laissé de son âme comme dans le cœur de tous les pauvres. Pour celui qui n'a plus rien, il y a au moins le jardin. Celui du petit cloître de saint Bernardin de Sienne au-dessus de Florence. Quoi de plus pauvre, quoi de plus beau ?

Mon admiration n'a qu'un égal, c'est ma tristesse. Comment et pourquoi aucun monastère de France n'a-t-il un seul jardin comparable en paix et action de grâce à tous ceux de ces païens ?

Bien sûr, il y a la princesse Sturdza à Varengeville et le prince Volkonsky à Saint-Brieuc où le jaillissement de la lumière est capté par le silence de l'architecture et la paix de la raison par la métamorphose de l'imaginaire.

Ce n'est pas sans signification. La propriété de la Pompadour à Étiolles était dotée d'un parc confinant à la grâce. Quarante ans de présence « théologique » et monastique n'en ont laissé qu'un parc médiocre. C'est vrai, il faut y mettre les mains, accepter le lumbago du lundi matin. Une écharde de rosier met huit jours pour abandonner votre doigt, mais une rose vous donne l'éternité. Le jardin révèle le rapport métaphysique que l'homme capte ou instaure avec les choses. On ne triche pas avec elles. Tel pourra avoir des fleurs sublimes et un jardin médiocre. Il n'avait pas de musique dans l'âme. Devant la banalité des jardins de Paris, il faut redire : « Aux armes, citoyens ! » Il reste suffisamment d'hectares de jardins de religieux et de religieuses, rien n'empêche de les faire chanter. Pourquoi, les journaux paroissiaux et ecclésiastiques n'ont-ils pas davantage de rubriques jardins ? Si ma détresse avant de mourir pouvait susciter une vocation horticole, quel serait mon bonheur ! Et j'irai jusqu'au bout. Un prix m'a apporté beaucoup de joie inattendue : le prix des jardins il y a quinze ans en montagne accordé par la municipalité de Sallanches.

Des mathématiques et des jardins, ne passez-vous pas indûment à l'esthétique et à la mystique ?

Ce n'est pas du tout contradictoire. Les deux sont fondées sur la recherche de l'harmonie qui est le vœu secret de tout homme. Il y a une secrète complicité entre la réflexion théologique sur le mystère de la Sainte Trinité ou l'ascèse qui sous-tend la peinture d'une icône et, par exemple, la découverte de la théorie des ensembles en mathématiques ou de la complémentarité des géométries non euclidiennes. Moments bienheureux où l'esprit peut s'arrêter pour contempler quelque chose qui le dépasse. Instants de bonheur rare où l'on peut faire hommage de sa mendicité. L'animal cherche une proie pour être satisfait. Quand il l'a dévorée, il oublie sa faim et la proie. L'homme peut être démuni, pauvre, dépassé et être en même temps heureux de savoir sa fragilité. Le propre de l'amour humain est de pouvoir faire hommage de sa mendicité à celui qu'on aime. C'est l'autre qui donne de ne plus avoir peur de soi-même.

À l'opposé, rappelons le tohu-bohu de chaque soir d'élections quand il s'agit d'interpréter les résultats et de les confronter aux sondages. Même s'il est battu, le candidat cherche un moyen, grâce à la dialectique, de tirer avantage même des mauvais chiffres. On peut à l'avance prévoir la litanie de ces soirs d'élections : « Le mode de scrutin nous était défavorable. » « Il faudra prendre le temps d'analyser. » « Il sera nécessaire que les états-majors soient davantage sur le terrain. », etc.

La Joie parfaite

François d'Assise et, en écho, Thérèse de Lisieux ont décrit la Joie parfaite comme leur étant donnée au moment où ils étaient totalement dépourvus de toute consolation. Oseriez-vous comparer leur foi et leur joie à celle de l'esprit qui découvre son impuissance ?

C'est l'épreuve suprême, celle de l'entrée dans le silence au-delà de toute explication, celle que suggère la Passion selon saint Jean de Bach. Après que le Christ ait dit : « Tout est accompli », la musique s'efface devant quelquc chose qui la dépasse : le silence. Elle s'oblige elle-même à faire une pause. Il n'y a que deux possibilités après avoir écouté un morceau de musique, ou bien remettre le disque, ou bien entrer dans le silence.

Mathématique, grégorien, astronomie y obligent parfois, mais aussi l'approche des derniers moments. Dans ses *Antimémoires*, Malraux raconte ce qu'il a fait, lorsque, blessé sur sa civière et prisonnier des Allemands, il apprend qu'il doit être exécuté au petit matin. La mère supérieure qui a recueilli les prisonniers et les blessés lui demande ce qu'il veut. Il répond : « Une tasse de café et l'Évangile de saint Jean. » La religieuse en est tout ahurie. Au petit matin, Malraux ne sera pas exécuté car les Allemands ont été obligés de quitter en catastrophe la région du maquis de Corrèze et laisseront sur place prisonniers et blessés.

Trois mois avant sa mort, nous devions nous rencontrer. La fatigue de Malraux obligea à surseoir au rendez-vous, mais il me fit demander le commentaire du *Prologue* de saint Jean, écrit par un dominicain ami. Le livre était introuvable en librairie. J'ai arraché la page de dédicace de l'auteur pour faire parvenir mon exemplaire à Malraux. Il me fit simplement répondre : « Merci. J'ai l'essentiel. » Comme dans la nuit des maquis de Corrèze, Malraux avait peut-être pressenti le silence d'un certain Amour, au-delà des dialectiques de l'agnosticisme, lorsque l'esprit pressent que si la raison demande à l'amour ses raisons, c'est qu'il aime moins.

Jésus est venu libérer la tragédie et délier la comédie de l'existence humaine en apprenant à l'intelligence jusqu'où elle pouvait aimer si elle désarmait d'elle-même pour « penser ».

Un jour, avec Pascal, on est invité à découvrir « qu'il n'y a rien de si conforme à la raison que ce désaveu de la raison. »

Que soit donc béni tout ce qui sur terre peut aider notre intelligence à ne pas avoir peur de ce « désaveu » qui est suprême marque que l'intelligence puisse se donner à elle-même, lorsqu'elle pense.

18

Du désespoir

La vie : une tragédie et / ou une comédie ?

Le père général des Dominicains, présenté par Bernard Pivot, a affirmé au dernier Vendredi saint de l'émission « Bouillon de culture » qu'il ne s'était jamais posé le problème de l'existence de Dieu. Cela a agacé Françoise Giroud dans sa chronique de télévision. Et vous ?

J'ai vu et regardé attentivement l'émission. J'ai lu les lignes de Françoise Giroud qui n'a pas apprécié que le dominicain soit « pétri dans sa foi » et son voisin l'académicien René Rémond, « ancré dans sa religion ». Selon son habitude en face des témoignages religieux, elle a conclu : « Cela paraît effarant. »

Tout le plateau avait bien été effaré, non pas comme Françoise Giroud le dit. Ceux qui participaient à l'émission furent saisis lorsque le frère Timothy Radcliffe, supérieur général des Dominicains évoqua avec une sobriété exemplaire et bouleversée ce qu'il avait essayé de faire sur place en pleine guerre du Rwanda et partout ailleurs depuis des années, devant l'horreur du mal, au Liban, en Israël, en Algérie et dans le monde entier. Cela Françoise Giroud ne l'avait pas retenu.

Que le dominicain et l'académicien aient paisiblement affirmé que la question de l'existence de Dieu ne s'était pas posée à eux, ne m'étonne pas. Je dois avouer que c'est aussi mon cas.

Ce n'est pas l'existence de Dieu qui est surprenante. Le père général a raison, c'est l'existence de l'homme qui pose problème. Qu'il y ait un Dieu puisqu'il y a des choses et un ordre entre ces choses, ce n'est pas seulement une question de preuves, cela engage davantage.

Que faites-vous alors de ces fameuses « preuves » de l'existence de Dieu ?

Ce ne sont pas des preuves. Soyons nets en face des faux procès que l'on intente à ces preuves. On ne démontre pas que Dieu existe. On ne prouve pas Dieu, c'est évident. Il faudrait remonter au-dessus de sa source. Mais, s'il est honnête dans sa recherche, l'esprit humain est capable d'atteindre et de tenir pour assurée une conclusion décisive : « il est impossible que Dieu n'existe pas ». Il est vrai qu'on ne peut énoncer cette certitude que *sous une expression négative*. Une affirmation formulée négativement est aussi solide, sinon davantage qu'une proposition positive.

Quand il s'agit de Dieu, l'esprit qui scrute avec une exigence scientifique les différentes conditions de l'univers créé aboutit à la conclusion que pour que cela existe, il serait contradictoire que Dieu n'existât pas.

La foi, elle, offre une formulation positive : Dieu existe. Les deux expressions ne sont pas opposées. Elles se complètent. En face de l'existence de Dieu, la foi et la raison sont un peu dans la situation différente du narthex et du chœur d'une église. La raison, comme le narthex, par exemple à Saint Benoît-sur-Loire ou à Vézelay, prépare déjà l'esprit à une présence. Mais on demeure cependant quelque peu dans l'ombre et on n'est pas encore entré dans le mystère. La foi n'est pas plus en discontinuité avec la raison, que le narthex avec le chœur de l'église. Il y a cependant une nouvelle lumière, une fois franchie la porte du sanctuaire. Alors l'esprit peut dire pleinement : Dieu existe.

En face de Dieu, il ne s'agit pas ici de « preuves », au sens où l'on utilise le mot dans les sciences physiques, mais de *voies*. Ces voies de recherche conduisent de manière sûre si l'on n'a pas d'*a priori*. Je n'ai jamais été spécialement intéressé par les débats philosophiques sur *l'argument ontologique* de saint Anselme au XIIe siècle à Emmanuel Kant au XVIIIe où l'on cherche à démontrer ou à critiquer les preuves de l'existence de Dieu. Ces raisonnements d'intellectuels culpabilisent parfois inutilement ceux qui n'en perçoivent pas les subtilités et préfèrent se réfugier dans la foi du charbonnier, au risque de croire que toute la théologie est de la même veine. Mieux vaudrait n'en pas trop savoir.

De la géniale habileté pour éviter Dieu

Les véritables obstacles sont ailleurs. Ils viennent des *a priori* qui engagent autre chose que la raison. Des pressentiments rôdent qui retiennent quelques-uns, en agacent certains, en crispent d'autres et les empêchent d'avancer. Celui qui pense à Dieu, ne serait-ce que comme un horizon, devine qu'il s'engage dans une voie risquée, parce que si Dieu existe... il ne se contentera pas de laisser son interlocuteur bricoler seulement des idées. Mieux vaudrait donc ne pas s'engager dans cette voie si l'on veut rester tranquille. Cette prémonition freine certains pour entrer dans le dialogue religieux. Il ne s'agit pas ici seulement d'un débat de concepts ou d'impressions, la décision que l'on prend conditionne l'attitude intérieure en face des grandes questions de la vie humaine : pourquoi le mal, la souffrance, la mort ? Y a-t-il un au-delà ? Y a-t-il une justice ? Sommes-nous condamnés à terminer dans la poussière ? Comment éviter le désespoir si l'on fait droit à un peu de lucidité ? Dieu est tout, s'il est Dieu. C'est uniquement par Dieu que la créature peut exister.

C'est le paradoxe des paradoxes. Et il met notre intelligence en détresse. Dieu se distingue de nous par sa perfection, non par une distance, alors que pour nous la distinction d'avec Dieu est ressentie comme un éloignement. Notre consistance est très forte en face de Dieu. Nous sommes bien posés en face de Dieu, mais Dieu n'est pas posé en face de nous comme un être en face d'un autre être. Notre existence et notre consistance sont, en face de Dieu, pour nous aussi incompréhensibles que Dieu lui-même : miséricorde, mal, liberté, justice, prédestination sont des mystères accessibles à la foi seule. Et il ne reste finalement que deux seules voies, le désespoir ou l'adoration. La foi n'est pas la vertu d'une satisfaction, mais d'un appel et d'un passage vers davantage de lumière. Elle est une invitation à sortir de la pénombre du narthex pour capter les verrières du chœur comme à Vézelay.

Celui qui entre avec honnêteté dans ces voies de l'existence de Dieu, peut, comme dans la pénombre du narthex de la basilique, dégager les objections. Une fois entré, on est déjà engagé dans la voie royale d'une réflexion qui ne rejette rien des exigences de la raison, mais les surélève et les rend même plus intransigeantes. On est encore sous le régime de la raison, mais agrandie et magnifiée. En cherchant ces voies de l'existence de Dieu, l'intelligence découvre que nier Dieu rend tout incohérent.

C'est d'abord l'existence de l'univers créé, et non pas celle de Dieu, qui a besoin d'être libérée des objections et incohérences apparentes. L'esprit a la force de comprendre qu'il n'est pas seulement soumis à un impensable hasard. On demeure sous la lumière de la philosophie.

Mais on est devenu prêt à entendre l'invitation de la foi qui, elle, dit non seulement : Dieu existe, mais Il nous attend.

La tentation du suicide

En reconnaissant que l'existence de Dieu n'a pas été un problème pour vous, ne faites-vous pas bon compte du désespoir qui atteint normalement tous les hommes ?

Le désespoir ? Le Curé d'Ars avouait que cela avait été la grande tentation de sa vie. Je ne peux que dire la même chose.

Jusqu'où ?

Le Curé d'Ars s'est deux fois enfui de son village. Il voulait se retirer au monastère de la Trappe. Ses paroissiens, les paysans, l'en ont empêché. Pour moi, je ne peux que vous avouer que deux fois la tentation a été limite. Une fois à l'abbaye de la Grande Trappe où je prêchais la retraite aux moines, une autre fois dans un autre contexte.

Il y eut aussi une autre occasion, encore incompréhensible à des années de distance, après le choc d'une rencontre avec un supérieur où il s'agissait de décisions engageant la foi.

Est-ce le fait de l'hérédité, du tempérament ou des conjonctions trop dures de l'existence ?

Non. Mes grand-mères et arrière-grand-mères m'ont laissé des chromosomes bourguignons, cévenols, catalans et écossais qui me donnent une force d'exister, un goût de vivre, une joie de croire et pas du tout l'envie de me supprimer. Et pourtant, je comprends le besoin d'en finir.

Tout aurait pu se liguer dans ma vie pour conduire à une lecture noire de l'existence : orphelin quasi dès ma naissance ; l'impression d'absence de tendresse chez celle qui a succédé à ma mère ; frères et sœurs partis très tôt, j'avais sept ans quand les aînés se sont mariés ; pas d'adolescence à cause de la guerre ; des mois sans nouvelles de personne ; mon père à l'étranger pendant la guerre et l'exode ; une Sorbonne studieuse, mais presque sinistre en ce temps d'occupation allemande ; trois rechutes de tuberculose avec séjours en sana, au moment où on ne savait pas la guérir, etc. Et pourtant, je garde un souvenir extraordinairement heureux de tout ce qui m'a été donné.

À quels cadeaux pensez-vous ?

Très précisément à quatre. Ma famille m'a donné la foi. L'ordre dominicain m'a donné la pensée. Les laïcs au travail m'ont appris le poids des responsabilités. L'Église m'a offert la fraternité de la communion des saints. Je n'ai rien mérité de tout cela.

Tragédie ou comédie ?

Quelle aide apporteriez-vous à ceux que vous aimez, vos neveux et petits-neveux ?

Pour pouvoir mieux en parler, ce n'est pas en sortant de l'espérance qu'on prouve l'espérance. On ne peut pas montrer que l'espérance a raison autrement qu'en espérant soi-même. Il n'y a de réponse respectable que pour celui qui n'attend pas la réponse pour espérer. Il me reste à m'appliquer à moi-même le titre de ma première conférence à Notre-Dame de Paris tirée de saint Paul : « Espérant contre toute espérance ».

Vous connaissez la phrase par laquelle Balzac résume la *Comédie humaine* : « La vie est une tragédie pour celui qui sent et une comédie pour celui qui pense. » Comme on ne peut s'interdire ni de sentir, ni de penser, il faut bien prendre les deux : tragédie et comédie.

Ne vous sentez-vous pas capable de leur donner quelque explication ?

Si. D'abord en rappelant les vraies difficultés et en récusant la mauvaise manière de poser les trois questions habituelles dont on se sert pour justifier le désespoir ou le refus de la foi : le problème du mal, l'existence de l'enfer, les déficiences de l'Église. Je viens de rappeler que j'y avais consacré tous mes efforts pendant les conférences de Notre-Dame de Paris.

Le « problème » du mal

Le problème du mal est légitimement le premier motif qui autorise à questionner Dieu. On peut au moins déplacer la question pour bien la poser afin qu'elle ne reste pas meurtrière. Le mal n'est pas une sorte de ligne parallèle ou symétrique au bien. Il n'y a pas de réponse abstraite à son « pouvoir ». Ce n'est pas un problème, un mystère, une énigme, c'est un *pouvoir* concret, qui blesse, qui meurtrit, qui tue, qui désespère. En face d'Auschwitz ou du Rwanda, aucune parole n'est tolérable, seulement des actes concrets, comme chacun le peut, qui apporteront un surcroît de bien. En face du mal, il n'y a pas de « réponse », il y a seulement une *présence*. La révolte ne résout rien, sinon multiplier le mal par lui-même. On peut quand même réfléchir et questionner.

Premièrement, l'idée d'une création parfaite ne tient pas. La comparaison d'une vitesse infinie est utile pour déplacer la question. Il pourrait toujours y avoir une vitesse encore plus grande. Une création parfaite ne pourrait être que Dieu ou un univers de cristaux. S'il y a des créatures, elles ne sont pas Dieu, elles sont forcément finies et non pas infinies, il y a donc des limites.

Deuxièmement, pour remédier à ces limites, Dieu a doté l'homme de la liberté et de la capacité de créer à son tour.

Troisièmement, pour suppléer aux mésusages de la liberté, aux insuffisances de l'attention humaine, Dieu nous a rendus capables de solidarité. À chaque génération, un Vincent de Paul, une mère Teresa corrigent nos défaillances. Jusque-là un incroyant peut suivre le chrétien.

Mais demeure la question : l'horreur du mal valait-elle la peine d'une telle création ? Comme Ivan Karamazov devant les chiens que le maître laisse courir après le petit enfant innocent, on a le droit de dire : « J'ai envie de rendre mon ticket d'entrée dans ce monde-là. » C'est ce qui tente Job : disparaître. C'est la voie de la fuite, prônée par les religions asiatiques.

Reste alors la seule porte que le croyant peut oser entr'ouvrir : entendre Dieu lui murmurer qu'il y a une quatrième étape, celle de la confiance. Si Dieu a créé l'homme, c'est pour l'inviter à entrer dès maintenant dans la Cité divine, à être avec Dieu coopérateur du bien et de la recréation inlassable du bien. Celui qui a entendu cette voie de la compassion, sait qu'il n'a plus le droit d'augmenter la peine du monde. L'humanité a tous les ingrédients pour au moins ne pas en ajouter. Si nous faisions cela, ce serait déjà le paradis.

Au cas où l'homme ne serait pas appelé à « devenir Dieu », à partager une vie d'un bonheur fou, infini, explosif dont nous ne pouvons pas avoir idée, et si, passé ses soixante ans, l'homme n'avait plus qu'à attendre la crainte du cancer, alors tout ne serait qu'une farce. Je sais l'audace qu'il faut pour maintenir cela. « Devenir Dieu » : c'est la promesse et le dernier mot du christianisme. J'ai besoin d'être aidé pour y croire. Tout seul, je sais que je peux en revenir aux blasphèmes de Job.

*

Croyez-vous à l'enfer ?

L'enfer ? On n'en parle plus beaucoup. Ou bien on se tait, ou bien on est secrètement obsédé. L'une et l'autre attitude sont insuffisantes, voire indécentes. Vous connaissez la réponse de la marquise du XVIIIe siècle à qui l'on demandait si elle croyait à l'enfer. Elle répondit : « Non, je n'y crois pas, mais j'ai peur. »

En ayant la foi, le chrétien est bien davantage écrasé par le mystère du mal qu'il ne l'est avant de croire. La foi nous place en face d'un problème du mal qui dépasse tout ce que les pires révoltés imaginent. L'Évangile est discret sur les modalités de la révolte, il ne l'est pas sur le fait. On est là devant ce qui est le plus difficile à admettre pour un chrétien : *le pouvoir de la liberté* qui entraîne que la révolte elle-même puisse être respectée par Dieu, comme absolue, comme éternelle.

On a raison d'opposer à l'enfer l'argument de l'amour et de la bonté de Dieu, mais il manque ici un mot à l'argument. Il y manque le mot « infini ». Si nous avions l'expérience de ce qu'est l'amour infini nous verrions que la révolte éternelle est inévitable. Cette idée de la révolte est blessante non pas parce qu'on se fait une idée trop forte de l'amour de Dieu, mais parce qu'on s'en fait une idée trop faible.

Refuser de croire à l'amour infini à cause de l'enfer, c'est précisément à ce moment-là qu'on entre en état de révolte. On est devant ce paradoxe inouï : *il faut admettre l'enfer pour échapper à l'enfer*. Il ne s'agit pas d'un jeu de l'esprit. En admettre la possibilité, c'est croire que Dieu fait confiance à notre liberté. C'est l'origine de la vocation de saint Dominique, de saint François d'Assise, de Thérèse de Lisieux, de Charles de Foucauld : ils sont entrés, à côté du Christ, dans l'interrogation suppliante, dans la question crucifiée.

L'Église canonise, elle n'a jamais nommé quelqu'un en enfer. Mais elle se refuse à en nier la possibilité. Dieu peut laisser dissoudre celui qui préfère se dissoudre. Et Dieu permet d'y penser non seulement pour en être libéré, mais pour entrer davantage dans la supplication et la solidarité.

Les déficiences de l'Église

L'Église et ses déficiences ? Après le mal et l'enfer, c'est la troisième difficulté. Bernanos a tout dit dans les pages célèbres où il se demande quel cardinal n'échangerait pas sa mitre, sa pourpre et sa crosse pour la sainteté.

Saint Augustin compare l'Église à un échafaudage. Les poutres en sont couvertes de taches de plâtre et de peinture, les bâches flottent au vent, les planches sont plus ou moins bien ajustées. Il reste que l'échafaudage est indispensable pour que la maison se construise. On en verra la splendeur plus tard. Jeanne d'Arc a donné à ses juges qui faisaient passer Dieu au tribunal de la raison, la phrase définitive : « M'est avis que du Christ et de l'Église, c'est tout un. »

J'admire les prêtres zaïrois qui deviennent curés de paroisse dans la banlieue de Liège en Belgique, les prêtres ougandais qui sont vicaires à Herblay dans la banlieue parisienne, les prêtres allemands qui prennent la relève dans la Sarthe. « L'Église », je le redis, c'est sœur Marie-Jeanne dans les favelas des Hauts-plateaux du Pérou, le père Barbier dans la léproserie de Pouébo, les sœurs Zoé et Caro au centre d'hébergement des petites prostituées de Nouméa, la sœur Ivola à la léproserie de Ducos, la sœur Beneditta à la léproserie de Nagoya, (pas de vacances depuis quarante ans), le père Picher seul avec ses handicapés à Fukushima ; les sœurs irlandaises tenant un centre pour petits aveugles à la frontière entre l'Éthiopie et la Somalie. Les sœurs Blanches à Laghouat ou les pères à Gardhaïa.

Quand donc tous ceux-ci auront-ils droit de faire la une des journaux ? Ils sont partis « pour les Indes » sachant qu'ils ne reviendraient peut-être jamais dans leurs familles. Au début du siècle, ils quittaient la France n'ignorant pas qu'ils n'avaient une espérance de vie que de trois à cinq ans. Cela n'empêche pas l'horreur du *Manuel et guide pratique des Inquisiteurs* de Nicolau Eymerich et Francesco Pena, dominicains, l'un du XIVe, l'autre du XVIe siècle. Au XIIIe siècle, le fondateur saint Dominique pleurait la nuit, la tête appuyée sur l'autel en gémissant : « Que vont devenir les pécheurs ? » Mais c'est par la compassion et la prière qu'il cherchait à être contagieux. Je suis étonné, sauf inattention de ma part, qu'il n'y ait pas eu de geste public de repentance de son successeur le père général des Dominicains. J'espère qu'elle viendra. Peut-être faut-il encore du temps pour faire la vérité sur l'Inquisition ? À Mexico, le Palais de l'Inquisition existe encore, avec les armes dominicaines au fronton. Il abrite maintenant les bureaux d'un ministère. L'histoire a dénombré précisément ceux qui, hélas, ont eu à en souffrir. En trois siècles, exactement cinquante-huit personnes au Mexique. C'est cinquante-huit de trop pour le Nouveau Monde. Les milliers d'assassinats que commirent Cortès et les conquistadores n'excusent en rien les religieux de s'être prêtés à la pression du pouvoir politique.

Vos amis vous ont-ils apporté une aide en face des risques du désespoir ?

Non seulement, une aide, mais un exemple et un soutien irremplaçables. Quand un prêtre apporte la communion à quelqu'un qui se bat contre son cancer, ce n'est pas le prêtre qui tient la main, c'est celui qui souffre. Il nous entraîne à aller plus loin.

Je me dois d'évoquer ici l'un de mes meilleurs amis. Plus âgé que moi, à la fin de la guerre, en août 1944 il fut chargé par son réseau de Résistance, avec l'aide de Paul Delouvrier sous les ordres d'Hubert Beuve-Méry, d'aménager clandestinement une clairière de la forêt de Fontainebleau en terrain d'atterrissage, au cas où de Gaulle aurait eu à rejoindre Paris d'urgence au moment de la Libération.

Polytechnicien, François M. devait mettre sur pied avec des moyens limités, ce qui devint l'une des entreprises d'ingénierie les plus importantes du monde : construction de barrages au Brésil, pont sur le Niger, aménagement d'usine de plastique à Moscou... Étant donné l'ampleur des organismes nécessaires à ces travaux, il ne pouvait pas prendre de chantiers à moins de plusieurs milliards de francs.

Et pourtant, je connais peu d'êtres qui furent plus atteints dans leur vie par la tragédie du mal. Sur sept enfants, deux suicides et deux profondément handicapés, un autre quitte le sacerdoce. Jamais leur père n'a défailli dans sa foi. Lorsqu'il mettait un matelas pour coucher par terre à côté d'un de ses enfants handicapés, il trouvait encore le moyen de prier avec une confiance contagieuse. Je ne saurai jamais exprimer par des paroles de manière satisfaisante comment lui et son épouse ont pu porter tout cela avec une telle discrétion et force. Ou plutôt non pas force, mais confiance désarmée. À eux, je dois tout en face de la révolte ou du désespoir.

À la fin d'une heure d'interview à France-Inter, François Foucart, un des cinq journalistes qui m'interrogeait, me demanda de quel côté allait ma préférence entre le père Cardonnel, progressiste, et le père Brückberger, conservateur, tous deux dominicains. J'avais répondu que si mon ordre religieux avait mis plusieurs siècles pour abandonner manichéisme, inquisition et coercition, je n'avais envie de choisir ni l'un, ni l'autre. Cela amena Jean Daniel, directeur du *Nouvel Observateur* à me demander de venir déjeuner avec lui. La conversation fut sérieuse et détendue. Il m'interrogea sur ce que je pensais de la politique. Je ne puis lui répondre que la compétence passait pour moi avant les bannières idéologiques. Sur les questions religieuses, je ne puis que lui confier ma surprise. Comment comprendre attitudes et livres comme les siens, lorsqu'il se demande : *Dieu est-il fanatique ? Essai sur une religieuse incapacité de croire.* Comment lui, qui était si avisé, pouvait-il se méfier de Dieu comme de la peste sous prétexte que la science étant folle, Dieu serait fanatique et qu'un croyant avait beaucoup de risques de devenir à son tour fanatique, puisque Dieu pour lui était l'absolu ? On pourrait éventuellement garder de la religion l'odeur, le climat, le goût du mythe et une ombre lointaine de « sacré », mais Dieu lui-même, il fallait l'occulter. Son absence même étant porteuse de fanatisme et de passion meurtrière, on ferait comme s'il n'était pas. Jean Daniel se réfugiait derrière l'appel de Ricœur à la compassion. Est-ce suffisant en face du désespoir ? Mon ami François M., tant éprouvé, me renvoyait-il simplement à des idées ?

Ne faites-vous pas bon marché de l'exemple des saints qui semblent avoir été doués d'un incroyable pouvoir d'espoir en face de l'avenir ?

C'est aller un peu vite avec l'histoire. J'ai déjà rappelé les fuites du Curé d'Ars et son aveu que le désespoir était sa plus grande tentation.

François d'Assise terminera sa vie éloigné de la direction de son ordre et pleurant sur les constructions majestueuses que son successeur, le frère Élie, entreprenait. Cela ne l'empêchera pas de chanter « mon frère le feu » alors qu'on lui cautérisait avec un fer rouge les tempes pour essayer de remédier à la cécité qui le menaçait.

Saint Paul avait donné l'exemple d'être au fond du trou lorsqu'il était flagellé et interné par ses coreligionnaires. Deux ans de solitude et de méditation dans la prison de Césarée et autres bastonnades et lapidations.

Jeanne d'Arc ira jusqu'à frôler le doute, le désespoir lorsqu'elle se croit abandonnée par ses voix ou coupable d'avoir cherché à s'évader du château de Bellevarde. Gardée par la soldatesque, elle est obligée de se protéger avec ses vêtements d'homme pour ne pas être violée. Un baron anglais avouera qu'il avait été payé pour cela. Pas un mot de son roi Charles VII pendant dix-huit mois de prison, l'archevêque de Reims, l'horrible Regnault de Chartres ayant fait croire que, si elle était prisonnière, « c'était volonté de la Providence ». À certains jours Jeanne a bien été désespérée.

Bernadette Soubirous après le flot de piété et de gloire qu'avaient attiré les révélations de Lourdes est reléguée — sans l'avoir souhaité — au monastère de Nevers alors que, secrètement, elle en est la pierre précieuse. Malade de tuberculose osseuse, elle termine sa vie à trente-trois ans, minée par la souffrance et allongée sur une chaise longue, derrière la porte de l'infirmerie, elle dit seulement : « La Vierge s'est servie de moi comme d'un caillou, comme d'un balai. Le balai sert à enlever la poussière. Quand on a fini la besogne, on le met derrière la porte et il y reste, c'est mon cas. »

Marie-Thérèse Couderc sa contemporaine, fondatrice d'un des ordres religieux les plus marquants du XIXe siècle connut le même sort que Bernadette. Après avoir été fondatrice et mère supérieure, elle fut reléguée au dernier rang et garda le silence devant toutes les humiliations qu'elle eut à subir.

Bernadette a laissé, en face de la détresse, l'une des pages les plus extraordinaires de l'histoire de la sainteté, celle de sa profession religieuse, le 30 octobre 1867. Alors qu'elle s'est engagée pour la vie à pratiquer les vœux de pauvreté, obéissance, chasteté et charité, Bernadette assiste à la cérémonie de la remise des charges, appelée obédience. Ses quarante-trois compagnes de noviciat sont appelées l'une après l'autre et reçoivent la fonction que la supérieure leur attribue. Arrive le tour de Bernadette. L'évêque se tourne vers la supérieure : « Monseigneur, elle n'est bonne à rien ». L'évêque dit à haute voix : « Sœur Marie-Bernard, nulle part ! » Puis s'adressant à elle, il lui demande : « Est-ce vrai sœur Marie-Bernard que vous n'êtes bonne à rien ? » Réponse de Bernadette : « C'est vrai, Monseigneur, je vous l'avais bien dit à Lourdes. » Alors la supérieure générale intervient pour dire qu'on peut la garder par charité et l'employer à l'infirmerie pour des nettoyages ou des tisanes. « Comme elle est toujours malade, ajoute la supérieure, ce sera précisément son affaire. » L'évêque accepte. « J'essaierai » répond Bernadette. Alors l'évêque prenant de la hauteur : « Je vous donne l'emploi de la prière. » On a oublié le nom de l'évêque et de la supérieure, mais des millions de personnes vont chaque année à Lourdes pour essayer de lutter contre le désespoir avec l'aide de Bernadette.

L'histoire de l'espérance est co-extensive avec celle de l'Église. On pourrait citer le père Lagrange à la fin du XIXe, soupçonné dans ses recherches bibliques et restant fidèle contre toute espérance, aussi bien que les emprisonnés politiques à cause de leur foi, comme Armando Valladares, enfermé pendant vingt-deux ans dans un tuyau par Fidel Castro, et qui, une fois libéré, ne voulait pas vivre avec sa future femme avant qu'un prêtre ait transformé son mariage civil en cérémonie religieuse, avec Lech Walesa et son épouse pour témoins.

*

Beaucoup de choses vous ont réussi, connaissez-vous encore des raisons de désespoir ?

De doute, non. De désespoir, non. De détresse, oui. Deux raisons demeurent. Un certain refus de Dieu à l'extérieur de l'Église, et parfois un certain affaiblissement du *Credo*, à l'intérieur.

Comme tout le monde, je constate que certains ne connaissent pas le christianisme alors qu'ils ont tout pour le connaître. Je ne me satisfais pas des distinctions entre athéisme, agnosticisme, indifférence, etc. Je ressens jusqu'à la moelle la confidence de saint Vincent de Paul : « Je ne peux aimer le Christ tant que mon frère ne l'aime pas. » Il y a un abîme entre le rejet coincé, durci, maintenu de l'athéisme (Pascal a bien fait remarquer que c'était d'ailleurs très difficile de se maintenir dans cet état-là), et la recherche si souvent noble, grave et courageuse de l'agnostique. Il faudrait ajouter que celui qui, né sans croyance ou en dehors de tout milieu croyant, choisit son chemin comme il peut, est parfois beaucoup plus loyal que celui qui, par tradition familiale a tout reçu.

Des êtres bien plus exceptionnels, courageux et intelligents, tenaces que je ne le serai jamais, ne vivent pas du Christ. La vie trinitaire leur est indifférente. Je ne peux pas m'en consoler. Cela me hante la nuit. J'ai l'impression d'avoir souvent affaire à des « suicidés » de l'esprit. Tant de temps, de soucis, de soins, de calculs pour optimiser par exemple la distribution d'un super-marché et proportionnellement rien pour le Christ. On ne va pas jusqu'à nier son intérêt, son rôle, mais on est assez habile pour éviter toute question qui engagerait. On ne dit pas non, mais on se débrouille pour ne pas avoir à dire oui.

J'espérais avec l'âge m'habituer à l'indifférence. Je n'y arrive pas. Alors que j'ai une estime et une affection sans borne pour neveux et nièces, petits-neveux et petites-nièces, je suis parfois désespéré de voir comment la vie passe, se déroule et que certains restent en dehors de ce qu'est pour moi le christianisme et l'amour du Christ.

Pourtant, vous avez écrit des livres. Vous avez été sollicité à de multiples émissions de média, cela n'a-t-il pas produit quelques fruits ?

Les neveux et nièces sont proches, (la famille directe m'en offre plus de cent quatre-vingts. C'est un laboratoire exceptionnel). Ils sont affectueux, ils sont intelligents, ils font du bien... Vous connaissez la réponse du poète Cocteau à celui qui demandait ce qu'il emporterait au cas où il y aurait le feu dans sa maison, Cocteau répondait : « J'emporterais le feu ! »

C'est ma question. En moi, le premier, le feu existe-t-il encore pour qu'on puisse l'emporter ? Pourquoi n'est-il pas davantage communiqué à ceux que j'aime ? On fait du bien, mais est-ce le bien que Dieu attend de nous ?

Vous évoquiez une certaine diminution du Credo *à l'intérieur de l'Église, que voulez-vous dire ?*

Ce que le prophète Jérémie disait : « Les petits ont demandé du pain et il n'y a eu personne pour le leur rompre. » Que « le christianisme soit mis en accusation », comme le dit René Rémond, n'est pas mon premier souci. Dieu n'a rien à craindre, ni le Christ, c'est nous qui avons à redouter « d'être des esprits tristes et lents à croire » comme les disciples d'Emmaüs.

Mais René Rémond a raison. Et la réponse de Noël Copin est étrangement faible, par simple défense corporatiste (?), pour démontrer que les chrétiens seraient fautifs de leurs propres « blues ». (Étrange conception du mystère de l'Église). Nous n'en sommes plus à une période d'ignorance, ni même d'indifférence, mais de crispations *a priori* à l'égard du christianisme, quand ce n'est pas de persécutions. Pas une semaine ne se passe sans qu'un des grands médias français ne se jette sur la moindre occasion pour diminuer ou accuser le christianisme. Je ne prendrai qu'un seul exemple, celui du titre en première page d'un grand quotidien, sur trois colonnes, le jeudi 22 mars 2001 pour rendre compte des rapports demandés par le Vatican sur les abus sexuels du clergé. L'article fait état des difficultés rencontrées en certains continents par des religieuses harcelées sexuellement par des prêtres. Le même article laisse croire que le Vatican aurait enfin accepté de reconnaître les faits... comme s'ils n'étaient pas déjà connus et portés par les responsables avec la plus grande préoccupation. D'autres journaux l'ont signalé. Mais le titre de l'article était insupportable lorsqu'il imprime en grands caractères, à la une : « Le Vatican reconnaît les nombreux abus sexuels de prêtres sur des religieuses. »

Reconnaît : comme s'il fallait laisser croire que le Vatican n'aurait pas été au courant et qu'il serait enfin obligé de s'incliner devant ce problème infiniment délicat et difficile. Alors que c'est à la demande même du Vatican, il y a plus de cinq ans, que ces rapports ont été établis de la manière la plus sérieuse par les responsables.

Nombreux. Un seul drame serait déjà de trop. L'article oublie de dire qu'il y a dans le monde neuf cent mille religieuses qui se dévouent à longueur de vie là où personne parfois n'a envie de servir...

À longueur d'année, certains journaux habituent leurs abonnés à une lecture plate reposant sur une suspicion *a priori*, à un refus systématique de regard spécifiquement religieux sur ce qui est religieux, à un rejet de ce qui serait le traitement épistémologiquement adéquat et convenable du fait chrétien, sous prétexte d'objectivité. L'exercice est suffisamment parlant en retournant l'*a priori* en face de certains articles. Le « Pape momifié » dont l'éditorialiste Robert Solé regrettait la venue en France fera encore pleurer Fidel Castro, allégera l'embargo de Cuba et, devant le Mur des Lamentations à Jérusalem ou au mausolée des Martyrs en Arménie saura ébranler la conscience du monde entier en demandant repentance.

Je ne souhaite aucun traitement privilégié pour l'Église, mais qu'on accorde au moins à l'Innocent crucifié le minimum de respect et de compétence que l'on apporte aux masques du musée Guimet. Nous n'en sommes même plus à remarquer qu'on n'oserait pas faire subir à Moïse ou à Mahomet ce que l'on fait subir au Christ. Il est évident que le drame de la pédophilie dans le diocèse de Boston — et éventuellement ailleurs — est sûrement une des croix les plus lourdes de la fin de vie de Jean-Paul II. Raison de plus pour redire avec saint François de Sales : « La ligne entre le royaume du bien et le royaume du mal passe par mon cœur... »

Il y a plus grave parmi les raisons de désespérer. On assiste à une réduction du religieux, par le personnel chrétien lui-même. Le social ou l'humanitaire prend le pas sur l'engagement religieux. C'est de l'intérieur même du christianisme que le risque de l'affaiblissement du *Credo* se fait plus pressant. Ces dernières décennies anti-chrétiennes ne pourraient-elles pas être définies dans leur mal profond par la situation de ce personnage clé des *Possédés*, l'athée Kirilov dont Dostoïevski dit : « Son idée ne le délivre pas, mais le dévore. » Nous n'en sommes même plus à ce type de défi. La fin des grandes idéologies totalitaires s'est traduite sur le terrain de l'athéisme par une déconstruction des grands idéaux révolutionnaires. Au gré de l'individualisme contemporain, tout est devenu fluctuant. L'heure est au bricolage intérieur, aux recherches aléatoires où l'on grappille ici ou là pour satisfaire les tendances plus ou moins erratiques de son « moi ».

Nihilisme ou émergence d'une société-monde

Le 25 décembre 1991, le drapeau rouge qui flottait depuis soixante-quatorze ans sur le Kremlin, était amené. Ainsi disparaissait la première puissance communiste du monde qui avait suscité l'enthousiasme de millions d'hommes sur la planète et fait des millions de victimes. La déchéance de l'économie bureaucratique était venue de l'intérieur. Le monde perdait un pôle de référence et de répulsion. L'expansion mondiale d'un modèle économique était saluée par les technocrates qui en avaient été les porteurs et facilitée par le développement de toutes les nouvelles techniques de communication, le portable, le fax, évidemment Internet. La conjonction de ces deux éléments a constitué ce phénomène appelé mondialisation. Ce terme est employé par abus car de fait, le phénomène de planétarisation a commencé au XVIIe siècle pour ne pas dire beaucoup plus tôt avec l'expansion du christianisme au début de notre ère. N'oublions pas que les Indes ou l'Éthiopie eurent des diocèses chrétiens trois siècles avant la Gaule.

Il n'en reste pas moins que la conjoncture actuelle marque une véritable étape. En même temps que l'hégémonie de cette mondialisation technique et économique et occidentalisante apparaissent des phénomènes contraires, d'une virulence nouvelle ces dernières années. Ce sont les poussées nationales ou nationales-religieuses, poussées qui se nourrissent de souvenirs d'atrocités commises pendant la Seconde Guerre mondiale chez les uns et les autres. Cette aspiration à la nation née en Europe dès le XIXe s'est répandue sur la planète. C'est le cadeau involontaire qu'a fait l'Europe dominatrice aux pays colonisés. Nous assistons à la désintégration des restes de la « positivité » du marxisme. Cet héritage humaniste et universaliste — avec l'internationalisme et tout ce qui l'entoure — dont il était issu, héritage qui était porté par des partis très puissants, communistes et socialistes, se sont faits « bouffer » par la nation.

Des éléments contradictoires se manifestent : une évidente occidentalisation du monde et une anti-occidentalisation non moins évidente focalisée contre l'Amérique. Un mouvement qui consiste à vouloir prendre de l'Occident les messages de démocratie, droits de l'homme, droits des femmes, etc., et, pour sauvegarder les cultures, les traditions : un contre-mouvement intégriste non moins fort. Et la mondialisation techno-économique s'est doublée d'une mondialisation des mafias qui est devenue un système planétaire.

C'est une erreur d'appeler anti-mondialisation tout ce qui s'est tramé à partir de Seattle ou de Porto Alegre. C'est une autre forme de mondialisation. Si la mondialisation peut être considérée comme le stade ultime de l'époque planétaire qui a commencé au XVIe siècle avec la conquête, la prédation, l'esclavage, aujourd'hui la mondialisation est le stade premier de l'émergence d'une *société-monde*, inégalement embryonnaire.

Nous nous trouvons en face d'une économie mondiale, mais qui ne dispose pas des contrôles, des régulations ni même d'une orientation. Ce n'est pas faux de dire que la crise de l'économie libérale a commencé. Un peu partout, on reconnaît que les États peuvent jouer un rôle, mais il manque les institutions permettant de s'orienter vers une *société-monde*.

Ce mouvement est hétérogène. Il s'est fait noyauter par des groupuscules très différents. Il y a un territoire commun parce qu'il y a une communauté de destin. À partir du 11 septembre 2001, malgré leur résistance passée, les États-Unis y ont été en partie intégrés parce qu'ils se sont montrés vulnérables. Il est en revanche curieux, que la gauche socialiste d'où est né l'internationalisme demeure tout à fait balbutiante devant cette situation. Peut-être n'a-t-elle aucune perspective politique ? Peut-être est-elle complètement déphasée et n'a-t-elle plus rien à dire ? En tout cas sa répugnance religieuse fait d'autant plus apparaître combien elle aurait besoin de la religion. Al Qaïda à sa manière négative l'a bien montré. Ce n'est pas d'abord une réalité territoriale mais un mouvement, une pulsion planétairement ramifiée. Cela pourrait conduire à opposer l'idée d'une politique de la civilisation à l'idée de guerre de la civilisation.

De toute façon, il y a le vide ...et le vide reste

Dans le même temps, on constate une fois de plus un rejet du marxisme qui ennuie parce qu'il ne répond plus à une foi. Ce phénomène d'érosion de la foi a commencé dans beaucoup de régions, dont la nôtre, dans les années 70. C'est l'époque où la Chine se ridiculise avec l'histoire de la bande des quatre ; où le Viêt-Nam, objet de tant d'enthousiasme, suscite des désillusions, où le Cambodge devient un monstre ; quant au petit paradis de Castro, il faut être drôlement anti-yankee pour continuer à y croire... Le lent dépérissement de la religion communiste avec son implosion finale, celle de l'URSS, donne le coup de grâce.

Edgar Morin a bien montré, (*Le Monde* du 23-24 décembre 2001), comment on s'était alors tourné vers les prolétaires du tiers-monde qui, en fait, ne répondaient pas à l'appel prolétarien mais à l'appel ethnique et national. Marx va-t-il ressortir ? se demande Morin sans y croire. On ne sait pas. De toutes façons, il y a le vide. Depuis longtemps la social-démocratie s'est vidée de toute substance porteuse de rêve. Le communisme et le trotskisme ne sont plus que des résidus.

Tout l'effort d'Edgar Morin est de chercher la méthode, non pas pour ne jamais se tromper, mais pour savoir comment accepter de lutter contre l'erreur et l'illusion. Pour beaucoup, l'illusion aura été de croire que tous les vices de l'Union Soviétique venaient de l'encerclement capitaliste. La particularité du mouvement communiste tenait dans une coïncidence entre l'idéologie, la religion, l'État, le parti, une nation au moins en formation, un empire. On pouvait être résistant français, militant anti-franquiste, guerillero angolais ou latino-américain, rebelle philippin ou indonésien et s'appuyer sur un même pôle de références idéologiques et bénéficier du soutien, plus ou moins affirmé, de l'État soviétique, de l'organisation centrale.

La crise d'une religion de salut terrestre, la peur de perdre une identité dans un processus d'homogénéisation, à la fois réelle et imaginaire, plus la perte du futur, c'est-à-dire de toutes les grandes espérances que pouvait apporter l'idée de progrès occidental, et l'échec dans tous ces pays, de tous les modèles de développement, tout cela provoque un retour vers le passé, surtout quand le présent est un présent d'angoisse et de frustration. Le vide reste. Le monde de l'Islam est aussi dans ce vide. Il n'y a plus d'utopie. Beaucoup disent que nous avions de la chance, car, de notre temps, il y avait de grandes causes et maintenant, c'est terminé. Aujourd'hui ce serait l'époque de la plus grande des causes. C'est de civiliser la terre, mais cela ne prend pas. Ce n'est pas vécu. On est frappé de voir le vide et en même temps la présence potentielle d'une cause formidable qui n'est pas assez vécue, pas assez ressentie. Un Soviétique disait en 1988 : « On a chez nous réalisé la perfection, le socialisme de caserne ».

Il est difficile de trouver une structure. À défi mondial, il faudrait réponse mondiale. Comment la trouver quand on a fait le vide de la religion ? L'idée de la nécessité de civiliser la terre, d'en faire une patrie, voilà ce qui manque. C'était déjà exactement l'utopie juive du temps du Christ. Réaliser un super ONU. Or chacun est dans une alvéole hyper-spécialisée. L'ouverture du marché mondial oblige à se poser des questions de la complexité. On répond par des programmes rigides, là où il faudrait avoir la stratégie de l'amour. La dialectique ne suffit pas à résoudre ce qu'on découvre de complexité et contradictions. Africains, Européens, Asiatiques ont des intérêts fondamentaux différents. Peut-on se contenter de penser que la démocratie étant le choc des opinions, elle pourrait produire quelque chose ? Suffit-il de créer un espace de laïcité ? Peut-on dire que la modernité serait la croyance au progrès ? Ces éléments de la modernité ne fonctionnent plus. Valables, ils sont en crise. Faudrait-il reconstituer le califat, espace de civilisation islamo-arabique qui aurait surmonté les différences nationales ? Le message réconfortant de l'avenir, c'est plutôt que l'avenir radieux est mort. Même l'Occident ne peut apporter l'avenir radieux. Nous assistons à la fin de la croyance dans le progrès de l'histoire. Un progrès même établi n'est jamais irréversible. Dans les pays d'Europe, la torture avait été éliminée à la fin du XIXe siècle et, au XXe siècle, on a torturé un peu partout. Et cela continuera tant qu'on refusera de lire avec le christianisme le visage de Jésus sur le faciès de chaque homme.

Que répondre à ceux qui font de la religion une affaire individuelle ? Alors que vous dites l'inverse ?

Le mot d'ordre rendu célèbre par une émission controversée de la télévision s'est imposé : « C'est mon choix. » Au grand bazar de la religiosité contemporaine, tout s'expose et se vend : de l'ésotérisme frelaté au mirage du *New age*, en passant par les sagesses d'Extrême-Orient, comprises souvent à contre-sens. Que sortira-t-il de ces itinéraires, tous plus labyrinthiques les uns que les autres ? Il est bien difficile de le prédire, à moins que ne s'imposent des systèmes plus rigoureux, de type fondamentaliste ou intégriste, venant apporter des certitudes à des gens qui en auraient assez de leurs divagations narcissiques. Que Dieu nous en préserve !

À moins aussi que la nouveauté du Christ apparaisse avec plus de netteté, après que tous les itinéraires du labyrinthe auront été explorés. Certes, le christianisme ne propose pas la facilité. C'est un interlocuteur qui offre à la conscience le Dieu qui invite les hommes à désarmer pour pouvoir faire alliance avec lui.

Qu'attendez-vous des médias chrétiens ?

Davantage de christianisme. Davantage d'audace. Davantage de modestie. Davantage d'ouverture. Davantage de fraternité. Davantage d'amitié. Davantage d'espérance. Davantage d'amour.

J'ai été dans l'admiration de la flamme du père Gourbillon, de la fraternité de Joseph Folliet, de la fidélité exigeante de Stanislas Fumet, du souci de justice de Madame Sauvageot, de la magnanimité du père Albert-Marie Avril, fondateurs de *La Vie catholique illustrée* et de *Radio-cinéma*, à la suite directe de ce qu'avait créé avant la guerre le père Bernadot avec le journal *La Vie chrétienne avec Notre-Dame*. C'était alors, avec *Paris-Match*, le seul titre à être imprimé en offset. J'ai eu la même admiration pour la générosité des pères Louvel et Chifflot quand ils ont laissé fonder ces magazines et créé *Fêtes et Saisons*, modèle alors de catéchèse renouvelée avec les numéros du père Loew et Michel Carrouges.

Les temps sont nouveaux. Le souffle n'est pas tari. À quelque époque que ce soit on attend toujours des anciens l'oxygène dont les plus jeunes ont besoin pour respirer. J'aurais tellement envie de la part de nos magazines d'une vitalité infiniment plus heureuse ; d'une culture moins hexagonale, plus ouverte sur l'Asie et pas seulement sur le *New age* ; d'une conscience plus festive et contagieuse en face des mystères chrétiens ; d'une éducation à la prière moins esthétique et aussi fraternelle... On n'en finit pas de se laisser aller à rêver.

Quand les Barbares se sont installés à Rome, saint Jérôme s'est enfui au désert. Saint Augustin a dit : « Tout commence. » Probablement n'avons-nous pas encore été assez loin dans le raz de marée socio-culturel qui nivelle le christianisme et n'avons-nous pas encore épuisé les illusions d'une « spiritualité laïque » ? Mais si, à certains moments, une crainte me saisit c'est d'abord en face de moi. Je n'ai pas le droit de ternir l'avenir de Dieu en faisant peser quelque pessimisme que ce soit sur le futur. Heureusement, je suis trop bourguignon pour ne pas faire totalement mienne la phrase du cardinal John-Henry Newman et la phrase du Psaume : « Comme l'amour, la grâce est neuve chaque matin » et « Chaque jour, tout commence ».

À quels autres moments, notre époque vous fait-elle penser ?

Bien évidemment, à l'effondrement de l'Empire romain. Puis aux confusions, cinq siècles plus tard, qui ont entouré la naissance des nationalismes en Europe. Ensuite à la fin des crispations des guerres de religions et à l'effondrement des valeurs rationalistes héritées du siècle des Lumières.

L'histoire de l'art donne un exemple saisissant. L'année de la défaite d'Azincourt, le roi de France est prisonnier, Donatello achève son *Jean-Baptiste* et les Frères Limbourg enluminent les *Très Riches Heu-*

res ; l'année où Jeanne d'Arc est brûlée à Rouen, à Florence, Fra Angelico peint *La Vierge couronnée*, et van Eyck, à Bruges, travaille au *Retable de l'Agneau* ; l'année où Charles le Téméraire est tué devant Nancy, Botticelli achève *Le Printemps* ; l'année du supplice de Savonarole, Léonard de Vinci peint *La Cène*, Albert Dürer grave *La Grande Apocalypse* et le Maître de Moulins peint *La Vierge en gloire* ; l'année de la bataille de Marignan, Michel-Ange sculpte le *Moïse*, et Matthias Grünewald, *Le Retable d'Issenheim* ; l'année où Charles-Quint établit l'Inquisition, Corrège décore le dôme de Parme et Holbein peint *La Vierge du bourgmestre* ; l'année du massacre des Vaudois, Titien peint *Vénus écoutant la musique* et Cellini fond le *Persée* ; l'année où le duc de Guise est assassiné, Germain Pilon termine *Les Trois grâces* ; l'année de la bataille de Lépante, Tintoret achève à Venise l'immense et sublime *Crucifixion* de la Scuola di San Rocco ; l'année de la saint Barthélemy, Véronèse peint La Cène, appelée *Le Repas chez Simon* ; enfin, l'année où Giordano Bruno, dominicain, est brûlé à Rome, à l'aube même du nouveau siècle, le jeune Rubens, âgé de vingt-trois ans, part pour l'Italie, à la cour des Gonzague, où il peindra les portraits, (aujourd'hui hélas perdus) des « plus belles femmes de Mantoue ».

Au milieu du *bruit et de la fureur*, à quelque siècle qu'il appartienne, jamais le murmure n'a cessé qui laisse entendre au cœur de tout homme : « et... pourtant l'espérance. »

En face des raisons d'espérer ou de désespérer, ne peut-on se demander si c'est une affaire de tempérament pour qu'il y ait des optimistes et des pessimistes ?

Optimisme ou pessimisme ne sont pas des catégories chrétiennes. L'espérance se greffe sur une passion : l'espoir. C'est une des deux passions les plus fondamentales de la vie : maintenir la force agressive afin de garder le trésor de l'existence et, pour cela, compter sur l'aide d'un autre : Dieu. Et donc accepter la nécessité de changer de point d'appui. Ce n'est jamais fini de purifier la combativité pour le meilleur et de désarmer de soi-même.

Une anecdote, celle du petit cordonnier d'Alexandrie, chère aux orthodoxes, rappelle que personne n'est sûr de savoir espérer par ses seules forces.

Saint Antoine, le fondateur des moines, apprend qu'habite à Alexandrie un petit cordonnier plus avancé que lui en sainteté. Étonné, il va le trouver et lui dit :

« — Que fais-tu pour être plus avancé que moi ?

— Je fais des chaussures, dit le cordonnier.

— Ce n'est peut-être pas seulement cela, répond saint Antoine, moi, je ne pense qu'à Dieu. Alors quel est ton emploi du temps ?

— Je fais les trois huit, dit le cordonnier : huit heures de travail, huit heures de prière, huit heures de sommeil.

— Moi, je prie tout le temps, réplique saint Antoine. Donc ce n'est pas cela ton secret. Alors la pauvreté, peut-être ?

— Eh bien ! Là aussi, je fais trois parts : une pour moi, une pour l'Église, une pour les pauvres.

— J'ai tout donné, répond saint Antoine. Il doit y avoir autre chose. »

Mais il ne trouve pas et l'entretien se poursuit. « — Tu vis dans cette ville de perdition, Alexandrie, ça ne te fait rien ? »

— Oh, si, répond le petit cordonnier. Cela je peux vous le dire, ça me rend malade. Je vous dis que je fais les trois huit, mais souvent je n'en dors pas, et ça me rend tellement malade que je dis à Dieu : Écoutez, mon Dieu, je vous en supplie, faites-moi peut-être descendre vivant en enfer, mais que ceux-ci au moins soient sauvés... »

Saint Antoine s'en retourna, ayant pris congé discrètement, tout en se disant : « Eh bien, ! oui, je n'en suis pas encore là, moi. Je ne peux pas... » Il avait eu peur de se laisser bouleverser jusque-là.

Qui en face du désespoir n'aurait pas peur de se laisser bouleverser ?

19

Comment protéger le bonheur ?

Y a-t-il des moments où, dans une vie de prêtre, la crainte est plus oppressante ?

Le baptême est toujours une fête. La confession, une occasion de retour à l'essentiel et la possibilité de ratifier par soi-même la foi de son baptême. Une ordination sacerdotale contient la joie et les illusions de tous les débuts. L'onction des malades révèle la réciprocité de la communion des saints. Finalement celui qui nous appelle nous tient la main et nous emmène vers l'au-delà. L'eucharistie est la récapitulation absolue de tout ce que Jésus a vu du haut de la Croix : la somme des offertoires, des sacrifices, de la louange et de la grandeur humaine tout au long de l'histoire.

Angoisse devant le mariage

Reste le mariage... Les futurs époux sont adorables, touchants, confiants, parfois hésitants à ne pas traiter le prêtre comme on le ferait du traiteur ou du coiffeur. On le sent tout de suite. Peu importe. Le problème n'est pas là. Il est quasi impossible d'aborder ou de préparer au mariage sans vivre une angoisse.

N'exagérez-vous pas un peu ?

Non, le prêtre a suffisamment d'expérience pour savoir que la sagesse des nations ne se trompe pas tellement, quand elle propose des proverbes sur l'aventure conjugale. Sans être sévère, il m'arrive d'en rappeler l'un ou l'autre au début d'un discours de mariage.

Saint François de Sales lui-même disait que « s'il y avait des novices pour le mariage, il n'y en aurait probablement peu qui feraient profession. » Le proverbe canadien affirme « qu'il y va du mariage comme d'une citadelle. Ceux qui sont dehors sont pressés d'y entrer, ceux qui sont dedans voudraient bien en sortir ».

On peut multiplier ces aphorismes. « L'amour tel qu'il existe dans la société n'est que l'échange de deux fantaisies et le contact de deux épidermes. » Ou bien : « Le mariage simplifie la vie et complique la journée. » Ou bien : « Quand un homme et une femme se marient, ils ne font plus qu'un. Reste à savoir lequel. » Woody Allen a repris cette sentence dans un de ses films : « Aimons-nous. Ne faisons plus qu'un. Moi ». Et encore d'Hippolyte Taine, un des maîtres à penser du scientisme au XIXe siècle finissant : « On s'étudie trois semaines. On s'aime trois mois. On se dispute trois ans. On se tolère trente ans... Et les enfants recommencent. »

Les paniers à poissons

Pourquoi l'Église croit-elle alors au mariage ?

L'Église ne s'arrête pas au pessimisme de la sagesse des nations quand il s'agit du mariage. Elle en fait même le plus haut signe vivant, réel, expressif du rapport entre Dieu et l'humanité. Isaïe, Osée, les prophètes l'annoncent. Le Christ choisit un mariage à Cana pour ouvrir solennellement « son heure », c'est-à-dire son œuvre. Saint Paul en fait la théologie dans une déclaration décisive. Aucune autre religion n'a eu l'audace de faire confiance à ce point au mariage.

Pourquoi ?

Parce que l'Église croit au bonheur, croit que le bonheur est la destinée de l'homme. Elle sait aussi que celui-ci est si fragile qu'il doit être confié à l'amour. Entre nous et le bonheur, il y a les « paniers à poissons ».

Au retour de leur travail, quelques pauvres marchandes de poissons surprises par un orage violent cherchent à se réfugier auprès de quelqu'un qui pourrait les accueillir. Elles découvrent la maison d'un riche propriétaire. Celui-ci les reçoit amicalement. Les marchandes laissent dehors leurs paniers. Le propriétaire leur offre un repas et les laisse se reposer dans une grande véranda remplie d'admirables fleurs qui embaument l'air. Les femmes se couchent dans ce paradis parfumé, mais elles ne peuvent pas s'endormir. Il leur manque quelque chose dont elles ne peuvent pas se passer. Comprenant ce qui leur manque, l'une d'elles se lève, va chercher les paniers à poissons là où elles les ont laissés et les apporte dans la véranda. Alors, de nouveau bercées par l'odeur qui leur était familière, les femmes sont bientôt endormies.

Qui n'est pas attaché aux odeurs, impressions ou fantasmes dont il a besoin pour s'apaiser ? Qui n'a pas son panier à poissons ?

Le Christ prêche les Béatitudes, les apôtres se soucient de savoir s'ils auront les premières places.

Quel visage le bonheur a-t-il donc pour vous ?

Jamais meilleure définition n'a été donnée que par saint Augustin. « Le bonheur, c'est la possession à la fois intense et paisible de tout ce qu'on peut désirer ».

Penser au bonheur, C'est donc se poser deux questions : Quels sont mes désirs ? Et quelles sont mes manières de posséder ?

J'ai essayé au long de ces pages de rendre compte de plusieurs étapes : ma famille et son rôle, la vocation, les études, le noviciat, certaines tâches apostoliques, le développement des deux intuitions qui m'ont orienté, guidé et presque poursuivi tout au long de mon sacerdoce, puis la prise au sérieux du sacerdoce et de la confession parce qu'ils obligent à la question radicale du sens de la création.

C'est le moment de revenir à l'une des deux intuitions fondatrices de toute pensée : le mal est-il pensable ? Le bonheur est-il possible ?

Le shishia et son maître

Peut-on distinguer, désir, bonheur et satisfaction ?

Tout d'abord procéder à l'inverse de ce que fait le bouddhisme, en n'interdisant pas au désir de mener notre vie. Dieu dit au prophète Daniel : « Je suis venu à toi parce que tu étais un être de désir. »

Ici, le christianisme se distingue du bouddhisme. Le bouddhisme a bien vu que la cause de la souffrance venait de l'insatisfaction du désir, il faut donc lui apprendre à éteindre le désir. Le Christ ne demande pas d'abandonner notre désir. La toute première parole qu'il adresse aux hommes l'indique avec précision : « Que cherchez-vous ? »

On peut reprendre ici la parabole du grand maître hindou, Vivekānanda : un disciple, un shishia, alla un jour voir son maître et lui dit : « Maître, je veux trouver la religion. » Le maître regarda le jeune homme sans répondre, il lui sourit seulement. Le jeune homme revint chaque jour répétant qu'il voulait trouver Dieu et la religion. Mais le maître savait mieux que lui à quoi s'en tenir. Un soir où il avait fait très chaud, il demanda au jeune homme de l'accompagner jusqu'au fleuve, le Gange, pour nager. Le jeune homme plongea dans l'eau. Le maître le suivit et, surprise, lui maintint la tête sous l'eau, de force. Lorsque le jeune homme se fut débattu un moment, un long moment, le maître le lâcha et lui demanda de quoi il avait le plus envie quand il était dans l'eau. « De l'air », répondit le disciple.

« Désires-tu Dieu de la même manière ? dit le maître. Si tu le désires ainsi, tu le trouveras. Mais si tu n'as pas cette soif et ce désir, tu auras beau lutter avec ton intellect, tes lèvres, tes formes, tes idées, tu ne pourras pas trouver la religion. Tant que cette soif n'est pas éveillée en toi, tu ne vaux pas mieux qu'un athée et encore, l'incroyant peut être sincère, et toi, tu ne l'es peut-être pas. »

Bonheur et désir

Ce n'est pas le bonheur qui est difficile à atteindre, c'est le désir et la soif qui sont difficiles à maintenir. Saint Ambroise rappelait cette sentence : « Dieu ne regarde pas d'abord ce que l'on donne, mais ce que l'on se réserve ». Qui n'a pas peur d'avoir soif. Qui n'a pas envie de se protéger ou de se réserver en se repliant sur l'assurance d'au moins un petit reste à garder ? Les Chinois le disent : « Celui qui cherche Dieu et qui vend tout ce qu'il a sauf le dernier sou, celui-là est bien fou, car c'est avec le dernier sou qu'on trouve Dieu. »

L'attachement à un seul sou peut stopper le désir qui conduit au bonheur.

Ne faut-il pas toujours bien distinguer entre désir et bonheur ?

Pour affiner la réflexion, il est bon de regarder comment désir et bonheur se situent en face du passé, du présent et de l'avenir

Le passé. Si celui-ci se résume à l'héritage de la famille, à l'histoire des gènes et des chromosomes, le désir devient alors ou fragile ou inconnu. Ou bien il ne répondra pas à ce qu'on peut souhaiter. Personne n'a choisi les conditions de sa naissance. J'ai dit combien la chance de poursuivre des études tout au long de sa vie, libère du passé. Par l'étude, on devient contemporain de toute la pensée humaine. On découvre les racines indiscutables : nous les avons nommées, l'Évangile et le réel. On peut atteindre Dieu et être investi par sa lumière. Toutes les portes de la liberté et de la maîtrise sont ouvertes. Pour celui qui étudie, le désir restera ouvert toute sa vie, non pas forcément le bonheur. Reste à savoir ce qu'on veut faire de cette ouverture du désir.

Le présent. La foi et l'espérance, en assumant le désir de l'homme, apportent une deuxième libération en face du présent et du poids des *a priori* de l'histoire et de toute culpabilité qui conditionneraient notre présent. Lorsque l'homme fait un acte de foi et se confesse, il découvre que sa personne vaut mieux que ses actes. Il a pu commettre des fautes et avoir été source d'une déperdition, d'une diminution d'être, d'un « mal de peine » c'est-à-dire avoir manqué à l'ordre de l'univers, il a pu déserter ce qu'on attendait de lui, sa personne vaut mieux que ce qu'il a fait. Il peut repartir : le désir a été libéré de ses entraves, grâce à un nouvel acte recréateur de notre destin et réconciliateur de l'amitié brisée.

Le futur. La prière et la confession, en nous abouchant à la volonté d'une personne qui est la Vérité, nous emmènent au-delà de nos concepts, de nos systèmes, de nos théories et... de nos réticences. Elle libère encore le désir, et donc le bonheur, des interprétations réductrices de notre vie et du poids de nos amertumes, regrets, rêves inavoués, besoins de revanche ou soucis de plaire. Elle sauve le bonheur des étroitesses de l'avenir tel qu'on l'imagine et du carcan des images qui emprisonnent notre destin. Par la prière, on est invité à devenir contemporain du désir de Dieu, affranchi de l'angoisse du futur et, au contraire, appelé au courage d'avoir peur là où il faudrait peut-être davantage avoir peur. « Que votre volonté soit faite, que votre règne arrive ». Saint Augustin faisait remarquer à ses auditeurs : « Vous dites cela et vous n'avez pas d'inquiétude ? »

Notre manière de posséder le bonheur est fragile. Qui peut prétendre ne pas s'approprier son désir, en être jaloux, inquiet, fébrile ?

Je vois encore l'air ahuri d'étudiants que j'accompagnais dans un pèlerinage de Chartres lorsque je leur disais que la théologie morale de saint Thomas, à la suite d'Aristote, commençait par un *Traité du bonheur*. Ils se sont exclamés : « Cela existe donc un traité du bonheur ? »

On peut toujours revenir aux intuitions fondamentales de ce traité. Elles n'ont pas vieilli d'une ligne.

Premièrement, la seule réalité qui puisse béatifier l'esprit assoiffé que nous sommes est une réalité de l'esprit, qui comble le désir de l'intelligence et de l'amour.

Deuxièmement, la seule manière de « posséder » une réalité de l'esprit, c'est de mobiliser toute notre intelligence et notre amour. Nous ne sommes pas seulement « captateurs de l'être », comme le sont tous les scientifiques, nous sommes aussi « captateurs de Dieu »

Dieu, s'Il est Dieu, est le Bien infini auquel il ne manque rien. On ne peut Le posséder et Lui être uni réellement que si, par sa présence réelle, Dieu Lui-même devient en nous la source de cette communion. C'est l'acte même de voir Dieu et d'être habité par Lui qui constitue la béatitude, « quand la divinité s'unit elle-même directement et immédiatement à l'intelligence béatifiée ». Il faut aussitôt ajouter que cet acte est le vœu même de l'amour. Quand ce vœu est comblé, comme le dit le catéchisme, « l'amour se réjouit, se repose absolument dans le but enfin possédé. »

Amour, bonheur, jouissance

On mélange souvent amour, bonheur et jouissance. L'érotisme dont déborde notre civilisation concourt à cette confusion. On se sent incapable devant cette marée montante. Que faire ?

Il n'y a pas de solution abstraite. L'expérience est un manteau que l'on use sur ses propres épaules. Raison de plus pour y être attentif très tôt. Une conscience enfantine sait très bien distinguer. Il faut prendre garde à la simplicité de ces formules. On pourrait en effet penser que l'amour n'est que désir et jouissance, qu'il se définit tout entier par rapport à l'acte qui possède.

Jouir, jouir, jouir est la dominante de nos civilisations et de l'habileté de certains marketings. Antérieurement aux débats sur capitalisme et socialisme, sur libéralisme et dirigisme, sur multinationales, mondialisation et régulation internationale, sur éthique et droits de l'homme, sur acteurs socio-économiques et responsables des économies souterraines mafieuses, qui sont fondamentaux et ont envahi le champ de conscience de la politique, il y a d'autres principes à clarifier. Ils n'ont pas changé depuis Homère. Ne pas poser la question risque de rendre nul et non avenu tout autre débat : quelle est la fin ultime de l'homme ? La jouissance est-elle la dominante suffisante d'une société de consommation ? Au nom de quoi la consommation accepterait-elle de se mesurer ? Le marketing n'est pas à blâmer, il est seulement un révélateur redoutable de certaines perversions qui peuvent ruiner une vie humaine. Au contraire, bien guidé, il peut devenir un révélateur qui permet de hiérarchiser l'essentiel.

La raison est très habile pour mobiliser toutes ses ressources lorsqu'elle veut susciter un besoin ou une satisfaction qui, d'ailleurs, peuvent se révéler inutiles ou décevants. La religion ne donne pas tort à l'homme en face de son désir, elle ne lui demande pas de l'abandonner. Au contraire, elle lui propose de l'orienter et de le rectifier. Catéchisme, théologie, commandements de Dieu et *Credo* donnent raison à l'homme à condition que l'idée de jouissance soit purifiée, rectifiée et ajustée et non pas réduite à ses seules fonctions animales.

Ce n'est pas de ses états d'âme et de ses sensations que l'homme est d'abord invité à jouir, mais de ce qu'il désire et qu'il possède. Ce n'est pas de nos impressions qu'il faut d'abord se préoccuper, mais de cela même qui nous est offert pour nous combler, de sa beauté, de son rayonnement, de sa plénitude. C'est de cela que l'on peut se réjouir.

Bien avant les psychologies modernes, la théologie morale avait bien discerné que le propre de l'amour résidait dans ce que les théologiens appellent l'extase, la sortie de soi en ce qu'on aime. C'est ce qui définit et distingue l'amour et la connaissance la plus haute. « L'extase de l'amour consiste en ce que l'appétit de quelqu'un se porte sur un autre que soi, en dehors de soi-même. Dieu lui-même parce qu'il aime, connaît l'extase », dit saint Thomas. (I-II qu. 28, a. 3).

Ce n'est pas seulement de son propre bonheur que le bienheureux se réjouit, mais du bien de Celui qu'il aime, du bien de Dieu. Comme les mystiques aiment à le redire « dans l'amour d'amitié, celui qui aime sort de lui-même puisque l'ami veut à l'ami son bien et considère le bonheur de son ami comme le sien propre ».

Proust, le miroir et les pigeons

« Sortir de soi-même », c'est vite dit. Comment faire pour sortir de l'inévitable prison qu'on se donne à soi-même dans l'image de soi avec laquelle il faut bien vivre ?

La science du XXe siècle a été la physique atomique. Il est évident que celle du XXIe siècle sera la biologie, spécialement la biologie animale. Nous avons encore tout à découvrir de ce qui régule notre métabolisme psychologique à partir de nos instincts de base.

Les ornithologues se sont penchés sur le fonctionnement des systèmes endocriniens des pigeons. Comment fonctionne le système glandulaire de ces volatiles ? On s'est très vite aperçu que le pigeon n'était à l'aise que lorsqu'il était en couple. Puis on a découvert que peu lui importait le sexe de son compagnon. Alors est venue l'idée de mettre un pigeon dans une cage dont les parois étaient faites de miroirs. Il était seul, mais il se croyait en couple et se trouvait heureux. Son système endocrinien fonctionnait parfaitement grâce à l'illusion d'être deux. Il pouvait se plaire à lui-même.

Marcel Proust est peut-être l'un de ceux qui a été le plus loin dans la lucidité pour exprimer les habiletés de l'amour et les détours du désir. Il est devenu amoureux de Gilberte qu'il a rencontrée sur les Champs-Élysées, dans les jardins où il joue avec elle. Il médite. « Et quand vint l'heure du courrier, je me dis ce soir-là, comme tous les autres : je vais recevoir une lettre de Gilberte, elle va me dire qu'elle n'a jamais cessé de m'aimer... Tous les soirs je me plaisais à imaginer cette lettre, je croyais la lire, je m'en récitais chaque phrase. Tout d'un coup je m'arrêtai effrayé. Je comprenais que si je devais recevoir une lettre de Gilberte, ce ne pourrait pas en tout cas être celle-là puisque celle-là c'était moi qui venais de la composer. Même si par une invraisemblable coïncidence, c'eût été justement la lettre que j'avais inventée que de son côté m'eût adressée Gilberte, y reconnaissant mon œuvre, je n'eusse pas eu l'impression de recevoir quelque chose qui ne vint pas de moi, quelque chose de nouveau, un bonheur extérieur à mon esprit, indépendant de ma volonté, vraiment donné par l'amour. »

Posséder sa fin fait naître une aspiration qui pousse à vouloir la communiquer. Quand l'intelligence s'empare du Bien infini, elle ne se contient pas en elle-même, elle se communique. De l'intelligence triomphante jaillit l'amour qui donne. Il en est ainsi de Dieu. Cette possession de Lui-même par Lui-même qui fait la béatitude de Dieu, surabonde en don de soi. Ainsi pour le croyant, ainsi pour les bienheureux. Par la louange, le bienheureux redonne à Dieu même ce qu'il en reçoit. Par la communication de l'amour le croyant rend ce qu'il a reçu à tout ce qui existe autour de lui, et avec lui.

Comment protéger le vrai bonheur ?

Il n'y a pas de recette. Il y a seulement l'apprentissage d'une conversion dont les termes sont simples et qui, pourtant, sont toujours à rappeler. C'est sans doute la chose la plus expérimentée au monde et qui demeure peut-être le plus souvent oubliée. Le caractère essentiel de l'amour, de la haine, de la peur, de l'espérance ou du désir est *l'attention envers leur objet*. Vous préoccuper des impressions de votre amour ou de votre crainte, c'est cesser de vous occuper de l'objet aimé ou redouté.

En d'autres termes, nous ne pouvons pas à la fois être heureux et contempler nos activités intérieures. Nous ne sommes pas des pigeons.

Le bonheur ne se résout pas seulement dans l'équilibre de la glande thyroïde. Le narcissisme comme le repli sur soi tue la béatitude. Proust l'a compris en face de Gilberte. De même que la démangeaison de s'interroger sur soi-même risque de tuer la confiance et la compréhension et la communion avec ce qui nous est proposé. Demander ses raisons à l'amour, c'est déjà moins aimer. On ne peut pas en même temps espérer et penser à l'espérance ; car en espérant nous pensons à l'objet de l'espoir ; mais quand nous détournons notre regard de l'objet pour l'arrêter sur ce que nous ressentons de l'espérance, en donnant priorité à nos états d'âme, nous nous interrompons d'espérer (pour ainsi dire). Ces deux activités peuvent, naturellement alterner (et le font) très rapidement ; mais elles sont distinctes et incompatibles. Le plus sûr moyen de gâcher un plaisir est de se mettre à observer sa satisfaction.

C'est un des vrais risques de toutes les revues de spiritualité lorsqu'elles poussent les priants à se raconter. L'abbé Caffarel n'avait pas aimé que je lui fasse remarquer qu'il pouvait y avoir une certaine absence de chasteté de l'esprit en faisant tout le temps appel à des témoignages pour sa revue *Les Cahiers sur l'oraison*. La prière conduit au silence et non pas d'abord à se raconter et à photographier perpétuellement le souvenir de ses expériences. Il y a un monde entre les poèmes de Verlaine dans *Sagesse* et la discrétion d'une Hildegarde de Bingen ou d'une Thérèse de Lisieux.

Dans l'introspection, nous essayons de regarder en nous-mêmes pour voir ce qui se passe, mais à peu près tout ce qui advenait un instant auparavant est arrêté par le fait même que nous l'observons. Alors l'introspection trouve ce qui reste lorsque nos activités normales sont suspendues c'est-à-dire principalement des images mentales, des états d'âme et des sensations physiques.

On se promène à ce moment-là un peu comme si l'on parcourait une plage après la marée, il ne reste que l'écume de la mer. L'erreur, serait de prendre cette écume, ces sédiments, ces empreintes, ces produits accessoires pour les activités elles-mêmes. Celles-ci ne sont, en réalité, que ce que les pensées ou l'amour interrompus laissent derrière eux comme la houle, en mer, qui demeure après que le vent soit tombé. Au lieu d'en rester à la division entre conscient et inconscient : il faudrait une triple distinction entre le *conscient* (par exemple l'acte d'espérer), l'*inconscient* (l'ensemble caché de nos passions et éventuellement sensations pressenties sur lesquelles nous nous questionnons) et le *contemplé*, (c'est-à-dire l'objet aimable ou espéré lui-même, proposé et tenu avec respect).

Combien de difficultés de la vie de couple, combien de lassitudes de la vie en commun, combien de désillusions de la vie intérieure n'ont pas plus de consistance que celles d'impressions aussi fugaces que nos imaginations. Et pourtant quelles consistances terribles peuvent avoir les fantasmes dans une vie humaine, dans la politique, ou la gestion de l'histoire ! Loin de nous de négliger le rôle tragique des ambitions, insatisfactions ou agressivités. Pas seulement celles des tyrans, Néron ou Hitler, mais les nôtres.

Est-il raisonnable d'espérer qu'un homme puisse atteindre la Joie ?

Cette découverte projette rétrospectivement une nouvelle lumière sur notre existence. On comprend un jour que la manière dont on avait guetté la joie, le plaisir et le bonheur était peut-être illusoire. On découvre que les espoirs vains de trouver un contenu mental que l'on aurait pu, pour ainsi dire, toucher du doigt en disant « c'est cela », n'étaient finalement que le résultat d'une vaine tentative.

On apprend alors lentement, voire laborieusement, qu'on ne devrait plus se tourmenter au sujet de ses propres images ou de ses sensations. Ne serait-ce pas une des leçons principales que Jean de la Croix et Thérèse d'Avila essaient de faire comprendre à leurs disciples... et à tout chrétien qui veut s'engager dans la prière ? Thérèse de Lisieux le résume parfaitement en disant à sa sœur Céline : « Quand accepteras-tu en paix l'épreuve de ne pas te plaire à toi-même, alors tu donneras asile à Jésus. »

Celui qui aime découvre pas à pas que ses impressions étaient seulement le sillage laissé en soi par le passage de la Joie — non pas la vague — mais son empreinte sur le sable. On admet alors que ses rébellions intérieures n'ont pas d'abord à s'en prendre à quelqu'un d'autre, mais à la manière dont on a soi-même intérieurement interprété expériences et événements.

La théologie morale, les maîtres spirituels, la liturgie et l'éducation de la prière chrétienne rappellent inlassablement cette règle d'or de la béatitude : *le désir n'est pas tourné vers soi, mais vers son objet* ; qui plus est, il doit tout son caractère à cet objet.

C. S. Lewis va même jusqu'à dire que l'amour érotique n'est pas comme une faim animale. Que le renard mange un mulot, ou un surmulot, peu lui importe, du moment qu'il a assouvi sa faim. Ce n'est pas le cas de l'homme. Lewis remarque de manière audacieuse, mais finalement vraie, que l'amour éprouvé par un homme pour deux femmes diffère autant et de la même façon que les deux femmes diffèrent l'une de l'autre. Derrière ce constat qui pourrait apparaître trivial, nous est livré un des principes premiers de l'amour humain en ce qui le distingue de l'amour animal : c'est l'objet qui rend le désir dur ou doux, grossier ou choisi, élevé ou bas. C'est l'objet qui rend le désir lui-même désirable ou haïssable. À l'homme d'en décider, s'il ne veut en rester qu'à la part animale de la satisfaction.

Ne pas être attentif à cette règle d'or c'est s'empêcher *a priori* de comprendre la pédagogie de Dieu et du Christ dans l'Évangile, comme d'ailleurs toute autre pédagogie humaine. Une Françoise Dolto l'avait compris avec les enfants. C'est s'interdire d'entrer dans l'intelligence des lois de la prière et de la vie spirituelle et c'est tout simplement se rendre incapable de comprendre le miracle même de l'amour et donc du bonheur.

Si l'inceste et la pédophilie troublent même les partisans d'une libération sexuelle totale, ne serait-ce pas parce que, dans les deux cas, l'homme traite l'autre comme une proie et non plus comme un être humain et une personne ? Les animaux se préoccupent-ils d'inceste et de pédophilie ? Je ne sais.

On se trompe lorsque, désirant le paradis à la manière d'un jardin de délices, on a cru désirer la Joie elle-même. Si la Joie, n'était qu'un état d'âme, comme un événement survenant dans l'esprit, elle n'aurait finalement aucune espèce de valeur. Elle serait encore réduite à des impressions. On ne peut pas chercher Dieu comme un contentement. Toute la valeur du bonheur ne se résume pas alors à celle d'une jouissance. Le désir va plus loin. Et la Joie est au-delà d'un assouvissement. Sinon on pourrait indéfiniment courir après tous les états d'âme, on resterait dans l'ordre de la gourmandise, de l'expérience érotique ou esthétique. On ne poursuivrait pas vraiment l'amour, sinon encore comme on cherche une satisfaction, la satisfaction d'un butin. À la place du bonheur, on n'obtiendrait que l'extase d'une proie, celle d'un « rhinocéros repu », comme dit Ionesco. André Gide conseillait à ses petits amis en cure à Aix-les-Bains d'aller écouter du grégorien à l'abbaye bénédictine d'Hautecombe, de l'autre côté du lac du Bourget afin d'en récolter un peu de contentement. Mais là, on cherche encore à cueillir une satisfaction, une jouissance. Le grégorien serait-il d'abord fait pour donner du « plaisir » ?

Le propre du bonheur de l'homme est d'être capable de faire l'hommage de sa pauvreté à son désir.

Le homard et le bonhomme de neige

Dans la mesure où notre être a quelque poids, nous sommes pour ainsi dire enracinés dans l'Absolu, qui est la réalité totale. C'est pour cela que nous sentons la Joie : nous désirons ardemment avec raison, cette unité que nous n'atteignons jamais sauf lorsque nous cessons d'être trop préoccupés de nous-mêmes. Jusque-là nos pensées avaient été centrifuges, un jour la conversion de l'amour peut faire que le mouvement centripète s'amorce. On portait jusqu'alors un vêtement raide, une sorte de corselet, une carapace, comme un homard. Et on sent que nous est donné un libre choix. On peut tenir la porte ouverte ou la tenir fermée ; déposer l'armure ou la garder. Si l'on choisit d'ouvrir la porte, de déposer l'armure, de lâcher la bride, le bonheur peut naître en nous. Il nous est enfin possible de pressentir que la nécessité peut ne pas être le contraire de la liberté et que l'instant où un homme est le plus libre est peut-être celui où, au lieu d'exposer ses raisons d'agir, il peut dire seulement : « Je suis ce que je fais. »

Ceux qui acceptent cette conversion ne sont-ils quand même pas tentés de se rebeller ?

En racontant sa conversion, C. S. Lewis a la sagesse de nous prévenir « qu'il eut alors l'impression d'être un bonhomme de neige qui commence à fondre ». Il ajoute :

« La fonte commença dans mon dos, d'abord goutte à goutte puis peu à peu par petits ruisselets. » Et il conclut : « On ne me demandait plus "tout ou rien". Ce stade avait été dépassé, je crois, sur l'impériale de l'autobus le jour où j'avais desserré mon armure et que le bonhomme de neige avait commencé à fondre. On me demandait maintenant "tout". J'admis que Dieu était Dieu, je me mis à genoux et je priai. Je devais comprendre seulement plus tard ce qui me semble maintenant la chose la plus éclatante et la plus évidente du monde : la divine humilité qui accepte un converti même dans ces conditions. »

Lewis en pensant à lui-même ajoute cette dernière confidence :

« Le fils prodigue est au moins rentré à la maison en marchant volontairement vers son père ; mais qui pourra jamais adorer comme il convient l'Amour qui ouvre toutes grandes les portes à un prodigue plein de ressentiment qui donne des coups de pied, qui se débat, et qui regarde dans toutes les directions pour voir s'il n'a pas une chance de s'échapper lorsqu'on l'amène chez son père ? La "dureté" de Dieu est peut-être meilleure que la douceur des hommes, et la contrainte que Dieu donne parfois l'impression d'imposer est notre suprême Libération. »

20

« Les grandes Amitiés »

Vous avez laissé entendre que pendant votre noviciat et les années du couvent d'études, ainsi que pendant votre séjour dans un couvent allemand, l'amitié avait joué un grand rôle. Est-ce encore vrai dans la dernière tranche de votre vie ?

J'aime bien reprendre le titre qu'utilisaient Raïssa et Jacques Maritain pour résumer leur vie : *Les Grandes Amitiés*. On peut chercher à expliquer une existence en la réduisant, comme le font par exemple régulièrement les biographes de Malraux. Mieux vaut peut-être lire une vie par la fécondité du cœur et l'amitié dont elle a été capable.

Mais l'amitié ne peut-elle pas se perdre elle aussi ?

Oui. L'amitié peut mourir, s'éteindre ou revivre. Je ne sais pas comment dire. Ce qu'on pensait ne devoir jamais disparaître donne parfois l'impression de s'être étouffé sous le poids des cendres, probablement parce qu'on n'a pas su nourrir le feu. Certaines amitiés, merveilleuses, se sont évanouies peu à peu sans que je m'y sois attendu. Celui qui était pour moi mon meilleur ami dans l'ordre dominicain m'a écrit à la suite de la première série des conférences de Notre-Dame de Paris : « Je vois que nous n'avons plus les mêmes références. » Je n'ai su que lui répondre... tant j'étais surpris. Il m'aurait fallu beaucoup plus d'intelligence pour surmonter ce qui, sur le moment, m'a laissé pantois. Depuis vingt-cinq ans, nous ne nous sommes pas revus, nous ne nous sommes rien dit. Je ne sais pas si j'ai encore quelque chose à échanger avec lui, comme autrefois, dans une atmosphère de confiance totale qui était la nôtre, sans ombre, ni crainte, ni *a priori*. J'y pense parfois avec la certitude que la vision béatifique nous comblera au-delà du silence terrestre.

Est-ce l'illustration de ce que disait votre père maître des novices . « Vous êtes entré en religion pour avoir des frères et non pas d'abord des amis, et c'est tout différent » ?

Peut-être, mais je dois reconnaître que la vie religieuse m'a donné les amis les plus extraordinaires qui soient. Le silence peut avoir apparemment fermé l'horizon, sans pour autant occulter la joie de se retrouver après trente ans, comme si l'on s'était quitté la veille. Camarades de collège et de scoutisme font la même expérience, elle est banale. Il se passe autre chose avec des frères en religion. L'amitié fait découvrir, dès cette terre, un peu de ce que sera la communion céleste. C'est à cause du Christ, pour Lui, avec Lui et en Lui que ceux qui se retrouvent ont essayé d'être fidèles.

Un dialogue suppose un « tiers absent », sinon il n'y a que deux monologues juxtaposés. C'est grâce à ce « tiers absent » qu'on peut se retrouver au-delà de l'usure du temps ou de l'éloignement des circonstances et des différences de tempérament. Ce « tiers absent », qui dépasse chacun, recompose l'échange qui permet la communion. La qualité de l'amitié dépend forcément de la nature, de la proximité, de la grandeur et de la plénitude de bonheur avec laquelle chacun est lié à cela (ou celui), ce « tiers » qui réunit les deux partenaires. L'amitié est différente entre supporters de club de football, participants à un même orchestre, animateurs d'un groupe de lectures, membres de conseils municipaux. Le sport, la musique, la culture, le dévouement fondent un échange qui permet une authentique amitié. Quand une personne, le Christ, est en cause, la nature de l'amitié elle-même en est modifiée, transfigurée et son extinction d'autant plus surprenante ou même douloureuse. Dans le cas du Christ, ce « tiers » n'est pas une chose, un projet, une idée, un idéal, il est lui-même un acteur, un intervenant, un amant. Je ne sais pas si saint Paul a eu beaucoup d'occasions de retrouver saint Jacques, saint Jude ou saint Thomas l'incrédule, mais je suis sûr qu'ils auraient eu un bonheur fou à se confier les merveilles de Jésus. Il en va vraiment ainsi de la vie religieuse.

Frères de noviciat

Vos amis de noviciat vivent-ils encore ?

Dans mon cœur, oui, mais presque les trois quarts de mon noviciat sont morts. Un phénomène étrange a eu lieu. Nous étions plus de vingt-cinq cette année-là à être entrés chez les Dominicains de Paris.

Arrivés au terme de notre formation et de nos études, plus des deux tiers de mes compagnons ont rejoint ce que l'on appelait des couvents de mission.

L'un est parti comme professeur en Irak au séminaire de Mossoul. Je l'ai revu récemment, nous n'avions pas eu de contact depuis trente ans. La joie, la spontanéité, la lumière de nos retrouvailles ont été merveilleuses. Tout était présent, vécu en commun et porteur d'un regard heureux, quelles qu'aient été les difficultés les plus inattendues.

Ce fut exactement la même chose avec un autre qui, responsable du couvent d'Alger, eut à gérer les péripéties si dures de la guerre, de la fin de la guerre et de l'après-guerre en Algérie. Il fut même appelé par le gouvernement algérien pour aider à mettre sur pied le ministère des Cultes et rédiger des textes pour le ministre à un moment où tout aurait dû se conjuguer pour l'éloigner des responsables algériens.

Un autre, d'origine juive, eut le génie de fonder un kibboutz en Israël où chrétiens, arabes et juifs, peuvent vivre en commun et prouver par les faits qu'il est possible de surmonter les fatalités. Avant d'entrer chez les Dominicains, il était ingénieur de Centrale, chargé de la vérification des liqueurs de la Société Pernod ! De nous tous, ce fut sûrement le plus mystique et probablement l'un des plus saints. Son amitié m'a appris qu'on n'était jamais assez tenace pour Dieu. Je m'en veux de n'avoir pas eu assez de temps pour lui faire témoigner par écrit du détail de ce qu'a été son courage comme prophète enfoui au Proche-Orient.

Un autre frère partit pour la Finlande après notre ordination sacerdotale. Aucun prêtre n'avait été ordonné dans ce pays depuis Luther. Mon compagnon ne fut d'ailleurs pas accepté comme prêtre. Il fallut trouver un prétexte pour que les administrations finlandaises ne se raidissent pas. Finalement l'occasion fut saisie de créer un « Centre culturel de relations avec les pays de langue latine ». On dut réunir une bibliothèque de dix mille livres afin d'être admis plus facilement. Quarante ans plus tard, je suis fier de son amitié qui n'a pas bougé depuis le noviciat. De ces quatre compagnons de noviciat, deux ont déjà rejoint la Béatitude du Christ.

Études et professorat furent-elles des périodes heureuses en amitié ?

Le couvent d'études connut ses psychodrames inévitables comme dans tout milieu intellectuel, peut-être de manière plus feutrée, plus tamisée, mais non moins dures. Lorsqu'il y va des idées que l'on peut avoir sur Dieu, sur l'Église, sur le Christ, les choses peuvent dégénérer en combats d'anges, même si l'on se retrouve à l'église du couvent pour prier ensemble. L'histoire des institutions religieuses montre bien à quelles exclusions cela peut conduire.

Il n'en reste pas moins que le bonheur que j'ai évoqué aux chapitres 11 et 13 est d'une telle qualité qu'il en existe probablement peu de comparables sur terre.

Tel frère religieux, compagnon d'études, devenu maître puis directeur de recherches en sociologie au CNRS, termine sa vie dans l'offertoire d'une maladie d'Alzheimer, après qu'il ait confié ses six tonnes de documents aux archives du CNRS. Un médecin l'a recueilli chez lui avec une affection totalement dévouée. Quand je vais le voir, alors qu'il a été un des meilleurs prédicateurs de la messe de la radio, il me reconnaît encore et cela avec une joie telle que c'est moi qui suis illuminé pour le reste du trimestre.

Ce frère en religion, le père Serge Bonnet, fut chargé pendant des années d'une équipe de prêtres ouvriers dans le bassin minier de Lorraine. Il les a pilotés, guidés, aimés, suivis avec une attention exceptionnelle. Quand il a écrit ses trois gros volumes d'histoire et de sociologie sur *L'Homme du fer*, le père Serge Bonnet ne connaissait pas seulement de manière abstraite, les problèmes de la sidérurgie et de l'émigration. Cela ne l'empêchait pas, comme prieur du couvent de Nancy, d'associer savoir-faire et intelligence pour allier douceur de vivre et rigueur religieuse. Dans la première conférence de carême à Notre-Dame de Paris en mars 2001, le cardinal Schönborn lui a rendu hommage en se référant, comme étant exemplaire, à ce livre-clef *Les Prières secrètes des Français d'aujourd'hui* (éd. du Cerf) parce qu'il avait prophétiquement redonné ses lettres de noblesses à la dévotion populaire. À côté de tels livres, le frère Serge a écrit des ouvrages où l'humour montre qu'il est le meilleur allié de l'amour, par exemple, *La Cuisine d'Emmaüs*. À partir de recettes réelles et excellentes, il propose des petits traités de théologie populaire. Lui qui avait tant fait pour des frères en difficulté, n'eut parfois pas beaucoup de remontées de gratitude. La dernière carte que j'ai reçue de lui portait, en évoquant sa maladie, ces quelques lignes de sa belle écriture : « Ce que j'ai vécu depuis cinq ans n'était pas folichon, mais cette année, la sixième, c'est la Bérésina. *Fiat ! In manus tuas. Sursum corda.* » Le recto de la carte était une reproduction d'une carte postale de la guerre de 1914, guerre qui, comme lorrain, l'avait beaucoup marqué, on y voyait un soldat sortant des tranchées...

Je dus être le légataire universel d'un autre frère. Nous nous étions connus en Sorbonne. Il était agrégatif de philo. Le hasard l'amena à être soigné en même temps que Matisse par les religieuses de Vence. Il mourut d'une erreur d'opération quelques années plus tard et me chargea de tous les papiers et dessins que Matisse lui avait donnés. Après les avoir gardés par précaution longtemps sous mon lit, je m'en suis séparé, il y a quelque temps, en les confiant à la *Fondation Matisse.* Cela a donné le gros livre sur la chapelle de Vence. De fait, une confiance presque enfantine s'était établie entre Matisse et le frère Louis-Bertrand Rayssiguier. Matisse lui télégraphiait : « Puis-je mettre dix centimètres de plus au vitrail de droite ? » et suivait fidèlement toutes les indications du frère Louis-Bertrand qui était à la fois philosophe et remarquable architecte. Les papiers restent, mais depuis quarante ans, combien de fois l'absence de mon ami de Sorbonne et de noviciat m'a semblé injuste.

Professeurs du Saulchoir

Et vos amis professeurs ?

Le temps des études a été prodigieux de bouillonnement, de recherche, de sérieux, d'attachement à l'essentiel. Pour ceux qui arrivaient de Sorbonne, c'était la grande chance d'une respiration guidée par le haut. La Providence voulut qu'après huit à dix ans de professorat au Saulchoir, nous fûmes dispersés.

L'un d'entre nous, après quelques années comme professeur au couvent des Dominicains de Toulouse, partit pour Jérusalem, fonder la Maison Saint-Isaïe avec deux autres pères, dont un des meilleurs guides de Terre Sainte. Après avoir appris l'hébreu, il fut invité comme spécialiste de philosophie grecque à faire des cours à l'université hébraïque. Son exceptionnelle cordialité et sa capacité de créer des liens firent que, de proche en proche, il fut nommé professeur ordinaire, puis élu à l'unanimité comme doyen de la faculté de philosophie. Un religieux catholique se trouvait donc responsable d'une des sections les plus importantes de l'université juive de Jérusalem ! Et même parfois chargé de missions délicates auprès de l'ONU ou de tels autres organismes internationaux.

Cela ne pouvait pas ne pas arriver aux oreilles de décideurs médiatiques. Lors d'un de ses *Grands échiquiers*, Jacques Chancel convoqua le frère Marcel sur le toit du monastère du Carmel du Notre Père, établi le long de la pente du mont des Oliviers. Après un moment de dialogue, comme notre ami confiait à Chancel qu'il disait son bréviaire et les psaumes en hébreu, il ajouta : « Voulez-vous que je vous chante le *Notre Père* en hébreu ? » Chancel ne pouvait que dire oui.

Et ce fut l'un des moments les plus sublimes que la télévision eût peut-être connus. Le soleil couchant dorait les remparts de Jérusalem, la ville était superbe, le calme total, un léger vent flottait dans le bruissement de quelques cyprès lorsque s'éleva, pour la première fois depuis la création du monde, diffusé sur la planète entière, le chant du *Notre Père* tel que Jésus avait pu le prononcer. La mélodie avançait, Chancel était subjugué comme tous les téléspectateurs. On ne put ensuite que garder le silence. Connaissant l'extrême sensibilité du frère Marcel, je fus ce soir-là comblé de me savoir son ami depuis tant d'années sans jamais une seule ombre.

Avec le père Marcel et un autre père du couvent du Saulchoir, nous formions un petit trio de complète connivence. Le troisième, plus âgé que nous, avait connu une captivité très dure.

Deux cents diacres de toute la France avaient été faits prisonniers en 1940 alors qu'ils n'étaient pas encore ordonnés prêtres. Ils étaient répartis dans les camps de captivité un peu partout en Allemagne. Le cardinal Suhard obtint des Allemands que ces diacres puissent être ordonnés prêtres. En 1942, il leur fut donc permis de revenir pour quarante-huit heures à Reims afin de recevoir l'ordination sacerdotale. Certaines de leurs familles purent y assister, mais, deux jours après, les futurs prêtres devaient rejoindre leurs camps, certains pour trois ans. Ce fut le cas du frère Albert Patfoort. Je connais peu d'exemples d'acuité théologique aussi sereine, exigeante, plénière que la sienne. Je lui ai confié les manuscrits de chacune de mes conférences de Notre-Dame, lui demandant d'être le plus sévère possible à mon égard. Ses réponses étaient des petits chefs-d'œuvre d'encouragement, de propositions, de commentaires. Jamais un conseil négatif sans qu'il soit accompagné d'une suggestion heureuse. Son ouvrage sur la personne du Christ est de loin, celui qui est le plus clair, le plus rigoureux, le plus pointu sur le problème, si difficile, de la saisie de l'acte et la notion d'être, qui est probablement le lieu majeur de l'histoire de la philosophie. Les pages du frère Albert, vont même plus loin que les livres des grands, comme ceux de Gilson et Maritain, mais son humilité est trop grande. L'éditeur n'a-t-il pas trouvé le moyen de mettre au pilon ce qui restait du livre ? C'est secrètement grâce au père Patfoort que les éditions de Thérèse de Lisieux ont pu rebondir. Cet analyste, philosophe et théologien aussi pointu, est en même temps un amoureux des mystiques. Un jour de l'hiver 1962, comme je me rendais à Lisieux et que nous nous retrouvions dans le train, il sortit de sa besace un exemplaire tapé sur papier pelure de l'esquisse des *Derniers Entretiens* de Thérèse de Lisieux tel que le père provincial des

Carmes, le père Delalande, l'avait laissé en panne à cause d'un surcroît de travail. Je fus émerveillé, subjugué, surpris par la force du brouillon de ces *Derniers Entretiens*. Ce fut pour moi l'ultime déclic qui me fit mettre en route toute la suite du travail des *Œuvres complètes* de Thérèse de Lisieux.

À qui pourrai-je demander conseil devant une difficulté théologique quand le frère Albert ne sera plus là ? Dieu soit béni pour sa fidélité et son humilité ; une fois terminées ses longues années d'enseignement à l'université de l'*Angelicum* à Rome, on l'a casé dans un petit couvent de province, mais je sais qu'il a bien des fois rendu d'éminents services au cardinal Ratzinger et par là, à nous tous. J'ai eu la même joie et bonheur d'échanges aussi proches et aussi complets avec le frère Albert qu'avec le père Loew, quand j'avais à établir ses manuscrits aux éditions du Cerf ou certains numéros de *Fêtes et Saisons*.

Pères des éditions du Cerf

Et dans le travail ?

Tout était prédisposé pour que mon arrivée aux éditions du Cerf ne soit pas forcément génératrice d'amitié. Je ne connaissais rien de ce couvent où je n'étais même jamais entré, sinon les publications et les revues. J'étais, parmi d'autres, seulement un professeur de théologie du couvent d'études, donc devancé, à juste titre, par la crainte des défauts, manque de réalisme ou autres, qu'on peut imputer aux professeurs.

De plus, la Maison des éditions, depuis les années 1954, avait subi des critiques et des mouvements difficiles. Le responsable et un autre père avaient été déplacés du couvent par un supérieur. Puis le calme un peu revenu, c'est le père général, maître des Dominicains qui, en personne, me nomma au couvent Saint-Dominique des éditions du Cerf. J'avais cependant l'obligation de continuer à faire en même temps mes cours au couvent du Saulchoir.

Or je maintiendrai jusqu'à ma mort que l'amitié *a priori*, sans condition, sans réserve qui m'accueillit aux Éditions fut un des beaux cadeaux de ma vie religieuse. Encore une fois, je n'avais jamais rencontré aucun de ceux que je vais nommer.

Du père Boisselot, directeur des Éditions, je garde l'impression d'un trappiste égaré dans le monde. Ancien avocat, il eût pu faire une carrière brillante. Dix jours après avoir prêché pour les obsèques du père Chifflot, mort d'une tuberculose du rein à cinquante-quatre ans, le père Boisselot me fit venir dans son bureau. Deux ans auparavant, il m'avait demandé d'être son dauphin et, chaque semaine tous les mardis, nous avions deux heures d'échange sur la marche des éditions. Ce jour-là, il me dit seulement : « J'entre demain en clinique. S'il m'arrive quelque chose, il y a une enveloppe dans ce tiroir-ci. Vous la prendrez. » Il fut opéré le surlendemain. Trois jours plus tard, il me demanda de venir à la clinique avec le père Carré, prieur du couvent, pour que nous lui donnions le sacrement des malades. Était aussi présente sa sœur religieuse, prieure d'un des monastères des Dominicaines de Béthanie (celles qu'on appelle les Dominicaines des prisons). Il mourut dès la fin de la semaine. Il était la pudeur même et cachait toujours ses sentiments avec une farouche réserve. Avant les prières de l'onction des malades, il dit seulement et textuellement : « J'ai beaucoup aimé les pèlerinages. On peut y laisser toutes ses scories. Dites combien j'ai aimé la Sainte Vierge. » C'est tout, il se tut. C'était, pour le moins surprenant, comme testament pour un intellectuel et brillant manager. C'est vrai, il avait toujours un chapelet dans sa poche ou à la main. Se tournant vers moi, il ajouta seulement : « Je vous confie, à vous, notre ami Beuve-Méry. Je compte sur vous. » C'est la même demande que je retrouverai dans l'enveloppe de son bureau en découvrant qu'il me désignait pour légataire universel.

J'ai travaillé étroitement avec le père Chifflot pendant six ans. Nous avions tous crainte au couvent que sa tuberculose des reins ne se termine mal. Une de ses sœurs avait tout de suite proposé de donner un rein, si c'était possible. Pendant que la *Bible de Jérusalem* était rééditée, que la *Bible œcuménique* commençait à prendre forme, le père Chifflot se traînait de clinique en hôpital pour rentrer au couvent, avant de repartir pour la clinique. Ces va-et-vient lui permirent de gagner quelques années. Opéré du rein, il fallait que nous l'aidions, à son lever ou à son coucher, afin de remettre en place ce qu'il appelait son système de tubulures. Il affichait à la *tabella* du couvent le planning pour que, matin ou soir, l'un ou l'autre puisse s'inscrire. Le matin, il appelait cela : « le lever du roi » et, le soir : « la mise en bière » ! Il adorait ses neveux dont le père était mort en déportation. Son humour n'a jamais été vaincu par la tuberculose, aussi contraignants qu'en furent les soins. Mais il était tenace, voire têtu comme un franc-comtois qu'il était. Pour l'annonce de lancement et la promotion de la *Bible de Jérusalem* dont la première version en fascicules pouvait être acquise par souscription, il avait choisi comme prospectus, en double page, le passage de la Bible où il est dit que le vieux roi David demande une jeune Sunamite pour le réchauffer pendant la nuit, mais le texte ajoute que « David ne la connut pas. » Il riait dans sa malice d'avoir envoyé ce texte au vieux Claudel, comparant la Bible à la Sunamite ! Il avait tous les dons. Fidèle avec joie à saint Thomas d'Aquin, à l'aise en mathématiques, à l'aise dans les *Commentaires* du philosophe Hegel, à l'aise avec les poètes, il faisait passer avant tout son amour profond de la théologie qu'il eut à enseigner quelque temps. Pourquoi m'a-t-il donné spontanément une amitié si fraîche et fidèle ? L'avant-dernière année, j'avais pu aller le chercher à l'avion de Genève pour qu'il ait quelque repos en montagne. Il fut tout heureux le jour de la Saint-Dominique. En classant ses papiers et sa chambre comme légataire universel, comme pour le père Boisselot, le père Vergriete, le père Besnard, le père Rayssiguier, je peux témoigner de ce qu'est la pauvreté vécue par des grands religieux. Une machine à écrire, pas toujours, des lettres, des notes, quelques livres et c'est tout.

Le père Vergriete, après dix-sept ans de travail épuisant au service des éditions, demanda, quasi par ultimatum, au père supérieur directeur de la Maison, d'être relevé de sa charge. C'était normal ; il avait servi les éditions comme peu le firent, après une captivité très dure en Allemagne. « Les deux derniers mois, me racontait-il, nous n'avions que des pelures de pommes et de l'eau comme nourriture. Seule, nous restait la force d'aller de nos châlits aux toilettes. » Il fut rapatrié par Odessa. Au Cerf, nous l'appelions affectueusement « le Président », dénomination qui lui était restée parce qu'un jour où le président du CNPF était venu déjeuner au couvent, il avait trouvé que les critiques des journaux à son égard étaient injustifiées. Plusieurs fois, je pus l'emmener faire les vendanges à Chablis avec une équipe des éditions et de *Fêtes et Saisons*. Mon père l'aimait bien. En janvier 1962, dans les huit jours je dus prendre sa charge. Quelques années plus tard, on lui découvrit une leucémie. Il dut partir à Praz-Coutant, au Plateau d'Assy, pour se faire soigner. Comme ce n'était pas loin des chalets de mes frères à Cordon, j'allais le chercher le week-end pour qu'il puisse profiter d'une pause en famille et renouveler son stock de lectures. *Colorado Saga* l'avait enchanté. Il se battait, soutenu par le professeur Jean Bernard, mais la chimio était vraiment dure. Les choses s'aggravèrent. Il dut bientôt être hospitalisé à l'Hôtel-Dieu à Paris. J'allais le visiter avant les conférences de Notre-Dame de Paris. Une fois en le quittant, je lui dis : « Gardez courage, mon vieux Président ! » Il me répondit : « Oh non, je n'ai plus du tout de courage. Le Christ en a manqué aussi à Gethsémani, j'y repense tout le temps.

C'est cela qui me soutient le plus. » Aucune phrase ne m'aida davantage à Notre-Dame que celle-ci, alors que j'y affrontais le problème et le pouvoir du mal. Jusqu'à la fin, il souffrit de traitements trop barbares. Cela ne l'empêcha pas de soutenir le père Albert-Marie Besnard lorsque celui-ci fut à son tour atteint par la leucémie, afin que ce dernier n'abandonnât pas de lassitude son traitement.

Juste avant de mourir, le père Vergriete eut encore la force de m'écrire : « Je ne crains pas tellement la mort, puisque c'est pour rejoindre le Seigneur ressuscité qui j'espère me reconnaîtra pour l'un des siens, mais j'ai vraiment peur de toutes ces souffrances et de la longue attente pour y parvenir... ». En prêchant pour ses obsèques, je n'ai eu qu'à reprendre les paroles de l'Hôtel-Dieu et celles de sa dernière lettre.

Je n'aurais pas forcément parlé d'amitié au sujet du père Boisselot. Une distance était toujours présente. Et cependant quel accent de confiance il avait pour me parler de sa nièce et de son neveu, sourds et muets. Il sentait bien que cela m'avait été facile d'avoir une attitude filiale à son égard. Cela me sera rarement arrivé ainsi. Le père Chifflot et le père Vergriete ont été avec lui ceux qui ont certainement le plus maintenu l'élégance de cœur et la dignité d'âme qui empêchèrent qu'aux Éditions l'âpreté du travail et les exigences de la rentabilité n'abîment la joie de communier.

Frères des autres continents

La venue régulière de celui qui fut aux États-Unis l'équivalent du fondateur des éditions du Cerf en France a été pendant trente ans une source de joie. Le père Tom Donlan, Irlandais de Chicago, était inclassable. Sa famille avait quitté l'Irlande au moment de la grande disette de 1904. Je lui servais de poisson-pilote en France comme il le fit pour moi pendant huit séjours aux États-Unis. À Paris il avait repéré que les cadres portaient souvent une décoration à la boutonnière. Il s'en était procuré quelques-unes dans une boutique de la place Saint Sulpice. Le père Carré notre prieur, prenant la chose au sérieux, lui demandait à table à quelle dignité la décoration du jour correspondait. Tout en gardant son sérieux, le père Tom partait d'un grand éclat de rire intérieur et répondait de sa voix cordiale : « C'est la rosette des Miraculés de Lourdes » et une autre fois : « C'est la rosette des pères de douze enfants. » Le père Carré me regardait alors d'un air un peu ébahi en se demandant quel était l'oiseau que j'avais amené au couvent.

Tom pouvait surprendre. De grande taille, il avait l'humour, le goût de la vie, la rigueur morale, l'amitié, le discernement et un amour indéfectible de l'Église, d'un grand serviteur qu'il fut. Il avait été longtemps professeur de théologie morale, puis fondateur d'une maison d'édition, puis aumonier supérieur de l'armée américaine de Berlin à Hong-Kong, etc. Puis correspondant du *Reader's digest* à Rome, enfin aumônier des artistes à New York et attaché à *Saint-Agnes-Priory* qui est l'équivalent là-bas de l'équipe de Saint-Louis d'Antin à Paris.

Sans lui je n'aurais jamais pu accomplir le travail qui me fut plusieurs fois demandé : il me facilita les contacts nécessaires avec les grands éditeurs américains, particulièrement au moment des contrats de traduction avec les USA de la Bible de Jérusalem. Tom m'accompagna aussi bien à des congrès d'éditeurs à Detroit ou Denver qu'au congrès des Écoles libres qui rassemblait trente mille religieux et religieuses à Las Vegas. Arrivé là-bas, il me proposa de jouer un dollar dans une machine à sous. Coup de chance, dès la première mise, lumière et sonnerie s'enclenchèrent, je venais de gagner quarante dollars. Tom qui en avait perdu quelques-uns, m'en demanda. Je lui dis « Non, Tom, nous arrêtons tout, tout de suite ! » De Minneapolis à San Francisco, de Los Angeles à Boston, je lui dois une exceptionnelle découverte et compréhension des USA. Ami des plus petits, des plus pauvres et des plus grands, il savait lire à l'intérieur du cœur.

Presque chaque année, il revenait en France. Lors de son premier séjour d'une année pleine en 1963, il eut à remplacer le dominicain français qui était aumônier de la prison de La Santé et eut à s'occuper de ceux qui y étaient incarcérés pour cause de participation à l'OAS. À chacun de ses retours, il s'en préoccupait et allait les revoir, aussi heureux de les retrouver que d'être invité par Tino Rossi sur son yacht. Il ne pouvait pas venir à Paris sans passer par l'Hôtel Drouot. Il s'amusait follement de la manière dont commissaires priseurs et commissionnaires flairaient, à tort, le client américain et s'empressaient autour de lui. Tom leur demandait alors avec son inimitable accent : « Combien quioûte cet'biuffett ? »

En bon Irlandais, il connaissait mieux que moi les subtilités des différentes liqueurs. Un jour, nous l'avons vu se pointer dans ma famille avec son ami l'archevêque de Detroit, Mgr Dillan. Avant même de boire le verre de vodka qu'on lui présentait, il demanda du poivre, à notre surprise. Il voulait par ce procédé savoir si la vodka était assez froide ! Comme tout Irlandais, il savait aussi très bien calculer la manière dont on pouvait faire des économies dans tel ou tel voyage. Une fois au Vatican, il fut délégué à la conférence pan-arabe de Tripoli. C'est là, en Libye, qu'il fut victime d'un infarctus et racontait en riant que sa chambre d'hôpital était remplie de « piouces », c'est-à-dire de cafards, qu'il écrasait en sortant du lit.

Je venais de le retrouver au début d'un de ses longs passages à Paris. Son inlassable optimisme m'avait remonté le moral pendant une longue soirée. Le lendemain matin, un coup de fil m'avertit que mon ami Tom venait d'avoir une crise cardiaque. Il fut incinéré et ses cendres rejoignirent Chicago dont il m'avait appris à aimer ses frères.

Le frère René-Albert avait fait sa thèse de doctorat au Saulchoir. Sa cellule était à quelques mètres de la mienne, dans le couloir sans fin du premier étage, réservé surtout aux professeurs. Son accent canadien très prononcé m'enchantait : « Vous autres Français, vous êtes "chanceux", mais vous n'en n'êtes pas conscients. » « Frère Bernard, oublie pas tes clacs. » Grand, beau, doux, capable de fermeté comme le sont les tempéraments calmes, il avait un cœur immense. Il le prouvera tout au long de sa vie. D'abord professeur de théologie à Montréal, puis nommé supérieur pour prendre en charge une nouvelle province religieuse dominicaine au Portugal, il y restera la durée de trois mandats. De retour au Canada, il sera co-fondateur d'une maison spécialisée pour accueillir de jeunes délinquantes, de treize à dix-huit ans, que le ministère de la Justice du Québec confiait au ministère de l'Éducation nationale afin que ces adolescentes ne soient pas condamnées à la prison. Après douze ans de responsabilités, il se retira comme aumônier d'une maison médicalisée accueillant personnes très âgées, malades en fin de vie ou en soins palliatifs. Il aimait passionnément la France et y revenait chaque fois qu'il le pouvait. Il m'aura accueilli douze fois au Québec et au Canada.

Il avait été très heureux, en 1968, que le secrétaire de la conférence épiscopale canadienne me prenne en confiance, ce qui me valut, pendant pratiquement trente ans, d'enclencher tous ces séjours de retraites, cours, conférences et prédications canadiennes. Certains jours, je terminais la semaine par une conférence publique à Winnipeg à onze heures du matin et, grâce au décalage horaire due à la distance équivalente à Paris-Moscou, je pouvais commencer la retraite des prêtres du diocèse de Rimouski à cinq heures du soir. J'y ai laissé beaucoup de mon sommeil. Mais le besoin de partager, la facilité de l'échange et le souci secret qu'avait le frère René-Albert Lemay de rendre un peu ce qu'il avait reçu de la France m'ont souvent prouvé jusqu'où pouvait aller la gratitude lorsqu'elle est portée par une amitié religieuse.

Je lui dois bien sûr des évasions extraordinaires lorsque, par exemple, j'eus deux fois à faire un remplacement dans le Grand Nord canadien, en été, à l'immense barrage de Manicouagan dans la direction du Labrador ou, en hiver, à Radisson au barrage de la Rivière Grande sur la baie James. Il m'entraînait chez tous ses amis et me prouva combien le dévouement de l'amitié quand il est fidèle peut faire des miracles. Ceux qui lui étaient les plus chers le devenaient pour moi à leur tour. Les prêtres qui avaient quitté et qu'il suivait avec une affection indéfectible, (il était particulièrement sensible à leur cas, un de ses frères ayant quitté la vocation religieuse), certains des plus hauts représentants de l'État, ses amis avocats, médecins, industriels, sa famille et surtout les enfants et adolescentes délinquantes de la Maison de Sainte-Hélène ainsi que les vieillards de la maison dont il s'occupait. Dès le début, il me fut facile, grâce à lui, d'aimer de l'intérieur nos amis canadiens. Le hasard des conférences m'emmena aussi bien à Vancouver, Québec, Chicoutimi, Toronto, Saint-Hyacinthe, Sherbrooke, Baie Comeau et tant d'endroits où mon cœur est resté. Il y eut les parties de sucre où je découvris qu'il y avait deux catégories dans l'humanité : ceux qui, après cinq ou sept plats arrosés de sirop d'érable, peuvent encore absorber des fèves au lard et... les autres. Le frère Albert veillait sur moi, vraiment, comme une mère.

Les moments les plus bouleversants furent ceux que nous avons vécus lors de nos visites régulières à ce qui était son œuvre : la Maison de Sainte-Hélène. Réunies par maisonnées de quinze, soixante jeunes filles de treize à dix-huit ans recommençaient à respirer après les drames qui leur étaient arrivés. Elles étaient à nouveau aimées avec suffisamment d'intelligence et de confiance. Toutes avaient été marquées par une tragédie : parricide, infanticide, et comme à Nouméa ou à Tahiti, je retrouvais dans leurs visages cette alliance de l'innocence et de l'angoisse. La Maison de Sainte-Hélène parut tellement novatrice qu'on vint de partout, même des pays de l'Est, pour voir comment les fondateurs s'y étaient pris. J'ai ailleurs, à l'occasion de l'eucharistie et de la Présence réelle, raconté l'histoire qui nous est arrivée un jour avec Malika.

L'amitié du frère René-Albert m'aura appris non seulement la communion des saints, mais qu'un dévouement ne se précautionne pas en face des appels qu'il reçoit ; il n'a pas de limites et l'humilité seule sauve tout. Quand je repasse devant tel ou tel petit commerçant du boulevard de Latour-Maubourg à Paris, c'est souvent en ayant l'impression de parler encore à mon compagnon René-Albert. Je ne me console pas de son départ pour l'au-delà.

Frères du Japon

C'est grâce à lui que je fus accueilli par ses frères dominicains canadiens au Japon avec une cordialité *a priori* qui m'a ouvert un des univers auquel je ne m'attendais pas. Depuis plus de vingt ans, la fidélité du père supérieur provincial de l'époque, le père Arthur Beaulieu, du père Paul Girard et du père Gaston Petit me laissent souvent en retard de prévenances. Un colosse, « Arthur » ! Il vint me chercher à l'aéroport de Narita et sut me faire tout aimer alors que je faisais la visite de presque tous les postes de mission dominicaine au Japon. Il me consacra tout son temps, m'entraîna partout, de Nikko à Sendai et à Hiroshima et dans tous les recoins de Tokyo. Jour après jour, j'entendis les confidences d'un supérieur de religieux. Un soir, comme nous rentrions au couvent de Shinjuku, en cheminant le long d'une petite rue, sorte de sentier comme il en existe dans Tokyo, le père Arthur me montra un ensemble de petites maisons de bois à la japonaise et me dit : « Frère Bernard, tu vois ce sont des *love-hôtels* ». Il ajouta aussitôt : « Ce n'est pas ce que tu crois. Tu découvriras que les Japonais vivent à six ou huit dans une pièce de six mètres sur quatre. Aucune intimité possible pour les jeunes ménages pris entre les grands-parents et les enfants. Alors ils sont obligés de venir louer une pièce pour quelques instants d'affection. » Arthur est au Japon depuis plus de quarante ans. Il y a voué sa vie. Canadien d'origine, il vénère les pères anciens qui sont venus fonder la mission aux environs de 1925. Un jour où il m'avait emmené chez le Nonce récemment arrivé, il ne put s'empêcher d'être effrayé par la distance que nous avions pressentie entre les *a priori* culturels du Nonce apostolique et la réalité japonaise. J'attends toujours les lettres d'Arthur avec un bonheur non dissimulé : l'alliance du réalisme et de l'empirisme nord-américain et de l'amour évangélique porté par son affectueuse amitié pour moi est un enchantement lorsqu'il se laisse aller, comme il le fait chaque fois, à me décrire une tranche de vie japonaise.

Le frère Paul est un poète, sans doute l'un des plus vrais poètes que j'aurai rencontré. Il a vaincu la maladie et plus peut-être encore qu'Arthur, il s'est acharné à déceler, connaître et aimer tous les labyrinthes de la langue japonaise. Ses cahiers de poèmes, ses livrets où il note, année après année, ses intuitions et impressions japonaises sont des chefs-d'œuvre du niveau des meilleures pages de *Connaissance de l'Est* de Claudel. Le frère Paul a été prieur, curé, veilleur vigilant du couvent de Shibuya. Il a la patience, la force, la solidité des pierres de seuil : celles qui sont enfouies pour que la porte demeure ouverte et la maison reste stable. C'est le cas au Japon. Lors de mon deuxième séjour, trente tremblements de terre furent perceptibles. Pour moi le frère Paul est comme un quatorzième apôtre, celui qui interdit de douter de l'autre et qui sait jusqu'à quel appauvrissement de soi il faut aller pour qu'une greffe étrangère puisse prendre et s'inculturer.

J'ai vu l'héroïsme chez les pères anciens du Japon : le père Tarte, le père Grolleau, le père Picher. Arrivés du Canada dans les années 1925, ils avaient connu les camps de concentration japonais. Ils savaient l'infinie attente silencieuse qu'on devait porter avant que quelqu'un ne se décide à vous parler. Le père Grolleau était bouleversé de me dire qu'il en était à son millième baptême... Je me suis agenouillé devant eux pour leur demander leur bénédiction. Je m'agenouille aujourd'hui chaque fois où je reçois une lettre du père Paul ou du père Gaston parce que je sais, grâce à eux, un peu plus jusqu'où va la pauvreté quand il faut tout abandonner, même son langage et sa culture pour que l'autre n'ait pas peur d'accueillir celle du Christ. Mes frères Paul et Gaston me manquent beaucoup ; pourquoi n'habitent-ils pas au bout de la rue Saint-Dominique pour que je puisse leur demander de m'aider à oublier toute tristesse ou tout ressentiment quand l'acédie, c'est-à-dire la tristesse spirituelle, menace. À ce moment-là ce n'est pas de livres que j'ai besoin, mais du visage de mes amis. Les ressources créatives de Gaston Petit, qui vient à son tour d'être élu prieur à Tokyo, sont inimaginables. Peintre, calligraphe, architecte, il comprit très tôt que la voie de la beauté était indispensable pour partager avec les Japonais et être aimé d'eux. J'espère qu'il pourra poursuivre ses réflexions d'*Itinérance en art*. Il n'y a que Malraux ou Clouzot dont la culture m'apparut aussi vraie et vaste. Pour comprendre le Japon, il a sillonné à pied avec son petit sac à dos, l'Inde, l'Indonésie, la Chine de part en part en suivant la route de la Soie. Quand il vient à Paris, j'arrête tout et nous nous saturons de musées, d'expositions, de galeries : son regard fraternel, exigeant, affectueux m'oblige à rejoindre davantage le Christ.

Ces amis du bout du monde sont des prêtres ou des religieux. Ne vous ont ils pas dans leur sillage confié tel ou tel de leur compagnon laïc ?

Ce serait trop long de les citer. Je suis parfois débordé par le courrier et la paroisse souterraine que ces amitiés ont créées. Un double critère est décisif pour moi : la fidélité et la confiance. Depuis des décennies, ce sont celles de Kaoru Okuma, professeur de français à Kumamoto, fils de samouraï converti. Je n'ai jamais lu quelque chose d'aussi affiné sur la différence entre l'expérience mystique et l'expérience esthétique que ce qu'il a écrit sur les poèmes de Verlaine dans *Sagesse* à l'occasion de sa thèse de doctorat. C'est la même chose avec Jiro Nomura, professeur à l'Université de Tokyo, qui a consacré sa vie au père Kolbe.

De Chine et Corée

Seize ans de silence, deux cartes de vœux. Puis en mai 1996, je trouve dans mon courrier une lettre de l'aumônier de l'Université d'Angers me parlant « d'un certain Chinois qui m'aurait soi-disant connu à Pékin dans les années quatre-vingts et qui venait pour la quatrième fois demander à cet aumônier l'adresse du père Bro parce qu'il souhaitait se faire baptiser ». Ainsi j'ai vu arriver un beau jour celui qui avait été mon guide en Chine et à Pékin en mars 1980. Jeune universitaire à ce moment-là, il était entre temps devenu directeur d'un office de voyage et vice-président de la grande agence nationale de tourisme de Pékin. Il m'avoua qu'étant trop surveillé, il n'avait pas pu reprendre contact avec moi lors de ses passages en Europe. Une année sabbatique lui permettait de passer une thèse de doctorat à Angers. Il me raconta comment, depuis seize ans, le désir du baptême l'avait progressivement habité, à cause de l'amitié née entre nous deux à ce moment-là. Je l'ai emmené passer huit jours en famille, puis huit jours à l'abbaye de Solesmes. Il me raconta comment il avait dû passer les années de la révolution culturelle au travail dans les bois, dormant sous une bâche en plastique, se cachant pour faire les deux cents kilomètres qui le séparaient de son village afin de voir ce qu'il en était de ses deux petits frères et sœurs, gardés par les voisins. Sans nouvelles de ses parents qui étaient alors en prison, bien que son père soit membre du parti, ni de sa sœur, comme lui, au travail obligatoire. Il était superbe dans sa dignité. Quelle joie d'avoir pu passer Noël avec lui. La Chine a pour moi un visage, le sien. Son attachement est tellement fidèle que, pour le reste, cela ne se raconte pas, je garde tout dans ma prière.

C'est la même grâce totalement inattendue, gratuite, généreuse et rigoureuse qui joue lorsque nous nous retrouvons avec le père Kim En Joong. Je n'ai rien fait pour mériter sa confiance. Coréen, converti, entré chez les Dominicains, il est sûrement un des grands peintres de l'abstraction lyrique actuelle.

Au début il connut une double angoisse, celle de savoir s'il devait ou non quitter ou reprendre, après son sacerdoce, ses études de peinture alors qu'il était diplômé des Beaux-Arts de Séoul et l'anxiété de ne pas oser demander de la place à son père prieur. Il ne pouvait dans sa petite cellule de Paris que peindre sur des cartons de la taille d'un écran de télévision. Cela dura jusqu'au jour où le prieur et le couvent s'aperçurent du prix de ses œuvres... Alors on le laissa installer dans les combles du couvent un espace où il put enfin dérouler ses toiles. L'amitié, la confiance du père de Menasce, du père Lelong et du père Avril sauvèrent tout pendant ses années de sevrage. Lui aussi m'apprend à quel point une confiance *a priori*, quand elle inclut l'amitié, est vraiment l'image de Dieu.

De l'amitié

Vous venez d'évoquer la diversité des amitiés qui jalonnent votre vie religieuse, pouvez-vous nous dire ce qu'est l'amitié ?

Je ne connais aucune définition meilleure que celle qui fut utilisée en théologie, à partir du XIIIe siècle, pour définir la charité. Jusque-là, comme on savait que la charité était Dieu lui-même, on pensait que ce ne pouvait être que le Saint-Esprit et non pas une réalité créée. Mais cela était insuffisant pour respecter la nouveauté du christianisme et exprimer jusqu'où Dieu était allé dans l'Incarnation quand il nous avait confié son amour.

L'idée d'amitié appliquée à la charité sauva tout.

L'amitié suppose trois conditions : que ce ne soit pas seulement un amour de convoitise qui prend, capte et aime ce qui nous manque, mais un amour de *bien-veillance*, c'est-à-dire qui veut le bien de l'autre.

Ensuite, que ce soit un amour *réciproque*. De soi l'amour peut rester ou devenir unilatéral, c'est le drame qui précède toutes les ruptures dans l'amour humain, quand l'un des deux s'aperçoit qu'il n'a plus de réponse ni d'attente de la part de l'autre.

Cela ne suffit pas. Il faut que l'amour et la réciprocité soient *fondés sur un échange*. Or beaucoup de réalités peuvent se proposer pour rendre un échange possible. On peut aimer en commun, le sport, la musique, l'histoire, la culture... même la théologie. Cela ne suffit pas pour que l'amitié arrive à son état parfait. Il faut que l'échange se fonde sur l'amour *lui-même*. Il y a quelque chose de totalement neuf quand l'un aime l'autre parce que l'autre l'aime. On sait très bien que c'est la première des précautions à prendre lorsqu'une affection ne peut pas aller jusqu'au bout, il ne faut pas se déclarer, sinon c'est déjà d'une certaine manière trop tard.

J'ajouterai deux critères pour toutes les amitiés dont j'ai parlé : la fidélité et l'absence de besoin de valorisation. Inutile d'avoir recours à des subterfuges pour se valoriser en dominant l'autre. Si c'est un ami, plus on est mendiant, plus on a besoin de lui et plus il nous aimera.

Enfin, la fidélité. Ce qui m'atteint dans les cas que j'ai évoqués c'est qu'il n'y avait aucune raison pour que les contacts occasionnels une fois noués, l'amitié, elle, ne s'éteigne pas comme il eût été normal. Or elle dure depuis des années et des années. Elle ne meurt pas, plus forte que la mort.

Dans votre famille avez-vous trouvé des plages d'amitié ?

Comme dans toute famille, les relations entre frères et sœurs, neveux et nièces, petits-neveux sont les plus diversifiées. Nous sommes actuellement deux cent quarante-huit descendants (en comptant les pièces rapportées) de mon père. Après sa mort, afin de ne pas nous retrouver seulement aux enterrements et aux mariages, nous avons fixé le dimanche le plus proche de l'anniversaire de mon père pour une petite fête familiale. La dernière nous vit nous retrouver au nombre de 142. C'est un régal.

Quant à l'amitié, c'est autre chose. J'essaye de garder pour tous une affection réelle. Je n'aurai jamais fini de rendre grâce pour l'exemple exceptionnel de sainteté et de christianisme que m'ont donné tous mes frères, sœurs, beaux-frères et belles-sœurs. Je dis bien tous. C'est une chance extraordinaire pour moi. Mais cela ne répond pas forcément à ce qu'on appelle : l'amitié. La famille est certainement un des lieux où je mesure combien la charité demande à être beaucoup plus intelligent que je ne le suis, et où l'absence de retour est beaucoup plus fréquente qu'on ne le croit et plus douloureuse qu'on ne le pense. La vie familiale est pour moi une occasion sinon l'occasion majeure d'examen de conscience. Je ne sais pas assez créer les conditions de dialogue, d'attention, de générosité qui permettraient à la réciprocité nécessaire à l'amitié de naître et de se développer. Quand les atomes crochus existent, c'est facile. Quand il n'y en a pas spontanément, et cela peut arriver, ce m'est occasion de mesurer le décalage entre ce que je suis et ce que les saints ont su faire. De même lorsque la jalousie ou les « sussurations » inutiles ou, à mes yeux, infondées m'atteignent, il faudrait savoir oublier plus facilement. Pour les plus jeunes, le sacerdoce est souvent une occasion de confiance et d'amitié merveilleuse ; à certains d'eux cependant, c'est un alibi pour justifier leur éloignement. Je le sens très bien et je souffre dans ma chair de cette distance. La fin de ma vie arrivera sans que j'aie pu dire à mes neveux et nièces tout ce que j'aurais aimé. Certains découvriront peut-être dans mes livres les cadeaux que j'ai reçus du Ciel. Pour le reste, je leur demande pardon de ma fatigue ou de mes oublis.

Quand l'amitié déraille... et la sexualité ?

En prêchant dans les monastères les couvents, les séminaires, les diocèses, n'avez-vous pas rencontré des déviances de l'affectivité ?

J'ai probablement confessé plusieurs milliers de religieux et religieuses, prêtres, séminaristes. Le sujet est grave. Je le relève au nom d'une des blessures les plus profondes que j'aurai reçues comme confesseur. Inutile de revenir dessus, je l'ai déjà évoqué au chapitre précédent en rappelant les articles parus dans les journaux le jeudi 22 mars 2001, signalant le rapport de la sœur Maura O'Dohonue, remis au Vatican en 1995 à la suite de l'initiative prise par la Congrégation vaticane pour les Ordres religieux. On cite le cas d'un prêtre qui avait rendu enceinte une religieuse, la forçant ensuite à avorter, ce dont elle était morte. C'est lui qui aurait célébré la messe d'enterrement. Les articles évoquent d'autres témoignages de relations sexuelles forcées, particulièrement dans le continent africain et en Océanie. Ce rapport n'avait probablement pas à être divulgué de cette manière-là. Il fait clairement part de difficultés graves auxquelles l'affectivité peut entraîner quand il y va de l'amour ou de l'amitié dans les cercles religieux.

Qu'il y ait des déviances insupportables dans l'affectivité, que la chasteté dans la vie religieuse puisse poser question, c'est vrai. La fragilité humaine est un des lieux majeurs où « Dieu nous invente avec nous », selon la formule d'Emmanuel Mounier. Prétendre sublimer facilement les pulsions et les instincts intérieurs, c'est manquer à la plus élémentaire vérité, à la plus nécessaire prudence et à l'indispensable effort pour structurer la personne humaine. On devine bien que le rapport, demandé par le Vatican lui-même, a été reçu avec la plus haute attention.

Ici, j'ai envie de témoigner pour une fois avec gravité dans ma vie. Des milliers de confessions que j'ai reçues, je peux dire que je n'ai jamais, mais bien jamais, entendu quelqu'un se justifier, prêtre, évêque, religieux ou religieuse, lorsqu'il s'agissait de ces problèmes. Au contraire. C'était occasion de faire un pas de plus dans la compréhension des responsabilités ou de l'humilité fondamentale de l'être humain. Être sexué est une réalité structurante et en même temps implique une incomplétude qui peut ouvrir la porte à toutes déviances. Cela oblige à l'humilité qui, elle, est le lieu de passage obligé de la formation de toute personne humaine. C'est pour beaucoup une des noblesses de notre existence que de reconnaître avec paix cette incomplétude, un courage pour tous, une détresse pour certains.

Ne pourrait-on pas vous objecter le cas du procès de l'abbé Bisset et de Mgr Pican, évêque de Bayeux, lorsque celui-ci s'est réfugié derrière le secret professionnel pour un problème grave de pédophilie ?

L'ensemble des évêques a immédiatement pris position à l'Assemblée de Lourdes, de manière beaucoup plus claire que les responsables de l'Éducation nationale. En aucun cas l'Église ne pourrait se soustraire à la vérité qui doit protéger en premier lieu la vie d'enfants innocents. Les évêques ne firent qu'appliquer ce qui a dominé, guidé, réglé l'attitude de la morale chrétienne : c'est l'innocent qui doit toujours en priorité être protégé, qu'il s'agisse de pédophilie, d'avortement ou d'euthanasie. En toutes ces situations, on est dans le même cas du respect de la personne. L'Église a institutionnalisé le mariage par une cérémonie officielle lorsqu'il a fallu protéger les enfants innocents des dénégations possibles de leurs parents. On n'a pas assez reconnu le rôle protecteur de l'Église au milieu de toutes les guerres européennes, coloniales et autres : il est immense et il sera à exploiter en anthropologie, en histoire du droit et en histoire de la sainteté.

J'ajoute qu'on devrait être surpris par le petit nombre de cas qui sont difficiles. J'insiste, au nom de cinquante ans d'expérience sur tous les continents.

Ils se trompent ceux qui règlent leurs comptes avec l'Église ou la religion en utilisant cette fragilité. On est évidemment du côté de ceux qui font la vérité. Mais comment ? Le chrétien se sent invité à la faire comme le Christ l'a faite, en s'asseyant sur le même banc que ceux qui étaient condamnés. Cela, aucune religion ne l'avait dit jusqu'alors.

Reste la question : a-t-on le droit de décrire les détresses et déviances, inadmissibles, sans aucune mention de la masse inouïe de dévouement, de secours, de générosité, de persécutions, de courage, de ténacité dont témoigne chaque jour le labeur de centaines de milliers de prêtres, de religieux et religieuses ? Pas une ligne rappelant cela dans les articles évoqués plus haut. Leurs auteurs ont-ils vécu, mais vraiment vécu, dans les conditions où la quasi-majorité du clergé et du personnel religieux vit sur la planète actuelle, même à Paris ?

Et vous, personnellement ?

J'ai été mis très mal à l'aise par les livres où des religieux de mon ordre faisaient part de leurs difficultés sexuelles. On sait bien quand il y va du cœur, que rien ne peut être transcrit seulement par des paroles ou des écrits, *a fortiori* lorsqu'il s'agit du « secret du Roi ». Les biologistes disent que le rapport du besoin humain avec la sexualité oscille entre 1 et 1 000. La romancière Colette n'avait pas tort : « Ces plaisirs qu'on appelle, à la légère, *physiques* »... Et « Si Dieu pardonne, la chair ne pardonne pas toujours si facilement ». Alors qui aura jamais le droit de se prononcer ? Saint Paul dit bien et insiste : « Dieu lui-même suspend son jugement. Ne jugez pas avant le temps. Qui es-tu, toi, pour t'ériger en juge, pour juger un serviteur d'autrui ? Qu'il reste debout ou qu'il tombe, cela ne concerne que son maître, d'ailleurs il restera debout, car le Seigneur a la force de soutenir. Toi, pourquoi juger ton frère ? Et toi, pourquoi mépriser ton frère ? Tous, en effet, nous comparaîtrons au tribunal de Dieu. C'est donc que chacun de nous rendra compte à Dieu pour soi-même. »

À certains, il est proposé de se réserver pour l'Unique. C'est vrai, c'est toujours un miracle, mais cela arrive. On ne peut que remercier lorsque le combat n'a pas été trop dur et que la Providence vous a préservé des tentations qui auraient été au-dessus de vos forces. Le Christ pensait peut-être plus spécialement en partie aux prêtres en disant : Bienheureux ceux qui pleurent, ceux qui ont soif, ceux qui souffrent, mais il n'avait pas omis de dire : Bienheureux les cœurs purs. À quatre-vingt-quatre ans dans son *Journal de l'âme*, le pape Jean XXIII avoue qu'il a posé ce jour-là un acte de chasteté. Si l'on savait ce qui habite la psychologie d'un prêtre lorsqu'il confesse, une immense douceur, une indéfinie compassion, un refus d'accabler.

L'essentiel ne relève pas d'abord de cours de psychologie, d'analyses morales ou de curiosité à satisfaire. C'est avant tout une affaire de responsabilité pour l'entourage. Qu'ai-je fait pour donner à ceux que Dieu a mis près de moi l'amitié dont tout être humain a besoin ? C'est aussi une affaire de réalisme. Jusqu'au terme de notre existence nous serons sexués, et donc livrés parfois aux forces incertaines de l'imaginaire. Enfin, c'est une histoire d'admiration : l'amour ne s'explique pas plus quand il s'agit de Dieu, que lorsqu'il s'agit du partenaire humain. Il apporte toujours des trésors. Il obtient de notre cœur ce que l'on n'aurait jamais cru possible Thérèse de Lisieux et Jean de la Croix dans leurs chants sont plus forts qu'Édith Piaf ou Jacques Brel. Le bilan de sa propre vie comme de celui de milliers de confessions prouve non seulement que le miracle existe, mais qu'il est beaucoup plus fréquent qu'on ne l'imagine. Que celui qui a été préservé n'en devienne que plus humain, plus humble, plus prudent, plus reconnaissant et plus émerveillé.

Que gardez-vous en conclusion ? Reconnaissance pour l'amitié, crainte de la sexualité, action de grâce pour la fidélité ?

Pour la sexualité, je répète la phrase que nous a dite un jour notre père maître des novices : « Si vous apprenez demain que j'étais parti avec "elle", ne vous étonnez pas. Sachez que c'est à cause de Jésus que l'on est fidèle et qu'à cause de notre fragilité nous n'avons jamais droit de juger et de nous penser plus fort que les autres. »

Nous avions une telle vénération pour notre père maître que cette phrase nous parut invraisemblable. Qui pourrait jamais être cette « elle » qui aurait pu faire partir notre père maître ? Le sacrement de confession et la vie montrèrent à chacun de nous combien l'amitié était nécessaire et, en même temps, combien l'affectivité était le lieu d'un combat, d'une rigueur, de l'apprentissage de la fragilité, de la confiance, de la compassion et de l'humilité.

On ne sublime pas le fait d'être sexué, on l'offre, jusqu'à savoir sortir d'une chambre où il ne faut pas rester. Le père maître avait raison de dire aussi : « Quand vous êtes au parloir, laissez une table entre vous et elle. » Il faut immédiatement ajouter que notre chasteté dépend aussi des amitiés qui nous entourent. J'en ai dit quelques-unes, je leur dois tout pour ma propre fidélité.

*

J'aimerais terminer par deux visages. Ce sont ceux de deux amis, de deux prêtres. L'un est allemand. Il a donné des années de sa vie et de son salaire pour aider quelques petits villages perdus de la France profonde, dans la Sarthe. Là où les conseils municipaux ne savaient pas comment mettre en contact leurs communes, il sut, lui Allemand, créer un climat de dialogue, de confiance, d'amitiés inattendues. Les maires étaient ébahis de le voir prêcher le 11 novembre, à l'église et aussi devant le monument aux morts. Dans ces villages peu chrétiens, c'était donc l'Église qui, grâce à un étranger, un Allemand ! faisait de nouveau croire que l'amitié était possible. Pour moi, le fait que celle-ci ait amené le père Christof Hentschel à me demander d'être son poisson pilote est aussi une preuve de la surabondance divine.

Je pense à l'autre prêtre. Après des années passées, dès son ordination, à l'autre bout du monde, il est devenu curé de Paris, d'abord de paroisses importantes, puis de Notre-Dame... Et ce sont ses amis, les chrétiens originaires d'Océanie, d'Australie, d'Amérique ou de l'océan Indien qui font la joie des parisiens. Grâce à quoi ? D'abord à un tempérament incroyablement communicatif, mais cela ne suffirait pas s'il n'y avait pas une double amitié : celle de Jésus, et celle de ce prêtre qui, à son tour nous transmet celle de Jésus. Comment ne pas rayonner quand Jean-Yves Riocreux entre dans votre bureau ? Un seul « oiseau » de ce calibre par diocèse, et le visage de l'Église serait contagieux de lumière.

*

Une conclusion, celle qu'aimait à répéter le père Couturier dont l'amitié désarma Matisse et même Picasso : « La liberté est entrée dans ma vie ayant le visage de l'Amour. »

21

L'attraction du nouveau ?

Quand l'avant-garde risque de se tromper d'escalier

Vous écrivez dans votre livre La Beauté sauvera le monde *: « La seule manifestation d'une forme nouvelle de beauté qui n'entre pas dans le cadre de ce que nous avons cru être "la" Beauté suffit à donner un certain vertige. »*
Que voulez-vous dire ?

Les premières aquarelles abstraites de Kandinsky ou le *Carré blanc* de Malevitch sont de 1911. Que dirait-on, si sous prétexte de modernité, on se référait aux coutumes vestimentaires ou aux habitudes balnéaires de cette époque ? Encore une fois l'art est un redoutable révélateur de la frigidité de notre esprit en face des idées, des hypothèses ou des questions du monde dit « moderne ».

Pourquoi avoir peur de l'art et de l'avenir ?

Comme on venait dire au Curé d'Ars qu'un grand savant l'attendait depuis un long moment au fond de l'église, mais que celui-ci n'était pas croyant, le Curé d'Ars quitta son confessionnal, s'approcha de l'homme de science avec un extraordinaire sourire et lui dit seulement : « Mais alors, mon pauvre monsieur, avec le *Credo*, mon enfant de chœur en sait plus que vous. »

Que reste-t-il aujourd'hui du chrétien « adulte » ou « responsable » des années 1955 et autres termes à la mode, cher à mon vieil ami le père André Liégé ?

« La beauté boite », écrit Cocteau. L'intégrité, l'harmonie, la satisfaction plaisante qui forment l'un des trois paramètres de la beauté, sont cassées dans l'art moderne. *Guernica* n'est pas beau. Ni les *Demoiselles d'Avignon.* Mais c'est de l'art. Est-ce que l'art doit être satisfaisant parce que « joli » ? Non, pas forcément. Ni *Les Gre-*

nouilles d'Aristophane, ni *Les Temps modernes* de *Charlot*, ni *Extra-Muros* de Raymond Devos ne sont « beaux ». Cependant c'est bien de l'art, de l'art comique.

L'art moderne rencontre peut-être une fonction essentielle du catéchisme et de la théologie, dont nous avons parlé et reparlerons, qui est la décantation, l'exorcisme de nos démons intérieurs, la catharsis disait Aristote, c'est-à-dire la purification des instincts de notre cœur et des fantasmes de nos idées. On fait une statue à partir de ce qu'on lui enlève. L'une des répliques les plus fortes de Thérèse de Lisieux est celle qu'elle fit à sa sœur Geneviève. Peu de temps après son entrée au carmel, celle-ci dit à sa sœur Thérèse : « Quand je vous regarde vivre, je découvre tout ce qu'il me reste à acquérir. » Thérèse l'interrompt et lui réplique : « Oh, non, dites plutôt “à perdre”. » En un mot elle avait rappelé l'essentiel de la pédagogie de l'Évangile et, sans le vouloir, livré une des clefs pour comprendre l'art moderne.

Quand Moïse enlève ses sandales

Lorsqu'il s'agit du catéchisme et de la foi, une attitude déterminante porte un nom précis : l'esprit est invité à respecter Dieu par la « théologie négative ». Le négatif sert hautement pour oser approcher Dieu. Si Moïse a dû enlever ses sandales devant le buisson ardent, sans pouvoir le regarder, si Isaïe et saint Pierre ont été plongés dans l'effroi, l'un devant l'archange aux charbons brûlants, l'autre devant la douceur du Christ lui demandant de le suivre, il n'y a pas de raison pour que nous soyons épargnés par ce devoir de la purification mentale. Il faut apprendre à éliminer de notre esprit ce qui n'est pas digne de Dieu. Les psychanalystes répètent inlassablement aux parents qu'ils vivent toujours sur une image ou rétrécie ou idéalisée de leurs enfants. Et vice versa. Alors qu'en est-il de nous en face de Dieu ?

Tout en saisissant le réel de Dieu, on ne peut pas en dire le « comment ». L'intelligence humaine a le pouvoir de distinguer, « d'abstraire » l'essence des choses, de tirer ce qu'il y a d'essentiel, de parfait dans une réalité, même si notre expérience apparaît limitée et imparfaite. L'intelligence humaine, et c'est ce qui la différencie de l'instinct animal, est capable de lire au-delà des apparences. L'animal ne s'intéresse qu'à ce qui lui est utile pour prolonger son espèce. L'instinct qui est inscrit en lui, coïncide avec le but de sa vie et avec son degré d'être. Il est polarisé, finalisé, circonscrit, dans une lecture précise des choses : qu'est-ce qui m'est *utile* ? L'animal peut chercher des choses bonnes. Il n'est pas capable de lire la distinction entre ces choses et *le bien.* L'homme est par la connaissance, ouvert à tout le reste. Il n'est qu'un roseau, mais un roseau pensant capable par l'esprit d'être tout ce qu'il n'est pas. Ce fut une des grandeurs du premier concile du Vatican de maintenir qu'au-delà de toutes les déchéances, qu'elle soit celle d'Adam ou les nôtres, quelque chose ne tombe jamais avec nos chutes : c'est la faculté d'être ouvert à l'universel, de toujours pouvoir « lire » les choses sur l'horizon de « l'être ». La boussole de la connaissance n'est jamais totalement détériorée en l'homme.

Pour une souris, un pied de table reste toujours dans le seul ordre de l'utile. Une table est profitable ou gênante, et seulement cela. La souris ne voit pas plus loin, elle n'a pas *l'idée* de la table, ni du bien, mais seulement de choses bonnes pour elle, tandis que, quelle que soit la médiocrité de la table, un homme reste toujours capable de s'élever au-dessus de la mauvaise qualité du bois ou du plastique pour savoir ce qu'est une table. Il demeure maître de regarder ou non la réalité, mais s'il la regarde, il est entraîné au-delà de la seule utilité. Il est comme aimanté par ce qui constitue l'être des choses. Il se découvre en même temps capable de discernement. Il peut mettre une hiérarchie entre ce qui est inévitablement affecté d'imperfections et ce qui, en soi et malgré les apparences, n'implique pas déficience, limite, potentialité. L'esprit est toujours capable de lucidité lorsqu'il enserre le mystère de Dieu dans les limites liées aux imperfections des expériences humaines, des mots ou des formules culturelles.

Prenons un autre exemple. Des parents ou des éducateurs peuvent distinguer dans les erreurs ou les crises d'un enfant ce qui relève des moments passagers de l'adolescence, sans pour autant désespérer de la personne et refuser de croire que l'essentiel pourra se dégager et se décanter avec le temps.

La grande lessive

N'êtes-vous pas en train de nous décrire ce qui fut après le noviciat la principale ascèse, la grande lessive et peut-être une des principales joies de votre temps d'études ?

En face de Dieu et des mystères, l'esprit est capable de purifier ses idées, ses appréhensions, ses souvenirs. Il est capable de distinguer ce qui est lié aux imperfections de l'expérience humaine, et à l'opposé, de maintenir que, de soi, certains de ses actes, par exemple, connaître, créer, vouloir, aimer, être juste ou miséricordieux n'impliquent pas d'imperfection. C'est la grandeur de l'esprit d'être capable de lire « à l'intérieur » des choses et des expérimentations qui se déposent progressivement dans sa mémoire. C'est la plus haute noblesse de l'intelligence humaine — *intus legere* — d'établir une différence entre ce qui implique *de soi* limites et défauts et n'est donc pas compatible avec la plénitude divine et ce qui peut être attribué réellement à Dieu, bien qu'affecté dans notre expérience par certaines oblitérations. Un certain nombre d'actions ou de propriétés ne supposent pas en elles-mêmes d'imperfections.

Ainsi certains mots, bien qu'utilisés par la Bible, ne sont pas réellement applicables à Dieu, sinon par métaphore. Dieu n'est ni un « rocher », ni un « aigle », ni un « lion ». Il est stable comme un rocher, fort comme un aigle, puissant comme un lion, tandis qu'il est réellement esprit, père, fils, ami, hôte, consolateur, compatissant etc. Même si je ne peux pas traduire positivement par des mots humains la manière, dont Dieu est père, fils ou ami, ces mots peuvent réellement et pleinement être attribués à Dieu. Rocher ne le peut pas, car rocher implique forcément la limite de la matière et de la quantité. Paternité, amour ou connaissance n'impliquent de soi aucune imperfection. C'est la merveille de l'intelligence, d'atteindre le réel de Dieu, de le « lire », de communier vraiment à la connaissance que Dieu a de lui-même et de ses perfections. Ce souci du respect de la grandeur de Dieu, cette action de grâce de pouvoir le rejoindre dans sa vie intime surtout lorsqu'on découvre que cette grandeur nous dépasse et que de plus en plus on n'en peut rien dire, est le trésor du catéchisme et des études. C'est le fruit de la lente et longue maturation de l'esprit humain quand il se soumet à l'ascèse théologique. On a donné un nom à celle-ci, la théorie des trois voies.

La théorie des trois voies

La première consiste à reconnaître qu'à partir des créatures, on retrouve en Dieu un reflet réel de ce qu'il a déposé en elles puisqu'il en est leur cause. C'est la voie de *causalité*. On reconnaît toujours dans un effet une caractéristique de celui qui l'a produit. C'est un Rubens, c'est Rembrandt, c'est un Matisse.

Deuxièmement, on admet par la voie de *négation*, que l'esprit humain ne peut pas simplement transposer en Dieu l'expérience humaine telle qu'elle est vécue sur terre. On doit en purifier les concepts, en nier les imperfections et reconnaître qu'on ne peut pas formuler en termes positifs leur manière divine d'être. Dieu n'est que Dieu et il n'est connaissable que comme inaccessible.

Cette petite distinction d'allure insignifiante est une des clefs principales de toute vie humaine. Connaître, c'est devenir l'autre sans devenir autre. C'est accepter l'invitation que le réel nous envoie de « naître-avec » lui, en le respectant et sans le transformer. Dès que le but est une transformation, on sort de la pureté merveilleuse de la connaissance, qui est ce par quoi nous sommes image de Dieu et ce par quoi notre amour n'étant plus partisan ou soucieux de fabrication peut s'ouvrir à la grâce de la charité.

Après avoir péché, l'ange a bien encore la connaissance de Dieu, mais il n'a plus la connaissance contemplative, respectueuse de Dieu, c'est-à-dire une connaissance orientée par l'amour de la vérité. Il se sert de la connaissance pour dominer. Son savoir est perverti.

Vous évoquez le péché de l'ange. N'est-ce pas fariboles pour théologiens ? Est-ce sérieux et concret ?

Fariboles pour théologiens ? Non, ce fut la principale leçon de choses que j'ai reçue pendant mes dix années d'études théologiques et ensuite les dix années de professorat. Ces années ne furent pas du tout dispensées du spectacle de querelles. L'atmosphère du grand couvent d'études du Saulchoir des années 1945-1948 aurait pu être parfois rendue pénible par des rapports de force qui s'étaient subtilement glissés dans les études. N'en déplaise à ceux qui n'ont pas vécu ce temps-là. Tout fut sauvé par des esprits dont j'ai déjà parlé, de grande prière et sainteté. Le but de ces derniers n'était pas d'accumuler du savoir ou de l'érudition, non plus d'imposer d'abord leur programme de rénovation selon leurs méthodes qu'il aurait fallu infliger, ni même de convaincre de leur vérité. Le but de leur travail était guidé — pas à pas et dans la nuit — par la nostalgie d'entrer dans la science de Dieu préparatoire à la Vision.

Quelles que soient les lassitudes ou leurs insuffisances pédagogiques, n'était-ce pas cela que souhaitaient nous apporter dans leurs cours les pères Gardeil, Dondaine, Héris, Camelot, Patfoort, Geiger, et bien d'autres, de compétences éminentes, mais qui vivaient comme s'ils étaient déjà introduits dans une autre béatitude ? Ils étaient soucieux non pas d'avoir raison, mais de nous aider à aimer ce qui les avait eux-mêmes aidés à vivre.

Michel Serres, l'un des meilleurs spécialistes de l'histoire des sciences et de leurs applications, a écrit tout un livre sur les anges pour montrer que la réflexion sur leur cas était peut-être ce qui nous renseignait le plus sur nous-même. Le cas des anges nous oblige à pousser à la limite — comme en mathématiques — l'essentiel de ce que nous vivons. Il est comme un révélateur photographique de nos insuffisances autant que de nos imperfections.

La grande prostitution

On peut connaître Dieu, étudier les sciences de la religion, sans aimer Dieu. On ne peut pas réfléchir droitement sans aimer la réflexion. On ne peut pas éviter de se tromper dans la recherche des principes de la vie et de la conduite morale sans aimer la recherche de l'essentiel. Et on ne peut pas chercher l'essentiel sans aimer Dieu.

On ne peut pas faire abstraction des motivations de la connaissance. Une connaissance objectivement vraie de Dieu ne mérite pas de s'appeler une « connaissance » tant qu'elle n'a pas pour but de *connaître pour connaître,* c'est-à-dire de respecter pour communier. On ne peut pas indéfiniment faire abstraction des motivations qui gouvernent et orientent notre connaissance. On peut se donner beaucoup de mal par souci de convertir les autres, par respect des urgences apostoliques, par désir apologétique, par envie de rectifier l'erreur, ou pour augmenter sa culture ou rendre l'Église plus proche des exclus, etc. On en n'est pas pour autant délivré du risque de la grande perversion originelle. L'esprit n'est pas fait pour produire, il est fait pour connaître. Ce n'est pas une affaire de puissance ou d'élargissement du savoir, mais de réalisme, d'humilité et de rectitude. Et ce n'est jamais gagné.

De même que tous les gestes et les conseils abstraits ou explications techniques sur l'amour ne remplaceront jamais l'oubli de soi dans la tendresse, de même toutes les prouesses de l'érudition, du besoin d'être efficace ou seulement de se valoriser, ne remplaceront jamais le moment de communion au réel. On entre alors dans un autre ordre : celui de l'ouverture de l'esprit qui co-naît.

Pourquoi ce plaidoyer, est-ce pour vous faire plaisir ou vous justifier ?

Non, la raison est simple. Elle puise au plus profond de ma vie et d'une certaine souffrance. On n'en peut plus de déceler les mouvements sous-entendus qui gouvernent un grand nombre de médias. On y bute sur une substitution des finalités de la vie. Ne serait-on pas ici en présence de la grande, véritable et originelle prostitution de l'âme ? Tant de réflexions et d'habiletés sont orientées pour obtenir quoi ? Avoir raison ? Assurer le succès de la revue, être d'avant-garde, augmenter les ventes, convaincre du fondement de son idéologie, être contre ceux qui ne sont pas de votre avis ?... À qui apprend à lire entre les lignes, se dévoile parfois une formidable volonté de puissance qui oblitère tout.

Les partisans de l'écologie, (comme il en a été avec l'œcuménisme en théologie), ont ébranlé l'attention des autres partis politiques et continuent à servir en obligeant nos civilisations à prendre en compte leurs responsabilités en face du futur. On établit les programmes les plus divers pour sauver la nature, changer la vie, transformer le regard de la société. Il n'en reste pas moins qu'on ressent parfois une différence entre l'amour et la connaissance de la nature, tels que le montagnard, le paysan ou le vieux jardinier les vivent, et ceux des technocrates du ministère de l'Environnement.

Le regard du paysan, du montagnard ou du marin en face de la pollution est et restera d'un autre ordre parce qu'il n'est pas d'abord polémique, ou mercenaire ou soucieux de plaire à un électorat, il vient d'une connaturalité née du fond des siècles. J'ai déjà dit comment j'avais partagé l'existence de familles amies plusieurs étés pendant des semaines en alpage dans la montagne au-dessus de Sallanches, et qui vivaient exactement comme au temps de Virgile. J'avais tout à apprendre d'eux et de leur silence. Il n'était pas question d'utiliser leur savoir pour *dominer* les choses ou les hommes. Ils communiaient entre eux comme ils communiaient spontanément avec la nature et les forces de celles-ci qui pouvaient être redoutables : avalanches, incendies, sécheresse, inondations. En 1919 lors d'une avalanche qui avait détruit la moitié de l'alpage on fit la quête dans les écoles de Paris, le résultat permit de payer les clous et chevilles nécessaires à la reconstruction. Mais l'avalanche fut de nouveau méchante en 1953 et en 1976.

Notre manière de connaître n'aurait-elle pas été soumise à une dégénérescence ?

Oui, l'insuffisance radicale de la conception marxiste et socialiste de la connaissance vient de ce que, ligotée à l'utilité, elle conduit a un égalitarisme qui a peur de la différence, qui a peur de l'excellence, qui n'aime pas que des têtes dépassent. L'État dépositaire des transformations de l'existence devient le grand niveleur. Cette mentalité adolescente du socialisme perpétue l'illusion que l'homme, telle l'argile du potier, est malléable, et que le monde est transformable à volonté.

On veut refaire l'homme sans Dieu, mais alors on le supprime. Prométhée, le super-fabricateur, en est le modèle, dans sa volonté de sauver l'humanité par elle-même. On aboutit au rêve dangereux. L'utopie de l'autonomie parfaite de l'homme et l'espoir de sa perfectibilité illimitée, sont des outils de suicide redoutablement efficaces. À en rester à une fonction fabricatrice de la connaissance, on rend le monde semblable à une table de multiplication ou de logarithmes. Cela conduit à la tragique déconvenue des idéologies et des humanismes fondés sur l'action et l'homme fabricateur. Ne reste plus que le graffiti goguenard qu'on pouvait lire, il y a quelques années à Berlin, sur le socle du monument Marx-Engels : « On fera mieux la prochaine fois. »

Les études ecclésiastiques elles-mêmes peuvent tomber dans un risque mortel : donner le primat à l'utilitaire sur le respect lent et patient du mystère. « Si le sel s'affadit, avec quoi le salera-t-on ? » C'est irréversible et cela menace de tuer toute connaissance vraie.

On a heureusement dépassé les querelles ou les crispations entre la science et la foi. Demeure cependant une gourmandise insatiable de la raison en mal de comprendre et de digérer tout ce qui se présente de « nouveau ». Vous n'éviterez pas l'insatisfaction d'en toujours savoir davantage. N'est-ce pas cet appétit qui motive tous les chercheurs ? Qu'en est-il alors de la foi ?

La raison conduit naturellement à une certaine gourmandise de soi. Menée naturellement par le besoin de posséder par les idées, les systèmes ou les théories, voire les idéologies, elle aboutit finalement au risque d'un certain cancer du pouvoir et de l'orgueil. Les Norvégiens le savent bien qui rappellent le proverbe : « le poisson pourrit par la tête. »

Le danger est facile à comprendre. L'intelligence a normalement besoin de se reposer et de faire de temps en temps la sieste. Cela est d'autant plus légitime qu'entre le journal télévisé et Internet la multiplication des informations devient essoufflante. Le premier canapé qui se présente à l'intelligence pour faire une pause, c'est tout simplement elle-même avec le risque d'enfermer la pensée dans la recherche de soi. L'esprit se prend pour son propre objet et se regarde dans un miroir en ne voulant pas sortir du miroir. Il n'y a rien de si proche et de si éloigné de l'expérience mystique que l'expérience esthétique. Il est naturel d'avoir besoin de se plaire à soi-même. Il est normal que l'esprit se protège du réel et prenne son propre fonctionnement pour but ultime. Il y a une incontestable satisfaction dans cette démarche. On a appelé *gnose* la manière par laquelle l'intelligence prend comme idole son propre mécanisme. Il y a un narcissisme de l'esprit, en soi fascinant, qui se nourrit du besoin de vérifier, d'analyser, d'interpréter. Cela porte un nom savant, tiré du vocable par lequel les Grecs désignaient le dieu de la science qui était aussi le dieu des voyageurs, Hermès, d'où *l'herméneutique.*

À la fin de la semaine de Noël, le régent des études du Saulchoir, qui était alors le père Chenu, présentait à la communauté des professeurs et pères et frères étudiants les vœux du début de l'an. Un jour où il insistait sur l'importance du « tournant de l'histoire » que l'on était en train de vivre, son ami le père Albert-Marie Avril, prieur du couvent, répondit seulement que tous les 1er janvier étaient un tournant de l'histoire ! Le père Avril voulait seulement rappeler qu'aux yeux de Dieu ce n'était pas la nouveauté qui était le premier critère, mais la valeur et le respect de chaque instant présent. Le grand Newman le répétait : « Comme l'amour, la grâce est neuve chaque matin. »

Une certaine complaisance et le besoin de se regarder en train de penser ne sont pas réservés aux grosses têtes et aux savants. C'est ce que tous nous faisons souvent en critiquant, discutant, soupçonnant. Cela peut être source d'amélioration, comme cela peut être source de régression car on risque toujours d'en rester aux impressions, fantasmes, projets ou idées là où il faudrait, aussi et d'abord, aimer la réalité des choses et des personnes, et pour cela enlever les obstacles qui restent et franchir le pas d'une certaine communion. Combien de fois n'ai-je pas entendu Hubert Beuve-Méry se plaindre de tel ou tel commentaire qui, dans son journal, prenait le pas sur l'information ? Il me confiait de son ton volontiers un peu goguenard : « J'ai encore dû trancher dans l'article de x. Il mettait toutes ses tripes sur la table. »

Cette maladie menace tout un chacun. On peut la résumer ainsi : *Il n'y a plus de faits, il ne reste plus que des interprétations.*

22

Peut-on éviter Jésus-Christ ?

Le temps des joueurs de poker

L'adhésion au Christ suppose soif et amour. Avec la prière et les sacrements, vous aviez annoncé la nécessité de réfléchir sur le problème des Évangiles. Tant de films, d'émissions, de publications, de débats à ce sujet, ont fait preuve d'une exceptionnelle richesse actuelle non sans jeter un certain trouble. Comment s'y retrouver ?

Un sage, un bandit, un peintre, un avare et un moine voyageaient de compagnie. Un soir à la tombée de la nuit, ils s'abritèrent dans une grotte.

— Peut-on concevoir un lieu plus propre à établir un ermitage ? dit le sage.

— Quelle retraite, pour des hors-la-loi ! dit le bandit.

Le peintre murmura :

— Quel prétexte que ces rocs et le jeu de la torche avec les ombres !

L'avare reprit :

— Pour cacher un trésor, cet endroit est excellent !

Le moine les écoutait tous les quatre. Il dit :

— Quelle belle grotte !

Cet apologue de Pe-You-King rappelle qu'on ne trouve pas toujours ce qu'on cherche... mais ce qu'on apporte et que les lois de notre vision sont souvent celles de notre nécessité.

« On met Dieu dans des petites boîtes »

Dans le charmant et profond livret *Anna et Mister God*, l'apologue des petites boîtes redit la même chose que l'histoire de la grotte et des cinq herméneutes.

« Soudain du fond de mes larmes, j'entendis la voix d'Anna :

— S'il vous plaît, s'il vous plaît Mister God, apprenez-moi à poser les vraies questions. S'il vous plaît, aidez-moi à poser les vraies questions. L'instant d'un éclair, je vis Anna sous la forme d'une flamme et je frissonnai en sentant tout à coup qui j'étais.

— Petite, dis-je, pourquoi tu demandais à Dieu de poser les vraies questions ?

— Oh, c'est un peu triste.

— Qu'est-ce qui est triste ?

— Les gens.

— Ah bon. Qu'est-ce qu'ils ont de triste ?

— Ils devraient devenir plus sages en vieillissant. Mais c'est le contraire.

— Tu ne crois pas qu'ils le deviennent ?

— Non. Leurs boîtes sont de plus en plus petites.

— Leurs boîtes ? Je ne comprends pas.

— Les questions sont dans des boîtes, expliqua-t-elle, et les réponses qu'ils se donnent sont juste de la taille des boîtes.

— Ça, c'est pas facile ; continue.

— Dur à expliquer. Les réponses entrent juste dans les boîtes. C'est comme avec les dimensions.

— Ah ?

— Si tu poses une question en deux dimensions, la réponse aussi est en deux dimensions. C'est comme une boîte. On peut pas en sortir. Les questions les remplissent jusqu'au bord, et puis elles s'arrêtent. C'est une prison.

— Peut-être que nous sommes tous dans une sorte de prison.

Anna secoua la tête :

— Non, Mister God ne ferait pas ça.

— Sans doute pas. Alors, quelle est la solution ?

— Laisser vivre Mister God. Lui, il nous laisse vivre.

— Et nous, pas ?

— Non. On le met dans des petites boîtes.

— Ça m'étonnerait qu'on fasse une chose pareille.

— Tout le temps. Parce que nous ne l'aimons pas vraiment. Il faut le laisser libre. C'est ça l'amour. » (Fynn, *Anna et Mister God*, Seuil, pp. 161-163).

L'Évangile échappe et échappera à toutes les lectures ou requêtes qui voudraient ne voir dans ces témoignages qu'un écrit seulement humain. Bien sûr, aucun motif n'est valable pour soustraire les Évangiles aux exigences de l'histoire, pas plus que Jésus ne s'est soustrait aux policiers de son temps. Ce n'est pas une raison pour ne pas respecter le statut propre à l'Évangile et le traiter comme tel. Jamais, il ne tiendra dans une petite boîte.

L'Évangile n'est pas seulement un « texte », c'est une Parole. Chacun des deux apologues, « la grotte » et « les petites boîtes » suffisent à expliquer la différence. Ils rappellent le risque de choisir des lunettes trop étroites pour l'Évangile et le danger redoutable de vouloir avoir raison en se crispant sur la paire de lunettes que l'on a choisie pour légitimer ses *a priori*.

S'il faut bien comprendre, les petites boîtes représentent nos interprétations trop étroites ?

Exactement. Certains ouvrages sur le Christ et les Évangiles veulent « libérer Jésus », montrer un « Dieu inattendu » ou rendre « le Christ plus humain » et mettre « Jésus sans uniforme ». Que sais-je ? Finalement, est-ce qu'on n'aboutit pas à l'inverse : une certaine réduction de l'Évangile ? *Jésus homme libre ; Jésus, un homme rebelle ; le Christ, un dieu inattendu*, ces titres font un peu penser à des pancartes de manif. J'ai essayé de m'en expliquer à Notre-Dame de Paris, et plus récemment dans un ouvrage *Peut-on éviter Jésus-Christ ?* (éd. de Fallois).*

Il ne peut pas y avoir de lecture uniquement « historienne » de l'Évangile au nom même de la rigueur de l'histoire, (celle qui se demanderait seulement : « Qu'est-ce qu'on peut vérifier historiquement ? ») sans qu'on soit inévitablement obligé de se poser une question sur la personne du Christ. Et là, il faut accepter en même temps le message et la personne ou bien ne pas avoir envie de la personne, mais alors on perd tout : et le message et la personne.

Y a-t-il une vérité historique dans les Évangiles ?

On a beaucoup parlé de méthode historique et historico-critique. Expliquez-nous. Il semble que ce soit déjà le problème posé depuis le XVIIe *siècle par le souci de vérifier ce qu'il y a « d'historique » dans les Évangiles. Qu'est-ce donc que cette méthode dont on parle davantage depuis un siècle ?*

*Je renverrai volontiers ici aux pages précieuses du Père Latourelle « Critères d'authenticité historique des Évangiles » dans la revue *Gregorianum* tome 55 ; et à l'excellent petit livre de B. Gerhardsson, *Préhistoire des Évangiles.* Ainsi qu'à tous les remarquables travaux de sœur Jeanne d'Arc, dont son livre *Chemins à travers la Bible* qui sait allier fraîcheur du regard de foi, rigueur scientifique et compétence pédagogique.

La réponse est simple. Elle naît du souci de vérifier sa propre histoire et les sources de cette histoire. Il y a une distance entre ce qu'on sait et ce qui a été. Personnellement j'ai eu un choc à l'âge de soixante-sept ans en découvrant le livret de famille de mes parents. Je ne savais pas que j'avais été déclaré sous deux prénoms alors que je n'en connaissais qu'un seul. À la lecture des actes de propriété d'une ferme familiale, j'ai découvert que le notaire en 1999 avait tenu à rappeler une servitude de passage d'un chemin datant d'il y a cent ans. Ce chemin n'existe même plus puisqu'une route a été faite depuis ce temps-là. On pourrait multiplier les exemples. Certains sont bouleversants, quand je retrouve inopinément des lettres de mon grand-père datant de la guerre de 1914 qui sont d'une extraordinaire actualité. Il y a un décalage entre la manière dont on se figure que sont ou qu'ont été les choses et ce qui s'est réellement passé.

La méthode historique est celle qui cherche à comprendre une réalité en revenant aux documents les plus primitifs pour expliquer la genèse et les raisons de cette réalité. Évidemment il y a une différence de niveau et d'intérêt entre ces documents. Un acte de notaire n'a pas le même poids que le courrier échangé entre des parents à l'occasion de moments décisifs de la vie familiale, par exemple, pendant les guerres et les captivités.

La visite de l'institut de paléographie du Grégorien à Solesmes m'a révélé une loi que je n'aurais pas supposée d'instinct, sinon l'inverse : la mémoire auditive est plus fidèle que la mémoire scripturaire. Quand un manuscrit fait une faute, le suivant recopiera la faute et elle est, la plupart du temps, définitivement inscrite. Quand un membre du chœur qui chante la Marseillaise fait une fausse note, elle a toute chance d'être rectifiée par le chœur lui-même. L'audition a été plus rigoureuse que l'écriture. Il est peut-être bon de ne pas oublier cette règle en exégèse...

Tout le problème demeure cependant. Qui va mettre une hiérarchie dans les documents et leur vérité et au nom de quels critères ?

La méthode historique ou historico-critique ? La réponse supposerait des bibliothèques entières. On trouvera l'un des meilleurs résumés et peut-être l'une des plus justes et honnêtes positions de la question avec les pages du cardinal Ratzinger dans *L'interprétation de la Bible en conflit* (Fayard, 2000).

L'antéchrist, un célèbre exégète ?

Le cardinal Ratzinger ne manque pas d'humour ou d'audace lorsqu'il débute son étude en rappelant que l'un des plus grands auteurs orthodoxes, Vladimir Soloviev, a imaginé l'ennemi principal du christianisme sous la figure « d'un exégète qui se recommande aux croyants parce qu'il a conquis son doctorat de théologie, en exégèse, à l'université de Tübingen » ! Cela vaut à cet exégète d'être reconnu comme un pionnier dans l'étude de la Bible. L'Antéchrist, un célèbre exégète ! Il y a cent ans déjà que Soloviev osait ce paradoxe pour mettre en lumière les risques subtils et parfois équivoques de l'étude biblique.

C'est aujourd'hui presque un truisme que de parler de crise lorsqu'on évoque la méthode historico-critique qui a dominé la lecture de la Bible dans certains centres religieux et publications catholiques, sans éviter parfois un certain terrorisme intellectuel.

Quelle est donc cette méthode ?

Elle est facile à comprendre si l'on remonte au XVIIIe siècle, Siècle des lumières. En face d'une liberté des mœurs née par réaction contre le rigorisme de la fin du siècle de Louis XIV, on fut amené à revendiquer une liberté de pensée. Pour atteindre cette liberté, les dogmes apparaissaient comme le principal obstacle. Il fallait donc se délivrer des présupposés que l'on croyait rigides et inadéquats à cette « vérité » qui serait cachée derrière les textes et, pour cela, s'armer d'une méthode qui assurerait une rigoureuse objectivité. Qu'on puisse enfin entendre la voix claire du message tel qu'il avait été délivré en son tout premier stade.

Il est vrai qu'on avait oublié que l'histoire était une polyphonie qu'aucune science ne pouvait dominer à elle seule. Même en mobilisant toutes les ressources de la raison, chronologie, archéologie, sciences du langage, pour approcher davantage le sens de ce qui avait été dit, on ne pouvait s'approprier la totalité du réel. Il n'était cependant pas illogique de revendiquer davantage la mise en relief de l'élément humain de l'histoire sainte pour que l'action de Dieu paraisse en même temps plus grande et plus proche.

On ne s'attendait peut-être pas à ce que la raison une fois libérée, le tableau devienne de plus en plus embrouillé, que les théories se multiplient en se succédant les unes aux autres et deviennent elles-mêmes des barrières interdisant à tout non-initié d'accéder à la Bible.

Pouvez-vous donner des exemples ?

Y a-t-il eu trois auteurs, ou davantage, pour Isaïe comme pour saint Jean ? Celui-ci n'était-il pas le premier promoteur de l'antisémitisme ? Abraham n'était-il qu'un personnage mythique comme une sorte de mannequin que l'on aurait affublé des différentes qualités qu'on aimerait trouver chez un fondateur de religion ? Moïse lui-même, plus proche de nous dans le temps, n'était-il pas le fils d'un Pharaon, voire un Pharaon ? Y a-t-il vraiment eu un miracle à Cana ? Le récit de la Transfiguration n'est-il pas simplement un mythe ? Barabbas n'aurait-il pas été crucifié à la place du Christ ? Le dialogue avec Pilate n'était-il pas que le résultat d'un procès préfabriqué ? Déjà Isis et Osiris avaient été le fruit d'une conception supposée virginale, le récit de celle de Jésus n'a-t-il pas été copié sur la leur ?

Les initiés en sont arrivés eux-mêmes à ne plus lire la Bible, mais à la disséquer pour aboutir à des éléments à partir desquels elle aurait été composée. C'est la méthode elle-même qui exigeait une approche toujours plus radicale. On ne pouvait s'arrêter à mi-chemin en évaluant l'intervention de l'homme dans l'histoire sainte. Il fallait tout élucider et pour cela supprimer tout résidu irrationnel. Dans cette méthode, la foi n'entre pas comme une composante. Dieu n'est plus un facteur dont il faudrait tenir compte dans le déroulement de l'histoire.

Cependant on ne pouvait empêcher que la présentation biblique de l'histoire était pénétrée de l'action divine. Alors il fallait entreprendre une anatomie compliquée du texte pour démêler les divers fils du récit dans un double espoir : d'une part, tenir finalement en main ce qui est « vraiment historique », c'est-à-dire les éléments purement humains de chaque événement, et d'autre part, pouvoir montrer comment il aurait été possible que *l'idée de Dieu* ait, par la suite, été introduite partout dans l'ensemble de la trame.

On a été ainsi amené à façonner une autre histoire, une histoire soi-disant « véritable », à la place de celle qui est donnée. Sous les livres bibliques, on prétend pouvoir trouver des sources primitives qui deviennent, mine de rien, les critères de l'interprétation du texte. Le résultat fut, et est, une jungle de contradictions. Au bout du compte on n'apprend plus ce que le texte *dit*, mais ce qu'il devait dire, et quelles sont les composantes auxquelles on peut le ramener.

En face de ces résultats, certaines communautés protestantes refusent radicalement d'avoir affaire à autre chose que le texte. C'est ce que l'on a appelé le fondamentalisme. Cela n'est pas seulement une tendance ancienne. Lorsque nous avons voulu établir le protocole d'une Bible œcuménique, je me suis trouvé, comme responsable, devant le refus formel des sociétés bibliques protestantes, américaines et suisses, de poursuivre la publication en fascicules qui donnerait les notes, explications, enrichissement que l'on pouvait apporter à la compréhension du texte biblique. On a dû garder, enfermé dans des cantines, le travail de cent vingt exégètes. Je le regrette encore, bien qu'il ne soit plus utilisable aujourd'hui. Il y aurait trop de travail pour le mettre à jour. L'édition de la Bible dite missionnaire ou populaire ne devait comporter aucune note, sinon celles qui préciseraient des détails matériels comme les dates d'Hérode ou la localisation du site de Jéricho.

N'est-il pas légitime de chercher à connaître ses origines ? La société actuelle n'en finit pas de faire payer les conséquences de certaines libéralisations sexuelles, par exemple celles des facilités accordées à pouvoir donner « naissance sous x » ? Vingt ans après, on découvre que rien ne peut empêcher un enfant devenu adulte de chercher à connaître les conditions de sa naissance. N'en va-t-il pas de même avec la tradition religieuse ?

La question demeure. Il est juste de penser que la connaissance des circonstances des origines d'un texte peut aider à le comprendre, mais il est faux de croire qu'on a vraiment compris une chose dans sa totalité, du seul fait qu'on aurait expliqué ses origines. On peut multiplier les détails qui ont présidé à la naissance du tableau de Rembrandt, *La résurrection de Lazare*, qu'il a peint à l'âge de vingt-quatre ans, si l'on ne s'intéresse pas à l'événement de la résurrection de Lazare, on ne comprend rien au génie du tableau lui-même.

C'est justement pour éviter les drames des incertitudes d'une naissance sous x que l'Église ne sépare pas Écriture et Tradition. Elle ne récuse aucune méthode, aucune recherche, mais refuse d'enfermer la naissance des textes dans l'exclusive d'une science qui les couperait de leur but.

Le texte officiel qui donne le point de vue de l'Église catholique sur ce sujet est paru en 1993 sous le titre *L'interprétation de la Bible dans l'Église*, préfacé — *ex officio* — par le cardinal Ratzinger, introduit par le pape Jean-Paul II lui-même, qui retrace l'histoire des lectures de la Bible en reprenant les interventions de ses prédécesseurs depuis celle de Léon XIII, il y a un siècle. Ce document est magistral, qui fait place aux douze méthodes que l'on peut recenser : celle de l'histoire ; celles de l'analyse littéraire, rhétorique, narrative et sémiotique ;

celles de la tradition, canonique, juive ; celles des sciences humaines, sociologique, anthropologique, psychanalytique ; et enfin les approches contextuelles, libérationniste et féministe. Mais le texte ne s'en arrête pas à cette recension, l'essentiel vient ensuite.

Tout le but du document de la Commission biblique pontificale est de montrer l'intérêt de ces approches, d'en reconnaître leur place et de les situer pour mieux saisir l'ultime méthode irremplaçable, celle qui tient compte de toutes les autres, pour comprendre le sens global des textes : la lecture « chrétienne et ecclésiale » de la Bible.

Une revue chrétienne dépendante de *Fêtes et saisons*, magazine à grand tirage, a eu l'audace de prétendre mettre le document pontifical au service du grand public en ne parlant que des douze méthodes, sans dire un seul mot de ce qui occupe plus d'un tiers du texte officiel, l'ultime méthode au service de laquelle toutes les autres trouvent leurs raisons d'être : la lecture chrétienne et ecclésiale.

J'ai au long de ces pages répété que la première nécessité pour celui qui cherche à interpréter la Bible était de faire la radiographie des présupposés qu'il avait. Tout historien a des présupposés. Quand Bultmann utilise la philosophie de Heidegger pour rendre actuelle la parole biblique, il découvre en fait sa propre reconstruction du message du Christ.

Vers une désintégration ?

Se font jour actuellement certaines formes d'interprétations qu'on ne peut pas expliquer autrement que comme des symptômes de la désintégration de l'interprétation. On découvre pas à pas que les auteurs de certaines méthodes ne recherchent pas tant la vérité elle-même, mais seulement ce qui peut servir une pratique de leur choix. Les raisons données par exemple pour nier la virginité de la Vierge Marie sont parfois bien éloignées de ce dont il s'agit dans la naissance du Christ. L'empressement avec lequel certaines formes « d'interprétation » sont aujourd'hui acceptées avidement et même présentées comme la seule alternative valable est peut-être un des signes les plus dramatiques de la détresse où sont tombées exégèses et réflexions chrétiennes.

Vous répétez que nous n'avons probablement jamais eu autant de chances depuis le ve *siècle, avec la grande osmose entre l'univers sémite et l'univers latin, grâce à certains génies comme saint Jérôme et sa traduction de la Bible. Mais devant le panorama éclaté ou la cacophonie des études bibliques, ne risque-t-on pas de se décourager ?*

Le travail d'au moins une génération ne sera pas inutile pour mener à bien l'entreprise indispensable ici. Il s'agit de restaurer l'équilibre harmonieux que le concile Vatican II et le document de la Commission biblique pontificale de 1993 ont proposé. C'est une affaire de vie et de mort pour l'exégèse si elle ne s'attelle pas à tenir et hiérarchiser les deux aspects de « l'explication » historique et de la « compréhension » d'ensemble du message chrétien. En effet, le propre de la Bible, et le seul présupposé fondamental pour la comprendre, c'est l'unité du message. La seule méthode convenable est la compréhension des textes particuliers à partir de l'ensemble. La Bible est vraiment *une*, du fait que celui qui la porte tout au long de son histoire est l'unique peuple de Dieu. Par conséquent lire la Bible veut dire l'interpréter à partir de l'Église comme son lieu d'existence et considérer la foi de l'Église comme l'ultime et véritable clef de l'interprétation. La Tradition ne ferme pas l'accès à l'Écriture sainte au contraire, elle l'ouvre et c'est à l'Épouse du Christ de prononcer la parole décisive dans l'interprétation de l'Écriture. C'est bien cela que les méthodes de l'exégèse moderne dans bien des cas cherche à éliminer à tout prix. On dresse un faux débat entre une vérité qui seule serait valable parce que « critique », et une autorité insupportable parce que « dogmatique ». À la rigueur on accepterait, comme une concession au passé, le souci que le concile a eu de maintenir un sens chrétien pour la Bible.

Et le principe d'Heisenberg ?

N'y a-t-il pas pour la recherche biblique une leçon que l'on pourrait tirer des autres démarches scientifiques ?

Les sciences naturelles ont été obligées d'adopter le « principe d'incertitude » d'Heisenberg. Celui-ci a montré de manière indubitable que le résultat d'une expérience est toujours influencé par le point de vue de l'observateur. Le seul fait de mettre un thermomètre dans l'eau du bain change la température de l'eau. Donc il y aura toujours une incertitude qui demeure. La manière de poser des questions et de faire des observations intervient dans la compréhension de l'expérience. Non seulement elle intervient, mais elle la transforme. Il est hautement temps que ce qui a été admis pour les sciences physiques, puis pour les sciences naturelles, soit accepté pour les sciences dont on se sert en exégèse. Une pure objectivité est une abstraction absurde. Faute d'être impliqué, le sujet ne parvient pas à connaître. Qu'il soit impliqué quand il s'agit de religion est même indispensable pour qu'il puisse connaître.

Alors la question, première et ultime, est posée. Comment celui qui lit l'Écriture est-il impliqué ? On ne peut pas purement et simplement isoler le lecteur en le situant en dehors de la constellation dont il fait toujours partie. À juste titre nos frères africains et asiatiques souffrent de nous voir ignorer leurs cultures, leurs richesses propres à leurs sensibilités, et ce qu'il y a de meilleur dans leurs traditions quand nous voulons procéder à une inculturation de la Bible et de la liturgie.

Bienheureux moment auquel nous assistons ! Se fait jour, de proche en proche davantage, le besoin de lire en perspective, la nécessité de resituer les différentes interprétations à leur place. Avec du recul, l'observateur chrétien se rend compte, à sa surprise, que les interprétations que l'on supposait si rigoureusement scientifiques et purement « historiques » reflètent davantage l'esprit de leurs auteurs que la vérité des époques du passé.

Lorsque les hypothèses des paléontologues émises autour d'une Lucy, qui serait notre ancêtre ou notre cousine germaine de trois millions d'années, se trouvent ébranlés par la nouvelle découverte d'une portion de squelette datant de six millions d'années, le corps scientifique se remet en question. Cela apparaît normal à tout le monde. Pourquoi pas pour l'exégèse ? À condition bien sûr de n'en pas perdre la saveur et le sens livré dans la lecture ecclésiale, sinon il faudrait, comme en pharmacie, changer tous les trois mois d'anti-inflammatoires.

Le temps est peut-être venu de manière bienheureuse, pour l'exégèse et les chrétiens, de ne plus se contenter d'hypothèses, mais d'en appeler à la fidélité de Dieu lui-même quand il nous donne de goûter de l'intérieur le sens de son message.

On peut donc reconnaître aujourd'hui sans crainte que dans l'ensemble des écrits, par ailleurs si riches, laissés sur le rivage par la vague des exégètes, il y a parfois quelque écume. C'est normal. Pour prendre une autre comparaison, on a l'impression lorsqu'on parcourt attentivement certaines études bibliques, d'avoir quelquefois affaire à des mécaniciens de la pensée, à des entomologistes, à des radiologues plutôt qu'à des amoureux de l'essentiel. Certes, un certain nombre d'auteurs cherchent régulièrement lorsqu'il s'agit du Christ, à témoigner de « largeur d'esprit, de souplesse intellectuelle », de « liberté par rapport aux autorités », « d'honnêteté », dans le « respect des faits ». Mais le résultat est là. On a peut-être jonglé avec la vérité et avec la confiance des lecteurs. On pourrait citer bien des surprises. Un spécialiste religieux patenté affirme, tout de go au long d'un grand article d'une page pleine dans *Le Figaro*, qu'Abraham n'aurait pas existé... Son image aurait seulement servi de support pour regrouper anecdotes et mythes afin de répondre à un besoin d'apaisement religieux. Est-ce sérieux ? Et il n'a pas fallu attendre longtemps pour voir le même phénomène se reproduire avec Moïse. Qui sera donc juge du sens de la foi, lorsqu'il ne s'agit plus seulement d'Abraham ou de Moïse, mais de la naissance, de la personne ou de la résurrection du Christ ?

Respecte-t-on vraiment la vérité des textes et de l'histoire en réduisant la compréhension de la personne divine du Christ et de la divinité de Jésus à un simple débat de conciles, trois ou quatre siècles après la rédaction des Évangiles ? Saint Paul s'exprimait autrement, lorsqu'il acceptait la prison et la mort « À cause d'un certain Jésus qui est mort et que Paul prétend être vivant. » Faudrait-il donc se priver de la joie que saint Pierre, saint Paul, saint Jean, saint Jacques, Bérulle, Charles de Foucauld, le père Lagrange ou Thérèse de Lisieux ont eue de s'agenouiller devant Jésus, fils de Dieu ? Jésus n'aurait-il pas droit à une majuscule quand on l'appelle : *dieu* ?

L'*hénaurme* blague d'*Arte*

Il deviendra de plus en plus impossible de ne pas dévoiler les présupposés, voire préjugés ou suspicions (freudiennes, para-freudiennes ou autres), qui gouvernent subtilement certaines interprétations.

Le cas des douze émissions passées sur la chaîne de télévision *Arte* et de la diffusion de leurs livrets en librairie a montré, sur grand écran, c'est le cas de le dire, à quelles confusions on aboutit. En un certain sens, ces exemples ont peut-être rendu à la catéchèse un autre service que celui auquel ils pensaient : découvrir à quelles banalités on peut réduire le Christ. Que serait un Christ qui ne connaîtrait pas son origine, qui ne parlerait jamais de son Père, qui n'aurait pas institué l'eucharistie, qui n'aurait pas fondé l'Église, qui n'aurait pas parlé des Béatitudes, qui n'aurait pas prié et appris à prier ? Et pendant qu'on y est, ajoutons d'autres enfants que le Christ à la Vierge Marie. Pauvre Dieu qui depuis deux mille ans nous aurait laissés nous tromper. Et pauvre Bach, pauvre Haendel, pauvre Giotto, Breughel ou Pontormo ou Léonard de Vinci qui se sont laissés tromper à ce point, sans parler des peintres d'icônes !

Assez rapidement peut s'installer un dysfonctionnement de l'esprit dans l'interprétation des textes. On peut avoir tous les bons motifs pour ne pas mettre en question, réviser et rejeter les simplismes, les non-dits, les *a priori* qui empêchent d'accéder à la compréhension du sens ultime de l'Écriture sainte.

Ce n'est plus finalement la réalité en cause qui parfois sert de règle, de guide et de vérité. On peut être absorbé par la préoccupation des intermédiaires et l'analyse des chemins par lesquels on a reçu et abordé la Révélation au point de ne plus regarder le paysage. On peut se laisser engager dans la préoccupation des critères que, périodiquement, la raison détermine elle-même comme s'ils étaient les seuls valables, quitte à en changer sous telle ou telle pression.

Vérité ou vérifications ?

L'introduction des sciences mathématiques a considérablement modifié les méthodes scientifiques utilisées par la raison, n'en est-il pas un peu de même dans les sciences de la religion ?

Les mathématiques directement, peut-être assez peu. Mais l'esprit de la méthode des mathématiques, sûrement. Le philosophe chrétien Jacques Maritain l'avait depuis longtemps fait remarquer. Depuis Descartes, les sciences sont passées du régime de la vérité à celui de la *vérification*, à cause de l'introduction des mathématiques comme principe de connaissance. La comparaison des jeux d'échecs serait éclairante.

En effet, en mathématiques, ce n'est plus la réalité qui compte d'abord. Peu importe que le cercle soit tracé par une craie, un crayon, un compas ou une plume, qu'il le soit sur un tableau, un cahier ou un carton. On s'abstrait du support de la réalité.

On va même beaucoup plus loin puisqu'on peut changer les principes de base, les postulats de départ en décidant par exemple que plusieurs lignes peuvent passer par un point en parallèle à une autre ligne. Au lieu d'avoir une sphère, on aboutit à une selle de cheval. On est passé de la géométrie d'Euclide à celle de Riemann ou de Lobatchevski. La seule justesse qui guide la réflexion est celle d'une cohérence *interne* avec les principes décidés au départ.

Il n'y a plus de vérité par rapport à une réalité extérieure ni adéquation avec celle-ci. Il n'y a que des vérifications. Il suffirait de savoir si, selon les règles du jeu, on est bien resté conforme avec les postulats, les règles et axiomes choisis au début.

Cela peut être source de renouvellement pour élargir le champ de la logique humaine et voir ce à quoi aboutissent les cas de figure les plus inattendus. Cela ne fonctionne évidemment plus lorsqu'il y va de rapports entre personnes, qu'il s'agisse de l'amour humain, de l'éducation des enfants ou de la révélation de Dieu dans la personne de Jésus-Christ. Un seul des deux partenaires ne peut pas décider *a priori*, sinon c'est l'impasse.

Or la Bible repose sur deux postulats indestructibles : Dieu aime l'humanité comme un époux aime son épouse et, il a pris en charge l'éducation de l'humanité comme on apprend à marcher à un petit enfant. La méthode où l'on décide, *a priori*, des postulats de départ ne peut plus fonctionner. Avec la Bible, la réalité en cause et sa compréhension ne sont pas livrées à la seule fabrication humaine. Elles ne peuvent être reçues pleinement que dans une révélation et une confidence dont un Autre a pris l'initiative. Cela n'empêche pas de recevoir ces secrets à travers une culture et des auteurs bien situés historiquement, prophètes et évangélistes.

Julien Green, quand il parle de la mystique est-il si loin de ce que nous évoquons ici avec l'interprétation de la Bible :

« Hier soir, j'ai ouvert les gros volumes du chanoine Ribet sur la mystique. Il a l'honnêteté de nous apprendre, dès les premières pages, qu'il n'a jamais éprouvé aucune des choses qu'il va décrire. En somme, il se propose d'écrire un livre sur la Chine, où il n'a jamais mis les pieds, d'après les ouvrages qu'on a écrits sur ce pays. J'aime mieux reprendre sainte Thérèse d'Avila qui, elle, a fait le voyage. »

Nous retrouvons ici le même constat que nous avions relevé à l'occasion du bonheur, de la joie et de la satisfaction (voir plus haut, chapitre 18). Le moyen de gâcher un plaisir est de se mettre à observer sa satisfaction. De même le moyen de laisser échapper l'essentiel de l'Évangile (qui contient les confidences d'une personne comme une lettre d'amour adressée à chacun de nous) serait d'en rester éternellement à l'analyse de l'enveloppe, sans lire la lettre.

On peut se complaire dans la radiographie des tubulures d'un moteur, on en restera toujours au contentement d'un mécanicien. Un jour il faut peut-être monter dans la voiture, prendre le volant et écouter celui qui est à côté de soi. Évidemment une autre aventure commence, dont on n'a pas toujours forcément envie.

Quand il s'agit de l'amour, le désir n'est jamais seulement tourné vers soi, mais vers son objet et il doit tout au caractère de cet objet, surtout s'il s'agit d'une personne. Pour comprendre les paroles de

Dieu, l'intelligence ne peut pas capter l'essentiel si elle choisit délibérément de ne faire attention qu'à elle-même et à ses procédés.

*Pourtant depuis le XIX*e *siècle les études bibliques ont immensément apporté à la compréhension des Évangiles ?*

C'est évident. Le monde entier le sait. Nous vivons un âge d'or tel qu'on en n'a peut-être pas connu depuis saint Jérôme, au Ve siècle, lorsque l'univers de la pensée hébraïque était davantage entré en osmose avec la latinité et la culture occidentale.

On sent que vous gardez quand même quelques réserves...

Sûrement pas en face des grands témoins de la recherche, les pères Lagrange, de Vaux, Benoît, Dominique Barthélemy, Paul Dreyfus, Cazelles, aussi bien que Oscar Cullmann, Edmond Jacob, Joachim Jeremias... On pourrait multiplier la litanie de ceux grâce auxquels nous avons une lecture et un regard merveilleusement renouvelés de la parole de Dieu. Jamais on ne leur rendra ce qu'ils nous ont donné par leur noblesse, leur fidélité et leur courage.

Cela n'empêche pas de regarder la littérature qui est proposée au terme des filières de la catéchèse. On y trouve de tout. La question est grave. On peut être contre l'imprimatur sous prétexte de liberté. On peut être habité par un souci culturel, apostolique ou catéchétique, tout en évitant soigneusement les régulations que propose l'Église.

Reste alors, l'histoire le prouve abondamment, que, s'installe aussi le souci du scoop de la nouveauté, du besoin de prouver l'autonomie du chercheur, la liberté de pensée ou la priorité de ses travaux ; tout cela peut être intéressant, mais le résultat ou la motivation peuvent aussi aboutir tout simplement à des manœuvres financières. Dès que fut pressenti le lancement de souscription pour la grande *Synopse des Évangiles* du père Benoît et de l'École biblique, laquelle avait demandé des années et des années de préparation, un éditeur s'empressa aussitôt d'annoncer une autre synopse, vite faite, pour griller la place. À combien de « guerres des bibles » n'avons-nous pas assisté ?

Que les médias soient chrétiens ou non, cela ne change rien. Les marins disent que lorsqu'il n'y a plus de capitaine, ce sont les rats qui gouvernent le navire.

*

Le joueur de poker

Revenez à l'étude de la Bible et au XIXe siècle. Pouvez-vous nous aider à comprendre ce qui a animé la recherche depuis cent cinquante ans ?

Pour schématiser la courbe de pensée, sans malmener les faits, non pas seulement depuis un siècle et demi, mais depuis presque trois siècles, on peut suivre la manière dont le chanoine Charles Perrot en résume les moments principaux.

1. L'interrogation critique n'est guère apparue qu'à partir du XVIIIe siècle avec Reimarus entre autres. D'une part, on relevait les discordances entre les quatre évangiles, (il ne faut d'ailleurs pas exagérer, elles sont très peu nombreuses) et, de l'autre on soulignait le décalage considérable entre ces évangiles dits canoniques et la foi des diverses Églises. Le Jésus de l'histoire, pensait-on alors, devait donc être différent du Christ des Églises. Et chacun de se tailler ensuite une figure de Jésus à sa convenance, selon les utopies du moment. Aux XVIIIe et XIXe siècles en particulier, Jésus devait, selon le cas, prendre la figure d'un moraliste puritain, d'un révolutionnaire jacobin ou d'un illuminé fourvoyé dans l'annonce d'un Royaume qui n'arrive jamais. Les récits évangéliques sont alors réécrits selon l'humeur du temps, sans, d'une part, cette distance critique qui permet à l'exégèse d'aujourd'hui de mieux mesurer le langage utilisé en l'occurrence et sans, d'autre part, la connaissance du milieu hellénistique, en Israël et ailleurs, susceptible de manifester la particularité des paroles et des gestes du Nazaréen.

Ainsi, au XIXe siècle spécialement, on a cherché ce qu'avait pu être *le Jésus historique* par-delà ce que la communauté chrétienne avait pu en faire, (et cela continue chez les « post-bultmanniens », Pannenberg, Bornkamm, par exemple).

2. Une deuxième étape, durant la première moitié du XXe siècle, avec Rudolf Bultmann et Ernst Käsemann surtout, cherchait à assurer les bases d'une démarche historique, valable à partir d'une meilleure perception de ce qui distinguait Jésus du contexte de son temps. Encore fallait-il partir d'un terrain solide, en fait, un double terrain, celui des paroles retenues comme les plus authentiques (en gros, disait-on, 18 % des paroles attribuées à Jésus) et celui de certains gestes de Jésus, (touchant le sabbat ou les coutumes alimentaires, par exemple).

Comment jauger la valeur historique ou non des paroles et des gestes de Jésus ? On apportait en l'occurrence un critère de discernement : seraient à considérer comme authentiques les paroles et les gestes de Jésus qui n'ont pas directement de parallèle dans le judaïsme d'alors et qui ne proviennent pas aussi des premières communautés chrétiennes, mais ce critère de dissemblance ou de dissimilarité ne permet pas d'écrire une histoire de Jésus, dans son entier. Il opère plutôt comme le détecteur d'une recherche de Jésus dans sa singularité première. Bref, ce critère permettait de dégager certains traits de la figure de Jésus pour mieux la différencier du judaïsme, et du Christ des communautés d'après la Résurrection. La distance de Jésus d'avec les diverses formes du judaïsme de son temps est alors mieux évaluée et de même son rapport avec Jean-Baptiste.

Certaines paroles de Jésus, pleines de paradoxes, posent directement la question de son rapport particulier avec celui qu'il désignait intimement comme son Dieu. Enfin, dès le départ de son ministère en annonçant le royaume de Dieu, Jésus compromettait de quelque manière sa personne même. Ce qui poserait la question de savoir comment Jésus s'est situé en face de sa propre mort. Même s'il refusait en direct l'attribution d'un titre messianique, sa condamnation par Pilate implique, de fait, un motif d'accusation de type politique ou politico-religieux. Cela dit, l'historien seul ne peut guère évaluer comment Jésus a compris le sens de sa propre mort.

Ainsi avec l'exégète allemand, Bultmann, s'ensuivait un mouvement inverse de la période précédente : ce qui intéresse c'est ce que la communauté chrétienne a fait de Jésus, quand on l'appelle *le Christ de la foi.*

3. On peut alors aborder une troisième étape de la recherche historique, la quête nouvelle de Jésus depuis vingt ans plus spécialement. Cette fois, l'accent n'est plus mis sur la différence ou la singularité de Jésus par rapport au milieu ambiant, mais au contraire sur le lien de continuité à reconnaître entre Jésus, sa personne, sa parole, son action et le monde hellénistique ou judéo-hellénistique du Ier siècle. L'apport des manuscrits de Qumrân, la redécouverte des textes du judaïsme hellénistique, dits apocryphes ou rabbiniques, ainsi qu'une lecture renouvelée de Flavius Josèphe, l'historiographe juif de la fin du Ier siècle, devaient fortement modifier le paysage contextuel du judaïsme palestinien. L'historien cherche alors à vérifier (en partie) la consonance ou la dissonance des paroles et des gestes de Jésus par rapport au milieu ambiant. Or, ce milieu est lui-même éclaté dans

l'éparpillement des mouvements juifs de l'époque, sous l'influence d'un monde grec qui pénètre jusqu'au cœur de Jérusalem. L'historien est alors au rouet lorsqu'il tente d'appréhender la figure historique de Jésus à partir d'une documentation devenue plurielle, que nul ne saurait aujourd'hui dominer en sa totalité d'une manière critique.

Ainsi, à partir des plus anciennes traditions rabbiniques, certains spécialistes font de Jésus un rabbi à l'image de ceux de son temps, un rabbi guérisseur. On assiste aujourd'hui à une sorte de « re-judaïsation » de la figure de Jésus, poussée parfois à l'extrême.

D'autres, et c'est le plus grand nombre, vont plutôt aligner la figure de Jésus sur celle d'un prophète de l'époque, dans un contexte ouvert sur le futur en pleine effervescence.

Quelques autres vont proposer une image de Jésus sur le modèle des rhéteurs cyniques du monde grec avec une parole paradoxale et pleine d'aphorismes. Le prophète Jésus se diluerait dans la figure d'un maître de sagesse, cultivant l'universel jusqu'à l'insignifiance. (Sur tout ceci, voir Charles Perrot, *Le Monde de la Bible*, n° 132 bis).

Où est donc le Jésus de l'histoire, dont les premières communautés, jusque dans leurs différences, portent en fait le témoignage ?

Dans la dernière phase, celle qui est la nôtre, on arrive à un pont-aux-ânes. On découvre que ce que la communauté chrétienne a fait des paroles et des récits de la vie de Jésus, ce « Christ de la foi », ce Jésus mystique, implique bien finalement un noyau réel, historique. Ainsi le Christ de la foi lui-même, celui des croyants, renvoie au Jésus historique. Il apparaît alors que le Jésus de l'histoire, tel qu'il est transcrit dans la matérialité des documents, est impossible à rejoindre, à circonscrire, à définir indépendamment de la *personne* du Jésus mystique.

On n'atteint la vérité du Jésus historique qu'à travers les récits et représentations des témoins du Christ de la foi, sans quoi il n'y a plus rien, ni Jésus de l'histoire, ni Christ de la foi. Ainsi, ce qu'un chrétien de base pressent *dès le départ*, c'est que Jésus continue à vivre en nous, tout en ayant réellement existé hors de nous et devant nous. Et pour lui, comme pour tout chercheur sans *a priori*, il devient évident que c'est là la seule clef véritable de toute compréhension honnête du Christ.

Il est non moins évident que la vie de Jésus ne se réduit pas à un dossier de police comme s'il s'agissait d'une existence relevant du seul « historique », à la manière d'un curriculum vitae.

Quoi qu'il en soit des variations des interprétations et des lectures de l'Évangile depuis deux mille ans, le Christ-Jésus est arrivé, il est « advenu » et on ne se passe plus de Lui. *Il vit en nous, après avoir existé comme nous.* Ainsi, ce que le peuple chrétien a toujours cru est aussi le résultat tout simple de la masse des études scientifiques, historiques et exégétiques : *l'existence mystique et l'existence historique sont indissociables* ; le Christ nous a été présenté par ceux qui nous l'ont montré inséparablement vivant maintenant en nous et ayant vécu comme nous. Voilà la pierre fondamentale des Évangiles. Ainsi pourrait-on résumer l'annonce, le « kérygme » de tous ceux qui ont témoigné de Jésus : « Ce Jésus que vous avez crucifié, je vous annonce qu'il est ressuscité et qu'il a le pouvoir de vous transformer et donc de vivre en vous avec tout ce que cela implique. »

On aboutit un peu aujourd'hui à l'histoire du joueur de poker. Tant qu'il gagne — comme le « chercheur » — le joueur est soutenu par un espoir et un suspens. Lorsque le joueur de poker se met à perdre et à douter, il est encore suspendu à la ténacité de sa passion du jeu, jusqu'au moment où il a perdu tout ce qu'il avait gagné. Alors revenu au point de départ, il commence à se dire : « Tout cela, toute cette fièvre pour en arriver à zéro »...

On peut remercier les exégètes de tous les trésors qui nourrissent notre compréhension heureuse des paroles de Jésus, et de ce qu'ils apportent de précieux au « verrouillage critique ». Ils nous donnent une sorte de lucidité au-delà de la croyance naïve qui risque toujours d'être trop matérialisante et de manquer de respect aux voies et chemins du Christ.

Il y a du nouveau, des appels d'air se forment

Rien ne nous empêche, quand même parfois, de sourire en pensant au joueur de poker. Depuis peu de temps, il se passe comme un certain miracle, une conversion, on pourrait dire une période bénie dans l'étude de la Bible. Comme l'observe le père Jean-Pierre Sonnet, jésuite et directeur de la collection *Le livre et le rouleau* aux éditions Lessius : « L'heure est à l'éclatement d'un monopole dans la lecture de la Bible. L'exégèse historique, appelée encore méthode "historico-critique", avait acquis peu à peu une position dominante dans les études bibliques au cours des cinquante dernières années, en s'intéressant à la genèse et au développement historique des textes. Elle répond aux exigences critiques d'hommes engagés dans le passage entre deux millénaires. Mais, si essentielle soit-elle, cette méthode ne règne plus aujourd'hui de manière absolue. L'approche historico-critique reste bien sûr, "obligée". Elle a produit des monuments, mais elle est aujourd'hui en pleine mutation, et se fait prudente en ses hypothèses. Cette méthode, remarque le père Sonnet, a eu, hélas, un effet inhibant à l'égard de la lecture de la Bible. »

« Il y a toutefois du nouveau. La fin du XXe siècle a été marquée dans le champ biblique par l'intrusion de disciplines extérieures à l'exégèse : psychanalyse, théories littéraires, anthropologie, philosophie du droit... Faire dialoguer l'exégèse avec des disciplines "autres", et créer ainsi des appels d'air, voilà ce qu'on peut espérer. »

Il ne s'agit pas d'opposer « l'exégèse en Sorbonne » et « l'exégèse en Église », mais de remarquer qu'une « nouvelle critique » est en train de naître avec des ouvrages comme celui de Jean-Louis Ska (*Introduction* à *la lecture du Pentateuque*) et de Daniel Marguerat ou de Robert Alter (*L'art du récit biblique*).

Déjà depuis un certain temps, éditeurs universitaires et laïcs commençaient à redécouvrir la valeur culturelle du texte religieux. On peut en porter le crédit aux nombreux ouvrages de qualité qui avaient, selon le titre du livre du père Jean Potin, « rendu la Bible à l'histoire » telle la synthèse majeure de R. E. Brown, *Que sait-on du Nouveau Testament ?* ou le chef-d'œuvre de lecture historique de Pierre Bordreuil et Françoise Briquel-Chatonnet, *Le Temps de la Bible*.

Mais il se passe un phénomène peut-être inattendu, en tout cas essentiel. Il est perceptible avec les auteurs de l'ouvrage collectif *L'Exégèse chrétienne aujourd'hui* (Fayard) lesquels interrogent avec beaucoup de lucidité ce qu'a été le monopole de l'exégèse historico-critique. Ils en montrent la nécessité, mais rendent justice à d'autres formes d'approches pour deux raisons principales : d'une part les conclusions des recherches historiques qui s'énoncent la plupart du temps sous forme d'hypothèses sont sans cesse critiquées et dépassées ; d'autre part, s'arrêter à la seule reconstitution de l'histoire du texte condamne le lecteur de la Bible à une perte de sens.

On en a une bonne illustration dans la manière dont la « théorie documentaire », est aujourd'hui contestée... Cette théorie s'appuyait sur les différences de traditions écrites pour certains livres de la Bible. C'est comme si l'on avait fait passer les événements d'une vie de famille au second plan et qu'on expliquerait ces souvenirs d'abord et seulement par leur origine : correspondance du cousin Jules du côté maternel ou du cousin Alfred du côté paternel, ne disent pas forcément l'ultime vérité. Certes la mise en rapport de tel document avec telle tradition est utile, mais il est bon aussi de voir les limites de ce qu'elle apporte pour comprendre l'essentiel et surtout se demander comment elle aide à comprendre l'unité du message. Dieu sait combien a régné cette théorie des « divers documents », yahviste, élohiste, etc. ! Or aujourd'hui cette question des sources reste entièrement posée.

Signe des temps, la charte d'un réseau de recherche biblique récemment créée, stipule clairement : « Au niveau académique, l'exégèse biblique entre dans une phase où l'on prend acte de la pluralité des lectures. Ni conflit, ni concurrence. Il convient aujourd'hui d'examiner avec rigueur les potentialités de chaque lecture... »

Miracle : voici qu'on prône une lecture « plurielle » de la Bible, qu'on reconnaît le bienfait du « souffle des appels d'air » et qu'on va, en face des « monopoles », jusqu'à parler de « contrebande et résistance ». Mais alors on peut tout espérer ! Serait-il impossible qu'on reconnaisse aussi le bienfait de la lecture chrétienne, théologienne et liturgique de la Bible ?

Ce n'est pas un simple hasard que le XXe siècle se soit terminé par le texte fondamental et lumineux de la Commission biblique pontificale dont nous avons parlé. Désormais toute fausse dialectique et reproches faits à l'Église sont disqualifiés par ce texte.

Les câbles du Saint-Gothard
Changer de *Credo* tous les trois ans

Si Dieu offrait aux savants une « évidence scientifique » sur la personne du Christ, Dieu lui-même évacuerait alors toute liberté. Ce serait une sorte de Jugement dernier. La seule raison pour laquelle on ne croirait pas en lui serait d'ordre diabolique. On serait obligé de dire « cela est, mais je n'en veux pas. » C'est la foi des démons, ce n'est pas la foi théologale. On aurait coupé la confiance en Dieu. C'est l'enjeu des tours et détours avec lesquels on risque de jouer sur le message du Christ — avec toutes les précautions de prétendue largeur d'esprit, ou de volonté scientifique ou apologétique — mais, comme nous l'avons dit, avec néanmoins la suprême habileté de pouvoir refuser la personne divine du Christ.

Or Dieu ne veut pas nous mettre au pied du mur. Saluons le courage de ceux qui font le voyage historique et critique. Ils aident à conforter notre adhésion. Mais ne nous croyons pas obligés de changer de *Credo* tous les trois ans comme en électronique... J'ai rappelé à Notre-Dame de Paris la maladie de Minamata, du nom d'une ville du Japon. Des conséquences tragiques sur l'hérédité des pêcheurs avaient été décelées à cause de la présence du mercure dans les poissons dont ils se nourrissaient. Le circuit de la découverte de l'origine de cette maladie fut très simple. Les balbusards fluviatiles, superbes oiseaux de la famille des aigles, sont protégés par les lois. Ils se nourrissent de poisson et vivent dans des lacs aux apparences les plus innocentes. Mais ces lacs en Suède ou au Canada reçoivent les rejets d'immenses usines de pâte à papier qui utilisent du mercure. Celui-ci n'est pas biodégradable, il est assimilé par les organes des poissons, ceux-ci sont à leur tour captés par les balbusards, le mercure se fixe dans le foie des oiseaux qui en meurent. Ainsi les lacs à l'aspect parfaitement innocent, cachaient des produits meurtriers.

Peut-on vraiment assurer que les surfaces des lacs de l'exégèse rationaliste et de la catéchèse soient toutes innocentes ?

J'ai utilisé l'humour pour rappeler comment au Saint-Gothard, lorsque les câbles électriques à haute tension d'une portée de plus d'un kilomètre et demi s'alourdissaient de givre jusqu'à trente centimètres de diamètre risquant ainsi de se rompre, les ingénieurs n'avaient qu'une solution : envoyer une décharge de courant encore plus élevée pour chauffer et dégivrer les fils à haute-tension. Il n'est peut-être pas forcément si mauvais que le cardinal Ratzinger, Jean-Paul II, ou tel ou tel autre envoient de temps en temps un peu de chaleur dans les câbles.

J'ai et j'ai eu trop d'amis exégètes et de vénération pour tout ce qu'ils m'ont apporté ; il y en a tant d'autres à évoquer après ceux que j'ai cités plus haut, pour ne pas savoir leur capacité d'humour. Je me souviens du rire que j'ai eu avec le père de Vaux alors directeur de l'École biblique, en lui racontant l'anecdote du pêcheur de crevettes.

Je connais peu de textes aussi prégnants d'intelligence et de vie spirituelle que le témoignage intime écrit par le père de Vaux après sa profession solennelle pour ratifier son attachement et la joie de son obéissance à la foi chrétienne. On l'a publié après sa mort au dos de son image de mémento. Il pourrait servir de modèle et feuille de route pour tout homme qui aime la Bible.

Le pêcheur de crevettes

Voici donc l'histoire du pêcheur de crevettes. Autrefois, descendaient sur la plage de Pornichet, vers le 15 juillet des messieurs équipés de neuf pour la pêche à la crevette. Équipés intégralement : sandales caoutchoutées, molletières anti-coupures, barboteuse modèle adulte, panier ventru avec trou dans le couvercle et bretelle anti-dérapante, épuisette taille numéro 8, casquette bleu marine avec ancre sur la visière, ainsi de suite...

Le vieux pêcheur arrivait donc, lui sans signe distinctif, vêtu d'un complet gris hors d'usage ; on voyait à peine son petit filet rond, qu'il tenait plutôt sous sa veste : il entrait comme ça dans la mer, mine de rien, jusqu'au cou, et vingt cinq minutes plus tard réapparaissait avec trois kilos de bouquets sauteurs dans ses poches. Entre temps l'équipé intégral n'avait parfois capturé qu'une étoile de mer et une coquille de bigorneau vide.

Je m'étais permis de rapporter cette parabole dans l'annexe du livre *Peut-on éviter Jésus-Christ ?* Un jeune professeur dominicain, recenseur de la *Revue thomiste*, l'a prise tellement au sérieux et pour du mauvais humour qu'il me le reprocha vivement. Puis-je redire que cette anecdote me fut confiée par un directeur de recherche au CNRS et qu'elle enchanta le père de Vaux, directeur de l'École biblique de Jérusalem ?

Je n'oserais plus tirer l'application de cette histoire si elle devait être injuste. Il est évident que je garde encore une immense vénération pour l'austérité, la ténacité et le courage de mes professeurs du Saulchoir, de Walberberg ou de Fribourg pour ne pas les comparer purement et simplement aux pêcheurs de crevettes équipés de bretelles anti-dérapantes. J'ai seulement envie de rire. Le Jésus que je retrouve avec eux dans la pauvreté de notre oraison, dans et au-delà des textes, est vraiment le même que celui qui disait à saint Pierre : « N'aie pas peur, Pierre m'aimes-tu ? »

J'ai souvent utilisé la parabole de Kierkegaard sur la lettre de la fiancée. Cette lettre est écrite en langue étrangère. Alors le fiancé peine pour traduire la lettre de sa belle. La traduction une fois terminée, il peut vraiment lire la lettre pour ce qu'elle est : une lettre d'amour. C'est tout autre chose. Ce n'est pas une raison pour médire des dictionnaires, mais plutôt pour choisir les meilleurs, avec discernement, en se rappelant Thérèse de Lisieux : « Les livres ont des considérations toutes plus belles les unes que les autres. L'Évangile me suffit. »

Je ne peux que confesser à nouveau le bonheur de vivre maintenant. On nous a rendu l'immense trésor d'une connaissance de la Bible. Au-delà des richesses culturelles, littéraires, intellectuelles d'une connaissance rénovée de la Bible, on redécouvre, très précisément ces années-ci, sa compréhension plénière. Les textes bibliques ne trouvent vraiment leur sens qu'au moment où comme saint Pierre au bord du lac ou saint Paul terrassé sur le chemin de Damas, le lecteur est conduit à se mettre à genoux pour faire oraison et dire : « Tu es le Fils de Dieu. »

Personnellement je ne peux décidément être heureux que lorsque je sais que je ne peux pas « éviter Jésus-Christ ». Alors je puis seulement avouer avec Ansari : « Pendant trente ans, j'ai cherché Dieu et au bout de ce temps, je me suis aperçu que c'était lui qui m'attendait. »

23

Dieu répond ailleurs

De la noblesse de Socrate et de Bouddha

Quand avez-vous perçu pour la première fois qu'il y avait sur terre d'autres personnes que des « catholiques » ?

Très tôt. Cela remonte aux premiers vrais souvenirs porteurs de la réflexion d'un enfant. J'avais quatre ans et demi. À cet âge-là, les expériences sont déjà lourdes : pourquoi la mort, pourquoi la séparation, pourquoi le bonheur, qu'est-ce que je ferai quand je serai plus grand ? Une pleurésie avait inquiété mes parents. Le médecin de la famille, notre cousin, le docteur Haas, les prévint. Il fallait envisager six mois de repos. Six mois pour un petit garçon, c'est long. Deux préventoriums étaient possibles. Le docteur conseilla celui qui, bien que plus austère et rude, était situé dans un meilleur climat. C'était en Auvergne à Chavagnac-La Fayette. Trois fois seulement, j'eus la visite de quelqu'un de ma famille.

Je me souviens encore, comme si c'était hier, des deux questions qu'on m'a posées à mon arrivée. On venait de me donner l'habillement assez sommaire de l'uniforme de la maison, paire de sabots, culottes à bretelles, etc. et l'on m'interrogea : « Savez- vous vraiment lire et écrire ? » Je venais de dire que je savais lire, ayant eu la chance d'être gardé pendant les week-ends par deux demoiselles qui m'ont donné pour toute la vie le goût de la lecture. Cela me valut d'être mis dans une classe où j'étais le plus petit, ce qui n'est pas toujours enviable.

Puis, deuxième question : « Êtes-vous catholique ? » Il fallait savoir si je devais être inscrit sur la liste de ceux qu'on emmenait à la messe le dimanche. Du même coup, je découvrais que tout le monde n'était pas catholique. À ma surprise, une bonne partie du groupe ne savait pas qui était Jésus. Ce ne fut pas un choc, mais un sujet de méditation qui ne m'a jamais quitté.

Vous nous avez dit votre foi en Jésus-Christ, ne peut-on pas découvrir le rôle positif de grands génies religieux hors du christianisme ?

Socrate ou Bouddha ont un rôle immense. Ils ne font pas partie des croyants judéo-chrétiens. On ne les mentionne pas dans l'Ancien Testament, mais on pourrait leur confier le même rôle que celui de Job : être des préparateurs, des accoucheurs de l'âme humaine en quête de Dieu. Job est un païen. Il ne fait pas partie du peuple élu. Il interroge Dieu. À la suite du père de Lubac je présenterai volontiers Bouddha et Socrate comme les vrais associés de Job, auxquels on peut ajouter tous les grands illuminés de l'art. Qu'ils soient baptisés ou non, ils peuvent préparer notre cœur et notre esprit. Les grands charismatiques de l'histoire ont ce pouvoir fantastique, comme le dit Heidegger, de maintenir notre esprit « ouvert au secret », et donc, en allant plus loin, au chemin vers l'adoration. En disant cela, je sais combien cela demanderait des nuances et de grandes difficultés pour le cas de Mahomet. C'est le moment où jamais de se rappeler que lorsqu'on utilise une analogie, on affirme d'abord la divergence, les différences et ensuite seulement certaines similitudes.

Ainsi de la seconde analogie que l'on peut oser en disant que nous aurions deux Anciens Testaments. Ceci n'est possible qu'à condition de bien tenir que l'Ancien Testament biblique garde un statut privilégié reposant sur l'élection d'Israël.

Deux Anciens Testaments ?

Ainsi émettons-nous cette idée un peu folle. Pourquoi n'aurions-nous pas, tous, deux sortes d'Anciens Testaments ? Il y a *celui de Jésus* qui est indispensable pour comprendre l'Évangile. Mais on ne nous demande pas pour autant de ne devenir que judéens.

N'y aurait-il pas, pour chacun, un « autre » ancien testament, celui de sa propre culture ? C'est-à-dire l'ensemble des actions, pensées, souvenirs, documents laissés par nos ancêtres, testament spirituel qui a joué un rôle important, sinon décisif dans notre formation. Nous ne pouvons pas effacer ces chromosomes spirituels. Ils jouent secrètement un rôle pour accueillir ou filtrer le message chrétien tel qu'il nous est proposé. Sous risque de tomber dans l'idolâtrie, redisons qu'il faut maintenir qu'il y a *principaliter* une totale différence entre tout ce bagage personnel et l'Ancien Testament chrétien et *secumdum quid* certains apparentements entre nos origines et le premier testament biblique qui, lui seul, est authentifié par une présence divine, comme porteur des secrets authentiques de Dieu, tels qu'ils nous sont livrés dans les livres bibliques du « Premier Testament ».

Prenons l'Égypte, le Japon, la Chine, etc. L'Égypte par exemple aide par comparaison à mieux saisir ce qu'est l'essentiel du Dieu de Jésus et de l'enseignement de saint Paul lorsque celui-ci parle de l'abaissement et de la kénose du Fils de Dieu. Le message du Christ se propose exactement à l'inverse de l'épopée des pharaons, malgré les splendeurs d'Abou-Simbel. Celles-ci se présentent établies sur une violence, qui n'a rien à envier à celle de Staline : Ramsès attend le soleil levant, le regardant face-à-face, assis au-dessus de deux rangées de prisonniers corde au cou, à gauche les captifs de l'Asie, à droite la procession des captifs de l'Afrique. Quelle leçon ! Le message de saint Paul aux Corinthiens est bien l'antitype d'Abou-Simbel : « C'est dans la faiblesse que je rejoins le Christ, Lui qui s'est abaissé pour nous. » Ce n'est pas le cas de Ramsès. Mais, d'un autre côté, la révolution monothéiste d'Akhénaton n'est pas inutile pour comprendre Moïse.

À leur tour, Bouddha et Socrate peuvent, de manière beaucoup plus positive, nous aider à comprendre la pédagogie de l'Ancien Testament. Leurs intuitions majeures, rôle du désir et savoir qu'on ne sait rien, ouvrent, (réellement, non pas forcément) à la quête du sens de la vie. Chaque civilisation la poursuit, avec labeur ou bonheur, avec acceptation ou rejet. Certaines n'ont aucune envie d'un guide.

Ainsi, en négatif ou en positif, il est bon de recevoir à travers ces génies un enseignement religieux qui peut être précieux. J'ai lu différemment les psaumes lorsque j'ai compris les sous-entendus de l'imaginaire égyptien. De même que je suis ému à Bénarès dans un temple hindou en voyant des êtres qui prient et vénèrent les sources de la fécondité, aussi bien que devant le temple de la croix feuillue des mayas de Palenque au Mexique. Faut-il demander aux Japonais d'abandonner toutes les richesses du shintoïsme ? Alors qu'après un avortement, une femme japonaise va implorer pardon en élevant un petit « jinjo »... (petite statuette en pierre) Ce n'est pas encore le cas en France.

N'y a-t-il pas là des valeurs stimulantes, éducatrices de prière ?

Pourquoi tout le monde n'est pas Dieu ?

C'est une des hypothèses-questions sous-entendues par Teilhard de Chardin. Saint Thomas d'Aquin se demande si Dieu dans sa toute-puissance infinie n'aurait pas pu assumer personnellement toute l'humanité, au lieu de ne le faire seulement que pour Jésus-Christ ? Il répond : oui, car il n'y a aucune limite au pouvoir divin d'assomption du réel.

On aboutirait alors au panthéisme. Tout serait Dieu. C'est la conclusion ou le rêve d'un certain nombre de religions : se fondre dans le grand Tout. Ainsi se trouverait réglé le problème des divergences ou du dialogue entre religions. Quels que soient les chemins parcourus, ils conduiraient tous à Dieu. Certains théologiens ont pu faire remarquer que si ce n'était pas un sous-entendu direct des théories du père Teilhard de Chardin, certains de ses présupposés pouvaient éventuellement conduire à cet optimisme, la rédemption de chacun et le besoin d'être sauvé personnellement étant provisoirement occultés.

Tout panthéisme est une tentation généreuse, naturelle et noble de l'esprit. Si Dieu est bon, il serait normal qu'Il invite et donne participation égale à tout être dans sa déité.

Il faut bien admettre que ce n'est pas le cas. L'univers présente des degrés et des seuils différents de la présence divine de son acceptation ou de son rejet. Le sommet de cette présence a engagé de la part de Dieu un partenariat de liberté. Sans elle, le plus précieux de la noblesse divine qui est l'amour serait non seulement renié, mais impensable et impossible. On ne peut pas acheter une hypothétique unité entre les religions en bradant liberté et amour. C'est le risque divin.

Tout panthéisme interdit de susciter et respecter la décision libre de chaque compagnon humain. Dieu ne pourrait pas être l'associé, l'allié, l'ami, ni *a fortiori* l'époux. Tous ces termes de la Bible seraient à rejeter. On se trouverait dans un univers divin, mais minéral, puisqu'il n'y aurait pas la seule splendeur à laquelle Dieu ne peut pas contraindre : la réponse d'amour.

Je ne vois donc pas à quoi peut correspondre une « unité transcendante » par fusionalisme des religions. Je ne me retrouve pas dans les propositions de certains théologiens. Entre leur présentation du christianisme et celle du cardinal Ratzinger, de Jean-Paul II, qui est finalement celle de saint Paul et de saint Jean, il faut choisir. Pour moi, c'est fait, dans un choix responsable, heureux et porteur d'espérance jusqu'à ma mort. Je ne peux me contenter d'un christianisme qui serait complémentaire des autres religions. En revanche, je conçois l'estime pour chaque autre effort religieux, tel que Dieu le respecte et, pour les chrétiens, la nécessité d'être séduisants et accueillants, « en excitant la jalousie des autres » selon le mot de saint Paul. Je suis intérieurement surpris de voir notre méconnaissance concrète des autres religions et la lenteur pour établir des contacts réels, fraternels, proches avec ceux qui vivent et prient. Colloques, livres et interviews ne suffisent pas, (non plus d'ailleurs que pour l'histoire de l'Église). C'est un défi et une des chances du début de ce nouveau siècle. On ne peut pas en rester à de seuls dialogues abstraits et à des à-peu-près plus ou moins syncrétistes.

Faut-il, pour se comprendre amenuiser les dogmes chrétiens ou au contraire creuser encore plus leur richesse ? Je préfère la deuxième hypothèse, elle est plus fructueuse.

Loft story et les perplexités des responsables

Avez-vous des références profanes et récentes qui éclaireraient ces rapports entre religions ?

Avant même les dialogues entre religions, entre philosophes, théologiens et catéchistes, il suffit de regarder le marketing, la politique ou le sport. Les responsables se trouvent régulièrement déphasés en face du réel qui est plus riche que leurs idées ou leurs publicistes. Prenons une analogie. Les dérives de l'émission *Loft story* sur la chaîne M6 ont pris de court toutes les réglementations télévisuelles. La réalité devenue fiction s'avérait être plus forte que les lois habituellement imposées à la fiction. Les responsables étaient pris entre la sacro-sainte liberté d'expression, le souci de sauver les apparences d'une morale qui ne porte pas atteinte à la dignité de la personne et les débordements télévisuels. Alors on a fait appel aux avis de psychologues experts, on a suscité des séminaires, redressé les programmes, surveillé les projets... Si cela a demandé autant de temps pour des émissions de distractions à la télévision, il est normal que cela en requiert pour des dialogues entre religions, même si l'acheteur, l'adhérent ou le supporter reste sur sa faim car il attendait quelque chose d'autre. Il est plus difficile d'écouter que de fabriquer idées ou programmes. Chaque élection, présidentielle ou autre, le rappelle.

Le structuralisme

Revenons à un exemple qui montre ce décalage. Il a tout envahi dans les années 1960-1980 : le structuralisme. On a presque dû attendre l'astrophysicien Hubert Reeves, dans son livre *Malicorne*, pour admettre une critique qui dégrise les fascinés des structures en montrant ce que pouvaient avoir de trop restreint les pistes de l'intuition majeure de Lévi-Strauss.

L'esprit est amené à flotter entre la démangeaison de structures abstraites et l'idolâtrie de réalités réduites à des images. Le structuralisme révèle bien l'éclatement normal des deux tentations de l'intelligence : elle oscille entre le culte de l'*idée* ou la fascination de l'*idole*. Ce sont les risques du dialogue inter-religieux.

Origine de la religion et origine du langage

Pouvez-vous faire une pause sur le structuralisme pour que l'on comprenne, puisqu'il a pendant quelque temps tout envahi même les efforts pour comprendre la religion ?

Le structuralisme ne fut pas seulement un mouvement des années 1960. Ce fut aussi et surtout un vaste et plus ancien champ de recherches qui trouve ses fondements chez Ferdinand de Saussure, linguiste suisse qui travailla au début du XXe siècle. Il a vraiment été le fondateur de la linguistique moderne.

Il était inévitable qu'un jour ou l'autre une religion fondée sur l'Incarnation du Verbe rencontrât les recherches de Saussure qui portent sur l'incarnation de la parole.

Il est étrange de voir comment la flambée des années 1960 s'est éteinte si brutalement après quarante ans de dialogue. Pendant plusieurs décennies le programme scientifique du structuralisme a constitué une ambition de grande envergure pour les sciences humaines. Il s'agissait d'assurer les fondements scientifiques de l'étude des faits humains, en commençant par la langue et en appliquant les modèles linguistiques, à l'étude des mythes, des systèmes de parenté, des échanges symboliques de toutes sortes. Vaste tentative qui regroupa des esprits très différents : Dumézil, Benveniste, Lévi-Strauss, Chomsky, Barthes et Jakobson jusqu'à « l'hyperstructuralisme » de Lacan. On est obligé de constater dans la France d'aujourd'hui, l'effacement presque complet de cette épopée. Le dernier historien du périple structural conclut de cet épisode majeur : « Tout se passe comme si rien n'avait eu lieu au XXe siècle, ni dans le savoir, ni dans l'opinion. » Les perspectives autrefois ouvertes paraissent s'être refermées : « qu'il s'agisse des données, des méthodes, des notions, c'est comme si Saussure n'avait pas existé. »

On ne peut cependant pas en rester là. Quelques réflexions permettent de n'être ni injuste, ni piégé par le structuralisme. Il a profondément marqué, qu'on le veuille ou non, les sciences de la religion. Encore une fois, c'est inévitable par la proximité qu'il y a entre sa recherche, ses points d'intérêt et le christianisme. Une religion « révélée » ne pouvait pas échapper à l'interrogation du structuralisme.

Partons de la question que même un petit enfant se pose.

Quelle est l'origine du langage ? Hindous, Grecs ou Arabes, (davantage que Chinois ou Égyptiens) ont tous essayé d'y répondre en classant, en comparant ou analysant les mots. Tous, ils ont affronté ce problème d'apparence insoluble.

Après une longue réflexion un peu désordonnée, la fin du XVIIIe siècle connut un grand tournant à l'occasion de l'étude plus approfondie d'une des langues sources de l'Inde : le *sanskrit.* La découverte de similitudes entre langues européennes et langues de l'Inde amena à penser que les langues seraient des *organismes vivants* qui naissent, croissent et meurent. Ce fut un peu l'équivalent de la découverte de l'Amérique par Christophe Colomb.

Succéda, dans la deuxième partie du XIXe siècle, la révolution provoquée par Saussure. Le langage fonctionnait pour lui comme une *institution sociale* qui avait ses codes et des « structures » qu'on pouvait déceler.

Enfin une dernière étape est franchie dans les années 1920-1930 avec la naissance de la phonologie. On s'intéresse à la manière dont la même unité, par exemple un i, est acoustiquement différente chez un enfant, un homme et une femme, un jeune et un vieux, une basse et un contralto.

En réduisant la vie de l'esprit aux mécanismes du langage, n'a-t-on pas pris le risque de « gélifier » les échanges humains en ramenant tout à des structures ? Et donc de provoquer une revanche du réel ?

Votre question rejoint tous les amoureux de la terre, si l'on voulait réduire leur passion en termes de *structures*, ils protesteraient.

On prit l'habitude avec l'analyse des structures de déborder le langage pour chercher à voir comment tout signe pouvait être un indice, un signal : mimique, rire, larmes aussi bien que le port d'un chandail rouge ou d'une veste de tweed couleur feuille morte (!) si l'on voulait jouer à soi-même et aux autres la comédie du gentleman farmer... Au-delà des apparences, on pouvait atteindre à des éléments compréhensibles, stables, ordonnés : à des *structures* et à leurs systèmes. On pouvait en comprendre, en saisir leurs transformations et les processus divers de construction ou d'autorégulation. L'entrée des mathématiques, par exemple par la notion de « groupe » découverte par Galois au XIXe siècle ou des psychologies de la forme, de la *Gestalt* avec l'École de Graz, aidèrent à diversifier ces structures. Quand on voit une silhouette, on ne désintègre pas d'abord cette masse pour la recomposer, mais on laisse jouer une interaction entre ce que mon œil est habitué à saisir et l'allure et la forme qu'il perçoit. On infère immédiatement une signification sans avoir besoin de tout détailler : c'est un lion ou c'est mon frère ou c'est un arbre. La structure même de la démarche fait reconnaître celui dont il s'agit avant même qu'on en ait clairement perçu le détail : « Voici Pierre, Jacques ou Alfred ou la voiture qui revient des champs ! » La perception de la forme d'ensemble est première et plus forte que l'analyse des parties. La structure et sa constante sont porteurs d'intelligibilité.

Le structuralisme ne proposait pas une nouvelle conception de l'homme, ni une prospective, mais le constat de certaines lois qui gouvernent notre appréhension du réel et les commandent sans qu'on le sache. La révolution apportée par le structuralisme portait un coup rude, non seulement à certaines idéologies, mais à bien des manières de faire l'histoire en obligeant à aller plus loin que tel ou tel événement. Il est évident qu'il joua un rôle important, déstabilisateur sous certains aspects, dans la compréhension de la Bible et du dessein de Dieu.

Les papillons ont toujours le dernier mot

À son tour, le structuralisme est apparu trop étroit, trop réducteur et devait se révéler être une cage encore trop limitée pour transcrire la richesse du réel.

Quand l'astrophysicien Hubert Reeves écrit que les « papillons ont toujours le dernier mot », il rappelle qu'on doit toujours laisser une place à l'imprévu et que les équations, les cageots, les casiers, les catégories dans lesquels on range nos idées ne suffisent pas pour rendre compte de l'évolution de l'univers, *a fortiori* si on oublie la liberté.

Pour dire le sens de l'épopée humaine portée par le temps, l'amour, le bonheur et tout ce qui relève de l'attirance et de la cause finale, un certain type d'abstraction ne suffit pas. Ce n'est pas pour rien que la Bible a transcrit la pensée de Dieu à travers des épopées, des poèmes, des histoires d'une variété irréductible. On ne fera jamais l'économie du cœur et de la poésie pour parler de Dieu. Les Japonais qui se convertissent au christianisme le comprennent bien en faisant un saut décisif, même hors des mythes, pour rejoindre les confidences d'une personne. Les Indes ont été très sensibles à l'idée de jeu appliqué à la religion. La référence du Christ aux enfants n'est pas aléatoire. Elle interdit tout blocage avec un pouvoir dominateur qui ne serait pas conduit par une confiance *a priori*, et sage dans l'*a priori* même avec lequel la raison donne au cœur son laissez-passer. Jamais une structure ne pourra prétendre avoir le dernier mot dans le combat de Jacob.

Le chaos terminal

Comment s'y retrouver entre la rigidité intellectuelle des structures et le flou affectif des mœurs désintégrées ? Le bien ou le mal n'ont plus beaucoup de sens. Entre les « affaires » des politiques et les folâtreries du show-business, où trouver des points de repères ? La multiplication des émissions de télévision sur les différentes formes prises par l'amour et la sexualité donnent l'impression d'une débandade complète. À qui faire appel ? À des structures ? Les chocs en retour ou les « revanches de l'infini », comme disait Maurice Clavel en 1968, ne risquent-ils pas d'être redoutables ?

Prenons deux faits extrêmes dans la culture d'aujourd'hui. D'une part, l'ultime détresse parmi les derniers philosophes français à la mode, Deleuze et Guattari. Ils s'appellent eux-mêmes les philosophes du « chaos terminal ». Ainsi la boucle est bouclée. Depuis les présocratiques : Anaximandre, Anaxagore, et Parménide, on avait cru que l'esprit permettait à l'homme de communier à l'ordre de l'univers et de pouvoir sortir du chaos et des seules impressions animales de sa sensibilité. Or voici qu'au terme de l'épopée occidentale, on lui propose de retourner au chaos, et cela au nom même de la *philo-sophie* c'est-à-dire de l'amour de la sagesse, l'esprit n'ayant plus comme destinée que d'être producteur de concepts !

On retrouve, à l'autre extrême, le même chaos quand la télévision nous submerge de ses images incontrôlées. L'indigestion des journaux télévisés, la désinformation désordonnée, comme l'admiration idolâtre, calculée et provoquée des émissions dites de variétés, n'ont rien à envier aux danses et aux bas-reliefs des temples du shivaïsme à Bali ou du syncrétisme hindouiste de Java. Ici et là on est en plein culte du star-système. L'histoire montrerait bien d'autres cas de cette désintégration. On balance, d'une part, entre *l'hyper-abstraction* de l'Occident qui fabrique des concepts déconnectés du réel, et cela à l'infini, (marketing, sociologie, publicité ou politique actuels ne sont pas les moindres usines à concepts) et, d'autre part, *le culte de symboles matérialisés*, à la limite parfois du monstrueux, quand on fabrique de la soi-disant réalité, qui n'est que virtuelle, en enfermant les gens sur une île déserte pour s'éliminer l'un l'autre, ou dans un appartement de la Plaine Saint-Denis pour gagner une villa. Encore une fois, quelle différence y a-t-il entre les feuilletons télévisés de Dallas, avec « l'affreux J.-R. » et les pages délirantes du Ramayana où dragon, serpent, homme à tête d'éléphant, bestiaire de tout genre servent à figurer les forces d'un monde inférieur ou supérieur ? Cela émeut toujours, comme si l'homme n'était, selon l'image de Nietzsche, qu'un « insecte à divertir ». On peut réfléchir sur le sacré, analyser les symboles, étudier les mystiques (ceux-ci intéressent Lévi-Strauss), mais si on les a réduits à une certaine espèce de coléoptères, à quoi bon ?

Et l'islam ?

En même temps que je découvrais la douceur, la proximité et la grandeur des prières chrétiennes en étant préparé par les Fils de la Charité à ma première communion, je découvrais au sana à l'âge de cinq ans par la réalité de l'éloignement familial que tout le monde n'était pas catholique. Ce « tout le monde » me marquait de deux traces indélébiles : 1. Beaucoup n'avaient pas besoin du christianisme et s'en passaient très bien. 2. Cela me laissait d'autant plus passionné pour le faire connaître.

Les événements qui tournaient autour de la chute des deux tours de Manhattan, le 11 septembre 2001, me trouvèrent à l'hôpital. Et j'ai pu à satiété méditer devant la photographie des deux tours qui s'effondraient. La question revenait non pas seulement par le terrorisme, mais par celle du sens de l'islam.

L'enseignement sur le mystère de Dieu que j'avais eu à assurer pendant une décennie m'avait toujours laissé perplexe. Je pouvais aimer les musulmans, je ne voyais pas comment aimer l'islam. Comme je demandais au père Pierre Lambert, qui avait passé des décennies au Maroc, dont plusieurs années dans une petite chambre de la medina de Fès comme professeur de mathématiques à l'Université : « Pourquoi Dieu avait-il voulu l'islam ? Pourquoi, à ses yeux de chrétien, Dieu avait-il permis l'islam ? Au recul des millénaires, pouvait-on trouver un sens dans cette présence des fidèles du Coran ? » Mon ami qui connaît parfaitement le Coran et l'islam me répondit : « Je ne sais pas, je ne comprends pas. Si Dieu a permis l'islam, c'est peut-être pour rappeler aux chrétiens certaines choses qu'ils ne font pas. » Pendant des années, cette réponse m'a suffi. Je n'en avais pas d'autre. Mais elle n'a pas supprimé la question.

L'extinction du christianisme attendue, voulue et prévue par la raison et les rationalistes, ne se réalise pas. Le colonialisme n'a pas résolu les problèmes posés par l'islam, pas plus que les dialogues ethniques ou culturels. La culture n'a pas dissous le besoin de religieux partout présent sur la planète. La vénération des mythes de notre origine telle que le shintoïsme la promeut est compréhensible. Le sens de l'au-delà tel que le bouddhisme le cherche ainsi que le rôle de la compassion sont admissibles. Le culte des valeurs, la démocratie, le progrès, l'histoire, la République, la science, l'État donnent des clefs temporaires. Certaines se dissolvent dans des rêves ou des combats sans merci.

Une idée un peu folle serait peut-être à essayer. Pas seulement le dialogue pour une prière commune, (qu'il faut d'ailleurs formuler non pas : « se réunir pour prier ensemble », mais « être ensemble pour prier » car chaque prière ayant affaire à un partenaire dissemblable est forcément différente). Pourquoi ne pas aller plus loin ? L'audace en vaudrait la peine.

Saint Paul a fait appel plusieurs fois à la déraison pour exprimer le mystère chrétien. Quand il s'agit de la vérité, quand il s'agit de la charité, quand il s'agit de la divinité du Christ, Paul demande qu'on lui laisse la permission d'être fou. Eh bien, je vous demande la permission de nous transporter en pleine utopie, en pleine folie. Les pages qui suivent sont folles, oui, folles. Et c'est comme chrétien que je revendique leur folie.

Vatican III ou La Mecque I

Dans les différents mouvements qui ont suivi Vatican II, assez vite se fit jour le projet, l'espérance d'un autre concile Vatican III. Les idées qu'il véhiculait n'étaient pas dénuées d'une certaine attente agressive. Pourquoi ne pas aller beaucoup plus loin ? Le christianisme et l'islam sont planétaires. Leurs rapports aux différentes cultures sont extrêmement variés. Contrairement à ce que l'on pense, par exemple, dans une grande part des considérations sur le Christ aujourd'hui, les hérésies du IVe siècle, comme l'arianisme, sont aussi présentes et virulentes actuellement qu'alors, il y a seize siècles. Bien qu'il commande tout, le Christ est-il oui ou non Fils de Dieu ?

Donnant-donnant

Laissons cela pour l'instant et proposons à l'ensemble musulman une question plus terre-à-terre : « donnant-donnant. » Nous vous proposons, nous catholiques, un certain nombre de questions comme fondements d'un concile pour vous entre musulmans. Il est parfois possible d'être davantage aidé par quelqu'un d'extérieur que par quelqu'un de l'intérieur.

De votre côté convoquez donc un concile *La Mecque nº 1* sur les changements que vous souhaiteriez pour les chrétiens. Vous ne pouvez pas refuser de nous dire ce que vous désireriez que nous changions, améliorions, modifiions dans un certain nombre de nos coutumes humaines. Nous l'acceptons, mais à condition que vous fassiez le même acte d'adhésion.

(L'hypothèse elle-même est inconcevable, c'est en cela qu'elle est folle. Qui peut convoquer un concile pour l'islam ? L'O.N.U ?) Sinon, c'est un pas de plus vers la mort de la planète, rien à y faire.

Ensuite, nous pouvons les uns et les autres ouvrir la réflexion sur nous-mêmes.

Ne partons pas d'abord de notre conception de Dieu, mais de ce qui serait normal pour un honnête homme d'aujourd'hui.

Pour vous aider, nous vous proposons en petit liminaire quelques souhaits d'inégale importance qui nous viennent à l'esprit, comme cela, nous pourrions, par respect mutuel vous renvoyer la pareille. Nous n'oserions pas faire la même proposition à des Japonais. En effet ceux-ci bien que dépourvus de toute matière première, se sont hissés au rang de deuxième puissance économique mondiale. Alors que vous, musulmans, vous avez les pieds envasés dans l'or noir des pays pétroliers, arabes ou africains et ne parvenez pas à décoller. Kateb Hyacine, le grand écrivain algérien, ironisait à propos des minarets, « ces fusées qui ne démarrent jamais. » Vous êtes assez grands pour lire tout seuls Max Weber ou Alain Peyreffitte et la théorie du « tiers facteur immatériel ».

Pour démarrer l'équivalent de ce que serait pour vous notre Vatican II, nous nous permettons quelques suggestions fort intelligentes de Ibn Warraq qui pourraient peut-être vous aider. Avant de partir de toute conception de Dieu, nous vous proposerions seulement un petit liminaire sur quelques coutumes.

1. Réinterpréter les versets du Coran qui se prêteraient à une double lecture positive et négative, pour ne garder que la positive. 2. Éliminer les versets antifemmes, antijuifs et antichrétiens. 3. Poser de façon claire que la femme est l'égale de l'homme. La Tunisie et la Turquie ont déjà banni en conséquence le port obligatoire du foulard islamique. 4. Accepter sans fard la mixité et commencer par remettre en question l'interdiction pour une musulmane d'épouser un non-musulman (cela s'appelle du racisme). 5. Examiner ce qu'il reste de barbare dans la pratique de l'égorgement des moutons. (Des quotidiens algériens ont

dénoncé cette coutume en termes bien plus radicaux que ceux de Brigitte Bardot, pourtant punie par un tribunal français !)

Jusqu'ici nous n'avons pas porté atteinte de quelque manière que ce soit à votre conception de Dieu. Alors continuons avec vigilance à préserver votre propre liberté. 6. Pourquoi ne pas proposer une modification pratique du Ramadan qui ne soit pas contre-productive ? Au nom du nouveau « djihad » pour le développement, Bourguiba l'avait dénoncé, en buvant de façon ostentatoire un verre d'eau à la télévision pendant le mois sacré, mais il n'avait pas été suivi en pratique caritative, lorsqu'il proposa : la « chorba pour tous ». 7. Bannir la notion de « petit djihad » (contre l'infidèle) au profit de la notion de « grand djihad » (contre ses mauvais penchants). C'est peut-être plus méritant de se faire violence pour se transformer soi-même que de chercher à convertir les autres par la violence du couteau, de la kalachnikov ou de l'avion-kamikaze. 8. Établir que l'héritage doit être égal entre l'homme et la femme. 9. Supprimer absolument la pratique des mariages forcés ; *a fortiori* en dépit du mauvais exemple du « Beau Modèle », avec des fillettes ou de jeunes mineures. 10. Condamner le rapt d'enfants de couples mixtes divorcés en direction de pays musulmans. 11. Poser clairement que tout homme et toute femme a le droit d'adopter la religion de son choix ou de ne pas avoir de religion. 12. Proclamer qu'une réciprocité est possible en édifiant des synagogues, des églises chrétiennes des temples bouddhistes en Arabie Saoudite et d'autres pays qui les refusent tout en exploitant des immigrés de ces religions. 13. Répudier la polygamie et interdire la répudiation. 14. Pourchasser la pratique de l'excision (qui n'est pourtant pas coranique), mais concerne plus de soixante millions de femmes dans le monde, dont probablement onze millions en la seule Égypte.

Quel ébranlement mondial vous apporteriez à notre civilisation, vous musulmans, en acceptant de débattre de ces questions. Elles permettraient de distinguer les différences religieuses de celles qui sont seulement culturelles, (comme de faire maigre le vendredi pour les chrétiens).

Je tire à l'avance trois conséquences. Premièrement, au lieu de deux mille conversions de français, chrétiens ou non, vers l'islam, vous décupleriez le nombre de ceux qui opèrent ce passage chaque année. Deuxièmement, vous aideriez considérablement les chrétiens en montrant que des changements *pratiques* sont possibles en respectant totalement tout ce qui touche au sacré. Troisièmement, vous obligeriez chacun à se demander ce qui est l'essentiel de sa foi.

Essayons de formuler quelques précautions afin de mieux permettre de nous aimer réciproquement. Le concile Vatican II a déjà apporté dans la déclaration conciliaire *Nostra Aetate* du 28 octobre 1965, la demande formelle de changer notre regard chrétien à votre endroit, non seulement à l'égard des personnes mais aussi des doctrines religieuses que vous professez « qui apportent souvent un rayon de Vérité ». Elle reconnaît le statut théologique particulier que l'islam a dans le concert universel des religions : « l'adoration du Dieu Un, vivant et subsistant, miséricordieux et tout-puissant, créateur du ciel et de la terre qui a parlé aux hommes ; la vénération de Jésus, comme prophète, et de sa mère virginale Marie ; l'attente du jour du jugement où Dieu rétribuera tous les hommes ressuscités. »

Il est évident qu'on est loin de réaliser l'idéal voulu par Vatican II lorsque ce qui est, hélas, le cas, celui qu'on désigne comme partenaire du dialogue n'applique pas le principe de réciprocité.

Soyons sérieux Ne nous engageons pas « à parler de pluralisme religieux, de principe de nécessité, de reconnaître la parité des révélations » et de dire « qu'il y a plus de vérité religieuse dans la somme de toutes les religions que dans une religion séparée, y compris le christianisme lui-même », comme l'ont fait explicitement certains de nos théologiens. N'allons pas jusqu'à dire que « l'on ne peut pas décider si la parole de Mahomet est la parole de Dieu ou si elle est la parole de Mahomet sur Dieu. » Adhérer à semblables affirmations c'est rendre nul, à l'avance, tout sérieux de dialogue qu'il soit pratique ou intellectuel.

Le rapport entre nos deux religions est le grand défi du millénaire à venir. L'islam se présente au christianisme comme un paradoxe. Il est à la fois si près et si loin de lui. Certains disent qu'il constitue une simple hérésie chrétienne, d'autres nient même que l'islam soit une religion. Il prétend être la religion de la nature humaine, mesurée à ses forces, limitée à son horizon intellectuel, dépourvue de mystère, de sacrements, de sacrifice et de sacerdoce ; et cependant il se présente comme une religion révélée, prolongeant celles qui l'ont précédée, les supprimant, les corrigeant ou les révélant, selon le bon plaisir d'Allah qui la destine, en définitive, à les supplanter toutes. Religion facile, légère à la nature humaine qui offre un mélange étonnant de religiosité et de sensualisme.

Reste qu'un chrétien doit être bien d'accord avec lui-même pour ne pas utiliser dans le même sens le mot *Livre* pour la Bible et pour le Coran et l'unité du *monothéisme* dans le même sens pour les deux religions.

Pas d'amitié entre l'homme et Dieu

Précisons. Tout le monde sait que la doctrine musulmane affirme, avec une fermeté qui a quelque chose de farouche, le dogme de l'unité, ou plutôt de l'unicité de Dieu : Allah l'Unique Sans Associé (*wahdahu lâ sharîka lahu*). Mais il faut bien compléter cette affirmation par les deux autres assertions absolument complémentaires de l'islam : « Il n'y a rien de semblable à Dieu » et « À lui il n'est pas demandé raison de ce qu'il fait ». Il ne suffit pas de dire que tout ce qui peut porter ombrage à cette unicité est déclaré *shirk*. Dieu fait ce qu'il veut et décide ce qu'il lui plaît. La pensée commune élimine trop facilement ce deuxième verset fondamental pour l'islam. L'islam officiel écarte toute possibilité — même par grâce — de connaissance et de communion intime avec Dieu. Il n'y a pas d'analogie véritable entre le Créateur et la créature ; il ne peut pas y avoir d'amitié au sens strict entre l'homme et Dieu. C'est ce qui permet d'affirmer de la manière la plus solennelle que la conception de la prière musulmane et de la prière chrétienne sont totalement différentes. Le chrétien rappelle à son Créateur ce que Dieu s'est juré à Lui-même de réaliser par amitié pour sa créature. À l'affirmation proférée chaleureusement à son Dieu par la créature : « C'est Toi qui comptes », le secret de la prière chrétienne consiste à entendre que Dieu, créateur et crucifié, répond à sa créature : « Non, c'est toi qui comptes. C'est pour cela que j'ai ouvert les bras et que je ne voulais faire mon œuvre qu'en réponse à ton amitié, à la confiance de ta demande. » Si l'on n'a pas été jusque-là, on ne peut rien comprendre à la radicale divergence entre le christianisme et l'islam.

Le véritable *islâm* est abandon, livraison, soumission à Dieu, mais sans aucune réciprocité. Il n'y a pas à demander à Dieu raison de ce qu'il fait, alors que c'est rigoureusement l'inverse pour le chrétien. Dans le combat de Jacob, au livre de la Genèse, Dieu révèle qu'il a voulu « se laisser vaincre par l'homme. » Jamais un musulman ne dira cela, mais c'est bien ce qui a fait vivre saint Paul, sainte Catherine de Sienne ou Thérèse de Lisieux.

Nous pouvons tout espérer d'un concile, qu'il soit celui de La Mecque n° 1 ou de Vatican n° III... Nous pouvons confier, sans crainte, les présidences des commissions chrétiennes aux musulmans et, réciproquement, les musulmanes aux chrétiens si l'on a bien reconnu les divergences doctrinales du départ. Pour nous, Dieu habite bien « une lumière inaccessible » ; mais Il a tout de même « dressé sa tente parmi nous » ; Il s'est fait « Dieu avec nous » ; Il habite en nous ; par l'Homme-Dieu, par Jésus, « homme parfait assumé » par Dieu le Fils, le Verbe.

Pour les musulmans, dire que Dieu se soit mis à notre portée, que « le Verbe s'est fait chair » et qu'Il se communique aux créatures, c'est altérer Sa Transcendance, diminuer Sa Grandeur, réduire Sa Toute-Puissance, si habile que l'on soit à préciser les notions et à démontrer que l'on évite toute confusion. Il y a un minimum d'honnêteté à ne pas jouer avec l'herméneutique pour les textes coraniques. Ils ne sont pas imposés avec la même force et sont beaucoup moins nombreux lorsqu'il s'agit de la proximité de Dieu. On ne peut pas y voir seulement la conséquence de la deuxième conception du Coran, celle du temps de Médine où Mahomet est chef de guerre et diplomate.

La paternité impossible

L'islam nous rejette dans la phase préparatoire de l'Ancien Testament en durcissant l'esprit et en exagérant l'accent qu'il met sur la transcendance divine. La paternité divine, qu'Israël affirmait, est rejetée comme entachée de vision humaine, d'anthropomorphisme. Le musulman est offusqué, révolté lorsqu'on applique à Dieu le nom de père, car il évoque une notion charnelle qui, nécessairement, « souille » la transcendance et entame la toute-puissance de Dieu.

Dieu ne peut engendrer. Le chapitre 112 du Coran, si cher aux musulmans, est clair : « Dis (ô Mahomet) : Lui, c'est Allah, l'Unique, Allah, l'Impénétrable ! Il n'a pas engendré et Il n'a pas été engendré ! et Il n'eut point d'égal en aucune personne ! »

Les musulmans ne conçoivent pas d'autre génération que charnelle, d'autre paternité qu'humaine, c'est diminuer Dieu de les Lui attribuer. Cette conception exclut non seulement l'Incarnation, mais encore l'adoption de l'homme que Dieu a d'ailleurs voulue dans le Christ, en continuité, en prolongement de l'Incarnation.

Pourquoi alors la création ? Question presque impie pour les musulmans : *Lâ yus'alu'ammâ yaf'al* (à Dieu, on ne demande pas raison de ce qu'il fait), dit le Coran. L'islam donne la création comme l'acte de pur bon plaisir divin ; et il insiste tellement sur l'indépendance de Dieu que les musulmans répugnent à admettre que Dieu réalise un plan, agit dans un but déterminé ou avec continuité. L'histoire est plutôt une série de manifestations discontinues de la volonté divine, dont le caractère, apparemment arbitraire, heurte à bon droit l'intelligence humaine.

Il faudrait ainsi compter au moins trois paradoxes devant lesquels l'islam nous met : 1. un Dieu si loin ou si près, 2. une liberté que la transcendance divine arracherait à l'homme plutôt qu'une amitié trinitaire qui l'exhausserait et, 3. le fait de choisir la violence ou la compréhension pour vivre avec les croyants en société. Le fait n'est pas discutable lorsque, désormais, cinquante deux millions de musulmans vivent en Europe (à qui il faudrait ajouter soixante cinq millions, si la Turquie entrait dans l'Union européenne).

Deux dates apparaîtront peut-être comme ayant dominé l'histoire européenne : celle de l'Édit de Milan en 313 où l'empereur Constantin décrétait la liberté du culte, c'est-à-dire l'entrée de la liberté, ayant le visage de l'amour, dans la vie culturelle, familiale et civile. Aucune autre institution n'a tenu depuis deux mille ans.

Restons très prudents dans notre suggestion.

Même si l'on ne peut pas encore juger de l'importance du 11 septembre 2001, ne peut-on oser pressentir qu'il équivaut à l'Édit de Milan inversé : le retour d'un certain Dieu ayant le visage de l'angoisse, sur la scène occidentale. Ce jour-là toutes les pendules ont été remises à zéro. Qui pourra protéger les valeurs occidentales ? Et comment ? Et d'abord quelles sont-elles ? En abandonnant le christianisme, en laïcisant Jésus, sous prétexte des « Lumières » et des produits de remplacement, n'a-t-on pas laissé la lutte, la dialectique, le défi, le combat devenir les ultimes fondements de notre civilisation ? Or, qu'ont-ils résolu ? Rien. On peut aller sur la lune. Demeure la question : peut-on fonder une communion sans transcendance ? Septembre 2001 répond, mais pousse l'interrogation plus loin. Quelle transcendance ? L'*homo faber*, l'homme fabricateur peut-il se contenter de son génie industrieux pour fonder une transcendance ? L'islam n'oblige-t-il pas à remonter jusque-là ? Sinon tout dialogue entre religions risquera de n'être que du cinéma. Que ce soit au Vatican ou à La Mecque, le défi est mondial.

Ne resteraient-il plus que les réserves spirituelles de l'Inde pour espérer et tenir face à la matérialisation occidentale qui a tout envahi ?

Dieu répond ailleurs. C'est sûr, mais où ?

Entre l'idée et l'idole

Alors comment situer le christianisme ?

Entre l'idée et l'idole, il y a le visage de Jésus, celui de l'humilité du travail de Nazareth et de tout le pèlerinage humain. Dieu a pris un visage, celui d'un enfant, celui d'un pèlerin, celui d'un mendiant.

Quel repos.

Pour échapper aux idéologies, comment ne pas se laisser enfermer dans la prison de la pensée calculante, les habiletés de l'analyse ou inonder par les promesses de l'informatique et de l'Internet ?

Vive la raison calculante et l'électronique, mais ce ne sont pas elles qui donnent le sens de la vie. Un jour, la question se lève : pourquoi tout cela ? Le philosophe Heidegger, dans *Questions III*, a l'audace de dire que l'envoûtement de la pensée calculante est un danger plus grave pour l'humanité que la bombe atomique :

« Quel serait donc le sol, la terre, d'un nouvel enracinement ? Ce que nous cherchons en questionnant ainsi est peut-être tout près de nous. Donnons un nom à l'attitude qui est la nôtre lorsque nous nous tenons ouverts au sens caché du monde : c'est *l'esprit ouvert au secret.* En attendant, et nous ne savons pas pour combien de temps, l'humanité sur cette terre se trouve dans une situation dangereuse. Pourquoi ? Est-ce pour la seule raison qu'une troisième guerre mondiale aurait pu éclater brusquement et qu'elle entraînerait la destruction complète de l'humanité ? Non. Un danger beaucoup plus grand menace les débuts de l'âge atomique, dans la mesure où la révolution technique qui monte vers nous pourrait tellement fasciner l'homme, l'éblouir et lui tourner la tête, l'envoûter, qu'un jour la pensée calculante pourrait devenir la seule à être admise et à s'exercer. Alors la plus étonnante et féconde virtuosité du calcul qui invente et planifie, *s'accompagnerait d'indifférence* envers la pensée méditante, c'est-à-dire d'une absence totale de pensée. Alors l'homme aurait nié et rejeté ce qu'il possède de plus propre, de plus précieux, à savoir qu'il est *un être pensant.* »

Écrites soixante ans avant l'explosion d'*Internet*, ces lignes sont prophétiques. Elles annoncent la fascination qui enferme dans sa bulle tout internaute.

On peut se satisfaire des jeux de la pensée comme d'une sorte de Beaux-Arts ou d'un jeu de miroirs, avec toutes les subtilités de risques de repli ou de narcissisme. Interprétation, programmation, projet ne peuvent avoir le dernier mot. « Malheur à une connaissance qui ne se tourne pas à aimer. » On a parfois l'envie légitime d'en avoir fini avec les projets pour pouvoir se reposer enfin dans la douceur d'une communion sans problème. J'y pense devant la statue de Musset à côté de la Comédie française. Je ne prends pas à la légère sa dernière phrase avant qu'il ne meure : « Enfin, dormir ! » C'est ce que les bouddhas des talibans ont obtenu.

Quand la communication, ses séductions, ses habiletés, son besoin de vaincre, ses rapports de force, se prennent eux-mêmes pour but de la vie, on aboutit à une sorte de publicité et on a trahi la noblesse de la communication elle-même, qui est avant tout faite de respect à la fois pour l'objet à communiquer, pour son auteur et pour le destinataire. Pourquoi les administrateurs de chaînes télévisées terminent-ils si souvent dans l'amertume et une description de jungle à propos de leur métier ? Très peu y échappent. Si la régulation de la foi et de la religion était mesurée par l'efficacité de la vente d'un produit, ce serait un non-sens. On aurait laissé tomber l'essentiel, la liberté et l'amour. Plus on aime, plus on a envie de connaître, et réciproquement.

La raison toute seule ne rend compte que d'un des quatre buts de la parole du Christ. Nous y reviendrons. Elle rend peut-être compte du contenu du message de l'Évangile. Psychanalyse et bouddhisme peuvent en faire autant. C'est le parcours de tous les Drewermann : « libérer des rêves ». Cela ne suffit pas si l'on reste encore dans une certaine esthétique ou volonté de diriger, voire de dominer les autres.

L'Évangile implique d'autres fonctions à la pensée. La foi chrétienne apporte une parole de consolation et de salut non seulement pour réussir ou se réaliser, *mais pour se remettre de soi-même à un Autre*. Elle introduit l'homme dans une parole de conversion qui amène un changement d'existence. Sinon cela ne vaut pas le coup de risquer le pari et sa vie pour l'Évangile. Et il faudrait nous le dire. Restons alors à Athènes avec les professeurs, les rhéteurs, les politiques et les discoureurs.

Pouvoir des intellectuels

À voir tensions, exclusives et non-dits entre organes d'information et publicistes chrétiens, ou encore débats sur le catéchisme, peut-on dire que tout est rose dans cet univers ?

Je ne me sens pas soumis au pouvoir d'intellectuels qui s'approprieraient une tradition en la limitant à leurs idées, méthodologies, structures et schémas de pensée, et qui oublieraient la sainteté de l'Église. Nos frères et sœurs qui, dans le secret vivent l'héroïsme chrétien représentent, après le *Credo* et l'Évangile, la première source de lumière. Leur vie est bien un « lieu théologique ». Il doit nous aider à régler notre pensée.

Jean-Paul II en a compris le sens en engageant l'infaillibilité pontificale lors des canonisations et béatifications auxquelles il a procédé. Le Curé d'Ars, Bernadette Soubirous, Thérèse de Lisieux, Élisabeth de la Trinité, Édith Stein sont aussi importants et nécessaires que les grands jésuites et dominicains théologiens. Le *message* d'une Bernadette ou d'une Thérèse de Lisieux est immense, et il est vécu. Des millions de gens vont à Lourdes et à Lisieux qui, pour rester chrétiens, ne veulent pas séparer la personne du Christ de son message. Si elles comprennent l'Évangile, c'est bien parce qu'elles aiment la personne de Jésus. Beaucoup de monde a touché le Christ, mais il n'y a que la femme hémorroïsse qui ait été guérie ! Or elle aurait pu se contenter d'idées ou d'impressions... et ne pas s'approcher du Christ pour le toucher, l'aimer, lui faire confiance et alors, être sauvée. Y a-t-il une autre réponse en face des querelles, parfois habilement secrètes entre publicistes et théologiens ?

New Age et sectes

On s'intéresse au « religieux » à condition de n'en rester qu'aux symboles et de n'être pas trop engagé. Une certaine neutralité apparaît nécessaire pour rester objectif. Il ne faudrait pas être impliqué dans ce dont on parle. Il faudrait rester impartial, mais ne pas aller jusqu'à l'agenouillement ! L'exemple de René Guénon, islamiste et hindouiste a marqué certaines générations récentes, qu'en pensez-vous ?

Guénon est pour moi une lecture ancienne. Il y a maintenant beaucoup plus tapageur que Guénon : Drewermann, Jean Daniel ou Arnaud Desjardins. Comment discerner entre le déferlement des sectes et le risque stérile du soupçon ? Envoûtement, prestige ou savoir de quelques-uns ont pris une marge importante du pouvoir sous couvert de donner un sens à la vie. Cela aboutit à un certain terrorisme de l'esprit. On peut justifier n'importe quoi en se présentant au nom de la défense des « valeurs ». Que dire, que penser, comment honorer des valeurs qui resteraient dans l'ordre de l'abstraction ? Elles aboutissent inévitablement à la gélatine de pseudo-consolations ou à une terreur qui n'avoue pas son nom.

On peut avec bienveillance poser la même question aujourd'hui à certains sympathisants comme Arnaud Desjardins ou Alfred Grosser. Que dire ? Que penser ? C'est difficile.

Certains s'opposent à Dieu parce qu'il serait « fanatique ». La question demeure, n'y a-t-il pas eu plus fanatiques que ceux qui s'opposent au fanatisme, cachant habilement inquiétude ou volonté de puissance ?

Vous connaissez la réponse de Talleyrand à La Revellière-Lépeaux qui, lors d'une séance à l'Institut de France, juste après la Révolution, lors du Directoire, proposait de fonder une nouvelle religion de « théophilanthropie ». Talleyrand lui rétorqua seulement : « Pour fonder le christianisme, Jésus-Christ a été crucifié et est ressuscité. Commencez donc par en faire autant. »

La boutade est rude. On ne fonde pas une vie, ni la foi seulement sur des valeurs, des interprétations ou même une morale ou une philosophie, fussent-elles religieuses, ou alors c'est vrai, on risque le fanatisme. Le christianisme est fondé sur la communion à un Dieu qui, par amour, a pris l'initiative de venir en personne. Y adhérer est beaucoup moins et beaucoup plus difficile que de chercher des valeurs. C'est beaucoup plus redoutable, car le Christ a refusé pour lui tout pouvoir sinon celui de la mendicité du cœur. L'amour et la miséricorde sont plus dangereux et imprévus que les valeurs ou la revendication de la seule justice.

Pourquoi être contre le magistère ?

Peut-on en même temps poursuivre l'espoir œcuménique de l'unité des religions et être pour un magistère dans l'Église ?

Je distinguerai entre adhésion à la foi, religion et salut.

Pour être sauvé, il suffit qu'un homme ait posé dans sa vie un seul acte de pitié. Ne serait-ce qu'en regardant son enfant avec tendresse, car alors il a, d'une certaine manière, « confessé » qu'il y avait quelque chose ou quelqu'un de plus grand que lui. C'est l'interprétation que Maritain donnait de l'Épître aux Hébreux. « Pour être sauvé, il suffit de croire en Dieu et en un Dieu qui rétribue. » Or, celui qui pose un acte de bonté, reconnaît implicitement peut-être, mais vraiment, quelqu'un qui le dépasse et qui est bon, même s'il ne sait pas le nommer.

Le problème de l'unité des religions est tout à fait différent. À la limite, c'est une visée impossible. C'est un peu comme l'idée d'une vitesse infinie : il peut toujours y avoir une vitesse supérieure.

Le problème n'est pas d'être pour ou contre le magistère. Aucune démarche religieuse ne peut se dispenser de la reconnaissance de sa finitude. Je suis moi, mais je ne suis pas tout. Et j'ai toujours à apprendre. Reste à savoir à quelle porte s'adresser pour ne pas perdre de temps. C'est propre à la connaissance de foi d'être heureuse de recevoir de quelqu'un, avec confiance, un message et les outils intellectuels pour comprendre ce message. Certaines religions sont fixées par un code moral, d'autres par des rites liturgiques, d'autres par des coutumes sociales. Pour le christianisme on dit : l'amour. Bon. Mais c'est insuffisant si l'on ne précise pas, car cet amour contient un message. Il a un contenu, il n'en reste pas à une idéologie. Il conduit aux confidences d'une personne à une personne et ces confidences et ce message demandent à être respectés. Tous les régimes de pensée ne sont pas équivalemment bons pour en rendre compte. Il y a une ascèse de l'intelligence qui distingue le catholicisme et lui est propre en face de toutes les autres religions.

On n'aura jamais assez de l'aide de tous ses frères et de guides appropriés pour ne pas gâcher son temps et garder le nord magnétique. Il en va de l'attitude de ceux qui sont en soupçon en face du magistère comme de ceux qui doutent de la réalité du péché originel. Pour ce dernier, le journal télévisé ne leur suffit-il pas, qui apporte chaque soir ses affaires et ses drames ? À chaque génération les suicides de Stavisky, de Grossouvre ou de Bérégovoy ; les conflits du Biafra, du Pakistan, de la Bosnie ou du Rwanda, quand ce ne sont pas les sinusoïdes des Bernard Tapie de chaque époque.

Pour le magistère, quel bonheur d'avoir des délégués qui acceptent d'être de quart sur le pont du bateau. Le magistère n'est pas une prison, c'est une miséricorde et un gain de temps. S'il fallait tout réinventer à chaque génération, ce serait fou et terrible. Il suffit d'un seul Titanic. Le capitaine était sûr de sa route et a continué à faire sabler le champagne au salon, alors qu'on venait le prévenir de la rencontre avec l'iceberg.

Celui qui s'en prend à la présence de guides dans l'Église ressemble à celui qui, traversant de nuit la Place de la Concorde alors qu'il a trop bu, se cogne aux grilles qui entourent l'obélisque. Comme il bute contre les grilles, l'ivresse l'amène à croire qu'il est en prison. Il reste là jusqu'au petit matin où, dégrisé, il s'aperçoit que les grilles le protégeaient et ne l'enfermaient pas du tout.

Qui suivre aujourd'hui ? Les petits maîtres trotskisco-manichéens qui amènent à demander chaque soir qui est à exclure aujourd'hui ? Les éditos désabusés ? Ou romantico-littéraires ? Les donneurs de leçon ou le silence des anxieux ? Ambroise de Milan, Augustin d'Hippone, Pascal ou Bossuet étaient plus audacieux.

Des travaux comme ceux de Mircea Eliade ou d'autres historiens des religions peuvent-ils servir à la formation spirituelle des catholiques ?

Les travaux de Mircea Eliade et de bien d'autres, non seulement peuvent servir, mais sont indispensables s'ils ne sont pas réducteurs, c'est-à-dire s'ils ne se limitent pas à l'histoire de la raison ou des idées, ou même à une quête du sacré. On attend des historiens des religions qu'ils intègrent dans leurs études les témoins qui montrent comment telle religion est *incarnée.* Les saints sont porteurs de vérité dans leur vie ; ainsi en est-il d'un saint Benoît, d'un Grignion de Montfort, d'un François de Sales, d'une Thérèse de Lisieux, d'une Catherine Labouré, d'une Bernadette de Lourdes. Je ne comprends pas que l'on ne vénère pas davantage une Catherine Labouré. Plus explicitement, qu'attendons-nous pour connaître un peu mieux ces génies féminins du XIXe siècle que sont, par exemple, Anne-Marie Javouhey, Pauline Jaricot, Marie-Thérèse Couderc ? Cela vaut quand même autant que la femme de Marx, même évoquée avec virtuosité (ou plagiat ?) par Françoise Giroud !

J'attends donc que Mircea Eliade ou ses disciples prennent, pour point de départ de leur analyse des religions, le christianisme dans sa réalité vécue, assortie de tous les paramètres qui lui sont propres.

Prenons une étude comparative avec le bouddhisme, telle celle d'un père Spae. Peut-on être bouddhiste chrétien ? Est-ce impensable ? On a deux attitudes similaires au point de départ : on ne peut pas se sauver tout seul, on ne se sauve que par la communauté. Le chrétien dit bien la même chose : il ne peut pas se donner à lui-même le baptême. Le bouddhiste pense de même à travers la communauté, le *Sangha.* Mais, pour le chrétien, la communauté n'a de sens que par l'union de chacun au Christ et par l'habitation de la Sainte Trinité en tout baptisé. Deuxièmement, pour le bouddhiste et pour le chrétien, le commencement de tout est le désir. Le bouddhiste dit : « Il faut l'éteindre ». Ici le chrétien bifurque et ajoute : « Il faut le remettre au Christ ». Un tel dialogue vaut la peine d'être mené, mais pas au prix de fausses illusions.

Quand le pacifisme du bouddhisme sert d'illusion

Parmi les illusions tenaces, demeure celle qui veut que le bouddhisme repose sur un pacifisme. Certaines enquêtes comme celles de Brian Victoria et Bernard Faure, commencent à rappeler la vérité sur ce point, vérité que les Occidentaux ont peine à imaginer et occultent volontiers en laissant croire que le bouddhisme c'est la paix.

On est loin d'imaginer des moines bouddhistes fusil à l'épaule, des défenseurs du zen diffusant des discours nationalistes, des contemplatifs soutenant avec virulence le front commun du Japon impérial et de l'Allemagne nazie. Or ce fut la vérité. Ceux qui révèlent l'ampleur de cette collusion ignorée entre moines japonais et forces guerrières heurtent de front nos convictions spontanées. Celles-ci nous portent à croire que le bouddhismescBouddhisme a partie liée, de manière essentielle et nécessaire, à la non-violence, à la compassion, au pacifisme.

Constater que ce n'est pas le cas, et qu'il existe au contraire, comme le rappellent les chercheurs les plus récents, une relation historique ancienne et complexe entre les différentes formes de bouddhisme et les faces multiples de la violence, doit conduire à réfléchir sur la part d'idéalisation de cette religion dans notre imaginaire. Le bouddhisme, jugé à tort nihiliste et dangereux par l'Europe du XIXe siècle, a été abusivement transformé, de manière symétrique et inverse, en univers entièrement serein et pacifique par l'Occident d'aujourd'hui.

Or il faut le redire, le bouddhisme n'est pas un pacifisme. S'il n'a pas de concept de guerre sainte, il n'en a pas moins parfois légitimé, sur le plan doctrinal, le recours à la violence et à la guerre juste. Dans les pays où le bouddhisme est devenu l'idéologie officielle, il s'est souvent empressé de soutenir l'effort de guerre. À l'heure actuelle, par exemple, les bouddhistes du Sri Lanka prônent ouvertement la lutte contre les Tamils indépendantistes. Et ce n'est pas le seul exemple. Ce qui est vrai du Zen japonais l'est également pour d'autres formes de bouddhisme. Bien avant de séduire par ses envolées métaphysiques, le bouddhisme s'est d'abord imposé comme instrument de protection de l'État. Si la loi bouddhique a souvent dû se plier à la raison d'État, elle a aussi à maintes reprises fourni une idéologie aux contre-pouvoirs, en inspirant des révoltes paysannes au nom d'un millénarisme centré sur la venue du futur Bouddha. Dans l'un de ces mouvements, apparu au début du VIe siècle de notre ère en Chine et usurpant le titre bouddhique de « grand véhicule », les rebelles entreprirent de débarrasser le monde de ses « démons » — à commencer par le clergé bouddhique de l'époque.

Au Japon, le bouddhisme a su faire son lit des luttes féodales, donnant naissance à un nouveau type de religieux, les moines-guerriers. Les grands monastères ne furent soumis par le gouvernement militaire qu'à la fin du XVIe siècle. Le militarisme japonais a accommodé la doctrine bouddhique à la sauce impériale. La théorie bouddhique de l'absence de moi a servi à justifier le sacrifice de sa vie pour l'empereur, tandis que la notion des deux vérités permettait d'expliquer la contradiction entre le principe du respect de la vie humaine et le devoir patriotique. Les raisons de faire des entorses au principe de non-violence n'ont jamais manqué. Lorsque la loi bouddhique est menacée, il faut combattre sans merci les forces du mal. Tuez-les tous, le Bouddha reconnaîtra les siens ! Le meurtre est dans ce cas pieusement qualifié de « libération ». S'est ainsi développée l'idée casuistique que tuer par charité ou compassion, c'est empêcher autrui de commettre le mal, puisque le démon, tué comme il se doit par compassion, sera délivré de son ignorance et pourra renaître sous de meilleurs auspices. D'ailleurs comment pourrait-on tuer quiconque puisqu'en bonne orthodoxie bouddhique, tout est vide ? Celui qui tue « en connaissance de cause » ne tue personne puisqu'il a réalisé que tout n'est qu'illusion, lui-même comme autrui. Il y a bien eu, il y aura encore des « guerres bouddhiques ». Le bouddhisme s'est peut-être montré dans l'ensemble plus tolérant que les autres grandes religions et idéologies, ce n'est pas négligeable, mais il ne peut se prévaloir que d'une supériorité beaucoup plus relative qu'on ne pense habituellement. Faut-il dire « bienheureuse désillusion ? »

On peut se demander pourquoi il n'y a pas davantage de contacts entre religions. Qu'est-ce qu'on attend ? J'ai vu des bouddhistes zen venir passer quinze jours dans des monastères bénédictins. Au Japon, j'ai habité dans des monastères zen et l'on m'a dit : « Le zen ne sera sauvé que par le christianisme ». Les travaux de Mircea Eliade peuvent constituer une bonne base. Mais plus importants encore sont les échanges entre religions. L'impulsion donnée par Jean-Paul II est irréversible. À ce titre, l'exemple de l'abbé Monchanin qui vécut en Inde, mérite attention et affection.

Mais à côté des nombreux cas que l'on peut citer d'échanges, amitiés et contacts dans l'Église d'aujourd'hui, quel retard ne doit-on pas en même temps constater chez ceux qui devraient être à l'avant-garde des échanges entre cultures et civilisations, comme par exemple les responsables du *Musée de l'Homme* à Paris ? Pourquoi le christianisme et ses traditions y ont-ils délibérément si peu de place ? Les écrits de Bernard de Clairvaux, d'Hildegarde de Bingen, de Thérèse d'Avila, de Jean de la Croix méritent autant de place dans les bibliothèques que ceux qui sont partis à la recherche de l'absolu dans le Vedanta. Encore une fois, les religions ne peuvent pas se comprendre seulement de l'extérieur comme un entomologiste examine des insectes.

L'étude des différentes manifestations du sacré peut-elle conduire, dans certains cas, au christianisme ?

Le mot sacré est pour moi un mot redoutable. Je ne me sens pas du tout prêtre du « sacré ». Je suis prêtre de Jésus-Christ, ce qui est tout à fait autre chose. Le sacré est ce qui met à part. Mais qu'est-ce qui distingue ? Est-ce que c'est l'union à une personne ? Quel est le référent ultime ?

Bien sûr, tout est sacré au sein du catholicisme et, particulièrement la messe. Je suis pleinement l'homme de la messe. Je me définis totalement par les paroles de la consécration et de l'absolution. Toutes les paroles que je pourrais prononcer, par exemple, lors d'une préparation au mariage ne sont rien à côté du seul fait de pouvoir donner l'absolution aux fiancés qui veulent repartir à neuf et prendre Dieu à témoin de leur mariage. La sobriété des paroles de la consécration, c'est le sacré de l'humilité.

Si j'avais à résumer le sacré, je dirais que je suis lié au mystère personnel de Jésus-Christ, et non seulement au partage d'un pouvoir qui serait passager comme celui d'un magicien. Je suis lié au pouvoir que le Fils, éternel et humain, tient de sa personne réelle, ontologique, divine. C'est cela même qui lui permet de pardonner et de nous rendre participants de sa vie présente, en même temps pleinement humaine et pleinement divine. Je dois redire ici à nouveau que le corps du Christ, et le pardon de mes péchés sont les deux seules choses que je n'aurais jamais méritées sur terre.

La crise n'est pas d'abord où on le pense

Pensez-vous que la crise de l'Église soit si grave qu'elle soit sans remède ?

Permettez-moi de renverser l'ordre de la question. Je ne pense pas qu'il y ait d'abord une crise de l'Église, quand je vois la fraîcheur, l'héroïsme des religieuses et religieux au Japon, en Océanie, aux Indes, au Népal ou au Tibet, quand je songe aux religieux qui passent trois ans ou onze ans de prison en Chine, qui vouent toute leur vie aux lépreux de Nouvelle-Calédonie ou tous leurs soins... aux petites prostituées des militaires français de Tahiti.

Soyons sérieux. L'ignorance francophone du vrai mystère de l'Évangile et de l'Église, par certains ministres de la Culture ou de l'Éducation nationale, est dans sa superbe, un scandale et plus encore une stupidité énorme. Ce qu'Alain Decaux confie dans son livre *Le*

Tapis rouge est, hélas, exemplaire. Il rapporte son expérience de ministre de la Francophonie et partage l'étonnement qu'il ressentit en face des *a priori* et des ignorances que son ami Michel Rocard, alors Premier ministre, gardait sur le catholicisme, malgré l'estime que Rocard en avait. Que dire de la suite ?

On peut parler d'un retard « hénaurme » (comme l'écrivait Cézanne des responsables des « Bozarts ») de la culture et de la société françaises par rapport à la plupart des pays européens. Le tiers de notre héritage culturel et spirituel n'est pas enseigné dans les lycées de France. Quand rien de ce qui constitue l'univers de la Bible n'est évoqué, sinon accidentellement ou éventuellement par quelques anecdotes schématisées, on est consterné. En vérité le monde laïc craint encore la religion.

Aurait-il peur d'aimer ? Que la culture européenne, née de l'héritage biblique avec les Pères grecs et latins, fortifiée par les conciles, vivifiée par le monachisme bénédictin, puis renée après les grandes invasions, témoins les superbes épopées de l'art byzantin et de l'art roman, ne soit plus désormais capable d'être transmise de manière convenable par les livres d'histoire scolaires est plus que déplorable. Où trouver aujourd'hui l'équivalent si équilibré d'un Theodor Heckel dans son *Virgile, père de l'Occident ?*

Dieu n'est, évidemment, privé de rien, seulement les Français sont privés de leur patrimoine élémentaire et cela... d'abord par certains professeurs au Collège de France. Où sont la rigueur si fine, l'ouverture d'esprit, l'intelligence confiante d'un Henri-Irénée Marrou ou d'un André Latreille, d'un Étienne Borne ou d'un René Grousset en face de ce qui nous dépasse tous ? C'est Marrou qui rappelait que, sans les moines, on aurait parfaitement pu perdre en Occident l'usage de l'écriture comme il a été perdu en Égypte.

À cet égard, le fait que l'île de la Réunion ou l'île Maurice témoignent de cent cinquante ans d'avance sur nous me semble évident. Pourquoi ? Parce que, là-bas les catholiques comme tous les autres croyants sont obligés de dépasser leurs différentes cultures. Ils vivent en communion avec 40 % de Tamouls, 20 % de musulmans et 10 % de Chinois. Ils sont sur leurs îles comme sur un bateau au milieu de l'océan. Ils sont donc contraints d'inventer un type d'existence radicalement neuf où le fait religieux puisse trouver sa place, sinon tout exploserait.

Vous paraissez sévère pour l'université française ?

Non, bien au contraire. Pas assez. Le 11 septembre 2001 n'a pas fini de mettre les pendules à zéro. Je l'ai déjà dit, j'ai eu l'occasion d'être étudiant dans deux universités étrangères et donc de comprendre par comparaison le manque à gagner dû à l'ignorance de l'univers religieux par l'université française. C'est un ami, Ernst Robert Curtius, professeur allemand de l'Université de Bonn, qui, le premier, me l'a fait remarquer. J'ai déjà dit comment pendant un an, en 1948-1949, j'ai eu la chance de déjeuner tous les mercredis avec lui. On peut dire qu'il a été le grand initiateur des littératures comparées européennes. Son livre *Littératures européennes et Moyen Âge latin* est un chef-d'œuvre qui a mille fois été utilisé par les historiens français, à commencer par le père Chenu. Il montre comment on ne peut rien comprendre à notre patrimoine et à notre culture si on les prive de leur dimension religieuse. Mais le mal est fait : depuis deux siècles, dans l'Hexagone, on a trop éliminé l'approche et la connaissance religieuses de l'existence humaine. On s'est rendu progressivement sourd aux trésors de la foi. La pente ne se remonte pas si facilement par quelques colloques ou séminaires passagers. Il faut des années d'enracinement, de sympathie... et de prière pour entendre un peu les limites de ce dont on parle.

Un climat existe de renouveau, de compréhension mutuelle. À nous de l'entretenir. L'Europe y aidera sûrement. C'est déjà largement commencé. Restent les pesanteurs réciproques des États, des administrations et des cultures.

Deux exemples modestes. Un colloque au Collège de France à l'occasion du millénaire du concile de Nicée II sur la représentation de l'image de Dieu. Trois jours de réflexion très érudite. L'un des présidents de séance est le directeur d'un prestigieux institut de recherche liturgique. Nous échangeons. Je dis donc à ce révérend père, vieil ami d'autrefois, mon étonnement en face de deux absences. Pas une fois ne fut évoqué le problème des religions non-chrétiennes. Or il en fut pour les images sacrées exactement de Bouddha comme du Christ. On a mis quatre à cinq siècles avant d'oser représenter le visage de Bouddha. Cette absence de préoccupations en face de ce qui préoccupe deux milliards de musulmans et de bouddhistes sur la planète est monstrueuse : le rôle de l'image en religion.

Deuxième surprise. Jamais les noms de penseurs contemporains, tels Kenneth Clark, André Chastel, René Huyghe n'ont été mentionnés, pas plus qu'André Malraux, dont l'obsession de toutes ses dernières années a été la représentation du sacré. Le responsable chrétien du colloque, directeur d'un institut de liturgie me dit alors : « Malraux a donc écrit à ce sujet ? Pouvez-vous me noter les références ? » Je n'ose lui dire que Malraux a publié, de son vivant, en trente ans, au moins sept volumes dont l'un d'eux s'appelle *Le Surnaturel* et un autre *La quête de l'Absolu*, et que peu de semaines avant sa mort, Malraux corrigeait encore les épreuves d'un ultime ouvrage sur la précarité des œuvres humaines en recherche de transcendance.

Dans le même temps, se prépare un colloque sur *Foi et liberté dans l'art*. Plus de deux mille personnes sont présentes au théâtre du Rond-Point des Champs-Élysées. Dom Claude Jean-Nesmy, bénédictin fondateur de la collection *Zodiaque*, ouvre la journée par une belle méditation sur l'histoire heureuse des rapports de la foi et de l'art, des catacombes à Debussy.

S'ensuit la prestation d'un professeur d'esthétique à l'Université de Paris-III qui conclut sur la stérilité actuelle, à venir et définitive, de l'Église en face de l'art. L'après-midi une table ronde réunit Olivier Clément, Gilbert Amy, chargé de la musique à France-Culture, Marcel Maréchal, alors responsable et merveilleux metteur en scène de l'Opéra de Marseille, Michaël Lonsdale qui dit sa conversion de manière émouvante. Mario Botta, l'architecte de la cathédrale d'Évry est là aussi. La tonalité de son discours est plus molle. Mais il est heureux de témoigner au-delà de ses déclarations antérieures où il avait pris quelques précautions pour s'expliquer sur la construction d'une église... C'est ce qui explique peut-être que la cathédrale d'Évry, malgré les efforts médiatiques, ait eu quelque difficulté à naître, alors que son prix de revient n'est pas plus élevé que celui d'un échangeur d'autoroute ou d'un demi cargo. Les responsables ecclésiastiques ont connu quelque mal pour mobiliser les chrétiens. À qui la faute ?

Revenons au colloque. Tous échangent et suivent le sujet qui nous avait été assigné : *Foi et liberté dans l'art*. Ils sont là en croyants et témoignent au nom de leur foi. Quelle surprise pour nous de voir les deux journalistes chrétiens, meneurs de jeu, rabaisser constamment le débat en revenant aux incidents récents (et déjà oubliés) qui avaient entouré la sortie du film de Scorsese sur la vie sentimentale du Christ (pour ne pas dire plus) et au film de Godard intitulé *Ave Maria* !

Après ma participation, des questions viennent de la salle qui, depuis les évocations de la conférence du matin sur la stérilité de l'Église, était en état de choc. Je sens qu'une libération est attendue et je proteste non pas d'un avenir craintif en face des capacités créatrices de l'Église, mais d'une espérance pour tous, chrétiens ou non, fondée sur les réalisations d'aujourd'hui. Alors, au-delà des journalistes et de l'universitaire qui s'étaient trompés de siècle, se manifeste une heureuse complicité entre le public et les participants de la table ronde. Je pensais à ce moment-là au *Traité sur la morale* de saint Thomas d'Aquin qui s'ouvre par cette certitude : l'homme est fait pour le bonheur. Jérémie avait prophétisé « Les petits ont demandé du pain et on leur a donné des pierres. » Saint Luc rapporte la parole de Jésus : « Et si mes disciples se taisent, les pierres crieront pour moi. » Elles crieront quoi ? Le bonheur d'être chrétien. C'est tout. Cela suffit : le bonheur. Il n'y a rien d'autre à dire pour résumer la crise de l'intelligentsia occidentale.

Au professeur de Paris-III qui annonce, avec une superbe assurance, la fin inspiratrice de l'Église et proclame que celle-ci est devenue stérile, et à ceux qui seraient tentés par la même prophétie, considérant comme devenue négligeable ou nulle la présence culturelle de l'Église, je répondrai seulement, comme dans l'Évangile : « Les pierres crient pour le Christ ». Connaissez-vous le Carmel de Plötzensee, près du pénitencier de Berlin, où six mille détenus politiques ont été pendus sous le nazisme ? Connaissez-vous la basilique de Maria No Te Hau à Papeete ? Connaissez-vous la cathédrale de San Francisco ? La cathédrale de Tokyo ? Et l'Église de Moutier dans le Jura suisse et les quarante églises qui l'entourent avec des vitraux de Bissière, Fernand Léger, Manessier, Estève ? Ce sont les plus beaux monuments religieux contemporains (ou monuments tout court) qui soient.

Du « personnel »
et de la personne de l'Église

Admettons la crise d'identité du monde actuel. Elle est évidente. N'en demeure-t-il pas moins un état parfois décevant du visage, ou au moins du personnel de l'Église ?

Je ne nie pas du tout qu'il n'y ait pas une crise interne qui atteigne même le personnel de l'Église. C'est évident. Les menaces ne viennent plus d'abord de l'extérieur, comme à la fin du siècle dernier, au temps des expulsions ; mais de l'intérieur.

Quand n'y a-t-il pas eu de crise ? Dès l'Église de l'Épître aux Corinthiens, on voit les chrétiens se traduire mutuellement devant les tribunaux d'État. L'histoire apprend ici à relativiser ce qui doit être relatif. Comme le dit Pascal, « Vus de l'infini, tous les finis sont égaux. »

Les Pères de l'Église avaient parfaitement su discerner la grandeur de l'Église et la fragilité de son personnel lorsqu'ils disaient d'elle qu'elle était à la fois *Virgo et meretrix*, c'est-à-dire vierge et prostituée. Crise, *crisis*, implique en grec l'idée de discernement, qui s'assortit en l'occurrence d'un œcuménisme de la prière, d'une ouverture aux autres cultures, d'une attention aux autres religions. Partout se sont engagés des dialogues, avec une humilité réelle, qui, à l'exemple de Jean-Paul II, ont engagé l'Église de manière irréversible. Obligation et chance d'une connaissance nouvelle des autres religions comme on n'en n'avait encore jamais eue, sont une des raisons d'espérer comme la redécouverte du donné chrétien, des sources chrétiennes et de la Bible l'ont été pour le XXe siècle.

Après l'histoire, on pourrait ajouter une réflexion tirée de la sociologie, valable au moins pour ce qui relève de l'Église de France. Un pays qui a connu trois guerres et trois révolutions est forcément un pays fatigué. Les jeunes Églises d'Asie par exemple, donnent une tout autre impression que cette fatigue occidentale.

Mais cela ne suffit pas. Il faut aller plus profond. La famille de Thérèse de Lisieux donne un bon exemple. Les crises n'étaient pas légères dans le dernier quart du XIXe siècle. En face de ces difficultés, deux attitudes étaient possibles. Il y eut celle de l'oncle de Thérèse, monsieur Guérin, pharmacien. Il écrivait des articles dans le journal de Lisieux pour croiser le fer avec les opposants, les francs-maçons. Et il y a l'attitude de sainte Thérèse. Elle n'a pas ferraillé. Elle a simplement prouvé le mouvement en marchant alors qu'elle fut elle-même mêlée de près à ces difficultés, que ce soit dans l'incroyable histoire et imposture de Léo Taxil, franc-maçon violemment anti-clérical dont elle fut personnellement le jouet, ou que ce soit dans la dureté de l'incertitude lorsqu'au Carmel, en 1894, les moniales étaient obligées de garder sous leurs paillasses une boîte, appelée « caisse de persécution », contenant des habits civils au cas où elles seraient menacées d'expulsion. Thérèse garda le silence.

De l'oncle et de Thérèse, de qui se souvient-on le plus ?

Dieu répondrait-il ailleurs que là où nous l'attendons ?

Je ne suis pas sûr que Dieu réponde toujours là où nous le pensons. L'analyse que fit Jean-Paul II de l'Est européen en témoigne. Il y a seulement plus de vingt ans ses conclusions auraient été impensables. Ses perceptions étaient prophétiques. Lors de son dernier accident, on a encore supputé le moment où il devait enfin partir. Cela invite à une grande confiance sur les délais du spirituel.

J'écris ces lignes après avoir assisté à la messe de la Saint-François d'Assise en la cathédrale de Manado en Sulawesi, aux Célèbes, au nord de l'Indonésie, dans la moiteur de l'équateur. J'étais entouré d'un groupe de chrétiens européens étonnés, émus, bouleversés devant la joie d'une église pleine de jeunes, et l'espérance encore vivante, courageuse et merveilleuse, celle d'un saint François-Xavier lorsqu'il prêcha ici en 1542.

Alors qu'attendons-nous pour être heureux ?

Épilogue provisoire : les fleuves de Sibérie

En face de chaque période de sa propre vie comme de l'histoire de son pays ou de l'histoire de son Église, le chrétien a le droit de se demander où il en est.

La réponse est impossible.

En Sibérie, les fleuves coulent du sud vers le nord, c'est-à-dire des climats chauds vers les climats froids. Au moment où l'hiver passe la main au printemps, alors que celui-ci n'en finit cependant pas d'arriver, que le brouillard et le gel enserrent encore les steppes infinies du Nord, des craquements se font entendre le long des fleuves. Ce sont les courants chauds qui venant du sud ébranlent les glaces. Les grondements peuvent faire peur. Ils sont peut-être aussi le signe que le printemps arrive.

Quelle période n'a pas ses craquements ?

Je préfère y voir l'espérance d'un nouveau printemps.

DEUXIÈME PARTIE

Faut-il encore prêcher ?

I. Un sermon, qu'est-ce que c'est ?

II. Du rôle des médias

III. Trois conclusions pour une parole

INTRODUCTION

J'ai peur de prêcher

Quand vous devez prêcher, avez-vous parfois un peu peur ?

Toujours. Chaque fois, la crainte me tient, longtemps à l'avance.

Avec l'âge et l'expérience, cette crainte ne s'estompe-t-elle pas ?

Non, au contraire, elle augmente. Pour être soulagé, j'écris toujours tout. La veille au soir, je m'aperçois parfois qu'il faut dire autre chose. Jusqu'à la sacristie, on rumine et on supplie.

Pouvez-vous donner quelques exemples ?

J'hésite. Il n'y a pas d'exemples à part. Encore une fois, je suis aussi craintif devant les moines ou moniales de Solesmes que devant mes amis de la montagne ou les petites élèves du collège Jules Romain. Il reste évidemment quelque chose à purifier dans le souci de bien faire. Le sacerdoce, la parole et la prédication ne se réduisent pas à un métier. Cela n'enlève pas le devoir de chercher à réaliser sa tâche au moins mal.

Cinq exemples me reviennent en tête. Vous pouvez lire ces exemples comme s'ils étaient flatteurs pour ma vanité et comme si la crainte se réduisait à celle du théâtre. Je me souviens de la réflexion d'un père de mon couvent, la seule remarque qu'il m'ait faite pendant les quatre années des conférences de Notre-Dame de Paris. Un journaliste de *Paris-Match* était venu me voir pour prendre des photos et m'interviewer dans ma cellule. Au repas qui suivit, mon voisin père dominicain me susurra : « Ah, ah, la tentation de la vaine gloire ! » S'il avait su l'angoisse, la peur au ventre, la crainte pendant des mois pour trouver ce qu'il fallait dire au nom de l'Église. Une question demeure, qui laboure : « Ce que l'on annonce est-il ce que le Christ attend de nous ? »

Oser prêcher à Radio-Alger

Nous étions en pleine guerre d'Algérie et Alger alors en pleine menace de putsch. Monseigneur Duval archevêque de la ville me demande de prêcher le dimanche suivant à Radio-Alger. Toutes les nuits, des fenêtres du couvent nous entendions au moins une soixantaine d'explosions. Nous ne le savions pas, mais la fin de la guerre était proche. Il régnait une tension d'autant plus grande. Dans les rues, on brûlait l'effigie-mannequin de l'archevêque. Des tertiaires dominicains, amis du couvent, me confient que s'ils rencontraient tel ou tel voisin à un arrêt d'autobus, ils n'hésiteraient pas à le tuer. La cathédrale avait connu le dimanche précédent l'éclatement d'une bombe Comme je devais prêcher à la radio, je vais voir Mgr Duval pour lui demander conseil, je le trouve blafard. Ceux-là même qui avaient posé la bombe dans la cathédrale viennent de lui rendre visite, d'un air innocent. Malgré sa force de caractère, Mgr Duval en est bouleversé et me fait partager son angoisse.

Le texte de la messe au cours de laquelle je devais prêcher à la radio évoquait la formidable interrogation d'Abraham qui cherche à supplier Dieu d'épargner Sodome. « Il y aura bien au moins cinquante justes dans la ville » et Abraham prend peur et descend le chiffre de sa requête : « Il y aura bien au moins cinq justes pour que tu pardonnes Seigneur. » Or, Sodome ne sera pas épargnée et se consume dans le soufre et le feu. Mais deux pages plus loin, la Bible dit que c'est à cause de la prière d'Abraham que Dieu délivra ceux qu'Abraham aimait.

Oser prêcher sur la ville d'Alger ! La parole ne pouvait naître ce jour-là que d'une prière, un peu folle, et cependant certaine parce que Dieu seul peut sauver.

Oser prêcher à des Japonais

Au milieu d'un séjour de plusieurs mois au Japon, où retraites et conférences alternaient pour les communautés religieuses et les groupes les plus divers qui pouvaient comprendre le français, le père supérieur des Dominicains m'envoya tenir compagnie à un père d'origine canadienne, dans une petite paroisse du nord du Japon à Fukushima. Il était plus âgé que moi et supportait les suites d'une hémiplégie. En arrivant dans le presbytère mal chauffé par un poêle à mazout un peu fumant, comme je regardais sa bibliothèque, il me demande tout de suite : « Pour vous, quel est le plus grand ? » Je devais comprendre « poète français ». Je sentis qu'il me fallait réussir ce premier examen de passage et lui répondis aussitôt : « Baudelaire ». Il me dit alors : « Ah, je vois que nous allons pouvoir être amis. » Et il me demande de préparer le sermon pour le dimanche qui suit, moment festif pour tous les Japonais sous le titre de *fête des Poupées*, (c'est-à-dire fête de la famille impériale et de tous les Japonais autour d'eux) et il ajoute qu'il traduira au fur et à mesure. Je pressens le choc culturel. Comment m'en sortir malgré tant de lectures depuis trente ans, des semaines passées lors d'un premier séjour dans l'archipel nippon sept ans auparavant ? Impossible de prétendre connaître le Japon malgré toute l'aide de mes compagnons. Une parabole a tout sauvé. Le moment arrive. J'utilisai la parabole du diamant rayé. Je n'en reviens pas encore, à la fin de la petite homélie, les deux cents Japonais, pourtant toujours si réservés, éclatent en applaudissements.

Oser prêcher au président de la République

En 1920, l'Assemblée nationale française avait décidé à l'unanimité d'ériger un monument national en l'honneur de Jeanne d'Arc sur la place du Vieux marché à Rouen. Le résultat ne fut atteint qu'en 1979. Tous les ans, sans aucune interruption malgré pestes ou guerres depuis la mort de Jeanne d'Arc, la ville de Rouen lui a rendu un double hommage, le matin de chaque 31 mai par un discours d'une personnalité politique sur la place du Vieux marché, là où Jeanne avait été brûlée et l'après-midi à la cathédrale par un ecclésiastique.

Le matin du 31 mai 1979, c'était le président de la République qui, entouré du gouvernement, rendait hommage à Jeanne d'Arc. Après cette cérémonie, président, ministres, ambassadeurs, députés et ecclésiastiques partent en procession jusqu'à la Seine. Le cortège est précédé par huit petites filles de Rouen habillées aux couleurs de la Lorraine. Chacune porte un bouquet de fleurs blanches. Arrivées au milieu du pont, elles jettent à l'eau leurs bouquets. Tout le cortège arrêté regarde en silence les fleurs s'éloigner au fil de l'eau. C'est là où, après l'avoir brûlée le 31 mai 1431, les bourreaux avaient jeté les cendres et le cœur de Jeanne d'Arc.

L'après-midi, la cathédrale était comble, le gouvernement en entier entourait le président Giscard et son épouse. Une trentaine d'évêques accompagnaient le nonce apostolique et de nombreux ambassadeurs entouraient l'archevêque de Rouen. Je disposais de cinquante minutes pour évoquer celle que je vénérais depuis l'âge de quatre ans lorsque j'apprenais à lire à Orléans dans les livres et les vitraux qui racontaient sa vie. J'avais peiné une année pour préparer ces cinquante minutes. Je ne l'ai jamais regretté. Devant cette foule qui montait ce jour-là le long des piliers ou s'agrippait sur les confessionnaux, une enfant pouvait en appeler à la justice de Dieu.

Oser à Notre-Dame de Paris

J'eus le même choc à la dernière conférence de Notre-Dame de Paris. Après quatre ans et vingt-six prises de parole, comment conclure ? Je rappelais la réflexion de Matisse alors qu'il avait terminé la chapelle de Vence. Matisse était entré furtivement un jour à Notre-Dame de Paris. Il raconte lui-même : « La foule immense, des têtes à perte de vue, l'architecture, les vitraux et, par moments, les vagues de la musique de l'orgue passant sur ces têtes, tout cela était très impressionnant. Quand je suis sorti, j'ai pensé : Eh bien ! en face de tout cela, qu'est-ce que ma chapelle de Vence ? Alors je me suis dit : c'est une fleur. Ce n'est qu'une fleur, mais c'est une fleur. »

Oser devant des « Maîtres en théologie »

Les conditions de mon tout premier sermon furent totalement inattendues, mais pour moi angoissantes. Trois mois après mon entrée en religion, je dus me soumettre à une coutume probablement ancienne dans les couvents dominicains. La veille de Noël, avant l'office, il était de règle que le sermon soit confié à un frère novice nouvellement arrivé. Le sermon devait être fait en latin, dans la grande salle capitulaire du couvent, devant l'ensemble des pères et frères assemblés. Le sort tomba sur moi. Huit jours auparavant, le père maître des novices me demanda donc de préparer cette homélie. La difficulté n'était pas le latin, mais une double attention qui était requise en amont et en aval.

En amont, qu'avais-je le droit de dire sur ce formidable mystère ? Après être entré une première fois dans l'histoire humaine par la longue, tendre et rude pédagogie de l'Ancien Testament pour réapprendre aux hommes, à travers le peuple juif, ce qu'est le bien et le mal, Dieu intervient une deuxième fois en venant en personne comme un petit embryon d'homme porté par une mère et né dans une étable, et c'est Noël. Nous étions encore en pleine guerre, on mobilisait à nouveau certains officiers pour en finir. L'hiver de 1944 était dur, bien que Paris fût libéré. La ligne de front était encore avant les Vosges.

Par le plus grand des hasards, j'ai retrouvé dans un tiroir les pages de ce sermon. Je me souviens du choc de ce soir-là. Moi novice depuis quelques semaines seulement, je devais m'asseoir dans la chaire du père prieur. J'avais donc à tenir compte en aval du public : pères dominicains, maîtres en théologie ou prédicateurs généraux, il y avait en face de moi, le père Chenu, le père Régamey et bien d'autres. Arrivé si récemment dans ce couvent, j'ai perçu l'énormité d'oser nommer « parole de Dieu » ce que dit un homme quand il prêche. Cela ne devait plus jamais me lâcher. Alors que j'étais un peu pétrifié avant ce sermon — comparution devant tous les pères du couvent de Saint-Jacques, l'un d'eux me fit remarquer à la récréation du lendemain que le gérondif utilisé à un certain moment de mon sermon ne lui paraissait pas nécessaire à cette place-là... Gérondif ou pas, était-ce le problème ? C'était Noël !

On dort mal la veille d'un sermon

On dort mal la veille d'un sermon, même s'il n'est pas de télévision, que ce soit à Alger, Fukushima, Rouen, Notre-Dame de Paris ou dans ma petite paroisse de montagne. On essaye « d'aller jusqu'au bout de soi-même », comme le disait le Curé d'Ars, c'est tout. On ne résiste pas à « l'impossibilité de ne pas parler » ainsi que saint Pierre répond dans les Actes des Apôtres à ceux qui voudraient le faire taire. C'est tout.

Et après ? Après le sermon, on ne sait plus rien, sinon espérer qu'au moins c'était une fleur.

Pendant les conférences de Notre-Dame de Paris, j'habitais un couvent situé entre la Tour Eiffel et l'esplanade des Invalides. Un petit bistrot, *Au Club des boulistes*, regroupait les adeptes de pétanque le long de l'esplanade, côté Champ-de-Mars. Tout l'espace de ce côté est réservé aux joueurs de boules. Il me suffisait d'un coup d'œil pour voir si Zavatta, le grand clown et patron de cirque, était là. Sa présence provoquait toujours un attroupement. Il aimait beaucoup jouer aux boules. Combien de fois me suis-je arrêté pour le regarder ! Pour lancer la boule, il prenait toujours de l'élan, s'arrêtait dans le cercle tracé sur le sol, mais, déséquilibré, il était obligé de courir après la boule qu'il avait lancée.

Ainsi du prédicateur avec sa parole. Elle le dépasse. Il ne peut que courir après, pour garder son équilibre.

Interrogé sur ce qu'il faisait lorsqu'il peignait des tableaux, Georges Braque a donné une des plus belles précisions sur ce qu'est l'art.

Savait-il qu'il livrait en même temps la meilleure définition de ce qu'est un sermon ? « C'est une blessure devenue lumière. »

La parole, acte conjugal

Il en va d'un sermon comme du bien et comme du mal. La première tentation en face du mal est de croire qu'on peut s'en expliquer par des idées et des remarques intellectuelles. Le mal n'est d'abord ni un problème, ni un mystère, ni même une énigme, c'est un *pouvoir* qui agresse, qui diminue, qui prive l'être de ce qui lui est dû. C'est concret, cela blesse, cela meurtrit, cela tue. Ainsi en va-t-il aussi du bien et de l'amour. C'est concret et cela ne se résout jamais de manière satisfaisante par des explications. Ainsi de toute parole, et surtout de la Parole de Dieu ; son mystère ne se réduit pas à des explications ou des idées.

Aristote dans *La Rhétorique* compare l'exercice de la parole publique à l'acte conjugal. L'analogie peut paraître audacieuse. Est-elle si fausse puisqu'il s'agit d'un échange, d'un courant plus fort que la mort qui passe ou non entre deux personnes ? C'est pourquoi on ne peut pas répondre seulement par des idées à la question : qu'est-ce qu'un sermon ? Il est seulement possible d'évoquer à titre d'exemple quelques prédications dont le souvenir reste présent. Pour saint Augustin, l'acte de prêcher était un sacrement.

I
Un sermon,
Qu'est-ce que c'est ?

1

D'où parles-tu ?

Si vous aviez eu des enfants, quelle aurait été votre plus tenace et subtile souffrance ?

Elle serait sûrement née avec la découverte de leur peu de goût pour la religion. J'aurais buté sur mon absence de savoir-faire pour la leur faire aimer. J'en pleure parfois en face de certaines tiédeurs ou absentéisme de neveux et nièces. Pourquoi quelques-uns sont-ils aux abonnés absents ? Leurs motifs me paraissent souvent tellement désuets et faibles. Mais, c'est un fait. Jusqu'où faut-il y consentir passivement ?

Cela ne vous gêne-t-il pas d'être appelé « prédicateur », « prêcheur » ? Cette appellation est souvent péjorative, voire sarcastique. Alors commençons par le commencement. Dans quel sentiment, en quelle passion, puisez-vous la force de « faire un sermon », en quelle source ?

On n'a jamais fini d'avoir peur de prêcher. La foi est cette participation à l'honneur que le Christ nous fait de partager la pensée de son Père. La prédication est cela ou elle n'est rien. Raison de plus pour se compromettre dans un examen de conscience où l'on souhaiterait qu'il n'y ait aucune autre plainte que celle qui habitait le Curé d'Ars : « La pauvre utilisation que j'ai faite de la grâce. » On peut dire identiquement : « La pauvre utilisation que j'ai faite de la Parole et de mes sermons. »

Malgré toutes les richesses actuelles, on aura probablement rarement rencontré dans l'histoire de la catéchèse autant de parents, de responsables, de catéchistes aussi démunis qu'aujourd'hui devant « les jeunes ». « Cela ne les intéresse pas », « On ne les comprend pas », « On ne sait pas comment faire ». « On ne peut quand même pas les traîner à la messe ». « Le vicaire de la paroisse qui est très sympa, a beau faire tous ses efforts, cela n'aboutit pas beaucoup. »

La souffrance est réelle, elle est parfois dure.

Sartre écrit dans *Les Mots* : « Ce n'est pas la difficulté des dogmes qui m'a fait perdre la foi, mais l'attitude de mes grands-parents. » Un aumônier général des Guides de France faisait remarquer que le problème n'est pas « les jeunes ». C'est le mystère lui-même, c'est nous, c'est notre foi qui font mal... parce qu'il s'agit bien d'aller « jusqu'au sang » pour transmettre la foi.

Balbutier, malheur à ceux qui se taisent

Comment procèdent ceux qui ont du génie ?

Aristote, lorsqu'il ouvre sa méditation sur le sens du monde et des choses, dit que le début de toute sagesse est l'étonnement, l'émerveillement. Ce qui est surprenant ce n'est pas qu'il y ait des crises ou des difficultés dans l'accès à la foi, c'est l'inverse : c'est que malgré la dureté des temps, le cafouillis des cultures, la foi soit quand même communiquée ! Un catéchisme non seulement est possible, mais il existe et il est remarquable. Le premier obstacle pour toute transmission est l'absence d'étonnement : la communication a eu lieu et elle perdure ! Pour retrouver ce qui me saisit avant chaque sermon, j'ai besoin de donner la parole aux grands serviteurs de la foi. Ils disent la brûlure, le cri, la blessure nés de l'étonnement qui les surprend lorsqu'il s'agit de « transmettre ».

« Que peut-il dire, celui qui parle de Vous ? Et pourtant, malheur à ceux qui se taisent de Vous, car en parlant, ils sont muets. » (Saint Augustin, *Confessions*, Liv. I, 4).

« Dans l'impuissance où nous sommes d'annoncer la profondeur de notre salut, nous sentons qu'il nous est bon d'être écrasés. Jamais en effet, l'on est plus près de connaître la Vérité, même si l'on a beaucoup progressé dans les choses divines, que lorsqu'on comprend qu'elles restent toujours à découvrir. » (Saint Léon, *Neuvième Sermon sur la Nativité*.)

« Et que nous reste-t-il à faire, sinon à annoncer les sublimités de Dieu, en balbutiant. » (Saint Thomas d'Aquin, *Ia qu. 4, art.1, ad IIum*). Et encore : « Dans la ferveur de sa foi, le chrétien aime la vérité qu'il croit ; il la tourne et la retourne dans son esprit ; il l'embrasse, en cherchant tant qu'il peut des raisons à cette cogitation et à cet amour. » (Saint Thomas d'Aquin, *Ia IIae qu.2, art.10*).

« Balbutier » ; « malheur à ceux qui se taisent » ; « embrasser la vérité » ; « bon d'être écrasé » ; « restent toujours à découvrir »... Quelle litanie ! C'est celle du prédicateur.

C'est le même Thomas d'Aquin qui répétait : « Aristote, à qui l'on demandait où il avait tellement appris, répondait : dans les choses qui ne savent pas mentir. » C'est Jeanne d'Arc devant ses juges : « Il y a plus ès-livres de Notre-Seigneur que ès-vôtres. » Aucune lecture n'est plus saisissante sur l'usurpation du pouvoir de la parole par les clercs, que la fiche signalétique des cent vingt-six maîtres, juges, assesseurs qui participèrent au *Procès de condamnation* de Jeanne d'Arc. Dans l'admirable travail fait par Tisset, aux éditions Klinsieck, on trouve la carte d'identité de chacun. Quelle leçon lorsque l'innocence comparaît devant le pouvoir de la parole et du jugement !

Jean de la Croix résume : « Dans une nuit plus aimable que l'aurore. »

« Malheur à ceux qui se taisent ». « Balbutier ». « Embrasser la vérité ». « Bon d'être écrasé ». « Restent toujours à découvrir ». « La nuit »... Tels sont les mots utilisés par ceux qui ont risqué la prison comme saint Jean de la Croix, qui ont été jusqu'au bûcher comme Jeanne d'Arc, qui ont converti leur vie comme saint Augustin, affronté une majorité de responsables prêts à abandonner le roc de la doctrine comme saint Léon, ou épuisé leur existence dans le martyre de l'étude comme saint Thomas d'Aquin ou le père Lagrange ? Et dire qu'on a l'habitude de les faire passer pour des doctrinaires ! Alors qu'ils ont été consumés par l'étonnement qui ne les a pas quittés. Leur voix, leur foi ne les a pas trahis. Ils n'ont jamais cru que c'était facile de prêcher et de transmettre l'amour de la foi. Ils ont été fidèles. Ils sont simplement restés des étonnés, des émerveillés, des surpris par la certitude qui les avait saisis. Ils n'ont pas vécu d'évidence, mais bien de la certitude de la foi. C'est tout autre chose. Ils ont été dans la nuit, mais ils n'ont pas fait l'apologie de la nuit pour la nuit. Ils attendaient trop la lumière.

L'exemple de Raymond Devos

Trouvez-vous des équivalents dans certaines professions, si l'on ose dire, similaires à la vôtre ?

Qu'on me pardonne de citer ici un témoin. C'est peut-être un bel exemple de cet étonnement devant la communication. Ce n'est pas parce qu'il fait profession d'être comique qu'il n'aurait pas beaucoup à nous dire sur le sens des mots et la peine qu'il y a à transmettre. Il est bien maître ès-communication. Il le prouve depuis assez longtemps. Voici comment Raymond Devos parle de sa « passion » :

« En général, les sketches viennent par étapes. Il faut les mériter. Même si le Ciel est avec vous, il y a un moment où il ferme le guichet : « Il est trop tard. Maintenant c'est fini pour l'inspiration. Vous reviendrez demain ». Et je reviens le lendemain parce que je suis entêté. Je frappe à la porte et je travaille. Quelquefois, ça ne vient pas, mais je m'acharne. Même si c'est pour s'en amuser, même si « quelque part », il y a une émotion, une sorte d'attendrissement devant ce que l'on est : de temps en temps en trouvant un mot, un gag, j'ai les larmes aux yeux. Les gens considèrent ce que nous faisons comme un divertissement, une espèce d'échappatoire, une soupape de sûreté. On dit que le rire est le propre de l'homme : il est le contrepoids de l'intelligence. Ce n'est pas rien ! C'est une condition de survie. Si on n'avait pas le rire, on mourrait de prétention, d'orgueil, de sécheresse, de fanatisme. Je vois mes confrères : ils finissent par désespérer et se détruisent parfois. Pourtant, malgré mes petits drames personnels, ma solitude, mes inquiétudes et mes angoisses, jamais je n'ai pensé à changer de métier. Jamais. Je mourrai avec. Dans un coin, dans le fossé ou sur une scène. Je voudrais dire aux spectateurs : « Je ne vous l'ai pas encore avoué, mais je vous aime d'amour. Je vous ai consacré toute ma vie et je suis prêt à vous consacrer ma mort. Oui, je voudrais mourir pour vous, là, sur scène ». »

« Je m'acharne ». « Les larmes aux yeux ». « Condition de survie ». « Je mourrai avec ». Ces mots ne sont pas si éloignés de Léon le Grand, d'Augustin ou de Thomas d'Aquin... Si ce pouvait être le cri du prédicateur qui dit la première source de sa joie et de sa souffrance : il est et sera toujours consumé par un étonnement.

Si, garder un esprit capable de s'étonner, comme le dit Aristote au début du livre des Métaphysiques *est la première condition du prédicateur, quel est le deuxième sentiment du « prêcheur » ?*

Il n'y a qu'une certitude, c'est de pouvoir s'appuyer sur le Christ. Sur son émerveillement en face de son Père (ce que nous avons appelé l'étonnement) et deuxièmement sur une brûlure. Celle dont parle Jérémie, telle que nous l'avons déjà rappelée : « Les petits ont demandé du pain, et il n'y a eu personne pour le leur rompre. » La cruauté la plus grande ne serait-elle pas de ne plus dire la foi ? Oui, la foi... même avec de pauvres mots.

L'ultime recours du prédicateur est une certitude, celle que le Christ a annoncée dans sa dernière prière. « Je ne prie pas pour eux seulement, c'est-à-dire les apôtres, mais pour tous ceux qui, à cause de leur parole, croiront en moi. » C'est bien la dernière assurance du prédicateur : le Christ lui-même a prié pour ceux à qui nous adressons la parole. Comme le dit la théologie pour résumer la prière : *Omnipotens supplex*, la supplication toute-puissante. Tel est le dernier examen de conscience de celui qui prend la parole : « Me suis-je appuyé sur la prière du Christ pour ceux qui m'écoutent ? » Cela n'enlève rien du mal qu'il faut se donner pour bien faire son métier, mais mon métier ne s'arrête pas à la satisfaction de m'être donné de la peine.

Dans son testament spirituel, le discours de Milet aux anciens d'Éphèse, saint Paul reprend la parabole de la sentinelle : « Je n'ai rien négligé de ce qui pouvait vous être utile. Vous ne reverrez plus mon visage, je suis pur de votre sang à tous. Je n'ai vraiment rien négligé. » (Actes, 20, 17-35). La comparaison est grave. Saint Paul peut regarder ses mains, elles sont pures du sang de ceux à qui il était chargé d'annoncer le salut. La parabole de la sentinelle est celle qui définit au mieux le statut de celui qui partage sa foi. On ne lui demande pas d'abord des interprétations ou des émotions. Mais, « A-t-il ou non sonné du cor lorsque l'ennemi approchait ? » La parabole traverse toute la Bible. Isaïe et Ézéchiel en ont vu l'urgence : « Fils d'homme, parle aux fils d'Israël. Les gens de ce pays prennent parmi eux un homme et l'établissent comme guetteur. Si le guetteur voit venir l'épée et ne sonne pas du cor, les gens ne sont pas avertis et je demanderai compte du sang à la sentinelle. Par contre, si tu es averti et que celui qui a entendu le son du cor ne tient pas compte de l'avertissement, son sang sera sur sa tête. Il avait entendu le son du cor. Son sang sera sur lui. » (Ézéch. 33, 1-9). Saint Paul peut vraiment regarder ses mains et conclure : « Je suis pur de votre sang à tous. Je n'ai vraiment rien négligé. » (Act. 20, 26-27).

Le naufrage du Titanic

Vous avez ouvert à Notre-Dame de Paris la dernière année du cycle de vos conférences en évoquant le naufrage du Titanic. N'est-ce pas trop dramatiser ?

Dans une fantastique intuition visionnaire, Kierkegaard réinventa la parabole du veilleur et de la sentinelle. Soixante ans avant que la catastrophe du *Titanic* n'arrive en 1912, il l'a décrite mot à mot. C'est la parabole du Point blanc à l'horizon. On vient prévenir le capitaine du plus grand navire du monde qu'il file droit sur un iceberg. Le capitaine sait, mais ne veut pas prévenir les passagers car au salon, on danse et on sable le champagne. Le bateau ne peut pas couler. Il est insubmersible. Et c'est la catastrophe. C'est exactement ce qui est arrivé au *Titanic*. Malgré les appels répétés des cargos *Californian*, *Caronia* et *Baltic*, l'opérateur-radio n'avait pas voulu écouter les appels à l'attention en face des icebergs. On était déjà dans la fièvre anticipée de l'arrivée à New York. Les télégrammes de triomphe et de minauderies affectives avaient la priorité sur tout autre chose. On jouait au poker et on dansait au salon. Le radio du *Californian* à son troisième appel s'entendit répondre par le radio du *Titanic* : « Ferme-la, tu brouilles mes émissions. » Et ce fut la mort de mille six cent trente-cinq passagers.

Kierkegaard comparait le chrétien à celui qui sait et qui *doit* parler. Saint Paul s'était demandé : « Comment l'invoqueraient-ils sans avoir cru en lui ? Comment croiraient-ils en lui sans l'avoir entendu ? Comment l'entendraient-ils si personne ne le proclame ? » (Rom. 10, 14). Puisque aujourd'hui les mots sont usés, ne faut-il pas davantage encore le proclamer ? Mais l'Épître aux Romains ajoute : « Comment le proclamer sans être envoyé ? »

Cela nous ramène à cette vérité première : la foi est un don de Dieu. Les choses de la foi dépassent la raison humaine. Elles ne peuvent même pas nous venir à l'idée si Dieu ne les révèle. Lorsque l'homme adhère à ce qui est de foi, c'est Dieu même qui l'abouche à la propre connaissance que Dieu a de lui-même. L'homme est élevé au-dessus de lui-même. Il est alors doté de l'intérieur d'un nouveau principe qui le meut du dedans, et ce principe c'est Dieu lui-même. Seul un fiancé peut bien parler de lui-même à sa fiancée. Seul Dieu peut bien parler de Dieu et faire des confidences sur Dieu.

Décrocher ou non le téléphone

Ne pouvez-vous trouver un exemple, une parabole pour expliquer cela concrètement ?

J'aime prendre la comparaison du téléphone. Elle est simple, elle dit tout. Une sonnerie retentit. Il y a cent raisons pour décrocher et neuf cents raisons pour ne pas le faire et rester tranquille. Parfois les neuf cents raisons l'emportent. C'est tellement plus agréable de ne pas se poser de questions et de n'avoir pas à se déranger pour répondre.

On connaît le langage ecclésiastique, usé, fatigué ou oppressant.

Alors on peut discuter indéfiniment sur les raisons de l'absence de Dieu ou de l'insuffisance de tout discours sur Dieu ou faire toutes les analyses sur l'incroyance d'aujourd'hui ou les torts de l'Église d'hier. On est champion pour légitimer les *a priori* qui permettent de ne pas entrer dans cette « Église hiérarchisée » et pour garder les idées toutes faites, insignifiantes, débiles et fausses qui encombrent la pseudo-culture occidentale, et dont on se contente avec légèreté et opiniâtreté, alors qu'on ne le ferait jamais s'il s'agissait d'informatique, d'astrophysique ou même de pharmacie ! Lorsqu'il s'agit de la confiance ou de la foi dans son médecin ou dans son chirurgien, parce qu'on a peur, on accepte d'obéir. Lorsqu'il s'agit de trouver un emploi parce qu'on n'a plus rien, on se soumet à certaines conditions. Lorsqu'il s'agit de régler les assurances de son logement, on souscrit au contrat, sans en avoir pour autant compris toutes les clauses. Lorsqu'il y va de la fin ultime, de la foi, et de la confession de foi, les tentations de repousser la signature et l'acte d'humilité qui scellerait tout se font pressantes. Or il suffirait de décrocher l'appareil. C'est tout.

« Après tout, cela est peut-être vrai ? »

Si je décroche et *seulement si je décroche*, un tout autre ordre de réalités va être en cause, car alors, je peux reconnaître la voix et admettre qu'on me parle. Il ne suffit pas de chercher indéfiniment la transcendance. Un jour, il faut accepter de se mettre à genoux. Certes quelques-uns, les apôtres et les prophètes auront rencontré et entendu la parole plus immédiatement. Mais détrompons-nous, cela n'a pas été plus facile pour eux de faire confiance et de prendre la main de celui qui parlait. Ils l'avouent tous : ils ont eu envie de fuir, d'esquiver la responsabilité, d'être dégagés du combat. Pour beaucoup, pour nous, la voix aura été servie par les porteurs de la Parole. Si on ne veut pas en passer par ce petit geste, décrocher, rien ne commencera. C'est désespérément simple, c'est désespérément humble. Seul le timbre personnel de sa voix peut lever tout doute. « C'était Lui ».

Encore une fois, il suffit peut-être de se mettre à genoux pour l'entendre. Plus d'un génie a bien osé, pourquoi pas nous ? Après tout, « si c'est vrai », mieux vaut essayer. On connaît l'histoire juive rapportée par Martin Buber : « Un rationaliste, homme très instruit était venu discuter avec le Berditschever, pour réfuter ses preuves en faveur de la foi. Il trouve le Zaddik abîmé dans une méditation profonde. Celui-ci allait et venait, finalement s'arrête, regarde son hôte : « Peut-être cela est-il vrai. » Le savant rationaliste essaye de se ressaisir, se met à trembler tellement le Zaddik est effrayant à voir et ses paroles effrayantes à entendre. Alors le rabbi lui dit calmement : « Mon fils, les Grands de la Thora avec qui tu as discuté ont perdu leur temps. Tu étais parti avec un sourire moqueur. Ils n'ont pas pu étaler sur la table la preuve péremptoire de Dieu. Moi non plus, je ne le pourrai pas. Cependant, réfléchis bien, peut-être cela est-il vrai. »

Le rationaliste essaya de répliquer, mais l'écho de ce « peut-être » finit par emporter sa résistance. »

2

Les sermons ennuient parfois, souvent. Pourquoi ?

Avec malice, vous avez rappelé une remarque de Julien Green. Après un sermon un peu ennuyeux qu'il avait entendu à Montréal, Julien Green rapporte dans son Journal : « Je me suis souvenu de la réflexion de Léon Bloy : "Et dire qu'ils ont le toupet d'appeler cela la parole de Dieu !" » Êtes-vous d'accord ?

Le micro a donné un nouveau type de pouvoir à tout le monde. Les fidèles chrétiens sont relativement discrets dans les reproches qu'ils pourraient nous adresser lorsque nous utilisons mal ce pouvoir. Ce n'est pas réservé aux sermons ou aux commentaires. Les tics, les réflexes factices, les excitations ou simulations des présentateurs de la télévision sont là qui révèlent, comme grossis à la loupe, ce qui menace tout un chacun lorsqu'il prend la parole : derrière l'angoisse, une certaine jouissance — inconsciente (?) — mais dominatrice, même chez les timides.

Castaldi en animant l'émission *Loft-Story*, et bien d'autres présentateurs, avouaient qu'il faut s'attendre à « en prendre plein la figure » si l'on entre quelque peu dans les médias. À la télévision, l'audimat a vite fait de jouer son rôle. Certains ne tiennent même pas un mois.

Ce n'est pas le cas dans l'Église. Quand on est nommé à un poste, les fidèles doivent bien nous supporter. Ils peuvent aussi être fondamentalement injustes. Cela ne veut pas dire qu'ils se trompent forcément ; dès qu'il y a une parole vivante dans une paroisse, ils le reconnaissent. Autrefois les fidèles savaient aller écouter le chanoine Michel à Saint-Louis-d'Antin, Mgr Chevrot à Saint-François-Xavier comme aujourd'hui ils savent venir à Saint-Pierre-du-Gros-Caillou avec un instinct sûr et heureux pour déceler les lieux où il y a une parole nourricière et vraie.

Maladies des artistes, maladie des prédicateurs

Vous évoquez l'ennui des sermons ou les tentations des prédicateurs. Est-ce seulement le cas de la parole ecclésiastique ?

Ce qui menace les artistes peut aider à comprendre ce qui pèse sur les prédicateurs.

Un architecte peut être normalement tenté par une certaine paranoïa. Il voit son projet. Il est possédé par ce qu'il doit réaliser : un espace pour la danse, un grand magasin, un théâtre, un monument commémoratif. Le rêve l'en poursuit et la tentation le pousse à imposer son rêve. Si les commanditaires n'en veulent pas, c'est qu'ils ne le comprennent pas, l'architecte se victimise pour mieux culpabiliser les autres qui eux sont bien forcés de composer avec les exigences du réel. Les idées de l'artiste peuvent être bonnes, si on ne les admet pas, ce serait manque de culture, pusillanimité, absence de goût, etc. En bref, c'est la faute des autres. Le vocabulaire peut être très beau... si l'auditoire ne le comprend pas... « les autres » eux, ont de leur côté peut-être aussi à tenir compte de nécessités pratiques. Il y a une vérité subjective, celle des sujets à qui la maison ou le sermon est destiné. Avant d'accuser les autres, l'artiste comme le prédicateur doit intégrer ces contraintes. Il peut y avoir une beauté ou une vérité de l'œuvre, elle n'est pas totale si manque la vérité du service que l'œuvre doit rendre. Ce n'est pas seulement pour se faire plaisir que l'architecte construit un théâtre, une école ou une église. Fallait-il vraiment que dans le couvent de l'Arbresle les marches soient si hautes à l'imitation d'un temple mexicain, qu'elles rendent difficile l'usage des escaliers aux pères âgés ou même plus jeunes ? Mais Le Corbusier suivait son idée : l'architecture d'un couvent devait obliger à circuler lentement...

S'il est évident que l'architecte est un peu guetté par la paranoïa, le peintre succombe plutôt davantage à la schizophrénie. Il poursuit aussi un rêve, son rêve capable de le tenir longtemps. Certains des plus grands contemporains retournaient leurs tableaux contre le mur et ne les signaient parfois qu'après quinze ans de reprises, par exemple Rouault, qui a refusé à son galiériste de signer certains de ses tableaux. Le peintre n'impose pas forcément sa vision des choses, au contraire. Il n'est pas mécontent de garder pour lui l'émotion initiale de son tableau. Qu'on le laisse jouir en paix, tant pis pour l'avis des autres. Il préserve son plaisir. Il est à lui. Il s'y complaît. Georges Braque le confiait : « Un tableau n'a pas besoin de sortir accompagné de sa bonne. » Sous-entendu : de commentaires et d'explications.

Le poète peut n'écrire que pour lui-même. Non pas le musicien. Celui-ci a besoin que son œuvre soit jouée. Ce serait non pas paranoïa ou schizophrénie, mais plutôt nostalgie obsessionnelle qui le menacerait. S'il n'est pas entendu, il n'est rien.

Les risques du prédicateur

Mon voisin de palier, le père Plé, dominicain, qui était chargé de recevoir les candidats à la vie religieuse ou au sacerdoce avant qu'ils n'entrent au séminaire ou au couvent, avait remarqué les constantes qui orientaient certains vers telle ou telle forme de vie. Pour les dominicains, c'était évidemment la paranoïa ; pour les jésuites, la schizophrénie ; pour les trappistes l'obsessionnel. J'écris cela en souriant car la vie et la réalité prouvent que la grâce de Dieu est autrement plus forte que toutes ces classifications. Heureusement. Il en va de même pour les artistes et les prédicateurs. Cela n'empêche pas de relever diverses insuffisances de notre part dont peuvent pâtir les fidèles.

J'écris ici en tremblant. Je ne me serais pas permis cette aventure sans l'insistance pressante et renouvelée de frères dominicains. Ils m'ont relancé. « Dites-nous votre expérience de prédicateur et allez jusqu'au bout ».

J'ai hésité. L'expérience est un manteau que l'on n'use que sur ses propres épaules. La pratique de la parole est-elle transmissible ? Comment ne pas être indélicat ou injuste envers les prédicateurs et les prêtres ? J'ai tout reçu d'eux. Je dois tant à mes aumôniers, confesseurs et professeurs. Au début de ma vie sacerdotale, j'ai vécu seul pendant des mois avec le père Marie-Alain Couturier. Directeur de *l'Art sacré*, il m'a profondément marqué par la qualité de sa prédication. Son ami, le père Duployé aimait à lui dire avec humour : « Si vous faisiez de la peinture comme vous prêchez... » Qu'on veuille donc bien pardonner les pages qui suivent. Elles me mettent en cause le premier et j'ai l'impression d'avoir encore tout à apprendre.

Vous avez annoncé plusieurs attitudes antérieures à la prédication, de quoi faut-il donc se préserver concrètement ?

Pour faire simple, j'en isole quelques-unes. Encore une fois je suis capable et coupable de toutes.

L'INSIGNIFIANCE. J'ai déjà rappelé comment mon grand-père nous promettait une pièce de dix sous si nous étions capables de lui répéter ce qu'avait dit monsieur le curé pendant son sermon. Je me suis bien souvent trouvé incapable de gagner la pièce de dix sous et je le serais encore aujourd'hui. Non pas qu'il n'y ait pas de la part du prêtre sincérité, bon cœur, sympathie, mais notre verbe est souvent *insignifiant.* Ce peut être parfait et en même temps, (ce qui n'est pas contradictoire), parfaitement inutile. Est-ce manque de préparation, manque d'imagination, manque de conscience professionnelle, je ne sais ? L'avocat est obligé de se battre pour gagner une cause. Le député doit se défendre pour garder son mandat. J'étais quelquefois choqué lorsqu'en Sorbonne le professeur ne se donnait aucun mal pour « faire » son cours, sinon lire les épreuves du livre qu'il préparait. Il n'avait aucune sanction de choc en retour du réel. Et le prédicateur ? Que risque-t-il ? Dans un sermon, on peut parfois deviner à l'avance l'enchaînement, faut-il dire des idées ou simplement des propositions, comme si elles s'enclenchaient automatiquement : éros-rhinocéros, etc. On brode sur l'Évangile du jour, on tient des propos pieux ou des conseils de morale, mais à l'évidence on n'a pas « lutté jusqu'au sang » pour savoir si c'était utile à cet auditoire-ci.

LA CULPABILISATION. Après l'insignifiance, menace la *culpabilisation.* Il est plus facile de montrer les défauts ou les travers des fidèles que de savoir rendre séduisante la présence ou l'appel de Dieu. Alors on dresse le tableau des déficiences. On culpabilise, mais souvent en laissant entendre que, soi-même, on est du bon côté. Quitte à retomber dans ce que nous disions de la paranoïa, on se victimise pour mieux culpabiliser l'autre, les autres, l'institution, les responsables du diocèse, Rome, la société, la culture, la télévision, que sais-je ? J'ai longtemps vécu avec un supérieur, homme de grande compassion, qui ne pouvait s'empêcher de prêcher sans culpabiliser ses auditeurs. C'était enrobé... mais insupportable. Je n'ai jamais osé le lui dire. Après ses sermons on se sentait toujours coupable et un peu écrasé.

LA LANGUE DE BOIS. Elle est évidente. La langue de bois est le troisième risque d'un sermon. Ici il faudrait distinguer à l'intérieur du discours ecclésiastique deux types de langue de bois et d'abstraction.

Je ne résiste pas à citer des textes illustrant la première catégorie : le vocabulaire Dans un de ses derniers romans, *L'Agneau*, Mauriac avait épinglé notre charabia ecclésiastique. Le roman commence ainsi : « Dans le train entre Paris et Bordeaux, Xavier lit une revue que lui a conseillée son directeur de conscience puisqu'il se destine au séminaire : « La connaissance que nous pouvons ainsi acquérir ressortit au premier degré de l'intellection ananoétique. Le sujet trans-objectif domine la connaissance que nous avons de lui, et ne devient objet pour nous que dans l'objectivation d'autres sujets transcendantalement considérés. » Son voisin de compartiment lui demandant ce qu'il lit, Xavier lui répond : *La Vie spirituelle.* »

J'étais, à l'époque où parut le roman de Mauriac, responsable de *La Vie spirituelle*. En pénitence de sa malice qui signalait un article vieux de plus de quinze ans, j'abonnai Mauriac à la revue. Nous avons ri ensemble.

Mais au même moment je découvrais bien d'autres exemples qui donnaient raison à Mauriac. Voici comment un grand théologien prônant la nécessité d'aller au peuple et d'être moderne, s'exprimait dans la revue liturgique *La Maison-Dieu* : « Parmi les secteurs où se manifeste cette ressource retrouvée, les sacrements, mieux la sacramentalité générale de l'économie, constitue le domaine le plus fécond, du fait que le sacrement est une opération en laquelle la foi au mystère de l'Homme-Dieu est investie dans une action qui se réalise par et dans les symboles : c'est-à-dire que son engagement implique, dans sa substance et non comme un opportun accident, une prise en charge... » etc.

Il serait trop facile de multiplier les exemples : « Perçu dans sa globalité, le vécu événementiel intègre en son surgissement non pas à proprement parler une distanciation quantifiable d'avec la thématique de l'aliénation, mais il potentialise indiscutablement des virtualités. Dans la mesure où il induit une connotation ludique qui s'apparente à une réaction contretransférentielle, on doit postuler l'antécédence du complexe parental sur le complexe œdipien... »

Que le père Chenu, le père de Certeau, le père Hameline, le père Marliangeas aient eu besoin de ce type de discours n'est pas très grave, ils s'adressent à des spécialistes. Le langage administratif, par exemple dans les notices officielles dans les déclarations de succession, est rigoureusement de la même veine. Je citerai plus loin l'humour avec lequel le chansonnier Pierre Perret a répondu officiellement lorsqu'on lui a proposé de faire partie du *Comité pour la simplification du langage administratif*. Quel dommage qu'il n'y ait pas semblable comité pour le langage ecclésiastique.

Je pense à un autre type d'abstraction ou de dévaluation du vocabulaire. C'est celle qui nous guette parfois lorsque nous nous laissons piéger par l'incohérence des images, l'impropriété des termes ou l'inflation et banalité verbale qui n'a rien à voir avec la simplicité de la conversation qui pourrait ou devrait être une caractéristique de l'homélie. Combien de fois n'avons-nous pas entendu ou perçu dans le jargon ecclésiastique : des « cheminements qui interpellent », des « appels de la base pour rejoindre les signes des temps qui débouchent dans une perspective de la pastorale d'ensemble ». Le langage épiscopal n'y échappe pas, non plus que ceux des responsables de commissions... et de chacun de nous, si on se laisse aller.

« Il y a des missions qui impliquent une participation et demandent d'être une voie dans la kermesse des idées en se vivant en termes de communication », ou « un bilan d'une réalité œcuménique qui permet la constatation qu'il est possible au sein même des différences de se poser ensemble la question de Dieu dans l'actualité des défis de ce monde ». « Une compréhension théologique vraie qui s'enracine dans une unanimité de fond ».

Politique, marketing ou syndicats subissent de la même manière cette leucémie du vocabulaire. Telles ces lignes d'une motion politique. « Il faut mesurer les opportunités en termes d'objectifs sociaux. Le rôle du parti est assez ciblé pour le replacer dans le cadre d'un projet qui sera à définir. Au niveau des valeurs et des exigences de la période, cela nous conduit à une réévaluation de notre message. Il faut trouver un langage, un style qui soit unifiant pour un mouvement social éclaté. »

Du chapitre premier du spécialiste liturgique sur péché et pardon : « Pour ouvrir notre réflexion, il nous semble indispensable de situer le contexte dans lequel jouent ces interrogations. Cela nous conduira à dégager quelques voies de réflexion qui sont autant d'invitations aux lecteurs à se situer eux-mêmes dans cette aventure. Pour situer les traits dominants du contexte dans le domaine qui nous intéresse ici, nous avons choisi deux approches. »

Quel vocabulaire ! Une « réflexion » « situe un contexte » où « jouent des interrogations » qui « dégagent des voies » de réflexion pour « se situer dans une aventure » grâce à des « approches, si l'on a su situer les traits dominants du contexte »... et l'auteur de ces lignes fut pendant plusieurs années responsable du *Jour du Seigneur* ! « N'avait-il donc pas des amis pour l'aider à se relire ? » comme demandait le grand économiste François Perroux, professeur au Collège de France, à l'occasion d'un livre de poèmes écrit et publié par le général des Dominicains, le révérendissime père Gillet.

Les exemples sont faciles à multiplier. Le but de nos réflexions n'est pas de ridiculiser, mais de supplier. Encore une fois la méthode des différences est peut-être la principale qui puisse aider. Avant de terminer par deux textes, revenons avec insistance sur une remarque. Le vrai problème n'est pas celui de la technicité qui risque de rendre difficile la compréhension et la communication d'une intuition philosophique, religieuse, liturgique, biblique ou autre. Que les spécialistes se débrouillent entre eux. Le malaise et la gravité sont différents lorsqu'il s'agit de textes destinés à tout le monde, textes où la bonne volonté, la banalité des images et l'impropriété des termes risquent de couvrir non seulement une pensée qui reste vague, mais à la limite parfois fausse. Il suffit pour en faire l'expérience de relire à tête reposée et à distance certaines prières dites « universelles » qui, à la messe, ont pour charge d'exprimer la pensée de la communauté. Quand on nous demande par exemple « d'aimer nos différences », en avons-nous tellement envie ?

Appliquons une dernière fois cette méthode des différences. Son humour pourrait être pointu.

Le premier texte est tiré d'un discours de réception à l'Académie française. Poirot-Delpech qui reçoit René de Obaldia le félicite pour la clarté de son style. Il évoque une parodie de ce dernier qui, par opposition, montre le snobisme des spécialistes. Bertrand Poirot-Delpech s'amuse donc.

« Votre texte donne trente pages avec graphiques et abaques, à côté desquelles la leçon de philosophie faite au *Bourgeois Gentilhomme* paraît du dernier raisonnable. » L'allusion à Molière n'est pas déplacée d'autant que « ce texte est destiné à être essayé sur des classes de sixième ! » Voici le texte de Obaldia :

« Le couplage suppose deux axes, le syntagmatique et le paradigmatique... Leur *tertium comparationis* appartient à l'environnement linguistique ou extra-linguistique. Au niveau sémantique, la démarche s'effectue de « l'inconnu au connu ». Il y a disjonction des isotopies sémémiques. Il serait ridicule d'en faire une explication psychologisante ou référentielle. La méthode linguistique a alors une valeur heuristique incontestable objectivement démontrable. »

Joyeuses Pâques pour les classes de sixième ! Mais tout le monde a bien ri sous la Coupole avec Bertrand Poirot-Delpech qui accueillait René de Obaldia au fauteuil de Julien Green.

Je m'amuse moins en lisant dans une chronique d'un prieur spécialiste de « communication » les lignes suivantes :

« L'instruction de la Congrégation pour la Doctrine de la foi sur « la liberté chrétienne et la libération » est une véritable somme des principaux acquis de la parole de Dieu à partir de la pratique de la foi en prise sur les dynamiques sociales telles qu'elles sont vécues par les pauvres que le système du monde évacue sur ses marges et qui se déterminent à s'en sortir par leurs propres forces et leurs propres moyens... »

Je préfère les prières de saint François d'Assise.

Par opposition, je ne résiste pas à citer quelques lignes de la déclaration d'Yves Saint-Laurent quand il a pris congé de sa maison de couture. Avec quelle élégance, quelle discrétion, quelle culture et quelle clarté il s'exprime ! Ce serait digne d'un cardinal.

« Je vous ai conviés aujourd'hui pour vous annoncer une nouvelle importante... J'ai eu la chance de devenir à dix-huit ans l'assistant de Christian Dior, et de lui succéder il y aura quarante-quatre ans dans quelques jours. »

« Tout homme pour vivre a besoin de fantômes esthétiques. Je les ai poursuivis, cherchés, traqués. Je suis passé par bien des angoisses, bien des enfers. J'ai connu la peur et la terrible solitude. Les faux amis que sont les tranquillisants et les stupéfiants. La prison de la dépression et celle des maisons de santé. De tout cela, un jour je suis sorti, ébloui mais dégrisé. Marcel Proust m'avait appris que la magnifique et lamentable famille des nerveux est le sel de la terre. J'ai, sans le savoir, fait partie de cette famille. C'est la mienne. Je n'ai pas choisi cette lignée fatale, pourtant c'est grâce à elle que je me suis élevé dans le ciel de la création, que j'ai côtoyé les faiseurs de feu dont parle Rimbaud, que je me suis trouvé, que j'ai compris que la rencontre la plus importante de la vie était la rencontre avec soi-même. »

Combien de mots à changer pour l'oraison funèbre d'un prédicateur ou d'un prêtre ? Trois ou quatre, et encore. Il suffit de changer « soi-même » par le Christ et Rimbaud par François d'Assise et modifier la prison par la prière.

*

Ces citations brutes de décoffrage peuvent amuser. Elles sont moins drôles lorsqu'elles révèlent une certaine manière avec laquelle nous, clercs, nous nous exprimons. Il suffit de comparer. Le Curé d'Ars a prouvé que ce n'était pas affaire de « kultur » ou de savoir scientifique, mais d'amour et de bon sens. Encore une fois, on ne peut que conseiller de relire la lettre de Paul Claudel à Cingria en 1919 et les dialogues de Julien Green avec Marcel Jullian dans le livre *Julien Green en liberté.* J'avoue ne pas être très fier des facilités avec lesquelles parfois, nous Dominicains, nous aurons un peu leurré des fidèles avec le jargon d'expressions comme les « chrétiens adultes », les « chrétiens responsables », des distinctions entre « foi et croyance », etc. Au nom de quoi des dominicains ont-ils osé critiquer dans *l'Art sacré* Lourdes, Lisieux et Fourvière, alors que nos tics de langage, nos paroles et nos facilités de pensée sont plus redoutables ?

Ces maladies du verbe et cette maladie du langage dévalué ne sont pas réservées à la cléricature. Toute technique, toute science, toute institution a le droit d'y succomber et d'inventer son vocabulaire à condition qu'il signifie quelque chose.

UN CERTAIN GOÛT DU POUVOIR. Les ecclésiastiques sont d'entrée de jeu des professionnels du sublime, et donc du côté du bien. Ils peuvent être guettés par *l'hypocrisie du pouvoir* ou même par des références à la transcendance. Étant liée la plupart du temps à l'administration des sacrements, la parole cléricale porte naturellement à être du côté de ceux qui sont amenés à juger, faire la morale, conseiller ou imposer telle ou telle conduite.

Pourtant on n'a jamais fini de se savoir pécheur soi-même, pécheur sauvé et donc sauveur. L'ultime radiographie de notre parole est de savoir si nous avons ouvert davantage la porte à la bonté, à la miséricorde et à l'envie de Dieu et non pas au défoulement de soi parce qu'on aura culpabilisé les autres.

LONGUEUR ET ENNUI. Autre risque, *l'ennui*, il ne naît pas forcément de l'insignifiance ni de la banalité, mais de l'absence de présence minimum. J'ai assisté à la pièce de Ionesco *Le Roi se meurt.* C'est un des drames les plus forts que l'on ait jamais écrits sur le combat de l'homme avec le temps et la mort. N'étaient prévues que trente-deux représentations. Toutes les places étaient retenues d'avance. Il n'était pas nécessaire de se donner de mal. On jouait à bureaux fermés. De fait, les deux principaux acteurs, pourtant de grand talent, Daniel Ivernel et Annie Girardot ne s'en donnaient aucun. La pièce, sublime, était devenue insipide.

Isaïe, saint Luc, saint Jean ne sont-ils pas aussi sublimes ? Alors pourquoi nos saucissons exégétiques deviennent-ils parfois fades et ennuyeux ?

Est-il nécessaire d'entourer les textes bibliques de présentations ou commentaires qui, parfois les rabaissent ? Les metteurs en scène de théâtre ne se croient pas obligés de faire un baratin, une monition avant une pièce de Shakespeare, de Tirso de Molina ou de Ionesco. Job et Isaïe valent largement Shakespeare.

Tout acteur avoue son trac avant d'entrer en scène. Il éprouve le besoin d'une concentration, d'une rentrée en soi-même, d'un silence. Rarement les sacristies sont des lieux de silence avant une messe. Bien sûr, l'agitation est normale pour remettre au maître de chapelle la séquence prévue pour les chants, indiquer aux enfants de chœur le déroulé de la procession, mais banalités, paroles oiseuses, amicales, inutilement plaisantes ou mots d'esprit innoportuns entourent parfois celui qui est chargé de la prédication, alors qu'il lui faudrait ménager toutes ses forces pour mobiliser sa présence afin de mieux respecter les fidèles ?

Une habitude fraternelle voulait dans nos couvents que le père prieur souhaitât la fête de ses religieux par un petit mot amical à la récréation du soir. L'un des prieurs du Saulchoir n'arrivait pas, comme le disait son sous-prieur, à « trouver la courbe ». On croyait chaque fois qu'il allait terminer, mais le discours repartait. Cela faisait penser au film de Noël-Noël et Fernandel *Adémaï aviateur*. La scène se passe dans un hangar d'aviation. Le capitaine indique aux deux nouveaux arrivés l'avion qu'ils doivent prendre pour la séance de pilotage. Les deux néophytes montent dans la carlingue. Le décollage est sans incident. Au bout d'un certain temps, ils découvrent l'un et l'autre qu'aucun des deux n'a jamais piloté seul et que ni l'un ni l'autre ne sait comment atterrir. Alors ils passent une première fois au-dessus de l'aérodrome, puis une deuxième, puis une troisième jusqu'au moment où, intrigués, le colonel, les autres aviateurs et tout le personnel se regroupent le long de la piste. Fernandel et Noël-Noël s'attendent à une sanction magistrale. Finalement faute d'essence, l'avion se pose. Complètement éberlués, les deux apprentis aviateurs se demandent pourquoi tout le monde les acclame et les porte en triomphe... Ils viennent en effet de gagner le championnat du monde de durée en vol. Il en va ainsi de certains sermons qui n'en finissent pas, la difficulté est non pas d'abord de décoller, mais d'atterrir. Je le sais d'autant mieux que je suis moi aussi tombé dans ce piège.

Trois bonnes unités de temps de parole

Il y a probablement trois bonnes unités de temps de parole : trois minutes, celle de durée de l'éditorial radio du matin ; neuf à douze minutes, c'est l'équivalent des trois rounds d'un combat de boxe amateur ; cinquante minutes, c'est la conférence à l'américaine, on a le temps de respirer de trois minutes en trois minutes, de revenir au concret, de repartir et de trouver le rythme, comme dans les dix ou douze rounds d'un combat de professionnels. C'était la durée des conférences de carême de Notre-Dame. Vingt ou quarante minutes sont de mauvaises durées. Vingt équivaut à douze étirées ; quarante à cinquante minutes rétrécies, sans aération.

UNE DOUBLE VÉRITÉ ? Plus redoutable est le risque de *la double vérité*. Le père Congar est inlassablement revenu sur ce danger. On paye ici l'envers d'une qualité et d'une chance de la recherche biblique actuelle. Le découpage des textes dans le nouveau missel nous a rendu l'essentiel, mais il se prête à des petits boudins de commentaires exégétiques. On est normalement conduit à donner la priorité aux textes sur l'objet. On explique un texte : combien de litres contenait chaque jarre des Noces de Cana ? La Transfiguration n'est-elle pas un récit mythologique ? etc. Je me souviens de l'effroi du public de la messe de la radio après que le prédicateur eut expliqué froidement que le récit de la Transfiguration ne reposait sur rien de réel. Même avec de bonnes intentions, on en arrive à imposer aux fidèles une *double vérité* : d'un côté, celle des exégètes, de la nouveauté de la recherche biblique, de l'autre celle du *Credo* et des dogmes, vérité qui, elle, serait périmée et oppressante et que l'Église maintiendrait officiellement.

L'exemple, comme en un championnat toutes catégories, en a été donné par les douze émissions *Corpus Christi* sur la chaîne *Arte* pendant les Semaines saintes 1998 et 1999. La conclusion la plus significative a été tirée par Françoise Giroud dans la chronique du *Nouvel Observateur* : « On ne peut plus douter que Jésus ait existé. La morale de l'Évangile garde son intérêt, mais finalement on n'est même pas sûr que le Christ ait été crucifié ».

De fait, que pouvait conclure le fidèle ? On lui faisait croire que les vingt-six exégètes spécialisés dans la Bible, scientifiques de haut niveau, venant des universités de Chicago, Jérusalem, Oxford et de l'Institut catholique de Paris, allaient enfin révéler les vérités que l'Église cachait, à lui, pauvre peuple croyant. Le résultat d'*Arte* comme les soupçons à courte vue du *Jésus* de Duquesne ne camouflaient finalement qu'une pseudo-science grâce à un montage subtil qui découpait en petits tronçons, à la limite inintelligibles, les interviews des spécialistes. L'émission sur Barabbas était un chef d'œuvre de pesanteur intellectuelle. Son nom voulait-il signifier le « fils du père », le « fils du sabbat », ou quelque autre titre, et d'abord avait-il existé ? Ou bien, n'était-ce pas lui qu'on avait quand même crucifié à la place du Christ ? Quel méli-mélo ! L'audimat d'*Arte* n'a jamais été aussi élevé, plus de trois millions et demi de téléspectateurs. Même des revues catholiques s'en sont faites et continuent à s'en faire les promoteurs intellectuels. On se demande ce que saint Paul aurait dit après avoir regardé ces émissions ?

Ce ne serait pas grave si cela n'était pas couvert par des autorités flottantes. Qu'en est-il de la Résurrection ? De la connaissance par le Christ de son identité, de la réalité des dialogues et de la vérité des paroles du Christ ? Le Dieu de Jésus serait un bien pauvre Dieu s'il fallait, comme en informatique, changer tous les trois ans de Windows ou de Word catéchétiques selon les dernières fantaisies proposées comme devant être l'ultime vérité. Ce ne sont pas les riches de culture qui payent la facture de ce soupçon généralisé et entretenu avec complaisance où des équivoques sont affirmées sans discernement ni scrupule, mais les fidèles humbles et confiants, ceux des *Prières secrètes* qui se retrouvent inutilement désorientés, amenés à tout mélanger, et oblitérés par un soupçon injustifié.

L'une des méthodes utilisées par *Arte,* traîne partout. Elle se fonde sur un énorme faux-semblant, en entretenant la confusion entre la date des premiers manuscrits qui sont parvenus jusqu'à nous (IVe siècle), le *Codex Sinaïticus* et *Vaticanus* par exemple, et la date réelle de rédaction des textes évangéliques. Une comparaison est simple. On n'a aucun manuscrit de Virgile avant le VIIe siècle et, pourtant, on ne doute pas que Virgile ait vécu et écrit au premier siècle de notre ère. Pourquoi ne pas avoir au moins le même respect pour les Évangiles ?

L'exégèse moderne livre des richesses comme on n'en a jamais eues dans l'histoire de l'Église. Gardons de ces trésors ce qu'ils ont de positif. Rien ne nous oblige à jeter le doute, celui d'une double vérité comme si l'Église et ses responsables étaient des imbéciles autoritaires qui refuseraient *a priori* d'accepter la nouveauté.

L'AGRESSIVITÉ. On en arrive au redoutable penchant : du rapport de force et de l'*agressivité*. Autrefois dans les villages de France, le statut du prêtre était éventuellement comparable à celui du maire ou de l'instituteur. Il est devenu aujourd'hui davantage l'équivalent de celui d'une assistante sociale qui peut, de temps en temps, rendre service. Il faut bien une cérémonie pour enterrer un président de la République.

Ce statut un peu dévalué du sacerdoce peut susciter de la part des prêtres des besoins de compensation, dont l'agressivité est une des expressions. Elle se manifeste de diverses manières. Nous en avons déjà cité une qui est la culpabilisation des fidèles, mais il y a aussi nos plaintes sur l'état actuel de la société, nos doutes sur l'avenir, nos restrictions sur l'aspect périmé de certaines vérités chrétiennes, notre tristesse parfois un peu désabusée, nos critiques sur l'Église, sur ses responsables, nos agacements au sujet des encycliques, etc. Trois exemples me viennent en tête.

Un petit village de montagne avec toute la diversité sociologique possible. Un jour de 15 août au sujet de la Vierge Marie : « Oh, après tout la Sainte Vierge n'a été qu'une petite bonne comme une autre auprès de sa cousine Élisabeth. » Un jour de Vendredi Saint : « Bien sûr le Christ a souffert, mais il y a tant de condamnés politiques qui ont bien plus souffert que lui ! » Lors de la venue de Jean-Paul II et de la messe pontificale à Annecy : « Vous ne croyez quand même pas que je vais louer un autocar pour aller voir ce guignol-là. » Je n'exagère rien. On pourrait remplir des pages d'agression formulées à l'égard de l'Église, d'où qu'elles viennent.

L'historien incontesté de la société contemporaine, René Rémond, avec beaucoup de précautions, après Jacques Julliard du *Nouvel Observateur*, et bien d'autres, a enfin noté qu'on n'oserait pas brutaliser les autres minorités religieuses, islamique ou judaïque comme on le tolère pour l'Église catholique. Encore une fois il peut y avoir une saine combativité pour être lucide sur nos défauts et limites. On n'est jamais trop clairvoyant sur les obstacles que nous créons entre le message de Dieu et l'attente des fidèles. Mais à côté de cette bonne combativité, il y a tous les besoins de compensation et de revanche qui, sournoisement, entraînent constamment une mauvaise agressivité qui ne reste pas toujours à l'extérieur, mais traîne parfois à l'intérieur de l'Église.

J'allais oublier le plus simple, le plus proche et peut-être le plus rare ou le plus compliqué, deux détails matériels : *l'éclairage et l'acoustique*. Se trouvant à l'autel le prêtre a rarement l'occasion de saisir ce que l'on entend et ce que l'on voit réellement, passé le premier tiers de l'église.

Pendant trente ans je fus obligé de suivre le travail des techniciens de la messe de la radio. J'ai constaté combien les volumes des églises les plus somptueuses étaient difficiles à sonoriser. Ce n'est pas une raison pour baisser les bras. Inutile de citer des exemples, il suffit d'assister à la messe dans les paroisses les plus prestigieuses de Paris pour constater nos insuffisances. C'est consternant ! On comprend et on entend si mal dans des secteurs importants de nos églises. Il n'y a aucune excuse aujourd'hui. Qu'on ne s'étonne pas si une partie des fidèles désertent. Ce n'est pas seulement par manque de foi, mais peut-être parce qu'ils sont désolés de ne rien comprendre. Je n'exagère pas. Il en va de même pour l'éclairage. La moindre mise en scène pour un petit groupe de choristes de banlieue est plus intelligente que la disposition des lumières qu'on fait subir aux fidèles. Hitler en réfléchissant dans *Mein Kampf* sur les meetings politiques de son parti note en premier lieu l'importance de la lumière : ne jamais parler devant une fenêtre qui fatigue l'auditoire, ni devant des sources de lumière dont les rayons frappent directement le regard. Depuis quarante ans dans ma paroisse, je n'ai pas osé évoquer le problème alors qu'un changement d'éclairage modifierait tout. Mais nous sommes des professionnels du sublime, alors... inutile d'examiner ce que voient vraiment les fidèles, ils n'ont qu'à écouter.

Quels conseils simples et positifs avez-vous à donner ?

Après le constat des travers qui menacent les prédicateurs, pouvez-vous proposer quelques conseils positifs que vous retirez de cinquante ans d'exercice de la prédication ?

Je dois d'abord insister et avouer à nouveau, que je suis personnellement tombé dans tous les travers ou écueils que nous avons évoqués et bien d'autres. Ce qui m'interdit de reprocher quoi que ce soit à qui que ce soit. Cela me permet doublement de parler et d'être un peu plus lucide sur ce que je regrette et dont j'ai remords.

Vous avouerai-je que je redoute un peu de m'exprimer ici ? J'ai essayé timidement, dans les nombreuses retraites d'évêques ou de prêtres, d'attirer l'attention sur notre manque de conscience professionnelle en face de la prédication. J'ai essayé une fois d'aborder ces limites et chances de la catéchèse lors d'une série d'articles dans un grand journal catholique, en me mettant en cause moi-même, j'ai dû mal m'y prendre, chaque fois cela n'a eu aucun résultat sinon celui d'attirer des lettres de protestation.

Je ne peux que confesser ici ce qui m'a aidé.

1. TOUT ÉCRIRE, même pour un sermon à un groupe de petites jeannettes. Parfois je résiste intérieurement à me donner ce mal et finalement la veille au soir, je me rends compte que je ne serai pas honnête si je n'écris pas tout. Cela m'oblige à prier (et souvent à modifier) ce que je vais dire le lendemain.

2. SE RÉÉCOUTER. Les sermons de la radio et les conférences de Notre-Dame étaient proposés en cassettes, je pouvais donc une fois ou l'autre les réécouter. Je sais ce que cela peut avoir de pénible de se réentendre soi-même, mais comme ce serait utile si chacun d'entre nous percevait ce qu'il impose aux autres.

3. NE PAS AVOIR PEUR DE SE REDIRE. Les paraboles évangéliques, les mystères chrétiens sont tellement profonds que l'on n'a jamais fini de les inventorier. Si l'Église nous propose d'entendre chaque année ou tous les trois ans les mêmes passages d'Évangile c'est donc bien qu'ils sont inépuisables. On n'aura jamais fini d'aller jusqu'au bout des intuitions qui nous ont aidés à les comprendre. Je me suis obligé à vérifier le nombre de fois où j'avais dû reprendre une « parabole » en trente ans. Le résultat m'a effaré. 58 fois... Or à la dernière occasion, je me surprenais encore à la corriger et j'espère à l'améliorer.

4. ESSAYER D'AVOIR À ENSEIGNER. L'espace du sermon ne suffit pas pour se préparer. On ne connaît bien que ce que l'on a eu à enseigner. Ne serait-ce qu'à un petit peloton de dames catéchistes. Personnellement je dois tout à l'obligation d'avoir eu à enseigner la totalité du mystère chrétien et du parcours théologique à trois niveaux d'étudiants. D'abord aux dominicains et auditeurs des facultés universitaires du Saulchoir ; ensuite aux sessions de religieuses de la Région parisienne ; enfin aux instituteurs laïcs débutants de l'enseignement public. Il en était de même des retraites lorsqu'il me fallait passer des groupes d'évêques français ou francophones aux religieuses canaques de la Nouvelle-Calédonie.

5. NE PAS SE LIMITER À L'EXPLICATION D'UN TEXTE. Le christianisme n'est pas la religion d'un texte, la simple transmission d'une parole ou le culte d'un livre. On ne le redira jamais assez. Je suis devenu davantage sensible aux reproches que me font mes amis prêtres africains ou asiatiques d'imposer à leurs auditeurs un « biblicisme » pétri d'interprétations occidentales. Ils n'en peuvent plus de ce néo-colonialisme et ils

ont raison. La Révélation n'a pas pour but premier l'étude d'un texte, ni l'analyse d'un nouveau type d'interprétation. Il s'agit d'établir une communion avec une Personne qui nous a amenés à l'existence et qui a fait aux hommes ses confidences dans une Pentecôte actuelle sur elle-même, sur les autres, sur nous-même et sur l'histoire du monde. Autrement dit, ce n'est pas à un texte seulement qu'il faut revenir, mais aux « objets » (c'est-à-dire aux mystères) auxquels conduisent ces textes, et d'abord aux *questions* secrètes ou explicites auxquelles le Christ répond.

6. ENFIN, RESPECTER LA TOTALITÉ DU *CREDO* et vérifier que l'on n'a rien oublié. Nous ne sommes pas chargés de transmettre simplement du croyable disponible ou les convictions qui sont nôtres. Un sermon n'est ni un discours électoral, ni un cours, ni une conférence, ni une partie d'épopée, ni seulement une leçon de morale, mais l'ouverture ferme et heureuse au regard du Christ et à la communion avec lui en proposant tout le *Credo*.

7. J'oubliais le plus facile et le plus difficile. Respecter le langage du Christ en s'obligeant à *trouver la parabole* capable de résumer ce que l'on veut dire ce jour-là. C'est si important que nous y consacrons le chapitre suivant.

Si vous étiez curé de paroisse

Si vous étiez curé de paroisse, comment feriez-vous ? Combien de fois et combien de temps pourriez-vous prêcher dans une année ?

Je l'ai déjà dit à l'occasion des messes de la radio, on n'a rarement plus de dix idées originales dans une année. Personne n'oblige à ce qu'il y ait un sermon d'un quart d'heure chaque dimanche.

Je suis arrivé à deux conclusions. Pour respecter tout le *Credo* et rafraîchir la connaissance de l'auditoire sur l'essentiel des mystères en trois ans, je prévoirais trois ou quatre séquences par an, chacune de trois ou quatre dimanches avec un objet précis : Je crois, Dieu, la Trinité, le Christ, l'Église, la Rédemption, la communion des saints, le baptême, le pardon, l'eucharistie, les fins dernières, etc. afin que la totalité du mystère chrétien soit annoncée dans les trois ans que l'Église a prévus.

Pour le reste, *ne jamais dépasser trois minutes*, c'est-à-dire trois fois dix lignes. J'ai fait l'expérience pendant quatre cent trente six émissions d'éditos matinaux à Radio Notre-Dame. Comme je l'avais vu faire par exemple par le père Souchon à l'île Maurice et je me suis aperçu moi-même que l'on pouvait dire beaucoup de choses en trois minutes. Elles obligent et suffisent.

Finalement, le meilleur conseil qui m'aura servi à moi-même est peut-être celui d'un père du Midi de la France. Ce dominicain a l'accent méridional aimait redire : « Petit frère, pour un sermon : une image, une idée, un coup de pistolet et tu descends ! »

3

Qu'est-ce qu'un « bon » sermon ?

Où en est la prédication aujourd'hui ?

Je suis incapable de répondre, étant partagé, d'une part entre l'admiration devant mes compagnons prêtres, je pense à ceux de la montagne que je rencontre régulièrement depuis cinquante ans aussi bien qu'aux diacres de Tahiti et, d'autre part, entre une angoisse étonnée et l'impression d'une impuissance qui me saisissent dans d'autres cas. Il m'est impossible de me prononcer étant impliqué moi-même. Je ne peux que vous renvoyer au courrier de la radio et de la télévision qui forment un laboratoire exceptionnel.

Et dans votre ordre religieux ? Comment vous préparait-on ?

Pendant dix années d'études, je n'ai connu aucune préparation spéciale. Les supérieurs rappellent régulièrement le rôle irremplaçable de la prédication. Quels moyens réels prend-on pour nous aider ? Je ne sais. Pendant le temps des études, une seule occasion de prêcher était donnée aux jeunes dominicains. C'était au réfectoire, à la place de la lecture habituelle. On était en chaire devant cent cinquante religieux. Il fallait surmonter le bruit des plats, des fourchettes et des cuillers. Certains n'y arrivaient pas et descendaient de la chaire avant la fin du repas, ou même dès le début.

Ensuite un père, désigné pour cela, faisait la critique dans le cours de prédication. Il était de mon temps tellement partial que je crois que personne n'en tira vraiment quelque utilité pour l'avenir. Je ne peux que redire la chance que fut pour moi d'avoir été obligé, chaque jour pendant un an dès la première année de mon sacerdoce, à trois minutes de prédication devant des adolescentes de la Région parisienne dans un sanatorium de montagne. Leurs réactions et leurs avis fraternellement partagés m'ont été plus précieux que tout.

Quand Philippe Bouvard s'interroge

Évoquer la prédication, c'est risquer d'avoir affaire à des termes péjoratifs ou dévalorisants. On dit de quelqu'un qu'il a pris un ton de « prédicateur » ou qu'il nous a barbés avec son « sermon » ou qu'il n'a rien dit que du « prêchi-prêcha ». Je fais partie d'un ordre qui s'intitule des frères prêcheurs. Est-ce encore attirant ? Je le crois, je l'espère.

Où en est la prédication ? La question m'a été posée il y a vingt-cinq ans par Philippe Bouvard sur RTL dans un entretien qui avait lieu à l'occasion des conférences à Notre-Dame de Paris. Cet homme que l'on risque de prendre pour un humoriste léger, le meneur de jeu des Grosses têtes, m'a posé les meilleures questions que j'ai jamais reçues sur l'originalité de ce qu'était un sermon et sur l'état actuel de la prédication. Aucun journaliste religieux ne m'avait interrogé comme cela. Il est vrai que Philippe Bouvard est un professionnel de la communication et qu'il a beaucoup peiné et travaillé pour arriver au savoir-faire qu'il possède. J'ai déjà signalé l'importance, le prophétisme et la violence justifiée de la lettre de Claudel à Cingria trente ans avant les Dominicains de *l'Art sacré.* Claudel se demandait pourquoi on confiait toujours vitraux, sculptures ou ornementations des églises à des « marchands de lavabos » qui, inévitablement, se complaisaient dans le régime du plâtre. En 1975, j'avais répondu avec amitié, bienveillance et optimisme à Philippe Bouvard. Je crois qu'aujourd'hui, je répondrais avec plus de circonspection.

Et pourquoi Raymond Devos ?

Je demeure lourd d'anxiété devant notre langage clérical. J'ai timidement tenté une suggestion auprès des différents responsables successifs du Centre national de pastorale liturgique et de l'émission du *Jour du Seigneur.* Pendant vingt ans, participant régulièrement au conseil des émissions de télévision, j'ai essayé de proposer aux producteurs ecclésiastiques de l'émission, qu'ils demandent à des hommes comme les cinéastes Chris Marker ou Clouzot, à des humoristes comme Raymond Devos, Karl Zero (sa mère est notre fidèle paroissienne à Saint Pierre-du-Gros-Caillou), ou Philippe Bouvard ce qu'ils pensaient de nos émissions, de nos sermons, de nos célébrations et de notre vocabulaire. J'ai l'impression d'avoir été perçu comme un extravagant par les producteurs de l'émission. Que pouvaient-ils redouter ?

Les responsables de la liturgie s'étaient estimés audacieux et satisfaits d'avoir inséré, dans le Comité de pastorale liturgique, un poète patenté et chrétien : Patrice de La Tour du Pin, c'était donc suffisant. Il faut dire que celui-ci a été d'une étonnante délicatesse et d'une trop grande discrétion. J'ai eu maintes fois occasion de le lui dire. Il redoutait toujours d'être trop « poète ». Par exemple pour le Psaume 22, lorsqu'on gémit sur le sort de l'humanité parce qu'elle est « assise dans la vallée à l'ombre de la mort », il aurait volontiers traduit : *Au val d'ombre-mort*. Il n'osa pas le proposer parce que cela aurait fait trop poétique.

Quant à Pierre Emmanuel, il a toujours refusé d'écrire des prières s'estimant indigne, malgré la supplique que je lui adressais lors de nos rencontres. J'ai un peu regretté que les responsables de la liturgie qui se flattaient par ailleurs d'être les disciples du père Couturier lorsqu'il s'agissait d'art sacré, n'aient pas eu le même courage quand il y allait d'une qualité minimale pour la liturgie, la prédication ou leurs retransmissions télévisées.

L'hésitation des responsables de la liturgie pour interroger des spécialistes non-chrétiens explicitement sur la compréhension de nos textes, n'a pas été celle de l'Administration. Étrangement, (?), elle a eu plus d'audace que nous. On a demandé au chansonnier Pierre Perret de faire partie de ce *Comité d'orientation pour la simplification du langage administratif*. Ses réponses sont un exemple d'acuité, d'humilité, de réalisme et d'humour.

« — Question : Avez-vous le sentiment qu'on parle français dans les formulaires et les courriers administratifs ?

Réponse : C'est évidemment trop strict, trop rigoureux et trop amphigourique. C'est débilitant, horrible. Quand j'ai débuté, je gagnais tellement peu d'argent, que, ne payant pas d'impôt, je n'ai jamais rien rempli. Dès que j'ai eu les moyens, d'autres se sont chargés de remplir les papiers à ma place. Je les ai tout de même lus. J'en ai eu des frissons et les cheveux qui se dressaient sur la tête. Les libellés sont totalement surréalistes, la synthèse se situe pour moi entre l'*Inventaire* de Prévert, Ubu-Roi et un calendrier pataphysique.

Question : Si on vous dit "assujetti", à quoi pensez-vous ?

Réponse : À un condamné.

Question : Émission d'un titre de recette ?

Réponse : "Bon appétit, bien sûr", de Joël Robuchon sur France 3.

Question : Pension à jouissance immédiate ?

Réponse : Là je vois tout de suite : il est tellement fréquent de

rencontrer des bipèdes assujettis à une jouissance hypothétique sans pension.
Question : La simplicité et la clarté de la langue française sont-elles compatibles avec la complexité de l'univers administratif ?

Réponse : Pierre Encrevé, vice-président du Comité d'orientation, m'a dit qu'il avait lu certaines de mes chansons, *Bercy-Madeleine*, ou *Mon p'tit loup*, ou *Lili*. Il m'a demandé s'il me semblait possible d'arriver à la même chose avec les formulaires, en les réduisant aux mots indispensables. Dans une chanson, il n'y a rien de plus difficile que de raconter une histoire avec un début, un milieu et une fin en trois minutes. C'est un travail d'enfer, alors je me dis qu'on doit pouvoir y arriver aussi pour une formulaire administratif.

Question : Lorsque vous en aurez fini avec cette mission, seriez-vous tenté de recommencer avec les modes d'emploi pour les appareils électro-ménagers, les magnétoscopes, etc. ?

Réponse : Ma femme vient d'acheter une caméra à l'aéroport de Roissy. Elle a pris la meilleure. C'est la plus simple et la plus maniable, lui a-t-on dit. Le mode d'emploi fait 150 pages. Une vraie bible. J'ai écrit il y a quelques années une chanson qui s'appelait *La Photo*. Le héros finit en photographiant les boutons de son gilet. C'est tout ce qu'il a réussi à prendre dans l'objectif. Il paraît d'ailleurs que les entreprises ont un mal fou à trouver des rédacteurs pour leurs modes d'emploi... mais l'avenir est là, les gars ! »

On a ensuite demandé à Pierre Perret de répondre au texte suivant tiré de la notice officielle de déclaration de succession :

« *L'actif taxable est calculé en déduisant le passif de l'actif brut. La différence est appelée* boni de communauté ».

Réponse de Pierre Perret :

« Mon cher boni de communauté,

« Je fus absolument émerveillé en prenant conscience que du fait que, sans l'ombre d'un soupçon d'un quelconque désagrément, j'étais parvenu naturellement à « m'échouer » sur les rivages romantiques de « l'actif taxable ». La première liquidation que j'effectuerai avant que de parvenir enfin à votre bord sera de caractère raisonnablement succinct. Cela se bornera à un moulin à café électrique modèle 87, en très bon état de marche, que nous partageons équitablement mon épouse et moi-même, ainsi que le sèche-cheveux (dont je me sers aussi), une grande poivrière en buis (qui a déjà beaucoup servi). Cela fera partie, je présume, du « passif », ainsi qu'une bicyclette de salle de bains que nous partageons également. Le tout a été évalué à 130 euros (maximum) par un brocanteur de notre quartier. »

« Mon cher boni de communauté, c'est comme si vous étiez né. Avec notre respectueuse reconnaissance. » (Pierre Perret)

Les artistes que j'ai cités, et bien d'autres, sont des hommes de bonne volonté et d'exigence. Ils pourraient nous aider grandement dans la mise sur pied des réformes liturgiques ou au moins de leur application, à mesure de leur compétence. Ils auraient certainement pris très à cœur un geste de confiance des responsables ecclésiastiques. On a regretté que, pendant cent ans, aucune commande officielle ne se soit adressée aux grands peintres du XIXe que l'on vénère aujourd'hui, sauf *Le combat de Jacob* et l'*Héliodore* de Delacroix dans une chapelle de l'église Saint-Sulpice à Paris. Mais sinon rien : Monet, Manet, Renoir, Cézanne, Van Gogh n'ont jamais eu un ami pour leur demander ou suggérer un cri religieux. Et pourtant, ils ont laissé des œuvres remarquables comme la *Déposition de Croix* par Manet au Metropolitan de New York ou *Le bon Samaritain* de Van Gogh. Delacroix aura fait quatre-vingt-douze tableaux religieux sans que le personnel ecclésiastique ne le remarque. Les premiers fixés sous verre de Kandinsky, évoquant Noël ou la Toussaint, les *Saintes-Faces* de Rouault des mêmes années 1904 comme les crucifixions de Picasso, sont des « hapax », c'est-à-dire des cas isolés, nés d'une angoisse étrangère aux amitiés ecclésiales. On court aujourd'hui à toutes les expositions sur les Impressionnistes, on rabâche dans les revues ecclésiastiques le malheur qu'ils aient été totalement étrangers à l'Église. Est-ce de leur faute ?

L'histoire s'est renouvelée d'une manière surprenante et sous nos yeux, avec la réforme liturgique et la prédication actuelles.

Le désastre du Bourget

Quand on a un mandat, comment éviter le risque et la suffisance ? Il suffit de penser à ce qu'a été la messe du Pape au Bourget et aux réactions des responsables. Après cette messe qui marquait la première venue de Jean-Paul II en France, une supplique, lettre de regrets exprimant la juste désolation devant le résultat de cette cérémonie du Bourget, fut envoyée par Olivier Messiaen, Tania Heidsieck et un grand nombre de musiciens français à l'épiscopat français et aux bureaux ecclésiastiques responsables. Elle est restée, hélas, sans réponse vraie sinon de l'envoi d'un papier administratif à ceux qui, pourtant qualifiés, auraient tant aimé se mettre au service de l'Église. Le Bourget fut une belle occasion manquée, non seulement en soi, mais d'un examen de conscience de la liturgie en France.

Peu de temps avant sa mort, j'avais suggéré à Henri-Georges Clouzot, abattu alors à l'hôpital par une dure opération du cœur, de regarder la messe à la télévision afin que je puisse lui apporter la communion au moment approprié. Après deux dimanches, il m'a supplié de ne plus avoir à regarder la messe télévisée. J'ai compris qu'il souffrait trop de la manière dont la célébration dominicale lui était retransmise. J'ai retrouvé la même réaction teintée d'une certaine tristesse chez le chrétien qu'est l'acteur Michel Serrault lorsqu'il parle de certaines célébrations auxquelles il assiste. Le tragique Clouzot ou le comique Serrault pourraient ou auraient pu peut-être nous aider...

On a, dans les années soixante, étrangement laissé les musiciens de l'autre côté de la barrière. On s'est probablement aussi trop privé des vrais poètes. Mauriac dans son *Bloc-notes* et ses chroniques de télévision avait été d'une suprême habileté en se débarrassant une fois pour toutes des émissions religieuses en disant qu'elles étaient « remarquables ». Il précisait, de vive voix seulement, en quel sens ce qualificatif s'appliquait à elles.

Les évêques de la CEPAC, c'est-à-dire de la Conférence épiscopale du Pacifique, m'ont amicalement fait remarquer qu'ils recevaient régulièrement les polycopiés et consignes du Centre de pastorale liturgique français, au ton un peu impératif, alors qu'ils n'en dépendaient pas. Au contraire, ils auraient tant à nous apprendre. De fait, la qualité d'invention des messes à Nouméa, à Tahiti ou à Wallis et Futuna était si belle et priante en intelligence musicale, gestuelle et scénique que j'avais envie de dire à mes amis océaniens : venez nous apprendre à célébrer d'une manière aussi heureuse que vous. La même expérience a frappé tous ceux qui sont passés à l'Abbaye bénédictine de Keur Moussa au Sénégal ou des Clarisses de Sangmelima au Cameroun.

Un maître : le Curé d'Ars

Vous n'avez pas répondu à la question. Y a-t-il, oui ou non, de bons sermons ?

Si, j'ai répondu en remontant plus haut que la seule préoccupation des sermons. Revenons à eux.

Un « bon » sermon ? Je ne sais pas ce que cela veut dire. Le père Lacordaire a été saisi en écoutant le Curé d'Ars. Je suis moi-même, aujourd'hui encore, chaque fois que j'ouvre ses catéchismes, bouleversé par ces textes tels qu'ils ont été transcrits par l'abbé Monnin en sténo (la méthode Duployé venait d'être inventée). Nous avons eu la chance que celui-ci lui ait été adjoint comme vicaire pendant les dernières années de sa vie. Nous avons donc une *reportatio* directe des paroles du Curé d'Ars. Il n'avait plus le temps de préparer. Il ne dormait que trois heures par nuit, était obligé à quinze heures de confessionnal, se battait avec son désespoir. Ses paroles sont de la lave brûlante, géniale, inventive, pleines de trouvailles poétiques et parfaites de rectitude théologique. (Permettez-moi ici une incidente sur le Curé d'Ars. On fait une lourde faute en parlant de ses sermons si l'on ne prend que ceux qu'il a écrits dans les premières années de sa vie. Une thèse en Sorbonne pilotée par Mgr Pézeril est tombée dans l'erreur. En effet, le vicaire d'Ecully, avait convaincu le Curé d'Ars que celui-ci ne savait pas prêcher. Le Curé d'Ars dans son humilité l'avait cru. Au début de sa vie de prêtre, il n'a donc fait que recopier homéliaires et recueils de sermons du XVIIIe siècle, à tendance parfois janséniste et opposée à ce qu'il pensait. Il ne faut donc pas se fier aux éditions des sermons du Curé d'Ars, mais aux textes restitués par l'abbé Nodet tels que les avait transcrits l'abbé Monnin. On est alors en face d'un des plus beaux témoignages d'une vraie prédication).

Un bon sermon ? Que dire ? Sinon qu'il y a beaucoup de Curé d'Ars. Quand je vais en montagne, j'ai occasion d'entendre les deux prêtres qui prêchent là-bas. L'un a soixante-quinze ans, vingt-cinq ans de présence au Viêt-Nam dont certaines d'emprisonnement. L'autre a soixante-dix ans. Il a été aumônier dans des secteurs ouvriers de la Haute-Savoie. Quand je les écoute, je voudrais me mettre à genoux et je souhaiterais savoir parler comme eux. Lorsque le premier est arrivé dans la paroisse, certains ont dit : « Il prêche comme un missionnaire ! » Qu'est-ce que cela veut dire ? Sinon que la prédication échappe à toutes les habiletés des sagesses et rhétoriques humaines. Saint Paul l'a dit une fois pour toutes. Il ne s'est pas présenté à Corinthe devant les débardeurs et les prostituées avec les subtilités dialectiques qui avaient échoué devant les universitaires d'Athènes. Il s'est présenté faible, démuni avec le seul Messie, Christ crucifié, Jésus. Il n'en va pas autrement aujourd'hui. Combien de fois, suis-je subjugué par la vérité, la force, la noblesse, la simplicité des paroles de mes frères prêtres ? Cela n'empêche pas d'être écrasés par nos défauts : manque de préparation, longueur, absence d'intuition proprement chrétienne, banalités, règlements de comptes, indigence théologale (plutôt qu'intellectuelle), etc.

La crainte de prêcher depuis une « chaire »

Le père Carré signe en mettant sous son nom « des frères prêcheurs ». Aimez-vous cette appellation ?

C'est vrai qu'il est déplaisant de se trouver catalogué comme « sermonneur ». On a eu beau remplacer le vocable sermon par homélie, cela ne change rien à l'affaire. Sermon, prêcheur, prédicateur, discoureur, verbiage, verbeux : on peut multiplier les mots à consonance répulsive. C'est un paradoxe.

On ne peut que se réjouir de la qualité des grandes réunions que la présence de Jean-Paul II a suscitée partout dans le monde. De Casablanca à Lublin, de Mexico à Cuba, elles étaient sublimes. Danielle Hervieu-Léger est typique de l'incompréhension des sociologues quand elle réduit les JMJ à l'insignifiance du pique-nique de la Méridienne pour le 14 juillet 2000. On a envie de lui renvoyer la demande du Siracide : « N'empêche pas la musique » ou de lui rappeler l'injonction de Shakespeare dans Macbeth : « Méfie-toi de quelqu'un qui n'a pas de musique dans l'âme, c'est un traître. »

Le paradoxe est ailleurs. On n'a jamais autant prisé et flatté les moyens de communication, légiféré sur les médias, vénéré les vedettes du show-biz, les oscars, césars, molières ou sept d'or, tout le monde n'en subit pas moins la lassitude de l'inflation verbale et de toutes les langues de bois. On n'en est même plus au temps du *Gorgias* de Platon lorsque Socrate et Polos échangeaient sur la noblesse et les dangers du verbe. Que reste-t-il vraiment des plus éminents symboles comme la chaire de Notre-Dame de Paris ? Au moment où le père jésuite Michel de Certeau écrivait un livre sur 1968 intitulé *La prise de parole*, son confrère d'alors n'osait plus rester dans la chaire de Notre-Dame et se réfugiait dans l'ambon, si bien qu'on ne le voyait même plus. Tout juste si, aujourd'hui, on ne réduit pas la « parole » à un enregistrement en studio puisqu'elle n'est même plus en direct. Ceux qui pensent à la prédication, même et surtout lorsqu'elle s'exerce dans des lieux vénérables comme Notre-Dame de Paris imaginent prestige, facilité ou éclat. Il faudrait parler au contraire de l'examen de conscience du prédicateur, de ses angoisses et de ses vertiges.

Les maladies de la prédication seraient-elles les mêmes que celles du pouvoir ?

Toute prise de parole risque d'entraîner les mêmes maladies que celles du pouvoir. Comment trouver « la longueur d'ondes » juste, audacieuse et humble, réaliste et réfléchie, actuelle et enracinée ? Le père Lacordaire, à la suite de Pascal, a répété que toute parole coûtait du sang. L'Épître aux Hébreux demande si on est allé jusque-là. On peut y tendre, non pas y prétendre. Les plus grands ont simplement avoué en même temps leur émerveillement d'avoir à transmettre un message qui les dépassait et leur tremblement de ne pas savoir le respecter en s'effaçant. Paul Claudel a formulé la prière secrète de tout messager : « Faites que je sois entre les hommes comme un semeur de silence, comme un semeur de la mesure de Dieu... Faites que je sois comme un semeur de solitude et que celui qui entend ma parole, rentre chez lui inquiet et lourd. » (*Cinq grandes Odes*, « La maison fermée »).

« Je n'ai que ma peur à vous offrir »

Il est redoutable et difficile de « dire » le mystère. On ne peut le faire qu'en s'impliquant soi-même et en avouant son impuissance. C'est peut-être le premier signe de l'audace de la foi : choisir des mots et des images, non pas seulement pour le besoin de susciter l'attention ou le désir de plaire au public, mais d'abord parce qu'elles obligent à montrer que, prédicateur, on est dépassé par ce qu'on a à dire. Lorsqu'un prédicateur évoque par exemple le combat de Gilbert Cesbron avec la mort, lors de son cancer, il doit avouer que des quatre cents pages du livre de Cesbron, il ne peut, lui prédicateur, ne s'en attribuer qu'une seule ligne : « Mon Dieu, je n'ai que ma peur à vous offrir. » Seule l'humilité du cœur permet l'audace de la foi. Comment oser parler de l'amour des ennemis ? de l'aveu dans le sacrement de pénitence ? de l'affrontement du secret de la mort ? du courage des premiers pas à faire pour une réconciliation ? du suicide ou du pardon qui ne peut pas avoir de limite ? de l'enfer et de la bonté toute-puissante de Dieu, de la douleur divine de n'être pas « payé de retour » par les hommes ? Qui peut loyalement se croire de niveau avec le mystère sans avouer, dans la manière même d'en parler, qu'il est dépassé par ce dont il est question ?

Or il faut bien en même temps appeler les choses par leur nom : même le diable et l'enfer. Ce n'est pas un courage si banal de le faire en mettant une hiérarchie dans les vérités et les conduites qui peuvent guider la vie.

Des images pour venir au secours de nos platitudes

Vous évoquez parfois des images très fortes, par exemple celle de l'archevêque de Nantes jetant un voile sur le crucifix. Pourquoi ?

Vous avez demandé : qu'est-ce qu'un bon sermon ? Je ne sais... et pourtant je suis sûr que, pour respecter la grandeur du mystère, c'est celui qui tient ensemble deux choses : la réalité et la transcendance. La réalité, il ne s'agit pas seulement d'idées, d'hypothèses ni même de thèmes (déplorable mot passe-partout auquel tout est réduit : saint Augustin, la Trinité, le développement, les crises sont devenus des thèmes. Étrange, l'euro n'est pas encore ramené à l'état de thème, mais ça ne va pas tarder). La transcendance, nous sommes dépassés par ces réalités en amont desquels nous ne pouvons pas remonter : on adore la présence du Christ dans l'eucharistie, on ne l'explique pas. C'est réel et ça nous dépasse. Pour dire cela, une seule recette, celle du Christ : la parabole, l'image. S'il n'y a pas retour à la parabole (mais pas n'importe lesquelles), il n'y a pas de sermon chrétien. Une idée peut être difficile à saisir, non pas une image évangélique.

L'accès à la vérité est le résultat d'un combat contre soi-même mais il est impossible de prendre la parole si l'on n'a pas le souci de tous. Pour mener ce combat et aller au bout de ce souci il est bon d'être aidé par des images fortes, comme le Christ sut les trouver dans la géniale pédagogie de l'Évangile, images que nous fournit le réel. Il n'y a pas de recette pour cela. Cette pédagogie des images ne peut naître que d'un grand et discret amour, celui de la communion des saints et des exemples que l'on ne peut pas plus inventer qu'oublier.

Au procès de Gilles de Rais en 1430, l'archevêque de Nantes voile le crucifix, lorsque le condamné pour viol d'enfants passe dans les rues de sa ville. Les grévistes polonais de Gdansk en 1981 se mettent à genoux pour se confesser derrière les grilles des chantiers navals. Adolfo Esquivel écrit son espérance dans le tuyau où il est incarcéré à Cuba. Élie Wiesel à ses voisins qui demandent : « Où est Dieu ? », murmure : « Il est là », face à l'adolescent torturé et pendu devant les hommes du camp rassemblés à Auschwitz. La mère du jeune acteur Patrick Dewaere sourit à l'écran d'une douceur désarmée si l'on évoque devant elle le suicide de son fils. De même fait, avec une bonté crucifiée, l'aumônier allemand de Fresnes pendant la guerre L'abbé Franz Stock prend tous les risques pour adoucir le sort des prisonniers français. Le père Desobry, prieur de mon couvent, qui m'a donné l'habit dominicain, m'a raconté comment pour Noël, l'abbé

Franz Stock avait tout fait pour lui apporter dans sa cellule de la prison de *La Santé*, une branche de sapin, un cierge et la communion.

Tant d'autres images qui ne sont plus seulement des exemples ou des anecdotes, mais désormais des *paraboles*. Elles ont été baptisées par le sang. Elles font désormais partie de notre univers. Elles conduisent plus loin que nous ne l'aurions pensé. « Un semeur de silence... Un semeur de la mesure de Dieu ». Comment ne pas être atteint là où la parole prend corps dans le secret de chacun ?

4

Le prince et le diamant

Des paraboles, pourquoi ?

Quand on lit vos livres ou qu'on vous écoute, on n'évite pas une surprise. Vous utilisez toujours des histoires ou paraboles, pourquoi ?

Je vous ai raconté comment mon grand-père, lorsqu'il n'allait pas à la messe, nous promettait une pièce de dix sous (alors une fortune, cinq euros d'aujourd'hui), si avant le grand déjeuner du dimanche, on pouvait lui rapporter ce que Monsieur le curé avait dit dans son sermon. Je me suis aperçu que j'étais incapable de le faire sauf quand il y avait une anecdote, une histoire, une parabole. C'est la même chose aujourd'hui. Combien de fois le soir venu, suis-je incapable de me rappeler ce qui a été dit dans le sermon du matin. Alors qu'à dix ans de distance, je me souviens de telle ou telle image, évocation concrète ou anecdote transformée en parabole qui avait été utilisée dans un sermon.

Se servir d'une histoire, d'une poésie ou d'une parabole ne fait pas toujours très sérieux. Cela ne donne-t-il pas l'impression qu'on s'adresse à des enfants ?

L'Évangile répond. Le Christ emploie toujours des paraboles. Je crois qu'on en a relevé au moins cent soixante trois. À deux mille ans de distance, elles ne sont pas épuisées. Celles du Cambrioleur et de l'homme de confiance, celle du Riche insensé, celle du Salaire égal, celle du Gérant trompeur, celle du Père du fils prodigue, celle du Vêtement rapiécé, n'ont pas après des siècles perdu leur impact, elles sont toujours actuelles.

Qu'est-ce qu'une parabole ?

Vouloir décrire en termes abstraits une parabole, c'est comme vouloir découvrir ce qu'est un oignon en pelant un oignon. On peut toujours enlever une couche, une peau, une membrane de plus, au terme on ne trouvera pas davantage l'oignon.

Avec l'Évangile, c'est probablement le Curé d'Ars qui m'a le plus impressionné. En paysan avisé et, je l'ai déjà dit, avec un génie des intuitions théologales, il prenait tout le temps des comparaisons simples, mais parfaitement ajustées. Ce fut le cas des grands prédicateurs, docteurs de l'Église : François de Sales, Grignion de Montfort, Thérèse de Lisieux ont eu le génie de ce langage évangélique, aussi bien que des curés de la banlieue parisienne comme le père Lamy ou des spirituels du XVIIe comme le père Lallement et avant eux, les Pères grecs comme Grégoire de Nazianze. Tous ont compris que la parabole obligeait à penser plus loin quels que soit le vocabulaire ou la culture.

Pourquoi les intellectuels ont-ils tendance ou à mépriser les paraboles ou à les considérer comme de la « spiritualité », à la limite sans grand contenu ? Pourquoi savent-ils si peu eux-mêmes créer ou utiliser des paraboles contemporaines pour transmettre le message chrétien ?

Il y a peut-être plusieurs raisons : le snobisme d'une caste qui utilise son jargon pour protéger sa supériorité, la crainte secrète d'avoir à obéir à la leçon implicite contenue dans la parabole, (on échappe plus facilement à une idée qu'à une parabole), l'absence de sens poétique... la peur.

De fait il est surprenant que les livres sur la poétique de la foi ou sur les paraboles parlent si peu eux-mêmes en paraboles. Puis-je faire ici une confidence ? Les responsables du *Dictionnaire de spiritualité* m'avaient demandé de rédiger l'article sur la *Prédication*. J'avais droit à cinquante pages. Un des argumentaires majeurs dans le texte que j'ai remis signalait que l'originalité de la prédication du Christ reposait en grande partie sur l'utilisation des paraboles. Je m'étais donc permis d'illustrer par des paraboles cette étude où j'avais essayé de respecter la teneur scientifique et exégétique nécessaire. Le sous-directeur de l'équipe du dictionnaire en fut tout heureux. Mais le directeur me demanda si je ne pouvais pas enlever les paraboles.

Comme j'avais remis mon texte longtemps à l'avance, et qu'on pouvait faire appel à un autre auteur, je le priai de bien vouloir m'excuser. Je ne pouvais pas me contredire moi-même en supprimant les paraboles pour parler des paraboles. Elles illustraient ce qui était la manière propre de prêcher du Christ. Il n'y avait aucun souci à ce que mon texte ne parût pas. Les responsables du dictionnaire avaient encore tout le temps de demander à un autre auteur de rédiger l'article. Son directeur ahuri me répondit néanmoins amicalement, mais demeura surpris que je puisse tenir à des paraboles pour illustrer ce qu'étaient des paraboles.

Qui n'a pas son nounours ?

Avant que les grands philosophes, comme Ricœur, montrent l'intérêt intellectuel du symbole, bien des travaux avaient su expliquer son rôle indispensable, conjoint à celui de l'imaginaire, dans la pédagogie et le développement de la pensée spécialement chez les enfants. Cela n'a-t-il pas été sans influencer les catéchistes ?

Inévitablement, l'enfant vit très tôt avec des symboles. Lorsque l'objet que l'enfant désire et qui l'intéresse est absent, l'enfant lui substitue spontanément un symbole. Ce dernier jouera son rôle d'espace contenant, de remplaçant interne. Qui n'a pas eu son nounours ou l'équivalent du nounours qui apaise le vide ?

On pourrait dire qu'il y a un monde imaginaire qui permet les premières passerelles avec le réel, qu'il soit présent ou absent, (tous les collectionneurs d'automobiles ou de trains électriques, toutes les amoureuses des poupées le comprendront).

Ensuite l'enfant découvre que le monde n'est pas ce qu'il imagine, s'ensuit un certain deuil. Le petit homme est alors aidé à vivre cette désillusion ou ce deuil par une entrée dans l'ordre symbolique. Nous prenons l'habitude d'avoir accès au monde par l'intermédiaire de ce système organisé, d'images, de symboles et de lois, de mots, de langage qui donnent en quelque sorte le mode d'emploi et permet de s'orienter à l'intérieur de la culture et de la société qui est la nôtre. Les symboles scouts fonctionnent encore pour des hommes de quatre-vingts ans.

Grâce aux instruments de cette fonction symbolique que l'enfant aura créée et qu'il possède désormais, il va pouvoir se détacher des objets, de l'action qu'il mène sur eux ou avec eux pour amener progressivement sa pensée à devenir cohérente et à s'élaborer sur un plan conceptuel. Ainsi nous trouvons la pensée symbolique au départ et à l'arrivée. Elle joue son rôle avant la connaissance proprement dite pour nous ouvrir au monde et elle assure à notre intelligence, une fois qu'elle est modelée, une certaine cohésion, une certaine unité, une mise en osmose et en ordre de tout notre bagage intérieur. Il faut ajouter qu'elle assure la connexion entre nos amours intérieurs, nos souvenirs, nos schémas de pensée et nos idées. La montagne, la neige, la forêt, l'avalanche, l'incendie, le torrent, le renard, le blaireau, ou le chamois à travers leur image s'ordonnent, se conjuguent, se parlent entre eux dans l'esprit d'un haut-savoyard, d'une toute autre manière que dans celui qui n'a pas quitté son quartier urbain.

Avec les symboles se confirme la fonction réconciliatrice entre le langage oral et le langage écrit, entre le rêve et la vérité, entre les stratégies de l'imaginaire et l'indispensable abstraction, entre le choc émotif des fantasmes et la rigueur du raisonnement.

Comme un rat dans un piano, la quatrième dimension

Tout en relevant des symboles, la parabole va plus loin. Ce que le catéchisme ou la pensée abstraite opèrent parfois laborieusement, le symbole et l'histoire sainte l'assurent avec facilité, affection et bonheur. En face des mystères ou des questions de l'existence, on se trouve affronté à des abîmes. On peut nous expliquer qu'il n'y a pas de contradiction, que tout cela fait partie d'un ordre cohérent. Il demeure que l'éloignement subsiste entre les différentes parties de ce que nous percevons : *le bien*, « Dieu voit que la création est bonne, très bonne » ; *le mal*, « dès le début Caïn tue son frère Abel » ; *la douceur* de Noël et *l'horreur* de la Passion ; *la séduction* des Béatitudes et la nécessité de *porter sa croix* ; l'amour des saints dans l'histoire de l'Église et les égoïsmes trop fréquents de son personnel... Tout cela se présente difficile à coordonner, sinon à admettre. Qui nous accoutumera à cet univers à quatre dimensions ? Qu'est-ce qui nous y apprivoisera ? Qui permettra ce lien entre le réel proche et le réel sur-naturel ?

L'homme est comme le rat pris dans un piano. Il n'y a que trois dimensions. Les touches sont garnies de feutre ou de bois, les cordes, plus ou moins tendues, sont en cuivre ou en boyaux, le clavier est noir ou blanc. Parfois, le maître du piano fait vibrer l'ensemble. Tout est transfiguré. Une quatrième dimension s'est ouverte qui donne à sentir et à penser plus loin. C'est le rôle des symboles et des paraboles quand nous entrons dans le langage de Dieu.

*

Du droit à un langage particulier pour l'Évangile

Le grand théologien et philosophe, Paul Ricœur, est revenu souvent sur l'analyse de ce qu'étaient des paraboles, entre autres dans ses deux livres La Métaphore vive *et* L'herméneutique biblique, *qu'en pensez-vous ?*

On doit une grande reconnaissance à l'érudition et l'acuité d'analyse de Paul Ricœur. Sa courtoisie et son humilité sont légendaires. Il a par ses études rendu ses lettres de noblesse au rôle de la métaphore et des paraboles. « Elles obligent à penser plus loin ». Il faudrait un livre pour répondre. Une fois reconnue la qualité de son travail, trois remarques d'importance différente viennent à l'esprit.

Tout d'abord la complexité de son écriture et de son style. On pourrait presque dire que c'est un peu surprenant d'analyser de manière si difficile ce qui est simple, si l'on veut rendre proche le mystère dans sa sublimité elle-même. Pour le lecteur des cent cinquante pages consacrées aux paraboles et à la prédication dans *L'herméneutique biblique*, qu'est-ce qui peut légitimer un tel vocabulaire, un style si contourné, si complexe pour rendre compte des paraboles évangéliques ? C'est dommage. Il en est de même chez d'autres théologiens herméneutes, comme le père de Certeau. Pourquoi imposer aux lecteurs des pages si laborieuses si ce n'est pas indispensable ? Bergson et bien d'autres étaient facilement compréhensibles en abordant des sujets aussi difficiles.

Plus profondément. Paul Ricœur assigne comme « référent », c'est-à-dire comme ultime but et régulateur de la parabole, ce qu'il appelle le « Royaume de Dieu ». C'est ce qui commande finalement son analyse et l'autorise à justifier la parabole. Je ne suis pas sûr qu'on puisse s'arrêter là. N'est-ce pas alors risquer de perdre précisément l'originalité du message chrétien et donc de la parabole telle que le Christ l'utilise pour en faire un genre propre au discours évangélique. En rester au Royaume c'est en effet demeurer encore dans l'ordre d'une représentation, d'une abstraction, d'un concept intellectuel, comme avec la Loi dans le Talmud. Chacun peut se faire du Royaume l'idée qui lui convient comme on le fait avec des valeurs. J'ai pour toute ma vie été horrifié pendant mon séjour en Allemagne de découvrir comment la valeur « honneur » pouvait tout justifier dans le livret nazi du soldat allemand.

Le *référent*, le régulateur, le but des paraboles n'est pas une valeur, mais la communion à une personne, le Christ Jésus, et non pas le seul souci de s'en remettre à un Royaume. Lorsque Jésus prononce la parabole du père de l'enfant prodigue, c'est quelques mois avant la Passion et il le fait devant Judas et saint Pierre, non seulement pour leur donner des idées sur Dieu, mais pour les prévenir et les aider à éventuellement se mettre à genoux après leur trahison. C'est le drame des islams et islamistes d'avoir pour référent le Coran, c'est-à-dire un texte et une éventuelle dictée sacrée. Pour le catholique le référent n'est pas un livre, mais une Personne.

Le texte de la Commission biblique pontificale sur l'interprétation de la Bible a l'élégance de tenir compte des travaux de Ricœur quand il remarque que « la connaissance biblique ne doit pas s'arrêter au langage et qu'elle cherche à atteindre la réalité », mais la Commission fait remarquer à juste titre que Ricœur omet l'action de l'Esprit saint. On demeure alors avec lui dans un contexte à la limite seulement philosophique. Ne serait-ce pas là une certaine limite de la position de Ricœur ? Peut-être est-elle à mettre au compte du souci qu'il a, comme philosophe, de ne pas gêner un lecteur qui ne serait pas chrétien ? Mais c'est alors abandonner l'originalité unique de la parabole chrétienne et en rester à une herméneutique applicable à tout autre texte littéraire ou historique. Si l'on parle des paraboles évangéliques, il faut bien choisir et aller jusqu'à la personne du Christ.

Pourquoi les paraboles sont-elles originales et nécessaires ?

Il y a vraiment un langage évangélique spécifique.

Toutes les religions, toutes les pédagogies, toutes les mystagogies, ont eu envie ou besoin de parler de manière imagée que ce soit par exemple Les Mille et une nuits, les Vedas la Bhagava-gītā ou le Rāmāyana. Le shintoïsme avec les Légendes de Amaterasu fait comme l'hindouisme, le bouddhisme ou l'islam. Les religions africaines comme toutes les autres utilisent des mythes, avec génie, c'est-à-dire l'emploi d'une image-mère pour expliquer les origines des choses. Mais la parabole ne se réduit pas seulement à un mythe, pas plus à un conte, ni à une fable.

Isolons les sept caractéristiques propres aux paraboles évangéliques. Non pas que l'une ou l'autre ne se trouve pas ailleurs, mais c'est l'ensemble des sept qui fait la parabole.

Celles du Bon berger qui a perdu sa brebis, de l'Intendant infidèle, du Porte-monnaie égaré, du Figuier sans fruit, du Guide aveugle, du Riche insensé, de la Plantation inutile, des Enfants maussades, partent toutes d'une *expérience concrète*, immédiatement compréhensible. C'est leur première caractéristique, elles sont réalistes et synthétiques.

Deuxièmement, elles sont *immédiatement compréhensibles* au-delà de toutes les différences ethniques ou culturelles. Même le Levain dans la pâte ou les Vieilles outres, le Débiteur impitoyable ou le Juge inique peuvent être comprises en Mongolie ou au Kamtchatka.

Troisièmement, elles sont *fraternelles*, mais, quatrièmement, elles sont en même temps *provocantes*. Si elles partent d'une expérience humaine directement saisissable par tous, elles produisent une effraction. Grâce à la fiction, on n'est pas brutalisé. On n'est pas forcé d'être berger, ni juge, ni éventuellement voleur ou habitué à faire du pain pour comprendre ce dont il s'agit. On peut cependant facilement se glisser dans leur rôle, mais attention au retournement qui vous attend à la fin de la parabole.

Il ne s'agit pas seulement de jouer en rêve la fonction des personnages de la parabole. Celle-ci conduit à une réécriture de notre existence. Certes on peut s'assimiler sans difficulté aux personnes qu'elle décrit. Mais la finale enferme l'auditeur dans ce que l'on pourrait presque appeler un piège. La conclusion n'est pas du tout homogène au point de départ. Le Christ conduit à un nouvel ordre d'existence où les lois et coutumes habituelles ne fonctionnent plus. On est amené à une transgression des usages ordinaires ou traditionnels. Il n'est pas normal de payer autant quelqu'un qui a travaillé une heure que celui qui a travaillé toute la journée. Il n'est pas normal d'abandonner quatre vingt dix neuf brebis au risque de les perdre pour aller en retrouver une. Il n'est pas normal que la plus petite des graines donne un grand arbre. Si le point de départ de la parabole est souriant, parce qu'imagé et compréhensible, au terme on est confronté à un retournement et à une expérience limite.

Cinquièmement, va se manifester alors l'*extravagance* qui est le trait spécifiquement religieux de la parabole, semblable à l'intensification dans le raccourci d'un proverbe. La parabole conduit là où on ne s'y attend pas. Le dénouement n'est pas homogène au point de départ. Ce n'est pas le fils aîné fidèle, mais le fils cadet qui a dilapidé son bien avec des filles qui est reçu comme un prince et pour qui on tue le veau gras.

Sixièmement, la parabole se joue sur une mélodie relativement silencieuse. On pourrait dire qu'*elle est chaste*, elle ne cherche pas à embellir, elle n'en rajoute pas, bien qu'elle évoque l'expérience humaine poussée à la limite.

Enfin, elle amène à une attitude qui déborde la proposition d'une morale humaine normale *Elle conduit à un « plus ».* On a affaire à une autre chose qu'à la conclusion d'une fable de La Fontaine. Elle conduit à un plus, mais sans nous abandonner seuls en face de ce qu'elle propose. *Elle nous laisse « accompagné » par quelqu'un.* En rompant la solitude, elle oblige presque à la confiance, comme la simplicité d'une fable pour un enfant.

Sa provocation déstabilise et entraîne l'auditeur non seulement à s'interroger, mais à venir demander à quelqu'un son aide pour remplir les conditions extravagantes qu'elle suggère : regarder la poutre que l'on a dans son œil et non pas la paille du voisin ; ne traiter ni par la colère ni par la justice le fils prodigue, ne sont pas des réactions normales. Cela suppose une recréation d'amour insensé. La parabole induit non seulement à imiter le Christ, par exemple en face du figuier stérile en usant de patience, mais à lui demander son aide pour communier par lui, avec lui et en lui aux mœurs de Dieu. Il s'agit de bien davantage que d'accomplir une Loi, d'apprendre un texte, de réaliser un projet, de suivre un programme, de se nourrir d'une utopie. En ce sens, les paraboles rejoignent le visage du Christ tel qu'il est décrit dans les Béatitudes. Et c'est tout autre chose — et pourtant ce serait déjà beaucoup — que d'être seulement pour les Droits de l'Homme.

En résumé, les paraboles partent du réel et y reviennent. Elles ne nous laissent pas seuls avec de simples hypothèses. Elles ouvrent l'esprit à un plus. Elles proposent un au-delà de la manière trop étroite avec laquelle la question était posée. L'Évangile conduit à l'affirmation d'une réalité en face de laquelle on ne peut, comme saint Pierre que se mettre à genoux.

Ainsi, la parabole évangélique n'est pas réductible à une fable de La Fontaine, ni à un conte, ni à une page des Mille et une nuits. C'est une image qui part du réel pour nous conduire plus loin qu'elle, sans en rester simplement à un divertissement ou à une leçon moralisante. Elle est souvent redoutable comme l'ont pressenti les apôtres quand ils ont été saisis d'effroi en face de Jésus. Ou bien il faut fuir, ou bien il faut adhérer.

Alors vous obligez-vous à toujours laisser dans l'esprit de votre auditeur au moins une parabole ?

Oui. Je n'ai jamais pu prendre la parole sans me demander quelle parabole je pouvais confier à celui à qui je m'adressais, qu'il soit professeur d'université, maçon ou menuisier en montagne.

Est-il plus difficile de faire un cours de théologie que de trouver une parabole ?

Je n'hésite pas à répondre. Trouver une parabole est beaucoup plus difficile que de pousser à la limite une analyse philosophique ou théologique. Contrairement à ce que l'on pense, il y a une hygiène de l'image qui est aussi exigeante, ardue et redoutable, sinon plus, que le travail de purification et d'affinement auquel obligent l'idée, le concept ou l'analyse.

Pour introduire une conférence de Notre-Dame de Paris, je mettais sur le papier cinq ou sept paraboles capables d'amener le plus rapidement possible à l'essentiel. Je secouais le tamis, il n'en restait plus que deux ou trois. Là encore il me fallait me demander quelle était la plus discrète, la plus proche, la plus chaste, la plus respectueuse du mystère et ne garder que celle-là. Je me suis astreint pendant plusieurs années au même exercice à Radio-Notre-Dame. Exactement quatre cent soixante trois fois. De même, c'est ma joie de le faire à frais neufs pour la chaîne de télévision de KTO. Il faut suivre le processus que Racine a suivi dans ses récitatifs, par exemple le récit de Théramène. Quelques alexandrins suffisent pour partir de la condition concrète, puis le récit conduit à la fiction jusqu'à l'expérience limite et alors on peut enfin atterrir avec ce qui n'est pas seulement une conclusion, mais une ouverture, de nouveau réaliste, qui rejoint la situation présente et amène au dépassement.

Pouvez-vous nous donner des titres de ce que vous appelez des paraboles ?

Un titre est insatisfaisant parce qu'il est réductif, mais en même temps il est heureux parce qu'il donne à rêver. Voici quelques exemples : Les Rois mages et le téléphone ; l'Aspirine et le dentiste ; la Fleuriste et le vagabond ; le Canard sauvage et le canard domestique ; le Pigeon et son miroir ; les Fourmis sont sourdes ; l'Astronaute et le paralysé ; Si j'étais sur Andromède ; la Tour Eiffel et le bottin ; Ponce-Pilate à la retraite ; Saint Antoine et le petit cordonnier...

Le diamant rayé

Donnez-nous des exemples ?

J'en choisirai deux. Alors que j'avais une fois dépassé les trois minutes réglementaires à Radio Notre-Dame, j'ai annoncé que pour la prochaine parabole je ne prendrai même pas trente secondes. Le lendemain, j'ai simplement dit : « Ce ne sont pas les difficultés du chemin qui font mal aux pieds, mais le caillou que tu as dans la chaussure. Cherche donc d'abord en toi-même les obstacles ou les contrariétés plutôt que de t'en prendre aux autres. »

Le chevreuil porte-musc des montagnes

Une fois en bien des années, le chevreuil, porte-musc des montagnes est hanté par un souffle de parfum dans ses narines. Il ne sait pas d'où vient cette odeur, mais elle est comme l'appel de la flûte auquel nul ne résiste. Alors le chevreuil, le Mushikhana court de jungle en jungle à la poursuite du parfum du musc. Le pauvre animal renonce à la nourriture, à la boisson, au sommeil et à tout le reste. Comme un enfant cherche l'écho, l'appelant ici tandis que l'écho répond de l'autre côté du ravin, puis traverse le ravin et entend de ce côté le cri qui lui répond, ainsi fait le chevreuil à la poursuite du parfun. Il ne sait pas d'où vient l'appel du musc, mais il est forcé de la poursuivre à travers ravins, forêts et collines, jusqu'à ce qu'enfin, affamé, harassé, épuisé, il marche au hasard, glisse de la cime de quelque roche et tombe mortellement brisé, corps et âme. Son dernier acte avant de mourir est d'avoir pitié de lui-même et de se lécher le poitrail... et tenez, tenez, voici que la poche à musc, à parfum s'est développée dans son propre corps, il halète profondément, essayant de respirer le parfum, mais il est trop tard.

Ô mon fils bien-aimé, ne cherche pas au dehors Dieu qui t'appelle, mais cherche ton âme et vois, Il sera là.

Et peut-être la plus synthétique, la plus belle des paraboles pour résumer le mystère chrétien, c'est celle du diamant rayé.

Un prince avait une superbe pierre précieuse. Un jour, par malchance, elle se trouva profondément rayée. Le prince confia la pierre aux artisans de son royaume, plus habiles les uns que les autres. Tous essayèrent d'effacer la rayure, aucun n'en fut capable. Tout était perdu. Ne restait que le désespoir. Lorsque survint dans le pays un lapidaire d'un génie encore inégalé, il prit la pierre et après avoir médité, il eut l'art de la retailler en forme de rose. Il n'essaya pas de supprimer la rayure, d'effacer l'égratignure. Il eut au contraire l'intelligence de s'en servir pour en faire la tige de la rose. Il avait transformé cela même qui avait dévalué le joyau en occasion de lui donner une plus grande valeur. La pierre précieuse était devenue bien plus belle qu'elle ne l'était auparavant.

Le prince, c'est Dieu ; la pierre précieuse, c'est l'homme. L'égratignure, c'est la blessure intime en chacun. Le lapidaire, c'est le Christ. Une rayure est une rayure. Inutile de la cacher. Le Christ vient pour transfigurer cela même qui nous apparaissait négatif en occasion d'une plus grande splendeur. Encore faut-il avoir reconnu l'égratignure.

*

Le titre de ce livre n'est-il pas une parabole : la libellule ou... le haricot ?

Et si, avec le diamant rayé c'était aussi l'histoire de la prédication ?

5

Comment prêchait Jésus ?

Prédicateur, avez-vous de temps en temps des consolations ?

Oui. C'est inattendu mais assuré. Chaque période électorale offre la possibilité de voir comment s'en tirent les députés à la télévision ! Ce n'est certes pas une consolation. Sinon à la manière dont Pascal l'entend avec humour : « Quand je me regarde, je me désole. Quand je me compare, je me console. »

Soyons sérieux. La tranche horaire allouée à tel ou tel parti nous laisse parfois pantois tant le discours est convenu, prometteur ou ennuyeux et guère plus enthousiasmant que certains de nos sermons.

C'est l'occasion de se rendre compte justement que le sermon n'est ni un discours électoral, ni un cours d'explication de textes, ni une conférence, ni une revue de presse. Il est impossible de le réduire à un type de discours comme les autres. Le prêtre n'est pas chargé de défendre un parti, ni de proposer un programme, ni de véhiculer les opinions qui courent. Il y va d'autre chose : être contagieux d'un amour et creuser la soif de mieux le connaître.

On a peu ou pas de sermon de Mahomet, pas beaucoup plus de Bouddha. On a la chance d'avoir les nombreux sermons du Christ, d'avoir un modèle à suivre, quelqu'un sur qui s'appuyer, un guide qui a frayé le chemin.

Diversité des sermons du Christ

La variété de ton des différents sermons du Christ est une des premières surprises lorsqu'on lit l'Évangile. Il ne s'adresse pas de la même manière à la Samaritaine qui a cinq maris, au vénérable Nicodème, au pharisien Simon, à saint Pierre, aux foules de Tibériade ou aux fidèles des synagogues de Galilée. Comment différencier le sermon de toute autre prise de parole ?

J'ai envie de rappeler le sens de quatre mots grecs. Ils sont très beaux. Tout d'abord le sermon relève d'un *logos*, expression d'un verbe, d'une lumière, d'une raison. Deuxièmement il renvoie à une origine et à un terme qui est une *sophia*. Il n'est pas isolé, il fait partie d'une histoire. Troisièmement, cette sagesse ne conduit pas à un contentement uniquement intellectuel et narcissique. Elle est une *rhèma*, consolatrice et rupture de solitude. Enfin, elle transforme, elle convertit, elle transfigure ce qu'elle touche, elle a une puissance interne qui modifie l'existence, c'est une *dunamis*.

Leur convergence, leur réunion contiennent le secret et la richesse de la prédication du Christ. Il faut faire appel à ces quatre mots pour dire la plénitude de sa prédication. Seule, peut-être, la parole du Christ les a tenus ensemble dans toute l'histoire de la communication humaine. Entre hommes, on peut se contenter de ne parler que selon l'un de ces quatre modes. Les interventions du Christ sont d'une surprenante variété : quelle différence entre le dialogue avec le professeur Nicodème qui ne comprend rien, sinon laborieusement, et la conversation avec la Samaritaine qui devine tout à l'avance. Ces dialogues du Christ sont selon les cas marqués davantage par telle ou telle valeur signifiés par l'un de ces quatre vocables, mais les quatre sont toujours présents. Avant de les rappeler, prenons certaines précautions.

Richesse dont on n'a aucun autre exemple

L'angoisse, l'émoi ou la joie des grands créateurs peuvent-ils aider à comprendre cette richesse de la parole de Dieu ?

Lorsque j'essaie de résumer ces qualités, je ne trouve que peu d'exemples. On peut évoquer les confidences des grands artistes. Les lettres de Van Gogh, le *Journal* de Delacroix, les *Variétés critiques* de Baudelaire, les *Sonnets* de Michel-Ange, les *Cahiers* de Valéry, les *Notes sur la peinture* de Bazaine, les réflexions de Rouault ou de Matisse. Là encore l'expression n'est pas réductible à « un » type de discours, mais on reste très loin de l'abondance et en même temps de la sobriété, de l'efficacité et de la discrétion de l'Évangile. Pour oser en parler, il faut faire appel et à l'intuition du créateur, et à la confidence de l'amoureux, et à l'éclair du génie, et à la simplicité de la pensée naissante, et à la rigueur de l'épure, et à la force de la vie qui se donne . Tout cela est contenu dans chaque parole du Christ.

Herméneutique et histoire de l'art

Je ne suis pas opposé à ce que la théologie d'aujourd'hui appelle l'herméneutique. Décrypter les sous-entendus d'un texte, des prophéties, des prières que contiennent la Révélation est même un devoir. Mais on n'évite pas le problème. J'ai essayé de le prouver à partir de l'histoire de l'art, dans un livre de 475 pages tout entier consacré à l'herméneutique. L'histoire de l'art oblige à se situer ou bien du côté de ceux qui réduisent le sens des chef-d'œuvres à des paramètres uniquement abstraits en les enfermant dans la cage dorée de la raison, ou bien à instaurer, à promouvoir le sens caché des choses qui peut parler au cœur de l'homme lorsqu'il métamorphose ses émotions par la grâce de l'art.

Cette même histoire de l'art permet de mieux comprendre ce qui se passe dans le catéchisme, la théologie ou la prédication avec la révélation chrétienne. Sans tricher, on peut résumer ainsi les trois chemins que la modernité poursuit lorsqu'elle est en quête de sens.

Il y aurait d'abord une herméneutique (ou esthétique) de la *mémoire*. On cherche à expliquer les choses par leur origine, par le contexte de leur naissance, par les prédécesseurs de leur apparition. C'est l'effort d'hommes comme Émile Mâle, André Chastel.

Une deuxième voie ouvre sur une herméneutique *formelle* telle que la suivent Élie Faure ou Georges Duby (et la plupart du temps les universitaires). Un titre d'Élie Faure est significatif : *L'Esprit des formes*. On réduit l'œuvre à la géométrie secrète qui préside à leur composition, à leurs formes. Et l'on essaye de déceler les triangles, les parallélépipèdes, les cercles et on découpe selon des schémas géométriques un retable de Simone Martini, une perspective de Paolo Veneziano ou un groupe de Max Ernst.

Enfin un troisième parcours pourrait s'intituler l'herméneutique (ou esthétique) du *destin*, celle de Malraux, de René Huyghe ou d'André Breton. Le but n'est pas seulement de simplifier l'œuvre d'art à ses sources historiques ou à ses formes pour l'expliquer, mais d'interroger ce qu'elle dit, et pourquoi elle le dit et pour qui elle le dit. Il ne suffit pas d'avoir réduit à des triangles *la Vocation de saint Matthieu* ou la *Résurrection de Lazare* du Caravage ou celle de Rembrandt, mais de chercher à déceler au nom de quoi ils se sont intéressés à la Résurrection ou à la vocation. Il est évident que seule cette mise en place est totale et apporte un bonheur. Le père Congar avait parfaitement vu, nous l'avons rappelé, le risque de l'herméneutique ou plutôt de la volonté de puissance qu'elle peut cacher. Il y a une authentique menace de déconstruction, contradictoire avec le statut intellectuel et spirituel de la foi qui pèse sur le catéchisme et la théologie et la prédication actuels. À vouloir, sous l'influence des sciences humaines et de leurs conséquences herméneutiques, être maître du contenu de la Révélation on inverse le sens des choses. L'objet de la Révélation est détourné de son sens, de ce pour quoi il nous a été livré. Il n'est plus finalement destiné d'abord à nous aider à aimer et adorer, il n'est plus le lieu de la confidence de Dieu, le secret partagé entre deux êtres. On n'a plus seulement dans les mains qu'un papyrus intéressant peut-être, mais sans rapport essentiel avec notre destin. Le but de Nicolas Froment en peignant le retable du *Buisson ardent* était-il de nous renseigner sur l'urbanisme de la ville d'Aix-en-en-Provence ou sur la manière de garder les moutons en 1452, ou bien de nous suggérer la splendeur de la Jérusalem céleste et notre appartenance à la communion des saints ?

Si Dieu connaît, comment connaît-Il ?

Le fait de poser la question ne va pas de soi. Pour beaucoup de philosophes antiques et de religions, Dieu n'est pas une personne, et s'Il en est une, le mal oblige à croire qu'Il est dans un univers sans contact avec le nôtre. Son rôle n'est ni de connaître, ni d'aimer l'univers créé.

Mais au lieu de partir de notre idée de Dieu, on peut partir de ce qu'est la connaissance et d'examiner la compatibilité de sa noblesse avec le mystère de Dieu.

La théologie s'est posé la question de la richesse irréductible d'une « parole » et du partage de la connaissance entre deux personnes, en un lieu précis qui est peu connu et presque jamais cité. Et pourtant sept siècles avant les structuralistes, les recherches linguistiques ou les jeux herméneutiques des modernes, il est lourd d'expérience et de génie. Saint Thomas d'Aquin après avoir dit que nous pouvions parler de la « connaissance » en Dieu ajoute que ce « co-naître » est d'une telle noblesse qu'il convient selon une des manières les moins impures pour dire ce qu'est Dieu. Il a alors l'audace de se demander : « Comment Dieu connaît-il ? » Et il utilise toutes les intuitions du traité d'Aristote, *De l'herméneutique*, c'est-à-dire De l'interprétation.

Il faut d'abord examiner nos méthodes d'analyse, nos manières de connaître, nos façons de discourir, puis montrer les limites, les imperfections, les inadéquations de nos enchaînements de pensée. Thomas d'Aquin conclut en rappelant qu'en Dieu la connaissance récapitule toutes les richesses de l'intelligence. Dieu ne connaît pas à notre manière : par fragmentation et par concepts avec les combinatoires, les retours et ruptures, les compléments et dispersions du discours humain comme à un baccalauréat.

Pour oser parler de la connaissance divine, il faudrait emprunter toutes les manières que les humains ont de communiquer. Et encore... cela ne livrerait jamais la simplicité de la connaissance divine. Elle est la connaissance jaillissante de Beethoven créant la Cavatine du *Treizième Quatuor*, de Mozart donnant naissance à la *Symphonie Jupiter*, de la brûlure de Rimbaud libérant le cri du *Bateau ivre*, et en même temps la fraîcheur du fiancé découvrant le bonheur de ne plus être seul, et la paix de Monet regardant les *Nympheas*, comme aussi la puissance synthétique d'Einstein ou d'Heisenberg tenant enfin une part de l'énigme de l'univers... C'est tout cela et rien de cela, car en Dieu, connaître est un acte simple où Dieu n'a pas de discours. Il « co-naît ». Cela n'a pas de nom. Il est ce qu'il connaît. Nous, nous restons toujours extérieurs de quelque manière.

Ce n'est pas le cas de Dieu. L'hypothèse d'une psychanalyse de Dieu est une idée impossible et contradictoire. Il n'y a pas de passé pour Dieu. Alors qu'aucun homme n'est et ne coïncide avec l'idée de lui-même. Il la poursuit, mais ne l'atteint jamais.

Et cependant Jésus parle de son Père. Et il nous fait l'honneur de nous faire partager la pensée qu'il a reçue de son Père. Singulière aventure. Là où Dieu unit, les hommes opposent. Là où le Christ regroupe, nous n'en finissons pas de séparer. Et lorsque nous évoquons la foi, on dira : c'est un témoignage pour l'opposer à un raisonnement. C'est un engagement pour le contre-poser à la contemplation, etc. Et si c'était tout cela à la fois, et bien plus ?

La nouveauté du Christ, une parole divine

La « prédication » apparaît dans le Nouveau Testament avec saint Jean-Baptiste. Les textes utilisent un verbe. Il a fait fortune dans les années 1950 : *Kèrussein*, le kérygme. *Kèrussein*, c'est exactement la tâche du héraut, de celui qui vient annoncer un événement autour duquel va se regrouper une communauté. Autrefois c'était le tambour du village. Il annonce l'arrivée du roi, ainsi que le fait Isaïe au chapitre 40. « Consolez mon peuple. Parlez au cœur de Jérusalem et *criez-lui* : Que toute vallée soit comblée, toute montagne abaissée, alors toute chair verra la Gloire de Yahveh. » Bibliquement, le mot est lié au retour de la captivité et de l'exil. Une certaine prédication est née à ce moment-là. Il faut quelqu'un qui précède, qui guide pour passer le désert. Jean-Baptiste est l'éclaireur, l'avant-coureur, le héraut qui aide à opérer le retour vers Dieu. C'est le même terme qui désignera le service des apôtres.

Clairon ou tambour de village suffisent-ils pour décrire la prédication du Christ ?

La parole du Christ et le catéchisme ne se limitent pas là. Dans la ligne des prophètes et de Jean-Baptiste, le Christ est bien le héraut du Royaume, il annonce les Béatitudes et proclame la proximité du doigt de Dieu.

Cela ne suffit pas. Pour une raison décisive. Il est le seul dans toute l'histoire de l'humanité à pouvoir s'annoncer lui-même, comme étant la Voie, la Vie, la Vérité, le Pain, la Porte, la Lumière : « JE SUIS ». S'il tient sa connaissance de son Père, l'objet de cette connaissance est lui-même. « Qui me voit, voit le Père. » Il ne se contente pas d'annoncer, il peut *enseigner*. Il n'est pas seulement prophète, il est docteur.

Au kérygme, à l'annonce, s'ajoute le *didascalein*, l'enseignement, le *matheutésein*, verbes qui sont aussi souvent employés que l'annonce lorsqu'il s'agit du Christ. Ne voyons pas là simple curiosité grammaticale ou sémantique. C'est l'essentiel du mystère de la foi qui se trouve caché ici. *Le message chrétien a un contenu qui est celui de la personne même de Jésus*. Ce n'est pas une simple feuille de route pour gérer l'histoire. Ce n'est pas seulement une « économie » mais aussi d'abord une « théo »-« logie ». Dieu nous a parlé de lui-même. Il révèle son mystère intime. Et c'est tellement précieux qu'il y faut toutes les ressources du savoir humain.

À une condition : qu'elles soient capables de se critiquer elles-mêmes pour respecter Dieu et ne pas diminuer le mystère. Tout n'est pas équivalemment utile dans les tombereaux de l'humus des sciences de l'homme pour dire Dieu. Demeure la deuxième nécessité : j'ai déjà dit l'erreur du philosophe Garaudy lorsqu'il demande aux chrétiens en parlant du Christ : « Rendez-le nous ». Les chrétiens ne peuvent pas donner le message du Christ sans être obligés en même temps de rendre présente sa personne. Tout le monde pourrait éventuellement être d'accord avec le message chrétien. Le président Mao lui-même disait aux Chinois, « Ne brûlez pas l'Évangile, il contient ce que devraient faire les chrétiens. » L'Évangile serait en partie acceptable par une super Unesco. Mais il faut insister. On ne peut récupérer le message sans accepter la Personne et réciproquement. C'est bien pourquoi il nous faut plusieurs mots pour exprimer la richesse de l'enseignement du Christ. Ces mots eux-mêmes sont non seulement beaux, mais infiniment précieux.

Des pensées qui attaquent dans le dos

Expliquez-vous plus nettement sur la soi-disant richesse que devrait avoir le sermon idéal ?

Lorsqu'il pensait à la radioactivité des paroles de l'Évangile, Kierkegaard laissait passer avec un émerveillement craintif : « Ce sont des pensées qui attaquent dans le dos. » Elles nous surprendront toujours. Elles ne sont réductibles ni à des raisonnements, ni à des nouvelles, ni à des concepts seulement. Elles sont source, cri, nourriture, jaillissement, confidence, tendresse, communion. Elles sont redoutablement efficaces, mais bien souvent non pas comme on s'y attendait. Claudel y est revenu maintes fois. Il ne s'est jamais guéri de l'attaque de l'Évangile dans sa vie. La blessure ne fut jamais cicatrisée.

Nous pouvons maintenant entendre les quatre mots grecs qui ont servi à désigner la parole du Christ. Ils sont simples. Ils recouvrent exactement toutes les dimensions de la communication humaine. Leur originalité chrétienne, l'originalité d'un sermon tiendra toujours dans le fait de la présence *simultanée* de ces quatre aspects, à la différence d'un discours humain qui peut se contenter d'un seul aspect.

1. EXPRESSION DE LA PENSÉE DE SON PÈRE

Le Christ est d'abord *logos*. « Le Verbe était auprès de Dieu ». Il est l'exégète de son Père. Et le seul interprète, « exégète » (Jn 1, 14) de ce Père dont il a tout reçu. Sa Parole est nourriture. Elle est message. Elle a un contenu. Le *logos*, c'est ce qui éclaire la raison, c'est le Verbe. C'est tout ce qui pour nous est lumière, science, raisonnement. Si la foi est l'union de Dieu tel qu'Il est à l'homme tel qu'il est, elle est partage d'une lumière, d'un objet : ce que je reçois d'un autre.

Il y a quelque chose en nous qui n'est pas tombé avec Adam, la possibilité de comprendre le vrai, plus édénique que tous les paradis, plus primitif que l'aurore du cosmos, c'est l'intelligence admiratrice des choses et de l'être, cette faculté de respecter l'Autre absolument et de s'enrichir de toutes ses ressources. Je suis moi-même et je peux être l'autre. Je peux co-naître, naître à ce qui me manque, sans altérer ce que je possède désormais en moi. En connaissant, j'accueille l'autre, je deviens l'autre, mais je ne deviens pas autre, et cependant je suis bien ce qui manque à tout le reste.

2. Sagesse

La parole du Christ ne se réduit pas à un cours pour personnes du troisième âge, à une conférence universitaire, à un raisonnement discursif, à un enrichissement de l'esprit, à un renseignement sur le divin. Logos, la parole du Christ est aussi *sophia*, c'est-à-dire *sagesse.* Elle enracine notre existence dans un destin, dans la solidarité d'une communion. Ce logos, cette raison n'est pas simple schéma rationnel. Il a un environnement. Il est issu d'une histoire, il a des racines, il s'est incarné. C'est le Dieu d'Abraham, d'Isaac et de Jacob qui se révèle. La parole n'est pas seulement véhicule de raisonnement. Elle est aussi *sophia*, sagesse, mise en relation avec un dessein et un destin. Elle a partie liée avec une histoire *sainte.* Elle introduit dans une communion : celle d'un peuple, d'une famille qui accepte d'être mise à part, précédée par l'antériorité d'une liberté, celle de Dieu qui « choisit » et appelle des élus, qui les prédestine à être « la louange de sa gloire », comme dit saint Paul, et cela, chaque jour tout au long de la vie. Cas unique dans toute l'histoire des religions, la naissance du christianisme est un événement biographique · le Verbe s'est fait *chair.*

En d'autres termes, la révélation de Jésus lève le voile sur notre origine et notre terme : les deux pôles d'incertitudes qui pèsent sur toute vie. Deux interdits nous angoissent : notre conception et notre mort. On ne peut remonter au-dessus de sa source. On ne peut pas savoir quelle sera l'échéance de notre terme, ni la splendeur et la gravité de ce qui sera après le terme. Le Christ vient nous dire : « Ce que j'ai de plus précieux, ce que j'ai reçu de mon Père, je vous l'ai confié. » « Je sais d'auprès de qui je suis venu. » « Le Royaume de Dieu *est* au milieu de vous. »

3. Compagnon et consolation

La sagesse ne suffit pas à celui qui est blessé au bord de la route. Le Christ est « bon Samaritain ». Il ne détourne pas son chemin. Le peuple choisi, comme chacun de nous, est un interlocuteur libre, donc vulnérable dans sa liberté, vulnérable et même blessé. « Il fait le mal qu'il ne veut pas et ne fait pas le bien qu'il veut. » (saint Paul).

Ceux qui venaient près des Pères du désert, les frères de saint François d'Assise, ceux qui rencontraient le père de Foucauld ou le père Peyriguère, ceux qui écrivent à KTO, à Radio Notre-Dame ou à la

Messe de France-Culture, ne demandent pas seulement une parole qui accroisse, à juste titre, leur culture, ils ont soif d'une parole qui rompe leur solitude. On ne demande pas seulement aux Pères du désert des paroles d'enseignement (*loggia*), mais *des paroles qui sauvent* (des *rhèmata*.) « Dis-moi une parole qui fait du bien. » « Dis-moi une parole qui console. » On peut ici entendre la con-solation au sens précis, étymologique, où ont été écrits les traités du *De consolatione*. « Con-soler », c'est la fonction de la parole-*rhèma* : une parole qui ne laisse pas seul. La parole est ici rupture de solitude et créatrice de communion.

4. PUISSANCE EFFICACE REDOUTABLE COMME LA SEMENCE QUI FAIT ÉCLATER UN ROCHER

En face du Christ, comme plus tard en face du Curé d'Ars, on acquiesçait ou l'on s'enfuyait. On peut refuser le Christ : le jeune homme riche, Simon le pharisien ne se sont pas agrégés au groupe des fidèles. La dernière fonction de la parole du Christ découle immédiatement des trois autres. Elle sauve réellement, parce qu'elle est inséparable d'une présence, d'un offertoire et d'une passion. Elle est toute-puissante, elle est efficace comme un glaive ; en un mot, elle est *dunamis*, c'est-à-dire « énergie porteuse d'une présence ». Elle opère ce qu'elle dit. Les paroles de l'Évangile ont une force sacramentelle, consécratoire. Nous connaissons par cœur ces paroles. Elles expriment en même temps les énergies du Christ et les lignes principales de notre examen de conscience : « Que votre oui soit oui, votre non, non. » « C'est dans la patience que vous posséderez votre âme. » « Il faut toujours prier et ne jamais se lasser. » « Soyez miséricordieux comme votre Père est miséricordieux. » « L'œil, c'est la lampe de ton corps. Si ton œil est pur, tout ton corps est dans la lumière. » « Je suis doux et humble de cœur. » « Ne faites pas acception des personnes. » « Veillez dans l'attente du retour de votre maître. » « Supportez-vous les uns les autres et pardonnez-vous mutuellement. »

Ces paroles libèrent une énergie redoutable. Les métaphores bibliques, lorsqu'elles évoquent la parole de Dieu font appel à la puissance efficace, à la *dunamis*. La Parole est semblable au marteau qui écrase, au glaive qui va jusqu'à séparer l'os de la moelle. Elle est semblable au grain, à la graine porteuse de vie, mais capable aussi de faire éclater le rocher. Ainsi, d'Isaïe aux Actes des Apôtres, la parole-énergie, la parole-sacramentelle est redoutable. Elle opère. Non pas à la manière des hommes qui se libèrent en « prenant la parole » par besoin de pouvoir, vindicte ou jalousie. L'énergie secrète de la parole évangélique est énergie d'un salut, c'est l'énergie née dans le cœur d'un Sauveur en face d'un peuple à sauver et qui s'y refuse.

« Ah ! s'il tient à conserver son petit jugement et sa raison et ne pas se livrer au feu qui de tous côtés en lui craque et part en flammes et en étincelles,

Ah ! s'il ne veut pas épuiser la coupe, il ne faut pas y mettre les lèvres !

Et s'il n'a pas ce grand vide en lui toujours prêt,

Ah ! s'il a toujours quelque chose à faire au préalable et besoin de s'enquérir et de juger et de savoir et de raisonner,

Ah ! qu'il ne mette point les lèvres à cette coupe qui raccourcit le temps et nous donne tout à la fois !

Ah ! s'il tient à rester intact, il ne faut point étreindre le feu ! »

(Paul Claudel, *La Cantate à trois voix*).

« Tu ne te trompais pas quand tu dévorais les choses ainsi,

"Ceci est", voici l'une d'elles tout à coup qui est capable de servir de voile à l'Être...

Ces paroles si usées qu'on ne les entend plus, c'est en elles qu'était la vérité... »

(Paul Claudel, *La messe là-bas*).

Vous avez dressé un beau tableau du sermon idéal, avouez que...

Je sais ce que vous allez me faire remarquer. C'est en me regardant moi-même que j'ai découvert les défauts des prédicateurs. Rien ne peut m'être plus utile que ceux qui ont le courage de braver notre susceptibilité et qui sont impitoyables avec nos défauts. Hélas, ils sont trop peu nombreux. Nous sommes susceptibles. Est-ce une raison pour capituler, alors que l'Église a les plus grandes chances qui lui soient confiées ?

Les pêcheurs norvégiens ont un proverbe qui convient au rôle du sermon dans l'Église. Ils ne font que reprendre le vieil adage latin : *corruptio optimi pessima*. Le meilleur, du fait qu'il est meilleur, se corrompt encore plus gravement. Le pouvoir corrompt, le pouvoir absolu corrompt absolument. À Oslo, on dit plus simplement : « Le poisson pourrit par la tête. » Qu'en est-il pour les sermons ? Le jour où vous aurez, près de vous, l'homme de parole parfait, l'apôtre non soucieux de plaire, assez humble et délicat avec l'autorité, homme de prière en face du mystère, homme de douceur avec ses fidèles, homme de conviction avec les hésitants, de persuasion avec les savants, de contagion avec les croyants, homme de paix avec son trac, prévenez vite l'archevêché... Vous aurez trouvé celui qui est en même temps saint François d'Assise, Vincent Ferrier, Barthélemy de Las Casas, le Curé d'Ars et Lacordaire. Le problème n'est peut-être pas d'abord là. Qui sera jamais l'instrument parfait de la Parole de Dieu ? Que l'entonnoir soit de zinc, de bronze ou d'or, ce qui importe, dit le Curé d'Ars, c'est qu'il transmette l'eau vive de l'Évangile dont nous avons tous besoin. Chacun de nous a le souvenir de paroles simples qui l'ont touché et ont été déterminantes pour toute sa vie. Encore une fois ce n'est affaire ni d'érudition, ni d'habileté, mais de vérité. Le Curé d'Ars dit que pour cela il faut aller au bout de soi-même.

Qui peut prétendre être fidèle ? Le goût des honneurs avec la mère des fils de Zébédée, l'instinct de pouvoir lorsqu'ils reviennent de leur première mission, et la vantardise ou la peur furent le lot des apôtres. Nous oscillons avec crainte, entre les deux paroles du Christ : « Jusques à quand vous supporterai-je ? » Moment terrible. Le Sauveur découvre sa blessure : « Arrière de moi. » Et l'autre rappel : « Vous êtes des serviteurs inutiles. » On pourrait se méfier de ceux qui se diraient trop facilement serviteurs inutiles. Soyons déjà des serviteurs. Ce n'est pas si facile. Un père supérieur passe derrière un frère chargé de balayer le dormitorium, c'est-à-dire le couloir entre les cellules, (au couvent du Saulchoir, les couloirs avaient cent mètres de long). Le frère avait probablement le balai un peu rêveur. « On voit bien, mon frère, lui dit le supérieur que vous balayez pour l'amour de Dieu. »

Être des serviteurs... le service est rude.

Si le sermon n'est pas un cours, ni un discours électoral, ni une conférence, ni une séance de marketing, comment le décrire ?

J'ai osé circonscrire par des mots la Parole de Dieu. Ce sont les quatre vocables du Nouveau Testament. Ils sont comme le prisme qui fait apparaître la richesse de tout catéchisme. En même temps : *logos*-lumière ; *sophia*-sagesse d'un destin ; *rhèma*-consolation de salut ; *dunamis*-énergie d'une présence. Nos catéchèses peuvent alors connaître tous les « parcours » que l'on veut, ces parcours ne seront chrétiens que s'ils traversent les quatre couleurs de la Parole du Christ. Alors comme au scrabble, on peut imaginer les différents assemblages possibles. Il y a en a douze. C'est suffisant.

Douze pertes de sens

1. LOGOS-RAISON-VERBE. Qu'est-ce qu'un raisonnement sans sagesse (c'est-à-dire un *logos* sans *sophia*) ? C'est le besoin de *vérification* qui prend le pas sur le besoin de vérité. On s'est mis à l'heure d'une certaine exégèse sans s'être trop demandé où elle conduisait. C'est la jonglerie intellectuelle qui prend le pas sur le sens du réel. On n'est plus alors que les plombiers du catéchisme. Peu importe s'il n'y a pas d'eau. La tuyauterie est en bon état. Cela raisonne. C'est peut-être un cours de théologie, ce n'est pas la parole de foi.

Qu'est-ce qu'un raisonnement sans partage consolant (un *logos* sans *rhèma*) ? C'est le souci des fausses fenêtres. On a rempli des accolades. On a rédigé de belles ronéos. On a oublié de se demander pour qui. C'est l'*esthétisme*, et le besoin d'être *satisfait*. Il est évident que le mystère de la Trinité est beau. Mais de quoi serait-ce la beauté si ce n'est celle de la Vie partagée pour un salut, et non celle de l'écho théologique d'une sorte des Beaux-Arts ?

Qu'est-ce qu'un raisonnement sans souci du concret (un *logos* sans *dunamis*) ? C'est une synthèse, peut-être même religieuse, mais si elle ne se termine pas par l'hommage de son savoir à l'amour d'une personne, par la joie de se mettre à genoux, cela porte un nom en histoire des religions, nous l'avons déjà dit : c'est la *gnose*. On fait des commentaires, mais ils se terminent finalement, sous prétexte même d'initiation et de connaissance, dans le seul contentement de soi.

2. SAGESSE. Qu'est-ce qu'une sagesse sans lumière (c'est-à-dire sans *logos*) ? C'est la dérive d'une *secte*. On ne supporte pas la vérification venue de la lumière d'un autre. On a ses raisons. On a la sagesse. Elle vous a subjugué. On la possède. Pourquoi se remettre en cause et se soumettre à une vérité venue d'en haut ?

Qu'est-ce qu'une sagesse sans parole de consolation (sans *rhèma*) ? C'est la délectation morose et raide de *l'intégrisme*. Le reste peut se perdre puisque, soi, on est pur et on va le faire savoir. Peu importe l'attention aux personnes.

Qu'est-ce qu'une sagesse sans efficacité (sans *dunamis*) ? C'est le *quiétisme*. Ce sont les « intellectuels en chaise-longue ». Ils peuvent se dire la satisfaction de goûter la sagesse, d'autres qu'eux sont engagés soit dans la prière, soit dans le combat pour la justice. Le salut viendra bien puisque Dieu est bon. Pour l'instant il suffit d'avoir les mains pures. Mais on n'a pas de mains.

3. CONSOLATION. Qu'est-ce qu'une parole de consolation sans contenu (c'est-à-dire un *rhèma* sans *logos*) ? C'est peut-être le dialogue d'un psychiatre débutant. On remplace l'absence de lumière par un accroissement de chaleur. La consolation prime la lumière. On peut avoir beaucoup de chaleur en parlant, si c'est au détriment de la clarté, ce peut être dangereux. Ce n'est pas ce que le Christ a fait avec la pécheresse, Zachée ou Pierre.

Qu'est-ce qu'une parole de consolation sans sagesse (c'est-à-dire un *rhèma* sans *sophia*) ? C'est le *pélagianisme*. On a le goût du salut. On se veut « responsable », « adulte ». Il faut se battre. Le monde est perdu, mais on compte sur le combat, la dialectique, l'appel à l'action... Un jour on se réveille stoïcien, voire déçu. Le combat que l'on menait n'était pas forcément « pour le bien », tel qu'on se le figurait. Il aurait dû être pour l'humilité, et c'est tout autre chose.

Qu'est-ce qu'une consolation sans énergie (un *rhèma* sans *dunamis*) ? C'est une exhortation ecclésiastique, parfaite et pieuse, mais aussi peut-être un peu délavée. On respire du sentiment, du sentiment, du sentiment... L'affectif suffit-il à fonder la vie « sur-naturelle » ?

4. PUISSANCE EFFICACE. Qu'est-ce qu'une intervention verbale qui opère sans douceur (c'est-à-dire une *dunamis* sans *rhèma*) ? C'est au mieux un discours électoral, ça risque de devenir un règlement de comptes politique, facture des rapports de force, hélas davantage généralisés dans les mœurs de l'Église depuis 1968.

Qu'est-ce qu'une énergie qui opère sans lumière ni sagesse (sans *logos* ou sans *sophia*) ? C'est le caporalisme : en liturgie, en action catholique, en pastorale, en catéchèse. On peut être tenté de passer d'un relativisme doctrinal à un dogmatisme pastoral. La dictature a changé de nom. La parole est confisquée par un autre pouvoir. On a remplacé le souci de la vérité par l'énergie et l'on met d'autant plus de vigueur, de chaleur qu'on a moins de lumière.

Douze béatitudes

Un regard positif est plus heureux. Je n'y résiste pas. On trouvera facilement dans l'Évangile ce qu'est :

1. UN VERBE AVEC SAGESSE : « Vous ne savez pas ce que vous demandez. Demandez plutôt de boire le calice avec moi. »

Un logos avec consolation-encouragement : C'est le dialogue avec la Samaritaine : « L'heure vient. »

Un logos avec énergie : C'est le discours sur la montagne : « Il vous a été dit,... et moi je vous dis. »

2. UNE SAGESSE AVEC RAISON : « Ne savez-vous pas que votre nom est inscrit dans les Cieux. »

Une sagesse avec consolation : « Père je te loue, tu as révélé cela aux petits. »

Une sagesse avec énergie : « Vos pères ont mangé la manne, mon Père vous donne le vrai pain. » « Ceci est mon corps, livré. »

3. UNE PAROLE DE CONSOLATION AVEC LOGOS : « Si tu ne renais pas d'en haut. »

Une parole d'encouragement-consolation avec sagesse : « Un autre te mènera où tu ne voulais pas aller . »

Une parole de consolation avec énergie : « Pais mes brebis, pais mes agneaux. »

4. QU'EST-CE QU'*UNE PAROLE-ÉNERGIE AVEC RAISON* :

« Je suis la lumière. Allez enseigner. »

Une énergie avec sagesse : « Jérusalem, viendra un temps où il ne restera plus pierre sur pierre. »

Une énergie avec encouragement : « Va, ne pèche plus. Est-il plus difficile de dire : Lève-toi et marche ».

Les sermons sont peut-être ennuyeux. Mais nous avons tous besoin 1. d'une lumière, à la fois 2. douce et 3. proche, 4. énergique et appelant au changement concret de conversion (qui n'invite pas forcément à être rude, mais qui peut aussi appeler à la douceur).

Les sermons sont peut-être ennuyeux... mais nous avons tous besoin de lumière, alors nous avons tous besoin des sermons du Christ et on comprend la force avec laquelle Thérèse de Lisieux disait : « L'Évangile me suffit ».

D E U X I E M E P A R T I E

II
Du rôle des médias

6

Ça ne se vend plus

« Sauve qui peut... »

Une certaine lassitude de prêcher ne vous saisit-elle pas parfois ?

Si, quelquefois. J'ai déjà dit ma peur. Je suis alors obligé de me forcer. J'aurais envie de rester au désert.

Alors pourquoi, à soixante-dix-huit ans, poursuivez-vous à ce rythme parfois épuisant ?

J'ai déjà rappelé l'injonction de Rainer Maria Rilke au jeune poète. Il le confronte à sa mort. « Devriez-vous mourir si l'on vous interdisait d'écrire ? Si oui, vos poésies seront bonnes. » Toute révérence gardée, comment ne pas souhaiter que ce soit la même décision qui préside à une prise de parole, *a fortiori* lorsqu'il ne s'agit pas seulement de la poésie, mais de la foi ? Les apôtres n'avaient pas d'autres réponses devant le tribunal qui les envoyait en prison : « Nous ne pouvons pas ne pas parler. » La ville de Césarée garde encore les traces du prétoire où saint Paul fut condamné à deux ans de prison : « À l'occasion d'une dispute à cause d'un certain Jésus qui est mort et que Paul prétend être vivant. »

N'avez-vous pas vous-même été tenté parfois d'abdiquer ?

Il y a vingt-sept ans le jour même où le cardinal Marty me demandait de prendre la charge des Conférences de Notre-Dame de Paris, le hasard fit que la même après-midi je devais comparaître devant une sorte de tribunal inquisitorial, le conseil des émissions religieuses du *Jour du Seigneur*. J'avais eu l'imprudence de proposer une idée : « Et si l'on interrogeait les prédicateurs de la télévision, en leur demandant pourquoi ils prêchaient ? » (J'en faisais partie depuis quinze ans). « Qu'est-ce que cela veut dire pour un homme : parler de Dieu ? » La comparution dura deux heures. Malgré tout le désir de l'un des deux responsables, mon vieil ami le père Dagonet, je fus interdit d'antenne sur ce sujet par deux jeunes dominicains. J'ai gardé le souvenir de l'humour de la Providence : l'épiscopat français me demandait de prendre en charge les conférences de Notre-Dame de Paris pour plusieurs années, ce jour même où un « conseil » de responsables dominicains et de journalistes me demandait de me taire. Le plus vif pour m'interdire de parole fut d'ailleurs un jeune père (qui s'était fait engager comme cameraman), il devait quitter le sacerdoce peu après.

L'usure des mots

On a l'impression que le clergé doute parfois de la valeur des mots. Pourtant Marx ou Lénine y croyaient encore. L'effet en a été redoutable. Pourquoi un prêtre n'y croirait-il pas au moins autant ?

Certes, non seulement les mots connaissent parfois une usure, mais avec André Frossard, je dirais volontiers que, souvent, ils sont morts.

Qu'est-ce qu'on peut encore communiquer aujourd'hui ? André Frossard dans *La Baleine et le Ricin* (éd. Fayard, 1982), dit que les mots ont perdu leur contenu, qu'ils se sont vidés petit à petit de leur sens. Citons-le quand il répond à son interlocuteur :

« On en est là : les mots n'ont plus de puissance. Ils n'agissent plus sur les consciences et le cœur des hommes. Il n'y a plus que des signaux dans lesquels on ne trouve plus l'ombre d'un commencement de substance. Des convois entiers de phonèmes se mettent en route qui ne disent plus rien... — *Cependant quand Jonas parle aux Ninivites, sa parole suffit à les faire bouger ?* — Les mots étaient encore tout près de leur origine, il y avait encore un peu de lumière divine dans chacun d'eux, il brillait quelque chose dans les mots. Ils avaient un pouvoir actif et ils n'en ont plus, ils meurent de faiblesse, de consomption. La politique est en train de les achever. — *Depuis cent ans, tout de même, un certain nombre de gens ont utilisé des mots qui ont fait remuer des centaines de millions d'hommes !* — Peut-être, mais maintenant, c'est fini. — *Et les mots de Marx ou de ses éminents successeurs ?* — Dans Marx, c'est différent. Il y avait justement une tentative de récupération de l'origine divine des mots. Marx avait en tête le salut de l'humanité, le Christ étant remplacé par le prolétariat, auquel il assignait la même fonction rédemptrice... La fin des mots, la mort des mots est récente. Les mots ont perdu leur pouvoir sacramentel, c'est un événement tragique, on entre dans l'univers du signe. Autrefois il y avait de la magie dans les mots, le mot opérait. Quand deux types “avaient des mots” autant dire qu’ils avaient l’un et l’autre la faculté de se blesser à mort, maintenant on peut se dire n’importe quoi. »

André Frossard continue et ce qu’il évoque pourrait servir d’aveu à beaucoup d’entre nous au moment de nous mettre à table après le sermon du dimanche matin : « Cela doit être dur pour un homme qui vit beaucoup dans les mots de faire cette constatation et d’aligner des mots en se disant... qu’ils ne vont pas porter, oui... c’est cruel ! »

« Sauve qui peut »

Cette usure des mots, cette langue de bois sont-elles seulement réservées aux politiques ou aux syndicalistes ? On a l’impression qu’elle encombre aussi sournoisement les paroles ecclésiastiques ?

Je n’ai rien à répondre, sinon : bienheureuse « cruauté ». Frossard a raison. Il existe une langue de bois ecclésiastique, un jargon qui n’a rien à voir avec les exigences du travail scientifique et le droit normal pour tout groupe et toute technique d’avoir son langage et ses instruments de communication. Or cette langue de bois a envahi beaucoup de domaines. Combien de fois dans mon couvent, je ne pouvais que conclure après le sermon du dimanche : « C’est parfait, mais peut-être parfaitement inutile ». Je n’ai jamais osé proposer qu’on en parle en communauté. J’ai seulement suggéré que les fidèles pouvaient peut-être se passer du sermon qu’on s’était crû obligé de faire le mercredi. À la paroisse Saint-Pierre-du-Gros-Caillou, le curé, le père Antoine de Vial avait eu la sagesse de se soumettre à l’obligation de ne pas dépasser trois minutes pour les sermons de semaine, c’est-à-dire l’équivalent d’un éditorial de radio : trois fois dix lignes.

Julien Green écrit dans son *Journal* : « Une définition de l’eucharistie par le père Liégé, un théologien d’aujourd’hui dans une conférence, et qui m’est communiquée par un professeur : *“C’est un face-à-face avec un déjà-là, se référant possiblement à un passé non passéiste.”* Comprenne qui pourra et sauve-qui-peut ! » conclut Green. Et pourtant le père Liégé était si amicalement attentif aux autres. Pour la Saint-Bernard, j’étais sûr d’avoir toujours une petite carte de vœux de fête.

Les constats de Frossard et de Julien Green renvoient à deux évidences : 1. Seul Dieu donne et augmente la foi. 2. Quant aux médias et médiateurs, peut-être doivent-ils faire un examen de conscience ? Suis-je prêt à risquer de mourir pour la parole qui m'est confiée ? Je ne sais.

Après un sermon, ne vous arrive-t-il pas d'être un peu déçu, décontenancé ou un peu triste ? L'acteur peut connaître des soirées où le public est un peu absent, mais vous, vous n'avez pas à attendre l'applaudimètre et pourtant les prédicateurs recommencent chaque dimanche. N'auraient-ils pas conscience que leur propos n'atteint parfois qu'une minorité, et encore ?

Le sermon ne se ramène à aucune comparaison. C'est le secret du cœur à cœur de Dieu avec l'homme. Il n'en reste pas moins qu'aujourd'hui, toute communication est guettée par un risque, celui que les psychiatres appellent « la communication paradoxale ». C'est facile à comprendre. Imaginez un enfant qui subit deux expressions simultanées, mais contradictoires sur un événement qui l'atteint profondément. Ces deux expressions sont apparemment vraies, mais elles se contredisent. Nous avons tous en mémoire des drames comme celuici : le père officier est parti en Indochine. Il s'est porté volontaire. Le drame arrive. Il est tué. Première vérité : c'est un héros. Il est magnifié. À juste titre, il a vraiment fait le sacrifice de sa vie. Mais les moments de découragement surgissent. Et c'est non moins légitime, l'épouse s'interroge : « Pourquoi l'ai-je laissé partir ? Tout le monde dit maintenant que cette guerre coloniale était une guerre « sale ». Alors pourquoi m'a-t-il fait cela à moi ? » Comment les enfants pourraient-ils être assez forts en pensant à leur père officier pour porter ces deux propositions en même temps sans en être blessés ? Les conséquences de cette communication paradoxale ne sont pas abstraites pour moi. C'est ce qui est arrivé à l'un de mes beaux-frères tué en Indochine.

Dans l'Église, le paradoxe existe. Faut-il suivre les propositions des découvertes des néo-théologiens professeurs lorsqu'ils jettent le soupçon, par exemple sur la Résurrection et le tombeau vide, ou sur ce que proposent le pape et le magistère avec la Tradition ?

« Ça ne se vend plus »

Et dans la prédication ? N'y a-t-il pas aujourd'hui des raisons de troubles dues à ces communications « paradoxales » ?

Je retiens trois d'entre elles.

Premier constat : en Occident, le christianisme est en train de devenir minoritaire. Après avoir été folklorisé par les médias, puis défolklorisé, et cela à vive allure, on est devenu minoritaire, c'est un fait. Dix lignes en dernière page du quotidien sur la rencontre des évêques avec le président à l'Élysée, ou bien un paragraphe, à la limite insignifiant, sur des problèmes importants comme l'avortement, l'euthanasie ou la part du religieux dans le Traité européen ; ces sujets sont vite classés. Les mots sont vides. Ces années-ci, à quoi est réduite la Semaine sainte sur les chaînes de télévision ? Le Vendredi saint une émission sur « religion et pouvoir ». Le christianisme y était presque honteux d'être chrétien entre la Chine et le bouddhisme. Comme il fallait quand même sacrifier à la religion, on a droit au *Journal d'un Curé de campagne* de Bernanos. La soutane et la mystique n'étaient plus dangereuses. Sur telle autre chaîne, la réduction est encore plus expressive. Le Jeudi saint au journal de 13 heures, on a seulement dit : « C'est le jour où les cloches partent pour Rome. » Serait-ce cela le mystère ? Les journalistes chrétiens font leur métier avec patience, ténacité et intelligence, et proposent inlassablement la « nouvelle » chrétienne. Mais ils ne peuvent que constater avec tristesse : « Cela ne se vend plus ». Ils ont beau rappeler aux directeurs des programmes les six millions de « clients » catholiques éventuels, pratiquants réguliers que la-dite nouvelle est quand même supposée intéresser encore, leurs remarques tombent dans le vide. Cela mobiliserait n'importe quel responsable de marketing. Mais pas encore les directeurs de chaînes TV. C'est en train de changer avec la chaîne de télévision KTO et les chaînes catholiques qui naissent un peu partout dans le monde.

Deux siècles d'ignorance ?

Deuxièmement, l'ignorance. Avec 450 000 entrées par an, le musée de Colmar se vante d'être le plus visité des musées français de province. Il renferme certains sommets de la peinture mondiale. Le retable d'Issenheim de Matthias Grünewald, presque tout Schongauer, tout Gaspar Isenmann, l'admirable Crucifixion de Stauffenberg. Tout le musée fait appel au christianisme : Annonciation, Visitation, Descente aux enfers, Crucifixion, Déposition au tombeau... Alors je demande : comment l'élève de quatrième ou de troisième pourra-t-il comprendre un seul tableau de ce musée ? Dans son manuel d'histoire, combien de pages sérieuses sur le christianisme ? La communication est bien paradoxale. Mais il ne suffit pas de s'en prendre à l'ignorance car elle n'est pas innocente.

Si les médias ignorent désormais le mystère chrétien, ne reste-t-il pas l'Université ?

Revenons aux sermons. Pâques, l'Ascension, la Pentecôte, l'Assomption et la Toussaint continuent encore de rythmer les principaux « ponts » de l'année. Mais on ne sait plus de quoi il s'agit, puisqu'on nous a dérobé l'accès au patrimoine. C'est fait. Et cela bien avant la laïcité actuelle. Depuis le régime des humanités, instauré en France par les grands ordres éducateurs religieux eux-mêmes, à commencer par les jésuites. Paul Valéry en était choqué. Il remarquait qu'après avoir supprimé un des trois appuis du trépied sur lequel est fondée toute la culture occidentale : la Bible, la Grèce et Rome, l'héritage, en basculant, s'était éparpillé. On n'avait gardé que la mythologie grecque et l'ordre latin. Alors que l'univers anglo-saxon a gardé la Bible comme livre de chevet. Je me souviens, lors d'une année passée au couvent de Walberberg en Allemagne, de l'étonnement de l'attaché culturel de l'ambassade de France en 1949. Jeune agrégé de philosophie, spécialiste de Kant, il ne connaissait rien des centres d'études bibliques et théologiques français. J'ai déjà rappelé comment le plus prestigieux professeur allemand de ce temps en littératures romanes, Ernst Robert Curtius m'avait accueilli comme un ami. Un jour où il avait invité avec moi l'attaché culturel français, celui-ci se sentit perdu, il découvrait, comme un continent inconnu, l'univers des études religieuses, et les richesses françaises de la philosophie médiévale, de la Bible et de la théologie qui étaient parfaitement familières à Ernst Curtius. Pas de chance pour l'attaché culturel, le recteur de l'université de Bonn était, ces années-là, le doyen de la faculté de théologie... Chose impensable en France puisqu'il n'y a plus de théologie à l'Université.

On ne remonte pas facilement des décennies d'ignorance. Alors quelle solution ?

C'est un fait. L'enfant français n'a plus, dans sa scolarité, accès à la Bible et à son héritage religieux. Alors sachons-le et prenons une attitude et une politique de minorité. Pourquoi pas ? Le ferment spirituel réapparaît aujourd'hui. Des témoignages timides apparaissent là où on ne s'y serait pas attendu, tel le rapport Régis Debray. Quelle suite aura-t-il ?

L'expérience des pays de l'Est aura appris à être prudent. On peut toujours installer un enseignement de la religion dans les écoles, si c'est au nom d'une certaine vision marxiste, qu'aura-t-on gagné ? Il n'est pas question de couper le jarret d'un effort en plein élan. Il est non seulement à encourager, mais à entourer et à maintenir dans une atmosphère heureuse et dilatée pour le jeune français. L'Europe peut être un auxiliaire de première importance sur ce chemin. Pourquoi le fait religieux ne reprendrait-il pas une nouvelle liberté chez les catholiques ? De quoi aurions-nous donc peur ? Des programmes étriqués du baccalauréat qui ne reposent même pas sur une base européenne ? Sur la route de la *Via Appia*, le Christ interrogeait saint Pierre lorsqu'il s'évadait de Rome pour ne pas prendre de risque, *Quo vadis* ? Où vas-tu Pierre ?

Et pour nous ? Bérulle, Vincent de Paul, Nicolas Froment, Roger Camprin, Bossuet ou Marie de l'Incarnation, saint Pothin martyr de Lyon et Pascal nous disent aussi : « De quoi donc avez-vous peur ? La foi ne serait-elle pas plus forte que la crainte des « décideurs de médias ? » Quand le père Loew est parti pour le Brésil afin d'y fonder des petites communautés de prêtres de la Mission saint-Pierre et saint-Paul, le pape Paul VI lui a seulement dit : « Allez, fondez des petits groupes catholiques. »

Que reste-t-il à faire si seulement 3,5 % de la population française connaît encore vraiment le christianisme ?

Raymond Devos en prison

Est-il possible de trouver un langage respectueux du mystère et adapté à chacun ?

J'ai été enchanté par chaque manifestation du comique Raymond Devos depuis trente ans. Son étonnante pièce *Extra-muros* aurait réjoui un philosophe comme Thomas d'Aquin, car il s'agit de l'homme à la recherche de son identité. Le thème de la pièce est simple : Devos est fils unique, alors que sa mère aurait bien voulu avoir cinq fils. Qu'à cela ne tienne. Devos jouera les cinq rôles. Pour un délit insignifiant, Devos, symbole de l'homme moderne, est jeté en prison. Il lui suffit de cinq casquettes et chapeaux différents et de beaucoup de talent pour choisir l'identité qui lui convient à tel ou tel moment. Il arrive même à convaincre son gardien de prison, que des deux, le plus emprisonné est non pas lui, Devos, mais le gardien. Après avoir évoqué la Méditerranée et les plages qui s'ouvrent devant lui, là où le gardien ne voit que le mur de la prison, Devos plonge... dans la fosse d'orchestre, laissant son gardien ahuri, Paul Preboist, gardien de prison (et prisonnier...) avec son trousseau de clefs.

La catéchèse est comme Devos, une et multiple. Il faut s'aculturer et s'inculturer. C'est vrai. Mais où est la bonne casquette ? C'est le deuxième risque de communication paradoxale. La communication entre les hommes est devenue universelle comme jamais. Mais phénomène étrange, nous risquons de subir autant la tentation de repli sur soi que celle du nombrilisme hexagonal. Il faudrait la bonne casquette pour chacun. La Parole ne sauve pas *en général*. Elle nous désigne par le nom propre qui ne sera révélé que lorsque chacun découvrira dans le regard de Dieu qu'il est aimé au nom d'un amour réel, singulier, personnel : « Quand tu étais sous le figuier, je t'ai vu », dit Jésus à Nathanaël.

Ainsi de Dieu à chacun de nous. La prière n'existe pas *en général*. On est prêtre du Christ, de la personne du Christ et non pas seulement d'une certaine idée du sacré, ou d'une idéologie, d'une morale, d'une théologie, d'une apocalypse fut-elle du meilleur, sinon on n'aboutit qu'à une recherche ou à une satisfaction de soi, qui risquent de conduire finalement au vide, c'est-à-dire à rien. Ainsi de la prière, de même de la prédication. Et la foi ne devient la foi que lorsque j'adhère à cette réalité non seulement parce qu'elle est vraie, mais parce que je découvre cette vérité comme aimable, bonne pour moi, capable de sauver et de *me* sauver, dans l'adhésion à une personne : le Christ.

Nos amis africains ou asiatiques n'ont pas forcément tort lorsqu'ils souffrent silencieusement de la manière dont une certaine exégèse occidentale a envahi la prédication. Il y a un « biblicisme » européen ou hexagonal qui est encore loin de se rendre compte de ce que peut avoir de néo-colonialiste la manière de présenter la foi, l'Évangile ou les textes. Des hommes remarquables n'y échappent pas. L'ahurissante complexité du vocabulaire pour dire des choses simples ne serait-elle pas un obstacle de plus à la simplicité et à la catholicité du message évangélique ? Les champions de la science de l'interprétation ont parfois compliqué les clefs de l'Évangile alors que le but de leur effort était de rendre plus facile la compréhension du texte biblique.

L'espérance ajoute à la foi la perception que la parole et le message sont faits pour sauver et donc pour être désirés. L'espérance est la vertu qui aide à expérimenter que le message chrétien est non seulement bon, mais appétissant, séduisant, attirant vers le meilleur. C'est le miracle du sacrement de confession : accepter une vérité de salut qui change l'ordre d'existence dans lequel on avait pu jusqu'alors se suffire. Or, vouloir ne pas se suffire est si difficile qu'il y faut un choix, parfois dur Aucune décision n'est plus individuelle que celle-là. Il n'y aurait donc pas une catéchèse, mais s'il y a 700 millions de chrétiens, il faudrait 700 millions de prédications. Et cependant il n'y a qu'une seule foi, un seul baptême, un seul Seigneur.

Les problèmes actuels ne sont-ils pas les mêmes que ceux du temps de saint Pierre et de saint Paul ?

Le programme juif du temps du Christ avait une visée de justice et de paix — c'était sa noblesse — à prétention universelle. Avant la lettre, c'était le programme d'un ONU, à détermination mondiale. Mais la responsabilité en était réservée aux Juifs. Le Christ le confie à toutes les nations. Saint Paul est chargé de le proclamer. Les Béatitudes sont destinées à tous. Il n'y a plus ni Juif, ni Grec, ni Mède, ni Parthe. Les médias d'aujourd'hui réalisent cette universalité. Le christianisme, qui pouvait à certains moments rester provincial, ne le peut plus. Il est débordé par la communication actuelle elle-même.

Lorsque le président égyptien Sadate, pour ouvrir le dialogue avec ses ennemis, prononce un psaume à la Knesseth de Jérusalem, la terre entière le sait dans l'instant. Redoutable « catholicité », la prétention à l'universel n'est plus l'apanage du seul catholicisme. La science a un langage universel. Le sport est universel. Les seules émissions de télévision que le Pacifique transmet intégralement sont celles de la coupe du Monde de football : elles passionnent le Canaque, le Tahitien aussi bien que l'enfant d'Algérie, du Cameroun ou du Koweit. Chacun pourrait citer des exemples de cet universalisme. Il est paradoxal. Merveilleux et en même temps épuisant. À Ghardaïa, comme tous les journaux télévisés du monde, les nouvelles se terminent par la météo. Après avoir dessiné les évolutions du temps sur l'Algérie et le Sahara, un autre coin du monde est signalé chaque jour : l'Arabie. Pourquoi ? À cause de La Mecque. Quel temps fait-il en Arabie ? Cela va de soi puisque le pèlerinage de l'islam, permettant de devenir hadj, change la condition d'existence d'un musulman. Pourtant on est dans une République populaire et laïque. France 2 ou FR 3 ne privilégie pas encore la météo de Rome ou de Jérusalem...

Nos moyens de communication sont performants. Du moins en sommes-nous persuadés. Est-ce si vrai lorsqu'on compare avec le passé ? Est-on autant catholique, universel ouvert à tous qu'on a pu l'être autrefois ?

À Tahiti, le speaker vient d'annoncer le match nul Sochaux-Saint-Étienne. On est à vingt-six heures d'avion de Saint-Étienne... Avant de passer au vote de la Sécurité sociale, le speaker prend un ton plus intime : « Le prix Nobel sera remis à Mère Teresa de Calcutta. La cérémonie connaîtra cette année des conditions particulières : il n'y aura pas de banquet. Mère Teresa a obtenu que l'argent soit versé aux pauvres. Cela permettra deux journées de nourriture à dix mille personnes. Il y aurait eu cent vingt invités au banquet de Stockholm. » Ainsi j'apprenais ce soir-là à Tahiti, par un speaker antillais qu'une religieuse albanaise obtenait d'un groupe suédois-norvégien que des Hindous soient nourris.

Dans l'Église primitive, c'était bien un paradoxe : un Galiléen apportait la nouvelle chrétienne à la Rome des Césars, un pharisien à l'Éphèse des idoles et à Corinthe des marchands. Un Smyrniote évangélisait Lyon, etc. Et la greffe a pris. Vous me direz : ce fut l'exception des débuts. Je vous répondrai : qui fut, au temps de saint Louis, l'un des principaux maîtres des étudiants de Paris ? Un Napolitain qui avait fait ses études à Cologne auprès d'un maître saxon : Thomas d'Aquin. Sans concours, sans passeport, sans besoin d'équivalence. L'Europe était plus européenne qu'aujourd'hui. Le latin était sa langue commune. Les universités prenaient naissance. Des franciscains devenus des conseillers des califes de Bagdad étaient leurs amis. On pouvait réunir, malgré les dissensions, des conciles entre l'Orient et l'Occident pour essayer de s'expliquer. La Sicile faisait travailler des artisans vénitiens sur des intuitions byzantines au service d'un art roman inspiré par des barons venus de Normandie. Cela a donné à Cefalù, Palerme ou Monreale les mosaïques les plus fortes et les plus douces qui aient jamais été inventées. Les Dominicains étudiaient les philosophes grecs dont ils avaient reçu les textes grâce aux Arabes. Platon et Aristote, à seize siècles de distance, provoquaient la première vraie et grande Renaissance, plus forte et féconde intellectuellement peut-être que ne sera le retour à l'Antique du XVIe siècle. Il est vrai que les événements suffisent de manière inattendue et tragique à modérer nos prétentions, lorsque nous parlons d'universalisme.

Ne croyez-vous pas que si la sélection des nouvelles pour les journaux télévisés français était assurée par un Belge, un Sénégalais ou un Marocain, elle ne serait pas d'emblée plus universelle ? Ici l'Église est nettement en avance. Prêtres hollandais, zaïrois, vietnamiens, allemands, belges, polonais sont pleinement responsables de paroisses un peu partout en France et en Europe. Cela modifie et permet un autre type de proximité avec l'Église. Est-ce le cas d'autres administrations ?

*

On ne peut pas changer le fait que le Christ est né à Bethléem, et qu'il a vécu à Nazareth. Il y aura toujours une « positivité » de la foi. N'est-ce pas un peu irritant à accepter pour l'esprit ?

Je ne m'éloigne pas de la foi. C'est son paradoxe. Le Christ est né en un endroit déterminé, il a prêché les Béatitudes en tel lieu précis, il a été crucifié au Golgotha. Et il prétend bien être venu pour tous les hommes. Jusqu'au XVIe siècle, on a cru en cet universalisme du christianisme. Puis il fut soupçonné. La science a cru prendre le relais, puis l'État, puis le progrès, puis la Révolution. Et on n'a pu que constater que tous ces idéaux étaient un « risque ». Le Christ en croix a gardé les bras ouverts. Je pose la question : on répète qu'un langage universel est devenu impossible. Est-ce si sûr ?

Que Raymond Devos nous prête quelques-unes de ses casquettes. Pourquoi ce qui fut possible lors de l'après-guerre en certains secteurs, par exemple celui de l'art sacré, (et encore brièvement et timidement), avec le père Couturier et l'amitié de Braque, Matisse, Léger ne le serait-il pas pour la catéchèse et la prédication ?

7

Cinq défis

Peut-on savoir si on a la foi ?

Non.

Pourquoi ?

Parce qu'il faudrait sortir de la foi pour savoir si l'on a la foi. La connaissance religieuse qu'apporte la foi n'est pas du tout sous-équipée en face de la raison, mais au contraire elle est sur-équipée parce qu'elle implique de la confiance, celle qu'on a pour Celui qui sauve notre destin. On s'en remet à lui. On l'en croit, on le croit et on croit. Les trois compléments du verbe croire sont liés. L'objet de foi est *concru, con-creditur,* écrit l'un des deux plus grands commentateurs de Thomas d'Aquin, le cardinal Cajetan, par ailleurs délégué au dialogue avec Luther. Je crois que je crois. Mais j'en suis sûr, de la certitude de Dieu lui-même. C'est sur Lui que je m'appuie, sur son assurance, sur la connaissance qu'Il a Lui, de son rapport à moi. C'est pour cela qu'on appelle les vertus théologales, des vertus sur-naturelles. La graine vient du Ciel, c'est un don, mais à nous d'avoir remué la terre et creusé le sillon. Le don est fait à tous, mais tous les terrains ne sont pas préparés. Le problème n'est pas de savoir si le champ est grand ou petit ; mais si la graine a bien levé partout.

Le mot hébreu *emeth* qui veut dire *foi* a pour racine « amen », dont le sens est : c'est solide, c'est stable, je peux m'appuyer sur. Comme pour beaucoup de choses dans l'existence, ainsi de l'amour conjugal, on n'a pas d'évidence, mais une certitude. C'est de n'avoir pas fait cette distinction que beaucoup pensent ne pas croire.

Le petit Ali et sa bougie

Le petit Ali tient dans sa main une bougie allumée. Son maître l'interpelle : « Oh, Ali, où as-tu pris cette lumière ? » Ali souffle la bougie et réplique : « Maître, dis-moi où elle est partie, je te dirai d'où elle est venue. »

En face du *Credo* et du catéchisme, je suis comme le petit Ali. Dans la main, j'ai bien une lumière. Mais l'origine et le but me dépassent. À certains jours, je suis émerveillé que la foi ait tenu ma vie jusqu'à présent. Je n'ose pas dire que « j'ai » la foi, c'est la foi qui me possède. Comme le petit Ali, je sais que toutes les raisons de tenir, avec mes mains fragiles, une lumière qui me sauve du désespoir ne peuvent pas être transcrites par des mots ou des paroles seulement.

Il n'en reste pas moins que, comme un phare dans la nuit, le catéchisme est le premier cadeau intellectuel qui m'a ébloui quand j'ai été préparé à ma première communion à l'âge de cinq ans. J'entends un peu partout parler de déclin de la religion, cela revient comme un cliché inlassablement répété et mal vérifié. Je me dis alors que tant qu'il y aura un catéchisme et des petits Ali, quelle que soit leur origine, une lumière subsistera.

Pouvez-vous formuler les conditions nécessaires d'une bonne transmission de la foi chrétienne ?

La publication du Catéchisme de l'Église universelle a dépassé les attentes qu'on aurait pu supposer. En France, on l'a un peu boudé. Pourtant bien des incroyants ont été heureux d'avoir un texte de référence. La diffusion de ce catéchisme représente le fait éditorial majeur, toutes tendances confondues, de ces dernières années. Il faut expliquer succès ou bouderies.

On a beaucoup parlé du catéchisme en France depuis trente ans. Un synode avait réveillé en 1985 l'attention des chrétiens. Elle a redoublé de manière heureuse et surprenante depuis la sortie du catéchisme romain. Il faut élargir la question. C'est le statut de la transmission de la foi : prédication, catéchèse, cours doctrinaux, initiation à la théologie, encyclopédies, cercles bibliques, éditions dont il est bon de poursuivre l'inventaire.

Trop de richesses, en même temps trop de soupçons.

On assiste à une dévaluation des mots et en même temps à une inflation des livres. La maladie est équivalente en gravité à celle qui a suivi la peste noire en Europe et a préparé la déchirure des guerres de religion, c'est-à-dire le détournement et le divorce entre les mots et la réalité.

Pour le catéchisme, on ne peut que se réjouir de tous les efforts, toute l'intelligence et l'expérience pédagogique depuis les essais de Marie Farge avant la guerre de 1940, les apports de la méthode Decroly, les travaux pédagogiques de Piaget, les essais de l'abbé Colomb dans les années 50, les catéchismes bibliques faits par les Allemands, et bien d'autres recherches constamment renouvelées.

Il faut en même temps reconnaître tâtonnements, insuffisances ou caricatures, parfois surprenantes. Avant la parution du catéchisme universel, certains « parcours » avaient des titres contaminés par la publicité, du genre *Kiravi* ou *Samsufi* qui font penser à l'écriture de Raymond Queneau lorsque Zazie dans le métro demande : « kikadikoa »... Je n'exagère pas. Alors plutôt que de discuter comme les scribes qui entouraient Hérode et les docteurs de la Loi sur ce que devrait être l'idéal de la transmission de la foi, tous médias confondus, je préfère procéder comme les mages de l'Évangile. Ils ont trouvé un enfant en suivant une étoile. Le catéchisme est comme l'étoile de la crèche. Une étoile a cinq branches, c'est lumineux et heureux. C'est destiné aux enfants et pourtant c'est confié aux parents. Ainsi du catéchisme.

Regardons les cinq branches, les cinq éclats, les cinq lumières qui peuvent éclairer les défis de la foi du nouveau siècle.

Du bonheur de faire le catéchisme

Les leçons de catéchisme ont profondément évolué. Danse, gestuelle, rythmique, dessins ont parfois remplacé l'enseignement de l'histoire sainte ou le jeu des questions et réponses qui permettait de retenir l'essentiel. Est-ce un progrès ?

J'ai eu pendant des années la charge d'assurer la catéchèse dans des chalets d'enfants avec lesquels je vivais. Ils étaient une soixantaine, de cinq à treize ans. Pendant les six semaines où j'étais présent il me fallait tous les soirs les occuper de cinq à sept heures. J'en ai gardé un souvenir merveilleux, je devais inventer tout ce qui était possible en histoires, paraboles contemporaines, scénarios bibliques afin de leur laisser un souvenir heureux et précis de ce qu'était le Christ et l'Évangile. Et j'ai pu vérifier que c'était possible. Le problème n'est pas d'abord la pédagogie. Il est celui de la rencontre entre la mentalité, la culture, les attitudes d'aujourd'hui et la foi. Je n'ai jamais eu à sacrifier le jeu des questions et réponses et le rôle de la mémorisation.

Je maintiens le mot de défi.

Il y en a cinq, énumérons-les donc.

Le catéchisme, comme la prédication, doivent répondre à ces cinq provocations : celles du réel, du cœur, de l'imaginaire, du culturel, de la mondialisation.

Premièrement, l'esprit ne peut pas se contenter de virtuel, d'images flottantes ou d'hypothèses, il lui faut être sûr qu'un jour ou l'autre il *rencontre du réel*, aussi dur, aussi fort, aussi inévitable que les questions qu'il se pose : la maladie, la mort, la paternité, l'espérance ou les déceptions de l'amour.

Deuxièmement, il ne suffit pas que ce soit réel si ce n'est pas chaleureux. Tous les CD Rom peuvent mettre en contact avec le monde entier, avec toutes les subtilités de la Bible, toutes les découvertes culturelles, cela ne suffit pas si le catéchisme et le sermon n'aboutissent pas à une réalité *qui sauve et qui guérit*.

Troisièmement, Job évoque la solitude humaine quand il dit : « Nu je suis sorti du ventre de la terre, nu j'y retournerai ». Le catéchisme et le sermon doivent parvenir non seulement à une projet de combat, de réforme, d'action, à une parole politique ou économique, mais aussi à une *parole qui aide à communier*.

Quatrièmement, on n'attend pas du catéchisme ou du sermon qu'ils apportent un programme électoral ou syndical de plus, mais qu'ils nous aident à communier *avec tous*, avec le monde entier dans le temps, dans l'histoire et dans l'espace au-delà des différences ethniques ou culturelles.

Cinquièmement, il est évident que l'angoisse majeure de l'homme est de savoir pourquoi il est sur terre, c'est-à-dire si, malgré toutes les détresses, il peut encore espérer. Le cinquième défi d'un catéchisme est de savoir s'il est *ouvert avec espérance sur un avenir heureux pour tous.*

Et cela grâce à une personne, celle de Jésus-Christ, Dieu fait homme.

Avant de reprendre chacun de ces défis qui forment la trame de l'examen de conscience du prédicateur, procédons d'abord par comparaison avec le livre *Pierres vivantes*, qui a été un des essais majeurs de renouvellement du catéchisme.

*

L'expérience malheureuse de « Pierres vivantes » ?

Pourquoi des précautions ont-elles été prises pour que l'essai de catéchisme français intitulé Pierres Vivantes, *vendu à des centaines de milliers d'exemplaires, ne se présente pas trop comme un catéchisme ?*

Vus de loin, les débats d'Occidentaux ont parfois l'allure de confrontations de riches : riches de passé, riches de culture et d'idéologie, riches aussi, hélas, de rétention, prétention ou précaution là où l'on serait si heureux de voir éventuellement un peu plus d'humilité, d'audace paisible et de bonheur de croire.

Pierres vivantes était donc l'un des premiers essais importants de renouvellement officiel du catéchisme. Il est vrai qu'il ne se présentait pas officiellement comme un catéchisme, mais cela ne trompait personne puisque tiré à 400 000 exemplaires il était proposé comme l'ouvrage de base remis aux catéchistes et aux enfants. L'épiscopat français à travers une commission de quelques personnes, offrait aux responsables de la transmission de la foi un recueil de documents bibliques, historiques, liturgiques. L'ouvrage était marquant par sa nouveauté, ses images, sa présentation, son information malgré une couverture banale représentant l'église de Créteil qui ressemblait davantage à un garage qu'à une église. L'ouvrage était facilement lisible, mais il fut jugé insuffisant par les responsables de Rome pour servir de substitut à un catéchisme. Cela mérite réflexion.

« Rome » demanda une révision. Le hasard voulut, qu'avec Mgr Eyt et le père Marlé, je sois désigné parmi les cinq consulteurs. On nous demandait de suggérer ce qui pouvait et devait être amélioré. J'ai passé plus d'un mois de travail sur cette tâche ayant été sensible à l'enjeu et à la confiance que l'on me faisait.

On a signalé qu'il y avait eu des difficultés ?

Je dirai peut-être plutôt des surprises comme il y en a dans toutes les administrations. De fait, les auteurs de *Pierres vivantes* n'ont pas remis notre dossier, pourtant terminé depuis longtemps, aux évêques de France réunis en assemblée à Lourdes, sinon la veille au soir de la discussion. Évidemment nos rapports furent enterrés sans avoir pu être lus.

Trois mois plus tard, je reçois un coup de téléphone du président et du vice-président de la conférence épiscopale pour me demander de reprendre nos remarques et d'élaborer une nouvelle version de nos suggestions. Devant partir pour le Mexique et étant assez bousculé, je répondis : « À quoi bon ? Nous avons tout dit dans le premier rapport ». Le cardinal me demanda si les notes et suggestions des théologiens de Rome nous avaient bien été remises lors de notre premier travail de consulteur.

Je découvre alors seulement qu'il y avait eu des suggestions de Rome et je ne peux qu'avouer : « Non, la commission ne nous a rien communiqué ». Colère des deux responsables de l'épiscopat français. Je sens que le cardinal Decourtray, pourtant toujours si affable et maître de lui-même, est profondément blessé. Il me dit : « Je vous les envoie immédiatement, mais, à votre tour, faites-moi parvenir directement et personnellement vos remarques et suggestions et non pas à la commission, afin que je puisse les renvoyer moi-même à chaque évêque. » Je le fais sourire en lui rappelant que dans toute société la dernière chose à disparaître est la bureaucratie.

Je lis donc attentivement les notations de Rome. À travers leur finesse, leur justesse et leur intelligence je devine de qui elles proviennent. Froidement je téléphone aux deux théologiens de Rome auxquels j'avais pensé. Ils m'avouent ingénument que, de fait, c'étaient bien eux qui avaient, de leur côté, établi une première ébauche de révisions. Je ne peux alors que me demander pourquoi la Commission française avait fait barrage en ne nous communiquant pas ces suggestions de Rome. Cela n'aurait représenté qu'un de ces petits incidents sans intérêt de blocages habituels de secrétariat, s'il ne s'était agi du catéchisme, c'est-à-dire d'un texte de référence pour les croyants. Lorsque le *Credo* est en cause, on n'a jamais trop de force pour accueillir de partout ce qui peut en améliorer la compréhension et tout mettre en jeu afin de rejoindre le souffle d'un saint Paul ouvert en même temps aux Grecs, aux païens, aux Juifs et aux Gentils.

En face du catéchisme que signifient nos disputes d'Occidentaux devant les grands appels de l'Asie et de l'Afrique ?

Et le catéchisme de Mao ?

Jean Guitton et sœur Jeanne d'Arc, religieuse dominicaine, reconnue par tous comme l'une des meilleures spécialistes de la pédagogie biblique, et bien d'autres se sont exprimés avec clarté sur *Pierres vivantes*. Personnellement j'ai été touché par les lettres qui répondaient aux propositions que j'avais envoyées à l'épiscopat, en particulier par la réponse du cardinal de Lubac.

Certes une des intuitions de *Pierres vivantes* était issue d'une idée du concile revalorisant l'Église comme « peuple de Dieu ». Le livre part de deux textes privilégiés qui ont exprimé la libération de ce peuple. L'*Exode* pour l'Ancien testament, les *Actes des apôtres* pour le Nouveau. On donnait la prééminence aux épopées historiques qui avaient permis la naissance du peuple élu et la naissance de l'Église. Mais ce n'est pas suffisant pour donner les ultimes repères d'une existence humaine.

Il n'y a finalement que deux points de départ pour entrer dans l'intelligence du *Credo*, ou Dieu ou l'homme. Ou bien le livre de la *Genèse* ou bien le livre de *Job*. Ou bien partir de l'existence d'un Dieu d'amour qui nous crée et fait alliance avec nous, et donc de l'affirmation, à la limite insupportable, mais maintenue contre toute apparence que « la création est bonne ». Ou bien partir avec Job de la question du mal qui torture tout homme au risque d'être comme Job poussé au blasphème alors qu'on n'a pas demandé à naître.

Dans *Pierres vivantes,* on avait parfois l'impression de ne pas savoir si les grandes vérités de la foi sont vraiment réelles. Le message chrétien dans la première édition était de temps en temps présenté avec une étrange timidité. Des formules revenaient lorsqu'il s'agissait de Dieu, de Pâques, de la Résurrection : « Les chrétiens pensent que... » ou bien « Les chrétiens disent aussi que... » comme si la joie de croire et la joie de savoir que la foi conduisait à une réalité, mystérieuse bien sûr, était occultée ou secondaire.

Ayant eu occasion lors d'un premier séjour en Chine de me faire prêter pendant une nuit par mon guide ce qui était le « catéchisme » maoïste en 1969, je découvrais le procédé de ce catéchisme chinois. Ce guide, jeune universitaire de vingt-sept ans, savait que j'étais prêtre. Devenu confiant, il se livrait de plus en plus à moi au terme de plusieurs semaines passées ensemble seul à seul. L'amitié qui se noua à ce moment-là resta fidèle. Cette nuit-là je recopiais donc des pages entières de ce catéchisme chinois. Celui-ci opérait à l'inverse de *Pierres vivantes* et n'hésitait pas à affirmer la pensée de Mao, comme s'il s'agissait d'une parole irrévocable, à la manière dont on dit : « C'est une parole d'évangile ou c'est un article du Credo ». De plus, la présentation était exactement celle d'un catéchisme en questions et réponses. Me vint alors l'idée de substituer dans *Pierres vivantes* le nom de Mao à celui de Jésus. Il n'y aurait eu quelquefois rien à changer...

Deux manières de raconter Napoléon

N'est-ce pas le cas normal de toute présentation d'un message, surtout religieux, que d'éprouver le besoin de le simplifier pour mieux le couler dans la culture contemporaine ?

Oui, mais à la condition de ne pas rester dans le flou, voire dans l'incertitude ou le doute. On peut comparer les hésitations du catéchisme actuel à la manière dont on a présenté par exemple le cas de Napoléon au XIXe siècle.

Dans les années 1830, il y eut deux manières de raconter aux enfants l'histoire de Napoléon. En France, on pouvait encore interroger des vivants, des témoins directs qui avaient vu l'Empereur à Paris et dans les batailles ou encore ses compagnons de Sainte-Hélène. Les petits écoliers français ne pouvaient pas douter de son existence.

En Angleterre, fut imprimé dans les mêmes années un subtil pamphlet : *Doutes historiques sur Napoléon.* On y montrait qu'il était un personnage issu de l'enthousiasme des grognards, fruit de l'imagination collective et qui avait les trois caractéristiques d'un mythe : allant des déserts aux glaces, épousant la fille d'un roi, entouré d'étoiles et d'abeilles, né et mort dans une île. D'où toute une confusion qui baignait l'esprit des écoliers anglais.

Quand j'allais au catéchisme, on me disait sans la moindre réserve : Jésus a vécu, on l'a touché, on l'a entendu ; il est mort sur la croix, on l'a vu, on l'a touché ressuscité.

Avec *Pierres vivantes*, la méthode est différente. On suggèrerait presque : nous saisissons Jésus à travers les récits d'un groupe étonnant, ces juifs de Palestine qui croyaient en lui, et racontaient qu'il était mort et ressuscité. D'où un certain flottement qui peut se glisser dans l'esprit des enfants.

Certes la seconde méthode est peut-être plus historique, plus moderne, plus précautionneuse... On cherche à rendre plus sensible le témoignage.

Reste la question : un recueil de textes comme *Pierres vivantes* peut-il tenir lieu d'un enseignement de la Révélation ? Un recueil ne remplace pas l'enseignement et la proclamation de la foi. Celle-ci réclame d'aboutir à un *oui*, *oui*, à un jugement de vérité, à un jugement d'existence et non pas seulement à des suppositions. Une banque de données réduite à des textes refroidis ne suffit pas pour répondre aux questions d'un enfant quand il s'agit de son destin. Les propagandistes athées de Russie et de Chine avaient bien compris le rôle indispensable de l'affirmation pour porter un message !

Rien n'effacera cette nostalgie de l'essentiel qui dit que si la religion n'est plus capable de nourrir les hommes, c'en sera fait de l'esprit humain. « Les petits ont demandé du pain et il n'y a eu personne pour le leur rompre », gémissait le prophète Jérémie. C'est le même cri aujourd'hui. Les mages de l'Évangile de saint Matthieu ont aussi entendu parler des débats entre les scribes et les docteurs autour d'Hérode. Ils ont préféré suivre l'étoile. Alors suivons-la. Elle livre les cinq lumières de tout catéchisme et de toute transmission de la foi chrétienne.

Premier défi : du virtuel ou du réel ?

À quoi doit conduire le catéchisme ?

L'étoile était d'abord destinée à conduire des hommes à du réel, non pas seulement à des idées, à des débats, à des hypothèses, à des suppositions plus ou moins valables, plus ou moins hasardeuses, plus ou moins novatrices, mais à quelqu'un de bien réel. L'étoile a conduit les mages à un enfant, un pauvre, un sauveur. Il en va de même du catéchisme. Nous sommes dans la nuit comme les bergers, comme les mages et nous avons besoin d'une lumière, non pas pour nous dire que tous les chemins sont bons, mais pour nous dire que ce chemin-ci conduit à coup sûr plus près de Dieu.

L'usage du mot « dogmatique » est significatif, il est presque toujours péjoratif, comme si les dogmes étaient une prison. Il faut le redire inlassablement, c'est l'inverse : les dogmes sont les grands chemins du réel. C'est la carte du pays de l'univers de Dieu. Ils ne prétendent pas enserrer ou emprisonner le mystère, ce serait stupide de penser cela. Catéchisme et dogmes veulent seulement dire par quelles voies on va sûrement jusqu'à Dieu. C'est une des grandeurs du christianisme de tenir à honneur le fait que l'homme soit capable de penser et de communier à Dieu par la lumière de l'esprit. Ce qui amène l'Église à être d'autant plus ferme pour maintenir que la foi est libre puisque aucune formulation ne pourra jamais prétendre exprimer la totalité du mystère. Il reste néanmoins que certaines cartes sont plus justes que d'autres, qu'il y a des directions plus précises que d'autres, qu'il y a un nord magnétique et que n'importe quelle promesse de lumière ne conduit pas forcément à la vérité.

Devant certaines publications, on est parfois déboussolé. Serait-ce toujours à tort ?

L'humanité à chaque étape de son histoire et donc maintenant aussi, est comme l'homme dont parle Baudelaire lorsqu'il évoque sa propre expérience :

« Toute ma vie est comme la marche d'un pauvre homme perdu dans la forêt, une forêt dangereuse. L'homme est là entouré de tous les périls, il est perdu. Et voilà qu'un jour, loin, à travers les troncs d'arbres une lumière s'allume dans quelque cabane de garde-forestier. Le garde est rentré. Il allume sa lampe. "Ah, dit l'homme perdu dans la nuit, me voilà sauvé". Il sait où aller : tout est sauvé. Alors il marche, il marche et puis voilà qu'après quelques instants le garde sans doute s'est mis au lit et il a soufflé sa lampe. Le diable a tout éteint au carreau de l'auberge et de nouveau, toute espérance est perdue. »

Le catéchisme, comme l'étoile de Bethléem, indique la maison dont nous avons tous besoin. On découvre qu'elle n'est pas fermée. On cherche tous cette auberge. Y a-t-il un Dieu ? Y a-t-il une Vérité ? Est-il possible de faire confiance à ce Dieu en face du mal, en face du désespoir, en face de la lutte de chaque jour, en face du travail, du chômage, en face du péché et de sa propre fragilité ? Pourquoi tout-à-coup aurait-on peur du mot catéchisme ? N'y aurait-il pas derrière cette crainte la permanente peur du réel qui menace toujours ? Jésus est-il Fils de Dieu, oui ou non ? Est-il ressuscité, oui ou non ? Est-il présent, réellement, dans l'Église qui est le sacrement de Dieu, oui ou non ? Y a-t-il du réel, une vraie auberge, une vraie maison ? Ou y a-t-il seulement des idées, des hypothèses, des à-peu-près qui s'éteindraient lorsqu'on approche ? N'y aurait-il que des symboles, plus ou moins manipulables ? Ce n'est pas seulement la question de Baudelaire, c'est la question normale pour tout esprit.

Deuxième défi

Dans un univers où tout est sur le même plan : le virtuel, le réel, les jeux télévisés, le sport, le vrai journal, les guignols et les infos, doit-on avoir peur que les convictions chrétiennes soient contagieuses ?

Le catéchisme comme l'étoile de Bethléem a une deuxième fonction, l'étoile n'a pas conduit les mages seulement à une réalité, mais à une réalité accueillante, réchauffante : une famille, un lieu où l'on pouvait reprendre espoir. Marie et Joseph, les bergers ont, comme dit l'Évangile, « chanté » la gloire de Dieu. Alors nous sommes peut-être nous aussi invités par la catéchèse et le catéchisme à chanter cette formidable vérité : le dernier mot de la vie n'est pas une réalité triste, mais un salut, un Évangile, une bonne nouvelle.

Je viens de le dire, par un mimétisme timide, la première version de *Pierres vivantes* donnait l'impression d'une certaine hésitation : « Les chrétiens pensent que... », « Pour les chrétiens, c'est aussi... ». Cela ne suffit pas. Saint Vincent de Paul disait : « qu'il ne pouvait pas aimer le Christ si son frère ne l'aimait pas aussi. » La deuxième qualité, le deuxième devoir d'un catéchisme comme la deuxième lumière d'une étoile est d'être communicative, contagieuse, heureuse. Non ! Les chrétiens ne font pas que « penser aussi » que leur Dieu serait Trinité ou que Pâques serait « aussi » la fête du Christ ressuscité. Ils sont *heureux,* et comme les disciples dans les Actes des apôtres « ils ne peuvent pas ne pas parler » et ne pas proclamer que leur Dieu est échange, partage, communication, vie trinitaire, qu'il a envoyé son Verbe et que tout le but de la vie est de devenir cette Hostie, cette offrande du Verbe à son Père. L'étoile invite à entrer dans le chant du *Gloria in excelsis Deo*, et les anges chantent bien dans nos campagnes. Serions-nous devenus incapables d'entendre les anges ?

Faire le catéchisme implique une « sacrée » responsabilité, au sens propre de sacré. Qui pourrait donc en être capable ?

Être invité à chanter avec les anges n'empêche pas d'être aussi parfois lassé devant l'obligation d'obtempérer à des formules. Vous connaissez la manière dont le cardinal Newman décrivait les trois attitudes réservées aux laïcs chrétiens : « À genoux pour adorer leur Dieu, assis pour écouter leur curé ou bien la main sur le porte-monnaie pour répondre à la quête. »

Faudra-t-il donc toujours rester assis devant le catéchisme ?

La question est légitime, mais elle est mal posée. Ce sera toujours une chance d'être guidé pour chercher Dieu. La vraie question est de savoir qui autorise certains à se déclarer guide quand il s'agit de la foi.

Je n'oserai pas faire un test en posant une simple petite question, comme celle-ci : combien de lignes représentent le texte du concile de Chalcédoine ? C'est un des textes fondamentaux du christianisme, comme ceux par exemple du concile de Trente ou du Nouveau rituel sur le sacrement de pénitence. On n'ose pas trop imaginer les réponses...

Troisième défi : après l'évidente défaite des valeurs, il faut pouvoir aimer une personne

Quel est le troisième défi du catéchisme ou, pour suivre votre image, la troisième branche de l'étoile de Bethléem ? La prédication apporte-t-elle seulement des connaissances ? Autrement dit : qu'est-ce qu'une vérité chrétienne *?*

En régime chrétien, on n'invente pas la vérité, on la cherche et on la reçoit à genoux. On la reçoit d'une histoire sainte vécue actuellement par l'Église, inspirée du Saint-Esprit dans une Pentecôte toujours actuelle. Et cette histoire est livrée dans des mots, des livres, des aventures extraordinairement proches et variées. Ouvrez la Bible : c'est la bibliothèque de famille qui a permis à toutes les générations de catéchistes de nous transmettre les confidences du cœur de Dieu. On y trouve comme dans une prairie normande des fleurs si variées que personne ne pourra dire qu'il ne les comprend pas. J'ai été ému au Japon en demandant à ces champions de l'électronique si ces histoires de bédoins bibliques ne leur semblaient pas trop étrangères à leur culture. Ils m'ont immédiatement répondu : « Non, c'est notre épopée, elle nous parle tout de suite au cœur. Elle est pleine de poésie ». Les sœurs canaques auxquelles je prêchais la retraite dans les montagnes de Nouvelle-Calédonie avaient d'elles-mêmes choisi avec une ferveur extraordinaire le chant grégorien du *Tu es Pierre*, *Tu es Petrus* pour ouvrir leur nuit d'adoration. Pas besoin d'explications ; perdues sur leur île, elles chantaient leur joie et me faisaient comprendre qu'elles étaient par le grégorien et leur affection pour le pape en communion avec toute la terre et toute l'histoire chrétienne.

Job et ses blasphèmes

Dans le catéchisme, comme dans la prairie, il y a des fleurs pour tout le monde, une lumière donnée à tous, une lumière accessible parce que voulue par Dieu *pour nous introduire dans sa communion*. Dans la Bible, on trouve aussi bien les souvenirs de la famille, de la tribu que sont les livres de l'Exode, les livres de Samuel, les livres des Juges. Il y a aussi les comptes ou le code de Sécurité sociale du

Lévitique ; les grandes visions du père Amos, du cousin Malachie ou du grand-oncle Ézéchiel. Il y a d'abord le pacte fondamental, l'ouverture grandiose de la symphonie : la Genèse, ou bien le livre de Job qui est peut-être la meilleure préface de toute la Bible. On peut interroger le Dieu qui nous a créés. On n'est pas obligé de rester assis devant ces textes. Au contraire, il faut apprendre à les dévorer. Job est ce païen qui interroge Dieu jusqu'à la frénésie de ses blasphèmes.

Il est vrai que pour s'y retrouver il faut un guide, un catéchisme. À quoi bon passer trois ans avec un « cercle » biblique sur un chapitre du livre des Rois si ce n'est pas pour entrer, dès que possible, dans la conversation divine grâce aux poèmes du cœur de Dieu que chantent Osée, Isaïe, les prophètes et le Cantique des cantiques inlassablement relus par les saints dans le cœur de l'Église ?

C'est un vrai regret que Thérèse d'Avila ait brûlé son commentaire du Cantique des cantiques et que Thérèse de Lisieux n'ait pas eu le temps de l'écrire. Aucune étude biblique n'aurait de sens si elle n'aboutissait pas à une communion qui nous fasse lire les textes par et avec le Christ devant son Père, en notre nom à tous. Le moment majeur en est la grande vigile pascale chaque année. L'humanité tout entière est invitée à relire son histoire à travers les douze cantiques qui lui donnent son sens, le cantique d'Adam : « Et Dieu vit que cela était bon, et très bon. » Le cantique de Moïse avec « la colonne de feu qui délivre l'humanité ». Le cantique d'Isaïe où « Dieu aime sa famille comme le vigneron aime sa vigne ». Le cantique d'Ézéchiel où les ossements desséchés eux-mêmes reprennent vie. Le cantique de Baruch qui appelle les plus lointains comme des étoiles, etc. Chaque cantique cette nuit-là est relu par le Christ comme étant devenu le sien lorsqu'il offre l'icône de l'humanité à son Père dans l'ultime cantique qui est le canon de la messe reprenant tous les autres.

Ces textes ont été repris et expliqués dans la première leçon de catéchisme par Jésus lui-même, au long du chemin d'Emmaüs, symbole de la route de l'humanité, à des hommes, comme dit l'Évangile, aux « cœurs tristes et lents à croire » c'est-à-dire à nous tous. C'est parce que nous serons toujours lents à comprendre, qu'au long des siècles, l'Église a inlassablement hiérarchisé, approprié, rendu proche, simplifié, répété le message pour que tous puissent y communier. Les bergers et les mages ont découvert qu'ils n'étaient plus seuls sur terre. Emmanuel : Dieu-avec-nous, Dieu-qui-sauve, Dieu-qui-parle et qui s'explique. Il n'y a plus seulement un homme en état d'exode, de déroute, de pélerinage ou de recherche et un Dieu abstrait qui regarderait d'en-haut. « Dieu qui est venu respirer » avec nous. Le catéchisme est cette invitation à entrer dans la respiration de Dieu avec nous.

Quatrième défi : si Charlot est compréhensible par tous, la Bible ne le serait-elle pas ?

Beaucoup pensent qu'il est désormais impossible d'avoir un même langage pour tout le monde. Le quatrième défi, celui d'un catéchisme « universel » n'est-il pas un peu illusoire ou insurmontable ?

Il est vrai que beaucoup s'en vont répétant qu'il n'y a plus de langage universel possible, qu'un discours fait pour tous serait devenu impensable. En disant cela on ne fait que rendre plus urgente la propagation d'un résumé de la foi chrétienne, c'est-à-dire d'une parole universelle. Pourquoi un film de Charlie Chaplin, pourquoi les cérémonies des jeux Olympiques, pourquoi la musique ou la science, lorsqu'il en va par exemple de la lutte contre le sida, peuvent-ils être compris et mobiliser tout le monde ? Le sport, la science, le cinéma ou l'art seraient-ils les seuls domaines accessibles à tous ? La foi catholique peut se définir comme l'union de l'homme tel qu'il est à Dieu tel qu'Il est, c'est-à-dire esprit, lumière et communion.

C'est vrai, la foi introduit dans une lumière « obscure », de nuit. Elle renforce le paradoxe, elle ne l'élimine pas. Dieu est en face de moi, mais Il ne l'est pas comme une chose. La foi ne dispense pas d'affronter l'interrogation suppliante. Pourquoi y a-t-il le mal ? Elle rend la question encore plus brûlante, mais dans la confiance. L'affrontement avec le réel n'est pas redoutable d'abord parce qu'il serait dur, mais parce qu'il nous dépasse. On est progressivement, parfois doucement, parfois subitement, invité à épouser le regard de Jésus, à entrer dans la lumière du Christ. Même sa mère et son père, Marie et Joseph, ont été mis à l'épreuve pour partager le regard de leur Fils. Il s'agit d'accueillir une autre lumière que la sienne propre et donc de ne pas la diminuer, ne pas la *filtrer*. Ce n'est pas confortable.

Dieu est un, mais il est un en trois personnes. Jésus est une seule personne, mais il possède deux natures, divine et humaine. Plus on entre dans la foi, plus la lumière est éclatante et plus on découvre en même temps qu'on ne peut continuer à exister que dans la confiance et l'adoration. Dieu est tout et cependant l'homme n'est pas rien. Notre existence et notre consistance en face de Dieu deviennent pour nous aussi incompréhensibles que le mystère de Dieu lui-même. La justice, la miséricorde, l'espérance dans l'avenir, le pardon, le mal deviennent peu à peu des mystères accessibles à la foi seulement. Le vrai risque est d'en rester à un langage et à des interprétations trop étroites et du coup incapables de communiquer avec les autres.

La quatrième lumière de l'étoile du catéchisme est d'aider chacun à rejoindre le point secret par lequel tout homme peut dire : « Notre Père qui es aux cieux », et aussi « Donne-nous le pain, donne-nous le pardon, que ta volonté soit faite. » Cela est un langage compréhensible par tous, universel, « catholique ». Si Hérode et les scribes ne l'ont pas compris, les mages et les bergers qui ne parlaient pourtant pas la même langue entre eux l'ont très bien compris en regardant Jésus.

Cinquième défi :
L'Occident est si triste, peut-il encore espérer ?

Dans un catéchisme, les formules ne bloquent-elles pas inévitablement la possibilité de la recherche et donc l'espérance humaine ?

C'est le cinquième défi de la catéchèse du troisième millénaire.

Le XXIe siècle a besoin du *réel* et pas seulement d'idées vagues, d'hypothèses ou de simples images virtuelles. C'était la première branche de l'étoile du catéchisme. Deuxième défi : le XXIe siècle attend un catéchisme *qui sauve*, qui apporte une rupture dans notre solitude, qui réponde au cœur et non pas seulement par des considérations abstraites. Troisième défi : le XXIe siècle attend que cette parole de vérité qui sauve soit aussi une *force de communion* et, quatrième défi : que cette communion soit *universelle*, offerte à tous. Défi du réel, défi du cœur, défi de la culture et de la compréhension entre les cultures, défi de l'universel.

Reste un cinquième défi.

Regardons la dernière branche de l'étoile. On attend d'un catéchisme qu'il introduise à une parole ouverte sur plus grand que soi, sur plus grand que nous, sur plus grand qu'elle-même : c'est le défi de la rencontre entre notre soif de vérité, réelle, sans tricherie et ce qui nous dépasse, Dieu et sa transcendance. Redisons encore combien l'humanité n'en peut plus de n'être qu'humaine. Que ce soit en face des vertiges de la science, du voyage sur la lune, des conflits devenus fous sur la planète, des drames du Golfe, des Balkans, de l'Afrique ou de la Russie ou de partout, on interroge et on demande : dites si votre foi ouvre sur un avenir d'espérance et non pas seulement sur les luttes politiques ?

Qu'a fait le Christ lorsqu'il a pris la parole ? Il a tout simplement utilisé des paraboles, c'est-à-dire ce qu'il y a de plus courant, de plus proche, un langage fraternel, mais en même temps impossible à clore sur soi-même, des paroles ouvertes à l'infini, qui obligent à voir le positif, à espérer et à communier à plus grand que soi. « Vous êtes les brebis », « Je suis la porte », « Le semeur sortit pour semer », « L'enfant retrouve les bras de son père », « La petite graine devient un grand arbre », « Le levain caché fait lever toute la pâte », « Les ouvriers qui ont à peine travaillé une heure reçoivent le salaire de toute la journée », et les pauvres, les sans-grade, les démunis sont tous invités au festin des noces. Personne ne peut dire que ce n'est pas là un langage universel et en même temps immédiat, ouvert à l'espérance, proche et concret. Voilà ce qui guide le catéchisme et le *Credo*. Les mages et les bergers sont repartis de Bethléem en sachant qu'ils mettraient toute leur vie à remercier l'étoile de les y avoir conduits.

Il y a notre vie, parfois aérienne, parfois lourde, pesante. Et il y a l'étoile. C'est la lumière de foi et la joie de communier aux splendeurs de Dieu. C'est le *Credo*, c'est le catéchisme. Quelle chance ! On a une feuille de route et une étoile à laquelle accrocher notre vie.

8

La parole échappe aux curés

Sept obstacles ou sept chances

Vous avez été pendant dix ans directeur d'une maison d'édition. Cela implique des responsabilités administratives, commerciales et financières. Est-ce compatible avec la prédication ? Entre les médias et les sermons, qu'y a-t-il ?

Vous connaissez l'étymologie du mot *symbole*, qui est elle-même un symbole. Je trouve le sens le plus profond du métier de prédicateur et d'éditeur dans cette image. Elle signale qu'il n'y a pas de différence entre éditeur chrétien et prédicateur.

Le symbole était, chez les Grecs, un objet de bois ou de poterie coupé en deux. L'hôte en remettait une moitié à celui qu'il accueillait et gardait l'autre partie. Chacun léguait sa partie à ses enfants pour qu'en rapprochant leur moitié respective, ils se reconnaissent à l'occasion de retrouvailles et se découvrent faisant partie de la même communion d'amitié. Symbole, du grec *Sum-bolein*, cela veut dire *tenir-ensemble*. Un simple morceau de bois ou un tesson de poterie devient puissance de mise en relation au-delà des antagonismes possibles. Un « plus » les habite. Désormais, ils sont devenus moyens d'échanges, porteurs de communication et de transmission. Il suffit de remettre côte à côte les deux morceaux pour se reconnaître entre amis.

Entre le Credo *et le chrétien, quels sont ceux qui détiennent le pouvoir de transmettre ? Où passe aujourd'hui la ligne de démarcation entre les responsables de la catéchèse et de la doctrine chrétienne ? Entre prêtres et laïcs ?*

Non. C'est un fait. Aujourd'hui le message chrétien échappe aux curés. Ce n'est pas l'archevêque de Paris qui nomme le chroniqueur religieux de *Libé*, du *Monde*, non plus que du *Figaro* ou de *La Croix*.

« Ça parle » et « Ça prêche » ailleurs. Nombre de journaux, magazines, radios, émissions de TV qui touchent directement aux problèmes religieux ou aux faits de société, qui conditionnent la religion, sont davantage qu'autrefois entre les mains de laïcs.

Il n'y a pas de secteur réservé à la religion dans les universités et les écoles supérieures. La religion est incluse dans la section Société ou Vie internationale, le responsable du secteur religieux se trouve propulsé à cette place sans qu'il ait pu s'y préparer comme il l'aurait peut-être souhaité. Il y eut avec le concile un changement très net. Celui-ci obligea à une meilleure compétence.

En imaginant les origines des éditions dont j'eus la charge, je pense d'abord à une tombe dans un petit cimetière de l'Aveyron. Une dalle, un nom, une inscription : *Père Vincent Bernadot, des frères prêcheurs*. Juste après la guerre de 1914, le Père Bernadot a reçu comme un symbole ce morceau de lumière, cette intuition qu'il a remise à ses frères : la Parole de Dieu, les confidences du Christ, la vie de l'Esprit reçue de Dieu sont capables de rapprocher les hommes entre eux et d'abord de leur révéler leur vrai destin. Le petit livre du père Bernadot fut un best-seller vendu à plus de cent cinquante mille exemplaires. Son titre n'est pas insignifiant : *De l'Eucharistie à la Trinité.* C'est tout un programme.

S'il est nécessaire de rapprocher, c'est qu'il y avait eu éloignement. Comment découvrir la logique, la cohérence interne qui a guidé les différents moments de la pensée chrétienne au long de ce siècle ? On peut en déchiffrer sept comme sept révolutions spirituelles. Sept moments où il a fallu surmonter la fracture pour que se rejoignent les deux parties du « sym-bole ».

Sept fractures intellectuelles

Ces fractures concernent-elles seulement l'Église ou la foi ?

Non, c'est toute la vie des deux derniers siècles qu'elles ont marqué de manière irréversible.

Si je regarde mes propres études théologiques ou les étapes qui les ont immédiatement commandées, je suis bien obligé de voir qu'il y eut des « périodes ». On peut les opposer ou bien y voir une certaine cohérence.

Pouvez-vous reprendre ces étapes ?

Oui, mais à deux conditions. Vous ne me reprocherez pas de vous avoir fait un cours. Non seulement parce que je tiens beaucoup à cet itinéraire, mais parce qu'il est facile à comprendre. Deuxièmement, il ne s'agit pas seulement de problèmes de sacristie, mais d'interroger les conditions qui ont modifié toute l'existence humaine, toutes les cultures, qu'elles soient politiques, commerciales, éducatives ou imaginatives depuis cent cinquante ans.

Ce parcours ressemble un peu à celui d'un concours hippique avec les haies, les sauts de rivière et les obstacles qui risquent de faire trébucher cheval et cavalier. Il n'est peut-être pas si arbitraire qu'il n'y paraît. Encore une fois, il me semble commander l'intelligence du siècle passé et le déroulement de la culture dont nous respirons tous plus ou moins les effluences, bien au-delà du cercle des intellectuels et des ecclésiastiques.

Quel est l'arrière-fond de cette époque contemporaine et moderne dont vous parlez ?

Il est triple. C'est celui de trois déceptions secrètes. D'abord un certain choc en retour du Siècle des lumières, XVIIIe siècle où les philosophes n'avaient pas réussi à apporter la paix et le bonheur. Deuxièmement, la sortie du romantisme qui, malgré son lyrisme, laissait un goût de vide. Troisièmement, la renaissance des nationalismes avec l'arrivée à l'âge adulte des États-Unis et la domination prussienne en Europe, qui allait préparer l'effondrement des grands empires, et ensuite la mondialisation. Bien sûr, il faut ajouter l'explosion des technologies avec leur accompagnement industriel, commercial et communautariste.

Comment se situait la religion en face de ces trois effondrements ?

Remarquablement, comme quelqu'un qui, au lendemain de la Révolution et de l'Empire napoléonien, est cependant marqué par des blessures et traumatismes longs à guérir. Il a fallu plus d'un siècle pour sortir des chocs de la Révolution et de Napoléon, et presque deux siècles pour que la foi n'ait plus à craindre dans son dialogue avec la raison et ses avancées scientifiques.

Cela n'a pas empêché les miracles de l'Église du XIXe siècle qu'ont été l'éveil des congrégations missionnaires et l'attention aux plus pauvres. C'est à ce moment-là que l'Évangile a été porté aux nations les plus éloignées, entre autres celles de l'Asie, de l'Afrique et de l'Océanie, avec un héroïsme inouï et une humilité inimaginables. C'est alors que sont nées aussi les grandes épopées intellectuelles de la philosophie et de l'exégèse catholique.

Donnez un seul exemple de fracture

Il suffit de relire par exemple les pages de Taine sur l'art de Ravenne ou celles de Stendhal sur les grands tympans romans, c'est plus qu'accablant de niaiserie.

Pour situer ce qui nous apparaît presque monstrueux chez ces auteurs, on a le choix entre deux points de départ. Le premier pourrait s'imposer, car il marqua un tournant important dans la vie de l'Église. C'est l'encyclique de Léon XIII du 4 août 1879, sur le renouveau des études philosophiques dans le sillage direct du concile de Vatican I. Elle coïncide exactement avec la grande charte de toute la science moderne que fut l'étude de Claude Bernard, parue en 1878, *La Science expérimentale*. Le pape Léon XIII revendiquait pour la foi et la religion le droit à être traitées comme une connaissance scientifique à part entière et cela en pleine période du scientisme. L'esprit du temps éliminait le fait religieux, où qu'il apparaisse, d'une manière difficile à caractériser : grotesque par rapport à la valeur de l'héritage, infantile dans ses réflexes dissimulateurs, injurieux par rapport à l'histoire, débile dans ses jugements esthétiques. À côté de Taine ou de Stendhal que nous avons rappelés, on pourrait proposer une anthologie qui risquerait d'être affligeante.

Mieux vaut choisir un autre point de départ qui oblige à déplacer les polémiques attardées et marque le véritable changement de siècle.

1. L'ESPRIT EST FAIT POUR COMPRENDRE, MÊME LA FOI

Le choc de la guerre 1914-1918 n'a pas seulement mis, en Europe, le « curé sac-au-dos » réinventant une fraternité, réponse inattendue aux traumatismes de la séparation de l'Église et de l'État. L'aspect fou de la guerre obligeait tout le monde à retrouver un sens à la vie.

Après les révolutions et les guerres européennes du XIXe siècle, il y eut un sursaut qui a ramené à l'essentiel, au-delà des crises du modernisme dans l'Église. Celui-ci était une réaction de retour à l'expérience personnelle, espérant servir la religion sans perdre le dialogue avec la science. Il amenait à un certain refus de vérités extérieures pour ne légitimer que ce qui était vérifiable par la raison ou l'expérience intérieure immédiate. Le sursaut du début du siècle fut encore plus soutenu à cause de l'angoisse des expulsions religieuses et de la violence ravageuse du scientisme ou de ses exclusives.

L'Église revint à cette vérité très simple et fondamentale : *la vie de Dieu est Lumière* et donc partage et communion. Avec la renaissance de la théologie de saint Thomas d'Aquin, le thomisme, on s'est redit que l'esprit humain était convié à entrer dans l'admirable cohérence du plan de Dieu et qu'il était possible de partager cette lumière. Quel soulagement et quel espoir, malgré ce qu'avait enseigné Luther, tout n'était pas pourri dans l'homme et tout ne se limitait pas à se replier sur une « expérience » du « sacré ». Il y avait dans le message de Dieu un contenu que l'homme peut assimiler.

Si l'on prend cette époque comme point de départ, illustrée par les grands maîtres que furent les pères Garrigou-Lagrange, Gardeil, Roland-Gosselin, comme ensuite par Mgr Journet et Jacques Maritain et leurs disciples, on peut caractériser les années 1910-1930 par la redécouverte de la pensée. Le seul nom du *thomisme* illustre la joie qu'eurent ces hommes à retrouver la cohérence de la doctrine chrétienne. Le *Credo* était source de lumière et non pas « absurde ». En face des soupçons, qu'ils viennent de la science ou de la révolution, hérités du XIXe siècle finissant, il n'était désormais plus impensable d'être heureux de croire et de penser sa foi. Étienne Gilson, Maritain, Maréchal, Blondel, Emmanuel Mounier, (quelles que soient les querelles d'école entre eux), ouvraient à un dynamisme proposé à tous : l'intelligence était invitée par la foi à encore plus d'intelligence et, au-delà des crises, à n'en pas rester à la description des états d'âme d'expériences subjectives et irréductibles à chacun. Leitmotiv qui traîne encore partout aujourd'hui lorsqu'on veut faire croire en rabâchant que la religion ne serait « qu'affaire de choix individuel », slogan de la laïcité à la française qui demanderait quelque révision ou complément sérieux.

2. DEUXIÈME PÉRIODE : L'HISTOIRE

Il était normal que de cette conviction fondamentale qu'avait rappelée le concile de Vatican I, on remonte aux *sources* et qu'on réinterroge la Bible et l'histoire ; cela coïncidait avec le renouveau et l'arrivée à maturité des écoles historiques, comme celle des *Annales*.

On fut normalement amené à chercher comment la révélation était parvenue à l'humanité. Quelles en avaient été les conditions historiques ? Comment les cultures sémites, grecques et latines avaient modelé les formules du *Credo* ? Dans l'intelligence de la foi, qu'est-ce qui est le noyau comme, l'on disait alors, et seulement la gangue ? Gangue, mais porteuse du trésor, de la pierre précieuse. Qu'est-ce qui est l'essentiel et le relatif ? Ce fut l'apport d'écoles de théologie comme celle des Jésuites de Fourvière et des Dominicains du Saulchoir. Les méthodes historiques apportaient leurs richesses à la compréhension de l'Incarnation*.

Cette attention renouvelée aux conditions historiques n'allait pas être sans conséquence, celle qui conduirait les historiens, normalement peut-être mais fâcheusement, à n'avoir d'autres maîtres qu'eux-mêmes. Le risque d'une lecture matérialiste n'est pas illusoire. Étienne Gilson s'en est expliqué en des pages décisives de son livre, après son entrée à l'Académie française : *Le philosophe et la Théologie.* Il n'y a pas une ligne à changer pour résister aux flottements de ceux qui, comme Jean Delumeau, veulent nous faire croire que la peur a dominé l'histoire des sacrements, ou pour relativiser les agacements et exclusives d'un Drewermann, par exemple.

J'aimerai ajouter la lecture de deux livres de sagesse. Celui, si frais, évangélique et juste d'Henri-Irénée Marrou, *Théologie de l'histoire.* Est livré ici le résultat d'une longue expérience. Ce livre n'a eu que le tort de paraître en mai 68 et donc d'être peu remarqué. Et l'étude plus approfondie, bien que livrée en un petit volume, du père Georges M.-M. Cottier (devenu depuis Maître du sacré Palais et théologien personnel de Jean-Paul II). Le rôle de l'histoire y est remarquablement analysé et situé : *La mort des idéologies et l'Espérance.*

3. Troisième moment : les sources

Cela devait amener pendant la guerre (1942, date de la fondation des *Sources chrétiennes* et 1945 de la *Bible de Jérusalem*) à franchir une troisième étape. Elle était préparée depuis cent ans par dom Guéranger et Solesmes, et depuis cinquante ans par le père Lagrange et l'École biblique de Jérusalem. Elle devint alors le lot de tous. Au-delà de la seule curiosité historique, quelles étaient les *sources* elles-mêmes de la révélation chrétienne ?

L'intelligence française avait été privée depuis deux siècles de l'une de ses origines, (ainsi que le rappelait Paul Valéry) : la source biblique et liturgique. Seules la Grèce et Rome étaient restées dans le bagage universitaire français, contrairement au monde allemand ou anglo-saxon. La France pouvait alors redécouvrir la Bible, c'est-à-dire l'aventure d'un Dieu « extravagant », « venant d'ailleurs », qui bous-

*Nous avons souvent rappelé les difficultés que créait l'absence de formation théologique chez les meilleurs historiens. Le problème n'est pas résolu. On opposera toujours un peu facilement une théologie attentive à l'histoire, apologétique et existentielle aux caricatures d'une théologie que l'on appelle un peu vite « métaphysique » ou spéculative. On ne peut ici que relever le retard de la pensée théologique sur la pensée philosophique. Il suffit, par exemple, de comparer la vigueur d'un Jean Ladrière et les facilités théologiques de Robert Guelluy dans le colloque intitulé « Historicité et Vérité » paru dans la revue *Le Supplément*, n° 188-189, janvier-juin 1994.

culait et en même temps fécondait le besoin de logique, de raison, d'ordre hérité des Grecs et des Latins où s'enfermait la réflexion, comme dans la cage dorée d'un Parthénon intellectuel.

4. QUATRIÈME MOMENT : LE CHOC DE LA CRUAUTÉ

Mais la Bible, au-delà des parchemins, renvoyait sous le pressoir des horreurs des deux guerres mondiales, à *l'existence dramatique*. Le vécu était plus lourd de pensée que les seules théories. Le Fils de Dieu était venu partager notre vie lorsqu'il avait pris nature humaine pour affronter le mal dans la Passion.

Auschwitz obligeait à regarder cette existence jusqu'au bout de ce dont elle était capable. Les philosophes de l'existentialisme et l'art contemporain, en multipliaient descriptions, inventaires et interprétations du néant obligeaient à en sortir et interdisaient à la réflexion de s'arrêter en cours de route. Quand j'ai lu la nouvelle de Sartre publiée dans *Le Mur*, où il raconte comment un condamné à mort passe sa dernière nuit, j'étais renvoyé à l'expérience personnelle de Dostoïevski lorsqu'on vient lui annoncer sa grâce alors qu'il est déjà sur l'échafaud ou à celle de Malraux, sur sa civière de blessé, alors que son exécution était décidée pour le lendemain matin. Là ce n'était plus de la fiction. Ceux qui avaient vécu cette attente en témoignaient.

Je ne pouvais pas non plus hélas, oublier moi-même la manière dont certains membres du maquis avaient fusillé devant moi des prisonniers allemands que j'avais veillés, toute la nuit dans une cave, alors qu'ils avaient été blessés gravement pendant le bombardement de Chablis. Ils furent tués à bout portant, sur leurs civières, en août 1944. Je n'ai rien pu, là contre. Comment le souvenir m'en quitterait-il ? Jamais... C'est peut-être là que s'est définitivement enracinée en moi la nécessité de la philosophie. Comment comprendre l'incompréhensible ?

La guerre avait été trop dure de nouveau à partir de 1940. Les intellectuels ne pouvaient plus se contenter de remonter seulement aux sources de la culture chrétienne, fussent-elles aussi géniales et nobles que les Pères grecs, cappadociens ou alexandrins. La question posée par Auschwitz avait rejoint *l'existence* même. Et les philosophes exerçaient leur poussée sur tous ; Heidegger et Sartre en tête. L'existence se terminait-elle dans l'absurde d'un mur à contempler avant de mourir ? L'œuvre magnifique du cardinal Hans Urs von Balthasar arriva comme un don du ciel pour ouvrir les poumons desséchés de l'Europe. On est loin d'avoir rendu assez grâce à son travail qui a su emmener la pensée théologique « du Drame à la Gloire ».

La foi n'était pas plus dépourvue pour cette nouvelle époque des années 1950 qu'elle ne l'avait été auparavant. L'intelligence est bien invitée par Dieu à entrer non seulement dans la contemplation de son destin, mais aussi dans un nouvel ordre d'existence. La grâce n'est pas la seule réhabilitation « humaine » d'un homme déchu. Elle ouvre aux fissures de la gloire. Ce que l'orthodoxie de nos frères orientaux avait toujours ressenti nous était redonné : nous sommes invités à devenir Dieu, sinon c'est vraiment le mur...

5. Décrypter le sous-sol de l'existence ?

Après les secousses de la guerre, la vie redevenait triviale. L'existence tragique n'en demeurait pas moins vécue dans le concret du quotidien. Les sources de la foi ne se limitent pas à un cri occasionnel. Elles sont tributaires d'une culture, du langage et de *structures*. Bultmann en 1949, Roland Barthes en 1953 puis Lévi-Strauss et Gadamer, par des avenues très différentes, ouvraient un nouvel âge de la réflexion. Pour discerner l'essentiel on ne peut pas faire l'économie de chercher à travers quel langage, quelles appartenances, quelles contagions, quelles constantes et quelles structures, la pensée a servi la foi. C'est le bienfait de cette cinquième étape.

La théologie et la pensée ecclésiale ne pouvaient en rester aux complaisances philosophiques et à l'esthétique. Les chercheurs avançaient en essayant de comprendre les lois et *structures* qui commandent cette existence humaine. Les progrès scientifiques atteignaient aussi bien les replis psychologiques de l'âme, les subtilités des luttes économiques, les soucis pédagogiques ou ethniques ou les mutations culturelles. N'y avait-il pas là matière à déceler des constantes qui permettent un meilleur dialogue avec la foi ? On en a l'évidence lorsqu'il s'agit de l'euthanasie, du clonage ou des essais atomiques. Recherches, dialogues et décisions ne se résument pas à des débats d'intellectuels en chaise-longue.

6 En aval, le rôle du but

Quel est le parent à qui on ne conseille pas un jour ou l'autre de conduire son enfant chez un psy ? Quelle chaîne de télévision ne cherche pas à faire de l'audimat en ayant son psychanalyste attitré ?

Après le constat de l'existence tragique, la porte était ouverte à une sixième étape, celle des *sciences humaines*. Freud sortait du bois. Il obligeait à aller plus loin que les structures en posant la question du but, de l'orientation inconsciente, cependant bien réelle de la vie. Freud avait décelé le rôle de la fascination et de l'attirance d'un terme présent et déjà conditionné au départ de l'existence. Mais il laissait ses adeptes en panne d'analyse... L'histoire des débats entre psychanalystes fournirait mille tests de cette évolution hasardeuse, bien que totalitaire. Ne soyons pas cruels en ajoutant aux dissensions et déceptions des psychanalystes.

Il était normal de discerner les constantes, et d'apprendre par la science des interprétations (*l'herméneutique*) à *décrypter les sous-entendus* du langage lui-même et les systèmes de signes qui les exprimaient, voire à les manipuler et à s'approprier leur propagation médiatique.

7. L'ÉPOPÉE DU COLLECTIF

Inutile de rappeler les trente ans du mur de Berlin ou peut-être non moins grave l'étrange intoxication de l'intelligence française par le marxisme, même dans l'Église et les séminaires. Il fallait une singulière capacité de résistance entre 1948 et 1960 pour ne pas être considéré comme débile si l'on ne faisait pas allégeance ou au moins preuve d'admiration marxiste. On attend toujours en France la reconnaissance de ces faits. Ils demeurent rétrospectivement affolants : soutien par des catholiques français de mouvements et publications communistes dans l'Église de Pologne, pressions d'enseignants, publications, médiatisations, nous avons eu droit à tout. Cela est étrangement couvert par l'oubli. La mainmise — sans aucune repentance — par les anciens trotskistes est aujourd'hui généralisée dans les médias : de Serge July à Gérard Miller et au rédacteur en chef du *Monde*, Edwy Plenel.

Après un siècle de révolutions politiques, la soif d'une libération poussait à interroger la cause matérielle et économique. La domination — et les premiers signes de fragilité — du marxisme et l'antagonisme des deux grands blocs manifestaient la force totalitaire des contraintes *collectives* du destin. Mondialisation et globalisation doivent-elles tout ramener au politique et à l'économique ?

On découvrait davantage les lois du collectif. Les décolonisations, la montée du marxisme, un certain dégoût des nouvelles générations en face des mensonges auxquels la guerre avait conduit, introduisaient les clercs aux séductions de la politique. L'épopée n'en est pas encore terminée. À partir de la chute du mur de Berlin, le vide des prétentions du « tout est politique » est brutalement devenu perceptible à tous. Ainsi que le suggérait l'évêque de Metz aux dirigeants de l'action catholique ouvrière, désorientés de ne plus pouvoir se référer au marxisme comme à un idéal scientifique pour des lendemains qui chantent : « Il vous reste au moins à consoler les communistes. »

Et maintenant : un certain retour du sacré ?

Les médecins avouent qu'ils doivent refaire leurs études tous les sept ans. Les spécialistes d'informatique disent qu'une génération d'ordinateurs ne dure que trois ans. Une nouvelle étape est en route depuis plusieurs années : au-delà du seul collectif et de ses faillites, syndicaliste, nationaliste ou autre, se fait jour le besoin d'un retour à une transcendance qui donnerait un sens à l'histoire parce qu'elle est au-delà de l'histoire.

Un choc en retour se préparait dès avant 1968 et sa révolution avortée, jusqu'à aujourd'hui, malgré ce qu'avait espéré Maurice Clavel en appelant cette période *La revanche de l'Infini*. Devant le vide, l'homme éprouve la lassitude du « rien qu'humain » et de « l'homme unidimensionnel ». Il réclame un sens à la vie par un *retour au dépassement* qu'il pressent plus grand qu'il ne l'imaginait. Cela n'enlève ni la peur, ni les ersatz, ni le combat, ni l'angoisse pour savoir qui lui donnera ce plus qu'il attend, charismatique ou non, en tout cas surnaturel.

Au-delà des péripéties intellectuelles, que demeure-t-il ?

Non pas seulement un monde désenchanté. Avant, pendant et après toutes ces étapes reste ce que le XIXe siècle a peut-être confié de plus précieux, avec l'esprit missionnaire, c'est cet appel à la transcendance, appelons-le par son nom, c'est le sens de l'adoration, tel que l'ont vécu des hommes comme dom Guéranger. J'entends bien ici ne pas parler seulement des nécessités de l'expression collective telle que l'humanité les ressent, de Woodstock aux jeux Olympiques ou au Tour de France. Je n'en médirai pas, ils me passionnent. Le père Loew remarquait à juste titre que les deux seules fêtes qui restaient populaires en France, étaient le Tour de France et la communion solennelle. Il faut aller au bout.

Rien ne tient dans la pensée si elle n'est pas d'abord une louange, un holocauste, un hommage, un *opus Dei*, comme disent les moines bénédictins, sinon la lecture des étapes de la pensée récente devrait se faire de manière négative, et ce serait la litanie des catastrophes et idolâtries de la modernité. Le chaos est suffisant pour ne pas y ajouter.

Sans la conduite du Saint-Esprit et des dons du Saint-Esprit, l'homme virerait à tous les narcissismes qui ne lui renvoient que sa propre image. Dieu laisse l'esprit s'appartenir. C'est notre pouvoir divin. On peut l'idolâtrer et en faire du « sacré » sous prétexte de « libérer le rêve », comme le prétend Drewermann. Et après ?

Au-delà des maladies de l'esprit, peut-on lire en positif l'enrichissement qu'apporte chaque génération ?

Il serait légitime de faire l'échographie, la scannographie, l'IRM des conséquences néfastes qu'ont pu laisser les différentes étapes que nous avons évoquées. L'arrivée à maturité d'un nouvel instrument de réflexion dans la vie de pensée du chrétien (et pas seulement du chrétien), a forcément des effets.

Ce parcours qui permet de comprendre la cohérence secrète qui va de Léon XIII à Jean-Paul II, c'est-à-dire un siècle et demi de ce qui a intérieurement guidé la réflexion chrétienne, parcours de la pensée, de la culture et de l'art dans ce siècle. Il éclaire le chemin suivi par la théologie et réciproquement. Il faut le prendre comme les philosophes parlent « d'un tout potestatif », c'est-à-dire d'un tout dont la première partie inclut toutes les autres. Il y a inclusion du numéro 7 dans le numéro 1, ce qui amène à constater que si l'on coupe le numéro 1 du reste, à savoir que notre esprit est fait pour la lumière et que Dieu est lumière, toutes les autres étapes deviennent folles. Perdre la régulation de la théologie, de la révélation et de la foi, c'est risquer de tout perdre : l'histoire devient totalitaire ; le vécu se veut normatif et on aboutit à une morale de situation, c'est-à-dire à une morale de caoutchouc ; les structures dissolvent le sujet, il n'y a plus ni liberté, ni amour, ni responsabilité.

L'homme se découvre seul, sans repère et seul juge de lui-même. Alors le besoin d'interpréter et de rester maître de ses jugements peut subtilement pousser l'esprit à se prendre pour Dieu. On ne se relève pas de la prétention de Schleiermacher lorsqu'il prétend ou croit pouvoir « se mettre à la place de l'auteur ». Quand l'auteur est Dieu, et c'est quand même bien Lui qui nous crée, qui se révèle à nous, qui nous sauve et nous envoie porter son message, il devient fou de prétendre « se mettre à sa place ». On aboutit à vouloir être soi-même par soi-même : le circuit du péché originel est bouclé.

Peut-on réduire les fractures intellectuelles et rapprocher ce qui est éloigné ?

Il suffit de reprendre les sept étapes que je viens d'évoquer pour se rappeler tous les éloignements qui ont été et sont toujours à surmonter. Cela mérite qu'on s'y arrête quelque peu. Le travail pour les dominer a été inlassablement repris : éloignement de la pensée et de la foi, de la Bible et de la modernité, de l'esprit critique et de l'existence familiale, réelle, aimante des trésors de la vie. Dans le même temps où nous surmontons ces éloignements, nous restons prisonniers d'un étrange pouvoir, celui de garder quand même notre distance en face du message du Christ. On peut toujours se préserver du risque de contagion, d'ébranlement intérieur et d'appel vers le meilleur qu'implique la parole de Dieu. Elle suppose à certains moments une incitation à dépasser les idées et à se jeter à l'eau. Les raisons de l'éloignement ne sont pas toujours à chercher à l'extérieur. Elles sont d'abord à l'intérieur de nous, dans la possibilité de se durcir et dans la capacité de se refuser soi-même à l'attirance d'une bonté.

Peut-on se protéger de Dieu ?

Je suis frappé de voir comment nous tous, plus spécialement peut-être lorsque nous arrivons à la retraite, sommes habiles pour nous protéger d'une certaine manière de la question de Dieu, surtout lorsqu'elle apparaît au cœur même des réalités humaines : que faire des vieux ? Paradoxe mystérieux, les Hindous disent que cette question de Dieu, au contraire, ne commence à n'avoir quelque poids qu'à partir de soixante ans. Les deux sont vrais. Il reste que personne n'échappe à cet étrange tropisme qui amène inéluctablement à se replier sur soi et à se préoccuper davantage des soucis de sécurité, de valorisation, de voyages, de distractions. Ce serait très injuste de récriminer. Rien n'est plus normal. Mais il est aussi légitime de se demander pourquoi, chez certains, une crainte demeure aussi tenace pour faire place à la prière ou à la vie d'oraison ? On est tous capables de *filtrer* les questions que l'on n'a pas envie de se poser et de légitimer ses choix les plus égoïstes sous de très bons motifs : « J'ai déjà assez donné », « Je me dois à ma famille ou à mes petits-enfants », « Le bénévolat est insupportable, à la manière dont on est traité », « Je commence à être fatigué », « La société ne m'a pas fait de cadeau, il n'y a pas de raison pour que je lui en fasse ». Sublime égoïsme qui entraîne facilement...

Avec la prolongation de la durée de la vie (l'équivalent d'une année gagnée tous les trois ou quatre ans) et la révolution de la longévité, une nouvelle donne est arrivée, au moins dans la culture occidentale. Que faire des vingt ou trente dernières années de sa vie ? La mentalité de la retraite peut inciter à la paresse, à la vanité ou, au contraire, à la générosité. Pour quel but ? Elle peut pousser vers la fidélité courageuse, exigeante et parfois douloureuse de la vie contemplative et caritative aussi bien que vers les aversions ou contaminations moins avouées et plus présentes, de la paresse, de la lassitude et angoisse, du repliement sur le besoin de sécurité ou encore sur la fébrilité d'un activisme couvert de bons alibis. Cela n'est pas affaire de statut social. Une question mérite d'être posée. Est-ce aussi le cas de la vieillesse dans les civilisations africaines et asiatiques ?

« Au secours ! »

On connaît l'histoire des deux Anglais. Ils se promènent le long d'une berge. Un appel retentit en français : « Au secours, au secours ». C'est un homme qui se noie. Les Anglais paisibles sur la jetée tournent un peu la tête vers l'homme qui se débat et l'un observe : « S'il n'est pas Français, c'est un sacré snob ! » Et ils passent leur chemin.

Tout esprit peut se protéger et préserver son pouvoir de distance afin de n'avoir pas à se jeter à l'eau. Pour un prêtre, le labeur de l'édition, par exemple, ne peut pas se résoudre à un service de boîte aux lettres, ni au souci de réussir ou de réaliser l'ambition d'être la plus importante maison d'édition religieuse, ni même de fabriquer des politiques d'édition. .

Prenons le cas des éditions du Cerf dans les cinquante premières années de leur existence. Je peux en témoigner pour avoir été le compagnon direct et le successeur de plusieurs de ceux qui ont été les fondateurs. L'intuition des éditions est née du cœur d'hommes qui ne sont pas restés sur la berge parce qu'ils étaient des religieux. Dans mon couvent, les pères Bernadot, Boisselot, Chifflot, Vergriete, Besnard étaient des hommes blessés par un appel, et de cela on peut rendre grâce. S'il n'y avait plus une communauté d'hommes attirés par une présence, celle du Christ, il n'y aurait plus rien qui vaille la peine de mobiliser l'attention. D'autres éditeurs, sans avoir besoin d'être des religieux, pourraient aussi bien faire, sinon mieux, ce qu'on a essayé de faire. L'argent risque alors de devenir une idole directrice.

S'agit-il seulement de surmonter périodiquement un éloignement intellectuel entre le langage de la foi et la vie de tous les jours ?

Il y a un éloignement plus radical, plus fondamental que celui de la culture, du langage, du sermon et de la modernité : c'est celui du surnaturel lui-même. On n'est pas spontanément apprivoisé aux mœurs du Christ, à l'Évangile et aux Béatitudes. Il ne s'agit pas seulement de fabriquer des idées ou des livres. On ne fabrique pas le symbole de la foi, on le reçoit. Il est comme une quatrième dimension proposée à l'existence humaine, de l'intérieur même des combats de cette existence.

Deux hommes de responsabilité médiatique ont eu la bonne idée, étant tous les deux croyants, d'essayer de faire une « révision de vie », comme on disait autrefois, de ce à quoi ils étaient encore attachés quand il s'agit de la foi chrétienne. L'un grand reporter, puis rédacteur en chef du principal magazine français, l'autre ayant responsabilité de direction dans une non moins grande maison d'édition. Leur dialogue pourrait paraître à première lecture assez simple, voire peut-être un peu trop marqué par une certaine mode des idées courantes. Or, méfions-nous, il est bienfaisant, justement parce qu'il est proche et oblige à regarder les choses d'un peu plus haut. Tous les deux sont fidèles. Le bouillonnant Robert Serrou de *Paris-Match* se laisse aller à toutes les critiques qui traînent partout lorsque l'on parle de l'Église : « Curie romaine bureaucratisée, composée de cardinaux plus ou moins croyants, rigidité morale, pointillisme doctrinal, refus de donner des responsabilités aux femmes, sacerdoce des hommes mariés », etc.

Il se trouve que Robert Serrou est un ami qui a toujours été avec moi proche et cordial et que je peux en souriant mesurer ce qu'il y a de méridional derrière ses critiques. Alain Noël, converti et probablement l'un des rares laïcs responsable d'un secteur religieux à avoir eu une vraie formation sous les conseils heureux du cardinal Decourtray, reprend les questions et objections, les situe à leur vraie place en remontant plus haut que leur forme habituellement rabâchée. L'intérêt du dialogue est justement là. Serrou montre clairement combien sont mal comprises, mal fondées, mal interprétées des questions qui demandent à être déplacées. Il voudrait être « satisfait » par l'appareil ecclésiastique. Ce n'est pas le problème. Cet appareil n'est qu'un échafaudage derrière lequel se construit la vraie maison, mais sans lequel elle ne peut pas se construire. Alain Noël en prenant de la hauteur montre comment l'Église n'a pas peur des questions, au contraire, à condition qu'on les pose là où il le faut. On doit les remercier tous les deux, même en souriant devant le titre de leur livre *Ce à quoi on ne croit plus*. À tous les journalistes qui s'agacent sur l'Église, on peut conseiller la lecture de cet ouvrage qui leur fera gagner du temps en montrant l'inanité de certaines crispations.

Le chat et le fusuma

Un peintre entra un soir dans une auberge japonaise pour y passer la nuit. Après le souper, juste avant de s'endormir il peignit un chat au bas du fusuma, de la paroi coulissante qui fermait la chambre. Pendant la nuit un grand bruit de poursuite éclata. À l'aube, le peintre partit et quand l'aubergiste entra dans la chambre, le chat peint la veille au soir sur la paroi avait disparu mais, tout près de là, deux souris gisaient mortes sur la natte, sur le tatami.

Ce serait si confortable d'être éditeur, journaliste, professeur en n'écrivant que des figurines sur la paroi des livres. Et voilà qu'on apprend qu'il s'agit d'un royaume à transmettre, d'une présence qui vient comme un voleur, on ne sait d'où elle vient ni où elle va, mais elle produit des poursuites et des remue-ménages dans la conscience auxquels on ne s'attendait pas. Le combat d'un éditeur, d'un homme, voire d'un retraité, c'est-à-dire de l'homme enfin livré à sa liberté, n'est pas seulement celui de la réussite du marketing, il est d'abord celui de la conscience. Mais il faut immédiatement ajouter qu'il n'est pas seulement celui de la conscience, il est aussi celui de la fidélité à un message qui ne lui appartient pas et non seulement au message, mais à la personne qui apporte ce message, car ils ne font qu'un.

L'Esprit-Saint ne se contente pas d'en rester à des dessins ou des abstractions. Une quatrième dimension entre dans la vie : c'est la réalité du surnaturel. Elle se reçoit, elle se prie. Il n'y a pas de littérature théologique qui ne doive être aussi théologale. Ici pas de discours scientifique possible qui ne serve une conviction. Si tous nos mouvements bibliques, œcuméniques, patristiques, liturgiques ne se terminaient pas par une adhésion, une prière et une adoration, ce serait une imposture. On aurait ramené Dieu à un « ob-jet » c'est-à-dire à une-chose-jetée-devant-nous. La présence du Christ serait réduite aux dimensions d'un otage sans signification. Qu'aurons-nous transmis ? Des livres ? Et après ? On ne s'attendait pas à ce que le chat dessiné par le peintre eut un tel résultat ! Le peintre (Saint-Esprit) produira peut-être des remue-ménage.

Atteints par un appel, ceux dont j'ai rappelé la mémoire ont été des hommes humbles. Ils ont transmis ce qu'ils avaient reçu. Si l'on regarde dans leur vie : ils se sont effacés. Pas un seul n'a reçu ni cherché une distinction honorifique !

Le prince et son orchestre

Reste que tout père par rapport à ses enfants, comme tout éditeur par rapport aux auteurs est toujours plus ou moins en position de supériorité. De la comtesse de Ségur, à Proust ou à Marguerite Yourcenar les exemples sont accablants : leurs éditeurs ont été insupportables avec eux. Peut-on en même temps prétendre annoncer les Béatitudes et travailler dans l'édition avec toutes les attitudes mercantiles que cela suppose parfois ?

Blessés par un appel, humbles devant la Parole, ceux dont nous avions reçu mission aux éditions du Cerf ont été des hommes de communion, des êtres fraternels possédés par une certaine musique du cœur et, j'allais dire rectifiés par une grande élégance de l'âme.

Presque tous les ans, l'un des meilleurs orchestres allemands propose dans les concerts parisiens une des symphonies les plus célèbres qui soient. Je me souviens avoir entendu l'orchestre de chambre de Stuttgart la jouer au Théâtre de la Ville de Paris. L'effet est toujours saisissant et il est assuré. La salle et la scène sont dans le noir. Avant la première mesure, on a allumé sur chaque pupitre deux chandelles, deux cierges. Et la symphonie se déroule normalement jusqu'au quatrième mouvement. Alors discrètement, un hautbois et un cor soufflent les lumières de leur pupitre et s'en vont sur la pointe des pieds. Puis un violoncelle et la contrebasse, puis l'autre hautbois et l'autre cor s'en vont de même. Puis les violons et les altos, deux par deux et les deux derniers violoncelles disparaissent dans le noir. La musique devient de plus en plus ténue et, paradoxe, de plus en plus présente. C'est la *Symphonie des Adieux* de Haydn. Son histoire est plaisante. Haydn l'a écrite pour contester. Les musiciens qui étaient avec lui au service du Prince Esterhazy ne pouvaient que rarement voir leurs familles. Il fallait éviter la démission de l'orchestre. Le Prince comprit la leçon.

Pour un prêtre, elle est plus profonde. Lorsqu'on entend cette symphonie pour la première fois, sans s'y attendre, on se demande jusqu'où ira le départ des musiciens. Il ne reste plus que six violons, puis quatre, enfin deux seuls et le chef d'orchestre. Et ces trois-là poursuivent dans l'unique clarté des deux dernières chandelles. La musique est d'autant plus intense. Le silence de la salle est infiniment plus recueilli. Deux violons. Un chef d'orchestre. On sent que le second violon met toute son attention à suivre le premier, la moindre note égarée romprait la musique.

Quel a été, quel pourrait être le but d'un éditeur « religieux », d'un catéchiste ou d'un prédicateur ? Et si le premier violon était le Christ ? Et si l'Esprit-Saint menait l'orchestre, et si chaque auteur et lecteur était ce second violon qui au-delà de la nuit peut jouer sa partition, prendre place dans la musique de l'univers entier, dans le chœur qui invite le ciel et la terre à se réjouir, à bénir et rendre grâce, à donner un sens à la vie ?

9

Médias et sermons

La parole, le pouvoir et l'argent

Quand il s'agit de diffuser un message, le problème de l'argent se pose immédiatement. Lancement d'un hebdomadaire, campagne électorale, événement culturel, personne n'y échappe, pas même l'Église. On peut éviter le problème, il est là. Radio Notre-Dame *ne peut tourner qu'avec un budget de 43 millions par an.* Le Jour du Seigneur *et la chaîne* KTO *sont obligés de faire appel à des donateurs et à des sponsors. Ne faut-il pas aujourd'hui beaucoup de moyens pour diffuser la Parole ? Et donc risquer d'être aliéné au pouvoir d'argent ?*

J'ai énoncé deux des conditions de toute parole de foi aujourd'hui. Le chrétien est devenu minoritaire. Le langage chrétien sera universel ou ne sera pas. Il faut ajouter un troisième paramètre. Le discours est devenu sans doute plus qu'autrefois le privilège du pouvoir. Souvenez-vous des querelles autour d'émissions comme *Apostrophes*. On a entendu parler de « monopole », « d'arbitraire » et de « dictature ». Le triangle : *Le Monde*, *Le Nouvel Observateur*, *Apostrophes* posait autrefois quelqu'un dans le petit monde de l'intelligentsia parisienne... L'imprimatur est né dans le diocèse de Mayence avec l'imprimerie. On reconnaît légitimement à tout groupe le droit de dire si les énoncés sont conformes à sa charte de base. C'est normal. Souvenons-nous de la supplication secrète du philosophe Jean Lacroix : « Le péché irrémissible de l'intellectuel, c'est l'incohérence. » Que quelqu'un sorte du groupe, c'est légitime. C'est le minimum de liberté. Mais qu'il profite du groupe pour aller contre le code du groupe, cela devient incohérent. L'imprimatur ne gêne plus grand monde. Est-ce vraiment un bénéfice ? Après trente livres, je ne peux que témoigner de l'utilité réelle que le dialogue de l'imprimatur m'a toujours apporté. Pourquoi renoncer au bienfait de ceux qui vous aident à garder le nord magnétique ?

Toute langue est fasciste

Toute langue est fasciste. Cette idée fit scandale quand Roland Barthes la lança à l'ouverture de son cours au Collège de France. Vingt-cinq ans après, personne ne s'en offusque plus. Il est cyniquement admis que la parole est un instrument de domination, que puissants et riches ont bien raison d'en abuser aux dépens des irresponsables. Du vrai, du bon, du beau, on ne discute plus entre égaux de bonne volonté : cela désormais se décrète. À l'antenne, la libido des gens-en-place s'étale dans le seul maniement du pouvoir-clef de notre époque, celui de la dialectique, celui de poser des questions, parfois avec quelle suffisance...

Nos mœurs langagières privées se modèlent de plus en plus sur celles de la communication orale déversée par les ondes, et devant laquelle l'exemple de l'écrit ne fait plus le poids. Prêtez l'oreille : l'autoritarisme, l'aplomb des interviewers est en train de contaminer ceux qui cherchent moins en causant, à échanger qu'à marquer leur suprématie. On reconnaît les tyrannos de la conversation à ce qu'ils achèvent leur question par un *non* qui, sans rapport avec le *is not it* des Anglais, équivaut à une profération péremptoire, à un ordre d'avoir à se rallier sous peine d'être le dernier des derniers. Exemple : « Ce livre est nul, *non ?* » Variante : « Tu ne vas tout de même pas trouver ce livre bien, *Si ?* » ; « Tu veux dire que ce livre est bon, *C'est ça ?* »

Ces perversions imperceptibles de l'usage de la parole nous viennent de l'idéologie économiste désormais dominante, pour laquelle écrabouiller l'autre est un devoir vital. Platon avait un mot ajusté pour désigner les mesureurs d'opinion. Il les appelait les « *philodoxes* » (*La République*, livre V), par opposition aux philosophes qui cherchent à cerner le vrai au-delà des apparences trompeuses et des impressions hâtives. Aujourd'hui, Platon aurait-il la parole quelque part ? Qu'espérer d'une époque réduite à la moins bonne philodoxie de la manipulation ?

À vingt-quatre siècles, Aristote est aussi loin et aussi proche de nous que Platon. Il ouvre avec génie ce qui est probablement l'un de ses principaux ouvrages : *Les Métaphysiques* en se demandant ce qui est à l'origine du savoir, de la parole et de la communication humaine. Il a cette superbe réponse : l'étonnement.

Bien d'autres nécessités, plus terre à terre que la stupeur ou l'admiration, sont peut-être aujourd'hui à l'origine de la diffusion de la parole.

La question posée par le rôle de l'argent, et non pas seulement l'étonnement, ne reste-t-elle pas primordiale pour diffuser le message.

Pouvoir de l'argent dans les médias chrétiens ?

Si l'imprimatur ne gêne plus grand monde, n'y a-t-il pas un problème plus grave, celui du pouvoir et de l'argent ?

Les moyens de communication sont devenus coûteux. La question est alors normale. À quel pouvoir, la communication est-elle liée aujourd'hui ? À la compétence ? Au savoir-faire ? À la rhétorique ? C'était le débat de Platon, dans le *Gorgias*, entre deux orateurs : un médecin et un rhéteur, ce n'est pas au médecin qu'on demandera des soins, mais au beau parleur.

Il faut aller plus loin et se demander où est passé le pouvoir de la communication ?

Il faut radiographier les conditions réelles de l'exercice de la parole de foi dans le monde français d'aujourd'hui. Car il y a des marquis de Carabas, spécialistes habiles à détourner les forces de la foi en idéaux politiques, mercantiles ou en besoin de s'assurer un pouvoir personnel, voire capitaliste. Existaient-ils autrefois, je ne sais ? Ils se présentent comme défenseurs de la liberté ou des valeurs socialistes, « laïques » ou humanitaires...

Prenons un exemple. Dans certaines entreprises, on tolère mal que l'information soit, *a priori*, monopolisée par un seul syndicat. Cela choque. Alors dans l'Église ? On a peut-être aussi le droit de poser la question ? D'où les grands groupes de presse chrétiens en France tiennent-ils leur pouvoir ? Qui assure la régulation de ce pouvoir ? Qui ou quoi ? Un mandat ? Une compétence ? Un droit ? Et si c'était aussi l'argent ? Mais d'où vient cet argent ? Et où va cet argent ? Il en faut tellement pour lancer une revue ou un « média »... Autrefois les militants de presse se gelaient le dimanche matin pour vendre les journaux catholiques à la sortie de la messe. Ils ne sont plus là. Et c'est pourtant bien en grande partie sur leur courage que se sont établis les pouvoirs de la presse religieuse française.

Qui décide donc du pouvoir de ces sociétés de presse religieuses en France ?

Il n'est pas facile de répondre. Pour les responsables des principales centrales de presse, l'animation première fut sans hésiter celle d'un service d'inspiration chrétienne. Si l'on veut mieux comprendre la situation actuelle, on peut comparer avec d'autres évolutions, par exemple celles de la revue *Esprit* ou du magazine *Télérama*. Non seulement la revue *Esprit* fut fondée par des chrétiens, Emmanuel Mounier, Jean Lacroix, mais elle demeurait avec Albert Béguin et Jean-Marie Domenach animée par un souci de rendre le christianisme contagieux. Les déclarations explicites récentes des nouveaux responsables montrent que ce n'est plus désormais ce nord magnétique-là qui oriente la revue. C'est la même évolution qu'a suivie *Télérama*. Le magazine fut fondé par deux dominicains, le père Avril et le père Boisselot : le premier but était de répondre au courrier qui demandait le sermon de la messe de la radio du dimanche précédent et de donner les programmes des émissions de radio et des critiques de cinéma selon un jugement chrétien. Le sermon publié d'abord en première page passa à la dernière, puis fut amputé d'un tiers, puis disparut sans même qu'il y eut aucune explication. Les responsables de la messe de la radio ne furent même pas prévenus, sinon par simple « renvoi à l'expéditeur » de l'enveloppe contenant le manuscrit du sermon ! Rédaction et distribution avaient changé de main. L'animation chrétienne disparut pour ne plus être que « culturelle ». Le rachat d'autres revues de programmes télévisuels permit à *Télérama* la mise en kiosque et un développement important des abonnés jusqu'à devenir le principal support financier du groupe des publications de *La Vie* avant d'être racheté par *Le Monde*.

Les statuts des groupes, Bayard-Presse, « La rue Ampère », le « boulevard Malesherbes » avec les « PVC », Publications de la Vie Catholique diffèrent les uns des autres et leur rapport à des ordres religieux, Assomptionnistes ou Dominicains, ne sont pas similaires. Il en est de même des éditeurs de livres religieux. Un phénomène, relativement récent, a amené des maisons d'éditions non confessionnelles à s'intéresser au religieux, par exemple Albin Michel, Larousse, Nathan et à travailler en coopération avec des auteurs religieux.

Qu'est-ce qui règle le travail de ces maisons ? Il faut répondre : comme pour toutes les maisons d'éditions, l'intérêt intellectuel et l'actualité du problème envisagé, mais aussi le scoop et la rentabilité. J'ai subi de vifs reproches de la part de Paul-André Lesort, alors responsable littéraire du secteur religieux des éditions du Seuil, pour avoir publié le *Journal de l'âme* de Jean XXIII, puis ensuite pour avoir fondé la principale collection de poche religieuse *Foi vivante*. Il estimait en effet que ce qui était destiné au grand public devait revenir aux éditions du Seuil ! Quitte à ce que les éditions du Cerf se limitent aux ouvrages de fond et aux thèses de doctorat... La poursuite de la rentabilité a gagné tout le monde, jusqu'à devenir parfois dominante.

Après quarante deux ans d'observations attentives, de participation aux conseils d'administration de certains de ces groupes importants, je suis bien obligé de constater que l'argent et le besoin d'un certain pouvoir jouent un grand rôle. C'est normal. C'est un fait. Mais le dévouement obscur, fidèle et souvent très courageux des libraires religieux est aussi un autre fait.

Gérard Leclerc a eu l'audace d'aborder le problème de manière radicale dans son livre *Pourquoi veut-on tuer l'Église ?* Il a tout dit sur ces problèmes en montrant comment un dysfonctionnement médiatique n'était pas sans conséquences graves en ces domaines où l'esprit sectaire n'est pas forcément là où on le pensait. Les travaux de Lucien Sfez, d'Emmanuel Levinas, d'Annie Kriegel, de Pierre Boutang ont montré les difficultés propres à la diffusion de l'Évangile. On est encore loin de les avoir assimilées.

Une « communication paradoxale » est là. Certains directeurs de publications affichent d'une main un souci d'orientations chrétiennes alors que leurs entreprises dispersent des millions de francs pour lancer des publications qui n'ont plus aucun sens chrétien. Celles-ci n'auront duré que le temps de leur échec, on pourrait citer plus d'un exemple. Mais chaque lancement d'une revue coûte au minimum de six à huit millions de francs, un ou deux millions d'euros. Pour quel résultat chrétien ?

Plus important est le fait que ces sociétés de presse chrétienne se donnent à elles-mêmes leur régulation chrétienne. Elles s'auto-réclament du christianisme, auto-justifient leurs orientations, décident elles-mêmes de leur finalité en la dénommant chrétienne. Entreprises commerciales, elles ont normalement le statut juridique de sociétés anonymes. Le problème est ailleurs. En dernier ressort, qu'est-ce qui oriente ces institutions ? On trouva, après quelques mois d'essai, que Jacques Duquesne n'était pas assez « de gauche » pour qu'il restât directeur du magazine *La Vie*.

On ne peut pas être nommé aujourd'hui responsable d'une chaire d'enseignement religieux dans un institut sans avoir donné la preuve de quelques compétences, sanctionnées par un examen, (cours qui toucheront éventuellement une trentaine de personnes) alors qu'on peut très bien avoir des responsabilités importantes qui atteignent des milliers de lecteurs, sans probation. Admettrait-on cela dans le marketing ou dans l'Éducation nationale ?

Les conséquences sont visibles. On peut aujourd'hui tout publier. Articles systématiquement opposés à Rome, prises de parti habiles sur les problèmes d'éthique, hésitation sur l'avortement ou sur le Pacs. On peut même prendre bien des aises avec les données fondamentales du christianisme. Tout cela pour quoi ? Préserver le nombre de lecteurs ou d'abonnés ? Se prévaloir d'une certaine liberté à l'égard de la hiérarchie et au-delà d'elle avec les dogmes ? Je ne sais. On supprime un jour la publication du sermon de la radio sous prétexte qu'il ne faut pas être trop confessionnel et qu'il suffit d'être pour les Béatitudes et les « chrétiens anonymes » (formule qu'on a été chercher chez le père jésuite Karl Rahner). Il sera bon de retracer l'histoire réelle des conditions financières et de leurs implications dans les médias chrétiens de la deuxième partie du XXe siècle en France.

Poser la question n'est pas s'éloigner des conditions concrètes de la prédication aujourd'hui. Le responsable d'une paroisse s'adresse à des fidèles dont l'opinion, pour une partie non négligeable, est modelée par des sources dont nous venons de parler et qui échappent complètement aux responsables de l'Église.

On demeure parfois, comme pour l'université, surpris par les *a priori* tenaces qui gouvernent l'opinion. Il ne suffit pas de faire appel de temps en temps à un ecclésiastique pour avoir acquis la compétence minimale que l'on demanderait à un commentateur sportif.

Où est le pouvoir ? C'est un des paradoxes de la communication d'aujourd'hui : elle est devenue objet et source de puissance, elle en subit les dialectiques. Ainsi, après tant d'années de fréquentation, de responsabilités et de travail avec toutes sortes de médias, je demeure incapable de répondre à cette question. Je ne peux me cacher qu'elle est une des plus profondes pour la vie de l'Église, en France tout au moins. Qui accrédite, réellement, aujourd'hui le statut, le droit et la rectitude des médias chrétiens ?

Mais faut-il poser cette question ? Je ne suis pas sûr que nous y soyons suffisamment préparés.

Et les évêques ?

N'êtes-vous pas pessimiste ? N'y a-t-il pas une commission épiscopale de l'opinion publique ?

Certes. Je l'ai vue fonctionner pendant toutes ces années et je ne peux que rendre hommage à la droiture et à l'honnêteté de ses représentants, que ce soient des évêques comme Mgr Delarue ou Mgr Badré, Mgr Fihey, Mgr Dubost, Mgr di Falco ou les secrétaires et porte-parole de l'épiscopat que je vénère comme des amis. Plus d'une fois j'ai constaté leur remarquable attention et rigueur intellectuelle lorsque, par exemple, devant soixante-douze informateurs religieux, ils étaient quasiment agressés à l'occasion des textes romains qui évoquaient les problèmes de la famille et de la vie conjugale, (textes qui n'avaient parfois pas même été lus, sinon caricaturés par des schémas *a priori* ressassés sur la pilule ou la sexualité). Ceux que j'ai nommés ont été exemplaires.

Permettez-moi un sourire. Notre grand couvent d'études du Saulchoir où nous étions cent soixante religieux, avait une ferme. Le frère Martin, frère convers d'origine savoyarde, présidait aux destinées de la ferme. Les prieurs sont élus chez nous pour trois ans, renouvelables une fois. Régulièrement un débat s'élevait : fallait-il garder les vaches ou donner la priorité au potager ou au verger ? Finalement il est évident que ce n'étaient pas les prieurs qui avaient le dernier mot et le pouvoir de décision, mais le frère Martin. Celui-ci, inquiet devant les incompétences et versatilités des intellectuels, résumait très bien la situation — c'était d'ailleurs peut-être sage — en disant : « Les prieurs passent, les vaches restent. » Il en va de même pour la presse chrétienne et leurs organismes de diffusion. Les évêques et les commissions passent, les journaux et leurs responsables restent.

De quel droit parlez-vous de tout cela ?

Encore une fois, du fait d'avoir été, pendant un demi-siècle, un témoin inattendu et sans doute privilégié. J'ai été guidé dans ce métier par certaines amitiés exceptionnelles comme celle de Beuve-Méry, Maurice Clavel, André Frossard, Stanislas Fumet, Pierre Emmanuel. À la commission épiscopale de l'opinion publique, j'ai connu six évêques différents. J'ai assisté pendant plus de vingt ans au conseil des émissions du *Jour du Seigneur* ; j'ai fait partie pendant trente-deux ans du conseil d'administration des *éditions du Cerf* avec, entre autres, comme présidents Michel Houssin et Roger Fauroux. Pendant ce temps, six supérieurs différents se succédaient à la tête des Dominicains de Paris. Sous la présidence de Houssin, la faillite du distributeur Laville a été sur le point d'entraîner celle du Cerf. Les supérieurs passaient, le Cerf est resté. Pendant plusieurs années, j'ai assisté *chaque semaine* au conseil de rédaction de *Télérama*. Pendant le même temps, j'assistais aussi au conseil d'administration des *Publications du groupe de la Vie* (*catholique*) du boulevard Malesherbes. J'ai démissionné de ces deux-ci justement après avoir constaté que ma présence ne pouvait plus y être en harmonie avec ma conscience. Si je suis resté pendant plusieurs années, c'est à cause de l'amitié des dominicains qui ont joué un rôle décisif dans la fondation et l'animation de *La Vie Catholique*, le père Boisselot, le père Gourbillon et le père Avril, et par fidélité à ce qu'avait été leur souci qu'ils m'avaient explicitement confié avant leur mort.

J'étais candide. Beuve-Méry me confia qu'il l'était moins. J'ai été impressionné en découvrant que le père A.-M. Avril, ancien prieur du Saulchoir, ancien prieur de l'École biblique de Jérusalem, ancien provincial des Dominicains de Paris, ancien rédacteur à *La Vie Catholique*, avait expressément demandé que sur son memento ne figure, après sa mort, aucune mention de ses rapports avec la presse catholique. C'était pourtant un homme peu enclin au cléricalisme. Sa droiture et son exigence intérieure étaient reconnues de tous.

Ensuite, pendant plus de dix ans, malgré la discrétion exemplaire de Robert Masson qui dirigeait alors *La France Catholique*, j'ai découvert que ces tribulations n'étaient pas le fait d'un seul groupe. Robert Masson avait réuni de merveilleux compagnons, Pierre Emmanuel, Jean-Marie Domenach, René Pucheu, Gérard Leclerc, René Laurentin, et d'autres. Ces conseils de rédaction étaient toujours une fête de l'esprit. Cela n'a pas empêché que les problèmes administratifs et financiers existent là comme ailleurs.

Alors ? Que faire ? Se taire ?... C'est ce que j'ai fait jusqu'à maintenant.

Si le poids de l'argent affecte les conditions de la communication et donc de la catéchèse, que pensez-vous d'une autre menace qui est celle de la peur ?

Je lis beaucoup de choses qui reviennent régulièrement sur la nécessité pour l'Église et les gens d'Église de se mettre enfin à la mode et d'apprendre à communiquer. Rien de plus facile que de dresser la panoplie de la modernité pour faire peur aux ecclésiastiques. Chacun peut glisser, sous le vocable de modernité, ses propres pulsions, ses angoisses, ses fantasmes et, bien sûr, il est vite fait de traiter de bornés ou incompétents ceux qui ne se rallient pas à un certain type de modernité. Il fallait la plume de Maurice Clavel dans les chroniques de télévision du *Nouvel Observateur* pour secouer le cocotier des modes passagères du clergé socio-culturel et proposer régulièrement une potion purgative et ironique qui décape les rêves et illusions faciles.

Les grands communicateurs que furent le bienheureux Jourdain de Saxe, deuxième maître de l'ordre des Dominicains, Réginald d'Orléans, Vincent Ferrier, Jean de la Croix, Vincent de Paul, Louis-Marie

Grignion de Monfort, le Curé d'Ars, se préoccupaient-ils d'abord d'être « modernes » ?

Un exemple, très fort, a été donné par la Conférence du Caire sur la population en 1994. Elle aura fait apparaître que le jeu est un peu risqué qui conduit à laisser passer entre les mains des intégrismes musulmans la défense de ce qui serait « religieux » ou « moral. »

Sous couvert d'une laïcité non seulement congestive et bloquée, mais agressive, nous avons systématiquement éliminé de l'éducation ce qui est religieux et moral, voire civique ou fondamental, comme nous l'avons rappelé plus haut en parlant du rapport à l'argent. Les troubles qui ont suivi l'interview-testament du président Mitterrand avec Elkabbach en septembre 1994 en ont été une illustration explicite. La presse entière n'a pas pu ne pas constater, après treize ans de responsabilités et cinquante ans de flottement, que le mensonge laissait des traces dans les consciences. La précipitation des copains de 1968 ne fut pas moins surprenante pour s'empresser d'excuser Daniel Cohn-Bendit lorsque furent rappelés ses écrits concernant la pédophilie...

Certaines insistances morales de l'islam peuvent amener ici à poser la question : quel est le sens des directives de l'islam, vu de Sirius ? J'ai soumis cette question à un père dominicain, qui depuis cinquante ans a payé de sa personne avec affection, compétence et fidélité en travaillant en terre musulmane et avec une remarquable connaissance du Coran, des coutumes et de la vie de l'islam. J'ai déjà signalé sa réponse. Je la redonne tant elle m'a laissé perplexe. Il m'a seulement répondu : « Je ne sais plus. Quelle peut être la volonté de la Providence en ayant permis l'Islam ? Sinon montrer aux chrétiens, à espace de millénaires, ce qu'ils ne doivent pas faire. »

Alors je repose la question, au-delà des dérives matérialistes, n'y a-t-il pas une menace plus profonde ? N'est-ce pas grave de laisser à l'islam la défense du religieux et de la moralité ? Ce n'est pas une illusion, il suffit de lire les propos mesurés, choisis, et très réfléchis du président de la République de l'Iran, Ali Akbar Hachemi Rafsandjani, pour pressentir quelles illusions nous habitent encore. Reprenons l'exemple de la conférence du Caire. Toutes les religions sont contre l'avortement. Pourquoi les journaux n'ont-ils, dans la plupart des cas, rendu compte des débats de cette conférence qu'en termes de « collusion » entre le Vatican et l'intégrisme musulman ? S'agit-il vraiment et seulement de collusion ?

Cela n'empêche pas certains de vos confrères théologiens de proclamer qu'on ne peut pas surmonter les différences culturelles et qu'il faut bien admettre un pluralisme religieux. Cela met-il en cause l'universalité du message chrétien ?

C'est probablement un des grands défis du XXIe siècle. Nous y avons déjà fait allusion. Au lieu de ressentir une crainte, je constate que c'est pour moi un bonheur de le voir arriver à maturité. On découvrira plus tard quelle chance aura été pour toute l'humanité la collaboration Jean-Paul II-Ratzinger. Elle aura aidé le monde entier à éviter les néo-colonialismes cachés et subtils de ceux qui parlent vite de pluralisme et d'acculturation, tout en restant subtilement cléricaux et ecclésiastiques dans leur langage. On peut toujours camoufler des règlements de comptes passéistes sous la recherche d'une pseudo-modernité.

Dans le livre *La Beauté sauvera le monde*, je me suis permis d'aborder ce problème non pas à partir d'abstractions, mais des expériences vécues de la culture tels que les arts en étaient le témoin. Van Gogh, Charlot, le jazz, le rap ou le *Gengi Monogotari* ne sont-ils pas universels et immédiatement perceptibles par tous ? Pourquoi Jésus ne le serait-il pas ? Je suis navré de ne pas me retrouver à l'aise dans les propos de certains « pluralistes » qui mettent en doute l'universalité du christianisme, alors que mon expérience de vie commune avec les églises et les ethnies les plus diverses sur terre, par exemple durant un mois, seul avec les Touaregs, durant trois mois avec les Canaques, ou pendant plusieurs semaines en Indonésie, m'amènent à d'autres conclusions plus heureuses et plus espérantes.

Le partage de la curiosité pour les arts est désormais devenu mondial. Ne serait-ce pas triste ou bizarre que ce ne soit pas aussi le cas pour l'Évangile ? Faudrait-il en rester à une Église fatiguée, tiraillée ou impuissante à communiquer ?

C'est peut-être le cas en Occident. Depuis des décennies sous l'influence marxiste, sous les querelles des sciences humaines ou sous la peur de manquer la modernité, on croit que l'Église est fatiguée. L'exemple de la Hollande est significatif. L'Europe ecclésiastique se prend encore un peu trop pour le centre du monde. Il est temps de constater que cela est fini.

Les Églises jeunes savent qu'elles sont jeunes. Cela était évident pour moi en 1963 dans les merveilleuses célébrations du centenaire de la première église en pierre au Manitoba. C'était évident à Tahiti, à Nouméa et dans toute l'Océanie quand on a célébré le cent cinquantième anniversaire de ces églises. Elles ne donnaient pas du tout l'impression d'être fatiguées. On en était pour elles au tout début. Le problème n'était pas d'être lassé, mais de naître. Avec une seule caméra de télévision, nous avons pu réaliser avec le père Peter Choy, jeune Chinois évadé par boat people et Mgr Coppenrath, archevêque de Polynésie à Paea, il y a plus de vingt ans en 1980, des émissions-vidéo sur le Vendredi saint et le jour de Pâques d'une fraîcheur et d'une qualité télévisuelles étonnantes.

Les conditions dans lesquelles les pères maristes en Océanie, les pères du Sacré-Cœur de Picpus en Papouasie, les pères oblats chez les Inuits ont été contagieux de l'Évangile sont hallucinantes de courage, de bonheur de vivre, de fidélité. Ils n'avaient pas le temps de se demander s'ils étaient de bons « communicateurs ». Ils ont transmis l'essentiel. Quand le Mexique des années 1930 surveillait, emprisonnait, interdisait les prêtres, ceux-ci cachaient derrière un volet la clef du tabernacle clandestin pour que les chrétiens puissent partager l'eucharistie Le père Monestier m'en racontait encore les péripéties. Le XXe siècle a compté plus de martyrs que tous les siècles précédents. À l'université Loyola de Los Angeles, pendant le *Pater* de la messe, je découvrais des visages asiatiques, des Blancs, des Noirs, des métis jaunes et noirs chantant avec le même recueillement. À l'île Maurice, 50 % des pèlerins qui venaient prier le père Laval premier missionnaire de l'île, et toucher sa tombe étaient des musulmans. C'était un pandit tamoul qui m'y avait conduit pour prier avec lui.

Alors, arrêtons en Occident d'avoir réticence ou peur *a priori* de la communication de l'Évangile.

Que pensent de nous ceux que vous avez évoqués ?

Leur joie de vivre, l'obligation pour eux de se situer en face des bouddhistes, des hindous, de l'islam ou des autres religions ne leur laissent pas le loisir de perdre du temps. Ils sont parfois partagés entre la surprise qu'ils ressentent en face des restes de nos prétentions et la pesanteur de nos sinistroses. Quand ils reviennent de nos sessions de recyclages ou essaient de comprendre nos sous-entendus herméneutiques ou nos interprétations de leur propres métabolismes, ils ont quelque sourire. Leur humilité les a habitués à penser que l'avenir de l'Église n'était pas toujours là où les Européens le croyaient.

L'expérience des JMJ a-t-elle joué ?

Certainement. Mais dès avant les JMJ, les voyages de Jean-Paul II avaient profondément modifié le paysage. À Paris, entre le Champ de

Mars et le métro de l'esplanade des Invalides, les commerçants de la rue Saint-Dominique et de la rue de Grenelle étaient ébahis de voir passer des groupes de jeunes chrétiens mongols, irakiens, hindous, ukrainiens... Cela existait donc ? Sans parler des *alleluias* et des *Ave Maria* chantés par les Italiens. Dans ces deux rues, les bandes de jeunes évoquaient d'habitude le risque des casseurs, là c'étaient des prières avec cantiques heureux et festifs.

Et puis, on ne peut quand même pas dire que le cardinal Lustiger soit un communicateur peureux. Il en a vu d'autres. Et le père Riocreux, archiprêtre de Notre-Dame, qui a sillonné la terre entière, ou Mgr Guyard, Mgr Pollien, et Mgr di Falco, évêques auxiliaires de Paris. Ils ne sont pas non plus du genre resserrés, pas davantage que Mgr Aubry à La Réunion ou le père Souchon à Port-Louis. Ils réveilleraient un bataillon de tristifiés, ainsi que le feraient des journalistes comme Frédéric Aimard ou Gérard Leclerc, Ludovic Leroux, Samuel Pruvost ou les animateurs de KTO. Téléphonez à Guy Gilbert, même la nuit, il redonnerait le goût de vivre aux escouades des pessimistes patentés.

10

Vraie et fausse audace

Prisons et bastonnades

Clientèle assez minoritaire, message à visée universelle, mais contestée, parole entourée des dérives de la communication, à commencer par celle de l'argent, il faut ajouter à notre constat une autre condition de la prédication aujourd'hui : c'est une parole qui subit l'accélération du temps.

Il y a ici aussi des communications paradoxales au sens technique des psychiatres. La parole de foi est liée à un destin. Elle prétend révéler les racines et le terme de la vie. Or elle paraît soumise aux modes et aux éphémères passions des cultures qui se renouvellent ou des historiens qui se posent parfois en inquisiteurs de la foi. C'est sûrement un risque. C'est peut-être une chance. C'est un fait.

On peut avoir une autre attitude, c'est celle de Jean-Paul II. À chaque période, en face de la nouveauté, l'intelligence et la culture humaines peuvent se demander s'il n'y a pas occasion de mieux comprendre et de mieux aimer les mystères au lieu d'en rester à un réflexe de crainte ou de rejet. Si l'Église en était restée comme on le croit trop souvent à une position de retrait ou de soupçon, elle aurait eu peur de passer du grec au latin, elle aurait enterré ses trésors au lieu de les livrer aux « Barbares ». Un petit exemple est significatif, c'est l'histoire des *Oraisons sur les Psaumes*. Ceux-ci, nés de la prière de David, ont fécondé l'imaginaire des Wisigoths, des Francs ou des Lombards (on en a les textes), au moment de la christianisation de la France, contemporains de grands docteurs de la foi, comme saint Hilaire de Poitiers ou de grands évangélisateurs hongrois comme saint Martin. Les psaumes de David avaient déjà civilisé chrétiennement la prière et l'âme des rhéteurs latins.

Ainsi de la rencontre de l'Évangile et des conciles au moment du retour des grandes intuitions de la philosophie grecque, du platonisme avec Boëce et le Pseudo-Denys aux Ve et VIe siècles, de l'utilisation des arts de la grammaire et du langage avec saint Isidore et Scot Érigène ou des richesses d'Aristote, retrouvées grâce aux Arabes et revivifiées avec saint Thomas d'Aquin et saint Bonaventure au XIIIe siècle.

La nouveauté apporte avec elle des ébranlements qui peuvent aussi avoir des effets moins heureux. Comment en faire le bilan ?

Il est évident que l'arrivée d'instruments nouveaux d'investigation sur le marché de la vie de l'esprit, peut créer des déséquilibres et des troubles lents à se guérir. La dialectique de Luther a engendré des maladies de peau dont on n'est pas encore sorti. Au XIXe siècle, le rationalisme d'Hermès ou, à l'opposé, le refus du rôle de la raison par Bautain, ainsi que le modernisme des années 1900 ont pu n'avoir que l'aspect d'une simple grippe. L'incubation en est-elle vraiment terminée ? Quant aux sciences dites humaines, elles provoqueraient à certains moments le risque d'une leucémie.

Il est toujours trop tôt pour en juger. Il est néanmoins évident que sans la prière, sans la communion des saints et sans la fidélité heureuse, totale au *Credo*, l'esprit humain sera toujours débile pour se gouverner. Au fond, si la catéchèse n'échappe pas à l'accélération des étapes, cette accélération elle-même renvoie davantage encore à ce que Thérèse de Lisieux aimait à redire à ses novices : « L'Évangile me suffit ». C'est le seul testament à laisser à tout amateur de nouveauté, sous risque de manquer, vraiment, le dernier métro... et l'essentiel. Léon Bloy aimait à dire à ses visiteurs : « Quand je veux les dernières nouvelles, j'ouvre saint Paul. »

Prisons et bastonnades

On perçoit quelquefois chez les prédicateurs un besoin de se démarquer de l'institution. On prend la parole. Et ce n'est pas désagréable d'en profiter pour critiquer l'Église ou entonner le couplet de la liberté contre les représentants de l'Institution. N'est-ce pas quand même bienfaisant de secouer les habitudes des croyants ?

La véritable audace n'est peut-être plus ce qu'elle était. S'il y a un livre des audaces, c'est bien les *Actes des Apôtres*. Le livre des Actes se structure autour d'une litanie de prisons, de bastonnades et de martyrs. Pierre et Jean proclament la divinité du Christ : en prison (4, 3). Les apôtres prouvent l'efficacité de leur parole : en prison (5, 18). Étienne affirme voir Jésus à la droite de Dieu : lapidé (7, 56). Cela apparaît au pouvoir comme un moyen de plaire au peuple : Pierre en prison (12, 4). Paul, au lieu de faire appel aux idoles, fait appel à Jésus-Christ : bastonnade et prison (16, 23). Paul annonce le Christ : c'est le tribunal (18, 12). — Il prétend que Jésus le crucifié est vivant : deux ans de prison (21-27, 26-32). C'est de cette audace que nous vivons encore, et non pas de celle des rhéteurs grecs du moment.

Quelle fut cette audace ?

J'y pensais en terminant un séjour canadien. Nous étions partis pour rejoindre les villages-baraquements des ouvriers qui construisent les plus grands barrages électriques du monde. On était parti, comme on dit là-bas, vers le « nord du Nord ». 3 500 kilomètres de pistes. Après plusieurs jours un peu mouvementés, on reprend pied dans la civilisation, en ce premier port de la côte nord du Saint-Laurent, à Baie Comeau, petite ville récente, dans un décor de bout du monde. C'était le soir, les rues à peine taillées dans le rocher, les usines, le port, les chantiers, les bulldozers arrêtés. Dans notre dos, le soleil n'en finissait pas de se coucher. Au-dessus de nous, la lumière de juin avec des clartés mystérieuses, jamais vues aussi intenses, arrivait par-dessus la crête des forêts. Elle n'illuminait plus que deux choses en même temps : d'abord le seul monument au centre du port, l'homme qui avait cru au développement de cette ville, de cette côte, qu'il avait fondée il y a à peine cinquante ans, le pionnier. Il était là, statue de bronze, à genoux dans son canot d'Indien, en position de pagayeur. Et, plus loin, dans la baie immense, la même lumière brillait sur les cargos transatlantiques qui chargeaient l'aluminium ou la pâte à papier. La même lumière tenait le passé, le présent, et l'avenir. Il y a cinquante ans un simple canot, un homme était venu, avait eu l'audace, avait espéré, il avait ouvert l'avenir.

Dans les Actes des Apôtres, quelles seraient les audaces dont aucun prédicateur, journaliste ou catéchiste ne peuvent se dispenser ?

Le nouveau genre de vie des premiers chrétiens a frappé l'univers culturel du monde gréco-romain de trois manières. Je l'ai signalé à l'occasion du courrier des messes de la radio.

Premièrement, les castes et la lutte entre classes sociales n'avaient pas le dernier mot, mais le partage et la communion. C'était une audace étonnante à l'encontre des légalismes juifs comme des séparatismes grec ou romain. Les chrétiens mettaient tout en commun. Il ne s'agissait pas seulement de partager des biens, mais la dignité reconnue à tout être humain d'être de la race de Dieu. L'Évangile sera toujours, un peu, ou beaucoup, dérangeant pour un homme politique ou économique.

Deuxièmement, dans un monde où la décadence des mœurs ne provoquait comme espoir de renaissance qu'une recherche du côté d'une sagesse rigoureuse et triste, celle de l'héroïsme des stoïciens, ou d'une morale réservée et subtile, celle du refrènement des désirs des épicuriens, les chrétiens proclamaient un au-delà pour lequel on pouvait dès maintenant s'engager, non plus seulement par des purifications rituelles, mais par la chasteté du cœur et la béatitude des doux. Cette audace est encore aussi folle aujourd'hui. L'Évangile agacera toujours les moralistes lorsqu'il proclame en dernière instance la béatitude des miséricordieux et des persécutés.

Enfin, ils allaient à la mort en chantant, en rendant grâces : de Pierre à Étienne, d'Étienne à Paul, à Félicité, Perpétue, Ignace ou Blandine. L'Église sera toujours surprenante en déclarant que tout est poussière, mais que la poussière n'a pas le dernier mot. « La vie ne vaut rien... mais rien ne vaut la vie » transcrit Malraux à sa manière.

Possibilité de fraternité à cause du Christ et de la révélation trinitaire ; changement du cœur par la vie de l'Esprit qui amène à se préparer pour un ailleurs ; espérance devant la mort : si ces trois audaces définissent la nouveauté chrétienne qui a frappé les païens, il faut en chercher la raison.

Pierre, Jean, Silas, Paul irritent parce qu'ils osent rompre la sacrosainte image d'un Dieu monolithique. Ils « voient » Jésus et le proclament Fils de Dieu. Ils annoncent l'Esprit. Ainsi Dieu se communique deux fois. Dieu donne Dieu aux hommes et dans cette double communication Dieu se révèle partage, échange, communion trinitaire, et cela au nom de l'Amour. Jésus est Fils. L'Esprit est non seulement Amour et lien, mais Amitié réciproque entre les personnes. Le Dieu un ne serait plus seulement un ? Le Père donne son Fils. Le Père et le Fils donnent leur Esprit.

L'audace va encore plus loin. Pierre, Jean et Paul ne proposent plus seulement une loi, un programme ou une morale. Il ne s'agit plus seulement d'un idéal, d'un projet, d'un combat humanitaire sur lequel, comme un super-ONU, les hommes pourraient encore essayer de s'entendre à partir de la proposition et du projet proclamés par les juifs. Avec le Christ, il s'agit désormais de la communion d'amour à une Personne. Les apôtres passent pour « fous » (Actes 26, 24) parce que, pour eux, le principal n'est plus une doctrine, une loi ou une réalité culturelle d'abord, mais la réalité permanente d'une Personne qui vit en eux.

Qu'un Dieu vive en l'homme, que l'homme ait en lui une part de divin : beaucoup de religions l'admettaient, l'admettent et l'admettraient. Mais prétendre et oser dire d'un *autre homme*, ce Jésus qu'on a vu et entendu, qu'on a finalement vu crucifier et être enseveli, donc oser dire en même temps de cet homme qui est devant nous, *qu'il vit aussi en nous*, paraît objet de blasphème et d'horreur. « C'est lui qui vit en moi ».

Cette affirmation est insupportable à un musulman et incompréhensible pour un bouddhiste. Le Christ n'est pas seulement un prophète ou un fondateur de religion. Les interlocuteurs de saint Pierre et de saint Paul ne s'y trompent pas. Jamais on ne dira de quelqu'un qui a vécu comme nous une vie d'homme ce que saint Paul dira du Christ : « Pour moi vivre, c'est le Christ. Ce n'est plus moi qui vis, c'est le Christ qui vit en moi. » C'est l'audace absolue. C'est la foi de l'Incarnation. Cela a conduit les apôtres à la prison, aux fouets et à la mort.

Avant-garde et prophètes

Comment situer cette audace en face de celle dont croient faire preuve ceux qui se proposent régulièrement comme « avant-garde » ou comme « prophètes » ?

Reste une troisième audace. Elle est peut-être moins apparente. Elle n'est peut-être pas moins actuelle. C'est celle de la fidélité. Les apôtres ont tenu bon. La leçon est grave. Elle vise humilité et préjugés lorsqu'on évoque des mots comme : avant-garde, prophétisme, distance par rapport à l'institution, tournant de l'histoire, aller à l'incroyance etc. À la lumière des Actes des Apôtres, la première des audaces ne fut-elle pas *l'intelligence de la fidélité* ?

Comme à Baie-Comeau, à l'entrée du Saint-Laurent, c'est *la même* lumière qui se pose sur les pionniers et sur nous-mêmes. Et aujourd'hui ? Je sais, il y a le vin nouveau qui fait éclater les vieilles outres, mais ce n'est pas la manière de Jésus. Il prépare lentement les récipients nouveaux, comme il a préparé l'humanité durant des millénaires à recevoir ce cœur nouveau de chair et de tendresse au lieu de notre cœur de pierre. Et cela inlassablement.

Dès le début de l'Église, quelle angoisse devant tout ce qu'il fallait modifier dans les institutions auxquelles les apôtres étaient légitimement attachés. Cependant ce premier tournant dans l'histoire de l'Église a été merveilleusement réussi. Tout aurait pu être perdu : ils ont été fidèles à l'essentiel, ils ont transmis l'héritage, sans rien dissoudre du noyau de la foi et en acceptant avec générosité des initiatives nouvelles.

Comme il eût été facile pour Jean-Paul II d'ordonner prêtres des hommes mariés, de nommer cardinaux des fondateurs de tel ou tel mouvement d'agitation, de donner licence à toutes les évolutions du mariage... jusqu'aux distributeurs de préservatifs. Et après ?

De saint Paul à Jean-Paul II, une rébellion passagère aurait pu tenter les grands témoins de l'Église. Au contraire, leur fidélité les laissa assez libres pour aimer l'Église dans la vérité d'un amour respectueux des différences. On peut être habité par cette reconnaissance infinie pour le peuple des frères de qui nous avons reçu la bonne nouvelle, sans perdre pour autant le désir d'enlever ce qui, dans l'Église, cache parfois le fragile et précieux message dont elle est porteuse. Dès le départ, les Actes des Apôtres le révèlent, l'Église n'a pas dispensé ceux qui l'aiment des déchirures de l'espérance, mais elle leur a réservé en même temps une joie infiniment plus grande que ce qu'on peut imaginer : la joie de tout être qui a participé à une nouvelle naissance.

III
Trois conclusions

11

Délégués d'une présence

Faut-il supprimer le salut du saint sacrement ?

Vous avez évoqué un certain vertige quand vous devez prêcher, expliquez-vous.

Je venais tout juste de recevoir du cardinal Marty la charge des Conférences de Notre-Dame de Paris et déjà mille conseils divers m'étaient donnés. L'un d'eux me surprit. L'un de mes prédécesseurs insistait : « Vous devriez demander à Mgr Berrar, (alors responsable de la cathédrale), de supprimer le salut du saint sacrement qui précède la conférence. C'est choquant pour les protestants. » J'écoutais, surpris. Mes amis protestants attendaient-ils que j'accrédite ainsi ma parole ? Je n'ai rien demandé à Mgr Berrar. Et l'inverse se produisit. J'ai noté plus haut combien ce moment de silence et d'adoration était ce qui m'avait le plus soutenu. Après que le Magnificat ait résonné sous les voûtes, à genoux devant l'autel, pouvait monter l'hommage du silence. Plus rien n'existait. La foule entière se recueillait. Une présence était plus forte que tout. Il ne s'agissait plus de savoir ce qu'il convenait de dire, je pouvais compter sur cette « Présence », celle du Christ. Il ne s'agissait plus d'abord du souci de ce que je prononcerai. Ma parole était jugée et portée par quelqu'un d'autre, le Christ.

Le salut du saint sacrement n'est-il quand même pas un peu périmé ?

Aucune explication ne rendra jamais totalement compte de l'eucharistie. Le Curé d'Ars l'a répété : « Si on comprenait, on mourrait. » En assistant de près aux premières années du Centre de pastorale liturgique, j'étais dans l'émerveillement et la joie, et cela ne m'a jamais quitté, en face des chances de notre époque. Avant même ma sortie de mon temps d'études théologiques, le père Gy, futur directeur de l'Institut de liturgie, m'avait, auprès de nos supérieurs, sollicité comme adjoint.

Nos redécouvertes liturgiques doivent-elles se payer en oubliant les richesses des siècles passés ? Dans l'eucharistie, il s'agit d'une présence. Il s'agit de la plénitude de la personne du Christ. Cette présence est-elle motif à indisposer nos amis, même protestants ou ne seraient-ce pas d'abord nos idées trop courtes et nos propres préjugés qui resteront, à jamais, inévitablement trop étroits ? Cette présence éclaire-t-elle vraiment, pour nous catholiques, tout le reste ? L'accueillons-nous comme le don ineffable ou devrions-nous la réduire à n'être seulement qu'un médicament de plus, un remède à notre solitude, un scénario, sublime peut-être, mais qui resterait encore de l'ordre du théâtre, des « moyens », utiles pour célébrer des retrouvailles entre nous ou pour réinventer notre identité dans des moments d'incertitude ?

Les réformes liturgiques — certes, germes d'immenses richesses — rendraient-elles périmé le fait d'adorer ? Il est possible d'imaginer que le Christ aurait pu fonder son Église de manière apparemment plus efficace. Pourquoi, par exemple, les apparitions pascales ne se seraient-elles pas poursuivies ? Ainsi serait évité ce malaise qui atteint les incroyants par rapport aux chrétiens : « Si vous proclamez que votre Christ est ressuscité, nous demande-t-on, pourquoi a-t-il disparu ? » Nous devons l'admettre, nous sommes des orphelins. Jusqu'à la fin du monde, on nous le répétera : le Christ, c'est très beau peut-être, mais il n'est plus là. Un des grands cinéastes de ce temps, René Clair, à qui l'on demandait : « Pour vous, qui est Jésus-Christ ? » reprit la phrase de l'Abbé Bremond visitant Versailles. Comme on demandait à celui-ci ce qu'il ressentait, pensant à Louis XIV, il répondit seulement : « Hélas, une immense absence. »

Les hommes demandent : « Donnez-nous une adresse dans ce monde. » C'est ici avec cette question, que l'Église commence, avec des hommes qui sont désemparés au point de supplier : où est-il ? Depuis deux mille ans, depuis l'Ascension, l'Église a toujours débuté ainsi. La présence du Christ se situe dans des conditions où les chrétiens éprouvent normalement, quotidiennement son absence, et l'éprouvent cruellement. Impossible de prêcher sans communier à cette souffrance. Il y a des moments où c'est trop dur, où l'on n'en peut plus, où l'on n'a que des livres pour répondre. Et ce ne sont pas des livres mais c'est un visage que l'on voudrait, c'est un regard qu'il faudrait. Où est-il ce regard ?

*

Présence réelle et présence symbolique

Les dernières enquêtes sérieuses révélaient que 26 % des prêtres pensent que la « Présence réelle » n'a qu'une consistance symbolique. Comment expliquer cette hésitation ?

Je me suis permis une fois d'énoncer ce constat à la radio pour suggérer que nous avions tous responsabilité d'une contagion heureuse en face du don ineffable de l'eucharistie. Je me souviens encore d'une lettre très agacée envoyée par un prêtre. « Il ne fallait pas parler de cela ». Eh bien, si, il faut en parler. Le Christ l'a fait, et même en finale du *Discours sur le Pain de Vie.* Il nous a prévenus : « Et vous, voulez-vous me quitter ? » (Jean 6, 67). Si les apôtres ont été bouleversés quand le Christ leur a proposé sa chair à manger, (le terme grec utilisé par saint Jean est même plus fort, pour bien montrer qu'il s'agit d'une réalité, il signifie exactement « croquer »), il n'y a pas de raison que nous ne soyons pas nous aussi profondément remués.

Les ersatz du Christ

Beaucoup d'hommes sont prêts à ranger le Christ parmi les symboles de leur existence, mais à une condition : que le Christ ne soit pas trop gênant, et donc qu'il ne soit ni trop humain ni trop divin. Jusqu'au seuil de l'ère moderne, jusqu'au XVIe siècle, le christianisme a pu proposer le Christ comme la réalité universelle capable de réconcilier et de rassembler tous les hommes. Nos ancêtres l'ont admis. Mais d'autres modèles ou valeurs sont venus et ont pris le relais. Désormais, ce n'est plus le Christ seul qui rassemble les hommes. Le XVIIIe siècle a proposé la *Raison* puis le *Progrès*, le XIXe a proposé l'*Histoire*, l'*État*, puis la *Science*. Le XXe nous propose le *Développement*, la *Libération* de l'homme et le devenir de l'humanité. De la « colère à l'espérance », le Christ est à la rigueur accepté comme un horizon, mais à condition que sa présence, réduite à un symbole, n'ait aucune conséquence.

Faut-il seulement suspecter les autres ?

Il est vrai que, sous prétexte de mystique, nous catholiques, nous nous sommes parfois enfermés dans la satisfaction de notre tradition et de notre expérience pour refuser d'écouter les hommes. C'est vrai que nous sommes toujours tentés d'imposer nos idées comme définitives, universelles et absolues, comme des armes pour nous protéger des autres, au lieu d'adorer le Dieu vrai et de nous remettre, nous et les autres, entre ses mains. C'est vrai que nous avons trop souvent prétendu vérifier l'absolu du Christ par le recours à nos seules idées. Nous l'avons affirmé « vrai Dieu et vrai homme ». Mais pour nous détourner de nos devoirs de la terre, nous avons trop souvent pris l'habitude de le regarder comme « étant tout de même plus Dieu qu'homme ». Péguy a une fois pour toutes donné expression à cette plainte dans la *Note conjointe sur Monsieur Descartes* : « Il ne suffit pas d'abaisser le temporel pour s'élever dans la catégorie de l'éternel. Il ne suffit point d'abaisser la nature pour s'élever dans la catégorie de la grâce. Il ne suffit point d'abaisser le monde pour s'élever dans la catégorie de Dieu... Parce qu'ils ne sont pas de l'homme, ils croient qu'ils sont de Dieu. Parce qu'ils n'aiment personne, ils croient qu'ils aiment Dieu. Mais Jésus-Christ lui-même a été de l'homme. »

C'est vrai que nous avons voulu prouver son originalité en l'opposant aux autres cultures et aux autres religions. C'est vrai qu'en période de panique intellectuelle, nous en avons appelé à sa vertu de fondateur pour éviter de regarder en avant. C'est vrai qu'à d'autres moments, ayant crainte d'une vérité divine, nous réduisons le Christ à n'être plus que le garant de nos besoins de fraternité et de révolution. Oui, c'est vrai que nous l'avons, bien souvent, accaparé, annexé, confisqué, et que nous en avons donné une image insatisfaisante. Mais c'est vrai aussi qu'Il est toujours là, qu'Il a toujours été là, dans son invincible discrétion. Et voilà qu'on nous propose de communier et d'adorer...

Faut-il redouter l'eucharistie ? Pourquoi voulez-vous que le Christ soit satisfaisant ?

À ceux qui, en face de l'adoration eucharistique, objectent, redoutent, retardent leur réponse ou craignent l'évasion, je dirai seulement : l'eucharistie n'est-elle qu'un moment de spectacle ? Alors il faut le dire, car nos cérémonies et nos chants sont parfois du théâtre indigne de Dieu et... indigne des hommes.

Dans l'Eucharistie, l'ultime secret de l'Incarnation

Dans l'Eucharistie, l'Incarnation livre son ultime secret : l'alliance du plus pauvre de la vie humaine et du plus sublime de la vie divine ; l'alliance de la faim, de la modestie des espèces du pain rompu et du vin versé avec la présence totale de la divinité et de l'humanité du Christ. Nous sommes bien orphelins de la présence de Dieu. Le Christ n'a cependant jamais répondu à notre faim comme s'il devait être un objet satisfaisant. Il guérit notre attente, certes, mais en creusant la faim. Il répond à notre soif, mais en agrandissant le désir. La pauvreté sacramentelle du pain et du vin signifie comment cette Présence du Christ comble et creuse notre attente, de manière à la fois très réelle et très discrète.

Par la prière d'adoration, dans la célébration du saint sacrement, nous réalisons l'offertoire et l'hommage de notre temps, c'est-à-dire de ce qu'il y a à la fois de plus précieux et de plus fugace dans notre vie, de ce qui nous est le plus propre et de ce qui est le plus fragile. Nous scellons ainsi par l'adoration la réponse la plus haute qui soit, parce que la plus réelle bien qu'étant la plus démunie. Ici chacun trouve la seule porte qui unisse le Ciel et la Terre, le seul médiateur, le seul accès à la rencontre où l'amour éternel fait irruption dans l'histoire et où l'histoire s'ouvre à l'amour éternel. Quoi de plus inutile, en apparence, que ce don total que Dieu nous fait dans le Christ ? Mais cette absurdité extrême est le seul foyer de sens qui permette à l'homme de s'orienter. Il nous englobe de toutes parts et c'est là que nous avons toujours le pouvoir de trouver un libre accès à Dieu. Refuser l'adoration, alors oui, on reste définitivement orphelins.

« Un homme est la somme de ses propres malheurs ; on pourrait penser que le malheur finira par se lasser, mais alors c'est le temps qui devient son malheur », écrit le romancier américain Faulkner. Qui peut sortir l'homme du malheur, sinon le Christ ? Nous qui ne sommes toujours qu'une fraction de notre être, nous qui, au fond de notre nature, connaissons toujours cette plaie qui nous empêche d'être un, où trouver celui qui peut tout réconcilier, sinon dans la Présence eucharistique qui nous envahit et nous dépasse ?

Est-ce là seulement propos pieux ? Qu'en penseraient les philosophes ?

Deux hommes qui ont passé la soixantaine. Ils appartiennent tous deux au même ordre religieux. Ils sont du même noviciat, c'est-à-dire de la même promotion. Avant d'entrer en religion, tous deux avaient déjà derrière eux une carrière : l'un était avocat ; l'autre, après avoir été compagnon de Jean Giraudoux à l'École normale supérieure, avait fait l'École d'Athènes et était un des hellénistes les plus éminents de ce temps. Les fonctions qu'ils remplissent leur permettraient de croire qu'ils ont « réussi » leur vie : l'un est directeur des éditions du Cerf ; l'autre, membre de l'Institut est professeur à l'École des Hautes Études. Ils peuvent regarder derrière eux. C'est ce qu'ils font. Ils s'interrogent. Pourquoi sont-ils finalement entrés en religion, quelle raison a pu être assez forte pour leur faire quitter, l'un une carrière juridique, l'autre une carrière universitaire ?

Finalement, une seule raison résiste. Et le père Boisselot et le père Festugière, qui se défendent pourtant l'un et l'autre d'être sentimentaux, s'avouent mutuellement que, s'ils étaient entrés en religion et étaient devenus religieux dominicains, ce n'était pas d'abord pour « faire » quelque chose, mais parce qu'en restant dans le monde, ils auraient eu l'impression de se suicider. C'est tout. Ils ajoutent cependant que seule la messe les en empêchait. C'était en juillet 1964. J'écoutais ces aînés, seul invité à ce repas affectueux. Ils avaient oublié ma présence. Deux mois plus tard, le père Boisselot mourait en dix jours d'une opération d'un cancer généralisé que personne n'avait su déceler. Je n'ai pas pu oublier leur confidence.

Rappelez-vous la réponse de Rilke au jeune poète qui lui avait envoyé ses vers pour en tester la valeur : « Devriez-vous mourir si l'on vous interdisait d'écrire ? Si oui, continuez. Si non, c'est inutile. »

Le père Boisselot aimait une page de son ami Maritain, le grand philosophe : « J'ai remarqué qu'en général, dans notre vie spirituelle, le ciel, l'autre monde, l'Église triomphante sont bien loin, bien ignorés. Et cependant, l'autre monde est présent dans notre monde, il s'y enfonce comme la foudre, invisiblement. Dans chaque tabernacle, il y a Jésus en gloire dans son humanité et sa divinité. Et il y a aussi le ciel, selon que dans l'eucharistie le Corps du Seigneur est lui-même le signe de son corps mystique. Ils sont tous là, à se presser derrière lui, non pas sacramentellement présent, certes, présent toutefois par leur attention, leur adoration de Jésus, et leur amour pour lui, mais aussi leur amour pour nous. Et si nous ne pouvons pas les imaginer, nous pouvons les aimer. Et s'il y a un terrible rideau entre le monde invisible et le monde visible, l'amour nous fait passer derrière, c'est le même amour de charité qui est en eux et en nous ; par notre amour nous les atteignons comme ils nous atteignent et par notre prière aussi. Chaque tabernacle est la porte du ciel ouverte sur la terre. Et nous regardons à travers cette porte avec les yeux de la foi. »

Quelle page admirable. On ne peut que faire silence.

L'art baroque : la Cité sainte descend du Ciel

Auriez-vous un exemple qui nous aiderait non pas à comprendre ce sens plénier de l'eucharistie mais au moins à en pressentir un peu plus la magnificence ?

Oui, aussi surprenant que cela paraisse j'indiquerai le chemin qu'a suivi l'art des églises baroques. En quelques lignes, Maritain donne le sens réel de toutes ces églises : du Gesù à Rome et de Saint-André du Quirinal jusqu'aux splendeurs des voûtes d'Einsiedeln ; du joyau de Steinhausen à l'Hôpital de la Caridad de Séville ; de la Wieskirche en Bavière au noviciat des jésuites de Tepotzotlan au Mexique ; de Sankt Michaels Hofkirche et de Saint Jean Nepomucène à Munich aux merveilles d'Avrieux, de Villarodin ou de Lans-le-Villard en Maurienne. Quand arrêtera-t-on d'expliquer le baroque uniquement par des remarques culturelles ou négatives ? On n'en rend pas compte seulement en disant qu'il est né d'un besoin de réaction contre les protestants et les interprétations pessimistes de l'histoire, ni par le seul besoin de se libérer des rigidités académiques de deux siècles de classicisme en inventant les fantaisies d'un théâtre humain. Le baroque a eu le génie de montrer comment la vraie prière chrétienne conduisait à participer à la liturgie du ciel.

Autour de l'eucharistie, l'Église regroupe un beaucoup plus grand nombre d'humains vivant dans la gloire du Christ que le petit nombre des fidèles d'ici-bas. Le combat de l'Apocalypse est inauguré par Jacob quand il comprend que « le lieu où il se trouve est la porte du Ciel ». Il a été gagné par l'Agneau immolé qui est digne d'ouvrir le Livre devant lequel Isaïe se lamentait parce qu'il ne pouvait pas en comprendre le sens. Alors, avec tous les vivants qui entourent le trône, on peut entonner ou plutôt s'unir au chant du *Sanctus* céleste et rendre « puissance, honneur et louange à l'Agneau pour les siècles des siècles ». La charte de l'eucharistie, en réponse à la question d'Isaïe (chapitre 29) est donnée par les chapitres 4 et 5 de l'Apocalypse et le chapitre 9 de l'Épître aux Hébreux. C'est ce que la page de Jacques Maritain résume à la suite de l'Apocalypse. C'est la seule explication véritable des chemins de l'art baroque. Que ce soit celui des frères Zimmermann en Bavière du sud, des frères Azam à Munich et en Bavière du nord, de l'école du Voralberg, du baroque irruguéresque au Mexique, comme celui des églises de Tarentaise ou de Maurienne, de Sicile ou d'Andalousie, il n'y a pas d'autre clef de lecture pour l'art baroque que celui du Prologue de saint Jean et de l'Apocalypse, des ténèbres à la lumière trinitaire : « Moi, Jean, j'ai vu un ciel et une terre nouvelle et j'ai vu descendre d'auprès de Dieu, la cité sainte, la Jérusalem nouvelle, toute prête, comme une fiancée parée pour son époux et j'ai entendu la voix puissante qui venait du trône divin. Elle disait : voici la demeure de Dieu avec les hommes. » (Ap. 21, 1-7) Avec les grands créateurs du grégorien, de l'art roman, on ne remerciera jamais assez les inspirateurs de l'art baroque, de nous avoir davantage introduits dans la compréhension du mystère eucharistique et trinitaire. Ils rappellent, que, sur terre, l'homme avant d'être nourri par une parole, est porté par une présence. Il s'agit ici de bien d'autre chose que d'esthétique, mais de la réponse au désespoir de l'homme tel qu'un Nietzsche la revendiquait en s'écriant : « La question la plus douloureuse, la plus déchirante, celle du cœur qui se demande : où pourrais-je me sentir chez moi ? »

12

Du nouveau dans la Trinité ?

Le test ultime

Qu'est-ce qui est pour vous le plus original et le plus important dans la prédication chrétienne ?

Je répondrai à mon tour par une question. Quelle est l'expérience partagée par le plus grand nombre d'hommes sur terre ? Qu'elle soit absolument inévitable, quelle puisse être heureuse ou malheureuse ? Qu'elle soit la plus proche et la plus concrète ?

C'est la filiation ou la paternité. Si un homme n'a pas d'enfant, il a au moins des parents. L'on sait jusqu'à quelle violence et quelle ténacité peut mener le souci de savoir enfin qui sont ses parents.

Nous avons un père et Dieu est en même temps père et mère pour nous. C'est la révélation ultime pour laquelle le Christ est mort.

Pourquoi alors a-t-on peur de parler de la Trinité et fait-on croire que ce serait réservé aux intellectuels ou aux esprits forts ?

Je sais. C'est un manque à gagner, et plus gravement encore une désertion dans la prédication ou le catéchisme. Nous l'avons rappelé en signalant comment le manuel *Pierres vivantes* occultait gravement ce mystère. Pourtant, tout commence par le signe de croix.

Au-delà des conditions, des préparations, des angoisses ou des vanités du prédicateur, quelle est la source ultime du besoin de prêcher ?

Lors d'une récréation en notre couvent d'études du Saulchoir, pendant les années 1945-1950 si riches de renouveau ecclésial, théologique et spirituel, un professeur dominicain interroge un de ses confrères, professeur lui aussi. L'un est spécialiste de psycho-physiologie animale. L'autre, ancien élève de l'École normale, docteur en mathématique, est spécialiste du calcul des probabilités. Ils ont suivi le long cursus des études théologiques dominicaines. Plusieurs universités étrangères les ont accueillis. Le biologiste demande au mathématicien : « Sur quoi travaillez-vous actuellement ? » Réponse : « Le mystère de la Trinité. » Surprise et fin de la conversation : « Ah, il y a donc du nouveau là-dessus ? »

J'ai rappelé l'étrange soupçon jeté par certains prédicateurs à la messe de la radio lorsqu'ils insinuaient que la Trinité était absente de l'Évangile.

On pose la question d'une école libre. Avec la prédication, il s'agit non seulement de l'école, mais de l'essentiel dans l'école. À quelles conditions catéchisme et transmission de la foi sont-elles libres ? Où est la source ultime ?

« Du nouveau dans la Trinité ? »

« Absente de l'Évangile ? »

Je n'ai qu'une phrase en réponse à notre attitude craintive, honteuse ou fuyante en face du mystère trinitaire : quelle est la seule réalité qui ne vieillit pas au monde ? Sinon forcément celle du mystère de Dieu. L'ancienne liturgie pascale demandait pour les futurs baptisés dans la grande préface de bénédiction des fonts baptismaux du Samedi saint le plus prestigieux cadeau qu'un homme puisse espérer : une jeunesse éternelle à l'image de Dieu, une *infantia nova.* C'est la réalité qui est l'ultime raison de l'Évangile : nous rendre participants du dialogue du Père et du Fils. C'est là que toute catéchèse, comme l'Évangile lui-même, prend sa source et trouve son terme, ou bien elle n'est rien.

Si Dieu est bonheur pourquoi en parlez-vous si peu ?

Saint Thomas d'Aquin ne s'y est pas trompé. Il termine son traité du mystère de Dieu par cette seule certitude : Dieu est bonheur. Il commence son étude de l'homme par la même intuition : pour quoi sommes-nous faits ? Le bonheur. Quel est ce bonheur ? Nous ne pouvons en recevoir l'énigme qu'en entrant dans l'adoration du partage divin. Paradoxalement, ici plus que partout ailleurs, les mots sont nécessaires, vénérables et malgré les apparences, finalement simples à comprendre. Sans eux, on reste à la porte, on se divertit ou on affabule. Plutôt que de rompre le silence, les mots retenus, consacrés par l'Église, aident à respecter le mystère.

Un seul exemple, les essais qui voulaient remplacer le mot de Trinité par celui de « Tri-unité », comme les travaux préparatoires pour *Pierres Vivantes* l'avaient suggéré dans le livre *Parole de foi, Paroles d'Église* dirigé par Mgr Gilson. Tri-unité ou autre vocable que l'on glisse parfois, ne changent rien au problème. Ils manifesteraient plutôt une interprétation précautionneuse et compliquée des grandes intuitions qui ont guidé la réflexion de l'Église. Ces essais dissimulent peut-être une peur. La foi serait-elle étrangère à un vocabulaire ou à une mentalité dite normale ? Certes, avec le Christ on affirme que deux égale un ; avec la Trinité, on se réjouit de ce que un égale trois. La véritable peur n'est peut-être pas là où on le pense. Le temps est devenu plus brutal, l'urgence plus pressante, l'ignorance plus accablante. Il n'y a qu'une seule crainte à avoir aujourd'hui : ne pas tomber dans les abstractions, les idées ou les fausses fenêtres. Le danger est plus grave, plus réel, plus urgent, c'est de ne plus rien dire du mystère de Dieu et, du coup, de ne plus rien comprendre à tout le reste du *Credo*.

Ou bien ce mystère de la Sainte Trinité éclaire tous les autres, comme le Curé d'Ars l'a si bien manifesté à la suite de saint Jean et saint Paul, ou bien le christianisme n'est qu'une invention de plus de l'esthétique humaine.

Ou bien nous sommes faits pour entrer dès maintenant dans la vie même de Dieu, l'échange filial, un partage réciproque avec lui, ou bien le *Credo* n'est qu'une illusion de plus, et la vie de l'homme qu'une « passion inutile », un combat perdu d'avance ou une anesthésie entre deux big-bang. Alors, autant devenir bouddhiste, ce qui permet de satisfaire nos besoins religieux en faisant l'économie de Dieu. C'est un des grands dilemmes de l'histoire religieuse de l'humanité.

On doit être reconnaissant au père Verlinde d'avoir abordé la question dans ses conférences de Notre-Dame de Paris en 2002. Et cela en raison de trois titres d'intérêt. Avoir situé cette soif de Dieu dans le contexte général du nihilisme contemporain. Deuxièmement : avoir montré comment elle l'avait lui-même laissé profondément insatisfait et languissant, et, troisièmement, avoir dénoncé concrètement ceux qui continuaient à dénaturer cette recherche en ce qu'elle peut avoir de complicité vraie avec les « tâtonnements » dont parle saint Paul dans le premier chapitre de l'Épître aux Romains. Comment, avec le New Age, les sectes, les religions orientales, apaiser sa conscience sans avoir à adhérer à une vérité et à s'en remettre à une Personne ?

Le bonheur ou le salut

N'y aurait-il donc plus place aujourd'hui pour une apologétique chrétienne ?

C'est toute la question du bonheur ou du salut que vous posez derrière ce problème. Dès qu'il y a menace, soupçon ou effluve d'apologétique, vous faites bondir l'interlocuteur. Les chrétiens ont peur, c'est évident. Non pas les trotskistes. Alors qu'une apologétique serait la meilleure réponse non seulement au fanatisme islamiste, mais aussi à une sorte de croisade laïque et manichéenne laissée à des politiques peu scrupuleux.

Est-il si déplacé d'attendre une critique « théologique » de l'islamisme ? J'ai posé la question. Parler de la foi, de ce fardeau et de cette libération qu'est l'autonomie métaphysique de chaque chrétien si loin de l'islam et de ses principes, quelle gageure ! L'Église peut-elle faire comme si elle n'entendait rien ? Moralisme et conservatisme ne suffisent pas pour répondre. La tentation est grande de combler le déficit de foi par un surplus de morale. C'est une vieille habitude. On ne peut pas à chaque fois que se pose une question essentielle répondre par une bimbeloterie psychanalytique : se demander si le désir est tabou, s'il faut fermer ou non la lumière, etc. beaucoup ont parlé de protestantisation du catholicisme. Certains ont commencé à relever la psychanalysation rampante de la religion catholique. Le problème n'est pas d'imposer une morale extérieure, mais de rendre jaloux d'une morale intérieure.

Le choc des attentats du 11 septembre a peut-être des retombées salutaires si résonne à nos oreilles non pas le chuchotement du dialogue interreligieux vidé de sa substance par un relativisme culturel, mais le cri terrible — au sens de celui de Rilke quand il écrit que *le beau est terrible* — cri de Maurice Clavel, *Dieu est Dieu, nom de Dieu*, cri qui renvoie au *Credo* de Tertullien. Sans rapport à la Vérité où l'Église puisera-t-elle sa légitimité ? Septembre 2001 est un choc. L'écho en est multiple ; il commence par nous rappeler que nous sommes tous à sauver, mais que l'on ne fait pas appel à la même personne, selon que l'on promet le bonheur ou que l'on parle de salut.

Bonheur ou salut, quelle est la référence ultime du catéchisme, du prédicateur aussi bien que d'un magazine, d'une radio ou d'une télévision chrétienne ? La théologie et le catéchisme seraient-ils donc stériles sans cette nostalgie de la Trinité ?

La référence ultime et première est le signe de croix, trinitaire.

L'Église a vécu cent ans sans avoir le texte définitif des Évangiles et du Nouveau Testament, sinon oral et par morceaux, mais pendant tout ce temps, elle n'a pas pu vivre sans la référence vivante à l'eucharistie du Fils à son Père, sans l'hymne trinitaire au Dieu bon et beau qui nous a créés, sauvés et invités, sans laisser « le Christ vivre en nous », et donc sans sa respiration trinitaire.

Prêcher, faire le catéchisme, faire œuvre de catéchèse c'est entrer dans l'honneur de faire partager aux hommes la pensée du Fils sur son Père, ce que le Fils a reçu du Père et donc, ce que le Père et le Fils vivent en commun. L'ultime référence du Christ à sa propre parole est toujours trinitaire : « Comme le Père m'a envoyé, je vous envoie. » « Tout ce que j'ai reçu de mon Père, je vous l'ai fait connaître. » C'est l'aboutissement inattendu et splendide du réalisme de toute paternité ou filiation humaine.

L'ultime examen de conscience du prédicateur s'exprimera ainsi en amont et en aval par cette même référence. Elle est trinitaire. « Je ne te prie pas pour eux seulement, dit le Christ à son Père pour ses apôtres dans la prière sacerdotale en saint Jean, chapitre 17, mais pour tous ceux qui, à cause de leur parole croiront en moi. » Ainsi pour tout chrétien, ce qui devrait précéder toute prise de parole, toute publication d'article, ou édition de livre, quelle que soit sa fonction, est cette question : « *Me suis-je appuyé sur la prière du Christ qui intercède auprès de Dieu, son Père, pour ceux à qui je vais adresser la parole ?* » La prière du Christ n'existe que dans la volonté de faire ce que le Père lui a confié. Pourquoi stériliser le mystère trinitaire ?

En finir avec les alibis qui occultent la Trinité

Les alibis ont bon dos. Laisser croire qu'on va tomber avec la Trinité dans l'abstraction, c'est faux. Il est injuste de caricaturer la théologie, elle est superbe. Ceux qui en médisent ici prouvent qu'ils ne connaissent rien, par exemple, des quatre grands traités occidentaux sur la Sainte Trinité. Celui de saint Augustin, celui de saint Hilaire, celui de Richard de Saint-Victor et celui de saint Thomas d'Aquin qui sont des chefs-d'œuvre de l'intelligence occidentale en respect, simplicité, vérité concrète, si la réflexion humaine se laisse inviter à entrer dans ce qui résume le christianisme : *un catéchisme du don.*

Les grands traités de la Trinité n'ont rien à voir avec un *Dieu-sans-l'être*, selon l'expression du philosophe chrétien Jean-Luc Marion. Il y aurait beaucoup à dire de l'interprétation trop étroite que ce philosophe réserve à « l'être ». Interprétation qui a peu à voir avec celle de saint

Thomas d'Aquin qu'il critique. Ce n'est pas seulement un reproche. C'est un regret. Quel manque à gagner. « Dieu se donne ». C'est autre chose que des abstractions qu'on utiliserait pour réduire le mystère au lieu de l'écouter. Les textes de ce *catéchisme du don* nous sont connus par cœur. L'étonnante cohérence en est-elle perçue ?

Un catéchisme du don

Abandonnez un instant vos allusions aux divergences des philosophes chrétiens actuels et redites-nous l'essentiel...

Dieu donne Dieu aux hommes. Mais Dieu se donne deux fois :

— Le Père donne son Fils (première communication) : « Oui, Dieu a tant aimé le monde qu'Il a donné son Fils unique, pour que tout homme qui croit en Lui ne périsse pas, mais ait la vie éternelle. » (Jn 3, 16 et Jn 6, 32).

— Le Père et le Fils donnent leur Esprit (deuxième communication) : « Et je prierai le Père et il vous donnera un autre consolateur, un autre Paraclet pour être avec vous à jamais. » (Jn 14, 16 et 1, Jn 3, 24).

Voilà ce sur quoi le Christ est venu nous renseigner. Nous sommes appelés à partager la fécondité bienheureuse de Dieu, nous sommes invités à entrer dans cet échange. Le grand objet de la foi chrétienne, c'est que Jésus est le Fils de Dieu : c'est cette foi que le Christ attend de ses disciples, non seulement la foi en sa qualité de Messie ou de Sauveur, mais la foi au secret de sa personne, secret si divin que « ni la chair, ni le sang ne peuvent le révéler, mais seul le Père qui est dans les cieux. »

Après la multiplication des pains, la foule acclame en Jésus le Messie, « parce que celui-ci est vraiment le prophète qui doit venir en ce monde » (Jn 6, 14). Mais le Christ attend une foi plus haute. À ses apôtres, ses confidents, ses témoins il demande : « Et vous, qui dites-vous que je suis ? » Simon-Pierre répond : « Tu es le Christ, le Fils du Dieu vivant. » (Mat 16, 16).

Voilà le secret : il est le Fils de Dieu. Accéder à cette vérité, c'est s'engager dans la vie éternelle : « Celui qui croit dans le Fils de Dieu, a la vie éternelle. » (Jn 3, 36). Voilà la foi qui sauve, scellée par le baptême : « Qu'est-ce qui empêche que je sois baptisé ? » demande au diacre Philippe l'eunuque de Candace, après qu'il lui eût annoncé la bonne nouvelle de Jésus. Philippe dit : « Si tu crois de tout ton cœur, c'est permis. » Et l'eunuque répondit : « Je crois que Jésus est le Fils de Dieu. » (Act 8, 37). Ceci est la substance de la prédication des apôtres : « Je n'ai point jugé que je dusse savoir parmi vous autre chose que Jésus-Christ, et Jésus-Christ crucifié. » (1 Cor 2, 2). Or saint Paul vient de dire aux Corinthiens qu'ils sont appelés par Dieu « à la communion de son Fils Jésus-Christ, Notre-Seigneur ». (1 Cor 1,9).

La bonne nouvelle qu'apporte Jésus est précisément que lui, Fils de Dieu, nous est donné par le Père pour nous sauver : « Et nous, nous avons contemplé et nous attestons que le Père a envoyé son Fils, le Sauveur du monde. » (1 Jn 4, 14). Et ce salut consiste à connaître le Père et le Fils : « La vie éternelle, c'est qu'ils te connaissent, toi, le seul véritable Dieu, et ton envoyé Jésus-Christ » (Jn 17, 3), et à entrer dans leur société : « Nous vous annonçons cette Vie éternelle, qui était auprès du Père et qui nous est apparue. Ce que nous avons vu et entendu, nous vous l'annonçons, afin que, vous aussi, vous soyez en communion avec nous. Quant à votre communion, elle est avec le Père et avec son Fils Jésus-Christ. » (1 Jn 1, 2-3). « Il est fidèle, le Dieu qui vous a appelés à la communion de son Fils Jésus-Christ, Notre Seigneur » (1 Cor 1, 19).

Comment se réalise cette union, cet échange avec le Père et le Fils ? Par le don qu'ils nous font de leur commun Esprit : « À ceci nous reconnaissons que nous demeurons en Lui, et Lui en nous, c'est qu'Il nous a donné de son Esprit. » (1 Jn 4, 13 et 1 Jn 3, 24).

Voilà le but ultime de « l'Évangile », de « l'économie » et de l'histoire chrétienne : faire des hommes les fils de Dieu. « Il leur a donné le pouvoir de devenir enfants de Dieu. » (Jn 1, 12). « Vous êtes tous fils de Dieu par la foi au Christ Jésus. Et la preuve que vous êtes des fils, c'est que Dieu a envoyé dans nos cœurs l'Esprit de son Fils qui crie : “Abba, Père”. » (Gal 3, 26).

Saint Benoît Labre n'avait pas besoin d'en savoir plus. Lorsqu'on l'interrogeait sur Dieu, il répondait : « Je ne sais rien, mais je suis transporté. » Thomas d'Aquin, non plus. Si notre catéchisme et notre prédication ne partent pas de là et n'arrivent pas jusque-là, quelle différence ont-ils avec la Bhagavad-gîtâ, les Upanishad ou le Coran ? Nous rabâcherons regrets et supplications en rappelant, encore une fois, que la première édition de *Pierres Vivantes* attendait la fin du livre, au dernier paragraphe 58, pour faire allusion à ce mystère des mystères, aimable entre tous, pôle de toute notre vie, sous le titre : *Des cris, des mots, des poèmes* en notant de manière presque incidente : « Les chrétiens disent que c'est le mystère de la Trinité ». On imagine comment saint Paul, saint Augustin, saint Anselme, saint Jean Eudes, Bérulle, Charles de Foucauld ou Thérèse de Lisieux auraient fermé le livre.

Revenir inlassablement au mystère trinitaire

C'est bien de parler de ou sur la Trinité comme étant le cœur de tout, mais est-on sûr que c'est le point de départ et le seul terme ?

Quelques années avant sa mort, Paul Claudel prévoyait qu'il deviendrait objet de thèses à la manière germanique. Et il annonçait : « Vous verrez, il y aura : Claudel et la Bible, Claudel et la musique, Claudel et l'argent, Claudel et les diplomates, Claudel et la Chine, Claudel et la Belgique. » Et il ajoutait : « Claudel et le camembert. » Devenu objet de thèses, il pressentait que son secret serait peut-être ailleurs.

Que dire de l'Évangile et des sermons ? L'exégèse a surmultiplié les thèses. *L'Évangile au risque de la psychanalyse*, « du structuralisme, du matérialisme, des lectures en écho »... Souvenez-vous de la célébration de certains centenaires. Les épisodes télévisés sur la vie de Mozart avaient mobilisé dix-huit pays et coûté des milliards pour poudrer les perruques et les décors. Hélas, la musique ne fut pas au rendez-vous, comme dans *La Vie de Rancé* par Chateaubriand. Celui-ci a résumé le drame du réformateur cistercien en égrenant des chapitres brillants : « À l'assaut des Jésuites ; À l'assaut des Chartreux ; À l'assaut des chanoines ; À l'assaut des évêques. »... On en revient à Claudel... à l'assaut du camembert. Cela n'explique finalement peut-être pas l'essentiel.

Ainsi de l'Évangile et de nos sermons si l'on oublie le lieu de naissance de la Parole du Christ : son amour pour son Père, la mission du Père qui l'envoie et l'angoisse que les apôtres ne comprennent pas. La dernière parole du Christ a été silencieuse : la parole de la Croix, *le logos tou staurou*, Dieu ouvre les bras, et c'est le mystère de la hauteur, de la largeur, de la profondeur d'un amour qui surpasse toute parole. L'amour n'a pas permis à Dieu de demeurer seul. Il a ouvert les bras. C'est le signe de la Croix. Il est silencieux comme fut silencieuse la manifestation de la paternité divine sur le destin humain dans la nuit de Noël.

La parole du catéchiste est trinitaire ou elle n'est plus chrétienne. De l'eucharistie à la pauvreté volontaire, de la prière aux sacrements, de la création à l'amour humain : rien n'a de sens qu'à la lumière de ce mystère. Le père Lamy, curé de La Courneuve au début de ce siècle, avait un génie des paraboles qui l'apparentait au Curé d'Ars. Il avait séduit Jacques Maritain lorsqu'il disait : « Pour parler de la vie de Dieu, les artistes s'inspirent des beautés de la terre. C'est comme si un homme n'ayant vu que des rivières voulait peindre la mer : il ferait des bords sur les deux côtés, assez distants peut-être, mais cela ne ressemblera en rien à l'immensité qui nous frappe à la vue de l'océan. »

On est toujours tenté de mettre des « bords » au mystère de Dieu pour ne pas avouer qu'il dépasse l'esprit de l'homme. On proclame obscurs les mystères, comme s'ils étaient incompréhensibles par absence de lumière, alors qu'ils le sont, comme le soleil, par surcroît de clarté. Il est impossible de le regarder. C'est pourtant lui qui fait voir tout le reste. Cela n'empêche pas la lumière de rester discrète. Elle n'ajoute rien aux choses. Elle fait beaucoup plus, elle les rend présentes. C'est le secret de la sublime clarté qui venait de la nuée lumineuse où résidait Dieu-Yahveh.

On ne placera jamais la barre assez haut. Par exemple lorsqu'il s'agit de la charité, le Christ ne propose pas seulement d'aimer. Cela est la loi de toute religion. Il invite à aimer *comme il nous a aimés* et comme le Père aime le Fils. Un sermon chrétien n'a pas pour premier but, pas plus que le catéchisme, d'enregistrer de nouveaux adeptes. Cela est le fait de toute religion. Avec Jésus il ne s'agit pas d'abord de convaincre, de parler pour recruter. Il s'agit de transmettre la pensée du Père comme le Christ l'a transmise. On peut se le redire à soi-même inlassablement. La Parole est située très haut : elle passe dans le cœur de la très Sainte Trinité. La source de toute activité chrétienne et donc de toute prédication tient en deux phrases : le Christ s'est présenté avant tout comme l'interprète de son Père. Ainsi, deuxièmement, toute catéchèse participe directement « de l'activité » de la Trinité.

L'obsession du Christ

Ne rejoint-on pas ici la primordiale obsession du Christ ?

Le Christ est le seul « exégète » de son Père. C'est le terme technique, précis utilisé par saint Jean dans le Prologue de son Évangile au chapitre 1 verset 18 où il reprend très exactement le terme du livre du Siracide, chapitre 18, verset 5. Nous croyons connaître les textes. Il n'est cependant pas inutile d'y revenir tant le rapprochement est fulgurant.

Cette intuition du Christ « interprète de son Père » a guidé entre autres Bultmann dans son *Commentaire de l'Évangile de Jean* paru en 1949. « Je suis venu au nom de mon Père et vous ne me recevez pas. Et si un autre vient en son propre nom vous le recevez. » (Jn 5, 43) « Nul ne peut venir à moi si mon Père qui l'a envoyé ne l'attire. Ainsi quiconque a entendu le Père et reçu son enseignement vient à moi. Ce n'est pas que personne ait vu le Père, sinon celui qui vient de Dieu. Celui-là a vu le Père. » (Jn 6, 44-46). « C'est de Dieu que je suis sorti et que je viens. » (Jn 8, 42). « Le pain de Dieu, c'est celui qui descend du Ciel et qui donne la vie au monde. » (Jn 6, 33).

Ces proclamations sur l'origine de la Parole ont un sens rigoureux. La doctrine juive était précise. Le Messie ne pouvait pas venir de Galilée, il devait être de souche davidique, mais demeurer en un lieu caché. Cette théorie elle-même révélait leur inaptitude à reconnaître le Christ parce que signe d'une incapacité à connaître Dieu. Ces critères sur l'origine du Christ sont hétérogènes à la vraie connaissance de Dieu qui vient « d'en haut » alors que les interlocuteurs de Jésus voudraient encore vérifier selon la chair.

On comprend alors la réponse du Christ : il connaît son origine et c'est cette connaissance de Dieu même qui lui donne de comprendre et son statut et son origine et sa mission. C'est ce partage « à fond d'être » qui donne toute sa force à sa parole et à son témoignage. C'est et ce sera toujours l'ultime raison d'être de tout catéchète. Le dernier apôtre pour remplacer Judas doit être choisi parmi « ceux qui ont *vécu avec* le Christ » et ont été « témoins de sa Résurrection », c'est-à-dire de la manifestation de la vie divine qui l'habitait.

Le Christ a le droit de se proposer comme « le » *prophète* et comme l'équivalent de la *Loi*. Toutes proportions gardées, car il accomplit la loi et les prophètes ; l'unité du Père et du Fils est semblable à celle de Dieu et des envoyés de Dieu dans l'Ancien Testament. Au contraire des faux prophètes, il ne parle pas en son nom propre. Dieu agit en nous et ils agissent en délégation de Dieu. Leurs paroles mettent les auditeurs devant une décision entre vie et mort. Saint Jean dans le Prologue peut compléter par le parallèle entre le Christ et le rôle de la Loi pour les juifs. Le Christ, Verbe incarné, n'est pas seulement l'agent, le dispensateur d'une nouvelle alliance. Il *est* de façon permanente la Loi nouvelle elle-même, la Torah définitive, qui est à la fois le don suprême de Dieu aux hommes et la seule vérité complète, par et dans le Verbe. S'ensuit que le Christ est *la* vérité parce qu'en lui, Dieu est rendu accessible aux hommes (Jn 12, 45 ; 14, 9). Il est réalité divine et puissance agissante.

La vérité est son *martyre* : « Je suis venu dans le monde pour rendre témoignage à la vérité » (Jn 18, 37). C'est le motif même de la Passion pour saint Luc. Il dépasse tous les prophètes parce qu'il a une tout autre connaissance de Dieu. Il est dans le secret du Père. L'aveugle-né n'est pas invité seulement à le croire, mais à « croire » et à l'en croire. En adhérant à sa parole, on adhère à sa personne. « C'est pourquoi, frères saints, qui avez part à la vocation céleste, considérez l'Apôtre et le souverain prêtre (donc celui qui réunit les deux ministères : prophétique et sacerdotal) de la foi que nous professons : Jésus qui a été fidèle à Celui qui l'a établi » (Heb 3, 1-2).On peut alors vraiment dire : « Montre-nous le Père et cela suffira » (Jn 14, 8).

Mais est-ce que cela « suffit » ?

Colère et cri

En parlant de la Sainte Trinité comme de la source et de la raison d'être ultime de l'activité principale de votre vie, n'êtes-vous pas ou prétentieux ou rêveur ou bien éloigné de ce qu'on entend habituellement dans les médias chrétiens ?

Si je m'écoutais ici, non seulement je pourrais, mais je devrais m'autoriser un moment de colère et un cri de joie. Une colère : on cache trop aux baptisés chrétiens ce qu'ils sont et, du même coup, certains ne savent plus rien de l'originalité et de l'essentiel du christianisme et donc, peut-être, de leur vie. Une joie : tout homme est « capable » de Dieu et est invité, tout de suite à vivre la vie trinitaire.

Lors de la manifestation qui accompagna la consécration épiscopale du père Daniélou, des tracts contestataires furent lancés dans l'église des Carmes de l'Institut catholique de Paris : « D'où es-tu évêque ? » Ceux qui manifestaient ainsi, poussés par les contestataires de *Témoignage chrétien*, n'avaient peut-être pas pensé qu'ils adoptaient la même attitude que les auditeurs réticents en face du Christ lui-même. Il n'y a pas eu d'autres questions pour demander au Christ d'accréditer sa parole. On l'a interrogé sur son origine : « D'où parles-tu ? » Nous venons de dire que c'est le test ultime de tout sermon. L'origine de la Parole est dans le mystère trinitaire.

Avançons encore. Il est impossible de comprendre les activités humaines si on ne se demande pas comment elles imitent celles de Dieu. Il ne s'agit pas ici de faire du tapis volant théologique, mais d'entrer dans l'ultime secret de chacune de nos vies.

Pour parler des activités divines, on est obligé de classer, de distinguer, de procéder par discernements. La pauvreté de nos idées oblige à discerner en Dieu trois types d'activités.

1. *La création*. Elle est commune aux Trois Personnes. Elle a pour terme un effet créé en relation avec Dieu dans son unité. C'est ce que tout homme imite quand il travaille.

2. *Le secret intime des Trois*. Comment se distinguent-elles ? On se sert d'un terme d'apparence abstraite, mais simple à comprendre : les Trois « procèdent » l'une de l'autre. Cela veut simplement dire que les Trois Personnes en Dieu ne se distinguent qu'en dépendance l'une de l'autre parce qu'elles se donnent et reçoivent tout dans une communauté totale d'existence. Le Fils dit au Père tout ce qu'il est. C'est l'Absolu insondable qui ne se réfère à rien et à quoi rien ne se réfère. L'Esprit est le lien, la communion qui « ex-spire » et exprime l'amour du Père et du Fils pour ce qu'ils sont en commun. Beaucoup de religions ont imaginé une triade en Dieu. Cela n'a rien à voir avec la distinction des Trois Personnes de la Trinité chrétienne.

3. Il est possible de parler d'une troisième activité en Dieu : c'est *la vie de Dieu dans l'âme de ceux qui l'aiment.* Il a envoyé son Fils, Il a envoyé son Esprit et Il a fait en nous sa demeure. Notre catéchisme est un catéchisme du don, comme nous l'avons dit. La théologie appelle « missions divines » cet aspect le plus profond de notre vie. Dieu s'est fait homme pour que nous puissions devenir Dieu. Et cela par l'accroissement de connaissance et d'amour que Dieu donne à l'homme sous la seule condition qu'on désarme de soi.

Cette « activité » divine a un effet distinct de Dieu : nous pouvons ou non Le payer de retour. Cela aboutit à une nouvelle présence de la Personne divine dans l'âme du baptisé. Il y a une présence particulière du Fils et une présence distincte de l'Esprit.

Quand on imite Dieu, on partage son sort

Cette lumière est saisissante. Est-elle réservée à ceux qui n'auraient pas peur de la mystique ou est-elle faite pour tout chrétien ? Concrètement ?

Que l'homme le sache ou non, la vie humaine, en ce qu'elle se distingue de celle de l'animal est entièrement investie, soutenue et orientée par l'imitation de Dieu et cela en participant de trois manières différentes à la vie trinitaire.

1. Nous imitons la première activité divine, la Création par notre travail en ce qu'il coopère à changer le monde. Œuvre qui se réalise à l'extérieur.

2. La connaissance et l'amour dans notre vie, surtout quand ils portent sur Dieu et qu'ils sont surélevées par les dons de la grâce, nous

donnent de partager le secret de la vie intime de Dieu. L'admirable prière d'Élisabeth de la Trinité qui demandait d'être consumée en devenant une *humanité de surcroît pour le Verbe* a fait hésiter les théologiens jusqu'à ce qu'ils aient compris que c'était l'intuition de saint Paul et de toute l'Épître aux Éphésiens : devenir une louange personnelle de la présence de Dieu. Nous sommes réellement connectés, abouchés, greffés sur les rapports divins eux-mêmes.

La seconde Épître de saint Pierre résume la raison de la venue du Christ en disant que c'est pour que nous devenions *participants de la nature divine*. Qu'est-ce à dire ?

Les termes latins sont clairs *divinae consortes naturae*. Le mot grec est habituellement rendu en français par l'adjectif verbal « participants ». Selon sa racine, le mot grec marque le fait « d'avoir en commun ». Le texte de l'Épître dit donc que nous pouvons être élevés à une communauté de nature avec Dieu. En parlant de participation, on n'introduit pas dans la foi chrétienne une doctrine philosophique venue de Platon ou d'Aristote. Il faut entendre « participer de la nature de » au sens ordinaire où ces mots expriment une observation courante qui est signifiée par « tenir de la nature de ». Le contexte des mots de saint Pierre apporte une nuance importante. Le texte parle de don. Ainsi la communauté de nature avec Dieu est donnée par Dieu. Il faut entendre avec toute sa force l'expression « tenir de Dieu ». De bons étymologistes estiment que le mot *pars* en latin, qui a donné participer, a pour signification originelle le sens de don et non pas seulement celui d'une fraction. Il ne s'agit pas de se dissoudre en Dieu, comme le proposent hindouisme ou bouddhisme, ni d'en accepter la fatalité comme le demande l'islam, mais de devenir partenaire et coopérateur à part entière d'une personne capable de Dieu.

Dans l'ordre des réalités psychologiques, « partager » veut souvent dire donner ou recevoir par communication et non pas seulement par division. Ainsi « je partage votre avis » veut dire « je me range à l'avis que vous m'avez donné » et non pas seulement j'en accepte une partie. Être faits participants de la nature divine dit bien que nous recevons de Dieu une communauté de nature avec Lui. Le mot latin *consortes* par son étymologie éveille l'idée d'avoir un même sort, un même lot, une même destinée. Nous pouvons l'appliquer à Dieu : nous avons un même bien que Lui. Dieu nous destine à jouir avec Lui par don de grâce de son bien qu'Il a, Lui, par nature. Cette formule est la meilleure expression du mystère d'amour divin qu'est notre appel à la grâce. Pourquoi ne nous en parle-t-on pas plus souvent ?

3. Or, par la prédication, la catéchèse, l'apprentissage de la prière, la transmission de la foi, nous imitons très exactement le troisième aspect de l'activité divine : les missions des personnes divines, leur présence particularisée dans l'esprit humain.

À cet envoi en l'homme d'un aspect de l'activité de telle ou telle personne de la Sainte Trinité correspond un certain effet extérieur : s'il s'agit de l'action du Verbe en nous, c'est un accroissement de sagesse ; s'il s'agit de l'action du Saint-Esprit, c'est un accroissement d'amour. Ainsi en va-t-il de l'activité du prédicateur ou du catéchiste. Cette activité laisse une trace, une certaine « présence » dans l'esprit de celui avec qui l'on a partagé le message de la foi, présence qui est une participation directe de la vie trinitaire.

Comme c'est le cas de toute pédagogie, elle laisse des traces. Il y a quelque chose de radicalement neuf dans le cœur d'une mère et dans le cœur de son enfant, lorsqu'elle lui apprend le *Notre Père.* La mère fait exister Dieu *d'une nouvelle manière* dans le cœur de son enfant. Ils sont tous les deux « transportés » en Dieu. Les missions divines communiquent à l'âme une grâce qui est image de la caractéristique de chaque personne divine : grâce de sagesse pour le Verbe, grâce de charité pour l'Esprit-Saint. Elles aboutissent au don très réel de la personne divine elle-même.

La prédication aboutit à la naissance d'une lumière en l'autre, d'une lumière nouvelle sur Dieu aussi bien en celui qui prêche, annonce et catéchise qu'en celui à qui l'on prêche. La prédication est bien d'une certaine façon une action, avec une part d'œuvre à opérer. De même de l'envoi de l'Esprit-Saint qui a un effet extérieur, mais qui de plus réalise une communion, une présence, une demeure nouvelle de Dieu dans l'homme.

Ici nous atteignons enfin la raison d'être la plus sublime de tout partage de la vie chrétienne.

Pouvez-vous alors enfin répondre à la question : qu'est-ce que prêcher ?

Oui, on peut alors seulement répondre à la question.

Qu'est-ce que prêcher ? Qu'est-ce que le catéchisme ? Qu'est-ce qu'être éditeur, journaliste, professeur chrétien ? Sinon faire passer la vie d'un esprit dans un autre esprit comme un germe vivant, mais d'une manière très précise. On peut avoir l'audace de dire que si Dieu envoie son Fils et Verbe, avec tous les effets visibles et invisibles du mystère de la Parole, Il envoie de la même manière ceux qui ont la foi vers leurs frères qui ne le connaissent pas encore.

L'un des premiers penseurs chrétiens, à la naissance de la théologie, Origène, avait eu l'audace de montrer que la Passion du Christ était en sa raison ultime trinitaire. Tout l'art chrétien l'a suivi lorsqu'il fait tenir les deux bras de la croix par les bras du Père, jusque dans les représentations audacieuses du *pressoir mystique*. Il en est de même de la Parole et du catéchisme. La Parole et la Croix ont la même passion pour origine : « Mais le Père lui-même, Dieu de l'univers, Lui qui est plein de longanimité, de miséricorde et de pitié, est-ce qu'Il ne souffre pas en quelque sorte ? Ou bien ignores-tu que, lorsqu'Il s'occupe des choses humaines, Il souffre une passion humaine ? « Car le Seigneur ton Dieu a pris sur lui tes mœurs, comme celui qui prend sur lui son enfant ». Dieu prend donc sur Lui nos mœurs, comme le Fils de Dieu prend nos passions. Le Père lui-même n'est pas impassible ! Si on le prie, Il a pitié et compassion. Il souffre une passion d'amour... » (Origène. *Homélie sur Ézéchiel*, *Hom. 6, 6*).

Paul Claudel reprendra la même vérité en un résumé fulgurant : « La lance au bras du centurion a montré que la blessure allait plus loin que le cœur du Christ. Elle a ouvert Dieu, elle a passé jusqu'au milieu même de la Trinité. »

Le Père aime, de toute la plénitude de la Vie divine ; mais il aime en Père qui dit dans son Verbe toute la clarté de son Être. Il aime comme un tel Père sait aimer. Il aime infiniment son Fils, qui est le *oui* vivant de la Vérité divine ; et il s'aime Père de ce Fils, il aime sa paternité ; et il aime toutes les créatures auxquelles librement Il étendra sa paternité en les établissant, de diverses manières, selon l'exemplaire du Verbe de son Fils.

Le Fils aime, de toute la plénitude de la Vie divine que le Père a mise en lui. Il aime en Fils : il aime infiniment le Père qui dit en lui la pleine Vérité vivante ; et il s'aime Fils d'un tel Père ; et il aime tous les êtres créés qui seront faits à sa ressemblance, tout spécialement ceux qui deviendront proprement ses frères par l'adoption de grâce qu'il leur aura value. Et le Père et le Fils en unité, mais paternellement et filialement, aiment cette unique Bonté qu'ils « respirent » dans leur commun Esprit d'amour, lui-même vivante ardeur de cette charité.

Entre dans la joie de ton Seigneur !

La joie chrétienne est bien plus que le seul épanouissement d'une activité qui coopérerait avec Dieu au développement de la création. Elle est, en une vie quotidienne cheminant selon la voie des béatitudes évangéliques, la communion aux personnes de la Trinité qui se donnent intimement à nous comme objet de vie et de contemplation aimante. L'invitation est dès maintenant pressante : « Entre dans la joie de ton Seigneur ! » (Mt 25, 21-23). Là seulement est la source et raison d'être d'un sermon ou d'un catéchisme et donc l'ultime critère de sa vérité chrétienne, comme le Curé d'Ars l'a si bien vu avec génie. En face d'un média chrétien, une seule question suffit : que dites-vous et comment dites-vous le mystère des Trois Personnes qui nous invitent à la vie ? Tant qu'on n'est pas remonté jusque-là on n'est pas remonté à la nouveauté radicale du christianisme, de sa nouveauté pascale. On peut faire de l'humanitaire, on peut lutter de manière très noble pour le développement, on peut alphabétiser, on peut, comme dit saint Paul « livrer son corps aux flammes », on peut être fier de sauvegarder des valeurs morales : d'autres le font. Le chrétien est inséparable d'une nostalgie divine. Nous sommes des êtres assis en même temps à la table des pécheurs *et* à la table du Père.

Des ennuis avec la censure ?

Permettez une dernière question sur l'essentiel. Votre référence au mystère trinitaire paraît peu habituelle. Est-ce une intuition personnelle ou est-ce vraiment la pensée de l'Église ? N'avez-vous pas eu d'ennuis avec la censure ecclésiastique lorsque vous avez formulé le but de la vie humaine dans votre dernier carême à Notre-Dame de Paris sous le titre : Devenir Dieu *?*

Lorsque j'ai consacré la dernière série des conférences de carême à Notre-Dame de Paris à cette intuition : *Devenir Dieu*, je dois avouer qu'un des lecteurs-censeurs a soulevé un vrai problème. J'ai déjà dit combien l'imprimatur a toujours été une chance pour moi. Devant ce titre *Devenir Dieu*, l'un des censeurs a eu peur que s'établisse une confusion ou un certain flirt facile avec les religions asiatiques. Le cardinal-archevêque de Paris a pris le titre personnellement à sa charge. Cette formulation est parfaitement orthodoxe, en cohérence avec la plus stricte doctrine catholique. Elle est présente dès le début chez tous les Pères de l'Église. J'ai pris soin de le préciser par soixante pages de texte dans le volume qui paraissait après les conférences, en rappelant l'essentiel de ce que les Pères et docteurs de la foi ont parfaitement exprimé sur ce point, de saint Irénée au Curé d'Ars ; de saint Athanase au père Chardon, de saint Jean de la Croix au père de Foucauld (voir *Devenir Dieu*, Cerf, pages 241-259).

Je répondrai ici plus brièvement. Vous connaissez l'adage : *Lex orandi, lex credendi*. Ce que l'Esprit propose à l'Église pour sa prière est cela même qui est le guide de la foi. D'où l'importance des traductions liturgiques, par exemple celle des prières eucharistiques. J'ai été heureux de voir qu'en juillet 1992, le cardinal Decourtray avouait qu'après vingt-cinq ans d'expérience, il serait bon de revoir certaines de ces traductions. En effet, le texte latin originel des prières de la messe est plus riche sur ce point précis.

Je prends les trois prières proposées par Paul VI. Elles sont éblouissantes de beauté, de grandeur, de proximité comme l'est la prière de sœur Élisabeth de la Trinité. Revenons donc aux textes de la messe.

On peut résumer l'intuition majeure par ceci : croire que Dieu nous aime, cela peut ne rien signifier, cela même peut nous égarer si nous ne savons pas *de quel amour* Dieu nous aime.

Or ce qui est proposé par le Christ, le *Credo* et l'Église, est de croire que *Dieu nous aime en Dieu*, comme Dieu seul peut aimer c'est-à-dire en nous donnant Dieu. À la lumière de cette « bonne nouvelle », toute la vie est transformée. Dieu nous aime au point de nous dire : « Entre dans ma joie ! Commence à y pénétrer tout de suite parce que Je t'appelle à y entrer pleinement dans mon Ciel. » Jésus est mort pour cela : « Père, je veux que là où je suis, ceux que Tu m'as donnés soient aussi avec moi, afin qu'ils contemplent la gloire que Tu m'as donnée, parce que tu m'as aimé avant la constitution du monde. » (Jn 17, 24). Il n'y a rien d'autre à dire aux astrophysiciens qui s'interrogent de façon parfois aiguë comme ce professeur anglais, Hawkins. Il est totalement infirme dans son fauteuil roulant ; il manifeste un courage et une intelligence exceptionnels, malheureusement trop courts dans sa réflexion philosophique. Il a récemment formulé la question dans sa *Brève histoire du temps*.

Que répondre ? Sinon que Dieu n'a pas créé le temps « temporellement ». Dieu n'est pas dans la durée, soumis à la succession, de telle sorte qu'on pourrait espérer penser à sa place en remontant en deça du big-bang. S'Il est Dieu, donc infini et parfait — et tous les philosophes ont bien compris cela depuis Aristote — Il est distinct de la création mais n'a pas besoin de la création. On ne peut donc pas démontrer *philosophiquement* la nécessité de la création et de notre présence. Rien ne peut manquer à Dieu. Mais s'il y a une création, alors on peut s'interroger : pour quoi ? Paradoxalement les formules de la messe sont les plus fortes, les plus intelligentes et les plus brèves lumières pour répondre.

Serait-ce si subtil que les prières de l'Église n'y fassent pas allusion ?

Au contraire, c'est le cœur des prières de la messe. Dans la deuxième prière eucharistique, on demande en pensant aux défunts : « Admets-les dans la lumière de ton visage » (*eos in lumen vultus tui admitte*). C'est clairement exprimer ce qu'on appelle dans le catéchisme « la vision de Dieu face à face ». L'expression liturgique est encore plus près du texte grec de saint Paul. Le grec de l'Épître aux Corinthiens dit : *prosôpon pros prosôpon* ce qui signifie très précisément : le visage vers le visage, *le regard dans le regard*. Voilà comment saint Paul exprime du reste immédiatement la situation du chrétien : « Alors je connaîtrai Dieu comme je suis connu de Lui. » C'est bien ce que dit la prière de la messe : « être admis dans la lumière de son visage ». Pourquoi le texte français officiel est-il si pâle qui traduit seulement : « Reçois-les dans ta lumière auprès de toi » ? Alors que la suite de la prière précise bien : Rends-nous participants de ta vie, ayant le même sort (con-sortes) que toi afin que nous te louions et te glorifiions par ton Fils Jésus-Christ.

Dans la troisième prière eucharistique, nous demandons que l'effet suprême du sacrifice du Fils, que l'Hostie agréée du Père, fasse de nous, en perfection un don éternel, une offrande éternelle au Père. « Père, que ton Fils fasse de nous une pure offrande éternelle à Toi, pour que nous puissions avec tes élus recevoir ton héritage que Tu nous as destiné. » Il n'y a pas dans le trésor des textes chrétiens deux autres lignes qui soient comparables à celles-là pour exprimer le rapport du mystère du salut, de la Croix, de la souffrance et de la rédemption et du mystère de la Trinité.

La suite de la prière eucharistique supplie par la divine Hostie, « le Père des miséricordes de réunir à Lui tous ses fils partout dispersés » ; et d'admettre vite tous ceux qui sont morts en sa grâce dans le royaume de sa bonté, « où nous espérons être ensemble éternellement rassasiés de sa gloire ». Le memento des défunts précise encore : « Là, Te voyant Toi, notre Dieu, tel que Tu es, nous Te verrons semblables pour l'éternité, et Te louerons sans fin par le Christ. »

Dès la préface propre à la quatrième prière eucharistique, l'action de grâces invite à chanter la gloire du Père, dans le dessein d'étendre sa paternité en réjouissant des créatures intelligentes « par la clarté de sa propre lumière ». Pour cela, le Père a d'abord fait se tenir devant Lui les foules innombrables d'anges, qui contemplent la lumière de sa Vie. Et c'est avec eux que nous demandons de nous tenir, afin que

« devenus par l'Esprit saint un seul corps avec l'Hostie, nous soyons une pure hostie vivante à la louange de la gloire du Père et qu'ainsi nous recevions l'héritage céleste. »

Tout le but de la vie humaine est ici résumé. Nous sommes appelés déjà sur la terre à commencer par la foi et l'espérance le repas éternel des noces de l'Agneau. Autrefois, on chantait au salut du saint sacrement l'*Adoro te* de saint Thomas d'Aquin sans bien comprendre les paroles.

> *« Jésus qu'en cet instant je regarde voilé je t'en prie,*
> *que m'arrive ce dont j'ai tellement soif.*
> *Révèle-toi ; que, te voyant face découverte*
> *je sois béatifié par la vue de ta gloire ! Amen. »*

Conclusion pour une parole
Et le silence !

Pour ses cinquante ans, le père Duployé, fondateur du Centre de Pastorale liturgique, et grand original dans l'ordre dominicain avait convié un certain nombre de ses amis à célébrer son anniversaire à la Giettaz, au pied du col des Aravis dans la région du Mont-Blanc. Le père Duployé commença son homélie : « Lorsque je veux entendre un bon sermon, je prêche. » Et il prêcha sur le Ciel. Ce fut beau.

Mais je rêve sans doute du Ciel ! Que manque-t-il à notre prédication ? Sinon, peut-être, simplement le silence ? Quand un jeune poète confiait à Patrice de La Tour du Pin son désarroi, son angoisse devant la page blanche, son vertige devant le vide, notre ami lui répondait : « Commencez par dire votre silence, votre vide et votre désarroi. »

Comment prêchait François d'Assise ?

Dire le silence ? Les apôtres ont vu celui du Christ. Comme l'œil écoute, ils ont été surpris, ils ont accepté d'être déstabilisés. Après avoir été déconcertés, ils étaient préparés à voir. Ils ont vu Jésus silencieux. C'est peut-être ce dont nous avons besoin : le silence...

Des nombreux sermons que saint François d'Assise prêcha à Saint-Damien, couvent de sainte Claire, il n'en est qu'un qui soit venu jusqu'à nous et c'est un sermon sans paroles. Sainte Claire et sa communauté, réunies au chœur, attendaient leur bienheureux père. Celui-ci s'agenouilla et les yeux au ciel pria un long moment. Puis, s'étant fait apporter de la cendre, il en mit une partie sur sa tête et répandit l'autre en cercle autour de lui. Alors il attendit de nouveau, se leva, récita le psaume *Miserere*, et, le psaume terminé, il sortit. Ce fut là tout son discours.

Pour aimer le silence, il faut peut-être quand même l'aide d'une certaine musique ?

Dans un des plus beaux romans du combat de l'homme avec son désespoir, la suédoise Selma Lagerloff convoque les cavaliers, compagnons de *Gösta Berling*, afin qu'ils fassent l'impossible pour sortir Gösta de son marasme. Un jour de juillet, ils ouvrent le grand salon d'Ekeby et choisissent la symphonie d'Oxford de Haydn. Julius dirige l'orchestre. Tout est parfait. Mais la musique elle-même s'avère incapable de ramener la paix dans l'âme de Gösta qui éclate en sanglots. Les cavaliers déposent leurs instruments. Et soudain, l'un d'eux, le vieux Lövenborg se rappelle que dans l'aile du château, il possède une grande table de bois blanc sur laquelle il a peint un clavier. Il peut rester des heures entières devant cette table, laissant courir ses doigts sur les touches noires et blanches. Alors il se dit que l'heure est venue. Il va chercher sa table de bois blanc et devant Gösta Berling, il joue... en silence avec les notes peintes sur la table la huitième sonate de Beethoven. Gösta le regarde... d'abord étonné, puis agacé, fasciné, enfin illuminé. Si Lövenborg qui a perdu sa fiancée retrouve espoir en jouant sur une table de bois... pourquoi pas lui ? Gösta regarde ses compagnons. Soudain Lövenborg est arraché à son clavier de bois par un grand éclat de rire. C'est le rire de Gösta Berling. « Je savais bien que Beethoven te remettrait, Gösta », s'écrie alors le vieux Lövenborg. Plus profondément que les rythmes et les sons, le silence de la mélodie intérieure l'avait guéri.

Si, au lieu du piano ecclésiastique de nos sermons, nous allions parfois chercher le clavier du silence.

Platon a pressenti la noblesse et le rôle du silence. Dans son dialogue le *Timée*, il montre l'interaction des trois principales figures de l'infini, ou plutôt de l'illimité : les mathématiques, la musique et la mystique. La force de suggestion de cette rencontre a donné dans l'histoire à ce dialogue du philosophe grec une présence presque comparable à celle de l'Écriture sainte. De saint Thomas d'Aquin à Simone Weil, les philosophes reconnaîtront que le *Timée* ne ressemble à aucun autre dialogue de Platon, tellement il semble venir d'ailleurs.

La question insistante, « Pourquoi y a-t-il quelque chose plutôt que rien ? » prend une autre forme : « Pourquoi n'y a-t-il pas le chaos ? »

Platon ose comparer le *cosmos* avec la création divine et celle de l'architecte. Pour lui, ce *cosmos* est « la plus belle des choses » et son objet est la beauté optimale. Il y a une identité entre la cause et l'effet, qui est comme le point de rencontre entre la logique et la poétique. Ici la vraie logique ne fait qu'une avec la beauté. Le critère est celui des mathématiques et de leur réalisation dans la musique. Dans le *Timée*, le démiurge-créateur est un mathématicien et un architecte suprême qui bâtit au son de la musique. Il fait vibrer cette « harmonie des sphères » qui enchantera les philosophes, les poètes et les astrophysiciens de Pythagore à Kepler et Leibniz. Platon sait lire le Livre final que Mallarmé cherchera désespérément. Dans son dialogue, le mot *calos*-beau désigne en même temps ce qui est beau dans sa forme, harmonique quand il entre en relations, et, moralement admirable. Nulle part peut-être le théologique, le métaphysique et l'esthétique n'ont été unis de manière plus intime.

Si j'évoque l'émerveillement silencieux de Platon lorsqu'il assigne comme terme à la vie humaine et au destin terrestre de l'homme d'être le « spectateur de la cité divine », c'est non seulement pour m'étonner mais pour admirer que des païens soient arrivés tout seuls à cette conclusion, et aussi... pour regretter parfois que nos catéchismes évoquent si peu le silence. Et pourtant, ceux de Jésus au Jardin des oliviers ou au Jardin de la Résurrection ne furent-ils pas son ultime parole ?

Tancrède et Clorinde

Dans la barque, Jésus dort. Il ne répond pas aux apôtres, c'est l'énigme même de son être qui va être manifestée. Étrange silence de Dieu. Est-ce épreuve inattendue ou suprême remise de Dieu entre nos mains ? La tempête est là et Dieu provoque jusqu'à la limite notre capacité de confiance. Tout être humain est un solitaire, mais un solitaire aimé, dépendant d'un amour pour exister.

Il faut beaucoup de temps pour l'admettre. Un jour le silence, suprême métamorphose de l'amour, devient offertoire et prière. Il ne serait qu'une horreur s'il était seulement attente dans la fébrilité.

Il y a deux sortes de silences. Celui de la vacuité du bronzé qui s'offre au soleil au bord de la piscine ou sur la plage. Il cache un sommeil, un ennui, une certaine avidité. Il y a l'autre silence, celui de l'épouse qui attend le retour du bien-aimé. Faut-il opposer ces deux silences ? Mépriser l'un et glorifier l'autre ? Tout silence engendre une certaine crainte. Il contient quelque image de la mort.

Il y a peut-être un autre silence, c'est celui de Jésus. Non pas à deux, mais à trois termes. C'est celui de la communion quand l'amour aboutit à faire hommage de sa mendicité, quand la solitude se transfigure en occasion de confiance. L'homme peut alors provoquer son Dieu en lui donnant comme à un père la joie de lui dire son amour. L'humanité ne peut pas sortir de là. Elle est invitée à rejoindre sa vocation originelle : être ce besoin éternel d'amour, de vérité et de communion (Ep, 1). Il convient davantage à la créature d'être aimée que d'aimer puisque c'est l'amour qui l'a fait être et nous fait être. Il s'agit de rejoindre le principe de notre vie, de notre état premier, cela qui nous constitue, ces préparations aux « noces », grâce à Jésus. En lui, qui n'existe que relatif à son Père, le silence est constitutif de son être même. C'est par et dans le silence d'abord que le Verbe est auprès du Père puisqu'il se reçoit entièrement de Lui.

Au huitième livre des Madrigaux, *le Combat de Tancrède et Clorinde* est, sans doute, avec le *Magnificat* des *Vêpres de la Vierge*, une des plus belles créations de Monteverdi. Trois chanteurs, quelques instruments suffisent à tout le drame. La narration est confiée à une voix. Les deux autres chanteurs représentent les protagonistes. Tancrède, chrétien, se bat contre un chevalier en armes qu'il n'a pas reconnu. Le chant se développe dans une étonnante diversité de styles, du récitatif à l'*arioso*. Et voici le dénouement : l'instant où Tancrède croyant avoir combattu un guerrier païen se rend compte que « le blessé » n'est autre que Clorinde, sa bien-aimée qui, avant de mourir implore de lui, chrétien, le baptême. Les instruments, violes et clavecins, participent au drame ; les violes tantôt par les trémolos des accords rapidement répétés, tantôt par la ponctuation des pizzicati secs, précis comme les gestes des combattants. Tout est ici nécessaire : la monodie et la polyphonie, le *parlato* et le chant, la voix et l'instrument, la paisible consonance et la dissonance mordante. Mais tout cela ne sert à rien si ce n'est pour entendre le silence auquel la musique et la poésie conduisent et qui seul peut dire l'essentiel : l'attente fiévreuse de Clorinde qui demande le baptême en dévoilant qui elle est ; le bouleversement de Tancrède lorsqu'il retrouve celle qu'il aime. Elle meurt sous les blessures qu'il lui a infligées, mais c'est pour accéder à son vrai visage.

Un jour, les sermons ou les paroles mêmes pieuses, les pensées et les œuvres, même géniales, se taisent pour laisser place à la présence nocturne et eucharistique de « quelqu'un ».

TROISIÈME PARTIE

Peut-on vouloir en même temps la vérité et sa sœur ?

I. De la vérité ?

II. De l'histoire

III. De la modernité

I
De la vérité

1

Tout homme doit-il être philosophe ?

Être ou ne pas être

Saint François-Xavier aimait à se redire : « Tu es bachelier ès arts, et après ? Tu es maître en théologie, et après ? Tu es disciple et compagnon du fondateur des Jésuites, Ignace de Loyola, et après ? Tu as fait tes vœux de religieux, et après ? Tu es missionnaire, et après ? Tu as été nommé au poste de supérieur de tes frères, et après ? »

On pourrait poursuivre la litanie pour chacun d'entre nous : « Tu veux avoir raison » ou « tu as raison ».

Et après ?

Comment répondre sans l'aide de la philosophie ?

Sous quels visages la philosophie est-elle entrée dans votre vie ?

Je ne sais par quel étrange destin, un disciple d'Alain nous fit, en math-élem au lycée Condorcet, non seulement aimer, mais désirer avec une soif inassouvie cet amour de la sagesse que l'on nomme « philo-sophie ». Il réunissait chez lui quelques élèves de sa classe. Le buste d'un superbe kouros grec nous surveillait au coin du salon. C'était au plus noir de l'Occupation allemande des années 1940-1941, nous avions au moins ce moment de respiration, libre, heureuse, sans souci productiviste, sans menace, sans crainte d'aucune sorte, on apprenait à trouver du recul grâce à quelque chose que l'on ne pouvait pas nous voler : les idées et le bonheur d'échanger sans crispation. Nous avions tout à apprendre. Le cadeau fut merveilleux, mais redoutable. Je compris qu'il fallait relativiser ce qui doit être relatif, discerner ce qui n'est que mode éphémère, je découvrai que les vérités essentielles n'avancent souvent que masquées. Maurice Savin, notre professeur, disciple et légataire universel du philosophe Alain avait commencé en nous initiant avec respect et ferveur au prince de toute la philosophie, Aristote. Quand je lui annonçai que j'allais rentrer dans l'ordre dominicain, il me répondit : « Je crois que vous avez raison, mais qu'il est difficile d'avoir raison ! »

La philosophie n'a pas forcément bonne presse auprès des élèves de terminale : réduite à la portion congrue de quelques heures d'enseignement par semaine pendant la dernière année des études, inquiétante du fait d'un jargon imposé par quelques décideurs intellectuels, dissoute par la disparition des points de repères élémentaires, éclatée non seulement par l'ignorance de l'histoire dès qu'on sort de l'Hexagone, mais aussi énucléée par un langage de spécialistes, imprégnée du goût de néant des modes actuelles, piégée par les impasses des idéologues, il est normal que la philosophie apparaisse comme un luxe inutile. Bien sûr, aujourd'hui, les pièces de théâtre d'Eric-Emmanuel Schmitt, l'enseignement de Jean-Marie Domenach à Polytechnique ou le succès de librairie du Norvégien Joostein Gaarder avec son livre *Le Monde de Sophie*, sont ou ont été encourageants. La philosophie n'en reste pas moins un jardin surveillé par quelques professeurs aux conclusions nihilistes ou quelques esthètes de bonne volonté, mais préoccupés de leur aura médiatique. Cela n'enlève rien à la joie inattendue de rencontres de tel professeur de khâgne dont le bonheur est de philosopher avec compétence et modestie. L'échange est alors toujours un don du Ciel.

Combien souhaitable, par exemple, que tous les hommes politiques aient une vraie philosophie s'agissant de notions telles que souveraineté, autorité, terreur, violence, personne, liberté, démocratie et connaissent l'histoire concrète de leur évolution.

Spectateurs de la Cité divine

Philosophie et Bible se sont-elles présentées pour vous comme deux univers opposé ?

Après la Bible, je dois tout à Platon, Aristote et saint Thomas d'Aquin. Je m'en suis expliqué dans ma thèse de doctorat à Fribourg, sur l'histoire, l'analyse et l'usage de *la notion de « Tout » en philosophie et en théologie*. Les présocratiques m'ont ébloui. C'est la naissance de la pensée pensante ; les pythagoriciens ont eu le génie de découvrir grâce à l'astronomie, mère des mathématiques, que la raison pouvait discerner de l'ordre pensable dans l'apparent désordre de l'univers. La terre pouvait être soumise à un certain chaos, le ciel y échappait, les étoiles revenaient toujours à la même place et l'on pouvait calculer cette place et donc devenir « spectateur de la Cité divine ». La science était née.

Aristote et Moïse ont tout mis en place dans ma tête ; saint Thomas d'Aquin en me révélant la splendeur contemplative et le rayonnement de l'Être, non seulement acte pur, mais don et bonté attirant et révélant à l'homme comment « l'Amour n'a pas permis à Dieu de demeurer seul », m'a donné l'ultime clef de l'univers.

Les poètes Homère et Hésiode avaient déjà synthétisé et donné corps dans mythes et épopées aux grandes expériences humaines : l'amour et la mort, l'amitié, le temps, la durée, la guerre, la paternité, l'au-delà. Alors les philosophes pouvaient interroger : comment découvrir de l'ordre au-delà du chaos apparent ? Comment discerner principes, constantes et lois ?

L'histoire mondiale de la pensée dépendra toujours de deux génies apparus à un moment de maturité, au VIe siècle avant Jésus-Christ : Parménide et Héraclite. Siècle de convergence, sans doute l'un des plus grands de l'histoire humaine, il fut celui de Bouddha, de Zoroastre, d'Isaïe, d'Ézéchiel et des initiateurs de la philosophie et de la science.

Parménide découvre que, dans le Tout, les choses ont non seulement des degrés d'être, mais un ordre entre ces degrés. Il s'émerveille tellement de déceler l'immuable qu'il y voit la trace du divin. On peut donc penser. « L'Être est, les choses sont, il y a du stable, il y a en elles une force secrète, divine qui leur permet en même temps d'être et d'être pensées. »

Son concurrent Héraclite, découvre l'autre ligne de force qui traversera toute l'histoire. Il affirme : « Non, tout bouge. Le monde est comme un fleuve où l'on ne se baigne jamais deux fois dans la même eau. » Les choses se modifient. Alors comment penser en même temps ce qui demeure et ce qui change ? Comment, à partir des mathématiques et des sciences physiques, peut-on mettre de l'ordre et penser le Tout ? Ce fut le sujet de mes années de travail de thèse. À distance, je ne m'en lasse pas.

L'opposition entre les deux grands courants qui structurent l'univers, celui de l'ordre et celui du mouvement sont-ils réservés à la philosophie ?

Au long de ces années, ce fut une joie de poursuivre l'investigation en interrogeant civilisations et cultures en deçà ou au-delà de la philosophie explicite, là où, dans le sublime de l'art, l'échange se poursuivait de manière fraternelle, aiguë et prophétique. Les artistes sont ce que le futur sera. Pourquoi accepte-t-on de faire deux heures de queue pour approcher les *Meules* de Monet ou les *Autoportraits* de Van Gogh ? Pendant trente ans, à l'occasion des déplacements auxquels mon sacerdoce m'obligeait, je m'esquivais avec un sandwich à l'heure du repas. De Berlin à Mexico, de Tokyo à Oslo, de Pékin à Tahiti, l'espace de quelques moments dans les musées, j'oubliais tout. Soucieux de ne rien perdre, je prenais des notes dans le creux de ma main, fasciné par ces géants qui obligeaient ma sensibilité à rester en éveil, à s'épurer et à demeurer au niveau de ce que l'homme avait pu trouver en lui de meilleur.

Il ne s'agissait pas pour moi seulement de divertissement esthétique. Le combat des artistes avec leur destin est trop grave : du *Couronnement de la Vierge* du Maître de Moulins, au *Bateau ivre* et à la *Saison en enfer* de Rimbaud, « la magique étude du bonheur » ne cesse de poursuivre l'humanité. Rien n'est peut-être plus fort que l'histoire des arts pour découvrir comment les deux intuitions métaphysiques d'ordre et de changement, dont nous avons parlé plus haut, dominent non seulement l'histoire des peuples, mais l'histoire individuelle de chacun. Tout homme a besoin de mettre de la cohérence dans sa vie et, en même temps, de faire place aux imprévus et contrariétés de l'existence. Qu'est-ce qui a le dernier mot : l'ordre ou les antinomies de la dialectique ? Et que veut dire l'intuition de Dostoïevski : « La beauté sauvera le monde »... ?

Dans l'histoire de la peinture, comme dans celle de la pensée, il y a ceux qui sont plus proches de l'ordre, de la paix, de la stabilité, de la permanence : Raphaël, Matisse ou Bonnard ; il y a ceux qui sont davantage fascinés par le mouvement et la dialectique : Jérôme Bosch, Delacroix ou Bacon ; et il y a ceux qui arrivent à dominer les deux intuitions, Cavallini, Lorenzetti, Fra Angelico, Le Caravage, Rembrandt, Goya ou Rouault.

Secrètement, deux certitudes ne m'ont pas quitté depuis l'enfance. Elles sont inévitables. Les choses sont, l'être est et il est pensable. Mais c'est le *même* être qui est et qui engendre la pensée. Donc il y a une communion possible et le dernier mot n'est et ne sera jamais à la division, ou aux débats et dialectiques fussent-elles déguisées en trotskistes, mais à cette communion bienheureuse avec la réalité. Shakespeare l'a dit : « Méfie-toi de celui qui n'a pas de musique dans l'âme, c'est un traître. »

On est tous heureux de communier à la réalité, quand elle est plaisante, mais à condition de ne pas trop avoir à en subir la « vérité », c'est-à-dire d'avoir éventuellement à modifier son jugement sur les personnes, d'avoir à se remettre en cause, d'avoir à accepter de purifier ses idées. Un jour il faut bien admettre que l'on n'a pas forcément toujours raison et commencer à s'apercevoir qu'entre nos idées et le réel, il y a un redoutable adversaire à juguler : notre susceptibilité, notre agressivité, notre besoin d'avoir le dernier mot. C'est le tréfonds d'un péché originel présent dans tout inconscient qui veut être la seule mesure de soi-même.

L'ascèse est toujours à reprendre. L'effort est pénible pour chacun : rechercher ce qui nous habite lorsqu'on est agressif et lorsqu'on se laisse envahir par les démons qui donnent envie d'avoir raison ou besoin de se justifier pour réduire à ses propres opinions, détruire celles de l'autre, triompher ou au contraire se déprimer.

Cela n'est pas réservé aux intellectuels. C'est le même poison qui surgit un jour dans toute vie de couple ou de communauté.

Pour résister, suffit-il d'une sérénité comme celle des stoïciens ou des bouddhistes ? Finalement il faut davantage. On a besoin de se savoir « accompagné », (comme le disait Jean Daniel après la mort de Maurice Clavel). Pour apprendre à dialoguer avec les autres et les respecter, il faut déjà avoir accepté de dialoguer à l'intérieur de soi-même avec un Autre. Pour tenir contre soi-même, il faut être assisté par quelqu'un, le Christ, qui nous introduise à la vie intérieure d'oraison. Seule celle-ci permet de prendre avec douceur le recul indispensable, grâce à un autre regard que le nôtre. La prière accompagnant la philosophie amène à discerner, à préciser ce qui est de l'ordre des fantasmes déguisés en idées, et à respecter l'essentiel dans le magma intérieur qui nous habite tous. « Étrange comme mes idées changent quand je les prie » répétait Bernanos. Je demeure songeur et admiratif devant les philosophes qui n'auraient jamais eu besoin de quelqu'**un**, d'un autre, du Christ et de la prière pour être pacifiés. *A fortiori* pour les théologiens, lorsque leur bataille prend l'allure sulfureuse de combats d'anges. Qui pourrait prétendre avoir jamais fini d'écouter le réel afin d'y communier et non pas de le traiter seulement comme du disponible éventuel ou de l'utilisable ? La vérité est finalement une personne qui nous aide elle-même à nous mettre à genoux.

Les terrifiants pépins de la réalité

La raison humaine ne peut-elle pas s'aider elle-même ?

Si. Et puissamment, grâce à l'intelligence de l'analogie. Tout le monde utilise sans le savoir ce procédé. Pour connaître les choses, on est bien obligé de situer leur différence et leur ressemblance. Un sommelier sait reconnaître ce qui rapproche ou ce qui distingue un coteau du Layon d'un bordeaux moelleux. Une cuisinière sait décrire la similitude et en même temps la différence entre un lièvre à la royale et un lièvre sauce chasseur. L'un et l'autre ne le peuvent faire que grâce à l'analogie, c'est-à-dire à ce pouvoir que l'esprit a de comparer, situer, classer, hiérarchiser, différencier, rapprocher, et purifier ses idées, schémas et concepts pour ajuster sa pensée aux degrés et aux dissemblances d'être que le réel manifeste. Il s'agit d'attribuer à chaque chose le concept qui lui convient, et du même coup d'établir les rapports justes entre chaque partie du réel. Alors on peut vraiment communier à l'essentiel des choses, des personnes et des êtres sans agressivité inutile, mais en respectant les différents rapports qu'ils entretiennent dans leur diversité.

Avez-vous une fois écouté des vignerons lors de ce que l'on appelle une descente de cave ? Cela m'est arrivé plusieurs fois, entre autres, à Meursault et Vosne Romanée... Je n'ai jamais autant regretté de ne pas avoir un petit magnétophone sur moi. Ils étaient six, entre amis ; l'un avait été nommé meilleur œnologue de France cette année-là. J'étais l'invité. Nous avons bu douze crus de deux années différentes pour les déguster et comparer. Pendant une heure et demie j'eus l'impression d'assister à un poème de Mallarmé. Les mots étaient justes, les comparaisons appropriées, les caractéristiques affinées, qu'elles viennent des odeurs de la forêt : noisette, violette, truffe ou des parties du corps humain : jambe, cuisse, corps. J'étais subjugué, ahuri et attendri. J'ai senti que j'étais totalement incapable de fournir un tel discours alors qu'il était superbe. Le réel était là avec toute la magie de sa diversité. Nous étions en plein exercice d'analogie. Quelle joie auraient eue Prévert et Picasso d'être là. Souvenez-vous de la pomme dans le poème de Prévert :

Sur une assiette bien ronde en porcelaine réelle
une pomme pose
face à face avec elle
un peintre de la réalité
essaie vainement de peindre
la pomme telle qu'elle est
mais
elle ne se laisse pas faire
la pomme

C'est alors que Picasso
qui passait par là comme il passe partout
voit la pomme et l'assiette et le peintre endormi
quelle idée de peindre une pomme
dit Picasso
et Picasso mange la pomme
et la pomme lui dit Merci

et le peintre arraché à ses songes
se retrouve tout seul devant sa toile inachevée
avec au beau milieu de sa vaisselle brisée
les terrifiants pépins de la réalité.

Mieux vaut connaître les instruments de pensée dont on se sert, mieux vaut les rendre explicites et vérifiés qu'implicites et non avoués. On utilise tous une certaine philosophie, fût-elle souterraine, inconsciente ou inconnue, comme la prose de Monsieur Jourdain.

Quels sont donc les signes qui prouveraient qu'on est devenu philosophe, même sans le savoir ?

Il y en a au moins deux, sans doute.

Premièrement, accepter d'être contredit, d'être dépassé, de recevoir des objections et cela comme saint Thomas d'Aquin le dit lui-même avec esprit, parce que « les objectants aident à aller plus loin vers la vérité ».

Deuxièmement, selon la formule de Thérèse de Lisieux qui est bien ici maître de sagesse : « Accepter avec paix l'épreuve de ne pas se plaire à soi-même ». Le test est simple. Il suffit de se demander régulièrement ce qui pousse à être agressif, à accuser les autres ou à chercher à se plaire.

La première urgence pour tout esprit est de faire l'inventaire des outils qu'il emprunte un peu partout pour penser, mener sa vie, prendre des décisions. Il est inévitable et nécessaire d'établir (ne serait-ce que pour les réduire à néant), la liste des motifs de rébellion qui reviennent en nous comme une sorte de litanie pour nous justifier. On ne se connaît bien qu'en ayant découvert les procès qu'on fait aux autres. C'est long d'apprendre à vérifier les outils avec lesquels on pense. Il y faut sans doute toute la vie.

[Ce fut l'enjeu de la querelle entre jésuites de Fourvière et dominicains de Toulouse dans le grand débat qui eut lieu dans les années 1945-1947, dont on a gardé la trace dans le petit livre intitulé *Dialogue théologique*. Il est toujours actuel. À la suite du lancement par les pères Daniélou et de Lubac de la grande collection des *Sources chrétiennes*, les dominicains de Toulouse, les pères Labourdette et Nicolas posèrent une question. Il était certes plus que légitime de revenir, grâce aux « Pères », à une pensée symbolique et historique. Cela devait-il se faire par exclusive au détriment de la rigueur et de l'ascèse de la vérité ? Être soucieux de rejoindre la force contemplative des scolastiques n'impliquait pas forcément qu'on soit opposé aux Pères.

Allait-il de soi qu'il y aurait deux sortes d'esprits : d'un côté des esprits généreux, ouverts, poètes, modernes que seraient les Pères de l'Église, ceux que remettaient à jour et défendaient les jésuites, et, d'autre part des esprits ennuyeux, secs et rétrécis qui seraient les théologiens scolastiques, dont certains dominicains d'alors seraient encore les supporters ?]

Toute mon existence a été tendue en vue de refuser ce partage entre d'un côté, les idées et les concepts et les analyses, et de l'autre, les images et les intuitions et l'appel aux richesses sensitives aussi épurées soient-elles. C'est une redoutable ascèse que d'obliger l'esprit à s'engager dans un pari, parfaitement possible, mais essoufflant. Il s'agit de tenir en même temps la joie du concret, celle de la communion au réel, celle du goût de l'Évangile, des paraboles et de la poésie d'une part, et d'autre part la rigueur de la philosophie et les inlassables purifications de l'esprit pour saisir la vérité ou plutôt être saisi par elle.

Bien sûr, j'assume consciemment le risque de n'être pas pris au sérieux puisque je n'utilise pas le jargon de la tribu, c'est-à-dire certain vocabulaire dont s'arment quelques publicistes de la théologie. Je garderai toujours une crainte en face de scolastiques, d'exégèses à la modernité incertaine, malgré leur séduction apparente.

La force de la lecture croyante des Évangiles, c'est-à-dire de la lecture qui respecte l'intention ultime des auteurs de la Bible, est plus ouverte à l'intelligence que toute autre. Les évangélistes ne se voulaient pas seulement reporters, mais témoins véridiques de ce qui les avait dépassés. Péguy avait bien vu que les évangélistes étaient plus heureux de mourir comme fidèles reporters de ce qu'ils avaient vu, plutôt que d'avoir soutenu une thèse en Sorbonne. Que serions-nous s'il nous manquait un de « la bande des quatre » ?

Les historiens reconnaissent que le « dossier Jésus » est le plus sérieux de l'Antiquité. Je mettrai toute ma vie et toutes mes forces à maintenir qu'il n'y a pas à mettre subtilement d'opposition entre l'Évangile, le *Credo*, les dogmes et les conciles d'une part, et une soi-disant autre vérité qui viendrait des hypothèse rationalistes d'autre part.

Ce ne fut pas le moindre humour de la Providence qu'ait co-existé à Paris pendant la Semaine sainte 1997 les émissions d'*Arte*, avec leurs montages télévisuels désintégrés, c'est le moins qu'on puisse dire, tels que les avaient sélectionnés les metteurs en scène Gérard Mordillat et Jérôme Prieur, et, d'autre part, à la Maison européenne de la photographie, des photos en grand format de Bettina Rheims dont le résultat est rigoureusement opposé. Dans le premier cas, il ne restait qu'un squelette de suppositions ; dans le second, on tombait en pleine mythologie, croyant faire de l'esthétique ou du moderne parce qu'on avait mis pour *l'Annonciation* une femme enceinte toute nue, esseulée dans la tristesse d'un garage.

On pourrait se demander s'il est opportun de déterrer tout cela. La réponse est sans hésitation et fortement : oui. Les émissions d'*Arte* ou l'exposition *INRI* de Bettina Rheims ne représentaient que la petite partie visible de l'immense iceberg de remise en cause de la divinité du Christ, y inclus à l'intérieur de l'Église. Les querelles que soulevèrent les positions de Mgr Lefebvre ou de Mgr Gaillot sont de peu de poids à côté de la vague de mise en doute qui entoure le Christ, exactement semblable à celle de l'arianisme au IVe siècle de notre ère. C'est un raz de marée. Il est loin de s'être apaisé. Les auteurs d'*Arte* continuent à publier, tout en jouant les candides.

Vive le catéchisme, la théologie et le *Credo* s'ils nous évitent de tomber dans la sécheresse ou dans la vulgarité qui se prend pour innovante. Dans les deux cas, il valait mieux traiter la provocation par l'humour, ce que fit très justement Angelo Rinaldi dans le *Nouvel Observateur*. Pour comprendre les intentions réelles des émissions, il suffisait de comparer les interviews donnés par les réalisateurs à la presse chrétienne, puis à *Télérama* et enfin au *Monde* où l'on dévoilait que l'antisémitisme avait commencé avec saint Jean. Tout cela se poursuivait par le livre au titre significatif : *Jésus contre Jésus*.

Ayant dit ce que je pensais dans le sermon du jour de Pâques à la messe de la radio, je reçus une lettre comminatoire pour me rappeler à l'ordre. J'avais osé dire tout haut ce que pensaient tout bas ceux qui avaient le courage d'aller au bout des exigences de l'exégèse. Le traitement intellectuel, le montage télévisuel subis par les interviewés des publicistes d'*Arte* étaient tellement désordonnés, que le résultat en devenait insignifiant et pitoyable.

Dans un article des *Études*, l'un des ecclésiastiques interrogés dans les émissions d'*Arte*, le père Lémonon me choisit comme exemple du chrétien de base, typique par son inculture historique et son incapacité exégétique. Le curé de la paroisse qui me communiqua cet article a bien ri en se rappelant le travail d'édition critique et historique que j'avais poursuivi pendant trente ans pour la Bible œcuménique, outre la première révision de la Bible de Jérusalem, le service des *Sources chrétiennes* et des autres collections historiques que j'avais essayé de mettre sur pieds et de faire vivre à la direction des éditions du Cerf. Cet ami prêtre me rappela simplement la phrase du chapitre 2 de la *Règle de saint Benoît*, qui peut s'appliquer à tout responsable de savoir : « Le père Abbé se souviendra toujours qu'il devra rendre compte au terrible jugement de Dieu de sa propre doctrine. »

C'est la grandeur du christianisme de proposer à l'homme par l'étude et les catéchismes, l'honneur d'unir son esprit tel qu'Il est à Dieu tel qu'Il est, c'est-à-dire connaissance et lumière, et donc de respecter les exigences de la connaissance, de la lumière, de la philosophie et de la vérité, même si elles sont souvent rudes. Un chrétien ne renie rien de ce qu'Aristote remarque au début du premier livre des *Métaphysiques*. Celui-ci s'interroge sur la philosophie et proclame qu'elle ne peut commencer que par l'étonnement. Le croyant ajoute seulement que la foi maintient l'homme non seulement dans l'étonnement, mais, ce qui est encore plus, dans l'émerveillement. En cela, le chrétien est le plus philosophe des hommes, même s'il l'ignore.

C'est le paradoxe fantastique de Jésus de pouvoir dire qu'il est la vérité pour *tout* homme, quels que soient ses déterminismes : culture, temps, famille, moment de l'histoire avec ses coutumes, ses traditions et ses manières de penser. On a touché Jésus, on a mangé avec lui, on a entendu sa voix, on l'a reconnu à ses gestes, il est né à Bethléem, il a prêché à Nazareth, il est mort au Golgotha. Il y a donc un « donné », une histoire, une « positivité » chrétienne concrète, localisable, confiée et révélée aux hommes dans un langage précis. Cela n'est pas du tout incompatible pour le christianisme avec la prétention à être universel. Toute idée philosophique a déjà le droit d'y prétendre, *a fortiori* une lumière qui vient de Dieu, elle est plus qu'une idée. Divine, elle connote de soi une universalité originelle. Jésus est Juif, mais il est donné au monde entier. Dieu s'est révélé à Moïse, mais Il veut le salut de tous les hommes. On n'achète pas la vérité sur Jésus sans accepter les purifications des schémas fournis par les hommes dans l'histoire ou la philosophie, la linguistique ou l'exégèse.

Sous le prétexte d'être moderne, utile, efficace, apostolique ou concret, on ne peut brader la pureté de l'esprit à laquelle tout homme est invité.

Il est difficile d'éviter l'agressivité mentale qui menace notre esprit. S'y habituer c'est refuser d'entrouvrir la porte de la révision heureuse, mais délicate : celle du réel lorsqu'il prend sa revanche. Jean-Paul II a résumé l'enjeu en deux mots : *La splendeur de la vérité*. Humour de l'histoire, le même père Daniélou pour lequel, dans un article de la revue *Études*, en 1946, la philosophie et la théologie de saint Thomas d'Aquin, le thomisme, n'étaient bons qu'à servir de garde-fous, trouvait vingt ans plus tard que le père Liégé, dominicain, n'était pas assez thomiste pour devenir doyen de la faculté de théologie de l'Institut catholique de Paris. Certaines réactions furent surprenantes lorsque parut la déclaration *Le Seigneur Jésus (Dominus Jesus)* du cardinal Ratzinger contresignée par Jean-Paul II. L'idée de recevoir une vérité, et non pas de la fabriquer, serait-elle si insupportable à l'esprit ? N'est-il pas bon de reconnaître que les différents chemins de la philosophie ne sont pas tous équivalents pour aller à la vérité, d'autant plus que nous sommes tous, peut-être malgré nous, appelés à chercher la vérité ?

Au moment du dialogue entre les religions, tâche décisive pour ce nouveau millénaire, quel était le plus utile conseil, sinon celui du cardinal Ratzinger et de Jean-Paul II ? On ne possède pas la vérité, on est possédé par elle, le trésor le plus précieux de l'esprit humain est de croire qu'elle existe, qu'elle est accessible même si elle nous dépasse. Si c'était elle qui nous poursuivait et nous saisissait ?

Alors la philosophie aura atteint son but.

Faites-nous plaisir, n'en restez pas là. Poursuivez la promenade de votre parcours philosophique, en évoquant ceux, quels qu'ils soient, qui vous ont personnellement marqué dans votre recherche de la vérité. Comment les ordonnez-vous dans votre tête ?

Puis-je commencer par un constat ? C'est le repli français sur les philosophies grecques et européennes. Au Bénin, en Côte d'Ivoire, au Sénégal, dans plusieurs pays d'Amérique du Sud, l'enquête mondiale menée par l'Unesco sur l'enseignement de la philosophie, montre que celui-ci, à la différence de la France, débute dès la classe de seconde. Dans l'Hexagone, on en vient à considérer cet enseignement comme une étrangeté, un archaïsme, presque une anomalie alors que, paradoxe, sur les autres continents il est profondément lié aux idéaux des Droits de l'homme et aux valeurs que la France pense avoir inventées.

La critique philosophique française est le fait de dix personnes qui, étrange situation, donnent parfois l'impression d'ignorer l'Inde, la Chine, la philosophie arabe, le domaine hébraïque. Il est surprenant que les théologiens chrétiens, à cause de la Bible, soient plus ouverts à l'intérieur même de leur philosophie que les universitaires, dont c'est davantage le métier. Au Canada, en Belgique, en Suisse, en Italie et ailleurs, la philosophie échappe davantage aux rétrécissements jacobins et centralisateurs.

N'y a-t-il que les philosophes pour apporter un bienfait philosophique ?

Bien sûr que non. Socrate n'a rien écrit du tout. De ses prédécesseurs, on n'a gardé que quelques traces, alors qu'ils ont joué un rôle décisif. Il en va de même de certains, tels saint Paul ou saint Augustin qui ne se prétendaient même pas philosophes alors qu'ils ont marqué plus que tant d'autres l'histoire occidentale.

Il y a erreur à croire que la philosophie a besoin, pour apparaître, du terreau spirituel ou culturel le plus riche. L'art de poser les vraies questions n'est pas lié à l'érudition.

Alain Etchegoyen, le philosophe de la télévision, auteur de *Les Entreprises ont-elles une âme ?* rapporte la phrase de son maître, le philosophe Michel Serres : « *Si tu veux faire de la philosophie, ne reste pas dans la salle des profs, circule dans la société.* »

Elle a fourni le berceau, mais elle n'a pas fourni le bébé

On a tendance à juger que l'Asie n'avait pas philosophé du tout alors qu'elle a philosophé *autrement*. La Chine se caractérise par l'absence des questions sur lesquelles s'est polarisée la philosophie grecque, mais leurs penseurs et leurs sages ont pris le réel tel qu'il apparaît pour en tirer des leçons pratiques.

L'apport le plus important pour le développement de la philosophie occidentale est, en dehors des Grecs, sans conteste la tradition de la Bible, religieuse, juive et chrétienne. Il faut bien conclure que si la Grèce historique a fourni le berceau, elle n'a pas fourni le bébé.

J'ai mis du temps avant d'entrevoir que le parcours philosophique devrait commencer quinze siècles avant les Grecs. L'Égypte, dès 2300 avant Jésus-Christ, pensait à la « création » du monde par le Verbe divin, puis à la survie des âmes ; Babylone avec le code d'Hammourabi avait permis d'assurer un ordre parmi les hommes, dans le respect des dieux ; l'Inde des Vedas (1500 av. J.-C.) avait réfléchi sur le Principe unique, jamais né, remontant au-delà de l'Être comme du Non-Être. C'est aussi en 1500 av. J.-C. que l'Égypte livre le premier texte où est affirmée une relative unicité de Dieu par fusion entre le dieu créateur et le dieu du soleil.

L'immense tournant demeure celui de Moïse, de l'Exode et de l'Alliance avec Dieu. Celui-ci n'est plus le divin en général, ni une figure olympienne soumise au destin, mais l'Unique dont le nom est au-dessus de tout nom. Avant même la réflexion des Grecs, l'apport le plus important qui continue inlassablement à dynamiser la pensée, est sans conteste celui des prophètes d'Israël. Du monothéisme relatif d'Abraham au monothéisme affirmé d'Élie, on passe au monothéisme radical d'Isaïe. Un jour, avec Descartes, Kant et Hegel, c'est l'esprit humain qui se prendra pour Dieu.

Le refus d'inclure le problème de Dieu et la réflexion religieuse dans la laïcité à la française pèse d'une manière dommageable pour chaque génération. Il ne suffit pas de s'en tirer en disant qu'elle offre un espace de liberté. Ce n'est pas un gage de réussite pour un enfant ou une chance pour un adolescent de n'apprendre aucune langue, sous prétexte de le laisser « libre » de choisir lorsque le temps serait venu.

C'est toujours un émerveillement de voir comment les grands initiateurs grecs à partir du VIe siècle avaient ouvert le chemin original de la philosophie qui permettait de reprendre, sur le mode de la raison, ce que les grandes productions religieuses, poétiques ou mythiques avaient exprimé autrement. Pour Homère, l'homme est un être de désir qui bouscule tout sur son passage. Au même moment les Upanishads, passage des Vedas à la pensée philosophique (700-600 av. J.-C), introduisent dans la pensée, avec la doctrine du *karma,* c'est-à-dire du destin, une évolution logique vers le pessimisme : la vie en ce monde est souffrance, mais son but est une aspiration à la délivrance.

Dans le même temps, le prophète Ézéchiel enseigne que cette délivrance ne peut s'accomplir que par la séparation du temporel et du spirituel. Alors que son contemporain en Perse, Zoroastre sait distinguer un esprit saint et un esprit du mal, dans la triade humaine : pensée/parole/action.

Il fallait Isaïe pour aller plus loin, au bout de ce que l'esprit peut comprendre et attendre : l'annonce d'un salut par l'amour. Le prophète

Job apprit alors devant le scandale du mal à ne plus demander des comptes, à refuser que le malheur soit la sanction d'actes commis ou de fautes ignorées et à admettre que le bonheur n'est pas un dû.

Dans le sermon du parc aux gazelles à Bénarès, Bouddha *l'Éveillé* peut à son tour proclamer qu'il y avait une cessation possible de la douleur dont le remède est la vie de renoncement.

La porte était désormais ouverte à toute l'aventure philosophique. J'ai une joie d'enfant à revenir inlassablement à Platon et ses prédécesseurs, à Aristote et ses successeurs. Le grand tournant est évidemment l'impact paradoxal du Christ sur la philosophie, même pour ceux qui font semblant de l'ignorer. Puis-je avouer que, dans ma vie, joie ou tristesse viennent de la manière dont la présence du Christ est incluse ou éliminée de la réflexion ? Ce qui ne veut évidemment pas dire que je ne revendique pas pour la raison plein respect et liberté en face de ses exigences, et l'absolu droit aux rigueurs de son fonctionnement. Encore récemment j'ai été ébloui par des pages d'un professeur de khâgne à Toulouse sur la comparaison entre les attitudes de Spinoza et Nietzsche en face du problème du mal.

Quel conseil donneriez-vous à tout élève ou étudiant franchissant le seuil de sa seizième année ?

Je lui rappellerais la conclusion d'Aristote : « J'ai plus appris dans les choses qui ne savent pas mentir que dans les livres. »

Les « choses », ce sont d'abord pour moi les sacrements, c'est-à-dire toutes les grandes expériences humaines, la naissance, le temps, l'amour, l'échec, la responsabilité, l'angoisse, rien de notre vie n'échappe à la possibilité d'y reconnaître une dimension divine.

Les livres, je ne peux que redire ceux-là même qu'Umberto Eco désignait en répondant à Bernard Pivot : Thomas d'Aquin, Aristote, saint Augustin. Ils m'ont permis de situer, comprendre et respecter tous les autres.

Après le conseil que je viens de rappeler du philosophe Michel Serres à l'un de ses disciples : « Si tu veux faire de la philosophie, ne reste pas dans la salle des profs, circule dans la société », j'ajouterai : « N'oublie pas de prendre dans ta poche une petite édition du Nouveau Testament. Les Béatitudes, le Notre Père et les dix commandements suffisent pour poser et aller au bout de toutes les questions de la philosophie. »

2

Peut-on se passer de vérité ?

du bon usage du soupçon

Esther, alors petite fille de dix ans, avait pour père, Maxime Alexandre, juif, surréaliste et anarchiste. Elle devait devenir plus tard prieure d'un monastère de religieuses dominicaines, moniales contemplatives. Maxime Alexandre avait été converti au catholicisme par Paul Claudel, qui était son parrain. Ce jour-là, de visite chez Claudel, sur le pas de la porte au moment de l'embrasser pour lui dire au revoir, Esther demande au vieux Claudel : « Parrain, pourquoi Dieu a-t-il créé l'homme libre ? » Claudel lui répond : « Ma petite Esther, quand tu auras la réponse, téléphone-moi... même la nuit. »

Qu'est-ce que la vérité ? Ou plutôt où est la Vérité ?

Téléphonez-moi même la nuit.

Tout le monde connaît la définition de la vérité. Peut-on en trouver une meilleure : *l'adéquation de l'esprit avec le réel* ? L'histoire retiendra bientôt que ce fut le problème majeur actuel non seulement de l'Église, mais de toutes nos cultures et civilisations au moins occidentales, spécialement depuis trente ans. J'ai déjà rappelé comment deux philosophes de ce temps, Deleuze et Guattari, quand ils veulent définir la tâche qui reste à l'esprit humain concluent : « C'est de constater le chaos. » Après quarante années de professorat en philosophie et théologie, je ne peux m'en tenir là.

Qu'est-ce que la vérité ?

La vérité ?

Il en va d'elle probablement comme de la prière : impossible et nécessaire, mais ça arrive, et c'est toujours un miracle.

J'ai ici une certaine joie à renvoyer à l'un des meilleurs témoignages et analyses de ces derniers temps, qui fut celui du cardinal Ratzinger dans son ouvrage *Le Sel de la terre* et dans sa coopération au fameux colloque de l'an 2000 qui eut lieu dans le grand amphithéâtre de la Sorbonne. On pourra toujours chercher à relativiser quelque affirmation que ce soit du tandem Jean-Paul II-Ratzinger, on ne pourra pas arracher les pages qu'ils ont écrites, parfois avec leur sang, (relisez leurs deux autobiographies) sur la recherche de la vérité et reconnaître qu'elles sont parmi les plus décisives qui aient aidé la fin du siècle à respirer. Tous les deux ont mis en alerte l'attention du monde entier sur le problème de la vérité.

N'avez-vous pas l'impression qu'on oscille facilement entre la rigidité ou le relativisme ? Dans le besoin de changement n'arrive-t-on pas parfois à relativiser l'absolu et à caporaliser le relatif ?

En face de la recherche de la vérité, il est certes plus facile de pressentir les maladies que nous risquons tous, la rigidité ou la complaisance, le caporalisme ou le relativisme. Deux événements ont traversé récemment l'histoire de France qui permettent de voir projeté sur grand écran combien il est difficile, mais essentiel de croire qu'on peut chercher la vérité.

Depuis presque quarante ans au moins, dans l'Église de France l'intégrisme a pris le visage de Mgr Lefebvre. Le problème est plus vaste que notre réaction à son personnage. Ce ne serait pas la première fois que des évêques jansénistes ou des abbés de cour encombreraient le devant de la scène. Mais ici, nous nous trouvons au confluent de problèmes de première importance. Il s'agit de manifester la dignité du christianisme, qui n'est pas là où on le pense. Il est suffisamment fort pour n'avoir pas besoin des armes du pouvoir afin de respecter la liberté de son partenaire, voire de son opposant. Il s'agit d'obtenir du chrétien qu'il aille, à l'image de Dieu, jusqu'au bout de la miséricorde. Il s'agit enfin de tout mettre en œuvre pour susciter la part divine de la personne humaine.

Il ne s'agit pas d'avoir raison. Il ne s'agit pas de bricolage de chancelleries, mais du rôle de la religion dans notre identité comme dans celle d'un individu, d'un groupe, d'une nation. Cela va de l'Irlande ou de la Bosnie à tout l'univers musulman.

Revenons à l'exemple de Mgr Lefebvre. Ce n'est pas le premier cas de rébellion. L'exemple de Moïse est éclairant. Moïse se révolte après avoir frappé le rocher pour obtenir l'eau vive en plein désert. Il désobéit formellement à Dieu non pas comme on le pense spontanément, parce qu'il aurait frappé deux fois le rocher. Sa désobéissance est plus profonde : il a mis en doute la bonté de Dieu devant tous les enfants d'Israël en assignant à Dieu des limites à la miséricorde.

N'y a-t-il pas, toutes proportions gardées, un peu de cela dans l'attitude de Mgr Lefebvre et des intégristes ? David a rencontré la difficulté. Il lui a fallu convertir son cœur après la mort de son fils Absalon. Ses soldats ne le reconnaissaient plus, il avait perdu sa dureté, il était devenu bon parce qu'il partageait désormais le regard paternel de Dieu.

Le problème n'est pas Lefebvre ou anti-Lefebvre, mais d'opter pour un regard qui s'acharne à être réducteur, critique ou restreignant en face de l'Église (et cela ne concerne plus seulement Mgr Lefebvre qui, de fait, devient de plus en plus un épiphénomène) ou de se décider pour un regard créateur de bonté et d'espoir, non seulement en face du concile, mais en face des responsables de l'Église à quelque niveau qu'ils se situent.

J'entends les regrets de Mgr Lefebvre, mais il y a des indices qui disent que quelque chose est secrètement vicié quand on pense en termes de dualisme, de manichéisme, comme s'il y avait eu un bon moment et un mauvais moment pour le concile. On a mis quinze siècles dans l'Église pour sortir de cette manière de tout cataloguer en bons ou en mauvais. Au passage, remarquons que les réformateurs, Luther et Calvin entre autres, se mettent du côté des bons et des sauvés. Bernanos suggère que pour connaître quelqu'un il faut découvrir sa part d'enfance, aussi enfouie soit-elle. En pensant au concile, ai-je le droit d'opposer, comme le suggérait Mgr Lefebvre, d'un côté une préparation qui aurait été bonne, et de l'autre des déclarations et conclusions qui seraient mauvaises ? Qu'il y ait des limites dans la phase préparatoire, aussi bien que des tentations de para-concile ou de méta-concile dans ses conséquences, qu'il y ait eu des erreurs de pédagogie, je concède tout ce que l'on veut.

N'y a-t-il pas dans l'attitude de Mgr Lefebvre un procédé de pensée paradoxalement similaire à celui par lequel le marxisme a contaminé l'esprit qui se prétend moderne, à savoir : donner la priorité au combat, privilégier la volonté de triompher par une dialectique et non pas le respect du réel, réel qui est parfois épuisant parce que plus grand que nos catégories, nos *a priori*, nos carcans imaginatifs où l'on voudrait l'enfermer. À vouloir brusquer ou manipuler la réalité on devient victime de l'habitude d'opposer. Au risque de radoter, je redirai inlassablement que l'homme est fait pour comprendre non pas en opposant, mais en communiant. Je ne peux donc pas dire que je ne comprends pas les déclarations de Mgr Lefebvre, je les entends et je me dis : s'il y a une souffrance, puisqu'il y a un souhait insatisfait, à nous de percevoir la souffrance.

Je ne ferai pas vis-à-vis de Mgr Lefebvre comme il fit vis-à-vis du concile, à savoir prendre une valise trop étroite. On aurait envie de lui dire : « Prenez une valise plus large, prenez la valise du Saint-Esprit », comme on le dirait aussi volontiers à Hans Küng quand il critique l'Église. Qu'on cesse d'avoir un critère unique. Qu'on arrête de déterminer soi-même le critère à partir duquel on juge tout. Qu'il s'agisse pour Küng, de tout voir à travers l'Église de l'Épître aux Corinthiens ou, pour Mgr Lefebvre, en prenant en otage la messe de saint Pie V. On a envie parfois de les supplier : ne tarissez pas la confiance ! Ne serait-ce pas une faute pour tout responsable d'utiliser son savoir comme arme de pouvoir. En théologie, le savoir est serviteur du mystère. *Ancilla* : servante, c'est l'intuition qui ouvre toute l'œuvre de saint Thomas d'Aquin.

Pour les avoir bien connus personnellement, je peux témoigner de l'inlassable attention de ceux qui ont eu à dialoguer avec Mgr Lefebvre. Leur qualité théologique, leur compétence, leur humilité de cœur, leur cordialité étaient incontestables. Je pense, en particulier, au cardinal Paul Philippe, au cardinal Hamer et au cardinal Garrone. Je suis désarmé devant le fait que Mgr Lefebvre ne les ait pas entendus, car on ne pouvait trouver interlocuteurs plus compréhensifs et plus fidèles à l'Église.

Lefebvre, Küng et Gaillot : même penchant

Si le cas de Mgr Lefebvre amène à prendre de la hauteur et à réfléchir sur le véritable mystère de l'Église, n'en va-t-il pas de même de l'ancien évêque d'Évreux avec ce qu'on a appelé « l'affaire Gaillot » ? Après le 11 septembre 2001, n'apparaissent-ils pas l'un et l'autre bien lointains, ou au contraire utiles parmi les révélateurs de nos fragilités ? N'y a-t-il pas mieux à faire que de se disputer à l'intérieur de l'Église ?

Permettez-moi d'abord de vous dire que je trouve indécent pour l'histoire, injuste pour les pauvres, indélicat pour les responsables que ces deux personnages aient obligé les épiscopats et leurs chancelleries à perdre autant de temps avec eux.

On n'a plus guère envie de se prononcer sur Mgr Gaillot. Avec Mgr Lefebvre, ils relèvent tous deux d'une même attitude, analogique, si l'on donne à ce terme sa vraie signification. Ils sont tous les deux de la même cuvée. Mais attention, analogie veut dire *principalement* différents et *secondairement* semblables. L'un met en cause la fidélité à la lumière du *Credo*. L'autre demeure assez fluctuant.

L'allusion à leur propos ressort dans les médias comme des clichés qui reviennent inévitablement en période creuse. Il faut s'attendre, quoiqu'il arrive, à avoir régulièrement un petit couplet à leur sujet. Cela n'est pas risible, surtout lorsque hélas, on frôle l'équivoque grave en morale et responsabilité, ce fut le cas pour Mgr Gaillot en octobre-novembre 2000, où des innocents étaient en jeu.

Si ces « affaires » sont religieusement assez équivoques, on pourrait vous demander pourquoi l'Église de France leur a consacré tellement de temps ?

Je me souviens d'un article du *Monde,* il y a plus de vingt ans, qui m'éclatait en pleine figure à mon retour d'un long séjour au Japon, en Chine et en Indonésie où le sérieux, le courage et la vitalité des Églises d'Asie m'avaient impressionné. Dans l'article, il était question de la « consternation » de Mgr Riobé, lors d'une assemblée des évêques à Lourdes à l'occasion de la baisse des vocations sacerdotales. Dieu sait pourtant si cet homme était estimable. Mais, après avoir vécu avec les Églises d'Asie qui en sont encore pour certaines d'entre elles à l'âge des Actes des Apôtres et n'ont derrière elles que cent à cent cinquante ans d'existence, j'avais l'impression que nos propos d'Occidentaux étaient finalement des réflexions de luxe et d'enfant gâté.

Devant une certaine morosité française, chronique et récurrente, d'avant les JMJ, j'ai parfois l'impression d'une autre planète, d'une autre réalité quand il s'agit de l'Église ou de nos états d'âme européens.

J'avais à assurer sept heures de direct pour un Vendredi saint sur Radio-Canada. Je me trouvais seul avec la présentatrice d'origine indienne, Myrha Cree, célèbre pour son professionnalisme, et un accompagnateur qui était le père provincial des jésuites canadiens. Chaque heure était ouverte par de brèves séquences d'interview préparées avant l'émission. Nous avions interrogé une Polonaise, revenue des camps à qui son fils demandait pourquoi elle tressautait encore lorsqu'elle entendait un bruit de bottes ; une mère de famille de deux enfants handicapés, à qui l'aîné de dix-sept ans demandait pourquoi son mari l'avait quittée ; une religieuse qui avait passé trente ans en

Chine, dont trois ans emprisonnée dans une cage en bambou au milieu du village. Elle racontait avec une voix très douce comment elle avait eu du mal à convaincre les enfants de l'école, des petits Chinois, de ne pas avoir peur de cracher sur elle et de dire qu'elle les avait battus, alors que, bien sûr, c'était faux et que les enfants en étaient bouleversés. Il y eut aussi cet officier de marine qu'on interrogeait sur ses vingt-cinq dernières années. Un bidon d'essence qu'il tenait dans ses mains avait explosé et lui avait ravagé le visage et le torse. L'accident s'était passé trois mois avant son mariage. Sa fiancée était restée avec lui et l'avait épousé. Le producteur de Radio-Canada m'avait prévenu, le visage de l'officier totalement défiguré était à la limite du supportable. Nous l'interrogions donc comme tous les autres témoins sur les raisons de son espérance. À la question de savoir s'il avait pensé au suicide et si son désespoir n'avait pas été trop fou, ce marin répondit seulement : « C'est encore un luxe de penser au désespoir et au suicide quand on doit survivre. »

Les « consternations » épiscopales de l'Occident me font penser à ces témoins. Que diraient-ils ?

L'incohérence, premier risque des intellectuels

Je ne suis pas sûr que les jeunes Églises se reconnaîtraient dans les propos de Mgr Gaillot. Il suffit de le citer quand il cherche à se justifier. La réalité est décrite en rapports de force. Une fois de plus c'est le projecteur du manichéisme qui est utilisé. Il y a les bons et les mauvais. Les bureaux romains et la hiérarchie étant évidemment du côté des mauvais, comme dans le livre de l'abbé Gérard Bessière : *Le Pape a disparu* ou les articles et prises de position du père Cardonnel, si tonitruant qu'il en devient insignifiant.

Au départ, cela se présente revêtu de bonnes intentions. On peut même trouver plaisante l'histoire de l'abbé Bessière : un pape se fait chauffeur de taxi pour mieux connaître la vie réelle, (comme si Jean XXIII dans sa ferme et Jean-Paul II dans sa mine ne l'avaient pas connue).

Avec cette manière de cataloguer les personnes en bons ou mauvais (les autres évêques seraient supposés déficients), Mgr Gaillot semble, comme tous ceux qui n'en finissent pas de régler leur compte, avoir une double fragilité de pensée, quand il évoque l'avenir de l'Église ou la faiblesse des institutions. En théologie, on dirait que son eschatologie, ainsi que ses idées sur le salut et la rédemption, restent un peu imaginatives. Au moment de l'élection de Jean-Paul Ier, une revue chrétienne française traitait le nouveau pape avant même qu'on ne le connaisse de *Il furbo* et ajoutait en parlant de lui « ce sourire qui ne nous dit rien qui vaille ». Jean-Paul Ier eut la mauvaise idée de mourir juste avant que le numéro de la revue ne sorte, on ne put que changer la couverture *in extremis*. Le pape n'avait même pas eu droit à un mois d'état de grâce.

Le besoin de juger, de déterminer, besoin du pouvoir, entraîne au soupçon et à la méfiance *a priori*, et du même coup, interdit la compréhension des choses de la foi puisque celle-ci, pour être vraie, relève de la sympathie et de l'amour. Frossard et Mauriac avaient su déceler l'habileté et l'orgueil français dans l'attitude qui reléguait les responsables de l'Église en jouant de manière subtile du silence, de l'ironie ou de la calomnie.

Mgr Gaillot aime pourtant l'Église ?

Sans doute. Mais c'est dangereux de faire croire qu'un jour les rouages de la « société église » seraient idéals. La seule vraie manière de penser l'avenir n'est-elle pas plutôt, avec saint Paul et les saints, de croire qu'il en est de l'Église comme de tous les sacrements : chaque fois, tout est donné et tout reste à faire ? Nous sommes fragiles, mais pécheurs aimés. « La frontière entre le royaume du bien et le royaume du mal passe par mon cœur » répétait saint François de Sales.

On ne peut pas en rester au procédé qui met d'un côté les audacieux, les apostoliques ceux qui iraient aux exclus et de l'autre ceux qui ne sont qu'attachés à une institution ; ou bien encore d'un côté ceux qui seraient ouverts, que l'on appellerait « l'Église du concile » ; et, de l'autre, les partisans de la tradition.

Les textes parlent d'eux-mêmes, tel celui d'un des entretiens, les plus explicites que Mgr Gaillot ait donnés :

« *L'Église doit s'ouvrir au dialogue, ne pas rester fermée sur elle-même. Le processus démocratique qui fait partie de nos sociétés modernes doit être possible dans l'Église. Je n'ai pas d'idéologie* (sic). *Ce qui concerne tout le monde doit être débattu par tout le monde. Il n'y a pas de statut de débat dans l'Église. On assiste à un blocage institutionnel, voire à un durcissement depuis le concile. L'Église m'apparaît frileuse, rigide. Je suis parti de l'autel pour atteindre l'autre rive. Mon premier horizon c'est les gens. Ma vocation c'est d'éveiller à la liberté. Je ne cherche pas à ce que les autres évêques soient comme moi. Nous sommes une Église qui n'est pas libérée de la peur. Il faut affronter la modernité. J'admire la liberté de Jésus qui va partout et qui ne loupe aucune occasion de se « faire rentrer dedans »* (sic). *Jésus accumule les « gaffes ». "L'affaire Gaillot" est dépassée, c'est devenu une affaire d'Église.* »

Faut-il multiplier les citations ? Après quarante ans de responsabilités les plus diverses dans les médias, je m'inscris en faux contre l'accusation d'absence de liberté dans l'Église. Je ne connais aucune institution humaine, syndicat, entreprise, parti politique, qui aurait laissé publier, dire, proclamer avec autant de liberté tout ce qui se dit et s'écrit. Je ne transcris pas ici seulement mon avis, mais celui de certains des plus exigeants universitaires chrétiens ou responsables de journaux que nous ayons connus : Beuve-Méry, fondateur du *Monde*, après une longue entrevue avec Paul VI ; Jean Lacroix, philosophe ami d'Althusser ; Étienne Borne, inspecteur d'Académie ; Henri-Irénée Marrou, professeur d'histoire en Sorbonne ; André Latreille, doyen des facultés des lettres de Lyon, tous amis personnels, m'ont cent fois répété leur étonnement que l'on puisse exprimer dans l'Église les opinions les plus variées, sur tout : résurrection, avortement, fins dernières, divinité du Christ, absolution, présence réelle, etc. sous alibi, ou non, de recherche, et cela impunément. On ne redira jamais assez la formule que j'ai déjà rappelée de Jean Lacroix qui tint la chronique de philosophie pendant plus de trente ans dans *Le Monde* : « Il n'y a qu'un seul péché irrémissible pour les intellectuels, c'est l'incohérence. »

La première tâche de la philosophie, le premier bénéfice que l'esprit peut en tirer, ne seraient-ils pas d'apprendre le bon usage du soupçon pour mieux poser les vraies questions ?

Du bon usage du soupçon

Avant de parler du bon usage du soupçon, il y a le problème de l'enseignement de la philosophie. Les critiques sont récurrentes. Plusieurs manuels, par exemple celui de Michel Onfray, ont cherché à innover et rencontré leur public en devenant des succès de librairie. Est-ce seulement un phénomène isolé ?

Depuis Socrate, la question est chronique : faut-il réformer l'enseignement de la philosophie ? On peut même dire que c'est le propre de la philosophie de se poser cette question à elle-même. Ne doit-elle pas être en permanente réforme ? Le manuel de Onfray est intéressant, il est provocant. On peut cependant se demander si, au-delà du déclic occasionné, ce manuel ne manque pas, en fin de compte, de nourriture conceptuelle : si la provocation une fois lancée, elle n'est pas reprise, prolongée, il risque de ne plus y avoir d'enseignement.

Parmi les lacunes de l'enseignement actuel, quelle serait l'une des plus graves ?

Nous l'avons déjà signalé maintes fois au long de ces pages, en montrant les effets désastreux de la laïcité à la française. L'ouverture à une dimension inter-culturelle est un des manques évidents et graves. Il est bon d'ouvrir la philosophie à des thèmes non légitimes, mais il faudrait aussi ouvrir à des domaines autres que la pensée grecque et européenne, c'est évident pour l'Inde, pour la Chine, la philosophie arabe et... bien sûr le domaine hébraïque et chrétien. La philologie a commencé, il y a deux siècles à permettre en Europe cette étude. Il serait temps de la faire entrer dans l'enseignement même le plus élémentaire et de ne pas attendre qu'on y soit forcé par les problèmes de l'immigration ou les guerres. Cette introduction serait la meilleure manière de résister à la mondialisation de l'uniformité, celle des technologies et des flux financiers.

La rencontre des cultures et le dialogue sont une manière de participer autrement à la mondialisation. Le climat des universités étrangères est totalement différent du nôtre. La critique philosophique française reste désespérément jacobine et centralisatrice. Au Canada, en Belgique, en Suisse et ailleurs, les citations au moins sont exactes. Le livre a été lu. Ici, où l'on fait très souvent le procès de livres qui n'existent pas, on parle à partir de présupposés, d'*a priori*, du texte des quatrièmes de couverture, d'informations recueillies lors de déjeuners avec les attachés de presse ou, pis encore, on se contente même de remettre en forme les propos vagues entendus à la télévision...

Jacques Derrida, par un autre chemin, élève la même protestation dans son livre *L'Université sans condition*. Qu'en conclure ? Ce livre était initialement une conférence prononcée en anglais à Stanford, en 1988. L'Université est à ses yeux, et par excellence, le lieu où doit s'exercer *une liberté inconditionnelle de questionnements et de propositions*, où doit être garanti le droit de tout dire et de tout publier. Cette capacité d'examen critique que revendique Derrida où rien ne doit être laissé à l'abri *pas même la figure actuelle et déterminée de la démocratie* atteint le point zéro de la difficulté de la philosophie dans son rôle de servante de la théologie. La théologie libère par en haut, non pas par en bas. Elle libère par l'amour, non pas par le mauvais soupçon et le doute ; elle libère par l'adhésion à l'infini, non pas par une dialectique qui se rétrécit aux limites de son combat oblitéré par la méfiance. Doit-elle vraiment ne pas se préoccuper de ce que cette « liberté inconditionnelle » peut avoir de liberticide ? Bien sûr

Derrida a raison quand il demande aux humanités à venir de *repenser le concept d'homme*, de scruter les notions de démocratie et de souveraineté, d'analyser les idées de profession et de professorat.

C'est ici qu'abondent les paradoxes si l'on a commencé à décapiter l'homme et à le priver de sa fin ultime. Si rien ne doit échapper à la critique, la souveraineté de l'Université doit elle aussi être mise en cause ? Elle doit cependant être maintenue... pour que la critique elle-même puisse se poursuivre. À force de vouloir ouvrir sans détruire et déconstruire sans démolir, il n'y a plus moyen de distinguer ce qui est dedans et ce qui est dehors du juste soupçon et de l'utile mise en doute. Leur bon usage ne va pas de soi. Il y faut des maîtres et une immense sagesse, sinon ne restent que le chaos et les cendres des Twin Towers. La finale de la conférence de Derrida indiquait bien ce comble du paradoxe, puisqu'elle s'achevait sur des doutes quelque peu artificiels à son propre égard : *Je ne sais si ce que je dis est intelligible, si cela fait sens. Est-ce de la philosophie, de la littérature ou du théâtre ?*

De fait, on a le droit de se demander si le paradoxe est toujours fécond.

Le nihilisme n'est pas d'aujourd'hui

On parle beaucoup d'un « nouveau concept de l'homme ». N'était-il pas déjà apparu dès 1870 avec Dostoïevski et Nietzsche ?

Dans son concept de surhomme, de *Übermensch*, Nietzsche ne voyait pas un individu à capacité supérieure et plus doué que les autres, mais comme on l'a dit, un « au-delà de l'homme », une nouvelle forme du moi, non plus compacte et unitaire, mais constituée, comme il le disait « comme une anarchie d'atomes et de pulsions qui ne seraient plus emprisonnées dans la rigide cuirasse de la conscience ».

Cette transformation du moi est liée à l'avènement du nihilisme avec la différence que, pour Nietzsche, il s'agit d'une libération qu'il faut souhaiter et pour Dostoïevski d'une maladie à combattre. On a le tort de ne pas être assez attentif à la littérature qui a entouré ces deux hérauts du nihilisme, prophètes de celui d'aujourd'hui. Au lieu de subir cette littérature, des hommes comme Peter Jacobsen (1847-1885) dans son roman *Niels Lyhne* (1880) ont exprimé avec un génie prophétique les intuitions qui baignent toute la culture d'aujourd'hui. La vie a perdu tout naturel et tout contenu. Elle n'est plus évidente, ni ne s'autojustifie dans son passage. Elle apparaît souvent vide et irréelle

Elle est surtout confinée dans un éloignement énigmatique, coupée de l'individu. L'homme ne réussit pas à rejoindre la vie. Elle est comme un cours d'eau lointain et étranger. Elle ne lui appartient plus. « *L'existence de l'individu est de toujours poursuivre son moi. Il tourne dans un cercle où il suit avec soin les traces de ses propres pas. Il feint de se jeter dans le courant et reste tranquillement assis dans l'attitude d'un pêcheur à la ligne pour ramener son moi* ». Jacobsen a bien été l'un des premiers et grands poètes de l'irréalité qui semble avoir frappé la vie moderne. Entre le moi et la vie, s'est ouvert un hiatus, en raison duquel la vie n'est plus la vie. Elle est devenue un territoire où on ne réussit pas à pénétrer et à s'insérer, une étrangeté qui ne nous appartient plus et à laquelle on sent qu'on n'appartient pas, une fuite continuelle loin de quelque chose qu'on n'a jamais possédé et qui n'est donc pas à nous, mais dont on a la nostalgie, comme si on l'avait perdu.

Il serait bien fat d'expédier rapidement le rôle décisif qu'a joué Nietzsche, notamment en ce qui concerne sa critique des « valeurs ». Il a obligé une théologie de l'*être*, devenue trop abstraite, à se critiquer. « L'être des étants n'est pas un être » dira justement Heidegger. D'autre part, Nietzsche permet de mieux apprécier la façon dont juste après lui, grâce à Husserl et à la phénoménologie, les philosophes ont été obligés de tenir compte de la noblesse et de la richesse du « sujet ». Il n'est pas sans grande importance pour lutter contre le courant qui, de Rimbaud avec « Je est un autre » aux structures de Lévi-Strauss, aurait tout absorbé dans le néant et le nihilisme. Une lecture théologique de Nietzche n'est pas sans nécessité pour voir en même temps ce qu'il a renié d'essentiel et en même temps pour aider à trouver les indispensables contre-poisons théologiques qui seuls peuvent sauver la réflexion philosophique.

Il y faut une irruption, la morphine n'y suffit pas

Le salut ne peut venir que d'une irruption : soit celle du soupçon, soit celle de Dieu. S'il y a trois attitudes en face du mal, l'abstraction (Leibnitz), la révolte (Sartre), ou la fuite (les philosophies hindoues), au bout du compte il n'y a, concrètement, que deux voies : la rébellion et le nihilisme ou la confiance et l'adoration.

On ne s'y attendait pas. L'athéisme contemporain est devenu finalement une critique de l'athéisme positiviste des philosophes issus des Lumières. Pour celui-ci il fallait rejeter Dieu si l'on voulait retrouver la liberté de l'intelligence. Plus profondément que l'athéisme précédent, l'attitude du XXIe siècle est proche de celle qui parcourt l'œuvre de Nietzsche et Dostoïevski. Elle implique non pas une confiance scientiste et rationnelle en l'homme, mais la conscience, angoissée et enivrée, en tout cas jamais satisfaite d'une transformation, celle que la mort de Dieu apporte radicalement à la physionomie de l'homme. Le précepteur du héros de Jacobsen, M. Bigum rit des philosophes et des systèmes. « *Il les compare à des coquilles de limaçons que l'on traînait dans le champ sans limite de la pensée, en se figurant que le champ était dans la coquille.* » Ainsi cela veut dire que celui qui se croyait parti pour une grande aventure ne fait que tourner en rond, en lui-même.

On est en pleine *Melancolia* de la gravure de Dürer, plus rien n'a de goût. Le temps est une fluctuation monotone : les heures glissent, blanches ou foncées, sans trêves et sans traces comme des vagues qui font apparaître un trésor, mais l'entraînent toujours plus loin avant qu'on puisse le saisir ou comme des vagues qui s'abattent sur la grève l'érodant et l'émiettant sans cesse. L'existence n'est plus qu'un adieu ininterrompu à elle-même. Mieux vaudrait se divertir et tout oublier.

Voici le leitmotiv qui courait déjà cent ans avant Sartre et tenait le théâtre et le cinéma qui ont occupé tout le dernier siècle. Mais n'est-ce pas depuis toujours la hantise de celui qui commence à philosopher : affronter l'angoisse du vide ? Accepter un soupçon mal digéré, c'est accepter de cohabiter avec un vertige comme celui que donne la morphine, qui peut devenir un médicament ou apporter la mort.

Peut-on échapper à la question que vous posez ?

Non, impossible à tout homme d'échapper à la naissance de sa conscience.

Mondialisation, terrorisme et nihilisme sont devenus les trois paramètres du début du millénaire. Est-ce un bien, est-ce un mal ?

Il faut d'abord admettre que les trois sont inévitables et qu'il est cependant normal de tout faire pour y échapper.

Tout d'abord en les analysant et apportant des distinctions. Il y aurait quatre ordres essentiels, mais différents dans la mondialisation : économique, social, culturel ou politique. L'historien Le Goff insiste pour qu'on ne les considère pas séparément. Braudel de son côté rappelle les mondialisations historiques. La Phénicie antique, Carthage, Rome, l'Europe chrétienne, l'Islam, la Moscovie, la Chine et l'Inde qui, pour Braudel, se sont d'abord présentés comme des constructions politiques (Rome et la Chine). (On pourrait faire remarquer en passant que le christianisme fut un phénomène mondial dès le départ : de l'Inde à l'Irlande, de l'Éthiopie à la Gaule).

Mais l'analyse peut rester une manière habile d'éviter les problèmes, de les fuir ou de les réduire au minimum. La tentation matérialiste marxiste, (avouée ou non), a frôlé beaucoup d'historiens.

On ne visite pas impunément les champs de bataille, conséquence des chocs que cette mondialisation recouvre. Quand des nations entières se suicident, se massacrent sans savoir pourquoi ; quand les guerres oubliées ne parlent plus aux médias et se prolongent à la manière d'une mécanique anonyme, il ne reste plus que les trous noirs de l'actualité qui condensent en eux des souffrances infinies. Le mal s'y déploie en toute indécence. L'abomination règne, c'est le triomphe de la ruine et de ses habitants, les épaves peuplent les savanes du Soudan, les bidonvilles de Bujumbura, les cités dévastées de l'Angola, les provinces périphériques qui n'ont plus rien à vendre sur le grand théâtre planétaire sinon leur décès programmé et que l'Occident, par un apartheid silencieux, laisse sombrer comme si s'était installée une allergie à tout ordre définitif.

L'Occident qui se veut en position de Dieu est devenu suicidaire et se déclare la guerre à lui-même. On semble ne pas avoir compris que le bien et le mal montent en puissance en même temps et selon le même mouvement. Mais que le triomphe de l'un n'entraîne pas forcément l'effacement de l'autre, bien au contraire. La balance du bien et du mal assurait vaille que vaille la tension et l'équilibre de l'univers moral. Aujourd'hui, on n'en est plus là. Le terrorisme est immoral. Le défi symbolique est immoral et il répond à une mondialisation qui elle-même ne peut pas prétendre qu'elle ne serait pas quelque peu immorale.

Y a-t-il un élément commun dans les manifestations que recouvre l'angoisse du néant ?

Qu'est-ce qui fait l'universalité du 11 septembre ? Quel est le signe commun aux différentes formes du nihilisme ? Quel dénominateur commun court entre Pol Pot, Ben Laden et autres massacreurs de plus ou moins grandes pointures ? Y a-t-il une forme caractéristique qui unifie cette multiplicité ? Le nihilisme présent dans les grandes idéologies destructrices (nazisme, communisme, islamisme), les sous-tend toutes, mais aucune d'elles ne le résume. Phénomène social total, stratégie positive de la cruauté, il dévoile une banale énormité. Il n'est pas seulement un oubli de Dieu, une occultation de l'Être, une perte des valeurs suprêmes, un manque de bons sentiments, etc. La cacophonie actuelle confond modernité et nihilisme. De Guernica en 1937 au 11 septembre 2001, le massacre des civils a représenté 90 % des victimes. Il est devenu un mode dominant de prise et de conservation du pouvoir. En butte à « l'agression » des Lumières franco-anglaises, l'Allemagne du XVIIIe et la Russie du XIXe ont connu le séisme culturel qui, ébranle aujourd'hui globalement la planète.

La dureté politique du shah, les dictatures théologiques des mollahs, les troubles de l'Afghanistan, les secousses démocratiques de l'Algérie, les soixante-dix écoles de tortures créées par autant de pays, etc., ont fait penser, pour certains, à un crépuscule terroriste de l'humanité. Est-ce une régression vers la barbarie ? Une destruction de ce que l'histoire a construit ?

Plutôt qu'un crépuscule terroriste, qu'une fin de l'histoire ou un choc des civilisations, il faut peut-être plutôt craindre un pourrissement nihiliste rampant, universel.

Raflés, pillés, torturés, exécutés, violés en public, les enfants devant les parents, les femmes devant les hommes et vice versa. Silence mondial. Abandon cosmique. Comment ne deviennent-ils pas fous, ivres de tout faire sauter ? Ils sont plus de cent mille Tchétchènes dispersés dans la grande Russie. Tous révulsés par l'enfer infligé à leur minuscule patrie. D'autres peuples se retiendront moins de répliquer, œil pour œil, à la dévastation par la dévastation. Nulle régression n'est en vue, mais une barbarie on ne peut plus moderne, celle de l'exterminateur (avec ou sans État, avec ou sans Dieu) qui se permet tout, et celle des braves gens qui le regardent faire. On risque ainsi, tranche par tranche, le crépuscule de l'humanité.

La révolte ne conduit à rien, elle multiplie le mal au carré. La facture d'Hitler et de Staline a été de cinquante et de quatre-vingts millions de morts. Deux questions demeurent. Le désarroi actuel est-il neuf ? Oblige-t-il à un choix ?

Einstein vient de finir son cours à l'université de Prague où il a enseigné quelque temps. Il se prépare à sortir. « *Monsieur le professeur, prenez votre parapluie, il pleut !* » Einstein contemple pensivement son parapluie dans un coin de la salle et répond à l'étudiant : « *Vous savez, mon cher ami, j'oublie souvent mon parapluie, c'est pourquoi j'en ai deux. L'un est à la maison, l'autre je le garde à l'université. Bien sûr, je pourrais le prendre maintenant, puisque, comme vous le dites très pertinemment, il pleut. Mais en ce cas, je finirais par avoir deux parapluies à la maison et aucun ici.* » Après ces mots, Einstein sort sous la pluie.

Ceci n'est qu'une image. En face des difficultés on peut toujours préférer ne pas s'engager et ne pas s'encombrer du souci du parapluie.

C'est la question du mal qui provoque toujours le déclic pour faire entrer en philosophie. Qu'on le reconnaisse ou non, c'est elle qui oblige à chercher. On peut en rester à l'abstraction du parapluie, même si l'on est Einstein, ou l'on peut commencer et choisir de coopérer au bien.

Nihilisme, terrorisme, mouvements de mondialisation ne datent pas d'aujourd'hui. On peut multiplier les exemples. Ceux qui s'agacent sur les richesses du Vatican, ne voulant même pas savoir qu'il répartit aux pays pauvres plus que ce qu'il reçoit, oublient peut-être ces quelques dates ?

En 410, les Wisigoths d'Alaric pillent Rome pendant trois jours ; en 455, les Vandales de Genséric la saccagent pendant deux semaines ; les Ostrogoths de Totila y pénètrent en 544 puis en 547. Ainsi commence l'effritement et la dispersion d'une culture. Une population diminuée, craintive, se bâtit des abris dans les replis du Colisée et du théâtre de Marcellus, qui serviront de carrières jusqu'à l'âge classique. Les ports s'ensablent... En 846, sous Serge II, l'invasion des Sarrasins, venant de Corse aboutit à un pillage effrayant et au ravage total de la basilique de Saint-Pierre. Rome continuera à attirer périodiquement des déchaînements furieux, par exemple celui des Normands au XIIe siècle. Les ravages des lansquenets luthériens et des impériaux du Connétable de Bourbon en mai 1527, seront encore mémorables sous le nom de Sac de Rome ; c'est à cette époque, au XVIe siècle, que commencera un autre pillage, celui des collectionneurs pour les galeries classiques des princes et les musées du monde entier.

Si la capitale de la mondialisation par les Béatitudes n'a pas été préservée des ravages, pillages et terrorisme, (d'un million deux cent mille habitants sous Trajan au IIe siècle après Jésus-Christ, elle était passée à trente mille habitants au Ve siècle) qui pourra dire qu'il doit être préservé, que c'est la fin de l'histoire ou qu'il n'y a pas de péché originel ?

Plus que jamais, la philosophie est indispensable pour savoir où sont les soupçons utiles à l'homme pour qu'il apprenne à distinguer ce qui est le bien de ce qui est le mal.

3

Je pense donc je suis, *ou plutôt : chrétien, je dois penser*

Les non-chrétiens ont peur que la religion les empêche d'être libres de réfléchir comme ils le veulent, sinon en étant bridés par des dogmes. Ils redoutent alors le fanatisme, selon la formule équivoque et facile du titre du livre de Jean Daniel. Le Christ et l'Église imposent-ils des manières de penser ?

Pour un guide de haute montagne, il n'y a que deux vraies difficultés. Non pas d'abord l'altitude ou le froid, mais les obstacles intérieurs. Lorsque le client s'obstine à partir avec de mauvaises chaussures, voire laisse un caillou dans son brodequin, ou pire encore, lorsqu'entêté, il croit mieux connaître le chemin que le guide, cela peut conduire à la catastrophe. Il en va de même pour l'Évangile et le Christ et les dogmes. Il y a souvent un malentendu sur les dogmes. Ceux-ci n'empêchent pas de penser, ils ne brident pas la recherche, au contraire, ils font gagner du temps.

Ce ne sont ni les dogmes, ni le catéchisme, ni les institutions qui sont les premières et principales difficultés, mais les blocages intérieurs, comme le sont les cailloux dans la chaussure ou les prétentions à être plus compétents. Le Christ est un guide qui montre le chemin avec un étonnant respect pour chacun de ses partenaires. Il est d'une telle discrétion que bien souvent, comme en montagne, il se met en dernier de cordée, quitte à ce qu'on oublie qu'il est là.

Le professeur et la prostituée

« Le professeur et la prostituée » : ce rapprochement entre deux personnages du début de l'Évangile de saint Jean rappelle comment le Christ aide les hommes à penser. Jésus ne traite pas tous ses interlocuteurs de la même manière. Il ouvre l'intelligence de ceux qu'il rencontre avec un souci attentif et différent pour chacun. Le professeur Nicodème qui n'ose pas venir interroger le Christ sinon la nuit, n'a que du *nouss,* selon la terminologie grecque de saint Paul, c'est-à-dire seulement la capacité de raisonner et d'argumenter. Il a tous les titres, docteur de la Loi, pharisien, notable juif, membre du sanhédrin, et pourtant, il manifeste une lourde incompréhension. Alors Jésus lui accorde toute une nuit afin de l'aider à comprendre qu'il n'y a pas seulement les « choses de la terre », mais qu'il y a aussi les *Epourania,* les choses du ciel. Il aura fallu toute une nuit...

La Samaritaine a du *pneuma*, elle n'est pas seulement une noétique mais une pneumatique selon la terminologie de saint Paul ; elle a du souffle, elle sait pressentir et capter l'essentiel dans une intuition : lors de sa rencontre avec le Messie, il lui suffit d'un instant pour tout comprendre. À elle qui est une prostituée, Jésus ne pose qu'une question : « Peux-tu aller chercher ton mari ? » C'est le procédé habituel du Christ, interroger pour provoquer à son tour un étonnement, une interrogation :

« Que cherchez-vous ? », « Pierre m'aimes-tu ? », « Pourquoi cherchez-vous parmi les morts celui qui est vivant ? », « Vous aussi, voulez-vous me quitter ? », « Jusqu'à quand vous supporterai-je ? »

Jésus précède et suscite nos questions lorsqu'elles peuvent faire advenir le meilleur et un surcroît d'intelligence, si l'on accepte seulement de ne pas se fermer à l'avance. Le Christ n'interdit pas de penser, au contraire il oblige à aller plus loin. C'est de bonne pédagogie, celle dont savent se servir les enfants.

Au départ, trois questions inévitables

Où commence la pensée ?

Par trois questions, que tout le monde rencontre.

Pourquoi les choses *existent-elles* ? Et, si l'on existe, pourquoi est-on limité à soi-même puisque, par la connaissance, on peut saisir tout le reste ?

Deuxièmement, *le mal est-il pensable* ? Et pourquoi le désordre ?

Troisièmement, le progrès est-il un espoir sérieux et *le bonheur est-il possible ?*

Besoin de saisir un ordre en face du chaos, possibilité du bonheur malgré le mal, espoir dans l'avenir, nonobstant l'incertitude, sont les trois débuts inévitables pour penser. Inévitables, tout court.

Comment mettre de l'ordre dans les systèmes de pensée, et les philosophies qui se sont offertes à l'humanité ?

Il y a trois points de départ, et aucun autre pour répondre à ces trois interrogations sources de la pensée.

On peut partir du *réel.* Il y a des choses qui nous précèdent. Il y a de la réalité antérieure à nous. On peut la rejoindre. Il vaut mieux l'écouter pour la comprendre. Il y a quelque chose de commun entre toutes les réalités : c'est l'être et le fait d'exister. On peut en diversifier les représentations et en respecter les degrés de consistance et d'intériorité. Le quotidien offre mille exemples de cette diversité, que ce soit en cuisine, en météorologie, en chimie ou en tout autre domaine. Un navet n'est pas une carotte. Un cumulo-nimbus annonce quelquefois un orage. Mieux vaut ne pas jouer avec du chlore. *Le réel est, et il se présente de mille manières différentes.*

Au sommet, se trouve la dignité de la personne. Toute mère de famille sait, jusqu'à en hurler, qu'aucun autre enfant à venir ne remplacera celui qui est mort. Une philosophie des idées ne supplée jamais à une philosophie de l'être et de l'existence.

Plutôt que de partir du réel et des choses, on peut partir *des idées* et de *l'activité de l'esprit.* On se découvre capable de calculer, d'ordonner les concepts, de découvrir, dans le miroir de l'esprit et de la mémoire, les joies ou le désespoir de la raison, de maîtriser l'agencement de ce qui permet de penser ou d'être efficace, d'établir des programmes et des projets. Ce n'est plus d'abord le respect des choses qui gouverne les systèmes de pensée, mais la mécanique de l'esprit. À nous les théories, les prospectives et aussi... les idéologies et les « interprétations ». Reste la difficulté de discerner les décalages comme, par exemple, entre chaque programme électoral et les résultats politiques sur le terrain. À certains moments, il faut bien avouer que la réalité va plus vite que la fiction. Les porte-avions ne sont pas toujours à l'heure.

Enfin on peut choisir un troisième point de départ : *l'histoire.* Les héros de l'Antiquité, de Périclès à Alexandre, César ou Auguste, ont montré qu'on pouvait infléchir le cours de l'histoire, au lieu de le subir, et qu'il donnait à réfléchir. Si on ne baisse pas les bras, l'histoire peut être manipulée. La marche de l'univers et sa politique peuvent être soumises à certaines dialectiques, on peut faire la philosophie de l'histoire et ne pas se contenter des sciences qui décrivent celle-ci.

Ce n'est pas pour nous faire pardonner son simplisme apparent que nous imprimons en corps plus petit la classification que nous proposons maintenant.

Nous avons déjà fait remarquer, qu'à la différence des théologies, les philosophies disent souvent les mêmes choses sous des mots, des analyses ou des locutions différentes. Une grande philosophie se manifeste souvent par la souplesse de son vocabulaire... mais aussi par la précision de ses concepts. N'en demeure pas moins qu'il y a des grandes familles en philosophie comme en histoire de l'art et que si aucune philosophie ne se réduit à une autre, certaines se comprennent entre elles beaucoup plus allègrement et permettent de gagner beaucoup de temps. Même si elles peuvent apparaître trop systématiques, les trois filières que nous indiquons font faire des pas de géant.
La première filière va de Parménide à Aristote, jusqu'à Gilson, Maritain et Jean-Paul II.
La deuxième famille va de Platon à Malebranche, de Descartes à Kant, Husserl et Merleau-Ponty... et aux ivresses de l'ordinateur et de l'Internet ?
La troisième filière va de Héraclite à Abélard, de Luther à Hegel, et de Hegel à Marx, Lénine, Trotski et leurs successeurs dans l'engagement en politique.

Je défie de trouver d'autres sources à la réflexion humaine.

De ces trois points de départ, quel est le plus large et quel est le plus restreint, et donc quel est celui qui a le plus de chances d'englober les autres ?

Le destin de tout homme ne se termine pas à constater la poussière. Penser, c'est communier à l'univers. Chacun est invité à philosopher, qu'il le sache ou non. *Philosopher, c'est penser la globalité et se situer en face d'elle.* Un jour, on arrête de bricoler le détail du *comment* pour s'interroger sur le *pourquoi.* On abandonne un instant la manipulation des encyclopédies, des dictionnaires, des annuaires, des livres de recettes et des vocabulaires pour se mettre à table et lire le contenu de la lettre.

De ces trois points de départ et de questionnements, on met du temps à comprendre que le deuxième, *la vie de l'esprit,* est plus vaste que le troisième, *l'histoire.* Le premier, *la réalité des êtres en leur totalité* est évidemment plus grand que les exercices de la raison du deuxième. Aucun n'est à mépriser.

La première philosophie (celle de *l'être*) doit s'enrichir de la deuxième, la *philosophie de l'esprit* (ce que Jean-Paul II a su très bien faire), qui elle-même, doit s'enrichir de la *philosophie de l'histoire.* Les querelles ou exclusions entre philosophies ont été préjudiciables à toute l'histoire de l'humanité. N'en demeure pas moins que si l'on a choisi l'aérodrome le plus étroit, on ne recevra que de petits avions. Mieux vaut donner la priorité aux choses et partir du réel. La philosophie de l'être a forcément plus d'espace et de ressource que les autres.

On a l'impression que vous comparez ou que vous parlez des différents systèmes de philosophie comme vous parleriez des différentes cuisines françaises, italiennes ou chinoises, en vous demandant quelle est la meilleure. Cela a-t-il vraiment de l'importance ?

Votre comparaison est bonne. Si vous aviez eu à manger du chien en Chine, vous ne vous poseriez pas la question de l'importance de la philosophie. Il en va de la cuisine comme de la musique. Certes, sans elles on peut vivre, mais avec elles on peut *mieux* vivre. Les trois cuisines que vous avez énumérées sont probablement les meilleures. Cela n'empêche pas le droit de poser la question : laquelle est en même temps la plus goûteuse et la plus hygiénique ?

Nous ne sommes pas assez convaincus dans l'humanité et dans l'Église aujourd'hui des conséquences immenses des préliminaires qui occupent nos esprits. Ce n'est pas seulement une affaire de mieux-être que de les avoir vérifiées, comme je l'ai répété tout au long de ce livre. On le proclame partout aujourd'hui à l'occasion de la politique, et plus spécialement en période électorale, l'idée qu'on se fait de la démocratie, (c'est-à-dire la philosophie qu'on en a), peut changer du tout au tout les détails mêmes de l'existence.

Il faut aller plus loin. Les comportements de l'amour, les pratiques religieuses, les orientations du travail sont modelés de manière décisive par les philosophies qui nous habitent, consciemment ou non. C'est le rôle du catéchisme de piloter notre vie. Par exemple la prière ou l'eucharistie ont dans notre existence un rôle totalement différent selon les idées qui nous habitent sur la *présence* de Dieu.

Une philosophie de l'histoire ne peut suffire à résoudre les problèmes qu'ont posé à certains chrétiens la messe de saint Pie V. Impossible sans autre chose que l'histoire d'entrer avec bonheur dans les propositions des nouveaux canons eucharistiques de Paul VI. Si la messe est un don de Dieu, il est évident qu'il faut plus que des schémas historiques pour la faire aimer et permettre d'adhérer pleinement à l'infini du mystère. Se bloquer sur des querelles d'historiens, par exemple ne garder que des arguments relatifs à l'Église d'Occident, c'est s'interdire de s'enrichir en comprenant les trésors spirituels des richesses proposées par Paul VI. On a besoin pour respecter le mystère de l'aide des trois grands groupes des philosophies.

On pourrait prendre un autre exemple, celui de l'amour conjugal et du mariage. Une philosophie de la personne est indispensable, sinon on risque d'en rester à des considérations d'esthétique, d'utilité ou de service.

De temps en temps, il faut un bon électrochoc de philosophie pour que vie conjugale, vie familiale, vie de travail, vie associative, vie politique soient réorientées pour chacun de nous. Il est évidemment souhaitable que l'on n'ait pas à attendre Ben Laden et l'effondrement des tours pour reprendre pied.

Chances et malchance des chrétiens

Vous répétez que rien ne manque davantage aujourd'hui à l'Église qu'un peu de bonne philosophie et qu'aucun homme ne peut s'en dispenser. De plus, vous évoquez souvent Thomas d'Aquin. Mais n'a-t-il pas congelé les choses avec sa métaphysique de l'être ? Et une certaine malchance n'aurait-elle pas joué contre lui du fait qu'il ait été recommandé par l'Église ?

Les idées de Thomas d'Aquin ne furent pas adoptées si facilement. Il a même été condamné par les intellectuels de l'université de Paris — déjà ! Lorsqu'il fut proposé comme guide par la papauté, cela n'empêcha pas qu'on le boude. Ses disciples, en Espagne spécialement, eurent souvent du génie.

Après la décadence de pensée du XVIIIe siècle et le « crépuscule des mystiques », on ressentit le besoin d'un retour à une pensée un peu plus solide que celle de Descartes et des philosophes allemands. Neuf papes, sans discontinuité, depuis Léon XIII, après la guerre de 1870, jusqu'à maintenant, indiquèrent que c'était avec Thomas d'Aquin qu'on perdrait le moins de temps pour comprendre le message chrétien.

Bien sûr, il suffit qu'une autorité donne des conseils, pour provoquer des réactions *a priori* et contraires. C'est le cas depuis sept siècles pour Thomas d'Aquin. Ce n'est pas tant l'opposition à son égard qui est préoccupante, mais la présomption de ceux qui le rejettent ou le caricaturent sans le connaître, et les dissensions entre ses propres disciples. On en a un peu assez !

À quoi bon défendre saint Thomas... Ce n'est pas lui qui est perdant. On peut lui appliquer la même phrase que fit inscrire l'Académie française sur le socle de la statue de Molière : « Rien ne manque à sa gloire, mais il manque à la nôtre. »

Stigmatiser la pensée de saint Thomas en affirmant un peu vite qu'il n'avait pas le sens de l'histoire, est une caricature. On oublie alors des tranches entières de son œuvre, entre autres les commentaires de l'Écriture, sur saint Jean, saint Matthieu, les Épîtres de saint Paul, les Psaumes, Isaïe, Jérémie, le Livre de Job, mais aussi les Traités, les

Questions disputées sur la vérité, sur le mal, sur le Verbe incarné. Le catalogue de ses œuvres dans l'*Initiation à saint Thomas* du père Torrell occupe quarante pages. On a compté qu'il aura écrit autant que Victor Hugo en trois fois moins de temps.

Mais on a grandement tort de passer sous silence et d'oublier purement et simplement les démêlés politiques de sa propre famille. Il y fut mêlé. Et les troubles de l'Europe de Frédéric II ne purent pas ne pas avoir eu de contrecoup sur sa pensée. Le pape Innocent IV, le 17 juillet 1245, avait proclamé l'empereur déchu du pouvoir impérial. C'est le temps où Thomas d'Aquin est incarcéré pour deux ans de détention à Roccasecca avec l'accord même de l'empereur, afin de l'empêcher d'entrer en religion. Plusieurs membres de la famille de Thomas abandonnent cependant l'empereur et prennent part à la conjuration de Capaccio, sans succès. Alors Raymond, le propre frère de Thomas et un de ses neveux sont mis à mort sur ordre de l'empereur Frédéric. Saint Thomas dira plus tard que cette exécution fut faite « contre toute justice ». Sans parler de tous les débats auxquels saint Thomas aura à participer à Paris, Rome et Naples : il n'y a peut-être pas tellement d'exemples de philosophes ou de théologiens qui, dans l'histoire, eurent à affronter d'aussi près les aléas du politique. Ce n'est vraiment pas à lui qu'on peut reprocher d'être un « théologien en chambre », alors qu'il a passé sa vie à sillonner l'Europe.

Thomas d'Aquin : un fossile ?

Il n'a pas explicité et développé sa vision du monde selon les catégories modernes de la philosophie de l'histoire. Mais il a donné des clefs précieuses pour le faire. Encore une fois il est vraiment étrange, que même certains disciples de Thomas d'Aquin, puissent schématiser sa pensée en déclarant par exemple : « En faisant de l'Être absolu le principe intelligible de tous les attributs et de toutes les œuvres de Dieu, saint Thomas prenait une option lourde de conséquences pour l'avenir de la pensée chrétienne... Saint Thomas cherche l'intelligence de l'histoire du salut à partir des propriétés nécessaires de Dieu conçu comme l'Être absolu. Il ne montre pas assez la nouvelle intelligence de la transcendance de Dieu comme Amour. »

Ce texte, publié en 1987, (*Un Nouvel Age de la théologie*, éd. du Cerf, p. 75) est typique de certaines étroitesses que font endosser à saint Thomas d'Aquin ceux-là mêmes qui sont supposés le connaître. Ces schémas constamment répétés sont insuffisants et amènent une vision erronée. Saint Thomas ne part pas du concept, de l'idée de l'être ou des propriétés « nécessaires » (!) de Dieu, il ne part pas d'une philosophie fixée à l'avance, ni d'une idéologie. Le primat pour lui est toujours la réalité, et d'abord celle de Dieu telle qu'on la reçoit dans la Révélation. C'est la vie et la perfection divines *comme elles se manifestent dans l'amour* (c'est net dans le *Contra Gentiles)* qui gouvernent tout le déroulé de sa pensée. Il part de la simplicité de la plénitude de Dieu, de la communion bienheureuse que vivent les Trois Personnes afin de mieux comprendre et de mieux respecter ce que Dieu dit de son amour quand Il se donne en Jésus-Christ.

Peut-on prétendre « penser » Dieu ?

On peut d'abord écouter ce qu'Il a dit de lui-même... On peut mobiliser toutes les ressources de la pensée pour ne pas diminuer ce qu'Il a révélé. Ce serait la première des honnêtetés. Pendant huit ans, je fus chargé d'enseigner à mes frères dominicains comment Thomas d'Aquin avait essayé de poursuivre cette tâche. Je n'ai jamais trouvé effort plus intelligent dans toute l'histoire de la pensée mondiale, ni plus réaliste, ni plus humble.

Pour mieux comprendre ce que l'homme reçoit de la Bible et oser répondre à sa nostalgie en quête de sens, Thomas d'Aquin retient en Dieu trois attributs majeurs : la simplicité, l'intelligence et la miséricorde. Ce n'est pas arbitraire. Il ne tire pas ses idées d'abord d'une métaphysique de l'être. Certes, la philosophie lui sert de vérification, mais il le dit et répète inlassablement, son effort est « théologique ». S'il emprunte ses instruments de pensée à la philosophie, c'est pour mieux recevoir ses idées de la Bible et de la Tradition, dont il a toujours hâte d'en connaître davantage les richesses, en témoigne son impatience qu'il a eue pour faire traduire par ses frères dominicains, (car il ne savait pas le grec), les textes de saint Jean Damascène qui inspirera toute son anthropologie et sa morale.

En face du mystère de Dieu, il met de l'ordre dans les idées venues des traditions les plus diverses, il hiérarchise théories et philosophies en retenant de chacune tout ce qui peut être utile, il purifie les schémas ou métaphores indignes de Dieu, et finalement il montre comment on ne peut pas partir de plus profond que de la perfection d'une simplicité divine qui est Amour. Dieu n'a besoin d'être complété par rien d'autre. Il n'est que Dieu. Mais l'Amour n'a pas permis à Dieu de demeurer seul. Voici la Révélation du Christ telle que saint Thomas cherche à la respecter, l'approfondir et en nourrir l'esprit chrétien.

Saint Thomas a souci de faire comprendre que la pureté de la vie divine et de l'échange divin ne peut être exprimée que par l'expérience de l'intelligence. Le vrai triomphe de celle-ci est de pouvoir être l'autre en le respectant totalement.

Seule, l'intelligence peut « devenir l'autre », le saisir, le posséder, le co-naître et se laisser envahir sans être blessée, sans être transformée, violentée ou malmenée et, à son tour, sans transformer ni malmener l'autre. Seule, elle peut se tenir elle-même comme étant un autre et en même temps soi-même, sans modification. Seule, l'intelligence peut respecter et être respectée, peut communier et échanger sans altération. Seule, elle permet à l'homme de pressentir, vraiment et très réellement, ce qu'est la vie intime de Dieu, lumière, transparence et amour.

Alors saint Thomas peut montrer que l'attribut suprême vécu en commun par les trois personnes divines est la miséricorde révélée en Jésus-Christ. Il a bien soin de dire que nous n'en n'avons jamais une expérience semblable à celle de Dieu. Lui seul peut recréer l'ordre de l'amour blessé sans être affecté par une diminution. Saint Thomas va organiser toute sa théologie non pas à partir de « l'exclusive de l'être comme un concept qui serait son seul principe », mais de la miséricorde, plénitude de l'Acte pur, don et communication de bonté, amour recréateur, source de la création et de l'histoire du salut, jalousie de Dieu pour son propre Bien. Les textes sont formels.

Je les ai cités dans la préface qu'on m'a demandée pour introduire à la deuxième encyclique de Jean-Paul II ainsi que dans les conférences de Notre-Dame de Paris sur le mal. Si la miséricorde est le plus haut attribut de Dieu, c'est aussi celui qui commande toute l'intelligence de la destinée de l'homme et de son énigme, de la morale, de la grâce chrétienne et gratuite, de la raison de l'Incarnation du Christ et finalement des sacrements. Pour saint Thomas d'Aquin, tout est gouverné par l'amour recréateur, fondateur de l'Alliance. C'est bien la chance de tout dialogue nouveau avec le bouddhisme, le shintoïsme et l'islam : Dieu est miséricordieux. Quand nous fera-t-on enfin grâce des simplifications trop faciles qui ramènent la pensée de Thomas d'Aquin à n'être plus qu'une métaphysique chosiste de l'être et à l'analogie ? Des esprits aussi intelligents que Jean-Luc Marion ne se débarrassent-ils pas de l'essentiel en cherchant un *Dieu sans l'être* ? Il est vrai que, pour se livrer, la pensée de saint Thomas d'Aquin demande beaucoup de temps, de disponibilité, de magnanimité et de pratique non seulement de la philosophie, mais de la théologie. Et que dire des querelles lassantes entre thomistes ? Ils ont encore de beaux jours à condition de ne pas s'enfermer dans un historicisme vite fatigué et de s'intéresser à la philosophie et à la théologie de l'amour.

L'intelligence peut-elle utiliser l'histoire pour unir les religions ?

Après avoir goûté à la joie de se préparer à la vision de Dieu, l'intelligence peut-elle espérer un jour faire sur terre une histoire qui embrasserait toutes les religions ?

Non. Il y a autant d'histoires et de théologies différentes que de religions. Il n'y a pas une notion unique de la religion qui pourrait toutes les englober. La notion même de religion change selon l'idée que l'on se fait de l'Autre. La religion est ce qui unit l'homme à son partenaire. Pour certains, religion veut dire re-lier. Selon le partenaire, le lien est donc différent. Pour certains, c'est un Dieu personnel, pour d'autres, c'est le destin ou la fatalité, ou bien force toute-puissante ou force cosmique à apaiser, ou bien nature idolâtrée ou mythe à apprivoiser. On obtient à chaque fois une religion différente.

Pour un chrétien, la relation à cet « associé » qui a fait alliance avec l'homme est constitutive de son être même, de son existence, de son but. Se séparer de lui, c'est ruiner sa vie. On ne peut pas se mettre en dehors de ce lien pour se dire à soi-même ce qu'on est. Freud n'a pas fait d'erreur en montrant comment les rapports au père ou à la mère sont décisifs dans une vie et que, malgré tous ses efforts, aucun homme ne peut jamais se mettre au-dessus et à la place de sa source.

Ainsi selon l'idée que l'on se fait de son partenaire, de sa source, la nature du lien change et chaque religion se voit assigner un rôle différent. Un dictionnaire « culturel » de la religion est une tentative contradictoire et en dernier ressort vouée à un échec de pensée, car c'est contre nature. On ne peut pas sortir unilatéralement du rapport à la Personne qui est Dieu pour en décrypter la particularité. La foi catholique est auto-impliquante pour celui qui s'y confie. Le tenant d'une laïcité fermée n'a pas la même idée de la religion que le croyant qui vit de l'intérieur la communion confiante en son Dieu. Le vigneron ne fera jamais exactement la même histoire de sa vigne que le citadin. Il ne peut pas et ne doit pas rester neutre en face de sa vigne. Le poisson ne parlerait pas de son aquarium comme le chat qui l'observe.

On peut dire la même chose de la science. Il n'y a pas une science. Les mathématiques, la grammaire, l'histoire se veulent être des sciences, même l'astrologie... On ne peut pas dire qu'elles procèdent toutes de la même manière et selon les mêmes méthodes, à plus forte raison des religions. Un Japonais a le sens du relatif, cela n'implique pas que, pour lui, l'absolu ait une signification. Les paramètres de toute religion : personne, vérité, destin, prière, au-delà, compassion, amour, autorité, confiance, absolu etc., ont des contenus différents, souvent sous les mêmes mots et les mêmes formules. C'est pourquoi il est impossible à un chrétien de ne pas penser et de ne pas chercher à savoir avec quels instruments il pense. Ce fut la dramatique habileté du régime communiste en Pologne que de faire place à l'enseignement de la religion dans les lycées, mais en confiant ce soin à des marxistes sous prétexte de prouver la liberté de penser.

En philosophie, on énonce des choses similaires sous des mots divers ; en religion et théologie, c'est l'inverse. D'où l'importance de bien choisir entre les parcours du catéchisme, ils ne sont pas tous de même rigueur ni de même valeur. On dit souvent des choses très divergentes sous les mêmes mots. Selon l'idée que l'on se fait ou que l'on reçoit de Dieu, on vit une religion différente. Il n'est par exemple que de recenser les histoires des rapports entre la Révolution française et la religion. Est-il possible de faire « une » histoire alors que protestants, juifs ou catholiques se qualifient si différemment par rapport à Dieu ? Le catholique se sait lié à une communion et à une institution, l'Église ; le protestant à un texte, la Bible, et aux variantes de son interprétation ; l'orthodoxe à un charisme ; le juif à la pédagogie d'une Loi. Les mots ne veulent plus dire la même chose. C'est bien pour cela que l'histoire ne suffit pas. Il y faut une théologie.

Pour un Japonais est religieux ce qui favorise l'équilibre, l'harmonie intérieure et le bien-être du *kimochi*, ce que l'on pourrait peut-être traduire par le *Gefühl* allemand. C'est au ministère de l'Éducation nationale de Tokyo que sont inscrites les religions. On en dénombre trois cent-quarante-huit, dont plus de soixante relèvent du bouddhisme. Il n'est pas contradictoire pour un Japonais d'être shintoïste à la naissance afin de célébrer les forces de la vie ; catholique lors du mariage afin de célébrer l'amour ; bouddhiste à la mort afin de célébrer l'au-delà. Le protestant sera guidé par sa fidélité à une Parole ; le musulman par sa fidélité à la règle sacrée reçue dans le Coran ; le juif par sa fidélité à la Loi vécue comme l'éducation par Dieu du peuple choisi. Le catholique fera passer en premier la communion à la Personne de Dieu, l'assimilation-communion à la vie du Verbe, donnée dans le Christ.

Même le mystique persan Ansari avouait : « Celui dont la maladie s'appelle Jésus, ne saurait guérir. »

4

Réflexions pour un temps de crise

« Oublier les anciens, appeler les jeunes ;
oublier les jeunes, appeler les anciens ;
des pieds du mille-pattes, on ne peut pas compter les sandales ;
prenez votre paire de sandales ; on a eu la journée, bonsoir. »
Verset d'une prière dogon.

« Quand je me regarde, je me désole ; quand je me compare, je me console. » La formule de Blaise Pascal peut être appliquée à toute période de l'histoire. Le père Abbé d'un grand monastère m'a avoué qu'après avoir été élu, il avait vécu des semaines semblables à l'enfer tant l'anxiété l'avait envahi. Il ne s'en était sorti qu'en s'appliquant à lui-même la règle que propose l'Association des alcooliques anonymes, les trois A, aux alcooliques soucieux de se guérir.

Elle demande à ses adhérents de ne vivre qu'avec le seul souci des vingt quatre heures à venir et de se réjouir de les avoir passées sans rechute. Le père Abbé avait compris qu'on ne vivait que de vingt quatre heures en vingt quatre heures et qu'il s'agissait de tenir « sans enjamber sur la Providence », selon la consigne que saint Vincent de Paul recommandait à ses religieuses.

La prière dogon a raison : « On a eu la journée, bonsoir ».

Combien de bilans, plus ou moins noirs, sur la crise des temps modernes n'avons-nous pas reçus de tous les sociologues et analystes pendant la deuxième partie du XXᵉ siècle ? Gémissements sur les retards de l'Église, inlassables reproches aux bureaucraties de Rome, souhaits récurrents que ce « pape momifié » (*Le Monde*, sept. 1996), démissionne enfin, que n'entendons-nous pas régulièrement ?

Alors suivons plutôt Pascal et commençons par nous consoler. Il s'agit moins dans ces pages d'une consolation, que d'un émerveillement, non sans désir de combativité. Les prophètes de malheur, surtout à l'intérieur de l'Église, ça suffit, non seulement comme malheur, mais aussi comme déraillement. Après qu'on nous a rendu tous les trésors de la théologie, de la Bible et de la liturgie, il n'est pas question qu'on se les laisse voler par quelques malandrins culturels ou qu'ils soient réduits à quelques résidus laïcisés. Nous vivons certainement une des périodes les plus polluées et en même temps les plus riches de l'histoire de l'Église. Regardons, car il y en a assez de « tristifier » sur notre nombril.

À ceux qui doutent ou critiquent, on peut d'abord rappeler certains tournants de l'histoire de l'Église.

Au ve siècle, les évêques votent en majorité contre la divinité du Christ à un concile que l'on nommera *le Brigandage* ou la *Défenestration d'Éphèse*. L'empereur de Byzance fait intervenir sa police parce qu'il n'avait aucune envie que le Christ soit reconnu égal à Dieu. Admettre qu'il y ait plusieurs personnes divines, c'était pour l'empereur perdre le droit divin d'être reconnu comme unique représentant de Dieu sur terre. Cette crise n'en finira pas. Il faudra l'intervention ferme du pape saint Léon dans sa *Lettre à Flavien* pour garder intact le dépôt de la foi. Le pape Martin Ier sera encore martyrisé en 650 à cause de son refus de l'arianisme. Notons en passant que les vingt-six premiers papes sont morts martyrs. On connaît peu d'institutions sur terre qui aient donné cet exemple. L'option de Clovis contre l'arianisme jouera un grand rôle pour les pays francs. Si, au brigandage d'Éphèse, on avait suivi la majorité des évêques, on ne croirait plus aujourd'hui à la divinité du Christ.

Les crises avaient commencé dès le début avec les paroissiens de Corinthe. Saint Paul y avait rencontré toutes les difficultés, traditionalistes contre progressistes, modernistes contre légalistes juifs, dénonciations aux tribunaux civils entre chrétiens qui risquaient de conduire ceux-ci en prison.

Saint Vincent Ferrier au xve siècle ne s'est jamais consolé d'avoir recommandé au roi d'Aragon d'opter pour l'antipape. Au même moment, Jeanne d'Arc connut, en même temps, trois papes et deux rois.

Si vous traversez la ville d'Augsbourg, dont les places gardent le souvenir de Mozart, et visitez la cathédrale, vous découvrez l'autel où Luther célébrait la messe. En poursuivant la visite, on arrive à un ancien carmel devenu église protestante. Dans le fond, les portraits de Luther et de sa femme Katarina von Bora, peints par Lucas Cranach, président à la prière. On sort par la petite rue et l'on découvre au-dessus de la porte du carmel une plaque indiquant : « Ici le cardinal Cajetan, dominicain, légat du pape, poursuivit avec Martin Luther huit jours de dialogue théologique. La discussion dura quatre jours, entre le 16 et le 20 octobre 1518. » Le cardinal avait reçu mission « d'interroger paternellement » Luther. Hélas, c'était trop tard. L'entrevue n'eut aucun résultat. Le professeur Josef Lortz, le grand historien de la Réforme, fait remarquer que personne à Rome ne pouvait deviner à quels périls on s'était exposé en faisant traîner en longueur — deux années décisives — l'attente de cette rencontre avec le moine allemand.

Quinze ans auparavant, à Florence, Savonarole, dominicain, prêche régulièrement dans l'église de Santa Croce, probablement l'une de celles où sont enterrées les plus hautes célébrités : Dante, Michel-Ange, Machiavel, etc. C'est le temps où Alexandre VI Borgia est pape. Son règne fut assez long pour un pape (1492-1503). Il a été nommé cardinal à vingt-quatre ans. Il est dit-on intelligent, séduisant et prudent, mais vit comme un prince de son époque. Il donne des fêtes splendides ; sa maîtresse (en titre) se nomme Vanozza de Cataneis. Le couple eut quatre enfants : César, Jean, Lucrèce et Joffré. Il est élu pape, sans doute en achetant quelques cardinaux. Alexandre VI eut alors une seconde maîtresse, Giulia Farnese, dont il aura deux autres enfants. Donc quatre avant d'être pape, et deux durant son pontificat. Très vite, il distribue des postes à ses enfants. César, le plus doué est nommé évêque de Valence à dix-sept ans puis cardinal à dix-huit. Si l'histoire de l'inceste d'Alexandre avec sa fille Lucrèce est une légende, il est exact qu'il y eut des orgies au Vatican.

Alors se lève à Florence, le moine dominicain Jérôme Savonarole. Pour faire taire les reproches que Savonarole adresse à la papauté, deux légats sont envoyés de Rome. Ils sont chargés de lui proposer de devenir cardinal. Savonarole annonce qu'il donnera le jour suivant sa réponse du haut de la chaire de Santa Croce. Après avoir appris que les légats ont demandé une femme pour passer la nuit, il monte en chaire le lendemain. Son sermon est bref : « Je ne veux pas d'autre pourpre que celle de mon sang. » Il obtiendra cette pourpre en étant pendu et brûlé avec son prieur et un autre frère dominicain sur la place de la Seigneurie. À peine quinze ans plus tard, Luther se lèvera. Comment ne pas regretter qu'on n'ait pas écouté Savonarole, quelle qu'ait été l'ardeur de ses propos ?

Il mérite qu'on évoque sa figure en quelques lignes, tant elle est emblématique de la fidélité à l'essentiel. Il a écrit, comme Jeanne d'Arc, une des plus hautes pages de l'histoire de la foi chrétienne.

Enfermé dans un étroit cachot du palais de la Seigneurie à Florence, couché sur la terre nue, sans paille ni lumière, les pieds dans les fers, les chaînes aux mains, le bras gauche déboîté et cassé par la torture, si endolori qu'on dut parfois lui porter la nourriture à la bouche. Il ne haïssait personne, ne maudissait personne. Il gardait toute sa foi, sa magnanimité et sa bonté, au point de toucher son geôlier et d'entreprendre de l'entraîner, lui et sa fille, vers la perfection de la vie chrétienne. Il eut encore la force de prendre la plume et mettre par écrit, presque d'un trait entre le 26 avril et le 8 mai 1498, le cri déchirant et sublime de son dernier *Miserere*, (éd. du Cerf, coll. *Foi vivante*), donnant soudain aux paroles du psalmiste, que la liturgie redisait depuis quinze siècles, un écho d'une telle beauté, d'un accent si direct, d'une candeur si absolue, qu'il peut mériter de se répercuter à travers les siècles comme l'une des plus pures et émouvantes implorations de la prière chrétienne.

Il avait été, à partir de 1491, prieur du couvent dominicain de Saint-Marc. Sa foi était sûre, pleine, éclairée ; sa théologie sera toujours celle de saint Thomas d'Aquin. Sous le pape Alexandre VI Borgia dont l'idéal politique n'est pas sans grandeur, mais dont la conduite personnelle est scandaleuse, Savonarole, conscient de l'immense péril que court la chrétienté, veut faire refleurir la pauvreté, la chasteté, la beauté de vie de l'Église primitive, ouvrant la voie à une réforme qui répondait aux vœux les plus brûlants des meilleurs. C'est le moment de l'expédition du roi de France Charles VIII contre Naples. La rupture entre le temporel et le spirituel va être ouvertement proclamée par Machiavel (1469-1527) qui revendique le temporel et Luther (1483-1546), qui revendique le spirituel.

Excommunié le 13 mai 1497, Savonarole prêche pour la dernière fois le 18 mars 1498. On falsifie les pièces de son procès. Mis en prison et torturé, on lui permet de se confesser, on lui défait ses menottes afin qu'il puisse, étant prêtre, tenir une dernière fois Jésus dans ses mains et se communier lui-même.

Le 19 mai, arrivent d'autres commissaires romains. Savonarole est renvoyé à la torture. Le mercredi 23 mai 1498, veille de l'Ascension il est conduit avec deux frères de son couvent dominicain, frère Sylvestre et frère Dominique, qui devaient mourir avec lui, jusqu'à la chapelle du palais de la Seigneurie pour assister à la messe. Peu après, quand on lui eut arraché brutalement sa robe dominicaine, il demanda de la garder encore une fois dans ses mains et dit : « O saint habit, combien je t'ai désiré ! Tu m'as été donné par une grâce de Dieu et je t'ai conservé jusqu'à maintenant immaculé. Je ne voudrais pas te quitter, mais tu m'es ôté. » C'est ce mercredi à quatorze heures et demie, qu'il fut supplicié. Il monta sur l'échafaud en récitant le *Credo*. Il jeta un dernier regard, empreint d'une tristesse indicible, sur la foule et sur le palais de la Seigneurie. Le bourreau lui passa le nœud coulant et le précipita dans le vide. Son corps s'écroula dans les flammes du bûcher. Son cœur et son foie pendaient au dehors, ils devinrent une cible pour la racaille de Florence qui commençait à relever la tête.

En Afrique du Nord, c'est à contre-cœur que saint Augustin se résignera à l'intervention du pouvoir impérial pour ramener à l'unité les chrétiens séparés, les donatistes. Leur schisme était obstiné. Rien n'avait pu le résoudre. Pendant un siècle de résistance, de 312 à 411, c'est en vain qu'on s'était employé à les persuader de la validité de la consécration de l'évêque Cécilien de Carthage. Augustin consent donc à ce que le pouvoir impérial s'en mêle. Il suffit de quelques mesures d'ordre fiscal — elles sont toujours efficaces — pour que tout rentre dans l'ordre et que les schismatiques se pressent de nouveau dans le sein de l'Église. Comment ne pas être satisfait ? Le schisme était résolu. Mais ce même principe de l'appel au pouvoir politique qui avait servi alors, va faire basculer un siècle plus tard, le monde si chrétien de l'Afrique du nord dans l'islam.

Le grand Bossuet provoqua de faux rapports de police contre son collègue dans l'épiscopat, Fénelon, archevêque de Cambrai, pour lui créer des embarras auprès de Louis XIV...

Le président Giscard d'Estaing, dans son discours d'accueil en 1981 lors de la première venue de Jean-Paul II en France, prit soin de bien choisir ses mots pour accueillir le pape « venu de son plein gré », trois mots soigneusement pesés pour rappeler la précédente venue d'un souverain pontife il y a plusieurs siècles — il avait dû être attentivement conseillé ! — Valéry Giscard d'Estaing faisait référence aux papes d'Avignon en évitant soigneusement d'évoquer Napoléon. Jean-Paul II aurait parfaitement pu demander d'aller s'agenouiller dans la chambre du château de Fontainebleau où Napoléon avait fait incarcérer le pape Pie VII après l'avoir emprisonné pendant plusieurs années à Savone, avec interdiction de communiquer et limitation de son environnement à trois personnes. Dans le même temps, Napoléon faisait déménager les deux tiers des archives vaticanes et convoquait un concile à Paris puisqu'il estimait que Paris avait remplacé Rome comme centre du monde.

Que devait penser et faire alors un jeune prêtre contemporain de Napoléon et du Curé d'Ars ? En novembre 1790, première division dans l'Église, il fallait prêter serment à la constitution civile du clergé, sous peine d'être poursuivi et chassé. Un tiers du clergé prête serment. Soixante évêques sont consacrés en dehors de la fidélité à Rome. Une église nationale cherche à naître. En 1792 lors des massacres de septembre, trois cents prêtres sont assassinés ; trente mille s'exilent. L'Église continue. En 1793, est édictée la loi contre les suspects. Ceux qui ne sont pas d'accord avec l'Église d'État doivent se cacher. Cette même année, un décret est voté qui punit de déportation les évêques qui s'opposeraient au mariage des prêtres. Deux mille se marieront en cette année 1793. Il faudra attendre 1802 pour que le Concordat soit signé contre l'avis obstiné de Talleyrand. On pouvait croire qu'on allait respirer tranquillement : c'est alors, en 1809 que Napoléon fait incarcérer le pape en le constituant prisonnier à Savone. La Bulle d'excommunication de Napoléon par le pape arrivera à être connue. Qui fallait-il donc suivre : Napoléon qui avait rétabli la liberté du culte ou le pape ?

Trois leçons de l'histoire

Pour se consoler en période de crise, il ne suffit pas de comparer son époque avec les autres. L'histoire peut aussi indiquer certaines leçons valables pour tous les temps.

Il est toujours trop tôt pour faire un bilan. C'est la leçon de toute l'histoire profane elle-même. Il suffit de se souvenir de la rive gauche du Rhin. Au congrès de Vienne, il y aura bientôt deux cents ans, Talleyrand obtient que la Prusse renonce à la Saxe et se contente en échange de la rive gauche du Rhin. Pendant un demi-siècle, son succès lui valut l'admiration universelle. On avait repoussé l'unité de l'Allemagne. Tout change en 1870. (Que dire de 1914 et de 1940 ?). On voit alors que, grâce à « la garde au Rhin », la Prusse a pu incarner la grande Allemagne. Ce qui avait semblé une victoire diplomatique de la France devenait la source de ses malheurs.

Le Canada donne un autre exemple non moins parlant. Louis XV ne fut nullement blâmé en 1763 d'avoir abandonné l'Inde et le Canada, au contraire. Avec le XIXe siècle l'opinion change : on le lui impute à crime. Si l'on n'était pas parti, toute l'Amérique du Nord aurait parlé français. Et maintenant ? Nos contemporains reviendraient peut-être à l'idée de Voltaire, qui stigmatisait le colonialisme ?

Pendant la guerre de 1914-1918, l'anecdote du chauffeur de Joffre a couru les tables des états-majors. Joffre était alors général en chef, Pierre était son chauffeur. On pensait que Joffre devait se laisser aller à quelque confidence avec son chauffeur et l'on demandait tout le temps à Pierre : « Pierre, qu'est-ce que le général dit de la guerre ? Quand va-t-elle s'arrêter ? » et Pierre se taisait. Un jour, un peu excédé, le chauffeur répéta pour la première fois ce que le général venait de lui confier : « Il m'a dit : Pierre, quand la guerre va-t-elle finir ? » Général ou chauffeur qui peut prétendre en histoire que son bilan ne soit pas trop hâtif ?

Il ne nous est pas donné à nous présentement de discerner la trame de la Cité de Dieu dans l'étoffe de l'histoire humaine. Les deux cités sont conjointes, leurs trames demeurent inextricablement mêlées l'une à l'autre, comme le dit saint Augustin : *Perplexae sunt istae duae civitates*. Perplexae : elles sont imbriquées l'une dans l'autre comme l'assemblage d'un tissu.

Deuxièmement, l'histoire montre qu'on ne s'en tire pas par une seule fidélité, mais par une *double fidélité* et à l'amour de Dieu, « qui écrit droit avec des jambages courbes », (ou au moins à des valeurs), et aux lois du réel concret, dans sa rudesse, sa modestie et sa dignité telles que le Christ lui-même les a acceptées en donnant l'exemple à Nazareth. Péguy le rappelle : « Il ne suffit pas d'abaisser le temporel pour s'élever dans la catégorie de l'éternel... Parce qu'ils n'ont pas le courage d'être d'un des partis de l'homme, ils croient qu'ils sont du parti de Dieu. Parce qu'ils ne sont pas de l'homme, ils croient qu'ils sont de Dieu. Parce qu'ils n'aiment personne, ils croient qu'ils aiment Dieu. Mais, conclut Péguy, Jésus-Christ même a été de l'homme. »

Une troisième loi est évidente. *Seule l'humilité rend intelligent*, et seule la confiance aide à discerner avec justesse l'essentiel du relatif. Il aurait été beaucoup plus facile pour saint Paul de choisir entre les Hébreux ou les Grecs. Il eût été beaucoup plus facile à saint Jérôme, ancien secrétaire du pape Damase, expulsé par son successeur de se replier dans son exil au lieu de dénoncer les abus du nouveau pontife. Cela aurait été plus simple pour saint Bernard de s'abstenir des critiques sévères et sublimes qu'il adresse dans le *De Consideratione* à son ancien moine devenu pape, Eugène III. Il aurait été moins pénible à saint Thomas d'Aquin de n'avoir pas à se préoccuper des libelles agressifs et insignifiants d'un gréco-latin sur lequel le pape lui demande son avis. Saint Thomas avant de conclure au non-intérêt de ces pages écrit : « J'ai mis toute ma conscience à les scruter avec attention. » *Diligenter perlegi.*

Plutôt que le soupçon, la critique, le refus de confiance devenus si habituels, nous découvrons chez tous les grands génies de l'Église, François d'Assise, Barthélemy de las Casas, Newman, Maritain, que c'est toujours la fidélité intelligente dans une intime gratitude pour l'Institution qui les rend clairvoyants.

Un nouvel état de choses

L'histoire ne repasse jamais les mêmes plats.

On ne perd pas son temps à relire ce que le cardinal Ratzinger a perçu avec acuité de notre crise. Elle est avant tout un *ébranlement de la vérité*, un soupçon généralisé qu'il y en ait une et qu'on puisse l'atteindre.

Que faire ? Peu est possible, mais c'est possible.

Peut-être s'exercer d'abord à bien repérer les décalages entre la manière de s'exprimer, la manière de penser et la manière d'être. La mauvaise habitude de les mélanger conduit à d'inutiles crispations.

Pour mieux saisir l'effet maléfique de cette confusion, il suffit de se rappeler comment les différentes langues écrivent les chiffres, il s'agit pourtant bien de la même réalité, et il y a mille manières de les saisir, que ce soit par exemple chez les Mayas, les Romains ou les Arabes. Pour dire dix-huit, les Latins écrivaient « vingt moins deux », pour quarante, c'était « cinquante moins dix », etc. Lorsque l'on évoque douze, pense-t-on une certaine quantité qu'on n'analyse pas, ou douze unités, ou dix plus deux, ou six plus six ? Pourquoi le français énonce-t-il « soixante-dix » ? Faut-il penser soixante-dix, ou sept fois dix, ou *septante* ? Si je dis soixante-dix-huit, est-ce que je pense « octante moins deux », alors qu'on ne pense pas « quatre-vingts » comme quatre fois vingt, mais comme *octante*. Lorsque l'homme dit « travailler de ses dix doigts », il y a une raison pour distinguer cinq plus cinq, à cause des deux mains. On devrait même dire que, puisque le pouce est opposable, il y aurait une raison de penser les dix doigts de l'homme comme (4+1) + (4+1). En effet, ce n'est pas le nombre dix qui, de soi, se réalise ainsi, mais la réalité physique que sont les dix doigts de l'homme.

Si notre manière de compter, d'exprimer et de penser les nombres est si aléatoire, qu'en est-il de l'arbitraire de nos réflexions sur ce que nous appelons les crises ? L'humour des différentes manières de décomposer les chiffres pourrait être utile pour analyser et relativiser nos *a priori* en face de l'Église lorsqu'on en parle un peu trop vite.

Quelle que soit notre manière de compter, c'est bien toujours la même réalité qui est en cause. Et c'est elle finalement qui compte...

J'ai rappelé l'utilité et le rôle indispensable de la philosophie. Il faut immédiatement ajouter dans la ligne de saint Augustin qu'il n'y a aucun motif pour l'homme de s'adonner à la philosophie en dehors de la recherche du bonheur. L'homme est fait pour le bonheur. L'oublier conduit à une dégringolade vers le chaos. Il suffit de regarder une seule fois les émissions *Paris la nuit* sur la chaîne *Paris première.*

L'homme est mû par trois grands désirs : le désir de connaître ce qui est et la raison de ce qui est ; le désir d'agir librement et efficacement ; enfin le désir de communier avec les autres dans l'amour.

L'erreur de Faust n'en finit pas. Au début n'est pas l'action

Faire une erreur sur le but de la connaissance, c'est inévitablement courir à l'échec, dont Faust et Prométhée ont été les grands symboles dans nos civilisations. À travers Faust, Goethe a tout réduit à l'action et la civilisation moderne a opté pour Faust : « Au commencement était l'action ». Il n'y aurait donc qu'à entrer dans cette action indéfiniment.

On connaît la suite. L'esclavage d'un désir inassouvi et la réduction de notre vie à n'être qu'une *Loft-story*, sous le pressoir de la compétition pour exclure l'autre.

Goethe a beau compléter immédiatement en ajoutant : « Il est écrit : « Au commencement était le sens ». Mais ce sens, c'est encore l'homme qui le fabrique. L'esprit module, crée, façonne, à son idée et à son image, le but qu'il a envie de poursuivre. Il faut tout faire pour devenir un *top model.* Goethe est alors conduit à s'interroger : « Est-ce le sens, l'avis des autres qui fait et ordonne tout ? » Ne faudrait-il pas dire plutôt : « Au commencement était la force. » Cela ne convient encore pas à Goethe, parce que, dans la force, il n'y a pas nécessairement l'idée d'exercice. Goethe aboutit donc à la formule définitive : « Au commencement était l'action. »

Les idées, les concepts ou verbe mental sont chez nous chose magnifique et, cependant pauvre. Magnifique, parce que les idées amènent en nous, dans la clarté d'une expression intérieure à nous, tout ce qui est de soi en dehors de nous. Mais les idées sont pauvres, elles ne tiennent pas en elles-mêmes. Elles ne sont qu'une disposition fragile de l'intelligence. Leur noblesse se révèle dans la conscience acceptée de leur pauvreté. Il est essentiel aux idées de nous tourner vers la réalité, qui demeure toujours sous certains aspects un mystère.

Deux tentations sont récurrentes.

— Chercher notre bien dans l'œuvre à faire, finalement politique : le chemin est pris pour la fin. Le réel est devenu d'abord ce que l'on construit, non ce que l'on comprend.

— Chercher notre bien dans le culte de l'image de soi, notre satisfaction dans les contentements qui tournent autour de l'attachement et de la vénération de soi. Ce culte de notre image est alors prise pour la réalité suprême et nos états d'âme pour la jouissance qui s'évanouit au fur et à mesure.

La nostalgie si pressante et le souci constant de certain président de la République de s'inscrire dans l'Histoire en y laissant une marque, illustrent bien la manière dont ces deux tentations peuvent se mélanger.

L'humanité actuelle se trouve en l'état où des siècles humanistes, scientifico-techniques l'ont laissée. L'aspiration à cette civilisation date finalement du XVe siècle italien, le *Quattrocento*. Il s'est agi d'un humanisme au sens fort, c'est-à-dire d'un refus de Dieu. Cette aspiration humaniste absolue ne pouvait pas se satisfaire de la renaissance du paganisme antique qui, malgré toutes ses tares, était encore trop imprégné de religion. La chrétienté qui se révoltait ne pouvait chercher sa voie que dans la création humaine, par les sciences, ordonnées elles-mêmes aux techniques. Le développement de notre civilisation fut rendu possible par la découverte de la physique mathématique et par les philosophies de l'idée, et de l'autonomie des Lumières. Ce fut l'œuvre du XVIIe et du XVIIIe siècles en Europe, œuvre qui n'était pas totalement injustifiée dans sa réaction contre le puritanisme et le jansénisme précédents.

Une réaction morale ne suffit pas. Pas plus qu'une civilisation de la construction

Mais déjà au XVIe siècle, le protestantisme avait fourni une religion adaptée, un nouveau christianisme, non plus théologal, mais moral et subjectif. Le Dieu sauveur est rendu inaccessible dans son libre choix. La vie n'est plus gouvernée par la nostalgie de s'unir à Lui, mais par le repli sur une morale qui, inévitablement, deviendra de plus en plus insupportable jusqu'à nous donner envie de supprimer Celui qui gêne notre liberté, et donc d'en arriver à proclamer la mort de Dieu, et finalement la mort de l'homme. Et c'est vrai, le christianisme n'est pas d'abord une morale, sinon il devient étouffant.

Le XIXe siècle et le début du XXe devaient voir l'épanouissement, d'abord très confiant, de cette civilisation, alors qu'en profondeur se détruisaient les conditions de toute civilisation. Au début du XXe devint évidente l'incapacité scientifique et technique à satisfaire les aspirations naturelles de l'homme. L'effort géant de création de la société marxiste ne pouvait être qu'une diversion, puissante, mais momentanée. Alors que la conquête du confort par des réalisations étonnantes d'exploits médicaux et d'explorations cosmiques se poursuit, simultanément un sentiment de vide saisit les plus intelligents jusqu'à l'absurde et au « concept du chaos », avec les révoltes et les violences normales qui s'ensuivent.

Les conditions d'une reprise humaine existent-elles encore ? Et même la possibilité pour l'homme de trouver sa fin ultime ? Shakespeare et Molière ont été très loin pour en douter. Sont-ils même allés assez loin ? Nietzsche et Rimbaud le leur demanderont. Aussi bien que la reine Victoria, l'empereur de Prusse et Lénine. Ici encore, la réalité passe la fiction. L'humanité n'en peut plus de n'être qu'humaine. Cela n'est pas du tout un constat triste, au contraire. Nous l'avons dit. C'est la clef du « Connais-toi toi-même » de Socrate. Rien ne peut commencer si l'on fait bon marché de la part d'angoisse qui structure l'homme. La fatigue de chaque génération amène inévitablement un certain goût de néant, pour autant qu'il puisse avoir du goût, il faudrait plutôt dire du non-goût. Alors, heureusement, les générations suivantes ont envie de se « reprendre » et nous sommes au rouet, faut-il choisir la libellule ou le haricot ? Chaque génération en a-t-elle le désir ou la force ? C'était la question première que j'ai voulu poser aux conférences de Notre-Dame de Paris, il y a vingt-cinq ans. Ce n'est d'ailleurs pas forcément dans les générations les plus jeunes qu'il faut trouver ce courage d'espérer, mais dans celles qui ont eu déjà quelque peu l'expérience de Rimbaud que « la vraie vie commence au-delà du désespoir ».

Il ne peut pas y avoir deux espoirs qui cohabitent

Impossible de ne pas en arriver à cette conclusion : il n'y a pas deux espoirs différents. L'Église n'arrivera jamais à aménager un petit coin où l'on soit dispensé des ennuis et où une petite espérance pourrait se cultiver comme le jardin du Candide de Voltaire.

Pas plus la civilisation ne pourra-t-elle toute seule enlever les herbes mortifères de son espérance : Monsieur Bush et Monsieur Ben Laden ne suffiront jamais tout seuls à rendre à l'homme sa joie de vivre. On n'espère pas en dehors de l'espérance. Le propre de l'angoisse est d'être totalitaire, l'espérance ne peut qu'être aussi totalitaire qu'elle ou bien l'espérance n'est pas. La seule réponse n'est pas de dire qu'une espérance va éteindre l'angoisse. Mais l'inverse : *aucune angoisse finalement n'est arrivée à éteindre l'espérance. C'est de l'intérieur même du fait d'espérer que l'on peut arriver à dire que l'angoisse n'a pas le dernier mot. Il n'y a pas d'autre façon de le dire puisqu'il est des hommes qui espèrent. On ne peut pas exprimer que l'espérance a raison autrement qu'en espérant soi-même. Et il n'y a de réponse acceptable que pour celui qui n'attend pas la réponse pour espérer.* Attendre le professeur idéal, l'ingénieur idéal, le technicien idéal, le prêtre idéal, le docteur idéal, le mari idéal, l'amant idéal, l'enfant idéal, l'épouse idéale pour espérer, c'est se condamner à ne jamais espérer. Et le Christ me propose de me mettre à genoux pour trouver la porte de l'espérance !

La consommation peut-elle être illimitée ?

La création industrialiste et mondialisée est devenue une grande machine. Pourquoi tourne-t-elle ? Pourquoi se donner pour la faire tourner ? Un nouveau christianisme issu davantage du protestantisme répète : « Il faut servir le monde ». Et après ?

Il ne s'agit pas de condamner ces attitudes, mais de les comprendre.

Certaines déficiences du christianisme sont évidentes, lorsqu'il amène à penser que la vie sur terre est uniquement une vie morale, active, et que la foi et la prière seraient seulement nécessaires pour accomplir une vie convenable. D'une certaine manière, l'activité menée au service d'un progrès terrestre légitime le penchant et l'habitude d'ignorer les mystères de Dieu, non seulement de les oublier, mais de s'en déconnecter.

La « manducation » (comment appeler cela ?), la méditation, l'apprivoisement, l'assimilation aux mystères de Dieu sont considérés comme une utopie inutile, un luxe sans intérêt, une préoccupation immorale (voir Sartre et Camus), quand ce but de la vie humaine n'est pas rejeté avec mépris ou violence. Il est évident que le christianisme est aujourd'hui entré dans une période de persécution active, de rejet de ces valeurs essentielles : la communion active aux Béatitudes et à la vie trinitaire du Christ. L'espoir d'un monde terrestre meilleur remplace la vie surnaturelle de communion à Dieu telle qu'Il la propose dès maintenant. Aurait-on le droit d'aller jusqu'à parler d'apostasie à l'intérieur même du christianisme ?

Hélas, peut-être ?

Le pouvoir de connaître, ramené à mobiliser ses énergies pour fabriquer, réduit à une force synthétique seulement pour produire et agir, ouvre sur le vide. L'idée de l'action productrice s'est implantée au cœur de la philosophie et de la civilisation et ne la quitte plus. On est amené à une sorte de nouveau catholicisme que cette intuition promeut. Ne trouve-t-on pas parfois davantage des valeurs humaines religieuses dans l'orthodoxie, dans le protestantisme luthérien ou le judaïsme ?

L'humanisme du XVe siècle italien n'a pas tout de suite nié Dieu. Il a imaginé un Dieu qui, créant l'homme, aurait voulu créer seulement une liberté elle-même créatrice. Cela est fort clair, par exemple chez Pic de la Mirandole (1463-1494) dans son *Discours sur la dignité de l'homme*. « Tu pourras avec liberté de choix et à ton honneur, être ton propre modeleur et créateur, (*plastes et fictor*), te façonnant toi-même selon la forme que tu pourras préférer. »

La filière est facile à saisir chez Luther. À l'encontre de l'égoïsme de toute vie contemplative et monastique, (pour lui les moines étaient des égoïstes), il n'y a qu'une bonne façon de servir Dieu, c'est d'accomplir le mieux possible le travail de sa profession. Dieu n'étant pour Luther que l'activité qui agit en tout et en tous. La pensée de Luther est de nos jours encore fidèle à son principe par exemple chez le grand évêque luthérien suédois Nygren. L'amour chez Dieu n'est qu'un acte créatif qui laisse tomber ce qui est le propre de l'amour, l'acceptation d'une séduction et d'une attirance. L'amour est remplacé par une impulsion à l'action, une impulsion qui ne peut plus être gratuite.

Descartes dans la sixième partie du *Discours de la Méthode* avait déjà voulu conduire l'homme à une philosophie qui avait pour but non plus la connaissance, mais la transformation de tout au profit de l'homme. Il le dit explicitement. Il y a là un renversement total. La philosophie est ordonnée à la médecine et à la mécanique ; et la morale, sagesse suprême, n'est plus ordonnée à la communion des choses divines, mais seulement à la glorification de l'homme dans sa propre action.

Au XIXe siècle, l'histoire de la pensée ne sera que l'approfondissement de cette intuition. L'essence de l'homme consiste à créer matériellement et moralement, à fabriquer des choses et à se fabriquer soi-même. L'homme ne se définira plus par ses rapports avec Dieu, mais par ses rapports à l'univers matériel.

Et aujourd'hui ? Tout devrait-il s'ordonner pour la relance de l'emploi ou la croissance de la consommation ? Les termes sont clairs, presque tragiques. L'homme est réduit à être employé.

Peut-être faudrait-il rappeler ici certaines limites, voire déficiences de la contre-réforme catholique issues du concile de Trente. On a peut-être trop centré tout sur le « devoir d'accomplir la volonté de Dieu ». On a peut-être, d'une certaine manière, chassé un peu dans l'ombre l'éducation théologale de la mystique chrétienne, relégué la vie contemplative et occulté l'invitation faite par Dieu à l'homme d'entrer dans son intimité. Cela a conduit à un catholicisme qui se limite à un humanisme moralisant, puis « social ». Est-ce suffisant pour répondre à la soif de l'homme ? La raison est capable de présenter, comme bien ultime de l'homme, n'importe quoi. On n'aboutit pas seulement, dans l'ère moderne, au « crépuscule des mystiques », mais au crépuscule de la vie théologale chrétienne. Il devient alors facile ou normal de s'évader dans des phénomènes un peu exceptionnels, quelles qu'en soient les apparitions et expressions, ou dans la séduction des mystiques orientales, arrangées à la sauce hexagonale.

L'accélération fiévreuse de la production des échanges conduit la société à une impasse. Elle nous rend prisonniers d'un système exigeant une croissance, qui n'est pas forcément toujours bonne. Les revendications des tenants de l'écologie, quand elles ne sont pas adolescentes, rejoignent une question de fond : *la consommation peut-elle être illimitée ?* Mais l'accélération de la consommation demeure toujours inférieure à celle de la production. Qu'est-ce qui pourra réguler, modérer, tempérer cette consommation ? Aucune raison humaine.

Cette question est beaucoup plus importante que celles de deux craintes rencontrées parfois (et autrefois ?) par certaines hiérarchies ecclésiastiques : celle de ne pas paraître assez « à gauche » et celle de ne pas montrer assez d'ouverture aux recherches de ré-interprétation de l'Écriture.

Quand les Pères de l'Église sont plus audacieux que les poètes maudits

Au risque de se détruire et de n'avoir plus aucun intérêt, s'il oubliait ce message insurpassable en l'occultant, le christianisme a appris à l'humanité qu'il y a trois participations à l'infinité même de Dieu. Ce fut l'intuition fondamentale des Pères de l'Église lorsque dès le départ ils fixèrent le nouveau but proposé par le Christ : Dieu s'est fait homme pour que l'homme devienne Dieu. Et cela de trois manières.

L'humanité de Jésus-Christ. Elle a une dignité infinie puisqu'elle est l'humanité de la deuxième personne de la Sainte Trinité.

La maternité divine de la Vierge Marie. Elle a une dignité infinie en raison de son terme, qui est la personne même du Fils de Dieu fait homme.

Enfin, *la vision béatifique et béatifiante déjà commencée dans la foi*, et proposée réellement à tout homme dès cette terre comme la seule fin, le seul but pouvant satisfaire son attente. Cette soif et cette présence de Dieu ont une valeur infinie puisqu'elles sont l'avant-goût et la communication de la vie proprement intérieure de Dieu en sa transcendance infinie elle-même.

Les saints ont risqué leur existence, de sainte Blandine jetée aux taureaux jusqu'au père Kolbe emprisonné dans le bunker de la faim à Auschwitz. Ils l'ont fait pour que nous osions croire et que nous continuions à y croire. Enfermé, alors que dans les cellules voisines on s'entredévorait en hurlant, condamné à périr de faim et de soif, le père Kolbe entretenait ses compagnons des rapports de la Vierge Immaculée avec les Trois Personnes divines.

On peut traiter cela par inattention, oubli ou mépris. On peut réduire cette conviction à des considérations pieuses, inutiles, dangereuses ou exaltées, ne serait-ce pas ce qui, ultimement, donne pourtant un sens à l'humanité : être invité à « devenir Dieu » ?

Le XIXe siècle a été traversé de Hölderlin à Rimbaud et Paul Valéry par un incessant et violent acharnement à chasser toute idée de Dieu. Goethe l'a demandé à l'action. Novalis et Brentano à la nuit. Baudelaire à la drogue. Nerval à la folie. Rimbaud, Mallarmé et Valéry à la création poétique. Il ne suffisait plus de s'évader, mais après avoir assisté, entre Mallarmé et Claudel, à la « Catastrophe d'Igitur », d'attendre un hypothétique salut venu de l'azur. Kafka en savait la prison. Nietzsche lui en avait soufflé l'impossible et terrible rêve : « La question la plus douloureuse, la plus déchirante, celle du cœur qui se demande : où pourrais-je me sentir chez moi ? »

TROISIÈME PARTIE

II
De l'histoire

5

De l'histoire

Judas ou Jésus ?

Une meilleure connaissance de l'histoire n'aide-t-elle pas à mieux trouver la vérité ? Il n'y a pas aujourd'hui que les revues de jardinage et de cosmétiques qui font florès, les revues d'histoire font de même. Ne sommes-nous pas confortés par cette efflorescence des travaux historiques ?

Une anecdote de Léonard de Vinci va nous éclairer. À Milan, Léonard termine la grande fresque de l'Eucharistie : *La Cène*, avec Jésus au milieu des apôtres. Arrive le moment de peindre Judas. Il a du mal à trouver un modèle pour le dernier apôtre. Il en vint à chercher dans les tavernes et les bouges un visage qui, par sa laideur, lui permettrait de peindre une figure de traître. Après des mois de recherche infructueuse, un jour enfin, Léonard crut avoir trouvé. Là-bas, dans un coin, il repère un visage, un visage portant sur sa face les stigmates du vice. Léonard s'approche de l'homme et lui demande s'il accepterait de venir dans son atelier, en lui expliquant — comme on peut le faire à un inconnu — ce qu'il attend de lui. L'homme silencieux regarde fixement Léonard. À la fin, l'homme prend une lanterne, l'approche de son visage et dit : « Oh, Léonardo, tu ne me reconnais pas ? C'est moi qui ai posé pour toi lorsque tu peignais le visage de Jésus. »

Ainsi de l'historien. Il peut tirer du passé Judas ou Jésus.

Nous n'avons pas le privilège d'un renouveau de l'histoire. Le XVIIe et le XIXe siècles, par exemple, ont été de grands moments de progrès dans les sciences historiques. Je ne redoute pas l'inflation actuelle, mais je crains les partis pris qui gouvernent certains historiens. Malgré beaucoup d'efforts, on reste encore lent pour les décrypter. Un petit livre, comme celui de Guy Bourdé et Hervé Martin, *Des écoles historiques*, (éd. du Seuil, 1983), éclaire avec intelligence et discernement les courants magnétiques et géologiques souterrains qui téléguident les historiens. Chacun demeure plus ou moins maître de ses préjugés pour filtrer ce qu'il a envie de retenir du passé.

Deux exemples sans doute parmi les plus éloquents sont Jeanne d'Arc et le Christ. Ils ne se laissent pas dominer ni manipuler aussi facilement que certains le souhaiteraient. Ils résistent. L'un et l'autre font apparaître les préventions de ceux qui les examinent. Il y a la Jeanne d'Arc de Duby, celle de Le Goff, celle de Guillemin, hélas, mais aussi celle de Michelet, celle de Brasillach, celle de Florence Trystram, celle de Pierre Moinot. etc. Il suffit de lire le parfait petit modèle de radioscopie, chef-d'œuvre d'introduction à l'histoire, qu'est l'étude de Régine Pernoud, *Jeanne devant les Cauchons,* (Seuil 1970). Il n'a pas vieilli d'une ligne. Il est accablant. On l'a encore constaté dans les *Brûlures de l'histoire* au moment de la sortie des films de Jacques Rivette.

Je ne résiste pas à citer les premières lignes de Régine Pernoud qui sont une page d'anthologie.

Napoléon, fils de Louis XV ?

« Aux environs des années 1840-1845, une publication issue du cerveau fertile du créateur du *Charivari*, offrait à ses lecteurs un article intitulé : « Comme quoi Napoléon n'a jamais existé. » L'auteur y démontrait que l'histoire de Napoléon n'était qu'un mythe transposé. Cette publication nous a rappelé une anecdote personnelle.

« C'était au temps où, avec quelques confrères archivistes nous installions aux Archives nationales la salle Napoléon. L'ouvrage d'un nommé Grimaud, venait de paraître. L'un de ces nombreux ouvrages dans lesquels l'auteur vous assure très sérieusement que Jeanne d'Arc était une bâtarde née des amours de Louis d'Orléans et Isabeau de Bavière ; qu'étant bâtarde, elle avait pu facilement délivrer Orléans assiégée et qu'elle n'avait pas brûlé, mais s'était retrouvée par la suite, bien vivante, sous les traits de l'aventurière Claude des Armoises.

« L'une de nous, poursuit Régine Pernoud, lança l'idée suivante : "Nous devrions nous amuser à prouver que Napoléon était le fils de Louis XV !" En moins d'un quart d'heure, nous avions réuni une bonne demi-douzaine de *preuves* irrécusables. Tout d'abord, les dates concordaient ; Napoléon n'est-il pas né en 1769 et Louis XV, mort en 1774 ? D'autre part, peu après sa naissance, son père Charles Bonaparte, adresse une supplique au roi lui demandant de l'aider à élever "sa pauvre famille", ce qui est en effet la moindre des choses si Napoléon est un bâtard de sang royal confié par le roi à une famille déjà nombreuse. Par la suite, comment expliquer que le petit Bonaparte ait été admis à l'école de Brienne, pour laquelle il fallait faire état de quatre quartiers de noblesse, si on ne lui avait fourni des armoiries de complaisance ? Enfin, la supposition devient une certitude aveuglante. Si l'on considère que la dernière signature de Louis XVI fut apposée précisément sur l'acte de nomination du lieutenant Bonaparte, le désignant ainsi comme son successeur en lui donnant les moyens d'accéder au trône et d'en terminer avec « l'hydre révolutionnaire » ?

« Dernière et décisive *preuve* : Napoléon lui-même, à Sainte-Hélène, avait eu des doutes sur ses origines et avait fait discrètement mener une enquête ; il se trouvait trop différent du reste de sa famille pour ne pas s'inquiéter des conditions de sa naissance. On dit qu'il ne fut convaincu d'être le fils de son père qu'au jour où il sut qu'il allait, comme ce dernier, mourir d'un cancer à l'estomac, ce qui du reste ne convaincrait aujourd'hui aucun médecin.

« C'est ainsi qu'on écrit l'Histoire. Et beaucoup ne s'en privent pas. Mais l'Histoire est tout autre chose. » (Régine Pernoud, *Jeanne devant les Cauchons*, éd. du Seuil.)

Vous avez dit combien la fréquentation des artistes, peintres, musiciens, metteurs en scène et l'étude de l'histoire de l'art vous avaient obligé, aidé et maintenu à un certain niveau de regard philosophique et spirituel. En dehors des événements de votre vie personnelle, n'y a-t-il pas eu pour vous des moments privilégiés où votre vision de l'histoire a été transformée et enrichie ?

En dehors de la profession religieuse et de l'ordination sacerdotale, moments privilégiés entre tous, mais impossibles à transcrire en termes uniquement rationnels, il y eut de nombreuses rencontres providentielles, il y eut des périodes de mutation intérieure : on ne revient de l'Océanie, ni de l'Asie comme on y est arrivé. J'ai déjà évoqué les huit séjours asiatiques qui ont profondément modifié mon regard. Je ne garderai ici que trois périodes qui m'ont appris à mieux saisir certains mécanismes de l'histoire.

Dans l'ordre chronologique, il y eut d'abord le choc du double langage à l'époque de Vichy ; puis, dans un tout autre ordre, la découverte, lors de mon entrée au noviciat, d'une cohérence intelligible différente de celle des philosophes de Sorbonne grâce à la liturgie, à la Bible et aux études théologiques. Je l'ai suffisamment évoqué pour ne mentionner ici que le troisième choc. Après avoir reçu le diaconat, ce fut celui d'une année passée, seul français, dans un couvent allemand.

L'expérience allemande

Pour quelle raison êtes-vous allé en Allemagne ?

En 1948, aucun contact n'avait encore été repris entre les Églises allemandes et françaises. Cela semble aujourd'hui invraisemblable. Seuls événements notables, le cardinal Suhard, archevêque de Paris avait été invité en 1947 à Cologne pour la canonisation de saint Albert le Grand, et un groupe de pères jésuites avait commencé à éditer une revue en français et en allemand *Dokumente* et *Documents*. Sinon, c'était la pleine période de l'occupation de l'Allemagne par les troupes françaises, alliées et russes.

Il fut donc décidé, après huit ans d'interruption, que l'on reprendrait des liens entre couvents du même ordre religieux, comme c'était la tradition avant guerre. Je fus désigné pour aller passer les deux mois de l'été au couvent de Walberberg, entre Bonn et Cologne. On subissait encore six vérifications de frontières ! Deux entre France et Belgique, deux entre Belgique et Luxembourg et deux entre Luxembourg et Allemagne ! À la fin de l'été, j'ai demandé à mes supérieurs français si je ne pouvais pas rester en Allemagne, non pas seulement deux mois, mais toute l'année scolaire. Il était évident qu'un été ne suffisait pas pour bien apprendre une langue. On m'accorda donc naturellement cette année. Je ne revins même pas en France lorsque, pendant ces mois-là, les corps de mon frère et de mon beau-frère tués à la guerre furent rapatriés. Pourtant Cologne n'était guère plus loin de Paris que Lyon.

Quelles furent les conditions de votre séjour ?

En même temps privilégiées et austères. Austères parce que c'étaient encore les conditions de l'après-guerre, de faim et de froid ; j'habitais une cellule qui n'était pas chauffée, dans les combles du couvent sous les ardoises du toit. De plus, au début je savais relativement mal l'allemand.

Privilégiées pour plusieurs motifs. D'abord j'étais le seul Français au milieu d'un couvent de cent dix frères allemands. J'étais en même temps démuni, n'ayant personne à qui me raccrocher, et en même temps bienheureux d'être entièrement plongé dans la vie allemande.

Deuxièmement j'étais un Parisien, *ein echter Pariser* porté par ce petit prestige de Paris pour des Westphaliens, des Bavarois ou des Prussiens. Il y avait le rêve de Paris et, pour certains d'entre eux, le souvenir des séjours qu'ils y avaient fait pendant la guerre.

Troisièmement, dans la communauté des frères étudiants j'étais non par l'âge, mais par la date de prise d'habit et de profession religieuse, le plus ancien. La guerre avait forcément interrompu chez eux les entrées au noviciat. J'étais le seul diacre dans le groupe des frères étudiants et je remplissais donc régulièrement les fonctions du diaconat aux offices religieux du couvent ou des paroisses avoisinantes.

Quatrièmement, étant l'unique Français, j'ai tout de suite catalysé la sympathie des frères qui, dans ce couvent allemand, n'étaient pas des Allemands et étaient comme moi des étrangers : Hongrois, Lituaniens, Polonais, etc. J'y reviendrai.

Enfin, après quelques mois de séjour, j'eus la chance, imprévue et exceptionnelle, de contacts personnels et répétés avec des hommes les plus variés, professeurs, bibliothécaires de l'université de Bonn, le haut-commissaire français dans la Ruhr, (grand ami des Dominicains français), qui m'accueillit pendant deux semaines pour me faire voir tout ce qu'il pouvait de la renaissance industrielle allemande, l'ambassadeur de France, André François-Poncet (ami de ma famille) qui m'invitait à sa table, un ancien haut conseiller d'État allemand du chancelier Streiseman, Emil Burckhardt, et, comme je l'ai déjà rappelé, le professeur Curtius, etc. À quinze kilomètres du couvent, Bonn était alors vraiment la capitale de l'Allemagne fédérale, et la résidence de l'ambassadeur se trouvait non loin des Dominicains, à Bad Godesberg.

Il est évident que les contacts les plus précieux étaient ceux que me valait une vie totalement commune avec mes frères allemands. Ils m'emmenaient volontiers dans leurs familles. Très rapidement ils avaient oublié qui j'étais et me racontaient par exemple le choc qu'avait été pour eux la première fois où ils avaient dû pendant la guerre tuer un Français.

Quelles furent les surprises des premiers instants ?

J'étais accompagné d'un frère dominicain français du Saulchoir qui ne resta en Allemagne qu'un mois et demi. Nous étions tous deux attendus au couvent de Worms par un dominicain allemand d'origine lorraine. L'accueil fut amical, mais encore un peu gêné. Les Français étaient les occupants. Le couvent du XIe siècle hérité des Templiers était intact et soigné comme le sont les villes anciennes en Allemagne. À Mayence nous embarquons sur le Rhin. Première surprise, le nombre de châteaux en ruines détruits par les armées de Louis XIV. Bien sûr la *Lorelei* et c'est la litanie : « grands crus des bons vins du Rhin, et châteaux détruits ». Ensuite nous rejoignons Cologne par le train de nuit un petit matin de juillet.

Deuxième choc. La ville est encore à ce moment-là démolie à 87 %. Nous traversons un champ de ruines : tas de briques, pans de béton, quelques trognons de mur à ras de terre. Par-ci, par-là un conduit de cheminée comme un mât un peu zigzaguant. Cela m'étonnera longtemps ces cheminées qui restent debout quand les murs sont partis. Tout est par terre, et cela fait une couche épaisse, cinq ou six étages comprimés sur la hauteur d'un seul, étalé sur toute la rue, les quartiers nivelés. Plus de murs, plus de rues, plus de ville. Le vide et ces conduits de cheminées élevant sur fond de petit jour leurs doigts de squelettes... les radiateurs restent accrochés en l'air dessinant dans l'espace le fantôme de la maison qui était là, et pendent aux tuyaux comme des raisins mûrs. Avec Hambourg, Berlin, Munich et Dresde nous nous trouvons devant l'un des plus grands champs de ruines de l'Occident.

On a seulement déblayé le passage des rues. De cet amas de ruines et de béton s'élève une odeur de cave. 500 000 personnes vivent là. Dans les rues encore endormies, nous cherchons un lieu pour assister à la messe. *Die heilige Köln*, la ville des maîtres en théologie les plus prestigieux du Moyen Âge, Albert le Grand, Thomas d'Aquin, Duns Scot, « la sainte Cologne ». Hitler n'avait pas aimé venir dans Cologne la catholique. Une fois cependant, il avait osé en mai 1939 et la ville l'avait acclamé. Avec mon compagnon, nous pensons à la parole du Christ : « Et si mes disciples se taisent, les pierres crieront pour moi. » À présent il n'y a plus d'église. La cathédrale demeure malgré les bombes qu'elle a reçues, et, de-ci de-là, seulement quelques bas-côtés ont résisté : Sankt Gereon, les Sankt Apostel, Sankt Andreas...

Mais au milieu de ces pierres, un visage est là, et il ne crie pas ; un visage en même temps consolant et redoutable. Au-dessus des autels de leurs églises, les rescapés du XXe siècle ont seulement dressé les « croix de peste », les *Pest Kreuz*, celles-là mêmes qu'ils avaient déjà élevées au moment de la peste noire, au XIVe siècle, pour montrer que quelqu'un était allé plus loin que nous encore dans la détresse du mal : le Christ, qui avait pris sur lui la peste humaine. Non pas le visage souriant et serein d'un dieu puissant, mais le visage le plus ravagé qui soit, ravagé, mais couronnée. Non plus couronné d'épines, mais couronné d'un diadème, et d'un diadème de gloire. Voilà ce que les bombardés du XXe siècle étaient allés rechercher d'instinct pour en dresser l'épave au-dessus de leur ville. C'était le seul signe, la seule parole silencieuse qui pouvait encore donner un sens au désastre absolu. Cette image du Christ me restera gravée dans la mémoire jusqu'à en faire mon image d'ordination sacerdotale.

Les Allemands étaient devenus vos frères ?

L'immersion fut immédiate. Dans l'heure qui suivit mon arrivée au couvent, je pris place au chœur à mon rang de vestition et je chantai avec eux en latin les complies et le *Salve Regina*.

Un choc historique eut lieu lorsqu'ils me passèrent un mois plus tard le journal du couvent, le diaire où, jour après jour, l'archiviste avait noté ce qui était arrivé. Il décrivait le sort qu'avaient connu les pères du couvent, blessés, morts, engagés sur le front de l'Est et je suivais mois après mois le déroulé de la guerre vu par des religieux catholiques allemands. Le ton était courageux, soucieux de la victoire allemande, puis progressivement inquiet jusqu'au moment de l'arrivée des Alliés. Là fut le choc.

En tournant la page je découvrais tout à coup un autre ton, comme si l'histoire était devenue totalement autre.

On célébrait la fin de la dictature. Bien sûr, le texte montrait l'anxiété des prisonniers, de la débâcle, des ruines, mais le ton et le récit étaient devenus tels qu'on avait l'impression qu'il n'y avait rien eu auparavant. J'eus le même choc en allant passer quelques jours près de Düsseldorf, plusieurs mois plus tard, dans une famille allemande qui était amie de la mienne avant la guerre. Les frères et sœurs de l'âge de mes frères aînés n'eurent de cesse pendant plusieurs jours de me démontrer devant les ruines qui les entouraient que tout était de la faute du traité de Versailles.

Comme c'est difficile d'écrire l'histoire. J'y repensais forcément en assistant au défilé du carnaval de Cologne du haut des fenêtres du couvent Sankt Andreas entouré du père provincial et du père prieur. Le thème du carnaval cette année-là était la « dénazification ». Les chars, masques et chansons n'étaient pas très tendres pour les Alliés... En les ridiculisant, le carnaval prenait sa revanche.

Vous avez plusieurs fois évoqué la méthode des différences pour mieux comprendre les œuvres d'art ou les passerelles entre systèmes philosophiques. Cette immersion allemande n'a-t-elle pas été pour vous des travaux pratiques de cette méthode des différences ?

Ici aussi j'ai bénéficié d'un immense privilège. J'avais en commun avec mes frères allemands la liturgie, les habitudes monastiques et les études. J'étais chez moi comme je me suis retrouvé chez moi au couvent de Mexico ou de Tokyo. Mais, c'est vrai, les coutumes et les tempéraments étaient différents, à commencer par les coutumes alimentaires, bien sûr on ne buvait rien à table et — sans rire — j'ai vu un jour de fête servir des harengs avec de la crème au chocolat.

Mais cela est de l'anecdote à côté du fait massif que nous étions dans l'immédiat après-guerre. Encore une fois les conditions de vie n'avaient rien à voir avec les voyages touristiques des années qui suivirent. *A fortiori* de maintenant.

Français et Allemands devant leur passé

Quels sont les souvenirs les plus forts qui vous restent ?

Avant tout celui de la fraternité et de la confiance. Je fus reçu avec une amitié totale. Je l'ai dit, les frères allemands m'emmenaient dans leurs familles. Là, j'assistais pendant l'après-midi à un petit concert familial, chacun avait sorti son violon ou son violoncelle puis, après le goûter qu'on avait soigné, tout d'un coup celui qui avait été en camp de concentration allemand se laissait interroger par moi et confiait à tout le monde des choses qu'il n'avait encore jamais osé dire et il m'expliquait pourquoi il n'avait rien pu dire. Là aussi je comprenais la complexité de l'histoire.

Un autre souvenir me laisse une marque qui me poursuit toujours. C'est celui du compagnonnage avec les frères expulsés de leur pays. J'ai fait là une expérience exceptionnelle de l'Europe dans ce couvent allemand. Étaient entrés en religion des frères qui ne pouvaient pas retourner dans leur pays : Lituaniens, Polonais, Croates, Autrichiens, Sudètes, Hongrois, Tchèques, Berlinois de l'Est. Et ceux qui étaient déjà prêtres m'emmenaient avec eux dans les camps de réfugiés. Douze millions de personnes déplacées avaient dû trouver place en Allemagne fédérale. Treize personnes vivaient dans une pièce de quatre mètres sur quatre, se relayant pour pouvoir dormir sur les matelas. Lorsque quelqu'un me parle aujourd'hui de la misère, s'il n'évoque pas l'odeur, je sais qu'il ne me parle pas de la vraie pauvreté.

Pendant la Semaine sainte, je fus envoyé à Augsbourg pour servir de diacre à la communauté. Le couvent dominicain était situé près d'un ancien carmel devenu une église protestante. Augsbourg, où comme je l'ai évoqué, le cardinal Cajetan, légat du pape, rencontra Luther, mais sans résultat. On rêve de ce que serait devenue l'histoire si les choses avaient tourné différemment. Dans cette ville, chaque église catholique est doublée d'une église protestante. Le Vendredi saint pendant la prédication du chemin de croix à trois heures de l'après-midi dans l'église du couvent dominicain, le prédicateur dut s'arrêter car s'étaient mises à sonner à toute volée pour inviter les fidèles à la prière, les cloches de l'église protestante, séparée par une impasse de trois mètres.

Comment les frères allemands regardaient-ils leur passé ?

Avec courage, lucidité et désolation. Ils se confiaient très volontiers à moi lorsque nous marchions pendant les après-midi de promenade réglementaire par groupes de deux ou trois. Ils avaient presque tous vécu des expériences au-dessus de leur âge ou de leurs forces. Le frère Wolfram me racontait comment il avait dû traverser avec une valise les douze kilomètres de forêt minée qui séparaient la Tchécoslovaquie, devenue russe, de la frontière allemande et l'angoisse qui l'étreignait en voyant sauter ses compagnons sur des mines. Le frère Wolfgang revivait le moment où son avion abattu à 4 000 mètres s'était écrasé en torche et l'année d'hôpital qui s'en était suivi. Le frère Siegfried me disait la subtilité qui lui avait permis d'éviter d'entrer dans les Jeunesses hitlériennes. Dans son lycée, la classe de terminale n'avait le droit de hisser le drapeau hitlérien que si tous les élèves s'étaient inscrits aux Jeunesses hitlériennes. Il refusa et subit donc la pression de la classe. À cause de lui, elle n'avait pas le droit de monter le drapeau hitlérien, jusqu'à ce qu'il trouve une astuce. S'il entrait chez les pompiers, il serait considéré comme inscrit au parti. Il s'y engagea donc, mais les exercices avaient lieu le dimanche matin. Il fut obligé de faire le sacrifice de ne pas pouvoir assister à la messe. À cette époque là, la messe du soir n'existait pas.

Les récréations du couvent n'avaient pas le même style en Allemagne qu'en France. À Walberberg le dimanche après le déjeuner, on sortait les violons et la bière, on allumait deux bougies par table pour les cigares. Si ceux-ci n'étaient pas finis au moment où sonnait l'office des vêpres, les pères déposaient leurs cigares l'un à côté de l'autre sur le rebord du bénitier avant d'entrer à la chapelle, (pour le reprendre à la sortie...).

Parmi beaucoup d'autres, je me souviens de deux séances mémorables. La première fut assez bouleversante. L'occasion en fut le retour du premier des pères allemands qui étaient prisonniers en Russie. L'émotion ne vint pas seulement de ce qu'il évoqua de sa captivité, mais du fait que ce retour signifiait pour eux tous le début de la fin des tourments de la guerre.

Une soirée fut plus orageuse. L'un de ceux qui avaient été authentiquement résistant avait demandé que le débat de ce jour-là portât sur le *Tyrannermord*, c'est-à-dire la permission ou non de tuer un tyran, en l'espèce Hitler. Les échanges furent graves. Non pas seulement agités, mais douloureux, sans équivoque. Personne n'eut envie de fuir ni la question ni les responsabilités. Ils avaient les uns et les autres payé trop cher : horreurs de la guerre, bombardements, stationnements épuisants dans les camps de captivité en dormant dans la boue, ruines de leurs villes. J'écoutais. C'étaient mes frères dominicains et en même temps je venais un peu d'une autre histoire.

La vie commune avec des frères religieux venant de toute l'Europe, comme je l'ai dit, Lituaniens, Croates, Polonais, Tchèques etc., m'a marqué pour le reste de ma vie. Mon rapport à la France a été changé. Mon rapport à l'Église a été changé. Mon rapport à ma famille a été changé. Mon rapport à ma culture a été modifié. Au bout de quelques mois, je me suis posé la question : « et s'il m'arrivait de ne jamais rentrer en France ? » puisqu'alors je pensais que tel ou tel d'entre eux ne pourrait probablement jamais rentrer ni en Hongrie, ni en Pologne...

Cette expérience européenne m'a fait enrager depuis cinquante ans. L'Europe ? Elle était là, dans ce couvent. Nous avions les mêmes racines, la même histoire, les mêmes héritages. Lorsque j'écoutais *La Passion* de Jean-Sébastien Bach le jour des Rameaux à la cathédrale de Cologne, c'était bien le même Christ que nous évoquions. Le curé n'avait pas enlevé le saint sacrement du tabernacle.

Alors si l'Europe était là, pourquoi avons-nous mis et mettons-nous tellement de temps à inventer ses courroies de transmission ? Pourquoi la laïcité à la française se prive-t-elle des échanges qui, depuis le ve siècle, circulent entre les moines des abbayes et les religieux des couvents de l'Europe ?

Depuis cette année 1949, l'Europe s'est inscrite dans ma chair. Elle m'a obligé à réviser mon regard sur les structures de l'Université, sur nos relations avec l'État, sur nos rapports avec la détresse, sur les conceptions de la laïcité, sur le passé et l'avenir de nos pays, sur la repentance et l'espérance, sur la relativité de certaines politiques. Pourquoi tant de retards, mais pourquoi ?

Je ne reviendrai pas sur l'immense bénéfice que fut pour moi la possibilité d'entrer par les chemins de la pensée allemande dans une connaissance plus approfondie de la Bible et de la théologie. C'était le moment où les travaux du grand protestant Bultmann étaient à peine connus en France. J'eus l'occasion de travailler avec attention sur ses ouvrages. Je devais découvrir plus tard qu'au même moment, Joseph Ratzinger suivait ses études de théologie à Cologne et Bonn. Les professeurs de notre couvent d'études du Saulchoir, le père Congar, le père Spicq me demandèrent souvent de trouver références ou livres allemands dont ils avaient été privés pendant la guerre. Cela me valut un échange constant et heureux de lettres avec le père Congar.

Il serait trop long de rappeler plus avant les bienfaits que j'ai tirés de cette année de cours et de fréquentation de l'université et de la vie allemande à la sortie de la guerre. Le père Congar m'avait sagement conseillé de prendre des notes pendant ce séjour. Ce que je fis abondamment.

Elles me rappellent encore aujourd'hui, de l'intérieur, la réserve, la prudence, la patience qu'il faut pour oser aborder l'histoire.

On fait souvent appel aujourd'hui au devoir de mémoire. Vous venez de le rappeler dans nos rapports avec l'Allemagne. Mais n'y a-t-il pas un danger d'enfermer ce devoir dans une maladie de l'histoire qui est l'historicisme, quand l'histoire veut prendre le pouvoir ?

Chaque jour la politique nous montre que l'histoire est capable de légitimer n'importe quoi. Dans son très beau petit livre *Mémoire et repentance*, le père Cottier évoque une rencontre entre chrétiens et communistes des pays de l'Est. C'était à Budapest, au début de l'ère Gorbatchev. On ne pouvait pas prévoir alors comment les choses allaient évoluer et que ce serait si rapide. Les communistes hongrois avaient créé la surprise par leur indépendance d'esprit. Les Soviétiques présents, qui étaient là pour superviser, étaient visiblement mal à l'aise. L'un deux, un petit homme grassouillet prit la parole pour expliquer que les changements qui se produisaient étaient pleinement justifiés comme avait été justifiées les politiques précédentes, c'est-à-dire le stalinisme, les persécutions religieuses, etc. Aujourd'hui, la nécessité de l'histoire obligeait au dialogue. L'impression ressentie, note le père Cottier, était celle du béton et de la ouate. Le personnage était enfermé dans un système parfaitement étanche. Son discours n'offrait aucune prise. L'historicisme, entendu radicalement comme une immersion totale de la conscience dans l'histoire, équivaut à une justification théorique de l'opportunisme.

Si l'histoire, condensée dans la politique de ceux qui détiennent le pouvoir, est le critère de la vérité, alors le conformisme sans réticence devient la loi. Ne pensons pas que c'est simplement le fait du nazisme ou du marxisme. Encore une fois, chaque péripétie politique fait appel à l'histoire pour justifier n'importe quoi, par exemple d'avoir été trotskiste dans sa jeunesse. En théologie et en exégèse, les dérives ne sont pas moins dangereuses. Un conformisme se traduit par l'agilité à épouser les changements et les modes qui se succèdent sur la crête du temps. Enfermé dans l'histoire, on peut évacuer aussi bien la possibilité d'un jugement moral que la recherche de la vérité. Un Premier ministre peut en arriver à mentir tranquillement sur son passé d'appartenance à un mouvement révolutionnaire extrémiste, l'histoire a exténué conscience et désir de vérité. Cela n'empêche pas de prôner pendant vingt ans la transparence !

En face de cette invasion de l'histoire, de son habileté ou de son désir de dominer les autres sciences humaines, que faire ?

D'abord en faire le constat. L'historicisme moderne connaît ce penchant à tout réduire ; sans aller jusqu'aux excès du matérialisme économique, on a tendance à tout abaisser au niveau d'un psychologisme individuel ou social. Parce que les religions ont en commun les grands traits de la nature humaine, l'historicisme les met toutes sur le même plan. Il les interprète l'une par l'autre (ce qui est légitime), mais le plus souvent la plus parfaite par la moins parfaite (ce qui n'est plus si légitime !). Le sorcier, c'est déjà le prêtre ; l'orgie dionysiaque, c'est déjà la messe ; Plotin, c'est déjà saint Augustin.

Ainsi la vérité devient un produit, une sécrétion temporelle. Il semble inconcevable qu'on puisse penser Dieu aujourd'hui comme il y a vingt siècles. Le *Pater* ou la messe d'un père grec ou d'un moine copte du IVe siècle n'auraient pas le même sens pour eux et pour un universitaire allemand postérieur au concile Vatican II... Ainsi l'on distingue trop ou l'on ne distingue pas assez : trop parce qu'on s'intéresse davantage à la périphérie et c'est elle qui change le plus et le plus vite, trop peu parce que l'on range dans la même catégorie, des doctrines ou des rites qui se ressemblent superficiellement, mais non pas dans leur contenu ou dans leur inspiration essentielle.

À l'origine, sans doute est-ce un recul à l'égard de toute vérité transcendante qui a détourné les intelligences des choses de Dieu ; mais, comme l'homme a tout de même soif de vérité, il s'est rabattu sur une vérité d'ordre inférieur, sur cette science du contingent, de l'historique. Aujourd'hui l'historicisme a tellement envahi l'atmosphère qu'il prime sur la réflexion philosophique. Ce n'est pas à l'honneur de notre temps. Même au point de vue de la foi, si l'adversaire est moins virulent, il est plus fuyant. Comment combattre un adversaire qui ne lance pas de défi, qui ne contredit pas et se contente de vous « classer » et de vous « expliquer » comme un cas. On n'est pas pour, on n'est pas contre, on constate. Pour Georges Duby, les abbayes cisterciennes ne sont plus devenues en Europe que « des coques vides ». Il en reste pourtant trois cents, bien vivantes. Faut-il attendre le massacre des trappistes de Tibhirine et l'affection des musulmans de leur village pour ramener l'intelligence historique à un peu plus d'attention ?

Évangile, théologie et sacrements subiraient-ils parfois aussi le traitement dénoncé par Régine Pernoud pour Jeanne d'Arc ?

Nous avons désormais pour Jeanne d'Arc à Orléans, grâce à Régine Pernoud, un Centre d'études et d'archives qui sert d'exemple au monde entier.

De même, nous n'avons jamais été aussi riches pour l'Évangile, la liturgie, les sacrements et la théologie en instituts et centres de recherches dans le monde entier avec un luxe d'experts d'un sérieux inégalé. Je l'ai déjà dit et le redis ici ayant eu comme éditeur à traiter avec eux.

Charlie Chaplin a refait jusqu'à cinquante-huit fois les prises de certaines séquences parmi les plus ingénieuses de ses films, par exemple pour *Les Lumières de la ville*... et il ne les a pas gardées au montage. On a estimé que, pour chacun de ses films, il tirait l'équivalent de cinq kilomètres de bobines, mais qu'il n'en gardait qu'un seul. Ce qui était possible à Charlot n'est pas facile pour un éditeur. Combien d'auteurs un peu pressés proposent des manuscrits, dont on ne sait comment les améliorer ? Ce ne serait pas grave si certains, dont la prétention n'est pas forcément innocente, ne finissaient par voir le jour. Quel bibliothécaire ne rencontre aujourd'hui un certain désarroi devant l'inflation livresque. J'admire depuis longtemps à quel labeur les libraires religieux et leurs adjoints sont soumis.

Ce n'est pas seulement l'inflation qui est redoutable, c'est davantage le jeu subtil du tout ou rien avec lequel les recensions, les promotions, le copinage, l'habileté du marketing ou la publicité imposent tel ou tel produit.

Malgré le surnombre d'ouvrages historiques, ne ressent-on pas chez le lecteur un certain désarroi par exemple en face du problème des Évangiles ?

L'inflation historique actuelle entraîne parfois une certaine confusion. Depuis les années 1930, l'histoire a été en France dominée par l'école des *Annales*.

Il est clair que, chez les maîtres de cette école, une volonté s'est fait jour d'instaurer un impérialisme d'un certain type d'explication historique. Comme si l'histoire pouvait à elle seule assurer le rôle de standard téléphoniste et de régulateur des sciences de l'homme. L'école des *Annales* a rompu avec certaine méthode historique qui ne tenait compte que des personnes, des événements et de la chronologie. Elle a attiré à juste titre la réflexion sur les conditionnements qui, à long terme, entourent, préparent et sous-tendent les mutations de cultures et civilisations. Cette école a beaucoup apporté par l'attention renouvelée aux situations matérielles de l'existence humaine : démographie, climatologie, histoire des cultures et des mentalités, conditions géographiques et économiques.

Mais l'exclusive jetée à ce point sur le rôle des individus et des faits est-elle aussi justifiée que les maîtres l'assurent ? Ne porte-t-elle pas atteinte non seulement à la vérité, mais à la dignité de l'homme ?

La sixième section de l'École pratique des Hautes Études depuis sa fondation en 1947 a peut-être aussi exercé à côté de l'*École des Annales* une certaine domination. Le ton parfois suffisant ou aigre utilisé aux *Lundis de l'Histoire* à France Culture lorsqu'il s'agit de religion est significatif, de même s'agissant du culte des ancêtres, celui de Lucien Febvre, Fernand Braudel, Marc Bloch, (après le Voltaire de *L'Essai sur les mœurs* et le Michelet de la *Préface* de 1869, invoqués de façon quasi rituelle), dans leur volonté « de réaliser une histoire totale ». La généalogie des intellectuels qui dominent l'histoire moderne (si l'on y ajoute avec Le Goff et Duby, entre autres André Burguière, Jacques Revel, Jean-Claude Schmitt...) s'abandonne paresseusement au culte de la personnalité. On a canonisé Fernand Braudel. On assimile l'historien au savant de pointe, « *même s'il ne peut être Einstein* ». On répugne à « *la promiscuité des vulgarisateurs de bas-étage* » (comme le disent Le Goff et Nora dans la préface de *Faire de l'Histoire*).

Où est l'humble soumission des anciens maîtres, les Marrou, Grousset ou Toynbee ?

Il est dangereux pour un artisan, voire illusoire, de se servir de ses outils avant d'en avoir appris et vérifié le maniement. Il en va de même de l'historien s'il proclame *a priori* le primat (parfois peu vérifié) d'une démarche, qualifiée de scientifique. Comment réintroduire, comme le souhaitaient, implicitement ou explicitement, les maîtres des *Annales* une prétention à des « totalités pensées » sans avoir l'instrument suffisamment affiné pour comprendre ces totalités : c'est-à-dire, l'aide d'une philosophie et une théologie exigeantes. Cela demande du temps et du respect. On a exactement la même difficulté lorsqu'on cherche à expliquer un grand auteur. Dire : Eschyle + Shakespeare = Claudel, peut-être, mais on n'aura pas expliqué Claudel pour autant.

Certaines méthodes ne permettent pas le recul, la mise en situation, la connaissance de l'aval et de l'amont nécessaires pour respecter la réalité ou le mystère.

Même des livres encensés un peu partout laissent paraître leur insuffisance comme *Le Purgatoire* de Le Goff, *Le Temps des cathédrales*, *Les Trois Ordres ou l'imaginaire du féodalisme* ou encore *Le Prêtre, la Femme et le Chevalier* de Duby. Celui-ci a beau reconnaître dans son autobiographie *L'Histoire continue* qu'il ne s'est pas assez intéressé au fait religieux (alors que tous les secteurs qu'il inventoriait étaient emmembrés et innervés par le religieux), il n'a pas eu le temps de revenir en arrière. On ne peut que dénombrer trop d'impropriétés de termes, faux-sens, contre-sens, non-dits voire anachronismes, en tous cas un certain manque de communion avec le sujet traité, qui aurait pu rendre ces ouvrages crédibles et utiles. Je ne parle pas seulement des erreurs qui parsèment l'article de Le Goff sur Jeanne d'Arc dans l'*Encyclopædia universalis* ou l'édition du procès de Jeanne d'Arc par Duby, voire de son art de « produire du texte » en l'absence de tout texte de référence, (une centaine de pages dans *Les Trois Ordres*). Les héritiers de dom Mabillon donnent parfois l'impression d'avoir opté pour le show-business. C'est dommage.

Vous avez évoqué Jeanne d'Arc, pourquoi ?

Son cas est vraiment singulier, synthétique et appuyé sur des documents irréfutables. Il révèle en raccourci les *a priori* qui peuvent gouverner un historien. Encore une fois, il suffit de lire les maîtres que nous avons cités et de confronter leurs travaux avec les textes eux-mêmes.

Si l'on dissout la réalité dans des préjugés, les faits ne résistent-ils pas ?

Heureusement, depuis un certain temps, ce qui était parfois oppressant chez certains disciples de l'*École des Annales*, a dû un peu se dissoudre ou au moins s'incliner devant la réalité des faits. Après avoir appris l'histoire à travers des historiens, des manuels, des enseignants, pour lesquels il fallait liquider l'*histoire-événements-batailles-et-traités*, surtout lorsque se manifestaient le sacrifice, le courage, l'honneur, le patriotisme, l'héroïsme, toutes valeurs irrationnelles et désuètes. Pendant des décennies, on a eu l'impression que l'histoire devait obéir à des lois, devait se stratifier en structures, elle enchaînerait des rapports de production selon une imparable nécessité dialectique.

Plus de nations, mais des classes. Les luttes de classes seraient le moteur de l'histoire. Que n'ai-je pas entendu des professeurs de lycée résoudre, par exemple, la Révolution française à des schémas simplistes en attendant le retournement de François Furet ? Aucun des cent quarante-cinq conflits majeurs depuis la guerre de 1940-1945 ne répond à cette idéologie issue du marxisme.

Dans la perspective que nous évoquons, nous avons lu et entendu par exemple que l'opération *Overlord* du Débarquement des Alliés en juin 1944 aurait simplement démontré la supériorité de « l'impérialisme américain » sur « l'impérialisme nazi ». Cette histoire sans acteurs, contre laquelle vouloir protester est inutile, a régné jusqu'à une date récente : *Les hommes ne font pas l'histoire, c'est l'histoire qui les fait*.

Les différentes commémorations de la fin du siècle ont chacune un peu aidé à casser une des idéologies des historiens et montré les limites de l'histoire des mentalités. Sans l'obstination de Churchill, imagine-t-on le Débarquement ? Sans Roosevelt, imagine-t-on le Débarquement et la victoire ? La foi de ce paralytique, lui a permis, dès 1940, de surmonter peu à peu l'isolationnisme américain. Sans de Gaulle, la France aurait été de toutes façons libérée par les Anglo-Américains, mais le pays se serait-il unifié ?

Les jubilés et anniversaires, avec leur devoir de mémoire, n'ont pas été inutiles en rappelant que le drame humain est fait de paris, d'appels, de réponses ou de silences, de volontés ou d'inerties. Les hommes et les femmes ne sont pas de simples facteurs, ce sont les acteurs de l'histoire.

La méthode des différences est aussi utile en histoire qu'en esthétique. Il suffit par exemple, de comparer les émissions de Georges Duby, professeur au Collège de France, et celles de Kenneth Clarke, conservateur à la National Gallery de Londres, sur les civilisations pour que la série de Duby sur les cathédrales apparaisse pour ce qu'elle est : un commentaire vague, arbitraire, extérieur au sujet. On se promène de détail en détail à l'occasion des cathédrales, mais le fait religieux est regardé par un touriste qui donne l'impression de n'avoir finalement guère envie d'aller au bout de ce dont il s'agissait. On est loin de l'acuité, de la finesse et du respect d'un Clarke ou d'un Grousset.

La foi chrétienne repose sur une vérité révélée à des hommes dans une histoire précise, celle que la Bible a consignée. Ne doit-on pas ouvrir la porte toute grande aux historiens pour des livres fondateurs comme l'Exode et les Actes des Apôtres ?

Bien sûr, et davantage encore maintenant qu'on dispose de beaucoup plus de documents et de renseignements qu'autrefois sur les civilisations et cultures qui ont entouré la Bible. Impossible de saisir l'originalité de Moïse si l'on ne fait pas attention à l'Égypte d'Akhénaton. Ce fut pour moi un régal, comme directeur des éditions du Cerf, d'aider le père de Vaux à mettre au point la grande série des *Littératures anciennes du Proche-Orient* avec les professeurs du British Museum, du Collège de France, de l'Institut du Caire ou de l'université de Chicago.

L'exemple du Purgatoire

Que pensez-vous de l'exemple donné par Le Goff dans son étude sur Le Purgatoire ?

Jacques Le Goff a établi un important dossier sur *Le Purgatoire*. Celui-ci serait né en 1170. Le sujet est passionnant parce qu'en théologie il est au carrefour de plusieurs mystères : la culpabilité, le rapport au passé et à l'avenir, la solidarité entre les hommes, le rôle de la prière pour les autres et surtout, la conception de Dieu amour ou justice.

Certes, les documents accumulés par Jacques Le Goff montrent bien un certain progrès apporté par l'idée de purgatoire dans l'individualisation et la socialisation de l'au-delà.

Certes, il fait apparaître comment Dieu a parfois été réduit au rôle d'un monarque constitutionnel, qui devrait tenir compte désormais de tout un réseau d'obligations, de droits et de devoirs.

Certes, hérétiques médiévaux et réformés du XVIe siècle auront eu une conception plus exigeante de Dieu.

Certes, au terme de l'étude, un dominicain, le père Gy est remercié. Mais est-ce pour mieux congédier, comme le fait Le Goff, un autre dominicain, le père Congar en ses deux études pourtant remarquables sur le purgatoire ? Ce ne sont là que détails.

Le livre de Le Goff illustre une difficulté plus sérieuse. L'approfondissement suffisant des paramètres théologiques, indispensables pour comprendre une tradition en sa globalité n'est pas chose si facile pour un historien.

C'est clair pour le purgatoire. En isoler le concept ou l'idée, c'est risquer d'en faire une pièce folklorique. La réalité du purgatoire est intrinsèquement liée à la théologie 1. de la miséricorde et précisément de la conception que l'on se fait du mal, envisagé ni comme une chose, ni comme une négation, mais comme une privation, 2. du rapport du temps et de l'éternité, tels qu'ils s'expriment par exemple, dès le début du christianisme, dans les memento de la prière eucharistique, 3. d'une théologie exigeante de la prière, inspirée par le but de l'histoire humaine, déjà présent grâce au Christ et à ses sacrements, dans chaque instant actuel. Seule réalité libératrice de l'homme en face de l'angoisse de la durée, 4. du mystère pascal et de la résurrection, centre rénovateur de la foi, 5. du rôle de la communion et de la solidarité entre les saints, 6. du rôle de la pénitence et de la réparation dans le sacrement de confession, 7. de l'intelligence des purifications mystiques et du « pâtir » de Dieu.

On pourrait allonger la liste. La théologie est une science précise qui ne se laisse pas simplement contourner ou rétrécir à une accumulation de fiches ou de notes si l'on a oublié d'écouter la musique de l'ensemble de l'orchestre. Le mystère du purgatoire ne se laisse pas réduire à une analyse d'un vocabulaire ou d'un imaginaire, fût-elle la plus exhaustive possible. Encore une fois, impossible d'en parler vraiment si l'on fait l'impasse sur le donné révélé et la théologie de la miséricorde, de l'éternité comme mesure ultime du destin de l'homme, de la prière dans sa spécificité chrétienne, de l'eschatologie, de la communion des saints, de la satisfaction et de la mystique « chrétienne ». Ce ne sont pas là des idées parmi les autres, mais objet de science, d'expérience, de sagesse, vécues dès le départ du christianisme, et encore aujourd'hui par des millions d'hommes, à commencer par les pèlerins de Lisieux, dont le message spécifique est bien celui de la miséricorde. (voir Post-scriptum III dans *Le Murmure et l'Ouragan,* pages 180-187, B. Bro, Fayard, 1999).

Il n'est pas inutile de rappeler deux des éléments qui caractérisent la doctrine catholique sur le purgatoire : 1. les humains décédés dans une attitude médiocre à l'égard du royaume de Dieu n'y entrent pas sans une purification préalable ; 2. l'intercession de l'Église n'est pas dénuée de poids dans l'accomplissement de cette purification.

Ces deux éléments s'appuient sur une double conviction : d'une part, le rapport au royaume de Dieu au moment de la mort n'est pas identique chez celui qui a fait de ce royaume l'objet constant de sa recherche et celui pour lequel il fut une donnée parmi d'autres ; d'autre part les prières des croyants, en vertu de la communion des saints et des mérites du Christ, ont une importance réelle dans l'accession au royaume.

Tout le monde a en tête mille et une représentations de flamèches qui lèchent les pieds des impétrants à l'entrée au ciel alors qu'ils attendent au purgatoire. Saint Pierre avec sa barbe et ses clefs à la porte du Ciel est un recours précieux pour beaucoup d'histoires comiques. Est-ce une raison pour se méfier du purgatoire ? Les autorités de l'Église ont toujours mis ici en garde contre l'excès de l'imagination. La sobriété des textes officiels invite à donner chair et sang à ce qui touche au destin le plus radical des hommes.

Luther eut le tort de s'enfermer dans un système dualiste du tout ou rien : le paradis ou l'enfer. Le purgatoire permet de tenir compte de la gratuité de la grâce de Dieu, de l'excès du bonheur du royaume du ciel, de la communauté des croyants, de la mendicité de chacun de nous lorsqu'il se reconnaît « pauvre pécheur ». Il n'y a pas à sacrifier l'expérience de la disproportion entre ce à quoi nous sommes appelés et notre médiocrité commune. Il vaut mieux la faire servir pour avoir un peu plus l'impatience du meilleur. Il y a une injustice et une méconnaissance de ce qu'il y a de plus profond dans l'homme lorsqu'on l'enferme dans le terrorisme du tout ou rien.

Quelques lignes de Thérèse de Lisieux en disent plus qu'un gros livre de références. Signalons à Jacques Le Goff la réplique de Thérèse de Lisieux à sœur Fébronie. Cette dernière rabrouait Thérèse justement parce qu'elle disait ne pas craindre le purgatoire. Thérèse lui répond : « Ma Sœur, vous voulez de la justice de Dieu, vous aurez de la justice de Dieu. Chacun reçoit de Dieu exactement ce qu'il en attend. »

On peut peut-être dire aussi cela de l'histoire.

Droits à l'excuse

Est-ce le monde ou le passé qu'il faut changer ?

En face du souci de l'histoire à trop régenter et du coup, à relativiser dogmes et faits religieux, il est classique de citer un certain nombre de témoins à charge : le présent de l'historien, qui détermine le regard porté sur le passé ; les fausses lois de l'histoire, qui ne sont au mieux que des régularités approximatives dans le déroulement des événements ; les concepts inadéquats abusivement appliqués aux sociétés passées ; les pesanteurs des écoles historiques, si engoncées dans leurs traditions ; enfin les artifices du texte historique lui-même, qui entretiennent l'illusion de reconstituer le passé.

C'est une des grandeurs des jeunes historiens actuels de devenir de plus en plus lucides sur le risque des pesanteurs intellectuelles dans lesquelles ils ont pu enfermer leur savoir. Le philosophe Ricœur a joué ici un rôle important lorsqu'il distingue la mémoire et l'histoire. Il le doit pour une grande part à sa grande culture biblique et théologique.

Nous ajouterions deux remarques. L'absence des études théologiques en France a pour lourde facture l'ignorance surprenante en matière théologique de trop de chercheurs. C'est vraiment une malédiction propre à la culture actuelle française. Malgré des thèses remarquables, cette ignorance est dommageable. Le récit que fait Alain Decaux dans son livre *Le Tapis rouge* en est presque émouvant. Decaux est alors ministre de la Francophonie du gouvernement Rocard. Le couple Rocard, protestant, s'est lié d'amitié avec le couple Decaux, catholique. Les conversations d'Alain Decaux reposent le Premier ministre Rocard de ses préoccupations. Decaux raconte ingénument la surprise qu'il eut devant les questions que se posait Rocard sur le catholicisme. Questions d'ailleurs pleines de bonne volonté, mais qui laissaient paraître une méconnaissance surprenante de la part d'un Premier ministre français sur ce qu'était l'Église catholique.

Pour la première fois, probablement, un ministre socialiste de la Recherche reconnaissait récemment, dans un article du *Monde* que la théologie pouvait vraiment être une science. On l'avait un peu oublié depuis des décennies. C'est bien une science, merveilleuse, mais impossible sans disponibilité de temps, de méditation, de vie contemplative et priante. Comment peut-on avoir l'audace de traiter parfois le donné chrétien comme on n'oserait pas traiter le sport, avec ignorance et sans l'avoir pratiqué ? Du coup, le refus de philosophie chez les maîtres, la nostalgie de dominer le savoir par les sciences humaines, ne peuvent conduire qu'à des essais, souvent intéressants, souvent approximatifs, parfois à des impasses.

Jamais le temps tout seul ne donnera le sens du temps. Dieu a créé le temps, mais il ne l'a pas créé temporellement. Pour entrer dans l'intelligence de la durée, il ne suffit pas de faire l'histoire des mentalités, pas plus que celle de la longue durée, des grandes séries ou, selon l'expression de M. Vovelle, de remonter « de la cave au grenier » en faisant appel à l'*histoire culturelle* ou aux *structures mentales*. Les faits, les symboles, les personnes résistent. Et heureusement. On n'arrivera jamais à évacuer la singularité des événements, des choix libres et des interventions personnelles, qu'il s'agisse de Moïse, de David, de Jésus-Christ et pour beaucoup de Bouddha et de Mahomet. Un chrétien peut ajouter la grâce des sacrements qui résonne dans le cosmos entier. Le psaume le proclame : « Chaque jour, je commence. » Et encore *In ordinatione tua, perseverat dies.*

Dieu est intervenu librement dans l'histoire. Cela suffit à ruiner toute méditation sur le temps qui ferait l'économie d'une référence à la révélation biblique et à la théologie. Ce n'est pas en réglant ses comptes, par exemple avec l'histoire des sacrements ou avec le langage mystique qu'on entre dans le mystère de la sacramentalité et de la vie de communion au Dieu chrétien. Sinon on ne va pas plus loin que Mgr Lefebvre.

Que dire d'un colloque sur les *Pratiques de la Confession*, (éd. du Cerf, 1986) où parmi les seize auteurs, un seul d'entre eux a vraiment confessé ? Comment parler des pratiques de la confession sans en avoir la pratique ? Que dire de ces pages qui proposent un « survol des Pères du désert à Vatican II » et ne disent rien non seulement des quatre moments essentiels, régulateurs de la confession en Occident, mais non plus de l'effort génial et synthétique de la théologie de saint Thomas, des précisions décisives du concile de Trente, ni de l'admirable texte du Nouveau rituel et de sa préface, normatif pour l'Église actuelle et repris par le Nouveau droit canon ? Comment ne pas être au regret de tant de recherches qui aboutissent à des essais non « transformés » voir pervers ? Depuis cinquante ans, les moments les plus bouleversants de ma vie sont ceux que j'ai passés un peu partout sur terre au confessionnal. Je ne m'y retrouve guère dans ces pratiques.

L'histoire et la théologie
Véronique ou Clio

Si « le Christ a été passible des bourreaux, n'est-il pas aussi passible des historiens » ?

Cette formule de Péguy est très forte quand il essayait de montrer que la recherche du surnaturel ne devait pas pousser les clercs à s'évader des exigences du naturel et donc de l'histoire.

On bute ici sur l'obstacle majeur. Il est insupportable à l'esprit de ne pas pouvoir réduire en termes notionnels ce qui relève de la personne, de sa singularité et de sa liberté. La question qui ouvre toute la théologie serait pourtant la bienvenue. « Comment peut-il y avoir une science du singulier ? » La réponse est fondamentale. On n'a pas à avoir peur de la singularité, de la positivité en christianisme. Le Christ a bien une histoire personnalisée et singulière. Il est né à Bethléem, a travaillé à Nazareth en Galilée, a prêché en Judée, est mort au Calvaire. Cela ne l'empêche pas d'être objet de science, et porteur d'un message universel comme se doit toute science véritable.

De soi, il est évident que tout ce qui est individuel étant limité, ne pourrait donc pas être universel, et donc non scientifique. Mais à partir du moment où il est porté par Dieu, il a un autre statut. Le singulier voulu par Dieu a un statut d'universalité plus large que le contingent historique. Du fait qu'il a été décidé, pensé, aimé de Dieu, il est porteur de lumière pour tout le monde, toutes les époques, toutes les cultures, tous les langages. Cela suppose évidemment qu'on regarde et qu'on admette le fait religieux comme pensé et aimé de Dieu.

Rien à faire. Ou bien on admet que le statut de la théologie est pensable, scientifique, honnête, acceptable, vénérable et, sans que cela nuise à la science, non réductible uniquement à l'histoire, à la sociologie ou à la psychologie. Alors on comprend la grandeur du fait religieux.

Ou bien on ne l'admet pas et alors, on ne comprend rien, comme quelqu'un qui prétendrait connaître et aimer la musique alors qu'il ne ferait que lire des notes et analyser des partitions.

Chacun a ses siècles préférés. Quels sont les vôtres ?

J'hésite à répondre. Voltaire s'en est expliqué. Depuis septembre 2001, l'avalanche des bilans, analyses, réflexions, sur le temps présent et le futur s'est accélérée et étalée à un point tel que nos yeux sont embués. J'ai moi-même souvent évoqué ces événements récents. J'ai rappelé l'histoire des sacs de Rome. Plus d'une dizaine de ravages, d'incendies de bruits et de fureur, en attendant les princes collectionneurs. Et pour résultat un oubli presque complet, et d'une injustice rare, de ce qui est arrivé à Rome et à la papauté. Alors, à quoi bon ? Jouons quand même le jeu.

Pour Voltaire, quiconque pensait ne devait compter que quatre siècles : celui de la Grèce, de Périclès à Alexandre ; celui de la Rome d'Auguste ; celui de la Renaissance italienne. Il ajoutait : « Le siècle de Louis XIV est celui des quatre qui approcha le plus de la perfection », car « il s'était fait dans nos arts, dans nos esprits, dans nos mœurs, comme dans notre gouvernement, une révolution générale qui doit servir de marque éternelle à la véritable gloire de notre patrie. »

On a pensé en termes équivalents au début de la Révolution française, puis à la fin du XIXe siècle quand on a célébré le premier centenaire de cette Révolution, en partie pour compenser la défaite de 1871, en partie pour fêter la victoire définitive des républicains.

On peut discuter chacune de ces propositions et on n'a pas manqué de le faire, en France même, et plus encore à l'étranger. À Londres, à Amsterdam ou à Genève, Louis XIV n'a jamais été très admiré. Kant et Hegel ont applaudi à la Révolution française, mais beaucoup d'autres ont souligné que, si les Français avaient joué un grand rôle dans la proclamation universelle des Droits, ils avaient été beaucoup plus lents pour leur mise en œuvre institutionnelle et judiciaire.

Vous n'avez pas répondu à la question. Et vous, quels siècles garderiez-vous ?

Comme on ne connaît pas avec suffisamment de certitude celui d'Abraham que je garderais bien évidemment, je commence avec celui de Moïse, treize siècles avant Jésus-Christ. C'est le siècle de l'Exode et, au Buisson ardent, de la *Révélation du Dieu d'amour* qui a entendu la misère de son peuple. C'est donc la naissance de la liberté et de la libération, au nom de Dieu, en face d'un totalitarisme.

Ensuite, sans hésiter, le Ve siècle avant Jésus-Christ. C'est la *naissance de la science* avec les pré-socratiques, je l'ai déjà dit, et c'est aussi le siècle de Bouddha, Zoroastre, Isaïe et Ezéchiel.

On arrive alors au *tournant de l'Amour* : le premier siècle avec la naissance de Jésus.

Puis le VIe siècle après Jésus-Christ. En plein milieu des invasions, saint Benoît invente les conditions et donne naissance à une *vie commune heureuse* sur terre grâce aux moines qui poseront les vrais fondements des civilisations européennes.

Le XIIIe siècle, certainement. Il est le siècle de la véritable Renaissance. Les penseurs de l'Antiquité retrouvés grâce aux Arabes fécondent de nouveau l'intelligence occidentale et chrétienne après les siècles noirs des invasions. Les franciscains peuvent devenir conseillers du Calife de Bagdad et Thomas d'Aquin s'enrichir des philosophes juifs ou arabes. On assiste de nouveau à *l'unité du monde recomposé.*

Enfin le XIXe siècle, c'est *l'expansion planétaire de l'Évangile* grâce aux missionnaires chrétiens, de l'Afrique à l'Océanie et au Japon. L'Évangile suscite les nouvelles Églises des Actes des Apôtres qui paieront longtemps de leur sang les fondements du monde à venir.

Et c'est sûr... le XXIe siècle ! Malgré — ou peut-être — à cause de la manière dont il commence.

Peut-on sortir du temps pour parler du temps ?

Y a-t-il une logique de l'histoire qui serait suffisante pour rendre compte de la religion du point de vue de la raison ? Pour Hegel, tout se résorbe dans l'esprit. L'histoire a une idée qui se déroule. Pour Marx, tout se résorbe dans la nature et la matière, et l'histoire ne peut que suivre le déterminisme de la matière vivante.

Pour le croyant, les méthodes historiques ne sont faites que pour mieux connaître la Révélation et non pas seulement l'histoire, dont la science ne demeure en fin de compte qu'un moyen. La lumière vient de la foi. Et c'est une lumière intrinsèque qui ne relève pas d'abord du contingent de l'histoire, mais de la subalternation, de l'abouchement de notre esprit à la science de Dieu et des bienheureux, dans un état imparfait ici-bas et parfait au ciel. L'histoire peut montrer des ordres particuliers, certaines connexions entre faits et causes, mais elle ne peut pas donner par elle seule un principe universel, un principe d'intelligibilité pour l'ensemble. Dieu n'a pas laissé la lumière de foi aux seules variations des écoles historiques.

C'est rassurant d'admettre cela, même s'il faut peut-être se mettre à genoux.

Vous avez avoué ne plus trouver grand repos dans les romans du simple fait que, pour un prêtre, la réalité et la noblesse de l'âme humaine telles qu'elles se révèlent dans la confession, dépassent toute fiction. Les biographies historiques ne vous rejoignent-elles pas davantage en laissant entrevoir un réel plus puissant et inventif que les produits de l'imaginaire ? Quels historiens aimeriez-vous écouter ?

Péguy dans sa lettre à Joseph Lotte du 28 septembre 1912 en énonçant le programme de ses deux livres *Clio, Dialogue de l'histoire et de l'âme païenne* et *Véronique, Dialogue de l'histoire et de l'âme charnelle* l'avait dit de manière suggestive : « Le premier volume s'appellera *Clio*. Le second s'appellera *Véronique*. C'est admirable, mon vieux, Clio, l'histoire, passe son temps à chercher des empreintes, de vaines empreintes, et une juive de rien du tout, une gosse, tire son mouchoir et sur la face de Jésus prend une empreinte éternelle. Voilà ce qui enfonce tout. Elle s'est trouvée au bon moment. Clio est toujours en retard. »

Des historiens aimables ? Comme dans les Cantiques de la Bible, il y en a mille ou dix mille. J'ai déjà cité Grousset, Marrou, Toynbee, Latreille, Cullmann, Anna Harendt, etc. Et pourquoi pas Michel Rouche, Pierre Miquel, voire Alain Decaux ? Il n'a pas écrit seulement pour les midinettes lorsqu'il a abordé la Bible et l'histoire de Jésus. Toute litanie est injuste. Encore une fois nous connaissons une période bénie des dieux par l'incroyable richesse historique qui nous est redonnée et le labeur secret de tant de chercheurs.

L'un des principaux rénovateurs de la pensée chrétienne depuis un siècle, le père Lagrange, fondateur de l'École biblique de Jérusalem, historien et exégète, à qui tous les chrétiens doivent infiniment, ne commençait jamais une page d'étude sans avoir mis en tête de la feuille le petit signe-logo représentant saint Dominique en prière au pied du crucifix.

Quel programme pour un historien.

6

De la tradition

des géants et des nains

Chacun dans l'Église se réclame plus ou moins de la tradition. Quel est le sens du mot tradition *?*

Vous avez sûrement repéré dans le transept gauche de la cathédrale de Chartres les vitraux où les évangélistes eux-mêmes sont assis sur les épaules des grands prophètes. Aucun de nous n'est le point zéro, pas plus de son histoire que de sa famille ou de sa culture. Nous sommes tous « portés » par des géants plus grands que nous, au sens étymologique de *tradere, traditus esse* : être porté.

Nous descendons tous de Charlemagne

Ceux qu'agaceraient l'idée de dépendre d'une tradition feraient bien d'accepter cinq minutes de calculs. Les généalogistes s'amuseraient en leur faisant remarquer que nous descendons tous de Charlemagne. Arithmétiquement, tout Européen a une chance sur dix de descendre de saint Louis et neuf chances sur dix de remonter jusqu'à Charlemagne. Grâce à Internet, c'est devenu un jeu d'enfant de le prouver. Nous avons 2 parents, 4 grands-parents, 8 arrière-grands-parents, 16 arrière-arrière-grands-parents... Nous arrivons à 4000 ancêtres vivants sous le règne de Louis XIV. À la vingt-et-unième génération, sous saint Louis, nous avons donc théoriquement 134 millions d'ancêtres différents... Et 16 000 milliards sous Charlemagne. Autrement dit, chacun de nous compterait, à cette époque plus d'ancêtres que la totalité des habitants de la terre. Trois conséquences immédiates : une certaine humilité, nous participons tous d'un tronc commun ; une certaine solidarité, nous ne pouvons pas venir d'ailleurs, et le fait irrécusable d'une tradition.

Comment caractériser la Tradition catholique ?

Cette Tradition est, au-delà des crises, des ruptures et des sauts de civilisations, sous-tendue, portée, orientée par la fidélité de communion à une Personne. Elle est née d'un événement biographique : la naissance de Jésus-Christ. Elle n'est pas d'abord liée à la fixation sur un texte, à une conclusion philosophique ou à une réserve de sagesse. Mais le fait que la Personne divine soit venue à nous pour se déclarer dans une vérité, rend d'autant plus précieux les textes, les mots, les explications, la sagesse contenue dans cette Parole de lumière.

Reste alors à la comprendre, à la respecter, à hiérarchiser les instruments de pensée pour traduire et rendre nourricière cette vérité. N'importe quelle philosophie n'a pas la même valeur. On doit préférer celles qui peuvent le mieux respecter les textes porteurs de vie que sont les Évangiles. C'est l'œuvre indispensable des conciles et du magistère, qui tout au long des siècles ont été servis par des géants de l'esprit. Nous ne sommes peut-être que des nains, mais, selon l'expression de Guillaume de Chartres, théologien du XIIe siècle, nous sommes, grâce à la Tradition, assis sur l'épaule de ces géants. Ainsi la Tradition est l'ensemble des expressions et manifestations de la foi vécue de l'Église, nourrie, fortifiée, guidée, rassurée, fixée par l'attachement à la Personne, et donc au message du Christ. Ce mystère annoncé dans l'Écriture est transmis dans une Pentecôte toujours actuelle. Il ne sera jamais réduit ni réductible uniquement à des formulations, bien que celles-ci soient indispensables pour en exprimer la lumière.

On a parfois fait remarquer qu'il y avait correspondance entre la pensée politique de droite et une certaine manière de se déclarer traditionaliste. Est-ce si juste ?

Oui et non. Les faits répondent. Aux observateurs de les transcrire. Aux philosophes ou aux théologiens de les analyser.

Le père Congar a lancé cette idée avant la guerre de 1940 dans une conclusion d'enquête de *La Vie intellectuelle* sur l'état de la croyance et de la pratique en France. L'idée a fait son chemin non sans quelques approximations, toujours risquées lorsqu'on pense par accolade plus que par analyse. Il en va un peu ici comme du slogan que le père Liégé a lancé à son tour dans les années 50 en parlant de chrétiens « responsables » ou de « chrétiens adultes », de différence entre « foi et religion », ou entre « foi et croyance ». Il avait rapporté ces binômes dans ses bagages après son séjour à Tübingen. Avant de mourir prématurément, il avait eu le temps de regretter ces simplismes. N'y aurait-il pas la même leçon à tirer du blocage entre droite politique et tradition ? Cela peut parfois être un peu rapide. Qu'en est-il de ce blocage politico-religieux ? Je ne peux qu'approuver l'acuité avec laquelle Gérard Leclerc a traité ce sujet. Il est bien l'un des meilleurs analystes théologiens de ces années-ci. Je le rejoins pleinement dans ses observations de ses deux livres : *Les dossiers brûlants de l'Église* et *Pourquoi veut-on tuer l'Église ?*

« Blocage politico-religieux ? »

Impossible d'éluder la difficulté. La pensée contre-révolutionnaire, telle que Bonald, de Maistre et Lamennais, les premiers, l'ont incarnée, était déjà marquée par des catégories philosophiques et politiques qui n'étaient pas sans effet sur la théologie. L'erreur traditionaliste fut d'ailleurs condamnée. Car elle produisait — sans jeu de mots — un gauchissement de ce qu'est la Tradition dans l'Église. En cette fin du XXe siècle, il n'est pas sûr que ce gauchissement (ou droitissement) ait disparu de la problématique religieuse des catholiques de droite.

Il n'est pas vrai, contrairement à ce qu'on a écrit qu'il y ait accord ou convergence entre traditionalistes eux-mêmes sur la définition de la Tradition. Bien au contraire, nous nous trouvons devant des désaccords de fond.

Les traditionalistes contre la Tradition

Le premier concile de Vatican allait mettre à l'honneur la raison humaine. Il s'inscrivait dans la ligne constante de l'Église qui avait toujours mis l'intelligence au service de la foi. Pourtant loin de s'atténuer par la suite, la confusion allait encore s'accroître. En effet un certain courant de droite renforça encore le caractère rationaliste déjà présent dans la pensée du XIXe siècle. Par réaction à la laïcité et à la philosophie des Lumières, nombre de jeunes gens vont être marqués par un auteur singulier, farouche contempteur de la modernité et partisan d'un retour à un ordre sacral traditionnel : René Guénon (1886-1951) qui a terminé sa vie au Caire, converti à l'islam, a exercé une véritable fascination sur les catholiques et aussi sur des personnes en quête spirituelle. L'équivoque est sérieuse.

N'y aurait-il pas un paradoxe chez les traditionalistes ? Deux courants ne semblent -ils pas s'opposer ?

Ce n'est pas le moindre paradoxe. Une contradiction éclate entre la notion de tradition telle qu'elle est enseignée du côté de Mgr Lefebvre et celle qu'on trouve chez certains autres qui se proclament tout autant traditionalistes. D'un côté, conception très *rationnelle* ; de l'autre, conception indéfiniment extensible qui englobe tout le *symbolique* disponible. La synthèse est impossible.

Où trouver le vrai chemin ?

Le père de Lubac remet dans le droit chemin de ce qu'est la Tradition en rappelant que « ce qui est premier et ce dont il faut partir sans le quitter jamais, ce qui est premier et dernier — c'est l'Action rédemptrice ; c'est le don que Dieu nous a fait de lui-même en son Fils ; c'est la réalisation définitive de ce grand dessein caché en lui-même depuis l'origine et maintenant révélé ». À partir de là, certaines discussions sur le développement du dogme et la tradition vivante récupèrent leur repère. Certes, il y a un développement du dogme, comme le démontrait le grand Newman, certes la Tradition est vivante, mais tout est inclu dans le Christ. Tout nous est révélé en Lui, il est insurpassable, nous tirons de Lui et le développement du dogme et la Tradition. S'il y a progrès dogmatique, c'est parce qu'il y a intégration dans la pensée discursive de ce qui a existé tout entier dans ce que le Christ a transmis aux apôtres.

Gérard Leclerc s'explique très bien sur la Tradition, mais qu'en est-il aujourd'hui ?

Il suffit de poursuivre quelques lignes de son analyse :

« Sans doute la crise considérable qui a suivi Vatican II et qui s'est ajoutée à la fausse interprétation médiatique du concile, les dérives théologiques, disciplinaires, liturgiques qui se sont multipliées au cours des années soixante-dix, ont-elles complètement brouillé les perspectives. On a mis au compte de Vatican II des développements qui lui étaient contraires et ainsi alimenté une hostilité à ses enseignements, dont la substance était méconnue. D'où la réaction traditionaliste qui se fourvoie en dénonçant une prétendue trahison de la Tradition de l'Église et prétend condamner Rome par fidélité. La méprise est totale. Vatican II fut au contraire un retour décisif à la grande Tradition de l'Église dépassant pour reprendre l'expression de Péguy, les traditions moins profondes pour revenir à une Tradition plus profonde. Mais cette Tradition, c'est celle du Christ et des apôtres. Ce n'est ni celle d'un courant philosophique et théologique particulier, qui en serait resté à certaines formules récentes, fort loin de résumer même le grand fleuve du christianisme. Voilà bien le drame des traditionalistes : se crisper contre le concile et l'Église au nom d'une Tradition qu'ils ne comprennent que d'une façon mutilée ou erronée. » (*France-Catholique*, 24 juin 1994, pages 28-29).

Je ne saurais mieux dire.

Reste qu'on demeure pantois de voir avec quelle légèreté et quel aplomb, certains créent leur propre manière de voir la Tradition : ignorance de l'héritage grec, pourtant antérieur au Christ avec la Bible des Septante, (texte dont la qualité lui a permis d'être intégré à la plus pure Tradition religieuse juive et chrétienne) ; ignorance des grands conciles qui ont marqué de manière décisive les tournants de la pensée occidentale ; ignorance des premières formules des célébrations eucharistiques et des trésors des autres rites pleinement catholiques ; polémiques animées chez les uns et les autres par le besoin de dominer ; revendications nationalistes ; affaiblissement général de l'Europe lors de l'épidémie de peste noire coïncidant avec la guerre de Cent ans ; inattention aux allergies mutuelles entre les civilisations nordiques et les civilisations méditerranéennes...

Mais comme pour les hérésies, après tout, ces difficultés de l'histoire ont été et seront peut-être utiles pour remettre à l'honneur le devoir de redécouvrir la Tradition. Il serait temps de n'avoir plus affaire uniquement d'une part à un catholicisme aplati tenté de n'être qu'un humanitaire sociologique ou politique et, d'autre part, à un catholicisme replié qui revendique la fidélité aux formules de foi, mais, hélas, tenues parfois dans des approximations bien faibles théologiquement.

7

Le concile

De la difficulté de rentrer dans l'atmosphère

Vous avez suivi avec attention le déroulement du concile de Vatican II. Quel en est le sens pour vous aujourd'hui, après plusieurs décennies ?

Je ne sais pas, l'événement me dépasse. Je ne suis pas sûr que le général de Gaulle se soit trompé quand il a dit que c'était « l'acte le plus important du XXe siècle ». Important et inattendu.

Était-ce si facile de le situer, de le comprendre et de le respecter ?

Évidemment non. En convoquant le concile, Jean XXIII lui-même n'a pas prétendu en connaître les résultats. Le flot des interprétations divergentes prouve bien que ceux-là mêmes qui l'ont vécu ont été débordés par ce qui s'est passé.

Chaque évêque, chaque expert a tenu son journal du concile ou donné son commentaire. Il y a bien eu « un » concile, mais je ne sais combien de versions du concile.

Pour certain concile, il a fallu deux cent cinquante ans

On a mis deux cent cinquante ans pour admettre le concile de Chalcédoine, cinquante ans pour admettre celui de Nicée, soixante ans pour admettre le concile de Trente, alors, à la question sur Vatican II, je répondrai dans cent cinquante ans...

« Vus de l'infini, tous les finis sont égaux. »

Croyez-vous que le mot concile, et peut-être pas seulement le mot, mais la réalité aient encore quelque influence sur la génération qui arrive à l'âge adulte pour prendre des responsabilités dans l'Église ?

Je crains qu'il y ait une bonne volonté à l'égard du concile qui soit cause d'un parallaxe, c'est-à-dire d'une divergence de regard entre générations. Pour les plus jeunes, les grands acquis du concile vont de soi. Ceux qui sont nés il y a trente ans ne savent même plus ce que voulait dire la messe en latin, les tensions de dialogues entre religions chrétiennes leur semblent n'être plus de saison, ils ont relativisé l'œcuménisme qui a perdu sa force mobilisatrice auprès d'eux. Cela dit, ils sont fiers de savoir qu'il y a eu un concile. Toutes proportions gardées, il en va de même du gaullisme. La génération des fondateurs a disparu, les continuateurs croient que les mots qu'ils utilisent veulent encore dire quelque chose pour les plus jeunes, les cadres s'essoufflent à vouloir mobiliser leurs troupes.

Le phénomène est classique et repérable dans l'utilisation de terminologies qui, souvent, ne durent guère plus de vingt-cinq ou trente ans, par exemple, France, pays de mission ?, Action catholique, Aller à l'incroyance, Zone pastorale, etc. Les situations changent plus rapidement que les promoteurs ne le pensaient. Il ne s'agit plus aujourd'hui seulement de mission, d'action, ou d'incroyance. Mais la sociologie et les mentalités sont ainsi faites qu'elles fonctionnent comme des poids lourds ou des cargos longs à virer. Les responsables créent des surprises en allant plus vite que les psychologies et leur pesanteur.

Comment avez-vous abordé le concile ?

Je n'ai pas participé directement au concile et cependant j'en fus proche à certains moments. D'une part en coopérant directement à la publication des écrits de Jean XXIII avec son secrétaire personnel, Mgr Capovilla et surtout par l'édition des travaux de nombreux experts dont ceux du père Congar. Je l'ai aidé de manière très régulière à publier avec attention la série des grands commentaires dans la collection *Unam sanctam.* Il n'y a probablement pas eu dans l'histoire d'équivalent à cet effort. Pour chaque concile, on a bien sûr cherché à donner le maximum d'explications. On a interrogé spécialement ceux qui avaient élaboré les textes. Mais jamais comme pour Vatican II, on n'a réuni et questionné ceux-là mêmes qui avaient créé l'événement avec un tel souci de rigueur et d'exactitude. Nous n'avons pu aboutir que grâce à l'aide constante d'un père bénédictin, l'ancien prieur du monastère marocain de Toumliline. Chaque document était confié à l'expert ou l'évêque qui semblait le plus compétent. Il réunissait autour de lui ceux qui avaient le plus travaillé aux documents du concile : cela donna une série de plus de vingt et un gros livres qu'il fallut mener à terme avec ténacité.

Par ce long travail, j'ai pu vérifier combien de nombreuses interprétations dialectiques sur le concile semblaient restées loin en arrière de la réalité. C'est trop simple de croire expliquer les choses en ayant procédé par opposition : droite-gauche, conservateurs-progressistes, partisans de la tradition ou de la modernité, etc.

Une investigation sérieuse de ce qui nous a valu des « para » ou « méta-conciles » sera du plus haut intérêt. On découvrira avec étonnement combien il aura fallu de temps pour sortir des conséquences inconscientes, contaminations ou malformations, de certaines factures de la pensée marxiste : l'incapacité d'interpréter textes ou événements sinon en termes de rapports de force, dialectique ou exclusion. Pour témoigner qu'on serait un esprit libre, faudrait-il toujours commencer par être « contre », au lieu d'avoir de la sympathie ? Dès le départ, le déroulement du concile a été orchestré par l'esprit de contradiction de certains journaux. Ce qui a accrédité dans les médias l'idée de groupes qui s'opposaient. Cela a pesé sur la manière de déchiffrer toute la suite du concile.

Y aurait-il dans la lecture du *Credo* une telle marge entre l'avant et l'après concile ? Est-ce si simple ? L'injure suprême serait d'être antéconciliaire... Comme si l'Évangile n'était pas lui-même antéconciliaire.

Les maladies du siècle n'ont pas épargné les interprétations du concile. L'exclusive des personnes, par le nazisme, est une facture que nous n'avons pas fini de payer. Demeure celle du marxisme. On n'a pas encore discerné suffisamment combien il demeure présent. La mémoire n'a pas encore eu le temps de voir comment Luther et sa dialectique ont exercé une influence directe sur la philosophie allemande d'Emmanuel Kant, puis de Kant à Hegel, de Hegel à Marx et de Marx à toutes les habitudes qui croient transcrire le réel en ne s'occupant que de la cause matérielle : conditions économiques, sociologiques, historiques, politiques.

Si, avec Marx, on a exclu au point de départ les forces de l'esprit de foi, on ne les retrouvera pas à l'arrivée. Ne restent plus alors que les lois d'une confrontation permanente, celle de l'efficacité et de l'histoire, (fut-elle apostolique ou intellectuelle), mais, en route, on a perdu le sens de la vie et on ne sait plus « pourquoi » l'on vit, l'on pense, l'on cherche.

Prenons une image : il est impossible de se mettre à la place de sa source. C'est l'intuition fondamentale de Freud. On ne peut pas remonter plus haut que son père et que sa mère. C'est la réflexion qui permet de comprendre que quelqu'un n'épuise pas toutes les possibilités que contiennent ses chromosomes. Un être créé n'est pas capable de remplir la carte de tous les possibles de l'être. En Dieu seul, l'essence et l'existence coïncident pleinement. Dieu n'est pas « quelque chose » qui est. Il est *le fait même* d'exister. Il épuise tous les possibles.

De même, aucune explication du concile ne peut prétendre exprimer tout le concile et prendre la place de l'Esprit saint, inspirateur et guide du concile. On peut analyser, examiner les conséquences en tel endroit de tel acte du concile. Mais on pourra toujours se demander : et après ? Si, pour Chalcédoine, il a fallu plusieurs siècles au sujet du Christ, il en faudra peut-être plusieurs pour l'Église avec Vatican II. Il aurait été tout à fait cohérent et logique que, à Ephèse et Chalcédoine, on ne reconnaisse pas le Christ comme égal à Dieu, que le monophysisme ou l'arianisme triomphe, c'est-à-dire que Jésus soit ou bien Dieu et simplement une apparence d'homme ou bien une créature peut-être supérieure aux autres, voire une sorte de prophète plus exceptionnel que les autres. Avec les idées relativement neuves de démocratie, de suffrage universel, de féminisme, de consultations à allure politique, de médiatisations plus ou moins manipulées, il est normal qu'il faille du temps pour que Vatican II accomplisse sa tâche.

Vatican II relève du mystère de l'Église et de l'Esprit du Christ. Gardons la comparaison de saint Augustin. Quand une construction se fait, on ne voit que les échafaudages, cela n'est pas forcément très beau. Une fois l'œuvre achevée, alors seulement on peut voir la splendeur de la construction. Ainsi de l'Église et de ses conciles, on n'en verra la beauté qu'au Ciel.

La pomme et ses pépins

J'emprunterai ici une intuition pour signaler ce qui est propre à la foi chrétienne. Rassurez-vous, cette distinction est simple et évidente.

Les philosophes font remarquer à propos d'une chose que toute réalité a deux pouvoirs : ainsi pour une pomme, le premier qui permet à la pomme d'exister, elle est ; le second qui manifeste les richesses de sa nature de pomme, avec ses déterminations et qualificatifs propres, il s'agit d'une reinette, d'une pomme d'api ou d'une golden... Les deux pouvoirs ont des fonctions différentes.

En pensant à la pomme, je ne change pas mon existence, ni son existence, *je ne deviens pas rond et je n'ai pas de pépins* ! Je reste moi-même et cependant je suis capable d'accueillir en moi un nouvel être : la pomme. Je deviens l'autre, la pomme existe vraiment en moi, mais je ne deviens pas « autre », je ne suis pas altéré. Je rejoins vraiment le « ce par quoi » la pomme se différencie de toute autre réalité, mais je ne deviens pas son support, son « quoi ». Je ne deviens pas le sujet du *quoi* de la pomme. Il y a bien une différence entre l'existence réelle de la pomme telle qu'elle est sur l'arbre ou sur la table et la manière dont la pomme existe en mon idée. Et cependant, c'est bien *la même* pomme qui existe dans les deux cas. Ainsi du concile, il est, il a été, il a débordé les limites de chacun des participants et des idées qu'ils avaient du concile. Celles-ci relèvent d'une autre fonction que la richesse d'existence du concile. D'une certaine manière les interprétations des experts ne modifient pas le concile parce qu'existence et idées relèvent de la même réalité : le concile.

Ainsi lorsque je lis la température du bain, si l'eau est trop chaude, je rejoins bien la température de l'eau, sa qualification thermique, mais sans me brûler et sans devenir moi-même bouillant. Les deux aspects des choses sont bien distinctes et pourtant c'est *la même réalité* qui tient la chaleur de l'eau et qui dévoile à la pensée ce qu'elle est.

Je ne m'éloigne pas du concile. Qu'ont voulu les papes ? Ramener sur terre le vaisseau spatial de l'Église pour renouveler les ferments qui travaillent l'humanité. L'aventure n'était pas facile. Ils ne se sont pas accrochés seulement à *l'idée* ou aux préjugés qu'ils avaient sur l'Église. Ils ont écouté et ils ont suivi une réalité qui les dépassait : l'Esprit saint animant l'Épouse et le Corps du Christ.

Le navire de l'Église était devenu à certains moments un peu comme un satellite éloigné de la terre. On sait depuis l'aventure des navettes Apollo qu'un retour sur terre est pris entre deux risques. Ou bien rentrer trop brutalement dans l'atmosphère et alors la capsule brûle et se désintègre ; ou bien le vaisseau spatial aborde l'atmosphère en tangente et alors il rebondit et va se perdre dans les étoiles. Il faut savoir manœuvrer entre les impatients qui risquent de tout brûler ou les lymphatiques qui risquent de s'évaporer avec l'objet.

Jean XXIII a donc décidé de revenir sur terre, mais il a laissé le soin de le faire à Paul VI et Jean-Paul II. Or l'angle de rentrée dans l'atmosphère terrestre est très étroit. Il est de 2 degrés sur 180, c'est-à-dire l'équivalent d'une porte ouverte de deux kilomètres visée à trois cent kilomètres de distance !

Regardée avec recul la réussite du concile est exceptionnelle. Rencontre d'Assise, visite à la synagogue de Jérusalem, accueil d'un pape par 80 000 jeunes musulmans au stade de Casablanca, voyage en Terre sainte, séjour à Cuba sont des gestes prophétiques et irréversibles. Or tout cela est dû au réalisme de Jean-Paul II et à son refus de bloquer la réalité du concile et de l'Évangile à des présupposés, préjugés, interprétations variées qui auraient oblitéré l'avenir.

Prenons une belle parabole qui aide à voir la différence décisive entre l'attitude des réalistes et celle des idéologues et à mesurer la gravité du choix de l'une ou de l'autre pour la conduite de l'Église comme pour celle de notre propre vie. Cette parabole est tirée de *La Reviviscence de la religion* du mystique persan Al Ghazzali.

Le shah et la paroi de marbre

Un jour, le shah de Perse convoqua à un concours les artistes de son royaume et des États voisins. Il s'agissait de représenter le visage du roi. On vit arriver les différentes délégations. D'abord les Hindous avec des toiles de soie très fine et des couleurs ocres et bleues lumineuses ; puis les Arméniens avec une glaise d'une grande souplesse ; puis les Égyptiens avec des blocs de marbre, des ciseaux et des gouges particulièrement affutés. Enfin se présenta la dernière délégation, celle des Grecs. Ceux-ci n'avaient apporté avec eux qu'un petit sachet de poudre. On enferma chaque délégation dans les salles du palais. Au jour dit, le roi se présenta. Il vit les toiles en ocre et bleu des Hindous, les modelés des Arméniens, les statues des Égyptiens plus belles les unes que les autres. Il entra enfin dans la salle où les Grecs avaient travaillé. Ceux-ci n'avaient fait qu'une seule chose : avec la poudre qu'ils avaient apportée avec eux, ils avaient frotté et poli la paroi de marbre de la salle du palais si bien qu'en se présentant le roi vit son propre visage reflété par la paroi comme en un miroir.

Bien entendu ce furent les Grecs qui remportèrent le prix du concours. Ils avaient compris que seul le roi pouvait représenter le roi et que toute interprétation du roi diminuait la beauté et la vérité du roi.

Nous sommes tous d'instinct comme les Hindous, les Arméniens ou les Égyptiens. Nous arrivons en face de la réalité avec nos concepts, nos schémas, nos idées, nos projets, nos idéaux et nos idéologies. Entre nous et le réel, il y a tous ces intermédiaires auxquels nous risquons de nous agripper sous peine d'en être encombrés ou d'être manipulés par eux. Et puis, parfois, arrive quelqu'un, Jean XXIII ou Jean-Paul II, avec simplement le petit sachet de poudre de leur réalisme, de leur humilité et de leur virginité intellectuelle qui leur permet de refléter la vérité du réel et d'en tirer des richesses bien plus grandes qu'on ne le pensait.

Réalistes ou idéalistes

Certaines faillites de la philosophie (et de l'histoire humaine) sont venues lorsqu'on a quitté le réalisme pour un certain idéalisme qui ne respectait plus la hiérarchie des deux aspects du réel et privilégiait les systèmes d'idées, les constructions, les concepts, comme si c'étaient les tableaux et les statues qui comptaient davantage que la réalité du visage du roi. Cela a commencé avec Platon et a été consommé par les grandes ruptures de Descartes en France et de Kant en Allemagne. Une ligne de démarcation presque plus importante que celle existant entre les religions passe entre les tenants de l'idéalisme et ceux qui tiennent que la réalité est prioritaire et qu'on peut la rejoindre, même si parfois nos sens font quelque erreur d'interférence.

Les idéalistes et idéologues (de « idée » — et non pas « idéal », cf. Descartes, Kant), en affirmant que nous n'aurions accès qu'aux impressions, fabrications et catégories de notre esprit ont définitivement cassé le réalisme qui seul sauve l'accès à l'univers et à Dieu. On ne redira jamais assez que, malgré ses séductions, cette affirmation que l'esprit ne pourrait éventuellement pas atteindre la réalité a été dramatique pour l'histoire de la pensée. Cette attitude a définitivement fait perdre et la possibilité et l'espoir d'atteindre une vérité.

En affirmant que l'esprit humain pouvait à partir de sa connaissance réelle des choses créées, accéder à une vraie connaissance de Dieu, le concile Vatican I a rappelé les bases du plus fort motif de l'espérance humaine. Nous ne sommes pas livrés à la seule météorologie de notre vie intérieure. Quelque chose en nous est sauvé : la possibilité d'accès aux choses, le pouvoir de lire le nord magnétique quelles que soient les tempêtes.

À la limite, mieux vaut avoir affaire à un bon matérialiste qu'à un idéaliste. On peut au moins dialoguer avec le premier. Pour lui les choses ont du poids, de la consistance. Pour l'idéaliste, c'est quasi impossible de sortir de la bulle de ses idées puisqu'elles sont comme des préjugés qui enserrent toute sa manière de penser. Bien sûr le matérialiste peut tout réduire, lui aussi, aux conditionnements du

« quoi » (économiques, ethnologiques, psychologiques, sociologiques, etc. voir les articles et analyses de Danièle Hervieu-Léger sur les JMJ, modèles d'*a priori* et d'incompréhensions parés de pseudo-analyses). Reste qu'il y a davantage de chances que le matérialiste s'aperçoive que la réalité est plus riche, que les cages de l'idéaliste sont trop étroites, ces cages fussent-elles dorées.

Le propre de l'effort philosophique est d'apprendre, au milieu de l'éclatement des sciences et des savoirs, et en face de l'écrasement des informations qui nous submergent, à tenir unis et distincts les deux aspects du réel sans cancériser l'un au détriment de l'autre, sinon c'est la catastrophe. Et pourtant ce serait si reposant de n'avoir que l'un ou l'autre.

Passer du Christ considéré comme un « objet » d'étude, d'intérêt, de curiosité extérieure à une attitude délibérément nouvelle : partager son propre regard, comme saint Pierre après la Passion, comme saint Jean à la Cène, comme les saintes femmes à la Croix, comme Madeleine à la Résurrection, est l'acte à la fois le plus grandiose et le plus humble qui soit. Au terme de ce « passage », de cette « Pâque », c'est le plus grand don que nous puissions recevoir dans notre vie, faire sienne l'acceptation interne de regarder les choses, soi-même, l'univers et Dieu comme le Christ les regarde. La foi n'incite-t-elle pas à aller jusque-là, et même plus loin comme l'aveugle de Bethsaïde, avec confiance ?

Tout chrétien est invité à ce passage. Jésus le Christ ne se propose pas seulement comme un objet extérieur, comme une chose, comme un « ce que », que l'on pourrait indéfiniment investiguer, radiographier, examiner (quelles que soient l'intelligence ou les habiletés de l'analyse). Dans l'Évangile, il se présente finalement comme celui qui doit devenir la lumière, le regard, la force, l'inspiration même par lesquelles chacun, la Samaritaine, Nicodème, saint Pierre, la pécheresse, l'aveugle-né va pouvoir désormais penser, vivre et aimer.

Le message du dernier livre de la Bible, l'Apocalypse, montre la splendeur de ce « passage », de cette Pâque à laquelle l'homme est appelé. Le Christ ne se donne pas comme une idole. Il se présente inséparablement comme guide, maître, vie, chemin, vérité et communion. C'est cela qui est finalement en jeu dans le refus ou l'acceptation du concile et dans certaines lectures trop rétrécies parce qu'uniquement historico-socio-culturelles qu'on a pu en donner.

En même temps la Voie, la Vie et la Vérité

Le Christ n'est pas seulement la voie, comme dans le bouddhisme Il n'est pas seulement le vivant ou la vie, comme dans le judaïsme. Il n'est pas seulement la pensée pensante comme pour les philosophes grecs. Il est en même temps la Voie, la Vérité et la Vie, grâce à qui on peut désormais exister de manière radicalement neuve. Tout rapport au monde, aux choses, à soi-même et à Dieu s'en trouve fondamentalement modifié.

Il est vrai que cela suppose de se mettre à genoux et de prier, de tenir la main du Christ pour traverser le village de notre existence, comme l'aveugle de l'Évangile, de lui ouvrir son cœur comme Zachée, de s'effondrer comme Marie-Madeleine. Aux seules forces humaines, il est impossible de tolérer, d'accepter et d'aimer qu'un autre regard que le nôtre gouverne notre existence. C'est l'alchimie de la foi et de la prière. Jésus n'est pas seulement une réalité extérieure, mais il est l'hôte intérieur de toute l'existence humaine. C'est ce pourquoi toute histoire ou étude qui reste extérieure ou seulement historienne sur le Christ ou le concile ou l'Église est profondément insatisfaisante, quoi qu'on en ait, il y manque irrémédiablement l'essentiel.

On peut aimer les mystiques à la manière de Lévi-Strauss. Mais s'ils ne restent qu'une race supérieure de coléoptères, à quoi bon ? Le chrétien est invité à passer de l'esthétique, du rationnel et du sociologique (domaines où le religieux reste encore quelque chose d'extérieur, d'instructif ou de beau peut-être, mais encore extrinsèque) à l'intelligence communiante, (*intus legere* c'est-à-dire *lire à l'intérieur)*. On est invité à passer du raisonnable-raisonnant et calculateur, à la confiance intime de ce nouvel ordre, qui ne se mesure plus seulement par le résultat, l'érudition ou l'efficacité. On est passé du régime des idées à celui de la prière, de la liturgie et de la mystique à la communion où l'amour conduit à épouser avec joie le regard de l'Autre. Alors, message-contenu et personne-regard ne se peuvent plus dissocier.

C'est ce que le concile a proposé pour les siècles à venir. Il a engagé l'Église à épouser à nouveau avec fraîcheur le regard créateur d'amour du Christ. En face de toutes les révolutions économiques, politiques ou culturelles, cela fait tout sauter parce qu'on est remis en face du réel tel qu'il est : blessé et aimable.

Quelle comparaison pourrait suggérer la chance qu'ont eue les bénéficiaires du Concile ?

Sans hésiter celle qu'évoque Antoine de Saint-Exupéry dans *Citadelles* :

« À l'époque des migrations, il s'élève une étrange marée sur les territoires qu'ils dominent. Les oiseaux domestiques sont comme aimantés par le grand vol triangulaire et ils amorcent un bond inhabile et qui échoue à quelques pas dans la basse-cour. L'appel sauvage a frappé en eux avec la vigueur d'un harpon je ne sais quel vestige. Et voilà les canards de la ferme changés pour une minute en oiseaux migrateurs. Voilà que dans cette petite tête dure où circulaient d'humbles images de mares, de vers, de poulaillers, se développent des étendues continentales, le goût des vents du large et de la géographie des mers. Et le canard titube de droite et de gauche dans son enclos de fils de fer, pris de cette passion soudaine, dont il ne sait pas où elle le tire et de ce vaste amour dont il ignore l'objet. Ainsi l'homme, qu'une évidence inconnue empoigne, découvre dans leur vanité ses occupations quotidiennes, comme aussi les douceurs de sa vie domestique. Mais il ne sait point donner un nom à cette vérité soudaine. Cet appel, qui l'a remué, tourmente sans doute tous les hommes. Mais la sécurité domestique a trop bien étouffé en nous la part qui pourrait l'entendre. Nous tressaillons à peine, nous donnons deux ou trois coups d'aile et retombons dans notre basse-cour. Nous sommes raisonnables. Nous craignons de lâcher nos petites proies. Le canard domestique ignorait que sa petite tête fût assez vaste pour contenir les océans. »

Les évêques et les pères du Concile ont fait passer sur l'Église le grand souffle des vents du large, la géographie des mers et des étendues continentales... Mais nous risquons toujours d'en rester aux bonds inhabiles de nos basses-cours... ecclésiastiques ou culturelles ! Et pourtant, un appel nous a remués.

8

Fallait-il changer la messe ?

Du bienfait du latin et du grec

Votre génération a vécu l'une des principales transformations qu'ait connue l'Église depuis deux mille ans. Après la fixation au IVe-V^e^ *siècle des textes de la messe, puis la réforme de saint Pie V, dans les années 1560, jamais modifications plus importantes que celles de Paul VI ne furent proposées. Comment avez-vous reçu les nouvelles prières de la messe proposées par Paul VI en complément de la messe de saint Pie V ?*

Ma génération a prié selon sept versions différentes du psautier. Il y eut celui de la Vulgate de saint Jérôme que personnellement je trouvais sublime de beauté dans une langue poétique un peu semblable à celle de Péguy en français. Nous savions presque par cœur les cent cinquante psaumes. Puis, le psautier corrigé de Pie XII, puis le psautier en français de la Bible de Jérusalem, puis le psautier révisé liturgique, puis le psautier œcuménique, puis la dernière version officielle. Je dois avouer que les versions françaises laissaient quelque peu perdre du mystère et de la distance bienfaisante pour la prière qu'apportait le latin qui était d'ailleurs si facile à comprendre. Je ne suis pas sûr que nous ayons tellement progressé par rapport à la traduction des psaumes de Clément Marot ou de Bossuet. Et même si elle est parfois un peu extravagante, je reconnais que la traduction de Paul Claudel, restitue au moins un cri, une épopée, un dialogue, avec sa force, sa violence, son frémissement.

Pour recevoir les prières de Paul VI que je trouve admirables et que j'ai accueillies comme un des grands cadeaux qui nous aient été faits, j'ai été aidé par des années d'études approfondies de la liturgie. Je connais bien l'effort réalisé par saint Pie V dans son œuvre de rénovation liturgique. Il intervint à la suite de différents essais de réforme et dans un contexte où bien des pressions s'exerçaient : celle des nationalismes, celle de la naissance des langues vernaculaires, de la multiplication aberrante des ritualisations. On avait des préfaces de messes pour les fous, pour le carnaval etc. Ces tentatives de réformes avaient vu le jour en plein moment du retour à l'antique au XVIe siècle. On en était venu à suggérer qu'on évoque dans les hymnes liturgiques Jupiter, Junon, l'Olympe et autres allusions similaires : rétrospectivement, les projets du cardinal Quignonez font un peu frémir. Le pape Pie V a secoué le tamis et décidé d'écarter ce qui n'avait pas, au moins, deux siècles d'existence afin de retourner aux grands moments des renaissances antérieures, entre autres celle du XIIIe siècle. Cela a permis aux rites ambrosien, dominicain, cartusien, lyonnais, de se poursuivre jusqu'à Paul VI. Pie V fixa le canon que nous avons gardé aujourd'hui sous le numéro premier. N'oublions pas qu'il existait bien d'autres rites antérieurs qui étaient parfaitement « catholiques ». Il m'est arrivé dans les années 1945 de servir la messe célébrée en syriaque selon l'anaphore, (prière eucharistique) de saint Basile ou de saint Jean Chrysostome par des prêtres de mon noviciat, tandis que je répondais en grec. De nationalité syrienne ou égyptienne, ils étaient entrés dans l'ordre dominicain étant déjà prêtres, ils n'avaient pas pour autant abandonné leur rite, dont l'origine était aussi proche du temps du Christ que la messe de saint Pie V.

Si l'on examine les textes proposés par Paul VI, ils sont tout à fait traditionnels. Le deuxième est proche de l'anaphore d'Hippolyte, le quatrième est proche de l'anaphore de saint Jean Chrysostome. Paul VI a suivi la même démarche que saint Pie V, c'est-à-dire qu'il a renoué avec une tradition profonde. Aussi dénoncer le caractère anti-traditionnel des canons de Paul VI me semble un mythe pervers, c'est rejeter comme étant de second ordre des textes plus anciens qu'utilisent encore nos frères du Proche-Orient, eux qui paient cher le droit d'exister comme chrétiens.

Les textes de la Pâque juive tels que le Christ les a priés, ont servi pour reformuler la prière de l'offertoire. Les formules de la consécration suivent la première tradition telle que la livre l'Épître de saint Paul aux Corinthiens. Il faut se réjouir que des textes initiaux, par exemple la *Didakhè*, aient redonné vie à notre manière de prier.

Et la messe de saint Pie V ?

Il y a deux questions, celle du latin et celle de la messe de saint Pie V. Pour ce qui me concerne, je vénérais la messe de saint Pie V, je la savais absolument par cœur. Sa structure « dialogale », avec le *Te igitur*, le *Tibi offerimus*, le *Placeat tibi, sancta Trinitas*, est sublime mais elle peut paraître un peu sèche à des tempéraments spontanément plus poétiques que nous comme celui des Japonais. Elle s'adresse au Dieu Bon et Beau. Elle est marquée par le génie des Latins, mais sa consonance, ses mots perdent peut-être un peu de la richesse des prières de saint Basile et de ceux qui ont été les génies porteurs de la pensée de l'Église, ceux qui entre les années 300 et 450 ont enfanté l'Église à la pensée et ont aidé les grands conciles. Comment pourrais-je en même temps admettre ceux qui parfois ont payé leur foi de leur sang et refuser des prières qui furent les leurs et dont l'adaptation à notre temps est sans problème ?

En second lieu, n'oublions pas que le but de la messe est l'union au Christ. Or Mgr Lefebvre a en quelque sorte pris en otage la prière du Christ en décrétant la messe de saint Pie V seule valide. On ne réduit pas la messe à un moyen de pression. Elle n'est pas un objet. Elle conduit au partage de la vie d'une Personne divine, à ce que le Fils rappelle au Père, son sacrifice et son offertoire.

« Apprenez d'abord le grec »

Le grec a-t-il encore de l'importance ?

Si un apprenti séminariste m'interrogeait sur le latin et la langue de la messe, je lui dirais : « Apprenez d'abord le grec ». C'est la première chose que je veux « savoir ». C'est en grec que nous disposons des paroles du Christ. C'est la langue du *Nouveau Testament*, avec la souplesse géniale de cette langue : celle d'un cinéaste qui est saint Marc ; d'un médecin élégant qui est Luc ; d'un dialecticien intelligent et habile qui est Paul ; d'un visionnaire qui est Jean ; d'un gestionnaire scrupuleux qui est Matthieu et d'un écrivain d'une remarquable pénétration qui est l'auteur de l'Épître aux Hébreux et les pages surréalistes de l'Apocalypse ! Le Nouveau Testament connaît toute la palette du grec.

Malgré l'estime qu'on peut avoir pour la requête de Madame de Romilly, je reste un peu scandalisé du black-out qu'elle fait sur l'héritage chrétien. À juste titre et on ne peut que la louer, elle revendique le droit à une place minimale et légitime pour l'enseignement des humanités grecques. Elle écrit fort bien sur Alcibiade ou Xénophon. Mais pourrait-on lui demander pourquoi elle élimine, au moins huit siècles de culture grecque qui ont joué un rôle immense dans la naissance de la culture occidentale ?

Ce n'était pas le cas d'un helléniste distingué et compétent, de réputation internationale, le père Festugière. Il avait fait revivre le dialogue entre Platon et Jésus-Christ et sut montrer l'importance d'Hermès Trismégiste. Pour Madame de Romilly les immenses génies qui ont entouré et porté les conciles n'existent apparemment pas. Les Athanase, Basile, Grégoire de Nysse, Grégoire de Nazianze, sont rayés de ses contrôles. Pas plus que n'existent les auteurs de la traduction grecque de la *Bible des Septante* qui est sans doute l'exemple le plus réussi dans l'histoire mondiale d'une acculturation culturelle et religieuse. Madame de Romilly a-t-elle donc oublié que chaque dimanche, au moins cinq millions de Français écoutent à la messe les traductions de certains des plus beaux textes qui furent jamais écrits en grec ?

Il faut apprendre le grec, c'est un bonheur, même avant l'hébreu. Nous disposons des travaux, j'ose le dire, qui sont des dons géniaux, du père Fontoynont, jésuite, et des admirables traductions des Évangiles, aux éditions des Belles Lettres, par sœur Jeanne d'Arc, dominicaine, qui a littéralement usé toute sa vie et toutes ses forces au service aimant de la Parole de Dieu. Elle a une intuition pédagogique exceptionnelle pour enlever toute crainte à ceux qui ne sauraient pas le grec afin de les introduire à la connaissance du langage du Nouveau Testament.

Donc je pose la question : pourquoi le latin et non pas d'abord le grec ? Et, du même coup, on rendrait hommage à la tradition présente dans les pays de l'Est. Ne méritent-ils pas que l'on s'ouvre à la richesse des traditions de leur chrétienté, proches du grec de saint Jean de Patmos ?

On retrouve un nouvel intérêt pour la Bible dans la version que l'on a appelée la Septante, *du nombre supposé des soixante-dix traducteurs, juifs d'Alexandrie des générations précédant le Christ. Cette traduction est-elle une chance réservée aux seuls érudits ?*

Historiquement, les premiers penseurs qui ont formé le berceau de la pensée chrétienne sont issus des chrétientés d'Égypte et d'Asie Mineure, c'est-à-dire des zones de la pensée grecque. Ce sont eux qui, grâce à la Bible grecque, ont assuré le lien avec l'univers juif. Le seul texte historique, en dehors de l'hébreu, reconnu comme authentique par les juifs est ce texte grec des Septante. Certains fragments de l'Ancien Testament n'existent qu'en grec. Les juifs d'Alexandrie ne comprenaient plus l'hébreu. Ce fut donc un effet de la Providence que les Ptolémées, chefs politiques de l'Égypte d'alors, vers les années 300 avant Jésus-Christ, aient compris que si deux populations peuvent avoir difficulté à vivre en commun (comme le rappellent régulièrement, par exemple en Belgique, les tensions entre Flamands et Wallons) c'était plus facile de vivre à trois communautés (comme en Suisse). De là est né leur souci de redonner aux communautés juives accès à leurs coordonnées : la Loi de Moïse, afin qu'ils mettent eux-mêmes de l'ordre dans leur conduite. Les grandes villes, telle Alexandrie, avaient alors les mêmes problèmes que connaissent nos banlieues actuelles, peuplées de minorités qui avaient perdu leurs repères ethniques. Les Ptolémées ont donc eu l'intelligence de rendre accès, grâce à la langue grecque, aux racines culturelles, ethniques et religieuses de la minorité juive, à la « Loi ». Ils ont suscité la Septante, version grecque de la Bible, exemple admirablement réussi de transmission culturelle, une des plus grandes « chances » de notre histoire.

Grâce à la Septante, un double lien s'est établi. D'abord dans le temps. La langue grecque a permis d'enjamber les siècles. Une continuité fut rendue possible entre l'univers de la science, celle de la pensée grecque telle qu'elle fut élaborée par Parménide, les Pythagoriciens, Platon et Aristote et l'univers religieux le plus évolué du temps, celui de la tradition biblique.

La communion fut aussi facilitée dans l'espace. Le grec était à ce moment-là la langue véhiculaire du bassin méditerranéen, alors qu'aujourd'hui on dénombre au moins douze langues officielles différentes dans le pourtour de la Méditerranée. À Rome même, la langue liturgique chrétienne fut le grec jusqu'aux IIIe-IVe siècles. Cette communion établie grâce à la langue grecque a permis aux conciles d'élaborer le vocabulaire chrétien fondamental, avec des mots tels que hypostase, nature, personne, consubstantiel, sacrement, etc. Cela a donné naissance, nous l'avons dit — avec Basile, Grégoire de Nysse, Clément d'Alexandrie, Athanase, Origène — à la théologie chrétienne et, on a le droit de l'affirmer, à la renaissance de la philosophie occidentale. Ce qui fait que je ne vois pas pourquoi un catholique ne serait pas heureux de revenir au grec.

Merveilles du latin

C'est un fait : la plupart de ceux qui terminent aujourd'hui leurs études cléricales ne savent plus le latin. Est-ce vraiment un manque à gagner ?

Pour le latin, je déplore qu'il y ait eu conflit et que l'on ne se soit pas efforcé d'en maintenir le génie, la force, la subtilité. Cette langue a une dynamique unique de concision, de précision. Pensons à la vénérable tradition latine des quatre grands traités de la Trinité en Occident : ceux de saint Augustin, de saint Hilaire, de Richard de Saint Victor, de saint Thomas d'Aquin. Pensons à la variété si fine des hymnes d'un saint Ambroise ou d'un Venance Fortunat, à la concision exacte des articles de saint Thomas d'Aquin. Quelle stupidité ou quelle ignorance de parler de « latin de cuisine » alors qu'on n'est jamais arrivé à dire davantage en moins de mots, comme pour le *Notre Père*. Pensons à la subtilité un peu contournée du latin de saint Hilaire ; à la poétique du latin de saint Jérôme, au moins égale à celle d'un Péguy en français ; aux formules pascaliennes de saint Augustin ; à la rhétorique entraînante de saint Anselme ; à la fluidité aimante de saint Bernard ou de saint Grégoire ; au lyrisme chaleureux et précis de saint Benoît.

On n'aura jamais fini de rendre hommage à la langue latine si fine, vouée à l'universalisme, porteuse d'un chant monodique. Il a fallu cent-cinquante ans pour que le grégorien naisse, (exactement le même délai entre la Bible allemande et les cantates de Bach, et entre l'arrivée des premiers Noirs en Amérique et les bouleversants *blues* des negro-spirituals). Quand je chante en grégorien, je résiste mal à une émotion qui me met au bord des larmes. Malraux a très bien dit dans ses entretiens avec Guy Suarès que seuls le grégorien et l'icône avaient su traduire le sacré. Peut-être faudrait-il ajouter le Nô japonais. J'ai pendant des décennies usé du latin. C'était en latin que m'ont été dispensés les cours de doctorat à l'université de Fribourg en 1958. J'en ai été merveilleusement heureux. Encore une fois la scolarité française ignore superbement ces richesses de la tradition et s'arrête à un classicisme artificiel en limitant arbitrairement la littérature latine à la fin de la Rome impériale. N'y aurait-il pas mieux pour apaiser la soif des lycéens que les orgies du *Satiricon* de Pétrone ou les langueurs des *Métamorphoses* d'Ovide. Avec quelle sottise les programmes peuvent-ils proposer le latin *ou* le grec ?

Le père Augustin Desobry, ancien père prieur du couvent de Saint-Jacques à Paris, qui m'avait reçu dans l'ordre et remis l'habit dominicain, a fondé un séminaire à Texcoco au Mexique, dans la grande banlieue de la ville de Mexico, pour accueillir les indigènes d'origine indienne qui souhaitaient recevoir le sacerdoce. En séjour avec eux, j'ai une fois de plus été dans l'admiration en face du courage et de l'intelligence missionnaire. Dans ce lieu où les séminaristes vivaient à six par chambre dans des lits superposés, où la pauvreté était celle d'une banlieue mexicaine, où une odeur de porcherie vous saisissait lorsqu'on arrivait parce qu'il fallait bien élever des bêtes pour vivre, comment n'aurais-je pas été ému en assistant à la liturgie et à l'adoration de ces quatre-vingts séminaristes dans la petite chapelle ? Certaines années il y eut trente ordinations. Parmi beaucoup d'autres, une surprise m'attendait. Le père Desobry et son frère le père Henri-Dominique, chargé des études, ont eu un coup de génie et d'audace en proposant aux séminaristes d'apprendre non seulement le latin, mais d'abord le grec. Comment ne pas les approuver ? Pour eux, le premier devoir en face des richesses du trésor chrétien était de donner droit à ces « Indiens » otomis, zapotèques, mayas, d'avoir accès direct aux paroles du Christ dans la langue où elles avaient été écrites.

Ils y avaient droit.

III
De la modernité

9

De la modernité

Haricot ou libellule...

Vous avez intitulé ce livre d'anamnèse, de souvenirs, confidences et réflexions, par une opposition entre « haricot et libellule ». Secrètement, n'avez-vous pas repris la même intuition que Simone Weil dans son livre La pesanteur et la grâce *?*

Vous me le faites remarquer avec à propos. Je n'y avais pas pensé, mais c'est exactement cela. Ma vie a été traversée par un éblouissement, celle de la gratuité divine. Nous sommes capables de Dieu, mais cela ne nous est pas dû. En face de cette grâce, une pesanteur menace toujours avec son cortège de jalousies, d'agressivités camouflées, de besoin de pouvoir. Pour nous tous, cela provoque d'énormes retards. Heureusement il y a les saints, ces « portiers de l'aube » qui, dans la nuit, tiennent comme des sentinelles fidèles à la lumière.

Ne sommes-nous pas tentés de confondre l'aube annoncée par le Christ avec la modernité ?

Inutile de chercher bien loin. La confusion est dans chaque journal télévisé, dans chaque combat pour une avancée de la médecine, dans chaque promesse électorale, dans chaque rumination avant l'élection d'un pape. Il n'y a pas à nous en vouloir. L'espoir d'un meilleur est peut-être l'un des plus beaux vestiges qui reste en nous du premier paradis. Mais, il est perturbé par notre volonté de puissance.

Il faut très peu de choses pour qu'un arbre superbe, par exemple un de ces sapins que l'on voit dans les Alpes aux environs de 1 500 mètres s'arrête de croître et sèche sur pied. Savez-vous comment s'y prendre ? Il suffit du petit trou fait avec une tarière. On glisse alors une gousse d'ail au cœur du sapin, et voilà qu'il se dessèche. Pour les Grecs, l'ail était le légume des dieux qui rajeunissait les artères. Pour le sapin, la même gousse d'ail est mortifère. Ainsi de la modernité, lorsqu'elle s'appuie sur le besoin de dominer.

Dans le poème japonais, remanié par Hokusai, je rappelais, en introduction, que la ligne de démarcation décisive qui séparait peut-être les hommes le plus profondément, ne passait pas d'abord entre options politiques, philosophiques ou religieuses.

Antérieurement à l'orientation interne de chaque homme, il y a une option secrète en face de laquelle chacun est libre d'incliner sa propre vie soit vers l'ouverture de la générosité, soit vers le besoin de se posséder, de déterminer, de s'autosuggestionner. La sollicitation pour une autonomie ou une indépendance, guidée par le refus des autres, interfère et demeure présente dès le départ dans toute vie humaine.

L'autre choix possible, aussi souterrain et aussi réel amène certains à ouvrir leur cœur à une prévenance secrète, discrète, patiente qui nous devance tous. Ceux-là comprennent que le mal ne se peut vaincre tout seul, et que si l'on a décidé de s'ouvrir aux attentions de cet Autre, il ne nous lâchera pas qu'on ait été jusqu'au bout de la confiance bienheureuse et béatifiante, lui qui a pour toujours annoncé : « Délivrance aux âmes captives. »

Il est évident que la vie est pesante, que ses lourdeurs peuvent nous inciter à traiter les autres de haricots. Cela n'empêche que nous sommes tous capables ou bien d'enlever les ailes à ce qui vole et de voir d'abord le négatif ou bien de découvrir que nous avons le pouvoir de mettre des ailes afin que surgisse dans l'univers ce qu'il a de meilleur.

Comment appliquez-vous cela aux bilans et prospectives qui se réclament de la modernité ?

Deux types de lectures sont possibles en face de la modernité. Les spécialistes comme Georges Durand (dans ses deux études *L'Imagination symbolique* et *Les Structures anthropologiques de l'imaginaire*) désignent ainsi l'attitude négative : « herméneutiques réductives », et l'autre positive : « herméneutiques instauratives ». Les mots sont d'eux-mêmes compréhensibles, il y a ceux qui réduisent et ceux qui instaurent. Dans le premier cas ce sont par exemple Barthes, Lévi-Strauss, Vernant et Freud ; dans le deuxième, Cassirer, Bachelard, Ricœur et Jung, en théologie, inutile de rappeler le cardinal Ratzinger et Jean-Paul II.

Le problème n'est pas modernité ou non modernité, liberté ou non liberté, mais de savoir ce que chacun fait de son pouvoir car il est libre de choisir entre le haricot et la libellule.

Vos allusions aux philosophes font un peu peur. Ne peut-on se passer d'eux ? Quels sont les maîtres qui vous semblent avoir marqué davantage l'esprit actuel ?

Peut-on se passer de philosophie ? J'ai déjà répondu fermement : non. C'est un des dommages — je pèse mes mots — que l'ignorance de la philosophie dans le régime actuel des études ecclésiastiques et, tout court, dans la formation de tout le monde, quelles que soient les responsabilités dans l'échelle sociale. Comment peut-on vivre sans réfléchir ? Comment se diriger sans aimer la sagesse ? Comment comprendre l'histoire, la société, la politique, sa famille, la technique, la science, l'économie, le développement sans apprendre à situer les choses ? Comment avoir l'audace de se marier aussi bien que de créer des universités, ou simplement une école maternelle, sans éprouver le besoin d'être aidé pour se poser les bonnes questions ? Comment, sans philosophie, apprendre à ne pas se laisser entamer par le goût de néant qui enserre la culture occidentale ? Comment utiliser avec intelligence l'inévitable et trop facile soupçon ?

Or prendre du recul, situer son activité dans un ensemble, chercher le but de sa vie, organiser son savoir et ses activités, s'orienter dans la globalité, qu'est-ce donc ? Sinon faire de la philosophie et s'engager en face de la modernité.

Pour cela, point n'est besoin d'habileté scolaire, de capacité dialectique ou d'érudition. Trois vertus sont peut-être indispensables : l'humilité, la patience et la magnanimité. La magnanimité, parce que le but est grand ; l'humilité, car rien ne commence si l'on ne sait pas qu'on ne sait pas ; la patience, car c'est long de trouver les maîtres justes — non pas seulement « savants » — mais droits, sages, rectifiés.

Quel a été pour vous le tournant décisif ?

C'est évidemment celui de la philosophie allemande, spécialement avec la *Critique* d'Emmanuel Kant et sa « révolution copernicienne ». *Il n'y a plus de réel. Il n'y a plus d'au-delà de la pensée et du désir.* En bon luthérien qu'il était, Kant se rattachait à Luther, qui, lui, trouvait son bien, comme chacun sait dans le nominalisme de Roscelin. À partir de Kant, comme on ne peut pas faire l'économie de mots consacrés par l'usage, on utilisera les mots à contre-sens, par exemple « objet », « transcendant », en opérant un véritable retournement mental. On n'admettra plus de réalisation « transcendante » qui existerait au-delà de l'homme. Il y a encore un en-deçà du sujet pensant, mais *posé par et dans ce même sujet,* et non plus un au-delà. On appellera encore « transcendance » la faculté qu'a l'homme et lui seul, de se dépasser soi-même, mais sans jamais être dépassé par quoi que ce soit. *Avec Kant, l'homme s'est définitivement enfermé en lui-même.* Et il légitime de manière sublime cet enfermement. Des pans entiers de la théologie moderne ont été marqués par ce retournement, dont on n'a pas fini de subir les effets. On en a un exemple en théologie avec le jésuite allemand Karl Rahner lorsqu'il pense nous conduire vers une anthropologie transcendantale.

Comment rendre compte de ce que vous appelez un retournement, une révolution, un changement, voire un danger depuis deux siècles ?

Je n'ai pas peur des mots. Deux siècles après la renaissance de l'humanisme qui a précédé et suivi les guerres de religion en Europe, s'est propagée une contamination générale dans la philosophie et dans tout le savoir, dont on n'est pas encore sorti.

Il suffit de prendre les choses à leur sommet avec Marx et Nietzsche, c'est-à-dire des contemporains de Dostoïevski, Wagner, Van Gogh, Charles de Foucauld, Claudel et Thérèse de Lisieux.

Pour Marx et Nietzsche, la vie est essentiellement une force créatrice. Nietzsche porte son attention à la splendeur de cette vitalité créatrice, à la spontanéité, au resplendissement de la vie. Marx part d'un postulat inébranlable : l'homme se crée lui-même en créant.

Cette idée que l'esprit est avant tout une puissance créatrice n'était pas neuve. Elle est même le fond de ce que, en histoire de la pensée, on appelle l'idéalisme. Mot qui, nous l'avons dit, ne fait pas allusion à « idéal », mais à « idées ». Il désigne, par opposition aux systèmes de pensée qu'on appelle réalisme, les théories qui donnent la priorité non pas au réel, mais aux catégories de la pensée : c'est le cas par exemple, des systèmes philosophiques franco-allemands qui vont de Descartes (le *Discours de la méthode* a été écrit en français dans l'année 1632, ce qui a permis aux femmes d'aborder la philosophie, jusque-là écrite en latin et donc réservée aux clercs et aux hommes) à Leibniz, Spinoza, Kant et ses disciples, Hegel et ses disciples (Hegel, contemporain de Napoléon en qui il voyait l'incarnation de l'histoire).

Regard ou projet

Pour les Anciens, l'homme était d'abord un *regard*, la vie de l'esprit était communion au réel soit par la connaissance, soit par l'amour. La mathématique elle-même n'était pas faite d'abord pour construire, fabriquer, bricoler, inventer, mais pour découvrir, contempler et communier. Pour les Anciens, 4 c'était une fois 4. Pour les Modernes, 4 c'est quatre fois 1.

Pour Nietzsche et les Modernes, l'homme n'est plus un regard, il est conduit à être considéré d'abord comme un *projet.* Il y a bien un infini en l'homme. Cet infini se révèle dans l'ivresse de créer, dans le vestige du démiurge présent en nous. Il s'agit donc de le libérer en donnant droit à la révolte contre toute règle extérieure, par-delà le bien et le mal.

Marx sait bien que l'homme est limité comme créateur, mais l'être humain a en lui de quoi remédier à ses limites par la capacité de modifier ses propres conditions d'existence. À nous d'être des dieux, *causa sui*, cause des transformations de notre vie. On peut remplacer Dieu par la maîtrise des lois matérielles qui gouvernent la vie. « L'homme est l'être qui résout lui-même ses propres problèmes et qui le sait », écrit Marx. La boucle est bouclée.

La société, née avec les premiers outils de l'homme de Cro-Magnon, revient à la modification de ses propres outils. On va pouvoir réglementer tout le collectif de la vie en dominant les lois économiques et sociologiques de la cause matérielle de l'existence. L'homme peut tout créer, tout projeter, tout programmer : et la naissance et l'économie de sa vie, et la mutation des gènes et les conditions de sa mort. La cause matérielle et le matérialisme peuvent se prévaloir du rôle de nouvelle religion.

Il faudra les drames accumulés tout au long d'un siècle et demi avec les noms devenus symboliques : Auschwitz, le goulag, le Rwanda, l'islamisme... pour remettre les pendules à zéro et montrer que les idéologies de l'Est comme celles de l'Ouest, si elles se limitent à l'action et à la fabrication, laissent entière l'énigme du destin humain.

L'*homo faber*, l'homme fabricateur n'aurait-il plus que l'issue du désespoir, celui de Rimbaud : « La vraie vie est absente » ou celui de Kierkegaard : « Il n'est qu'un désespoir, c'est de n'être pas désespéré », ou alors l'immense tristesse des lendemains de fête après la distraction des bronzés ou de la Jet-set ? Que reste-t-il à côté du Curé d'Ars, de mère Teresa, du père Kolbe ou de Sadate ? À quelles philosophies se vouer pour entendre leur Credo ?

Le Credo *chrétien est-il compatible avec n'importe quelle philosophie ?*

Je ne crois pas. Le christianisme est indépendant de toute philosophie. Mais rien n'est plus utile qu'une bonne philosophie pour mettre quelque chose de correct sous des mots tels que créateur, père, éternel, salut, alliance, vie, espérance, personne, amour, communion, morale, éthique, transcendance. Ici toutes les philosophies ne s'équivalent pas et ce n'est pas le besoin de rendre le christianisme plus ou moins facile ou admissible qui indique la valeur d'une philosophie.

Revenons à Kant, professeur à Königsberg du temps de la Révolution française. (On raconte que les bourgeois de la ville mettaient leurs montres à l'heure d'après le passage d'Emmanuel Kant lorsqu'il allait à l'université, tant l'homme était réglé comme un métronome, et que la ville fut perturbée le jour où Kant, troublé par l'annonce de la Révolution française, prit quelque retard).

Il y a chez Kant un refus de l'autre, puisque l'autre porterait atteinte à la coïncidence avec moi-même.

Ce qui est moral, c'est la loi. Ni les passions, ni la volonté ne sont morales. Dans la mesure où les passions sont contraires à moi-même, il faut une loi. Il s'agit donc d'arriver à cette loi, de parvenir à une cause première non subordonnée, à un « impératif catégorique ». Sous prétexte d'idéal purifié, on parvient alors à une morale sans appétit, sans amour. Comme le dit Péguy, en parlant de Kant, on a les mains pures, mais on n'a plus de mains.

Le propos de Kant était peut-être noble. Il est hélas ruineux de toute vraie vie. Le rêve est toujours là : libérer l'absolu de quoi que ce soit qui lui serait antérieur. Une fois posé par Kant que l'intelligence n'a pas d'au-delà, qu'elle n'atteint pas le réel, il est clair qu'il n'y a plus de « bien ». La volonté est donc libérée. Mais pour rendre libre la volonté, il a fallu d'abord démolir la valeur réaliste de l'intelligence. Il n'y a plus de réel, donc plus d'interlocuteur.

Il n'y a plus de limites, à nous l'ivresse

Après Kant, Frédéric Nietzsche ou ses successeurs (fin du XIXe siècle) n'ont plus qu'à conclure : s'il n'y a plus d'interlocuteur, il n'y a donc plus de limites, à nous l'ivresse de créer.

Bien sûr, après Kant, on cherchera quand même à rattacher à quelque chose tout ce qui habite notre esprit : impressions, représentations, idées, etc. Marx conclura que les idées sont dérivées de notre activité productrice. Le monde de l'amour est alors définitivement cassé. On ne va quand même pas suivre le christianisme qui nous propose de subir, d'éprouver ou de nous soumettre à une séduction, à une attirance, surtout à l'attirance d'une personne dont on ne serait pas le maître. Le primat de l'efficacité sur l'amour est établi.

Chez Freud, ce primat porte le nom de la *libido*, quantum d'énergie qui nous habite. Chez Bergson, Dieu est réintroduit dans *l'évolution créatrice*, mais d'abord à la manière d'un artiste qui crée une symphonie, etc.

Toute la révélation de l'Évangile va en sens inverse. Il s'agit bien aussi pour le Christ de mobiliser toutes nos énergies pour une délivrance, mais par acceptation d'un amour désarmé. « Quand je serai élevé de terre, j'attirerai tout le monde à moi ». (Jean 8, 32).

Le culte de la modernité et des trois maîtres du soupçon dont vous venez de parler, Marx, Nietzsche et Freud, a-t-il des conséquences pour la vie de tous les jours ?

Oui, et redoutables, par exemple pour la prière, les sacrements et la lecture de l'Évangile.

Citons Kant lui-même : « Par la prière, l'homme ne cherche à agir que sur lui-même pour vivifier ses intentions au moyen de l'idée de Dieu. L'homme ne peut pas avoir l'outrecuidance de pouvoir affirmer lui-même l'existence de Dieu comme absolument certaine, la sincérité ne peut donc se rencontrer d'une manière parfaite dans la prière. C'est pourquoi on observe que ceux qui font de grands progrès dans la pratique du bien cessent de prier. »

Ainsi, pour Kant, la prière a complètement changé de sens. Elle n'est plus dirigée, à titre de demande ou de contemplation, vers un Dieu transcendant, reconnu au-delà de l'expérience sensible, au-delà de l'univers, au-delà de l'homme comme quelqu'un à regarder ou implorer.

Pour Kant, la prière devient le mouvement de la connaissance qui reflue vers soi, dans le sens du sujet pensant, (bien sûr « au-delà » de la simple expérience sensible). Mais elle n'atteint que moi, que les conditions intérieures de ma connaissance. Le dépassement de soi a changé de sens. Il n'est plus tourné vers Dieu comme un Père, mais vers l'homme.

Pour ceux, qui ont encore besoin de s'édifier, c'est-à-dire de se construire, d'intensifier leur esprit de prière, ils feront bien de participer à la prière commune : « Elle peut en effet soulever l'émotion jusqu'à l'enthousiasme moral et mettre en mouvement avec plus de force l'impulsion morale de chacun. Mais bien entendu, sans croire pour autant à la présence actuelle de l'être suprême. On fait seulement comme s'il était spécialement présent en ce lieu. »

Toute une interprétation de la prière peut être déduite du principe qui commande la pensée de Kant (l'anthropologie transcendantale) :

il n'y a pas d'objet qui puisse être connu. Au-delà de la conscience de soi, la connaissance ne porte avec certitude que sur les objets de l'expérience sensible ; le reste de notre appareil intellectuel est sans objet dans la réalité.

Le drame, les impasses et les confusions des interprétations qui commandent un certain nombre de nos théories modernes sont ici présents. (Parmi les très nombreuses études sur Kant, on aura pour la prière, grand intérêt à se reporter à la magistrale étude de M. Paissac *Prière et mentalité contemporaine*, Éditions Ouvrières, spécialement pages 37-58).

Il faut encore citer Kant : « La prière n'est pas un dialogue ni un entretien avec Dieu, mais en elle se produit un accomplissement fondamental de l'homme. Dans la prière, je me dis moi-même. » Et encore : « Prier signifie s'exprimer soi-même. Ce n'est pas pour Dieu qu'est accomplie la prière. Pour qui donc ? C'est moi que la prière doit aider. Prier signifie penser devant les horizons de la réflexion et de l'expérience. »

Vous nous avez dit que le culte des maîtres du soupçon avait des conséquences concrètes non seulement sur la prière mais aussi sur la compréhension des sacrements. Qu'en est-il ?

Pour voir ce à quoi ces théories aboutissent en face des sacrements, il suffira de renvoyer, entre bien d'autres, au livre de Louis-Marie Chauvet : *Du Symbolique au Symbole*, (Paris, Cerf, 1979). On voit s'y déployer les attraits d'une apologétique de la modernité. C'est peut-être de la religion, est-ce encore une pensée théologique ? En effet, que dire lorsque tout se noie dans le symbolique ? Une fois décrétée la fin de ce qui aurait une consistance en dehors de nous, (ce que les spécialistes appellent la fin de l'ontologie), comment n'avoir plus affaire avec les sacrements qu'à du digestible ou du « croyable disponible » puisque c'est nous-même qui déciderions ultimement du sens de notre vie ?

Vous avez commencé le cycle de vos conférences de Notre-Dame de Paris par le constat du désespoir contemporain et avant même que Jean-Paul II n'en parle, par l'évocation de la culture de mort dans laquelle baigne la civilisation occidentale elle-même ? Était-ce pour sacrifier d'avance à la mode ?

Non, je l'ai déjà dit, il n'y a que deux points de départ possibles pour la présentation de la religion, (qu'on l'appelle catéchèse, catéchisme ou théologie).

Soit commencer par l'amour inconditionnel de Dieu pour sa créature quand, après avoir créé l'homme, « Dieu vit que cela était très bon ».

Soit commencer par le cri de détresse de Job devant l'horreur du mal, repris par l'interrogation suppliante du Christ à l'agonie « Pourquoi, Seigneur, pourquoi ? » Dans le premier cas, on suit l'ordre de la Genèse jusqu'au rétablissement final de l'Apocalypse quand il n'y aura plus ni larmes ni deuil. Dans le deuxième cas, on part de la question que rencontre tout être humain : pourquoi doit-on subir le pouvoir du mal ? Pourquoi des limites ? Pourquoi la mort ?

Désenchantement et besoin de survivre

Cette double présentation ne rejoint-elle pas les bilans les plus habituels lorsque l'on veut faire droit à la modernité ?

C'est évident. On est partagé entre l'horreur et le désenchantement d'un côté, le besoin de survivre et l'espérance de l'autre. On ne bénira certes pas ce XXe siècle enfin achevé. Il fut de toute l'histoire, celui où l'homme s'est montré le plus sauvage, le plus abominable. Qu'on puisse en même temps le créditer des plus formidables avancées de nos connaissances et de nos modes de vie n'est pas une contradiction. Mais demeure une interrogation décisive pour la suite des événements : ne faut-il pas vivre désormais avec l'idée d'un être humain qui, malgré ses apparences de progrès, reste incarcéré dans sa nature profondément barbare ? Un homme qui, en dépit de l'épanouissement de sa culture, n'est pas civilisé ?

Ne seriez-vous pas vous-même contaminé par le nihilisme et le besoin de noircir le tableau de la civilisation actuelle pour mieux vous situer du coté des bons ?

Il ne s'agit pas ici de mode intellectuelle. Les historiens nous disent qu'entre août 1914 et mai 1945 soixante dix millions d'êtres humains ont péri dans les guerres, les camps, par la torture, la déportation, la famine et on a parlé de 100 millions de victimes du stalinisme... Les deux guerres mondiales furent avant tout des guerres civiles européennes. On a eu le droit de se demander si la barbarie n'était pas en quelque sorte fille de l'Europe. Les spécialistes rappellent que c'est la Belgique qui a déclenché le grand meurtre au Congo belge, en abandonnant le pays sans l'avoir préparé, et ils n'hésitent pas à avancer le chiffre de 10 millions de victimes. La technologie du nettoyage racial était en germe dans ces premiers déchaînements perpétrés sous le roi Léopold II. Pol Pot et le Rwanda étaient inscrits au calendrier. Nous savons maintenant de quoi l'homme est capable.

Ne le savait-on pas auparavant ?

En voyant les boucheries de Passchendaele, en 1917 et de la Somme, en 1916, on aurait dû commencer à le comprendre. Le nombre de ceux qui savaient ce qui se passait à Auschwitz était très faible. On ne savait pas encore suffisamment que l'on pouvait chanter Schubert le soir après avoir torturé un être humain le matin. Seuls quelques génies de la nuit, tel Dostoïevski, l'avaient pressenti. Il y a dans l'infamie de Céline quelque chose de ce coup d'œil ; il a su lui aussi. Personne ne voulait entreprendre ce *Voyage au bout de la nuit*.

Buchenwald est situé à quelques kilomètres du jardin de Goethe. À Munich, pendant la Seconde Guerre mondiale, de l'entrée de la salle de concerts où l'on donnait un superbe cycle Debussy, on pouvait entendre les cris des déportés hurlant dans les trains qui les conduisaient à Dachau, situé tout près de là. On n'a pas vu un seul artiste se lever et dire : « Je ne peux pas jouer. » La musique n'a pas dit non !

Humaniser l'homme par la culture fut la grande promesse du Siècle des lumières. « Au fur et à mesure que déclineraient les croyances religieuses, affirmait Voltaire, les haines se dissiperaient. » Étrange pronostic d'une modernité prise en défaut. En effet la fin de la croyance se révèle être un processus beaucoup plus dangereux que n'avaient prévu les « Philosophes ». D'Auschwitz au Rwanda toute la litanie a infiniment dépassé ce qu'ils avaient pu pressentir. En quête d'un enfer, nous avons appris à l'édifier et à le faire fonctionner sur terre. Nous connaissons non seulement une crise de la culture, mais aussi un renoncement à la raison. La promesse des Lumières n'a pas été tenue. Les bibliothèques, musées, théâtres, universités, peuvent prospérer à l'ombre des camps de concentration...

On est bien forcé de reconnaître que la fonction humanisante des sciences humaines ne peut qu'être sérieusement mise en doute. Les beaux mots de « humanités » et de « lettres humaines » qui servaient à désigner tel ou tel moment du processus scolaire, (et non pas les « sciences » humaines), seraient-ils à ranger sur le rayon de l'ironie ? Que sont-elles devenues ces « humanités » lorsque les « sciences » deviennent si facilement terroristes ?

Au-delà de l'utopie, l'espérance

On ne peut quand même pas en rester au désenchantement. Quel en est la version chrétienne ?

Il y a vingt-cinq ans lorsque je me suis senti absolument obligé d'aborder le problème du mal à Notre-Dame de Paris, il m'a été impossible de le faire tout de go. Il fallait d'abord faire face au désenchantement en l'appelant par son nom chrétien *le douloureux courage d'espérer*. J'ai donc emprunté à saint Paul le titre : *Espérant contre toute espérance*. Le Curé d'Ars, je l'ai dit, a deux fois dans sa vie connu la tentation absolue du désenchantement. Il a non seulement eu envie de fuir, mais il a vraiment fui, par désespoir. Ses paroissiens l'ont ramené à Ars. Il avait vu que le désenchantement était l'un des principaux péchés mortels qui le menaçaient. On n'a pas le droit de tuer la Providence et de mettre *a priori* une limite à l'Amour créateur.

Il y a une version laïcisée et sécularisée de l'espérance qui est l'utopie. À quelle époque placez-vous la naissance du mythe de l'utopie qui a traversé toutes les civilisations ?

L'origine, c'est Platon. Mais le point de rupture, c'est le siècle des Lumières et l'idée de Révolution — fondamentalement moderne. Seule la modernité pouvait avoir un tel dessein : faire de l'homme le maître de l'histoire. Le monde ancien avait la rébellion, mais n'avait pas de projet politique de la réalisation de son utopie.

N'y a-t-il pas aujourd'hui une forme de complaisance à prêcher un pessimisme ?

Il existe une complaisance à annoncer une certaine apocalypse, qui n'est pas à la hauteur du vrai pessimisme. À Notre-Dame de Paris, j'ai passé mon temps à rappeler que la tragédie de la vie réside dans son ambivalence : grandeur et néant, bonté et égoïsme. Mais on ne peut pas en rester là. Je me sens proche de ceux qui font, en tremblant, ce bilan de l'ambivalence, mais je me sens éloigné des professionnels du pessimisme.

Notre société ferait-elle preuve de trop de pessimisme ?

Au contraire, elle est immergée dans une croyance aveugle dans la durée infinie de son système. Nous sommes peut-être la première génération de l'histoire à avoir le sentiment de vivre mieux que les générations précédentes et que les suivantes. Nous ne sommes plus coincés entre la nostalgie de l'âge d'or et la peur de la décadence, nous serions plutôt un peu dissous...

Le philosophe Nietzsche avait d'une certaine manière pressenti un peu ce qui allait se passer, cette transformation de l'être humain. Nietzsche soutenait que son « surhomme » n'était rien d'autre que

« l'homme du souterrain » de Dostoïevski. On sait que ce dernier définissait la conscience et le caractère de l'homme comme une prison. Nous avons parfois aujourd'hui ce sentiment que ce qui fait l'unité de l'être humain va se dissoudre. Alors le sentiment du futur se fait plus angoissant. Le cauchemar de la guerre a été remplacé par le sentiment d'un désert et d'une immense foule grise qui se dirige vers on ne sait quoi.

La version séculière de l'espérance chrétienne, qui est l'utopie, deviendrait alors une formidable illusion. L'utopie qui croit être déjà réalisée ou qui pense avoir la recette définitive, comme tant de politiques essayent de le suggérer, est fausse, dangereuse et finalement totalitaire.

Alors on peut essayer de proposer une correction avec ce qu'on a coutume d'appeler le désenchantement. On prend conscience de la relativité du but à atteindre. Le désenchantement corrige l'utopie et, pense-t-on, renforcerait l'espoir.

Il faut aller plus loin. Certes, on doit protéger l'espérance elle-même de ses aspects les plus faibles ou naïfs, mais le pessimisme n'y suffit pas. Reste le plus difficile qui consiste à voir la réalité telle qu'elle est, quand celle-ci est contraire à ce que nous attendions d'elle. On en a eu un très bel exemple dans tout le parcours spirituel de Bernanos. Et plus près de nous de Jean-Paul II.

*

Loin de me faire peur, la nostalgie inhérente à la modernité m'enchante. Je ne peux me contenter ni du désenchantement, ni du pessimisme. Je suis trop bourguignon pour ne pas croire à la bonté des choses et, en même temps, à une malice infiniment plus grande que les agressions de mon imaginaire. Le prophète Habacuc l'a annoncé : « Le diable court devant les pas de Dieu ». Il y a le diable, mais c'est Dieu qui avance. Alors vive la modernité... si elle m'oblige à canaliser toutes les forces de combativité qui m'habitent pour qu'on ne triche pas avec l'espérance !

10

De la liberté

L'esprit filtre ce qui lui plaît

Avec le haricot et la libellule, vous avez évoqué l'ère du soupçon. Comment vous situez-vous vous-même en face de cette habitude, un peu présente partout aujourd'hui, qui commence par soupçonner avant même de connaître ?

Je fais partie d'une génération qui a probablement été l'une des plus privilégiées de l'histoire de l'Église. Arrivé en Sorbonne en 1941, comme je l'ai dit en commençant, il nous fut donné de travailler dans une époque non seulement de grande austérité et studiosité, mais aussi dans une atmosphère intellectuelle où le mensonge baignait tout.

Quand le mensonge baignait tout

À cause de Vichy et de l'occupation allemande, il y avait un régime de double vérité. Plus grave peut-être, l'effondrement de la défaite avait disloqué les repères normaux, et provoqué une substitution de certaines valeurs en les dévoyant de leur finalité. On était vraiment obligé d'apprendre à se défendre et à se méfier de tout. C'est probablement ce qui a amené ma génération à une résistance farouche et quasi physique pour les enjolivements du discours politique aussi bien que pour certaines séductions intellectuelles mal fondées, fussent-elles théologiques.

Dans le même temps, je l'ai aussi rappelé, mais il est bon d'y revenir, tous les trésors de l'Église furent ouverts : Bible, liturgie, Pères de l'Église, sources de la pensée philosophique chrétienne. J'ai perçu plus tard comment la génération qui nous précédait, par exemple celle du père Xavier Léon-Dufour, pouvait être amère et engoncée dans certaines caricatures parce qu'elle avait dû absorber une théologie rétrécie : « Qu'avons-nous subi en théologie avec les problèmes de l'existence des Limbes, etc. » gémissait le père Léon-Dufour. Je ne pouvais lui répondre que pour moi la théologie ne s'était pas réduite à cela, bien au contraire.

Quand je regarde la génération qui m'a suivi, celle des « colonels » de 1968, je mesure aussi à quel point la mienne peut être reconnaissante à nos maîtres de nous avoir préservés de l'habitude des soupçons inutiles.

Or depuis, le soupçon est revenu en maître. Mais la richesse est toujours là, avec toutes ses chances.

Le poulet de saint Philippe

On sent quand même que vous n'êtes pas totalement heureux des va-et-vient et incertitudes qui entourent mœurs ou études ecclésiales. Avouez un peu ici ce que vous en pensez ?

J'ai tant reçu que d'ici à ma mort je n'aurai pas assez de temps pour rendre grâce et, même s'il est parfois douloureux, pour garder « le courage d'espérer ». Ce n'est pas à mon âge qu'il va me faire défaut.

J'ai plutôt l'impression d'être aujourd'hui non seulement bénéficiaire, mais plutôt spectateur, comme l'était saint Philippe Néri en face de ses pénitentes.

J'espère que vous imaginez de temps en temps la vie du ciel comme un merveilleux orchestre exécutant une symphonie. Je me représente Thérèse de Lisieux à la flûte, François d'Assise jouant du hautbois et les deux fantaisistes qui furent les princes de l'humour et du sourire dans l'histoire de l'Église, Thomas More à la contrebasse et Philippe Néri à la trompette.

Lorsque je vois la succession des modes philosophiques ou théologiques, je me rappelle l'histoire qui est arrivée à Philippe Néri. Une pénitente qui ne se rendait pas compte de la gravité de ses péchés de médisance venait tous les quinze jours se confesser à lui. (Le catéchisme note avec justesse que la médisance est plus grave que la calomnie, parce que le mal qui n'a pas existé a des chances de se dissoudre, alors que l'autre peut laisser des traces irréversibles). Après plusieurs semaines où elle avait répété son accusation de médisance, saint Philippe Néri lui demande pour pénitence d'acheter un poulet, de le tenir par les pattes et de traverser toute la ville de Rome en plumant la volaille. Un peu ahurie, la pénitente obéit et revient la quinzaine suivante en s'accusant encore d'avoir médit.

« Ma fille, lui dit saint Philippe, avez-vous fait la pénitence de votre dernière confession ? — Mais oui, mon père. — Eh bien cette fois-ci, ma fille, vous reprendrez le même chemin en ramassant pour me les apporter les plumes de votre poulet.

— Mais mon père, répond un peu affolée la pénitente, le vent les a emportées et dispersées... Saint Philippe répond alors : — Ainsi en est-il, ma fille, de vos paroles imprudentes. »

Vues au terme du siècle dont j'ai bénéficié, n'en est-il pas de même de certaines vogues intellectuelles comme des plumes du poulet de la pénitente de saint Philippe ?

Il y a quand même quelque chose de normal à vérifier le fonctionnement du moteur de notre esprit. Pourquoi y répugner ?

Il ne s'agit pas d'empêcher l'esprit d'ausculter périodiquement ses mécanismes. Rien de plus nécessaire que cette révision tous les 10 000 km. Mais allons jusqu'au bout de la liberté. L'esprit ne doit pas juger de son fonctionnement par seule référence à ce qui lui plaît spontanément, à savoir lui-même où les seules opérations de transformation par lesquelles il affine ses idées. *On est habile à filtrer ce qu'on n'a pas envie de voir.* Or le propre de l'intelligence n'est pas de fonctionner en vase clos, mais de « rester ouvert à tout le reste », et je le redis, quitte à lasser, non pas d'abord de transformer, mais de recevoir et communier. Connaissance, il faut redire le jeu de mots étymologique : co-naître. L'esprit est invité à naître aux choses et avec les choses. Il est capable d'être ce qui manque à tout le reste. Toute la vie se joue ici. L'esprit peut décider de se replier sur lui-même et de ne pas laisser la porte entr'ouverte sur autre chose que soi et la prison de ses habitudes. C'est la merveille et en même temps la difficulté de la prière. Si l'on ne prie pas, ce n'est pas d'abord à cause du manque de temps, fatigue ou lassitude, mais plutôt peut-être par peur ou refus de faire place à un autre.

Ainsi on ne pourra jamais faire une « philosophie » de la prière. Une philosophie, non ; une théologie : oui. Car la prière ou la religion supposent d'être reliées à un Autre et, selon la diversité des idées que nous nous faisons de cet Autre, la nature du rapport à cet autre va être différent. Je ne peux pas sortir du rapport à Dieu pour juger de ce rapport, puisque c'est ce lien même à Dieu qui me tient dans l'existence.

Le professeur, le commentateur, l'instituteur, le guide du musée, le gnostique, l'herméneute ou l'exégète peuvent risquer de réduire les choses à la seule photographie qu'ils en ont en eux-mêmes. On peut être tenté de restreindre les mystères et la foi à l'étude des mécanismes de la foi, de limiter la révélation de Dieu à l'étude des textes. Le soupçon peut tout réduire. Le miracle de Cana a-t-il existé ou n'est-il qu'une manière de parler, un symbole, un *théologoumène* comme le suggère Jacques Duquesne ? (Je soupçonne que Jacques Duquesne n'a sans doute pas beaucoup bu du vin que l'on produit actuellement à Cana parce qu'il est tellement médiocre qu'il comprendrait que le Christ y a vraiment fait un miracle !)

Dans la mesure où elles enferment le réel dans les limites d'une connaissance éventuellement restreinte, toute interprétation, toute exégèse, toute gnose risque d'être contradictoire et réductrice. Comme si, au lieu de se mettre à table, on se contentait de prendre des photographies du repas et de lire les recettes en les perfectionnant dans l'abstrait. Ou encore comme si, voulant apprendre à nager, on refusait de se mettre à l'eau. Certains définissent la modernité comme « ce qui sera périmé demain ». Serait-ce si mal vu ? On n'en finit pas dans l'Église avec la peur et le syndrome de Galilée qui conduit à vivre dans la crainte d'être en retard et rend vite périmées des théories à l'allure de jeu de meccano.

Redisons-le. Au choc du réel dont on n'est pas le maître, et à sa force d'attirance, il est normal de substituer les barrières, les habiletés, les pouvoirs de l'intelligence qui se prémunit en interprétant. Ce triomphe de la raison raisonnante a toujours été une tentation, mais devient aujourd'hui envahissante. On produit des concepts en s'auto-justifiant, en légitimant les critères d'interprétation. Comme dans un service commercial, le responsable du service peut toujours accuser les représentants au lieu de se demander si le produit dont il rêve est bien celui qui est utile à la clientèle.

A-t-on le droit de demander des comptes aux intellectuels ?

Vous évoquez la mode de l'herméneutique comme contenant des dangers pour les croyants d'aujourd'hui, pourtant de grands esprits comme Paul Ricœur y ont consacré tout leur effort ?

Ce n'est pas moi, c'est le père Congar qui, il y a déjà plusieurs années, constatait avec lassitude l'inflation des herméneutiques et regrettait cette manière dont le besoin des vérifications prenait le pas sur la recherche de la vérité et sur la joie d'écouter et de se rendre adéquat au réel. Il laissait nettement transparaître le danger d'être enfermé dans la démangeaison de l'interprétation au point que le signe finirait par faire oublier la chose signifiée.

À Ricœur en épistémologie, on peut ajouter Heidegger en philosophie, Tillich et Karl Rahner en théologie et bien d'autres comme H.-G. Gadamer avec son ouvrage classique *Vérité et Méthode* en 1960. C'est un fait évident qu'ils gouvernent ou ont gouverné une grande part de la pensée actuelle. Mais n'est-il pas déjà bien tard pour s'en apercevoir ?

Le plus grand hommage qu'on puisse leur rendre, c'est de les critiquer. On ne répétera jamais assez les maximes de saint Thomas d'Aquin qui expriment le fond de son attitude de théologien : « Si quelqu'un veut écrire contre mes solutions, il me sera très agréable. Il n'est en effet aucune meilleure manière de découvrir la vérité et de réfuter l'erreur, qu'en se défendant contre les opposants » (*Traité de la perfection de la vie chrétienne*) ; ou encore : « De même que dans les tribunaux, nul ne peut juger qu'il n'ait entendu les raisons des deux parties, de même est-il nécessaire à qui veut philosopher, d'entendre tous les penseurs dans leurs recherches opposées, pour avoir plus de ressources dans son jugement. » (*Commentaire sur la Métaphysique*, livre III, leçon 1).

Ce que Charles Péguy exprimait à sa manière : « Une philosophie n'est pas celle contre laquelle il n'y a rien à dire. C'est celle qui a dit quelque chose. Une grande philosophie n'est pas celle qui rend des arrêts, c'est celle qui introduit des instances. »

Ne serait-ce pas un comble si les champions de l'herméneutique redoutaient les instances ou les interrogations ? Ironie de l'histoire, l'un de ces champions n'a-t-il pas menacé de faire un procès à une revue théologique qui, dans une recension, ramenait ses écrits à de plus humbles proportions. Faut-il priver l'interlocuteur de la liberté lorsque le détenteur du savoir s'attribue le pouvoir... au nom de « la » liberté ?

N'êtes-vous pas sévère ou injuste ?

Non, réaliste. Faisons bref avec deux phrases qui résument les points d'aboutissement de deux des auteurs que nous avons nommés. Le 10 juin 1994, à la question, « À quoi évaluez-vous la grandeur d'une religion ? » Paul Ricœur répond : « À sa capacité de produire de la compréhension de soi ; au niveau personnel, au niveau communautaire, et jusque dans le domaine social et politique. » *Produire* de la compréhension, on est en pleine herméneutique : on produit.

29 janvier 1994, soutenance de thèse en Sorbonne sur l'essence de la religion chez Paul Tillich. L'auteur résume ainsi l'intuition qui lui semble résumer le mieux l'œuvre de Tillich : « L'essence de la reli-

gion est contenue dans le mouvement de la conscience advenant à elle-même et qui, *se faisant créatrice* s'oriente, quand rien ne s'y oppose, vers une préoccupation inconditionnée. »

Retenons ces indications : la religion, c'est ce qui permettrait de *produire*. Tout est consommé. Il ne suffit plus alors qu'à justifier cette production par la création de sens.

Certes, demeure une préoccupation initiale qui est légitime et superbe. Elle est indispensable. Elle désigne l'orientation générale de l'esprit caractérisée par le souci de rejoindre la lumière, c'est-à-dire la vérité de n'importe quel objet, son sens. Sous cette signification, il est évident que les deux exemples que nous avons pris peuvent légitimement être entendus ainsi. « Production » peut être pris en première et simple conclusion de « mettre en avant », « faire apparaître » (ce qui n'est pas la même chose que la création *ex nihilo* ou en combinant des éléments disparates).

C'est dans le premier sens que saint Matthieu, saint Jean, saint Paul, l'Épître aux Hébreux sont remplis d'interprétations et d'herméneutique, mais ce n'est pas simplement pour « fabriquer du sens », c'est pour conduire à la remise inconditionnelle de soi à une parole de lumière. L'Évangile sauve en proposant de se décentrer, et non pas d'abord pour produire du sens en « advenant à soi-même » ou en « produisant » de la compréhension.

Pourquoi présenter l'herméneutique de manière exclusive comme si elle était une invention de la modernité ? Quand les évangélistes et les conciles s'essayent à traduire le mystère, ils regardent forcément ce qu'ils font, ils se confrontent à leurs sources et cherchent à manifester la cohérence, la correspondance et l'adéquation de leur pensée avec elles. Ils avaient à assimiler deux univers très dissemblables, l'Orient sémite et l'Occident grec et latin. Ils y étaient obligés du seul fait d'avoir à s'exprimer dans une langue étrangère à leur culture : le grec. Et donc ils étaient possédés par l'anxiété que leur traduction respecte au mieux la plénitude du sens de ce qu'ils avaient reçu.

Quand saint Augustin ou Thérèse d'Avila plongeaient dans les mécanismes de l'âme et du savoir, en analysant leur expérience de Dieu, en vérifiant sa conformité avec la révélation de la sainte Trinité, ils interprétaient explicitement et consciemment ce qu'ils faisaient. Qu'était-ce si ce n'était de l'herméneutique ?

Avec le traité des *Habitus*, saint Thomas d'Aquin, bien avant Freud, donnait un statut philosophique remarquable à l'inconscient (et à son rôle fondamental de différentiel de la puissance). Il analysait avec une rare finesse le substrat de toutes les forces humaines qui devaient être canalisées par les vertus. Il est évident qu'il avait parfaitement fait la théorie de son interprétation de la structure humaine.

Bérulle et toute l'École française de spiritualité, en décrivant les chemins de l'union au Christ, de la sacramentalité et de la vie d'oraison, savaient très bien ce qu'ils faisaient. Or s'ils créaient du sens, s'ils avaient la préoccupation de « rejoindre le sens », c'était au nom du souci de communier à une Personne et non pas seulement de vérifier leurs mécanismes intellectuels.

Réapprendre à lire l'Évangile

Y a-t-il des remèdes à l'oppression de certaines interprétations des Évangiles ?

Heureusement, et plusieurs.

Le premier, qui n'est pas seulement un remède, relève de l'obéissance amoureuse interne à la foi. Il se prend du fondement même de l'acte de foi : celui-ci est une Pentecôte actuelle qui nous abouche à la connaissance que Dieu a de Lui-même, garantie par l'assistance du Saint-Esprit telle que Jésus l'a promise au magistère de l'Église.

Ne plus admettre l'assistance du Saint-Esprit et les moyens de cette assistance tels que Dieu en a décidé lui-même, c'est évidemment sortir du problème. On est libre de le faire, mais alors il faut le dire. Le seul reproche que je ferai à quelques auteurs c'est de ne plus nous dire « d'où » ils parlent. Pourquoi, sous prétexte de liberté, vouloir imposer à l'Église ou aux fidèles des procédés qu'on ne tolérerait même pas dans un syndicat de base ?

Suggérons certains remèdes non négligeables. Tout d'abord la *méthode des différences* telle qu'on l'utilise pour se former le goût lorsqu'il s'agit de la connaissance des chefs-d'œuvre de l'art.

Prenez l'exemple de certains grands photographes. Comment mettre à sa vraie place quelqu'un comme Helmut Newton ? Il est mondialement coté. Mais il ne peut jamais montrer la réalité sans un zeste de complaisance érotique. On en arrive à se demander comment des membres de familles royales ont pu se laisser photographier par lui. Pas besoin de discours devant cette décadence, il suffit d'utiliser la méthode des différences et de mettre à côté des clichés complaisants de H. Newton, les photographies de Sebastio Salgado, Lartigue, Doisneau, voire Iris Clerc ou Izis, pour retrouver la force du réel dans les lumières fraîches, dramatiques ou familières du quotidien.

Autre exemple. Le musée Picasso a montré comment la crucifixion était présente tout au long de l'œuvre du peintre. Un regard attentif découvrait qu'à seize ans, quarante ans, soixante ans, soixante-dix ans et quatre vingts ans, Picasso était inlassablement revenu au mystère du Christ en croix. Or, les conservateurs n'ont pas osé montrer vraiment ce débat de Picasso avec le Christ. L'exposition avait pour titre *Corps crucifiés*. Notez bien le pluriel. Il a suffi d'un herméneute, d'un interprète de luxe, en la personne de Philippe Sollers, pour dévier et dénaturer le drame et n'en faire seulement qu'un objet culturel. La prose de Sollers se paraît de facilités, on aurait cru qu'il traitait les Crucifixions de Picasso comme il l'avait fait des corps féminins peints par Boucher. L'exposition n'avait plus qu'à conclure avec trois tableaux de Bacon, (fantastiques), un Kooning et un inévitable tableau blasphématoire où le Christ était érotisé. On avait quand même éprouvé le besoin de mettre un voile devant ce tableau. On n'osait pas livrer l'innocent profané à une vision ouverte. Paradoxalement des photographies assez inutiles, de malades hystériques attachés sur leur lit à la Salpétrière en 1904 étaient presque plus obscènes que l'érotisme final. Pour se désintoxiquer, il suffisait de revenir au cri de Picasso lui-même, dans ses dessins faits à l'âge de seize ans ou de quatre-vingts ans.

Ainsi avec les exégètes. Comme avec les conservateurs, les publicistes ou les petits marquis de la littérature, il peut y avoir certaines insuffisances. Heureusement, il y en a beaucoup d'autres pour rectifier rapidement, par la méthode des différences.

Cela suffit-il ?

Bien évidemment non. La démangeaison et le besoin d'imposer sa propre interprétation ne seraient-ils pas en grande partie le résultat d'une faiblesse philosophique et théologique ?

Les slogans : aller à l'incroyance, être soucieux de la modernité, promouvoir un christianisme adulte ou responsable, distinguer la foi et la religion, respecter la différence, admettre le pluralisme, peuvent couvrir quelques confusions. Entre autres celle, redoutable, du mélange entre liberté et libéralisme. Où cela conduit-il ?

Les sciences humaines ne pourront jamais trouver en elles-mêmes leur régulation. Il leur faut le secours et le recours d'une philosophie, servante de la théologie, qui soit capable de mettre entre elles hiérarchie, connexions et dialogue fructueux.

Retrouver une naïveté seconde

Le recours à la réflexion philosophique, ou au bon sens, suffit-il ?

Il y a plus profond et plus simple. Revenons au premier remède que nous avons énoncé plus haut, la méthode des différences. C'est ce pourquoi, nous avions, pour situer la révolution la plus importante de l'histoire récente de l'esprit et la plus ambiguë pour les chrétiens, (celle provoquée par Emmanuel Kant), rappelé ce qu'il disait de la prière. Retournons donc ici à une donnée première.

La révélation de l'Évangile se situe au-delà, ou en-deçà, (en dehors si l'on veut), de toute élaboration théologique ou philosophique, quelle qu'elle soit, et quelle que soit la date de son apparition : le fait d'être ancien ou moderne n'est pour aucun produit un critère de vérité ou de beauté. À propos de la prière, on doit à juste titre réagir contre certains excès esthétiques, narcissiques ou desséchants qui ont pu être attribués à l'influence de la philosophie grecque ou de la scolastique décadente. Ces excès expliquent en partie les réactions de Luther ou de Kant.

On n'en doit pas moins réagir avec autant de raisons contre la pression trop forte exercée par certaines modes actuelles sur l'interprétation de l'Écriture sainte. Il va sans dire que le Christ n'a jamais été ni aristotélicien, ni kantien. Il suffit aux théologiens de ne pas être dupes de leurs propres penchants. L'illusion, dommageable, commence au moment où l'on considère telle philosophie ou telle façon de penser comme la seule qui soit compatible avec la Révélation, en dehors des indications fournies par l'Église. L'illusion devient encore plus dangereuse quand on prend pour un « retour à la source » ce qui n'est en réalité qu'un retour à un tel présupposé philosophique considéré comme évident.

Mais, dira-t-on, n'est-on pas libre de préférer notre façon de penser actuellement à telle autre mentalité, qui n'est plus adaptée à ce que nous sommes aujourd'hui ? Il suffit ici de ne pas se méprendre sur l'usage de la liberté. Chacun est parfaitement libre de tuer sa mère ou de mettre le feu à la ferme voisine, mais il a le pouvoir de ne pas exercer cette liberté. Il en va de même dans le domaine de la pensée. On est libre de suivre les interprétations que l'on veut, mais on a quand même l'obligation de chercher à savoir celle qui est la moins rétrécie... la moins stérilisante, finalement la moins triste.

Y a-t-il des critères ?

Il en est qui ne trompent pas. Il existe pour le Christ un critère objectif qui permet à chacun de rectifier son jugement : c'est sa Parole.

Il est temps de montrer combien en face des idéologies mourantes qui nous ont emprisonnés depuis trois siècles : la Raison, le Progrès, l'Histoire, l'Économique ou la Politique c'est la Tradition de l'Église, la liturgie et les conciles qui nous ont rendu périodiquement la liberté.

Qui a été libre dans ce siècle ? Sinon mère Teresa, Jean-Paul II, le père de Foucauld et tous ceux qui ont arrosé de leur sang la liberté, comme l'ont été en leur temps Vincent de Paul à la cour de Louis XIII et de Marie de Médicis, Newman en face des anglicans de son époque alors que la hiérarchie de l'Église catholique n'était pas autorisée en Angleterre, Ignace de Loyola au temps de Charles Quint, le Curé d'Ars en face des armées de Napoléon...

Mais quand les interprétations ou les « théologiens » s'en prennent aux conciles eux-mêmes, que faire ?

On arrive ici au terme. Il faut avouer que les sciences de l'interprétation peuvent être la suprême et habile manière d'esquiver la vérité et Dieu. Encore une fois la tentation normale de l'intelligence est de revendiquer son autonomie et de n'avoir d'autre mesure qu'elle-même. Il est normal de vouloir prendre la place du Saint-Esprit et de légitimer par les plus beaux motifs les raisons de se vouloir la mesure de soi-même. La question est alors très simple : « Ma manière d'interpréter le *Credo* m'amène-t-elle à la prière ? »

Il est bon de rappeler ici que la Bible présente la prière comme une certaine mort à soi-même. Celui qui prie accepte en effet, l'intervention de la lumière d'un autre. Il accepte de se taire, et de mourir à lui-même pour laisser pénétrer en lui une lumière plus grande que la sienne. En ce sens, prier est toujours redoutable et l'ultime ennemi de la prière est notre pouvoir de revendiquer notre autonomie de penser. Étonnante subtilité dont nous sommes capables, ce qui est la définition du péché originel et de l'enfer : « Je m'appartiendrai » peut devenir le résultat (ou le point de départ) inavoué des meilleures intentions ou de catastrophes désolantes.

Cela commence, très simplement, en déclarant par exemple que le propre du statut de l'homme est son historicité, comme si le propre de l'homme et sa liberté n'étaient pas, au contraire, fondés sur la possibilité de sortir de l'histoire, au nom même de notre capacité de Dieu. Le pouvoir de communier à la vie divine elle-même en son immutabilité est la plus haute noblesse de l'homme. Devenir Dieu : les Grecs comme les Hindous ont bien vu que c'était en cela que la destinée humaine est différente de l'animal. Aller dire à une mère qui a perdu son enfant que c'est le lot de l'histoire, ses cris vous réclameront son enfant au nom de quelque chose qui échappe à l'histoire.

Nous sommes irréductiblement immergés dans l'histoire et liés à elle. Mais rien de plus facile que de relativiser l'invitation à communier à la vie divine en réduisant celle-ci aux conditions historiques par lesquelles elle nous est parvenue. Seule la complicité du Saint-Esprit peut nous libérer, lorsqu'il éveille en chacun la soif d'absolu capable d'échapper au relatif du contingent et au seul « historique » et qu'il permet à l'homme, du même coup, d'aimer l'obéissance de la foi en quête d'Absolu.

C'est non seulement une des intuitions, mais une des vérités majeures qui soutiennent toute l'encyclique de Jean-Paul II, *La foi et la raison*. Nous l'avons reçue et lue après que tout notre livre ait été écrit. Ce fut pour nous une joie immense et une confirmation majeures. Avec l'élévation de Thérèse de Lisieux au titre de docteur de l'Église, cette encyclique est un des gestes *intellectuels* majeurs du dernier siècle. L'encyclique de Jean-Paul II (ainsi que le doctorat de Thérèse) est la réponse en écho à l'encyclique de Léon XIII *Æterni Patris Filius* qui, plus d'un siècle auparavant, a marqué de manière décisive le statut de l'intelligence, de la philosophie et de la foi. Le texte de Jean-Paul II vient consacrer et situer tout ce que la théologie d'aujourd'hui peut retirer de l'École phénoménologique. Nous n'avons dans nos pages quasi jamais nommé Husserl. Cependant sa présence, sa pensée et surtout celle de la femme la plus puissante en philosophie que l'univers ait portée : à savoir Édith Stein, la carmélite juive de Cologne devenue la bienheureuse Bénédicte de la Trinité. Disciple et secrétaire de Husserl, elle a montré de manière irréversible qu'une philosophie de la personne achevait royalement une philosophie de l'Être. Nous l'avons dit et le redisons, c'est l'obligation, l'ouverture et la chance que la théologie apporte à la philosophie. Impossible à une philosophie réaliste d'en rester aux choses, lorsqu'il faut apporter son concours à la théologie. C'est ce pourquoi une théologie ne peut pas en rester à l'idéalisme ou à l'herméneutique. On a besoin pour pénétrer la lumière de Dieu, pour assimiler l'enseignement du Christ, pour entrer dans l'amour de l'Église et la compréhension des sacrements, de faire un pas de plus et d'inclure tout l'apport de la philosophie de *la personne*.

C'est ce que nous avons essayé de faire au long de ces pages. Nous ne pouvions pas terminer ce livre sans rendre hommage à Husserl et à ses disciples. La meilleure manière de le faire est de reconnaître que c'est la théologie qui rend la phénoménologie encore plus utile à l'humanité que ses promoteurs et disciples ne pouvaient le penser eux-mêmes. Mais on est ici au début d'une nouvelle ère de pensée où théologie et expérience de la sainteté sont plus inséparables qu'on a osé le dire. Cela méritera une autre étude à la suite de celle que nous avons commencée avec Thérèse de Lisieux, *Le Murmure et l'Ouragan*.

Seule une théologie priante, seule une liturgie aimante peuvent donner plein droit au statut de la Vérité telle qu'elle est reçue par les chrétiens : celui d'une Personne en face de qui on peut s'agenouiller, s'écrouler, se savoir regardé avec amour. Là l'herméneutique ne suffit plus.

Un jour, le soupçon est invité à laisser place à la confiance affectueuse, aimante, éperdue de la prière.

Ainsi, en face de toute interprétation de l'Évangile, deux questions ne trompent pas : est-elle en symbiose avec la Tradition de l'Église ? Éloigne-t-elle de la confiance qu'ont eue les saints dans l'Évangile ?

Et deuxièmement : conduit-elle à la joie de prier ?

11

L'art

« Quand la blessure devient lumière »

Jacques Chancel, à l'une de ses émissions *Le grand Échiquier*, en l'honneur du célèbre pianiste Arthur Rubinstein demanda à l'un des amis de Rubinstein, l'acteur de cinéma Lino Ventura, catcheur au grand cœur, s'il pourrait vivre sans musique. Après hésitation et silence, celui-ci répondit : « Oui, peut-être, mais mal. »

Dans votre analyse des médias vous avez peu parlé de l'influence du cinéma et de la télévision. N'ont-ils pas une portée décisive sur l'imaginaire actuel et donc sur la création et l'effort spirituel d'aujourd'hui ?

Leur rôle est évident. Je l'ai dit en parlant des quarante ans où j'ai eu moi-même et où je continue à exercer à la radio et à la télévision. Je n'ai jamais cessé de questionner les œuvres du cinéma, les émissions de télévision. Pour moi Charlie Chaplin est comparable à Albert Einstein. Une des photos du siècle dernier restera celle où, côte-à-côte, on les voit sortir de la cérémonie des Oscars. Mon enfance a été bercée par les petits films de Charlot chez Pathé. Nous connaissions par cœur *Charlot pèlerin*, *Charlot pasteur*, *Jour de paye*, etc. Mais soyons sérieux. Après André Bazin et l'abbé Amédée Ayffre, le père Guy-Thomas Bedouelle, professeur d'histoire à l'université de Fribourg, s'est, entre beaucoup d'autres, attelé à lire les messages spirituels véhiculés par les films actuels.

J'ai déjà dit comment *L'Arbre aux sabots*, *Billy Elliott*, *Les Ombres du cœur, Witness*, ou d'autres pouvaient porter d'authentiques leçons. Mais je me souviendrai toujours des illusions que drainent ce genre d'effort en me rappelant la remarque du père Pichard, fondateur du *Jour du Seigneur* au sujet du film sur *Maria Goretti* (qui devait être canonisée) : « C'est un événement aussi important que *l'Histoire d'une âme* de Thérèse de Lisieux. » (!) Depuis vingt ans on n'a guère entendu parler du film, mais Thérèse est devenue docteur et entraîne la prière de millions d'hommes. Je ne saıs pas ce que les étudiants dominicains de notre grand couvent d'études ont retiré du ciné-club qui nous fut un temps régulièrement proposé.

Certes, de la *Naissance d'une nation* à *Atanarjuat* et *Amélie Poulain*, les théologiens peuvent trouver des consolations, et conforter leurs conclusions sur bien des expériences, mais il y a des nuances à apporter dans l'herméneutique cinématographique..

Plus grave peut-être que celui de la violence et du sexe à la télévision, est le problème métaphysique que pose la présence du virtuel. Qu'est-ce qui est réel et qu'est-ce qui est imaginaire dans le vrai *Journal des Guignols* et dans toute image entre internautes ? Le rapport à la réalité est encerclé par de nouvelles coutumes. Mais n'exagérons rien, ce n'est pas nouveau. C'était déjà le cas pour celui qui dressait un obélisque à Louxor ou pour le Maya au Temple du Soleil à Palenque. Imaginaire et virtuel faisaient déjà partie de la « réalité ».

Cinéma et télévision ont leurs festivals et encombrent suffisamment les analystes. Il faut remonter plus haut et s'interroger sur la création humaine avec la recherche de la vérité.

Quelles sont les voies de cette recherche ?

Je l'ai déjà dit, il y en a trois. Celle qui analyse les structures et les techniques : c'est l'esthétique des *formes* ; celle qui confronte avec le passé, marque la dépendance des génies des uns par rapport aux autres, la naissance et la mort des écoles : c'est l'esthétique de la *mémoire*. Enfin, plus rare, plus difficile, plus profonde, il y a celle qui s'interroge sur le pourquoi et sur l'essence de ce que représente l'artiste : c'est l'esthétique du *destin*.

Quels seraient les représentants de cette dernière voie ?

René Huyghe, André Malraux, Federico Zeri, Umberto Eco, André Breton sont parmi les plus importants. Oserai-je avouer que j'ai essayé dans *la Beauté sauvera le monde...* de rejoindre leur effort. Notez l'importance des trois petits points de suspension. Je n'ai pas grand-chose à ajouter. J'ai mis quarante ans pour regrouper, en 477 grandes pages, ce qui m'a aidé à respirer et à mener l'exorcisme que chacun est amené à opérer.

Ne pouvez-vous pas les résumer ?

Non, c'est impossible, il faudrait revisiter le monde entier. Je me méfie au plus haut point de ceux qui veulent expliquer une parabole sans parabole, un tableau avec des mots, une sculpture avec des considérations, un monument sans l'avoir habité.

Soyez amical. Dites-nous en bref les étapes de votre découverte. N'avez-vous pas eu beaucoup de chance ?

Certes. Si vous me prenez par la fraternité, je ne peux que succomber. Il m'est impossible de vivre la fête de l'Ascension sans penser à la beauté et vice versa, de m'arrêter devant une grande œuvre sans penser à la fête de l'Ascension.

Mais attention, vous m'obligez à être schématique, réducteur, simplificateur. C'est bien un peu par colère contre les réductions indues que j'ai écrit les 477 pages de *La Beauté*, je ne vais pas recommencer Puis-je compter que vous irez lire les pages 385 à 389, ne serait-ce qu'en regardant les images.

D'accord pour survoler les étapes de l'art, mais à une condition nous entrons dans le silence et pas de question jusqu'à la fin.

Vous avez été critiqué comme n'étant pas assez sévère pour l'art moderne, comment répondez-vous ?

En demandant d'abord de ne pas mélanger moderne et contemporain. *Le Bidet vide* ou *Le Porte-bouteilles* de Duchamp datent de presque cent ans. Sur plus de cinquante, seulement deux recenseurs du livre *La Beauté* m'ont attristé non pas par leur agressivité et leur négativité, ni par leur refus *a priori* de l'art moderne, mais par la grossièreté qu'ils démontraient à l'égard des artistes. Ces recenseurs parlaient à l'évidence avec une ignorance telle de l'effort de ceux qui vouent leur vie à la création, qu'on en demeurait affligé. Ils ne savent donc pas que c'est un cadeau à ne faire à personne que de lui donner le charisme et la sensibilité de l'art. À l'évidence, tout artiste ressent plus fortement que nous l'aura des réalités. Il souffre donc en proportion de cette sensibilité, de la laideur qu'il peut ressentir. Devant l'incohérence ou l'horreur, par exemple de l'Afghanistan, je ne peux pas exiger qu'on en reste à une miniature persane ou à une prédelle de Fra Angelico. Deux ans avant la guerre du Golfe, Thierry De Cordier, désespéré, non seulement se coupe la langue par détresse, mais il représente le monde comme un tapis de terre brûlée sur vingt mètres de long avec au centre une boule d'un mètre de haut et à la base, seulement une grande larme : la terre c'était cela, une larme. À dix ans de distance, dans notre mémoire, les photos des puits de pétrole en flammes sont moins fortes que la terre brune et brûlée de Thierry De Cordier. L'art moderne oblige souvent à se taire, à écouter, à entendre. Le futur est ce que le présent est pour les artistes. *Guernica* annonce Auschwitz. Je ne bénis rien de l'art moderne. J'essaye, comme je peux, d'entendre le cri de Rachel qui pleure ses enfants.

Peut-on vivre sans beauté ?

Lino Ventura a bien répondu à Rubinstein : « Peut-être, mais mal. » On assiste depuis quelques années à une fringale de festivals. C'est presque maladif. Mais quel bonheur ! ils nous obligent à célébrer la Beauté. « Levez-vous, Portes éternelles », telle est la phrase du psaume qui revient tout au long de l'office de l'Ascension et qui pourrait être l'exergue de tout festival. La porte du ciel est enfin ouverte. La lumière est revenue.

Nous sommes affiliés à deux royaumes : celui d'ici-bas et celui des Cieux et... celui qui les relie tous les deux : *la Beauté.*

Chaque époque a essayé. Aucune n'a réussi : « définir la Beauté ». Si elle vient à manquer dans nos vies, on pressent alors ce qu'elle n'est pas lorsqu'un de ses trois paramètres fait défaut.

Platon les a précisés : la plénitude, l'intégrité et l'harmonie. La délectation d'une plénitude, la fascination d'une consonance, l'attirance d'un « plus être ». « Une blessure devenue lumière », dit Braque, ce qui blesse, mais en fascinant ; le rapport à une Présence qui se cache et nous dépasse ; « la paix retrouvée d'un ordre intérieur », dit Rouault.

L'ouverture du deuxième millénaire donna occasion d'un festival, d'un regroupement d'expressions et d'expositions en Avignon pour répondre, à partir des expériences modernes à la question : qu'est-ce que la Beauté ?

Beauté issue de la nature et perceptible jusque dans l'empennage des coléoptères ; beauté issue de l'artisanat et de l'habileté de la main de l'homme ; enfin beauté issue de nos rêves. Le résultat fut puissant, mais désordonné, décevant, inquiet et inquiétant. Il n'a pas laissé de traces. Il y manquait l'essentiel. Ce qu'apportent parfois certains festivals comme celui de Genève, le festival *Agapé*, fondé par les frères de la Communauté Saint-Jean. C'est l'essentiel : le rapport à une Présence, toujours évidente, mais discrète : presque cachée, mais toujours nouvelle et toujours complice de nos secrets.

Effroi et cohérence

Qu'est-elle donc cette beauté que l'homme poursuit, même lorsqu'il est en prison ?

Je vous propose d'entrer dans la réponse de manière concrète en survolant les grandes étapes « chrétiennes » de la Beauté. Il est possible d'en poursuivre à la fois la fidélité et la nouveauté, car Dieu a été fidèle et il n'y a pas de beauté qui ne soit d'abord l'expression du divin. Avec l'âge, je suis de plus en plus persuadé qu'il n'y a de beauté que chrétienne, même lorsqu'elle commence par nous désorienter.

Bien sûr, elle ne relève souvent pas directement du christianisme, mais elle peut toujours y préparer. Certes, il faut apprendre à l'écouter, à la déceler, à la décrypter, car parfois on ne peut la lire seulement en creux. La beauté apporte un certain effroi, comme l'attente d'une présence, la nostalgie d'une existence, l'espoir d'une assistance divine lorsque l'homme pressent que la vraie vie commence au-delà du désespoir et que, dans le cri des grands prophètes, de Job à Nietzsche, l'humanité a compris qu'elle n'en pouvait plus de n'être qu'humaine.

*

Il est possible de survoler les passages du divin qui scandent toutes les épopées humaines. C'est un bonheur d'y déceler une cohérence éclatante et inattendue, une douceur revigorante, une tendresse implorante.

Il y a entre ces étapes une souterraine et secrète cohésion : celle du mystère qu'aucune dialectique jamais n'épuisera, celle qui, sept fois, a redonné l'espérance à l'humanité, lorsqu'elle était épuisée par les invasions barbares, par les guerres de religions ou les crispations nationalistes. Sept victoires de la Beauté : celle d'une *naissance* au début de notre ère, celle d'une *parole* au Vᵉ siècle, celle du *visage* au IXᵉ siècle, celle d'une *communion* aux XIᵉ et XIVᵉ, celle de la *blessure* guérie, de la réconciliation et du pardon au XVIᵉ, celle de l'*espérance* plus forte que les révolutions au XIXᵉ, celle de l'*espace réouvert* au XXᵉ siècle.

*

Au début, l'art chrétien ne put s'extérioriser qu'après l'Édit impérial qui proclamait la liberté du christianisme et qui interdisait définitivement le totalitarisme du culte païen en 391.

Il faut cependant remonter plus haut.

Au début du IIIe siècle dans les années 200, l'une des premières traces est simplement une maison, mais une maison de prière. On a coutume de l'appeler l'art « des enfances du christianisme ». Je préfère parler de l'art de *l'initiation au mystère.* « Emmanuel » : Dieu avec nous, mais ce n'est pas nous, c'est d'abord Dieu qui accueille, qui a fait les premiers pas envers nous, dans une maison humaine. On ne pouvait pas évoquer un crucifié à des êtres menacés d'être soumis à la persécution. En revanche, on pouvait célébrer un prologue, une naissance. La fête d'une entrée dans les Béatitudes.

Le début de l'art chrétien s'est exprimé autour de deux sacrements. Les deux sacrements de l'initiation : le baptême et l'eucharistie. Dans les fresques de la maison de prière de Doura Europos sur les bords de l'Euphrate, dans le mausolée de Sainte-Constance à Rome, on emprunte tout naturellement et paisiblement aux décors heureux et fleuris des villas méditerranéennes de l'époque : cueillettes des olives, oiseaux perchés sur un vase, scènes de vendanges qui, par exemple, au mausolée de Ravenne illustrent la joie de l'existence chrétienne et rappellent inlassablement l'entrée dans un nouvel ordre d'existence : celui du mystère pascal. Le plafond du mausolée des Julii, la nécropole pré-constantinienne sous la basilique de Saint-Pierre, reviennent toujours à la certitude majeure : la mort est vaincue.

Le nouvel Apollon

Avec quelle délicate mosaïque évoque-t-on, au milieu du IIIe siècle, le Christ pour la première fois comme le soleil sur son char, porteur de la lumière de la Cité céleste. Les ombres de la nuit sont définitivement dominées. Le Christ se présente comme le nouvel Apollon, mais Apollon n'est plus seulement un mythe, il est le Vivant, la Vie. On l'a rencontré et il entraîne son peuple vers la lumière. En pleine persécution, voici ce qui emplissait l'imaginaire des chrétiens. À ceux qui vivaient sous la menace de la torture, on ne pouvait présenter un crucifié. Il faudra attendre quatre siècles, avec les portes de la basilique de Sainte-Sabine. Mais la victoire du Transfiguré était déjà assurée.

La procession des mystes

Le premier souci était d'introduire à la table de Dieu. Il ne s'agissait pas d'orner, de séduire, mais d'initier et d'accueillir. On reprenait bien les mythes païens : Orphée, Apollon, mais glorifiés et réalisés. Orphée réconciliant l'univers par la mélodie de son chant devenait le Bon

Pasteur. C'est ce qu'il fait au cimetière de Domitille. Un poisson et cinq pains au cimetière de Callixte rendait présente la puissance discrète de l'invitation divine ; le sacrifice d'Isaac au cimetière de Priscille : un berger lisant au-dessus de ses brebis, à l'hypogée des Aurelii, rappelait le sermon sur la montagne ; Moïse ouvrant un passage dans la mer Rouge et faisant jaillir ensuite l'eau vive du rocher redit la force de la Résurrection. Tous évoquent le climat heureux d'une existence qui a dominé la mort. On est initié à un nouvel ordre d'existence.

Si l'on évite de représenter le Crucifié, c'est pour ne pas heurter une sensibilité trop vive chez des néophytes, dont la conversion implique le risque d'être persécutés. Le Christ en Passion n'en est pas pour autant occulté, il est partout sacramentellement présent. C'est ce que chante un des plus grands poètes de tous les temps, saint Ambroise, dans les années 360 : « Un univers festif, celui de la procession des mystes, c'est-à-dire de ceux qui ont part au mystère, nouvellement illuminés quittant le baptistère pour se rendre à la table sainte. Le peuple est lavé ; il est magnifiquement vêtu et il marche au son des psaumes, de ces psaumes qui lui parlent de jeunesse éternelle. Il marche vers un banquet. Il se hâte. Tout à coup, l'autel paré se dévoile. Devant l'autel, le chant du psaume éclate avec toutes ses harmoniques : « Tu as préparé devant moi une table. » Et, un vrai banquet commence. Le texte mystagogique du *De sacramentis* de saint Ambroise parle prophétiquement de réalités prophétiques ; héroïquement, de réalités héroïques ; poétiquement de réalités poétiques ; mystérieusement de mystères. Jamais il ne procède au désenchantement.

Les textes chrétiens devancent les grands textes poétiques de l'humanité et saint Ambroise chante :

« Le peuple s'avance devant l'autel du Christ, il a déposé les dépouilles de l'ancienne erreur, sa jeunesse est renouvelée comme celle de l'aigle, il se hâte de s'approcher de ce banquet céleste. Il vient donc et voyant le saint autel tout paré, il s'écrie : tu as préparé ton banquet devant une table. C'est ce peuple qui fait parler David quand il dit : Le Seigneur me restaure, rien ne me manquera. Il m'a placé dans un vert pâturage. Il m'a conduit près de l'eau qui me rétablit. »

C'est ce à quoi l'on pense devant les plus anciens monuments chrétiens, les baptistères de Milan, de Poitiers ou d'Aix-en-Provence. L'assemblée chrétienne chante l'hymne retrouvée, l'hymne à la joie qui ne trompe pas.

L'Orphée divin

« Que veut-il donc dire cet Orphée divin, cet instrument, ce Verbe de Dieu, le Seigneur et son chant nouveau ? Il veut ouvrir les yeux aux aveugles et les oreilles des sourds... Tel est le musicien que je vous propose ! » écrira Clément d'Alexandrie vers les années 200. Cette première étape, ces premiers siècles cachés, à cause de la torture, méritaient qu'on s'y attarde. Ils contiennent toute l'histoire de l'espérance humaine. Et dès le départ avec Ravenne et saint Ambroise, la perfection est atteinte.

Sauver l'Écriture et la Parole

Après cet art semi-clandestin, mais résolument optimiste qui introduisait le chrétien dans l'univers de la Jérusalem céleste, un nouvel âge allait commencer.

Cette initiation ouvrait sur une Révélation. L'art allait glorifier une Parole, mais une parole divine confiée aux hommes. Ce n'était pas, comme dans l'oracle grec, le cri de l'angoisse humaine répercuté par le vallon de Delphes. Dieu avait pris l'initiative d'inviter chaque homme à partager la pensée du Fils sur son Père. On a pu écrire à juste titre, que le premier art chrétien fut l'enluminure : un texte éclatant en lumière.

Henri-Irénée Marrou, le grand professeur de Sorbonne en charge de l'histoire des débuts du christianisme, a pu dire que, sans les moines, l'Occident aurait pu perdre l'usage de l'écriture comme l'Égypte des Ptolémées avait perdu la compréhension des hiéroglyphes. Dès le ve et le vi^e^ siècles, sortie de la clandestinité, la Parole fut en-luminée ; puis en Espagne, en Égypte, en Irlande, du vi^e^ au xe siècle, en pleine période d'invasions barbares, les chefs-d'œuvre ont surgi. Une date aussi facile à se rappeler que 1515, le 24 décembre 1111 marquait la fin de la Bible de Citeaux de Étienne Harding, splendeur de génie et d'incarnation. Et, de Bible en Bible se prépareront les visages sublimes des Van Eyck, Van der Weyden, Gérard David.

Un Visage qui ne ressemble à aucun autre

Invitation céleste, illumination d'une Parole divine et incarnée, la troisième étape aura peut-être été réservée à l'art de Byzance, celle qui devait donner l'architecture si gracieuse de Saint-Irène et de Saints-Serge-et-Bacchus à Constantinople. Là, davantage qu'ailleurs en chrétienté, était montré dans l'art de l'icône que la parole était inséparable du Visage, d'une personne. Il ne s'agissait pas seulement d'une dictée sacrée comme pour le Coran. Quand l'islam interdisait toute représentation, l'Église d'Orient, puissamment aidée par le concile de Nicée II en 787 surmontait la crise de l'image et l'iconoclasme. De la mort de Théodose, avec l'âge d'or de Justinien jusqu'à la première prise de Constantinople en 1203, elle aura initié non seulement à un Livre, mais à une communion, à une présence vivante, parlante. Secrète beauté des icônes que seule déchiffre la liberté personnelle de l'Amour. Le Dieu créateur du monde prenait en même temps les traits graves du Pantocrator comme la figure humble et méditative du Dieu Christ interrogatif, songeur au septième jour de la création aux mosaïques de Monreale, au baptême de Jésus à la Chapelle Palatine et à la coupole de Cefalù. Inspiré par Byzance, soutenu par la prière et la renaissance des moines de l'âge roman, conduit par le génie des artisans vénitiens, cet art de l'icône allait atteindre jusque vers 1430 à la jeunesse, à la beauté et la perfection des Trois Personnes divines communiant, grâce à Roublev, au divin sacrifice. L'image de l'Église, incarnation d'une personne, présence de l'Épouse du Christ était née.

Quand l'espace devient beau

Avec l'art roman et l'art gothique on savait qu'il ne s'agirait pas seulement d'apprendre par cœur un texte, mais de prouver qu'au-delà des querelles, on pouvait toujours entrer dans une communion, celle de la famille de Dieu. Appelé par le baptême et l'eucharistie à la vie divine, illuminé par la lumière de la parole, soutenu, guidé et regroupé par l'appel du Visage du Christ, c'est à un rassemblement, à une communion que le chrétien est invité. L'espace devenait beau, harmonieux, varié, imprévu, simple et techniquement génial, inégalé d'humilité et d'harmonie après les invasions de l'est, de l'ouest et du sud. Après les saccages des Vikings, des Hongrois ou des Arabes, allaient surgir cent cinquante ans d'art roman et, malgré l'orgueil des nationalismes naissants, deux cents ans d'art gothique.

L'espace avait séduit la lumière à Chartres, à Troyes, au Mans ou à la Sainte-Chapelle. Entre la prise de Rome en 476 et la prise de Constantinople en 1453, le monde occidental aura reçu le don du vitrail, d'une parure inégalée des lieux de méditation, d'intelligence et de discrétion. Les étoiles avaient confié leurs secrets à la terre.

Alors le visage n'était plus seulement celui d'un oracle, d'une comète, d'un devin, d'un moraliste, d'un phare, d'un gourou, on pouvait lui parler, il était devenu « le » Visage qui ne ressemble à aucun autre : celui qui s'alimentait au sein d'une femme chez Gérard David, qui reposait sur les genoux d'Enguerrand Quarton, qui accueillait l'univers près du Maître de Moulins, qui ouvrait les bras à ses frères chez le Chancelier Rollin. Florence, les Flandres, la France, Sienne, Pise, Arezzo ou Assise allaient rivaliser pour nous dire la tendresse du Crucifié et nous présenter les *Maestas* qui réconcilient afin de métamorphoser toute angoisse en prière. Avant Giotto qui, pour des siècles, sera le maître avec les Siennois, Coppo di Marco Valdo à San Gimignano, Cimabue à Assise, Duccio à Sienne, Torriti et Cavallini à Rome, préparaient le chemin à la procession géniale des Lorenzetti, Masolino, Masaccio, Piero della Francesca et des grands classiques. Le visage d'un Dieu qui ne ressemble à aucun autre, pouvait prendre sur lui l'interrogation suppliante la question crucifiée du jardin des Oliviers.

C'est sous le regard de la chapelle Sixtine que l'Église se donnerait désormais son berger, son père, son pape.

Le Ciel invite la terre

Alors que déchirures religieuses, drames des querelles nationales, avaient enflammés l'Occident pour des siècles, un miracle allait subsister pendant 250 ans, celui de l'art baroque. Dès 1515, avec Pontormo et le Parmesan, le classicisme s'ouvrait un autre chemin. Il ne s'agissait pas seulement d'une victoire du catholicisme sur le protestantisme. Il n'y aura jamais de victoire du christianisme, mais un triomphe du Christ. C'est autre chose. Il ne s'agissait pas seulement d'assumer les lois de la perspective mises en œuvre par Paolo Veneziano ou de se libérer des contraintes du classicisme. Le baroque ne s'explique ni par une lecture simplement historique, ni par une lecture esthétique, mais par un regard théologique. C'est le ciel qui invite la terre à la prière de l'univers récapitulé dans l'offertoire du Christ à la Trinité. À la question de l'homme inscrite dans le Livre fermé par les sept sceaux et pleurant parce qu'il ne sait pas lire le sens de sa vie, l'Agneau pascal répond, parce que « immolé », parce qu'il a versé son sang pour l'humanité, il a le droit d'ouvrir le Livre et de donner un sens à la destinée humaine. Il offre à la Trinité la blessure qui a tout réconcilié.

Devant les pestes noires et les guerres exacerbées des nations à leur naissance, il fallait répondre. Deux génies allaient dépasser tous les autres, l'un venu du nord, l'autre venu du sud. Ils avaient tous les deux porté les blessures de la vie et savaient dire que l'illumination chrétienne ne demeurait pas abstraite, mais ouvrait à une greffe. Pour cela ils surent rendre présentes les deux blessures, celle du cœur de Dieu cherchant à consoler l'homme, celle du cœur de l'homme cherchant désespérément le sens de sa vie. C'était le Caravage, catholique, chaotique et turbulent ; c'était Rembrandt, protestant, dépouillé et méditatif. Le Dieu du Sinaï a pris les habits du mendiant chez Rembrandt et les pieds de l'homme sont devenus embourbés de la poussière du pèlerin chez Le Caravage.

L'Europe et le monde entier entraient dans une identité planétaire par des révolutions successives et par la mainmise de l'Occident ayant jeté et gardé la maîtrise du filet des communications maritimes. Plus que jamais le festival de la Beauté de Dieu était nécessaire, celle de « la splendeur du vrai », nécessaire et merveilleuse, véridique et rafraîchissante. De Monteverdi à Mozart, de Telemann à Heinrich Schütz et Bach, la beauté conduirait l'âme au-delà « du bruit et de la fureur », là où il est proposé à l'homme de garder l'esprit ouvert à l'émerveillement.

La Sainte-Face

De la déchirure à la solitude. Goya, devenu sourd, dressait les fresques de l'horreur sublime à la Quinta del Sordo sur les rives du Manzanarès : *Processions du Sabbat, Moines et vieilles. Rixe entre paysans. Temps qui se dévore*. Mais il nous laissait une des plus belles *Annonciations* qui soient et terminait sa vie avec la lumière de *la Belle Laitière* de Bordeaux.

Rouault ouvrait le XXe siècle par les *Saintes Faces* et les *Saintes Familles*. On a retrouvé récemment en Suisse la première *Sainte Face*, elle date de 1904.

De la déchirure à la solitude. Les *Saintes Faces* pressentaient l'horreur de la guerre de 1914 qui sera accompagnée par toutes les gravures du *Miserere* où l'espérance au-delà de toute espérance métamorphose la déchirure en prière. Il fallait bien répondre aux angoisses distordues de Picasso ou aux interrogations de Magritte, Duchamp ou Max Ernst.

De la déchirure à la solitude, de Goya à Rouault les génies ont tendu la main aux *Passions* de Manessier, Léger, Bazaine ou Bissière ou Nicole Grimprel. Le XIXe siècle n'avait pas oublié Jésus-Christ. Delacroix fera quatre vingt-sept tableaux religieux, mais seul la *Lutte avec l'Ange* de Saint-Sulpice lui aura été commandé pour une église ;

Manet avec *La Déposition de Croix* du Christ au Metropolitan de New York, Van Gogh avec *le Bon Samaritain* ; Böcklin avec la mystérieuse *Déploration du Christ* de Berlin ont montré que toujours l'esprit demeurait inquiet et inquiétant tant qu'il n'avait pas rejoint le Christ.

*

À cinquante kilomètres de Bâle, la Suisse a donné l'exemple éclatant de l'humilité de la réponse à la question du jardin des Oliviers : « Pourquoi Seigneur ? Pourquoi ? » Cinquante-trois églises ont offert au monde des années 1960, en si peu d'espace, le plus extraordinaire ensemble de vitraux modernes, grâce à Fernand Léger, Alfred Manessier, Bissière, Estève, Chagall et tant d'autres qui avaient appris de la guerre que la déchirure ne conduisait pas seulement à la solitude. Qu'est-ce que cela veut dire ?

Deux choses.

Après Verdun, Auschwitz, Beyrouth et Kaboul, il est encore possible de croire à la tendresse de Dieu et de Le prier.

Après le 11 septembre 2001, il est encore possible d'espérer contre toute espérance.

Comme après juillet 1969 et les premiers pas de l'homme sur la lune, après les Apollos et les Solyouz, après l'éclatement de la connaissance de l'univers, il est encore possible de croire que Dieu a une adresse sur terre, celle de l'Église et un refuge pour la gloire du Transcendant : le tabernacle.

C'est là que nous Le rejoignons.

Joies et repentances

Au terme de ces pages, vous auriez raison de me dire que j'ai été gâté des dieux. Comme si je pouvais l'ignorer... Oui, j'ai fait le tour du monde et même survolé l'Himalaya, la passe de Khyber ou la Mongolie. La durée de mes absences en dehors d'Europe équivaut à plus de six ans de ma vie. L'Asie m'a fasciné. L'Afrique m'a bouleversé. L'Océanie m'a comblé d'amitié et je ne peux que constater que partout l'Église m'a subjugué.

À soixante-dix sept ans, je n'en suis pas revenu et n'en reviendrai probablement jamais. Amant de la théologie, directeur d'éditions, conférencier de Notre-Dame de Paris, responsable de radio, prestataire de télévision un peu partout dans le monde. J'ai reçu le Grand Prix de Radio Canada, le Grand Prix catholique de littérature, des prix de l'Académie française, la Médaille de vermeil de la Ville de Paris aussi bien que pour la première fois où il était donné, le prix *Pro Christo*, prix religieux institué par l'Académie des Sciences morales et politiques.

De tout cela, que reste-t-il ? La joie du prix des jardins de la région de Sallanches et un amour inconditionnel de l'Église. Et des trésors d'amitié. Expliquons-nous.

Les tours du monde et les voyages qui m'emmenaient de la Mélanésie au Grand Nord canadien méritent quelques précisions. Lors de retraites des monastères, de séminaires et de groupes de prêtres, des conférences universitaires ou des cours de philosophie, toutes les cultures m'ont accueilli. De l'intérieur. J'ai essayé d'en rendre quelque éclat dans trois livres *La stupeur d'être, La Beauté sauvera le monde*, et dans les confrontations de *« Mais que foutait Dieu avant la créa-*

tion ? » en reprenant pour titre une phrase désespérée de Samuel Beckett.

J'ai eu beau me taire, bien évidemment la jalousie ne m'a pas été épargnée. Je ne sais pas moi-même comment j'ai pu tenir dans les conditions épuisantes et si souvent totalement pauvres de ces voyages. Il faisait 39° à onze heures du soir à l'aéroport de Tontouta et le lendemain matin moins 10° à Tokyo. Il fallait la plupart du temps, en ces périodes de chaleur intense, être disponible du matin au soir et se trouver prêt et ajusté pour trois ou quatre conférences par jour. Il y avait les moustiques, l'inconfort de ce qu'on ose appeler des lits, les maringouins ou les rats qui mangent les mouchoirs ou les pans de chemise si on a oublié de fermer la valise.

Mais il y avait surtout la confiance spontanée, forte, irréversible de cardinaux qui se confessaient, de religieuses qui remontaient aux sources de leur vocation, de supérieurs épuisés, de témoins désespérés ou jubilants. Alger était en guerre, Ouvéa en rébellion, Pékin en révolution culturelle. Partout j'ai découvert la grandeur d'un service et d'une humilité qui guérissait immédiatement de toute prétention. Pendant des décennies, je n'en ai pas parlé, c'est indicible. Il ne s'agit pas de voyages en dilettante ou de curiosité culturelle, il s'agit du trésor de l'humanité confié à l'Église.

« À quoi bon gagner l'univers et amasser ton grain dans tes greniers si, cette nuit même, on te redemande ton âme », dit l'Évangile. Je donnerais dix Rimbaud pour un évêque de la Réunion et vingt Picasso pour une religieuse mélanésienne du centre des petites prostituées de Nouméa.

J'ai vu comment on pouvait voyager « autrement ». Aujourd'hui, au terme, je crie comme Jean-Baptiste. La seule agence qui puisse unir le secret des ethnies et la part universelle de toute civilisation, la détresse de l'existence tragique et la joie de l'âme, le sacrifice ultime et la fête : c'est l'Église. Elle seule peut nous apprendre à nous aimer nous-mêmes et à nous éduquer *de l'intérieur, avec douceur*. Qui l'aura mieux fait que tous les papes depuis des siècles ? Le regard de Pie VI et Pie VII incarcérés par Napoléon rejoint celui de Jean-Paul II s'adressant à Fidel Castro.

Je le redis les moniales, les moines, les missionnaires, les prêtres, les mamans chinoises, les professeurs japonais, les marins tahitiens, les instituteurs des Moluques, les pauvres de l'île Maurice, les élèves d'Aurangabad ou mes frères dominicains allemands rentrant de captivité de Russie composent pour moi le visage de ma mère l'Église. Je vous en supplie : arrêtez de la méconnaître. Elle vous tend ses mains de vieille femme et de fiancée émerveillée qui préparera jusqu'à la fin du monde les JMJ.

Reste que sans notre confiance, rien ne peut se comprendre.

Celui qui vient se confesser n'a que trois solutions, et pas d'autre Ou dire le gros péché au début, ou le garder pour la fin. Ou se laisser porter par son besoin d'être apaisé et tout dire dans le désordre. Vous me permettrez de m'arrêter à cette dernière attitude pour la finale des confessions de ce livre. Elle est plus démunie et échappe par elle-même à toute stratégie.

Le permis de conduire de mon grand-père

Certaines images de rêve sont restées de mon enfance : deux chevaux et une voiture. Le premier réflexe des journées de vacances était de courir pour voir comment se comportaient ce jour-là *Bijou*, ou *Marquis* qui lui succéda. C'étaient évidemment les noms classiques des chevaux en Bourgogne. Où devaient-ils conduire les feuillettes (tonneaux) ce jour-là ? Très digne, toujours en col cassé, mon grand-père se faisait conduire avec nous jusqu'aux vallons ensoleillés dans la carriole à ressorts. À quelles vignes fallait-il mener le soufre, le vitriol pour les sulfatages ou les engrais ? Combien de fois n'avons-nous pas monté l'avenue de la Gare pour charger sur les wagons du « petit train » les feuillettes à destination des Amériques, des îles britanniques ou de l'Australie ? Ces noms-là étaient à nous puisqu'ils étaient reliés aux vignes de Chablis. Certaines années à cause des pluies trop fréquentes, on fut obligé de compter jusqu'à quatorze sulfatages.

Malgré la gentillesse de Bijou et de Marquis lorsqu'ils étaient attelés à la charrette des vignes, une superbe voiture prit un jour la première place dans notre rêve. C'était une Hotchkiss puissante, digne, à l'allure noble. Je peux bien l'évoquer puisque le supérieur général des Dominicains a ouvert sa biographie en rappelant qu'il était d'une famille de neuf enfants, comme moi, et très séduit par la Rolls-Royce de son oncle, comme moi par la Hotchkiss de Grand-père. À l'intérieur, on avait l'impression d'être comme un empereur. J'ai déjà dit que le bout de nos expéditions était la visite d'un client à « trois étoiles » d'Orléans, de Blois ou Gien. Mais Grand-père ne conduisait pas, il laissait ce soin à l'un de mes frères. Cela valait mieux. Il avait passé son permis de conduire d'une singulière façon. Par téléphone.

En 1911, pour obtenir le permis et fixer la date de l'examen, Grand-père avait téléphoné à l'inspecteur de la préfecture d'Auxerre, à vingt kilomètres de Chablis. Le dialogue fut concis et le permis de conduire rapidement accordé. « — Cher Monsieur, il ne me semble pas utile que vous veniez à Auxerre avec votre voiture, car de deux choses l'une, ou bien vous savez conduire et vous n'avez pas besoin d'examen, ou bien vous ne savez pas et je n'ai pas envie de me faire tuer ! Silence. Reprise du discours. — Alors, je vous donne votre permis. Je vous l'envoie demain par la poste. » À vingt-cinq ans de distance, Grand-père en riait encore. Mais l'une ou l'autre expérience de troupeaux d'oies plus ou moins massacrées parce qu'elles traversaient la route devant la voiture grand-paternelle, laissant l'automobile couverte de plumes, prouvèrent que l'inspecteur avait en même temps eu raison et commis quelque imprudence.

« Un solitaire de Scété ayant commis une faute, les anciens s'assemblèrent prier le supérieur, l'abbé Moïse, de bien vouloir venir. Ce qu'ayant refusé, ils l'en firent prier une seconde fois par un prêtre qui lui dit qu'ils l'attendaient tous. Il vint donc, portant sur son dos une vieille corbeille pleine de sable. Étant allés au-devant de lui et le voyant en cet état, ils lui dirent : « — Que veut dire cela, mon père ? — Ce sont, leur répondit-il, mes péchés, que je ne vois pas, parce qu'ils sont derrière moi, et vous me faites venir ici pour être juge de ceux d'autrui... ».

Ce qu'ayant entendu, ils pardonnèrent à ce frère, sans lui parler davantage de la faute qu'il avait faite.

Le permis de conduire de Grand-père m'a toujours fait penser à la confession et repentance dans l'Église. C'est peut-être facile d'être pardonné, il suffit de faire confiance mais il faut dire que l'on fait confiance, et il vaut mieux quand même passer l'examen.

Quatre cadeaux permanents

Quatre cadeaux sont évidents.

Ma *famille* m'a donné la foi.

L'*ordre dominicain* m'a donné la lumière, la cohérence intellectuelle et la confiance dans l'intelligence.

Le contact des laïcs dans le travail des *éditions du Cerf* m'a appris le rôle irremplaçable des vertus premières qui accompagnent toute responsabilité : exactitude, ténacité, refus de se laisser déborder par l'angoisse afin qu'elle ne bouche pas tout l'horizon, hiérarchie des urgences pour que la fin ultime ne devienne pas seulement l'argent, etc.

Enfin, *l'Église* qui m'a appris la générosité inlassable de mes frères prêtres et la communion des saints et qu'elle débordera toujours tous les schémas où l'on voudrait l'enfermer.

Chacun pourrait énumérer les cadeaux qu'il a reçus, mais pour moi, je dois ajouter ici la joie qui les entourait. Je mettrais volontiers un coefficient important à une condition que ma génération est une des premières à avoir vécues avec autant d'insistance. Nous avons travaillé très dur dans des conditions plus que difficiles faim, froid et anxiété de la guerre. Exode, bombardements, absence de nouvelles, mais nous avons assisté au début du passage de l'ère de *l'homo faber*, qui a commencé avec Cro-Magnon, à l'ère de *l'homo ludens*. Les congés payés datent de 1936. Mais c'est ma génération qui a compris qu'elle entrait dans une nouvelle époque, celle de l'homme non plus polarisé, phagocyté, mangé d'abord et seulement par la fabrication, malgré le pressoir des marketings. Nous avons redécouvert, même si nous ne le comprenons pas encore, la vie contemplative et l'ouverture aux possibilités magnifiques du jeu de l'âme, de l'esprit, de l'être et de sa respiration. Bien sûr cela peut atterrir aux âneries des jeux télévisés, cela peut aussi ouvrir à l'émerveillement d'une communion et d'une culture planétaire. Ma génération est celle qui a découvert que le capital *culturel* était aussi important, sinon plus, que le capital économique. Nous sommes broyés par les horreurs économiques auxquelles nous abandonnons le tiers-monde. Cela n'empêche pas que médias et chercheurs ont fait basculer l'humanité dans une ère radicalement nouvelle. On ne pourra plus jamais dire « qu'on ne savait pas ».

Ici je suis obligé de reconnaître un regret : c'est que la génération théologique qui nous a précédé n'ait pas eu cette même chance ou ce même devoir. Pour des théologiens comme le père Congar ou le père Liégé, la culture était perçue trop souvent comme une perte de temps. Ou au mieux comme un « moyen » parmi d'autres, éventuellement intéressant pour les esthètes.

La culture est en même temps beaucoup plus et beaucoup moins que cela. Beaucoup plus, elle ne se limite pas aux livres et à la littérature, elle englobe toute la vie. Elle est le milieu de notre respiration. Beaucoup moins, la culture ne donne pas forcément la fin ultime. Elle risque souvent de conduire au narcissisme, à l'orgueil ou à des idoles. Lautréamont dit bien que la gloire c'est cinq personnes qui vous félicitent ou vous écoutent. La culture est incapable de répondre à la question : y a-t-il quelque chose après la mort ?

Mon voisin de montagne, Alfred était un silencieux. Il était aussi bon en menuiserie, maçonnerie, forestage, construction de charpentes, cuisson du pain, soin des bêtes, habileté au violon et amitié. Ce que Virgile avait écrit, il le vivait tous les jours. Son dialogue était cosmique. Alors qu'il nous avait fallu du mal et quasi un miracle pour obtenir que nos maîtres en théologie acceptent d'aller voir *Le Fleuve* de Jean Renoir ou qu'ils lisent *Augustin ou le Maître est là* de Malègue. Bien sûr Mauriac, Bernanos existaient, et aussi Cronin ou Claudel, mais *quid* des grands Russes et des grands Américains ? *A fortiori* des cultures asiatiques ou africaines ? Alors qu'elles sont devenues pour nous des sources d'immenses joies et renouvellements par exemple au monastère bénédictin de *Keur Moussa* au Sénégal.

En face de la première génération héroïque et admirable qui a fondé dans les années vingt-cinq les missions dominicaines du Japon, la génération suivante de mes amis missionnaires de Tokyo, le père Gaston Petit ou Paul-Henri Girard ont vécu, à l'âge de soixante-dix ans, la même fracture culturelle que nous en Europe. Ils ont saisi l'importance décisive de la culture pour l'homme qui, depuis Cro-Magnon, comprend que tout ne se réduit pas à l'obsession de fabriquer. Pour eux impossible d'ignorer les trésors en lesquels on peut communier pour se comprendre.

Rupture des repères intellectuels

Une fracture plus forte, allant jusqu'à l'angoisse et l'impression d'une perte irréversible fut celle de l'abandon du capital intellectuel qu'apporte Thomas d'Aquin. Ce ne fut pas seulement celle d'une école de théologie parmi d'autres, mais le renoncement à la recherche de ce qu'il y a de plus profond et de plus gratuit dans la vie de l'esprit. Je l'ai dit tout au long de ces pages. Le blocage sur l'être et la notion d'être à cause d'Heidegger, de Karl Rahner et de bien d'autres, l'autosatisfaction des herméneutes, l'inattention à l'actualité des autres avenues de la culture en sont en partie la raison. Comment la joie de penser reviendra-t-elle si l'on reste emprisonné dans le stress des agitations de la modernité ?

Un défi est proposé, il y va d'un enjeu : le gouvernement de l'univers.

La mère de l'Univers avait deux fils. L'aîné, de nature courageuse, combative, ne ménageait ni sa force, ni son temps, ni sa ténacité si la cause était noble. Le cadet, d'allure réservée, pondérée, se portait vers la recherche d'un idéal de sagesse. Son combat, en principe plus intérieur, n'était pas non plus sans laisser paraître de la rigueur. Son dévouement était total, bien que discret et caché. Il n'en parlait pas. Un jour la mère de l'Univers se dit à elle-même que le temps de la décision était venu. Qui devait lui succéder ?

Elle énonça donc l'objet de l'épreuve qui départagerait ses fils.

Lequel des deux aurait de la meilleure manière fait la preuve de ses capacités à gouverner ? Qui montrerait le plus rapidement possible son aptitude à surmonter les obstacles inévitables pour accomplir le tour de la terre ?

L'aîné disparut en hâte sur un superbe destrier. Au retour, il ne put contenir sa colère. Il découvrait son frère cadet assis sur les genoux de sa mère.

— Comment, mon frère qui n'a pas eu le courage du voyage, a-t-il pris le droit de s'asseoir sur vos genoux ?

— Mon fils, répondit sa mère, votre frère n'a pas éprouvé le besoin de faire le tour de l'univers, mais il a fait le tour du centre de l'Univers.

« À quoi bon gagner l'univers, si l'on vient à perdre son âme ? » C'est la phrase d'Évangile qui a décidé de la conversion et du sort de celui qui était le capitaine Ignace de Loyola qui devait fonder la Compagnie de Jésus, ordre des jésuites.

J'ai dit, mais il faut y revenir, la chance d'avoir communié au bonheur et à la souffrance des artistes. Avoir vu de près les répétitions de Louis Jouvet, Henri-Georges Clouzot, Jean-Louis Barrault ou de Robert Hossein, avoir écouté le silence de Rouault, de Braque, de Lanskoy ou de Nicolas de Staël, ce « géant foudroyé », dans leurs ateliers, avait valeur d'un vaccin irréversible ou d'un tampon ineffaçable. S'il fallait tant de soin et de labeur pour couvrir un demi mètre carré de tissu ou pour deux heures de spectacle, que faudrait-il pour un sermon, « parole de Dieu » ? Il ne s'agit pas ici de prétention, mais d'être d'autant plus angoissé devant les comptes à rendre. De plus, la culture d'aujourd'hui n'est pas forcément reposante. *Le Regard du sourd* de Bob Wilson ou les mélopées en rap ne conduisent pas automatiquement au farniente, et l'angoisse des faubourgs a franchi la rampe. Il y faut d'autant plus de discernement et de patience. Rien n'est à mépriser, peut-être, mais tout n'est pas à encenser. Le feu a pris, c'est irréversible. Or « le feu ne dit jamais assez » (Proverbes, 32-16)

« Comme le feu qui prend difficilement au bois vert, mais qui, excité par un souffle puissant s'enflamme et commence à briller autour d'un noir tourbillon de fumée, ainsi tout feu matériel appliqué au bois, commence tout d'abord par le dessécher : il en expulse l'humidité et lui fait pleurer tout le reste de sa sève. Alors, il le rend peu à peu noir, obscur, vilain ; il lui fait même parfois répandre une odeur vive ; il le dessèche insensiblement ; il en tire et manifeste tous ses éléments grossiers et cachés qui sont opposés à l'action du feu...

Ainsi du feu divin de l'Amour qui avant de s'unir à l'âme et de la transformer en soi la purifie tout d'abord de tous ses éléments contraires ; il en fait sortir les souillures.

Peu à peu l'incendie s'accroît, l'humidité du bois est absorbée, la fumée disparaît et la flamme jetant un vif éclat, s'étend victorieuse à tout le bûcher...

Mais lorsque tout est consumé et que le bois a pris totalement la ressemblance et les propriétés du feu, tout bruit et tout pétillement s'apaisent. Ce feu violent et dévorant, après s'être tout soumis et tout assimilé se tient dans une grande paix et un profond silence, parce qu'il ne trouve plus rien de différent de lui, ni de contraire à lui.

Ainsi en est-il, comme des étapes du feu, en notre être pendant sa prière. » (Hugues de Saint-Victor, XIIe siècle).

Quelques points noirs

Je sais que je n'ai pas le droit de parler d'injustice en regardant ma vie. Ce n'est pas qu'elle fut préservée de traumatismes, lourds, très lourds. Mais la vie fut si merveilleuse, si plénière, si entourée d'amitiés, si entourée de chances intellectuelles, que je ne peux la lire qu'avec enchantement.

Restent quelques points noirs. Ils seraient inutiles ou trop durs à rappeler. Je n'en garde que deux, symboliques de tous parce qu'ils touchent à l'incompréhension évangélique ou à l'injustice.

Nous ne sommes plus sous Louis XIV ou Napoléon. Quand aurons-nous fini de nous crisper à l'égard de l'Église et de ses responsables ? La remarquable thèse d'André Latreille, *L'Église et la Révolution française*, (coll. « Foi vivante », éd. du Cerf) est toujours à relire, aussi actuelle, aussi saisissante. Il a fallu plus que de la patience sous l'autoritarisme de Napoléon. La période fut effarante. Tout ne s'est pas du tout remis en ordre avec la fin de la Terreur. Et maintenant... Nous croyons-nous encore le centre du monde ? le mépris de l'intelligentsia. La méconnaissance culturelle élémentaire en face de l'Église est « hénaurme » et stupide.

Nous sommes en famille en train de regarder au journal télévisé la visite du pape Jean-Paul II à Fidel Castro. Personne ne pouvait prévoir que celui-ci assisterait à la messe et pleurerait. Le pape est manifestement épuisé. Devant la retransmission de cette messe nous sommes plus émus que nous ne l'aurions cru. Le chef de famille, bon chrétien résume son impression. Malgré l'admiration, il est négatif. « Jean-Paul II ne devrait plus voyager, il n'est plus présentable. » Je me suis mordu les lèvres pour ne pas réagir devant les enfants. C'est précisément parce qu'il n'est plus « présentable » et complètement démuni qu'il doit voyager et aller jusqu'au bout. Il n'a plus que l'Évangile. Alors, à cause de cela justement, au moins ne le lui enlevez pas.

Plus haut, j'ai évoqué d'une ligne un autre incident dont ma mémoire ne peut se déprendre. Août 1944, le village de Chablis, qui a été sévèrement bombardé, est traversé par une division allemande en pleine retraite. Au centre du pays sont encore les trous et excavations des bombardements de 1940. Quelques éléments du maquis ont posté une mitrailleuse et tirent sur des camions qui portent des moteurs de chars. L'un d'eux se retourne au milieu du village. Une dizaine d'Allemands sont blessés, écrasés, ils hurlent dans la nuit. Stoppée par surprise, la colonne de la division allemande s'arrête et se met en batterie pour bombarder le village. Il faut faire l'impossible pour évacuer les blessés allemands qui gisent au sol, au risque d'une revanche implacable.

Je me retrouve seul dans la cave de l'hospice avec une femme pour veiller les blessés allemands. On les panse comme on peut pendant la nuit. Au petit matin, un peloton de trois maquisards armés survient ; les Allemands, dont certains sont atteints à vif jusqu'à l'os de la colonne vertébrale, n'arrêtent pas de gémir. Nous faisons l'impossible avec la jeune mère de famille pour que l'irréparable ne se passe pas, mais nous demeurons impuissants. Prisonniers et blessés allemands sur leurs civières sont tués à bout portant. J'entends encore les détonations.

N'essayez pas aujourd'hui d'adoucir ou d'excuser la violence où qu'elle soit, dans nos rapports d'entreprises, dans les banlieues sinistrées, dans les périodes électorales ou chez les islamistes ou pendant les nuits d'Alger lors des années sombres... chaque agression réveille en moi les coups de feu de Chablis. Cette nuit de feu n'a pas été pour rien dans ma soif de ne plus tarder à entrer en religion. Pharisiens, zélotes, sanhédrins, romains, ils se sont tous trouvés d'accord pour faire mourir le Christ.

Je pense à mon frère et beaux-frères que la guerre a enlevés et enlèvera. Pourquoi ? Cela ne m'a pas quitté tout au long des conférences de Notre-Dame.

Un nouveau Citeaux ?

L'Europe s'aperçoit des retards qu'elle a pris partout dans ses administrations. La France n'en finit pas de témoigner de ses incapacités à ré-imaginer le souffle qui lui a permis de faire naître tant de splendeurs. Elle est loin d'en être assez consciente, humiliée et suffisamment scandalisée. Beuve-Méry écrivait dans ses derniers articles qu'il fallait à la France un « nouveau Citeaux ». *Mais les prémices sont là.* Ouvrons les yeux. Sommes-nous donc à ce point incapables de les reconnaître et de décrypter l'avenir ? Rarement l'Église aura été aussi extraordinaire qu'aujourd'hui.

L'espoir nous sera toujours donné, mais pas comme on le pense. Nous, générations du nihilisme intellectuel, sommes obligés à l'espérance, même si c'est le douloureux courage d'espérer qui est en jeu. Les jeunes générations dominicaines font mon admiration. Elles sont condamnées à l'espérance. Avec la guerre, nos générations ont payé une lourde facture. Aux plus jeunes d'être plus exigeants avec eux-mêmes.

Joies imprévisibles

On pourrait regrouper sous quatre chefs les joies et cadeaux imprévisibles.

J'ai déjà évoqué la *culture*. Tout nous a été rendu. Il faudrait aussi bien évoquer le grégorien qui habite l'âme, que la grâce du Fort rouge d'Agra, du Tàj Mahal, ou de Sainte-Irène à Istambul, les églises baroques de Maurienne ou de Tarentaise, les mosaïques de Monreale ou des sculptures de Chaource et de l'église Saint-Pierre-aux-liens de Mussy, les fresques de San Rocco aussi bien que tous les petits musées de la discrétion, de la Frick Collection de New York à la Lehnbachhaus de Munich, comme les églises du Jura suisse où les plus grands « modernes » préparent l'âme à la prière ainsi que tout ce que « la terre offre à la rosée du ciel » (Ps. 103).

Le scoutisme et le travail des étés du temps de guerre ont fait entrer notre instinct dans la *noblesse de la nature*. Alors le monde entier pouvait nous séduire, des plages de l'île des Pins près de la Nouvelle-Calédonie au Grand Nord canadien. Tout nous est donné, mais sommes-nous si prêts que cela à y mettre du nôtre ? Je suis effaré de notre inculture et de notre goujaterie pour nous attribuer droit à tout. Ce que François d'Assise avait si bien chanté, le génie et la peine de l'homme nous sont ouverts sans que nous les ayons mérités. Il y a tant à pleurer sur trop de bidonvilles qui pourraient être évités. L'angoisse a fait naître de très grandes choses, mais aussi combien de drames ou de lâchetés. Néanmoins en quelques années la conscience écologique est sortie de son adolescence. Les moines qui avaient été les compagnons de François d'Assise et ses disciples depuis des siècles, ont un formidable avenir devant eux, pour que le respect de la Création les rende encore plus compétents et heureux.

Plus fort encore que la culture et la nature, l'*oraison* nous a habitués à attendre chaque jour la douceur et l'amour, parfois crucifié. Le crépuscule des mystiques a enfin cessé. Le rationalisme des Lumières a prouvé sa stérilité. J'ai dit que c'était le seul regret que je pouvais garder à l'égard de la pédagogie jésuite et scoute. Pourquoi ne pas nous y avoir ouvert l'âme plus tôt ? Le propre du christianisme est de ne pouvoir éviter au chrétien de devenir mystique, ça n'est pas facultatif. Aux fidèles de Jésus, il est impossible de n'être pas invité à s'impliquer personnellement. Le chrétien n'est pas sollicité seulement par un *Credo*, mais appelé par une Personne, convié par son nom propre, appelé à se mettre à table. « Pendant trente ans j'ai cherché Dieu et au bout de ce temps, je me suis aperçu que c'était lui qui m'attendait ». (Ansari). Cette indéracinable nostalgie de la présence de Dieu n'est pas réservée aux mystiques musulmans. Le temps des autres religions est arrivé où il est bon de les comprendre et de faire la part de ce qui n'est pas aimable en eux ou en nous. La Bible et tous les textes sacrés, les vies de saints et la théologie sont définitivement ouverts. Mais à quoi bon, si ce n'est pas pour apprendre à aimer jusqu'au bout et à savoir combien il est difficile d'aimer ?

Quatrième source de joie, celle des *rencontres* insolites ou inattendues. J'en ai énuméré quelques-unes. Je ne rendrai jamais assez grâce. Les dernières ne sont pas les moins belles où le seul fait d'y penser met l'âme en place et en bonheur. Tels les repas quotidiens qui, avec le père Castet, curé de ma paroisse, deviennent une fête.

La souffrance physique ne m'a pas été épargnée. De dix en vingt ans de distance elle est revenue. Le souvenir de la souffrance est toujours autre chose que la souffrance. On ne peut que se rallier aux préceptes du cardinal Veuillot sur son lit de cancéreux : « Dites aux prêtres de n'en rien dire. J'en ai parlé avec chaleur. Nous ne savons pas ce qu'elle est. J'en ai pleuré. » Après, on ne peut jamais regretter.. Cependant on peut quand même attendre une amélioration.

Je ne dirai pas d'abord l'amitié comme source de joie, mais la *confiance* de ceux qui nous ont donné de leur amitié. La dette est infinie, du cardinal Marty, aux cardinaux Hamer, Garrone ou Nevès. Pourquoi, la spontanéité, l'authentique bonheur de se retrouver et de communier sans aucune arrière-pensée ? Il est arrivé que tel cardinal rencontre tel ami de la montagne. Ces derniers m'ont autant appris que les premiers

Une confession serait incomplète si elle n'est pas accompagnée de deux sentiments : la conscience qu'un pardon n'est jamais mérité, sinon comme la dette que le partenaire veut régler à son propre égard. Alors je sais que Dieu n'aura jamais fini de vouloir témoigner de sa *chrestotes* c'est-à-dire de la douceur et de la tendresse infinies de son amour. Oserai-je dire qu'à des jours où physiquement j'étais propulsé au-delà de la lassitude, du harcèlement biologique, je savais la présence inexprimable du Christ près de moi, comme il l'était près de ses apôtres. Dans les moments d'agonie où l'on n'est pas assuré des vertus morales, il y a toujours un recours du point de vue théologal, au moins dans une prière de détresse, au moins dans un cri. Ô béatitude des paroles de l'absolution ! Les petites vertus qui sont des parties des vertus cardinales comme l'humilité sont directement ordonnées aux vertus théologales et elles sont populaires.

C'est cela la douceur que Jésus nous laisse.

Un deuxième sentiment : on ne s'est jamais trompé en venant près du Christ. Qu'on nous permette de rappeler ici une réflexion de Louis de Funès. J'ai eu la chance de tourner trois jours pleins avec lui. Il aimait rire de l'affirmation de sa mère : *Zé souis oun sainte et entrerai directement au paradis*. Plus prudent, Louis de Funès ajoutait .. *Moi, plus méfiant, je vais à la messe*. Pour moi ce n'est pas le regret majeur que j'exprimerais, mais que la hâte du travail, l'impatience de mon tempérament, le souci d'aboutir aient pris le pas trop souvent sur le souci des personnes. De cela, j'aurai à rendre compte, infiniment.

En terminant, je voudrais m'incliner devant celles que j'ai vues garder le silence. Elles m'ont, en même temps ouvert au souvenir de ma mère et laissé comprendre un peu de ce qu'était l'âme de la Vierge Marie. Je pense à mes sœurs et belles-sœurs. Apprendre à vingt et un ans ou à trente-trois, avec deux ou cinq enfants, que la mort ne vous rendra pas celui qu'on aime, parce qu'il a été tué, élargit votre conscience pour toute la vie et la lie indéfectiblement au Christ. Le courage qui fut le leur de ne rien montrer, de ne jamais se plaindre, d'accompagner leurs enfants eux aussi, jusqu'à l'offertoire accompli, ne peut que ramener à sa juste valeur tout le reste. Le hurlement de l'injustice peut se métamorphoser en volonté de construire la paix et d'espérer contre toute espérance.

Rien ne peut répondre à la morsure de l'injustice, sauf la découverte pas à pas de la miséricorde et de son réalisme. J'y ai voué toute ma vie et tous mes livres. Sœur Emmanuelle devient commandeur de la Légion d'honneur à l'Élysée, mais c'est toutes les mères de la terre devant leur fils en passion qui devraient être décorées. Qui sommes-nous pour oser écrire ou parler ? La brûlure ne s'apaise pas par les mitraillettes, comme le pensait Camillo Torres, (prêtre révolutionnaire de la Méso-Amérique), mais par le partage de l'infinie compassion du Christ. On ne peut que se taire.

Dix-neuf heures d'avion, après l'escale à Anchorage, on a laissé l'Alaska dans sa tristesse. Arthur, le père supérieur des Dominicains du Japon m'attend à l'aéroport de Narita. Il sera d'une intelligence exceptionnelle pour me faire comprendre les couvents du Japon et derrière, l'effort parfois héroïque de mes frères dominicains, en même temps que la splendeur intrigante de cette culture extrême-orientale. Il y a plus de trente ans que je me prépare à cette rencontre. Une phrase va m'aider pour tout mon séjour. Arthur me prévient : « Frère Bernard, tu verras des choses splendides. Les Japonais sont capables de réalisations sublimes au sommet de la beauté, mais ne sois pas surpris tu auras aussi des occasions d'étonnement, s'ils ont le sens du beau, ils n'ont pas le sens du laid. » Cette seule phrase m'a introduit à un des plus grands secrets chrétiens. Ce qu'Arthur venait de dire des Japonais est exactement ce qui peut nous faire comprendre l'attitude de Dieu en face d'une vie. Dieu ne voit pas le laid. Le laid, c'est ce qui n'existe pas. Dieu ne voit que le positif, que le beau. Ainsi de ceux qui nous ont quittés. Ne reste plus pour eux que le beau. Ce que Dieu ne regarde pas n'existe pas. Il n'y a pas d'autre espoir.

Pour un visage

C'est un petit bourg de pêcheur sur une côte de l'Irlande. L'homme est pauvre. Sa maison, une masure loin du village et, dans le village, une seule boutique, sorte de café qui sert en même temps d'épicerie et de magasin où l'on trouve ce qui est nécessaire à la pêche : fil, hameçons, aiguilles, bobines pour réparer les filets. Un jour, l'épicier surprend le vieux pêcheur qui, dans le fond du magasin, tourne autour d'un objet et murmure à voix basse. Depuis lors, le vieux revient plus souvent que d'habitude dans la boutique. Chaque fois, le même manège recommence. Alors l'épicier cherche à écouter ce que marmonne le vieux et il l'entend chuchoter : « Papa, papa, Père. » Il remarque que le vieil homme avait simplement trouvé un miroir. N'en ayant jamais ni vu, ni possédé, le vieux en se regardant croyait revoir son père alors qu'il ne découvrait pour la première fois que sa propre image. L'épicier lui fait alors cadeau du miroir que le vieux emporte avec émotion.

Les visites plus fréquentes au village, les manœuvres mystérieuses de son mari avaient intrigué sa femme. Un jour où le vieux a laissé sa veste, elle fouille dans les poches et trouve le miroir. Elle regarde à son tour et son soupçon s'évanouit. Alors en se découvrant elle-même elle murmure tout bas : « Oh, ce n'est qu'une vieille femme. »

Au terme de ce livre, je ne peux confesser qu'une seule chose. Nous vivons tous pour un visage. Mais le seul visage que nous ne voyons pas, c'est le nôtre.

Nous pouvons tout saisir, l'univers entier, des limites du big-bang à la complexité des 30 000 composants de notre génome. Reste une seule chose que nous découvrons dans le miroir, mais toujours selon une image inversée, c'est nous-mêmes. Nous ne nous connaissons, nous ne nous découvrons qu'à travers les autres et dans le reflet qu'ils nous renvoient de nous-mêmes.

Où trouver le miroir définitif ? Le monde entier le cherche. La technologie propose des miroirs de plus en plus vastes pour lire les lumières fascinantes du cosmos aussi bien que celles des particules. Les sciences humaines s'essayent de tout leur pouvoir à regarder derrière le miroir en le retournant, au cas où là se trouverait le secret du visage. Avec le vieux pêcheur et sa femme, tout homme a le pouvoir redoutable d'interpréter l'image qui lui est renvoyée. Avec les deux vieux, on peut conclure avec naïveté ou regret à la déception ou à l'illusion.

Je ne souris pas du pêcheur, c'est lui qui a raison. Au terme de ma vie, je souhaite découvrir dans le miroir autre chose que ce que je suis. Depuis la première Pâque, l'Église me permet de changer d'exclamation et de dire en regardant le miroir : « Jésus ». Je souhaite pour chacun de nous que le cri de saint Pierre ou de saint Thomas devienne nôtre : « Mon Seigneur et mon Dieu ». Les déportes de Dachau furent épouvantés de voir dans le regard de leurs libérateurs l'effroi que leur propre regard suscitait. Depuis les disciples d'Emmaüs, depuis Thomas l'incrédule, depuis Marie-Madeleine nous savons que dans le regard du Christ nous pouvons découvrir avec paix notre vrai visage.

Le cœur de l'homme demeurera toujours inquiet et inquiétant tant qu'il n'aura pas rencontré le bonheur de Dieu dans le visage du Christ, lorsqu'il appelle chacun de nous : « Mon petit, mon fils. »

*

« Je suis fils de l'homme et de la femme, d'après ce qu'on me dit.
Cela m'étonne. Je croyais être davantage. »

Ainsi s'interrogeait le père de la poésie française moderne, Isidore Ducasse, comte de Lautréamont, avant de se suicider.

Qu'est-ce que l'homme ?

Quel est ce « davantage » ? L'homme ne se réduit pas au politique. L'homme ne se résout pas au commercial. L'homme repousse les nécessités d'une morale. Il supporte mal l'évidence de ce qu'il appelle des « tabous » pour mieux les rejeter. Il a vu les limites du collectif. Alors ?

Qu'est-ce donc que l'homme ?

Le secret s'enfuit tant qu'il n'accepte pas d'entendre Dieu l'appeler par son nom et... qu'il n'ose pas un jour, à son tour, comme le lui a révélé le premier Noël, dire à Dieu : « Mon petit. »

INDEX

Le reproche que me firent certains amis d'avoir enserré et alourdi le texte de trop de références dans les précédents ouvrages, m'a amené dans celui-ci à plus de sobriété. On ne s'étonnera donc pas de n'être pas encombré par renvois aux sources, indications de dates, références d'éditeurs, etc. Un Index nous a paru plus utile. D'autre part la plupart des citations sont faciles à retrouver.

Table des matières

Impression réalisée sur Cameron par Bussière Camedan Imprimeries
à Saint-Amand-Montrond (Cher) en mars 2003.
N° d'édition : 720/02. N° d'impression : 031527/1.
Dépôt légal : janvier 2003. *Imprimé en France*